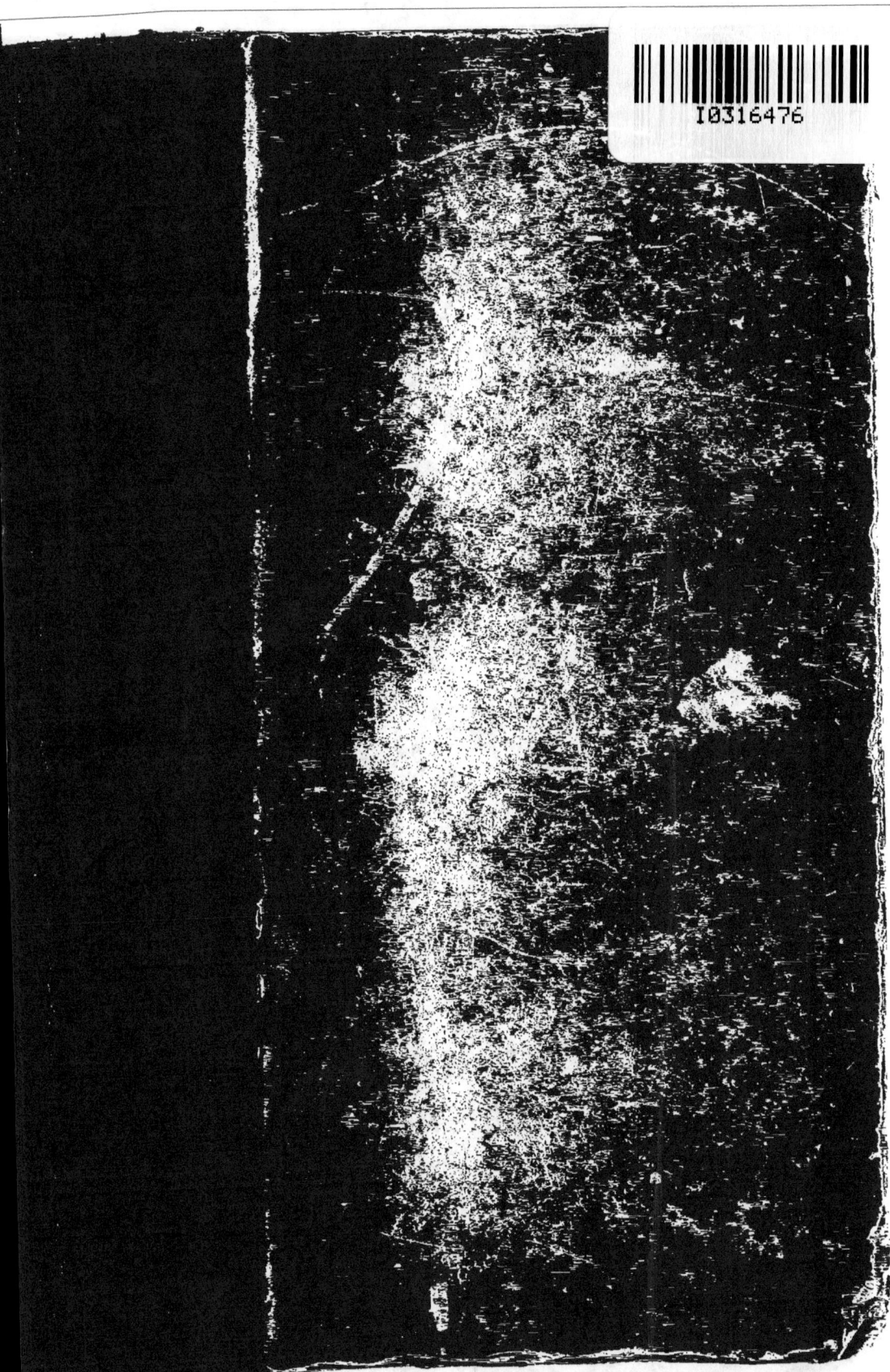

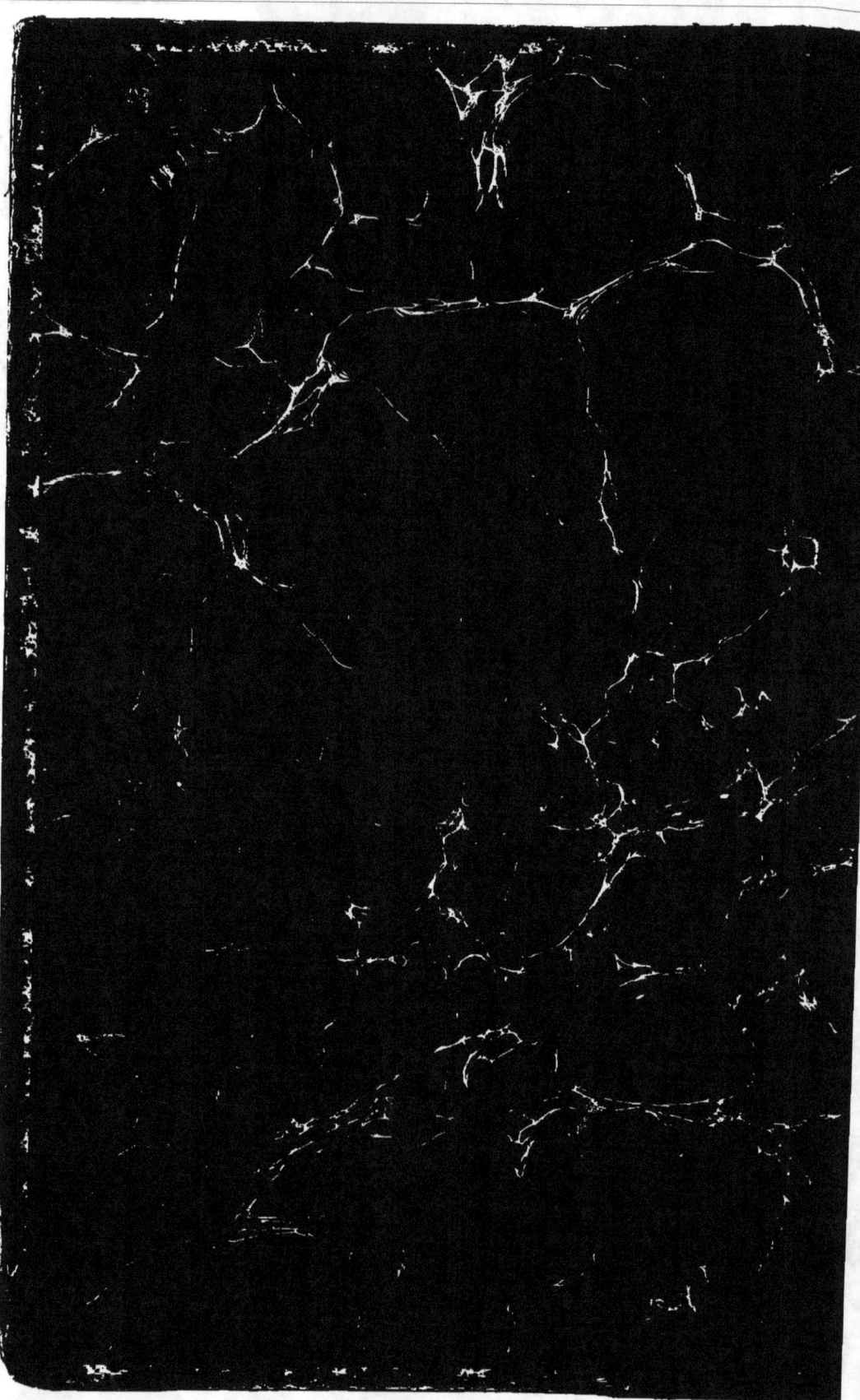

AUGUSTE CHOISY

HISTOIRE
DE
L'ARCHITECTURE

TOME I.

PARIS
GAUTHIER-VILLARS, IMPRIMEUR-LIBRAIRE
DU BUREAU DES LONGITUDES, DE L'ÉCOLE POLYTECHNIQUE
55, Quai des Grands-Augustins, 55

1899

HISTOIRE
DE
L'ARCHITECTURE.

FIGURES GRAVÉES EN TAILLE-DOUCE PAR J. SULPIS
ET TRANSFORMÉES EN CLICHÉS TYPOGRAPHIQUES PAR FERNIQUE ET FILS.
IMPRIMERIE GAUTHIER-VILLARS.

AUGUSTE CHOISY.

HISTOIRE
DE
L'ARCHITECTURE

TOME I.

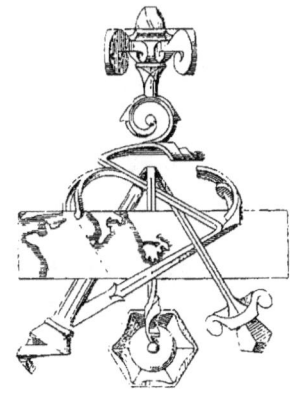

PARIS,
GAUTHIER-VILLARS, IMPRIMEUR-LIBRAIRE
DU BUREAU DES LONGITUDES, DE L'ÉCOLE POLYTECHNIQUE,
55, Quai des Grands-Augustins, 55.

1899
(Tous droits réservés.)

HISTOIRE DE L'ARCHITECTURE.

I.
LES AGES PRÉHISTORIQUES.

Les monuments de l'architecture naissante nous font apercevoir, dans leur manifestation la plus simple, ces inévitables attaches qui lient le mode de construire aux états successifs de l'humanité et font de l'histoire de l'art un résumé de l'histoire même des sociétés. Nous voyons l'habitation se constituer, se transformer suivant les vicissitudes du climat et du genre de vie qu'il impose ; les procédés se modifier avec les ressources locales, avec les progrès de l'outillage ; les effets imposants de masses employés comme premiers moyens d'expression ; l'architecture funéraire et religieuse précéder l'art utilitaire ; l'art figuré devancer l'architecture. Nous reconnaissons même cette singulière influence de l'habitude, qui fait survivre les formes aux raisons dont elles dérivent. Chez tous les peuples l'art passera par les mêmes alternatives, obéira aux mêmes lois : l'art préhistorique semble contenir tous les autres en leur germe.

LES PRINCIPALES ÉPOQUES.

Les temps préhistoriques se partagent nettement en trois périodes qui répondent à trois genres de vie de l'homme primitif, et par suite à trois directions très distinctes imprimées aux essais d'où sortira l'art de bâtir : les temps qui précèdent les grands phénomènes glaciaires, ceux qui les accompagnent et ceux qui leur succèdent.

Pendant la première période, le climat de nos contrées est doux et égal : l'homme alors n'éprouve le besoin de se protéger contre le froid ni par l'habitation ni par le vêtement : l'existence qu'il mène est sédentaire et, comme instrument, il ne possède que le silex éclaté soit par le choc, soit par le feu.

Survient la période glaciaire : elle impose à la fois le vêtement et l'abri. L'homme ignore encore la domestication des animaux et la vie pastorale : essentiellement chasseur, il se déplace suivant les saisons à la poursuite du gibier, et surtout du renne dont il fait sa principale nourriture. L'habitation devient nécessaire, et avant tout elle doit être mobile. Les outils qui permettent de l'exécuter sont, comme pendant la période antérieure, des outils de silex, mais déjà montés sur manches et qui accusent par la diversité de leurs formes, une remarquable spécialisation de fonctions : haches, scies, perçoirs, grattoirs, etc. On commence à fabriquer des cordages en même temps que des tissus.

A la fin de la période glaciaire se produit une émigration en masse des populations de nos contrées : à mesure que les glaces tendent à se confiner dans les régions polaires, le renne se retire vers le Nord ; l'homme chasseur le suit et laisse la place libre à une invasion, probablement venue de la haute Asie, qui apporte avec elle les principes de tout un état social nouveau. Les envahisseurs connaissent la domestication des animaux et même la métallurgie. Avec eux commence la vie pastorale et agricole, avec eux les armes, les outils de métal font leur apparition. Le silex, dont ils continuent l'usage, n'est plus seulement éclaté mais poli. Ils emploient le feu pour durcir l'argile et fabriquer la poterie. Les métaux que nous leur devons sont le cuivre et le bronze, en attendant le fer dont l'introduction sera plus tardive. Leurs arts sont surtout ceux où le feu intervient, leur époque celle d'un des plus surprenants efforts de l'activité inventive : ces mêmes hommes qui nous ont donné les métaux se présentent à nous comme les créateurs d'une mécanique assez puissante pour permettre la manœuvre des blocs monstres qui seront les premiers monuments de l'architecture.

Telles sont les alternatives du mode de vie et de l'outillage; passons en revue les travaux auxquels cet outillage s'est tour à tour appliqué.

LES PROCÉDÉS.

a. — LE TRAVAIL DU BOIS.

Les emplois du bois, réduits à ce qui peut s'exécuter à l'aide de la hache et de la scie de silex, sont bien restreints : la charpenterie prop. ement dite suppose au moins des instruments de bronze. Et, même à leur aide, la taille des assemblages est pénible; elle l'est à ce point, qu'on voit les constructeurs creuser leurs pirogues dans des troncs d'arbres plutôt que de les composer de pièces ajustées. Lorsqu'il s'agit de bâtir des huttes, les assemblages sont autant que possible remplacés par des ligatures plus ou moins semblables à celles qui fixent les instruments de silex à leurs manches : la vannerie, qui n'exige aucun outil, doit avoir précédé la charpente ; et la charpente par ligatures devance nécessairement la charpente d'assemblage. Planter des poteaux dans le sol, et relier à ces poteaux à l'aide de harts des traverses de planchers ou de toitures, voilà en somme le résumé de la charpenterie préhistorique.

b. — LA PIERRE.

La pierre était d'un emploi plus difficile encore : le tranchant du silex se brise par les chocs. Le bronze même entame mal le roc et permet moins de le tailler que de l'« étonner » par percussion, toutefois rend-il le travail possible ; l'architecture de pierre n'était praticable qu'à l'époque des métaux : de là sa tardive apparition.

Au moment de ses débuts elle présente un aspect caractéristique, qui est le mégalithisme : elle procède par blocs énormes ; partout les masses remuées préexistent aux masses construites. Et cela même, nous allons le reconnaître, est une conséquence de l'état de l'outillage :

Le mégalithisme aux temps préhistoriques. — Pour nous il est commode de débiter la pierre en petits blocs de forme régulière et d'un maniement facile ; aux âges préhistoriques il était plus simple de l'employer par grandes masses entièrement brutes : on éclatait le bloc en carrière à l'aide de coins, pour le transporter au moyen de leviers. Rien de plus aisé que cette manœuvre ; la fig. 1 en expliquera les détails :

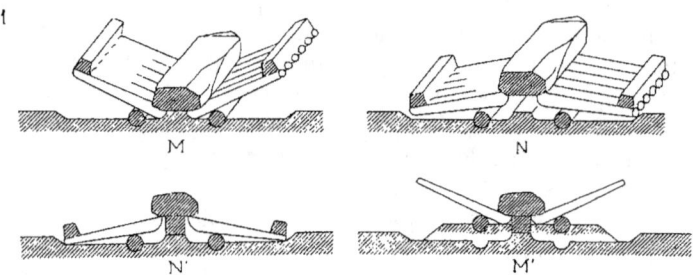

Veut-on soulever le bloc ? il suffit de lui adapter une série jointive de leviers qu'on charge en queue (croquis M) ;

Au moment où les leviers sont abattus (position N), on cale la pierre (croquis N') ;

Puis, par un terrassement indiqué en M', on exhausse les points d'appui des leviers ;

Et ainsi de suite.

On peut de cette sorte faire monter la pierre à volonté.

Veut-on la faire cheminer ? on donnera (fig. 2 A) au massif qui la porte une légère inclinaison, et on rendra glissante la surface d'appui en la revêtant d'un corroi d'argile ; cela fait, il suffira d'abandonner la pierre à elle-même : si l'inclinaison du plan de glissement est convenablement réglée, le bloc descendra par son poids comme un navire sur une cale de lançage.

La pierre est parvenue au terme de sa descente : on renouvelle l'opération (croquis B et C); et ainsi de suite. Et il est à remarquer que le procédé permet (variante R) de cheminer même au rebours de la pente naturelle du sol.

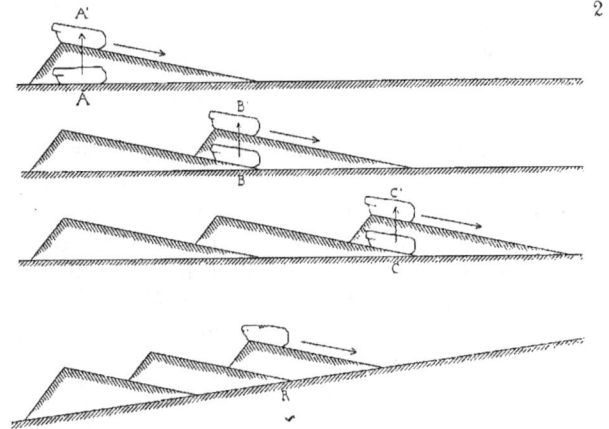

2

S'agit-il de dresser la pierre à la manière d'un obélisque? la solution fig. 3 se présente d'elle-même :

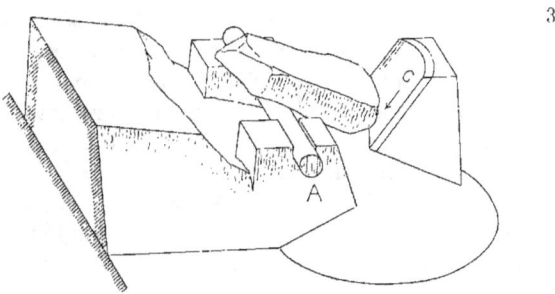

3

On installe en sous-œuvre un pivot A fait d'un tronc d'arbre et une glissière G en argile savonneuse; puis on affouille progressivement le remblai sur lequel le bloc repose : par le seul effet de son poids, le bloc bascule et se dresse. L'opération n'exige ni mécanisme ni cordages. Elle est lente, mais on sait combien le temps compte peu chez les peuples primitifs. Elle demande une somme de travail énorme, mais le fait seul de ces monuments sans utilité matérielle témoigne d'une formidable organisation autoritaire : le mégalithisme, où la dépense de travail compense la pénurie d'outils, est bien l'architecture de populations encore demi-sauvages au service d'une toute-puissante volonté. Le mégalithisme est à la fois une conséquence du manque d'outils et un indice du régime des sociétés naissantes.

La pierre excavée. — Une autre façon d'utiliser la pierre est de l'excaver : on creuse des cellules dans le roc des falaises dès qu'on dispose de métaux permettant de l'attaquer. Dans le cas des roches tendres et stratifiées, les couches qui plafonnent risquent de s'ébouler; le profil le plus convenable pour prévenir ce danger, est un profil surhaussé; de là cette section en ogive plus ou moins régulière qui a été signalée dans un grand nombre de cavernes artificielles.

c. — CONSTRUCTIONS D'ARGILE.

La pierre, avons-nous dit, est rebelle aux outils de silex, le bois leur résiste, l'argile n'exige pour être mise en œuvre que la main qui la pétrit; l'argile permet de bâtir non seulement des murs, mais des abris voûtés réalisables là même où le bois fait défaut : elle dut être un des premiers matériaux de l'habitation humaine. Si loin qu'on puisse remonter, partout on trouve la brique, mais employée sans cuisson : la brique durcie au feu paraît originaire de ces contrées asiatiques où tous les arts du feu ont pris naissance et, en pleine période historique, elle restera localisée dans les régions de l'Asie à l'est de l'Euphrate. A Troie, les premiers explorateurs ont confondu avec des constructions de terre cuite des murs d'argile que l'incendie avait durcie. C'est également d'argile crue qu'étaient faites ces maisons de Santorin qui nous sont parvenues, comme les restes de Pompei, sous la couche protectrice des cendres d'un volcan. Un détail de ces maisons mérite une mention spéciale : leurs murs d'argile reposent sur un soubassement de moellons plus ou moins irréguliers dont les interstices sont comblés par un remplissage d'argile : nous trouvons là le premier exemple connu d'un mode de construction qui sera plus tard la maçonnerie.

L'ORNEMENT.

Les époques de progrès et de décadence de l'art figuré ne répondent nullement à celles de l'industrie constructive :

L'homme de l'âge glaciaire, qui bâtissait à peine, occupait les loisirs de son existence de chasseur à reproduire sur ses armes les formes animales, et rendait avec une frappante vérité le mouvement, la vie ; par une étrange exclusion, jamais il n'empruntait ses modèles aux formes végétales.

L'invasion qui nous apporte les métaux coupe court à ce premier essor : avec elle, l'art imitatif disparaît brusquement. L'homme de l'âge de la pierre polie, des mégalithes et des métaux, devient absolument étranger aux représentations figurées. Dès l'apparition de ce peuple asiatique, l'idée du grand efface l'idée du beau abstrait, le métier supplante l'art : la perfection du travail remplace l'élégance des décorations. A l'âge antérieur on cisclait les armes, désormais on en lisse les surfaces au polissoir ; et, par un phénomène de survivance bien digne de remarque, nous voyons les premiers instruments de bronze reproduire par pure imitation les formes traditionnelles des instruments de silex : ainsi verrons-nous l'art grec lui-même rappeler dans son architecture de pierre les formes de la construction en bois.

A dater du jour où les métaux interviennent, à dater du jour où l'industrie commence, l'ornement se réduit à des formes purement conventionnelles et d'une pauvreté de conception extrême : telles ces lignes ondulées qui couvrent les dalles du dolmen de Gavrinis.

La difficulté matérielle de façonner le roc fut longtemps un obstacle au développement de la sculpture architecturale. A Gavrinis, le guillochis ornemental est appliqué sur des pierres à parement mal dressé : l'instrument de silex ou de bronze suffisait pour graver, non pour aplanir; et, lorsque le bloc s'est montré trop résistant, l'ouvrier a renoncé à l'orner, il l'a laissé brut : les lacunes de la décoration de Gavrinis ne sont autre chose qu'un aveu de l'insuffisance des moyens.

A ces naïfs essais succèdent, dans l'Europe du Nord, les runes qui sont déjà des écritures figurées: des scènes navales gravées d'un trait expressif et ferme sur les rochers de la Scandinavie; et, aux antipodes de notre Europe, les colosses de l'île de Pâques.

Ces statues océaniennes d'un si puissant relief, ces têtes d'une facture franche, sûre et vraiment monumentale, ne sont-elles pas les productions récentes d'un art issu peut-être de quelque continent disparu, où la sculpture en plein relief gardait les libres allures que la gravure a traduites aux premiers âges de l'humanité?

Concurremment à l'architecture austère des dolmens, il aurait existé dans ces lointaines régions une architecture où les représentations de la nature vivante jouaient leur rôle, et qui un jour peut-être prendra sa place dans l'histoire des origines de l'art.

LES MONUMENTS.

Les édifices se classent comme des témoins marquant le genre de vie et l'état moral de l'humanité à chacun de ses âges :

A l'âge préglaciaire le climat, avons-nous dit, n'impose ni l'existence nomade ni l'abri construit. Les seuls indices connus des stations préglaciaires sont des foyers, ordinairement creusés en contre-bas du sol, où se sont accumulés des charbons, des cendres, les ossements des animaux sauvages dont nos premiers ancêtres faisaient leur nourriture.

Lorsqu'à l'époque glaciaire la rigueur du climat rend nécessaire un abri, l'homme, encore exclusivement chasseur, cherche dans ses migrations cet abri sous les surplombs des falaises, ou bien à l'entrée des grottes naturelles : il faut descendre jusqu'à l'âge actuel, l'âge des métaux qui permettent d'attaquer vigoureusement la pierre, pour trouver au flanc des falaises des cavernes artificielles. L'habitation bâtie et le mégalithe seront les derniers monuments de l'art préhistorique.

L'HABITATION ET LA DÉFENSE.

La caverne artificielle, contemporaine des premiers outils de métal, se présente sous l'aspect d'une galerie étroite, plus solide qu'une large grotte et plus aisée à défendre.

Concurremment à la caverne qui suppose des falaises tendres, nous trouvons dans les contrées lacustres l'habitation à pilotis; sur les plateaux que protègent des escarpements naturels, la station en plein air.

La hutte sur pilotis, le palafitte, fréquent dans la région des Alpes, eût été presque inhabitable pour les races humaines qui peuplent aujourd'hui le continent européen : il faut admettre une race douée, comme l'est encore la race nègre, d'une résistance singulière aux influences palustres.

Les pieux, que leur grosseur ne permet point de confondre avec ceux des castors, sont à pointes fort aiguës et taillées à l'aide d'un outil tranchant. Les détails du logis lui-même, on les ignore. Selon toute apparence ce logis, aussi bien que l'habitation en plaine, ressemblait fort à la paillotte actuelle, ou bien à ces cabanes de clayonnage à toiture en forme de dôme ou de carène renversée : les huttes que Strabon nous décrit comme les habitations des Belges, Salluste comme celles des Numides; les huttes dont nous trouvons l'image sur la colonne Trajane, dans les scènes de la guerre des Daces.

A ces habitations défendues par les ravins ou par les eaux, il faut sans doute ajouter l'habitation perchée dont la tradition existe, concurremment à celle de la hutte lacustre, chez les sauvages de la Polynésie : l'isolement dans l'espace remplace ici l'isolement par l'eau. Question de convenance locale plus encore que d'époque. Là où les eaux calmes des lacs se prêtent à des constructions sur pilotis, le palafitte ; en forêt, l'habitation perchée ; le long des falaises de roche tendre, la caverne : l'homme accepte suivant les circonstances la solution qui s'impose ; jusqu'à ce qu'enfin il arrive à ces habitations régulières, telles que celles de Santorin ou de Troie, dont le type s'est perpétué dans les maisons asiatiques à murs d'argile avec toit en terrasse.

CONSTRUCTIONS FUNÉRAIRES ET RELIGIEUSES, MONUMENTS COMMÉMORATIFS.

L'âge préglaciaire n'a point laissé de traces de sépultures : les morts étaient abandonnés près des foyers mêmes où ils avaient vécu. Le culte des morts commence avec les invasions asiatiques qui nous ont apporté l'agriculture et les métaux. C'est à ce culte des morts que furent consacrés les premiers efforts de l'art des constructions : on ne bâtissait encore pour les vivants que des paillottes ou des huttes de terre que déjà, pour les morts, on creusait des cavernes, on élevait des tumuli et des dolmens : la construction en pierre apparaît comme sépulture bien avant de servir à l'habitation.

La forme la plus simple du monument funéraire est le tumulus : un amas conique de remblais, une colline artificielle. Il existe des tumuli composés d'un noyau de cailloux enveloppé d'un corroi d'argile imperméable, avec revêtement en perré. Quelquefois des couronnes de pierres (cromlechs) ornent les flancs ou cernent la base du tertre.

Ordinairement le tumulus enveloppe et abrite une chambre sépulcrale ou dolmen.

Le dolmen, qui est en somme une caverne bâtie, consiste en une double rangée de blocs portant un plafond en grandes dalles : une pierre à plat sur deux pierres debout, voilà le premier type de construction monumentale que l'homme ait réalisé.

A l'âge des dolmens appartiennent les pierres levées, sortes d'obélisques bruts. L'obélisque de Locmariaker avait, à un mètre près, la hauteur de celui de la place de la Concorde, avec un poids plus énorme encore. Souvent le bloc, au lieu de s'amincir vers le sommet, grossit et présente l'aspect d'une masse dont les parements surplombent. Tantôt les pierres sont isolées, tantôt elles se groupent et se rangent soit en longues avenues, soit en couronnes où elles se comptent par centaines (Carnac en Bretagne ; au pays de Galles, Stennis, Stone Henge).

On a vu dans ces enfilades de pierres des enceintes sacrées ou des signes servant, à défaut d'écriture, à perpétuer la mémoire de quelque grand événement. Ces pierres, éclatées comme les silex, semblent de gigantesques simulacres de l'arme primitive. Le Deutéronome nous représente les Hébreux dressant en souvenir d'une victoire des pierres non taillées et semblables aux mégalithes de la Bretagne : reste à savoir si ce caractère commémoratif doit s'étendre à la famille entière de ces mystérieux monuments.

D'autres conjectures ont cours sur la destination des pierres levées, des tumuli et des dolmens :

L'orientation de certaines avenues a fait penser qu'elles pouvaient être des symboles astronomiques ;

En ce qui concerne les tumuli, on a remarqué que fort souvent, d'un tumulus la vue s'étend à plusieurs autres : ce qui a suggéré l'hypothèse d'une utilisation comme buttes à signaux.

Des dolmens à l'air libre ont été considérés comme des tables de sacrifices, des autels : mais est-il sûr que des terres autrefois accumulées au-dessus d'eux n'aient pas disparu ?

Dans toutes ces conjectures il peut y avoir une part de vérité, et aucune d'elles n'est incompatible avec l'idée de monuments dont la destination principale eût été de consacrer un souvenir.

Mais ce qu'on ne saurait trop remarquer, c'est le choix

pittoresque des sites : la plupart des tumuli s'élèvent bien en vue, sur des croupes de collines d'où se découvrent de larges horizons : les auteurs de ces primitifs monuments avaient tout au moins l'art d'associer la nature à leurs œuvres.

QUESTIONS DE CHRONOLOGIE ET D'INFLUENCES. LES PREMIERS FOYERS DE L'ARCHITECTURE.

a. — DIFFUSION ET SURVIVANCES DE L'ART PRÉHISTORIQUE.

Les pierres levées, les dolmens, ces monuments d'un art à la fois si rude et si imposant, répondent en fait à des dates très variables : telle contrée possédait une architecture relativement savante au moment où d'autres étaient encore à la période des essais ; on peut assimiler les groupes humains à des individus qui parviennent à la même date aux différents degrés de leur croissance.

Les monolithes de la Bretagne, pareils à ceux du pays de Galles, appartiennent à une époque où la navigation était assez développée pour permettre d'une rive à l'autre de la Manche des relations suivies : c'étaient des œuvres de marins ayant à leur disposition les ressources de la machinerie navale, et peut-être ne remontent-elles qu'à peu de siècles avant l'ère chrétienne.

Les dolmens les plus anciens, si l'on en juge par les armes et les outils de silex qu'ils renferment, appartiennent aux premiers temps de la pierre polie, les plus récents sont contemporains des civilisations historiques. En plein moyen âge des dolmens s'élevaient dans les contrées scandinaves ; les Germains, lors des invasions qui mirent fin à l'empire romain, se servaient encore d'armes de silex ; la tradition des palafittes s'est continuée dans les îles de l'Océanie jusqu'à nos jours : gardons-nous donc de conclure de la similitude des procédés à la communauté des dates. Gardons-nous aussi d'inductions trop faciles sur l'histoire des races humaines : un type de construction en désaccord avec les matériaux d'une contrée nouvelle ne saurait s'y perpétuer, et la différence des procédés n'implique souvent autre chose que la variété des ressources locales. Ce qui du moins paraît hors de doute, c'est qu'il y eut une époque où régnait d'un bout du monde à l'autre le même outillage, qui implique dans le mode de bâtir d'inévitables ressemblances. L'aspect des silex taillés est à bien peu près le même de l'Amérique au Japon ; tout fait présumer des communications incessantes à travers des continents peut-être disparus, une transmission d'idées que la vie errante des chasseurs établissait entre les contrées les plus lointaines.

On s'est demandé si les mégalithes sont le propre d'une race, d'un peuple à part ? Qu'on les rapporte sur une carte, on les voit jalonner une ligne parfois interrompue, allant du Japon au pays de Galles et du pays de Galles au Maroc, avec quelques rameaux branchés sur la direction principale : ces traînées paraissent indiquer une transmission d'influences. Et d'ailleurs un argument puissant en faveur de l'hypothèse d'un peuple des mégalithes, réside dans la nécessité d'une méthode, presque d'une science pour la manœuvre de ces lourdes masses. Les procédés sont simples, mais nullement instinctifs : ils supposent une tradition commune, et donnent au moins la vraisemblance à l'hypothèse d'une commune origine.

b. — LES PREMIERS FOYERS DES ARCHITECTURES HISTORIQUES.

Sur le fond préhistorique se détachent peu à peu deux grandes architectures : elles naissent l'une en Égypte, l'autre en Chaldée ; et toutes les deux, par une rencontre qui certainement n'est pas fortuite, se développent dans des contrées où l'argile fut la matière des plus anciennes constructions. L'Égypte poussera aux limites du possible l'art mégalithique, mais de tout temps elle conservera l'usage d'un mode de construire reposant sur l'emploi de l'argile, et la vraisemblance est que ce mode simple fut celui de ses premières époques : l'Égypte aurait dû son avance sur tant d'autres nations à la facilité qu'elle trouvait à bâtir même avant la création du plus rudimentaire outillage.

L'autre foyer est la Chaldée : et là aussi nous sommes sur un sol d'argile où l'homme put être constructeur avant d'être outillé.

Nous examinerons en premier lieu l'art dans ces deux grands foyers, pour étudier ensuite le rayonnement qui en émane, les foyers secondaires qui interviennent et les architectures qui naissent de leurs mutuelles influences.

II.

ÉGYPTE.

Tandis que les autres nations du vieux monde en sont aux essais des âges préhistoriques, l'Égypte se montre en possession d'un art savant, expressif : c'est en Égypte que s'ouvre l'histoire de l'architecture. Fixer des dates serait illusoire : dans l'état actuel de nos connaissances, on est réduit à classer les monuments d'après les numéros d'ordre des dynasties contemporaines, à peu près comme on classe les faits du domaine de la géologie; le rang de succession est connu, le chiffre des années nous échappe. On peut toutefois poser quelques repères : les premières dynasties sont vieilles d'environ six mille ans; la 19ᵉ, où l'art égyptien a le plus de puissance et d'éclat, celle des grands monuments de Thèbes, est contemporaine de Moïse et remonte à quinze siècles avant notre ère; la 26ᵉ se termine à la conquête de l'Égypte par les Perses, soit au 6ᵉ siècle : c'est l'instant où l'art grec commence.

L'Égypte, qui partage avec la Chaldée l'honneur d'avoir donné naissance à l'architecture, est ainsi que la Chaldée une contrée dépourvue de bois à bâtir : presque aussi pauvre en matières ligneuses que les autres oasis du désert d'Afrique, elle ne produit que des stipes de palmier, bois sans résistance; des sycomores, bois médiocres, et des roseaux. Ses matériaux de construction courante sont les terres argileuses du Nil; pour les constructions monumentales, elle trouve dans les falaises qui bordent la vallée une chaîne continue de carrières de grès et de calcaire où la roche se débite en blocs énormes; le granit vient de la région des cataractes.

Telles sont les ressources en matériaux. Comme instruments, la primitive Égypte possède les outils de bronze et, par une circonstance qui explique le développement précoce des formes régulières de son architecture, elle paraît avoir connu le fer dès l'époque des pyramides. Comme ouvriers elle dispose, indépendamment des constructeurs de profession, de toute une population corvéable assujettie au régime autoritaire le plus absolu dont l'histoire garde le souvenir; enfin elle a ces troupes de réfugiés ou d'esclaves dont les récits bibliques nous rappellent la dure condition.

L'architecture de l'Égypte participe de l'architecture à matériaux d'argile et de l'art mégalithique : à l'architecture d'argile appartiennent toutes les constructions d'habitation et de défense; à l'art mégalithique les monuments du culte et les tombeaux.

Envisagé dans ses procédés, l'art de l'Égypte est la simplicité même : l'argile permet d'élever, sans recourir aux installations complexes de cintres ou d'échafaudages, des voûtes économiques et durables. Quant à la pierre, elle est employée sous forme de supports verticaux (murs ou piliers) surmontés de plafonds en grandes dalles : le temple est constitué comme un dolmen. Rien de cherché dans la structure, rien de tourmenté dans les formes : la ligne horizontale domine les ordonnances comme elle règne dans le paysage qui les encadre; de rares et sobres divisions, une prédominance marquée des pleins sur les vides : tout ce qui éveille le sentiment de la stabilité et de la durée. Nulle architecture ne sut à l'égal de celle de l'Égypte réaliser à l'aide des éléments les plus simples l'irrésistible impression de la grandeur.

LA CONSTRUCTION.

Nous partagerons l'histoire de l'art égyptien et, autant que possible, celle de toutes les architectures, en trois sections : Méthodes de construction; — Éléments décoratifs; — Monuments.

PROCÉDÉS.

Envisageons en premier lieu les procédés, à commencer par ceux de la construction d'argile.

LA CONSTRUCTION EN MATÉRIAUX D'ARGILE.

MATÉRIAUX.

L'argile, chez les Égyptiens, était employée sous forme de briques mesurant de $0^m,14$ à $0^m,38$ de côté sur une épaisseur d'au moins $0^m,11$. Les ruines nous diraient, si nous ne le savions par l'Exode, que pour rendre le corroyage plus facile on incorporait à l'argile de la paille hachée.

Les briques égyptiennes ne gardent aucune trace de cuisson; du moins la présence d'estampilles, qui sont des marques de fabrique, établit qu'elles étaient séchées avant la pose. Nous retrouverons en Chaldée ce même usage des carreaux de terre dans la construction; mais, à l'inverse de ce qui se pratique en Égypte, les carreaux de terre de la Mésopotamie seront mis en place à l'état pâteux.

L'emploi de briques sèches implique l'interposition entre les assises d'une matière jouant le rôle de nos mortiers : les briques égyptiennes sont posées sur lit d'argile; dans quelques pyramides, ce lit de mortier de terre est remplacé par une couche de sable qui remplit aussi bien les vides et répartit mieux peut-être les pressions.

LE MUR.

S'agit-il de bâtir à l'aide de briques un mur : le maçon égyptien, qui manque de bois pour s'échafauder, s'attache à se passer d'échafaudages. Une peinture reproduite par Prisse montre un mur en cours d'exécution; la marche du travail paraît être celle qu'explique la fig. 1 ci-contre :

A un moment quelconque, la tête du mur se présente comme

18   ÉGYPTE.

une rampe à échelons, dont les degrés servent directement au montage.

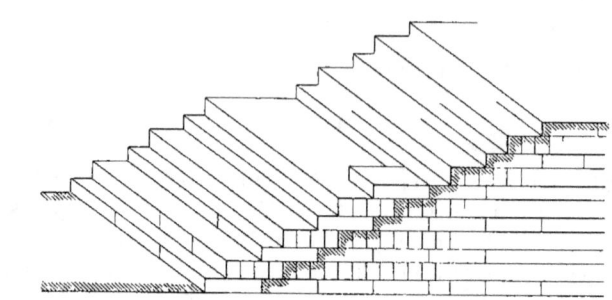

1

Dans un grand nombre de murs existants on peut, croyons-nous, lire d'après la disposition des assises l'organisation de chantier indiquée fig. 2 : les lits, interrompus en gradins, forment de véritables escaliers de service. Les briques sur lesquelles les bardeurs doivent circuler sont posées de champ de manière à ne point se briser; on prend même le soin de les sabler (lits S) : c'est bien là le mode d'un pays où la rareté du bois oblige à compter avec les frais d'installation.

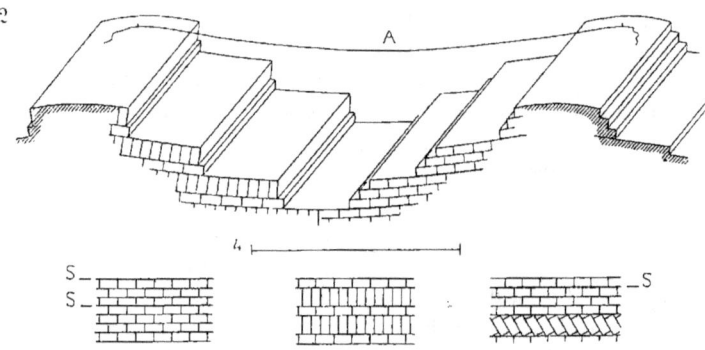

2

Une bizarrerie apparente, qui d'ailleurs se retrouvera dans la construction d'appareil, est l'allure ondulée des lits; ainsi que la figure le montre en l'exagérant, les lits sont rarement plans : ils plongent pour se relever et replonger ensuite.

PROCÉDÉS.

Cette allure s'explique de la façon la plus naturelle par l'emploi du cordeau en guise de règle. Les tailleurs de pierre — nous le savons par les dessins égyptiens — se servaient du cordeau pour dresser les parements : les maçons s'en servaient pour poser les briques. Sur un grand chantier où le travail est attaqué par plusieurs points à la fois, pour prévenir les erreurs de raccordement rien n'est plus pratique que de régler les assises au cordeau; ce procédé est plus simple que l'usage des instruments de nivellement et nos paveurs l'emploient aujourd'hui même. Le cordeau fléchit en son milieu : le lit suit la flexion du cordeau directeur (murs de l'enceinte d'El-Kab, etc.)

LA VOUTE SANS CINTRAGE.

La brique ne convient pas seulement à la construction des murs, elle se prête à l'exécution des voûtes et, ce qui est capital, à leur exécution sans emploi de cintres : se passer de cintres est en tout pays une simplification; c'est une nécessité dans un pays où le bois manque. L'histoire des voûtes antiques n'est autre que celle des moyens qui ont permis de les bâtir directement dans le vide.

a. — *Les dômes.* — De tous les types de voûtes, celui qui se réalise le plus aisément sans cintres, est la voûte sphérique : le dôme est une des formes usuelles de la voûte égyptienne.

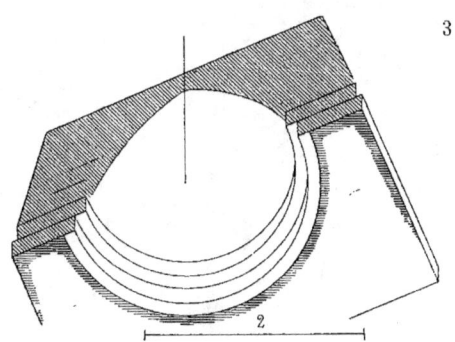

La fig. 3 donne les détails d'un dôme provenant d'Abydos :

20 ÉGYPTE.

Le profil est en ogive; et la maçonnerie se compose d'assises planes et horizontales, véritables anneaux de briques dont le rayon va sans cesse décroissant. Chaque assise surplombe assez peu sur la précédente pour qu'un support auxiliaire soit superflu. Dès qu'une assise est achevée, elle constitue une couronne indéformable, prête à recevoir en encorbellement une assise nouvelle; et la pose des briques est d'autant plus facile que l'assise à construire s'avance moins sur le vide : en d'autres termes le travail est d'autant plus facile que le surhaussement de l'ogive est plus accentué. L'horizontalité des lits n'est même pas une condition absolue : nos coupoles se bâtissent sans cintres malgré l'inclinaison de leurs lits; et il est probable que les silos à dômes où les Égyptiens conservaient leurs grains étaient exécutés comme nos coupoles. Le seul cas de construction sans cintrage auquel il y ait lieu de s'arrêter est celui des voûtes en berceau.

b. — *Berceaux.* — L'artifice qui permet de bâtir une voûte en berceau sans employer de cintres, se résume en un mot :

Procéder par tranches verticales et non par assises convergentes.

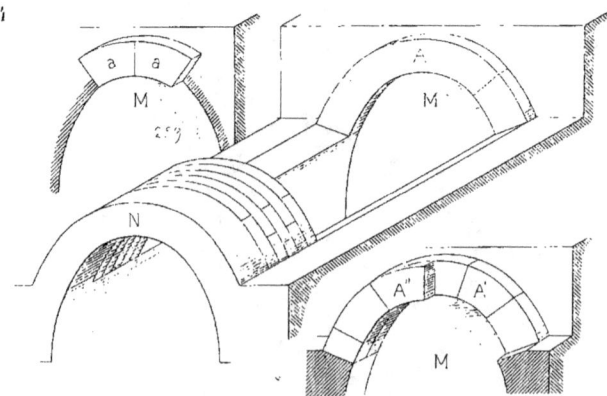

La fig. 4 expliquera cette façon de maçonner dans le vide :

Admettons (ce qui est le cas habituel) qu'il existe à l'origine du berceau, en M, un mur de tête :

Contre ce mur de tête M on soude en les fixant par du mortier les briques a d'une première tranche; grâce à l'adhérence du mortier et à la minceur des briques, cette tranche s'exécute sans aucun support auxiliaire, et le travail arrive à l'état indiqué en A ou en A′.

On passe alors à l'exécution d'une deuxième tranche A″ : cette tranche est soudée à la tranche A′ comme la tranche A′ l'a été au mur de tête; et ainsi de suite : le berceau s'allonge de proche en proche. Tout au plus est-il nécessaire, à défaut de mur de tête, d'établir sur cintre un arceau tel que N qui sert de départ, et la voûte s'achève sans cintrage.

Voici (fig. 5) quelques détails d'application qui ont leur importance pratique :

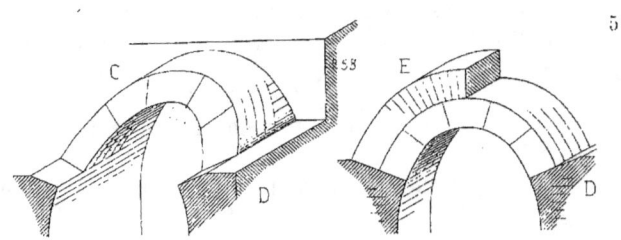

1° Pour assurer plus d'adhérence aux briques, d'ordinaire on dispose les tranches C non pas verticalement, mais sous une inclinaison fort accentuée;

2° Comme la construction par tranches, même inclinées, ne laisse pas d'entraîner quelques sujétions, on ne la fait commencer qu'à mi-hauteur de la voûte : toute la partie D voisine des naissances est en maçonnerie par lits horizontaux s'avançant en surplomb.

3° Pour faciliter le travail et réduire les poussées, on donne au berceau un profil en ovale surhaussé, ou même un profil en ogive.

4° Enfin, la voûte une fois achevée, on la double d'un second berceau E qui l'enveloppe et la renforce. Pour ce second berceau, il serait inutile de procéder par tranches : on le maçonne simplement à lits rayonnants.

Comme exemples de voûtes à profil surhaussé et tranches inclinées commençant à mi-hauteur (type C), nous citerons les berceaux des magasins du Ramesseum (18e dynastie); comme exemples de voûtes à profil en ogive, plusieurs tombeaux de la plaine de Memphis; c'est le type du berceau ogival que nous retrouverons en Assyrie dans les galeries souterraines de Khorsabad : tant en Égypte qu'en Assyrie, l'arceau isolé est la seule voûte qui s'exécute par claveaux sur un cintre, le berceau s'élève directement dans le vide. Bâtir une voûte à l'aide de cintres, passer par l'intermédiaire d'une construction en charpente pour arriver à un ouvrage définitif en maçonnerie, est un détour dont le constructeur égyptien n'a même point l'idée, il élève les murs sans échafaudages, les voûtes sans cintres : partout la pensée dominante est d'éviter les installations auxiliaires; les architectures primitives vont droit au but.

L'EMPLOI DU BOIS.

Le bois, si rare et si médiocre en Égypte, a toutefois son rôle :

On le trouve associé à l'argile dans des murs de défense tels que la forteresse de Semneh : l'argile constitue le corps du mur; le bois est employé sous forme de longrines qui font liaison et, en cas d'attaque, répartissent l'effet des chocs.

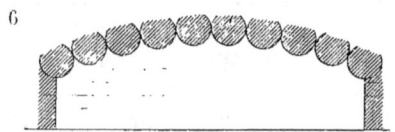

Dans les habitations vulgaires, les toitures étaient ce qu'elles sont aujourd'hui : des terrasses portées sur des troncs de palmier. A raison de leur faible résistance, ces troncs étaient posés absolument jointifs, et leur portée ne dépassait guère 2ᵐ ou 3ᵐ. Quelquefois on parait au danger des flexions en adoptant (fig. 6) un profil courbe où les rondins s'appuient les uns contre les autres et se raidissent mutuellement.

La fig. 7 montre, d'après un modèle conservé au Louvre, un pan de bois léger dont les panneaux sont à jour. En B nous représentons la construction avec les grillages qui remplissent les panneaux; en A, la charpente isolée.

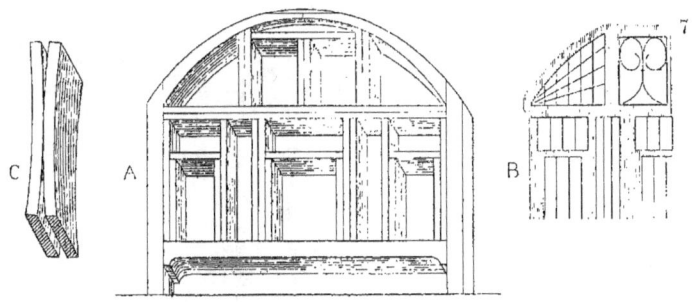

Des madriers minces se courbent, se « voilent »; le cœur du bois se contracte moins, de sorte qu'au seul aspect des madriers on peut reconnaître le sens de la courbure qu'ils vont prendre : le moyen de prévenir toute déformation est de les employer sous forme de pièces jumelles en adossant l'une à l'autre (croquis C) les faces qui tendent à rondir; les effets se neutralisent, et la pièce reste droite. De là probablement les pièces jumelles du pan de bois A.

Ci-contre (pag. 24) nous figurons un type de paroi fréquemment imité par la sculpture dans les tombes des premières dynasties; les données proviennent du tombeau de Phtah-Hotep (5ᵉ dyn.).

C'est, comme le pan de bois fig. 7, une construction à jour, une claire-voie, mais une claire-voie où l'on distingue de gros piliers qui contrastent par leur épaisseur avec la légèreté des pièces accessoires :

Il est peu vraisemblable que ces gros piliers soient de bois dans un pays qui en manque. Une décoration par bandes horizontales fait songer à la brique ; et, à l'appui de cette conjecture, on remarquera qu'une natte recouvre le pilier dans sa partie basse, où la brique crue et friable avait besoin d'une

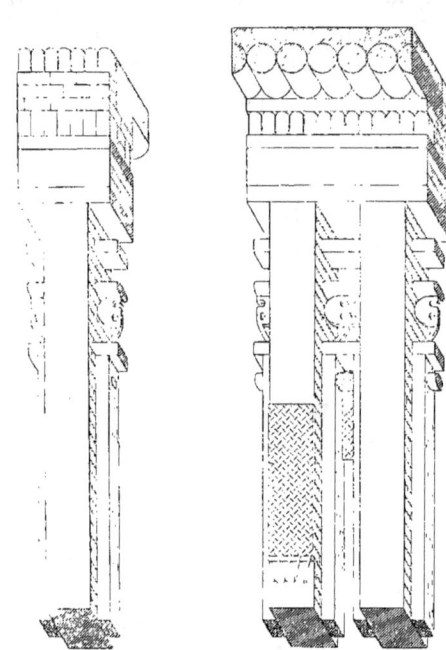

protection. Forcés d'épargner le bois qui est cher, les Égyptiens ont fait toute l'ossature en brique, réservant le bois, débité sous un très faible équarrissage, pour les détails de la claire-voie.

Les éléments de la construction paraissent donc être :
Des piles de brique ;
Des entretoises échelonnées à divers niveaux, qui traversent ces piles et les rendent mutuellement solidaires ;
Enfin des châssis bordant les vides et servant à garantir contre les chocs une matière aussi fragile que la brique crue.

La fig. 9 indique une variante de ce mode de construction. Les éléments en sont empruntés à des sarcophages dont le croquis N reproduit un fragment. Cette variété répond au cas de panneaux pleins en stipes de palmier. Le palmier est un bois trop mou pour être taillé à tenons : nous donnons en R le détail du seul assemblage qu'il comporte.

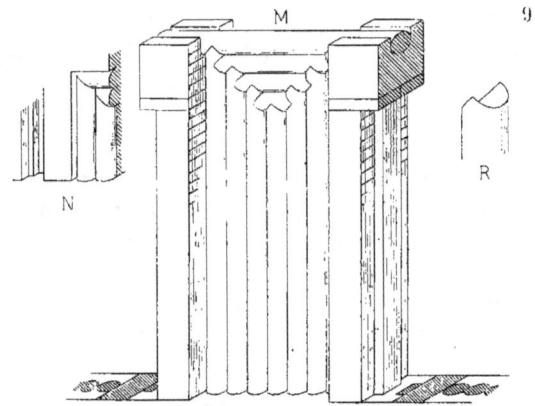

Les fig. 10 et 11 expliquent le rôle que les roseaux et les joncs du Nil jouaient dans la construction : on les employait (fig. 10 B) en fascinages comme défense le long des arêtes des murs de terre; le long des terrasses, l'argile était rete-

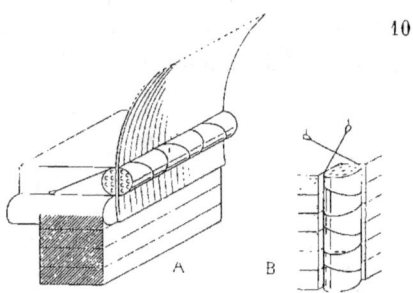

nue (A) par un cordon de fascines avec palissade en rameaux de palmier. La corniche égyptienne est la copie en pierre de ce couronnement en palmes, et l'ornement qui borde les arêtes un souvenir de la bordure en fascinage.

A l'aide de joncs on construisait (fig. 11 A) des fermettes d'édicules très indéformables : une bâche, une peau lestée sur son pourtour par des glands, était jetée sur cette charpente et constituait une sorte de dais. Plus tard, les formes de cet ouvrage de vannerie furent reproduites en métal et le dais prit l'aspect M ou N.

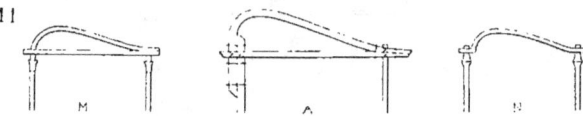

Comme détails de charpente légère ou de menuiserie, nous donnons fig. 12 les principaux assemblages usuels : assemblages à queue d'aronde (A), à prisonniers (B), à barres (C).

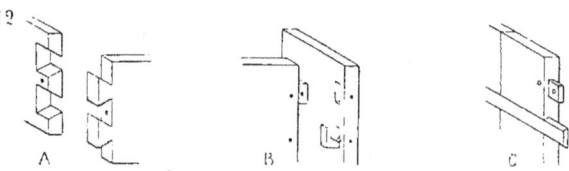

Enfin le diagramme fig. 13 indique des dispositions où intervient l'idée d'assurer l'invariabilité des angles par des pièces en écharpe : c'est seulement en Égypte que la haute antiquité offre l'application des combinaisons triangulées; pour les retrouver, il faudra descendre jusqu'à l'époque romaine.

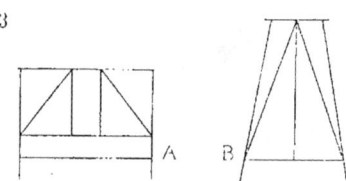

PROCÉDÉS GÉNÉRAUX DE LA CONSTRUCTION EN PIERRE.

Chez les Égyptiens l'édifice de pierre consiste, avons-nous dit, en une agglomération de salles dont le plafond est un dallage. Le cas le plus élémentaire est celui où les dalles du plafond franchissent sans appui intermédiaire l'intervalle de deux murs (fig. 14 A).

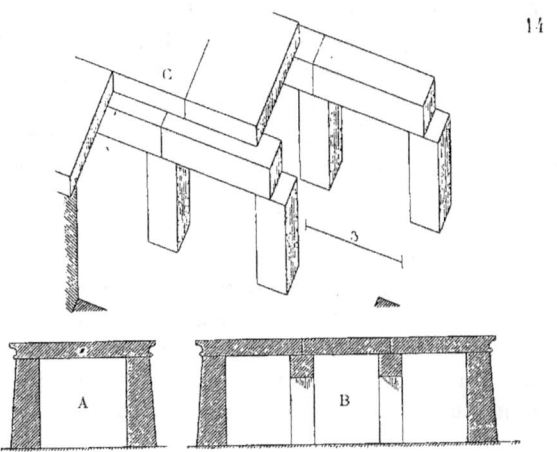

Les applications de ce type simple sont évidemment restreintes par la portée même des dalles. Dès que l'intervalle excède la dimension des pierres qu'on peut pratiquement mettre en œuvre (et il ne faut guère songer à dépasser des portées de 4 ou 5^m), les Égyptiens subdivisent cet intervalle par des rangées de piles B couronnées chacune d'un cours de poutres en pierre; et sur ces poutres ils font reposer les dalles de la toiture. L'exemple C est emprunté au plus ancien des temples connus, le temple du Sphinx.

Matériaux. — Les matériaux que les Égyptiens emploient habituellement sont des calcaires ou des grès ; dans les cas d'application simultanée des deux matières, le grès est d'ordinaire réservé pour les poutres. Le granit n'intervient qu'à titre exceptionnel, l'albâtre plus exceptionnellement encore.

Taille et pose. — Si l'on en juge par certaines colonnes inachevées de Karnak, les Égyptiens ne dressaient avant la pose que les faces de lits et de joints : les surfaces appa-

28 ÉGYPTE.

rentes, les parements se taillaient sur tas par une opération de ravalement dont la pratique s'est continuée dans l'art grec.

Mode de liaison des pierres. — En principe, les pierres se posaient à joints vifs, sans aucun lien artificiel : les scellements métalliques paraissent inconnus aux constructeurs de l'époque thébaine ; à peine recouraient-ils à des queues d'aronde en bois pour relier les pierres entre elles (Medinet-Abou, Abydos), ou pour consolider des blocs fissurés (obélisque de Luxor).

Le mortier ne se présente qu'à l'état de gangue terreuse, où l'on distingue un gypse assez mal cuit, quelquefois des tuileaux pilés ; il ne se rencontre que dans les massifs de remplissage (gros piliers de Karnak) ou dans le corps des pyramides. Le mortier de chaux n'est guère employé que comme enduit, ou bien comme mastic servant à réparer les pierres mal taillées.

Appareil, détails d'exécution des murs et des massifs. — L'appareil des murs et des colonnes, quelquefois assez négligé, n'a généralement rien de colossal : la pierre est mise en œuvre avec la hauteur d'assise que donne la carrière. Non seulement la hauteur des blocs varie d'une assise à l'autre, mais dans le cours d'une même assise il n'est pas rare

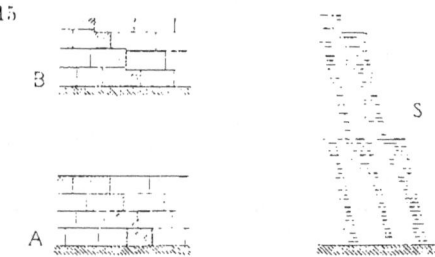

d'observer (fig. 15 B) de brusques changements d'épaisseur : les Égyptiens préféraient ces inégalités aux déchets qu'eût entraînés le réglage absolu des lits.

PROCÉDÉS.

Dans les grands massifs, en particulier dans les pyramides, on distingue trois modes principaux d'appareil indiqués par la fig. 15 :

L'appareil par assises réglées A ;
L'appareil à décrochements B ;
La construction par placages successifs S.

Ces appareils se présentaient d'eux-mêmes. On commençait une pyramide par un pyramidion central formant noyau, qu'on grossissait de proche en proche. Effectuer ce grossissement par continuation pure et simple des assises (croquis A), c'est s'imposer une sujétion coûteuse ; les décrochements (croquis B) atténuent cette sujétion, le système par placages successifs (solution S) la supprime : au lieu de raccorder assise par assise, il suffit d'araser à de rares intervalles les nouvelles maçonneries avec les anciennes. La masse est moins bien liaisonnée, mais il y a simplification dans le travail.

Souvent les lits de pierre des pyramides offrent des ondulations qui rappellent celles des murs d'argile figurés pag. 18 : dans les deux cas ces ondulations des lits tiennent à l'usage, comme moyen de direction, d'un cordeau qui fléchit. Pareille anomalie se retrouve aux quais d'Esneh, et toujours l'explication est la même : le cordeau directeur.

La plate-bande, la voûte par encorbellement et les rudiments de la voûte clavée. — Les plates-bandes, linteaux, architraves, sont des blocs d'une seule pièce, des poutres monolithes ; les pierres des plafonds, des dalles qu'on ne peut fractionner.

Ces dalles de grande portée sont fragiles :

Lorsqu'il faut compter avec de lourdes charges, on pare aux risques de rupture en établissant (voir ci-contre, fig. 16 B) deux, trois... plafonds séparés par des vides.

Ou bien on réduit la portée des dalles en élevant les pieds-droits par assises qui surplombent. C'est ce qui s'observe au couloir principal de la grande pyramide ; le croquis A (fig. 16) explique la façon dont on a procédé : un noyau de terre, pilonné entre les pieds-droits à mesure qu'ils s'élevaient, prévenait tout effet de bascule; et, pour laisser libre la galerie, on avait fait reposer ce noyau de terre sur un double plancher soutenu par des potelets dont les trous d'encastrement existent encore.

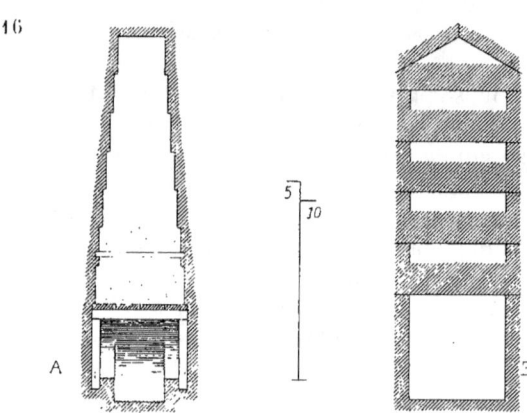

Les berceaux d'appareil fig. 17 (A Abydos, B Deïr-el-Bahri) appartiennent au système par encorbellement et répondent à la condition de s'exécuter sans cintrage :

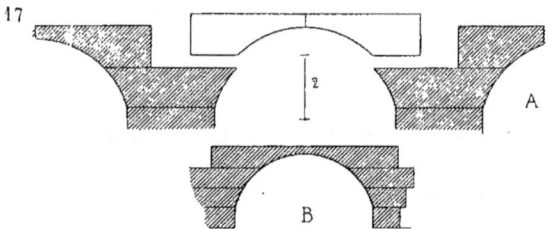

Afin de réaliser cette condition, on donne à chaque bloc en surplomb (section B) une queue qui lui permette de se tenir en équilibre; et, pour atténuer le poids de la partie qui s'avance en bascule, on l'élégit de manière qu'à un instant quelconque le centre de gravité de la masse soit soutenu : tout appui auxiliaire devient inutile; et, par le fait de l'élégissement, cet empilage équilibré prend l'aspect d'une voûte.

La grandeur des pierres n'est pas beaucoup moindre que si l'on eût bâti par plate-bande, mais les pierres, se supportant de proche en proche, sont beaucoup moins exposées à se rompre. Cette construction à contrepoids entraîne une dépense de matière que le système de la voûte clavée permettrait d'éviter, mais en revanche le berceau équilibré a le mérite de ne point exercer de poussées.

Quant à la voûte proprement dite, la voûte à poussées, nous ne l'apercevons qu'en germe. Dans les couloirs de la grande pyramide (fig. 16 B), il existe au-dessus du dernier plafond une décharge constituée par des dalles qui s'arc-boutent; c'est en réalité le premier rudiment de la voûte : la voûte réduite à deux voussoirs.

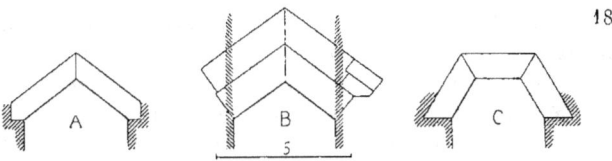

18

Cette voûte, à Deïr-el-Bahri, présente l'aspect fig. 18 A; à l'entrée de la grande pyramide, la voûte est double (B); dans la tombe dite de Campbell à Gizeh (C), le nombre des voussoirs s'élève à trois : c'est déjà la voûte clavée, mais les Égyptiens ne l'érigent point en système.

LE DÉTAIL DES PROCÉDÉS.

LES OUVRAGES EN ROCHE DURE.

Les grès et les calcaires de l'Égypte sont des pierres d'un travail facile et ne supposent point absolument l'outillage de fer; mais ce ne sont pas les seules roches que les anciens aient mises en œuvre : ils nous ont laissé des obélisques de granit, des cuves sépulcrales de basalte, des colosses en pierres les plus dures. Comment les ont-ils taillés ?

Les Égyptiens connurent longtemps avant les peuples de l'Occident l'usage du fer : M. Maspéro a retrouvé des outils de fer dans les plus vieilles pyramides ; et la pratique actuelle des faussaires qui contrefont les statues de basalte montre que la pointe de fer suffisait à de patients ouvriers pour façonner les matières les plus résistantes.

Indépendamment de l'outillage de fer, un des principaux moyens que les Égyptiens paraissent avoir employés, est celui même que nous pratiquons aujourd'hui, le « sciage au sable » : procédé qui n'exige comme instrument qu'une lame ou même un fil métallique, au besoin un simple cordeau, une planchette mince frottant sur du sable mouillé. Lorsqu'on attaque ainsi la pierre par sciage, peu importe la masse qu'il faut enlever : et cela explique ces colosses aux attitudes assises qui, dans tout autre système, eussent exigé un travail d'abatage inouï. Ce procédé ne se prête qu'au découpage par grandes faces planes : sans doute on lui doit ces larges plans d'épannelage (fig. 19) qui donnent aux figures de granit ou de basalte une simplicité de contours si caractéristique.

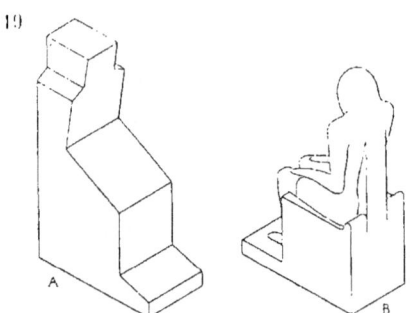

La pierre ainsi « débillardée », on ébauche le modelé par percussion. L'outil qui sert aux refouillements est une tige tournante frottant sur du sable et manœuvrée par un archet : un instrument de ce genre est conservé au musée de Berlin. Quant au poli, il s'obtient par frottement, comme le lissage des outils de silex aux temps préhistoriques. Nous trouvons ici toutes les méthodes de la gravure en intaille; or on sait que la gravure en intaille était connue dès la plus haute antiquité en Égypte aussi bien qu'en Chaldée : par l'intermédiaire de la gravure en intaille les procédés de la sculpture égyptienne se rattachent aux traditions mêmes de l'âge de la pierre polie.

LA MANŒUVRE DES PIERRES.

La plus grande difficulté que les Égyptiens aient su vaincre, est le transport et la mise en place de pierres gigantesques, telles que celles des architraves et des plafonds.

a. — Traction. — Au sujet des transports, les documents principaux sont la représentation d'un traîneau figuré dans les carrières d'El-Masara; à El-Berseh, la peinture d'un colosse en marche; et quelques vestiges de traîneaux conservés au musée de Boulaq.

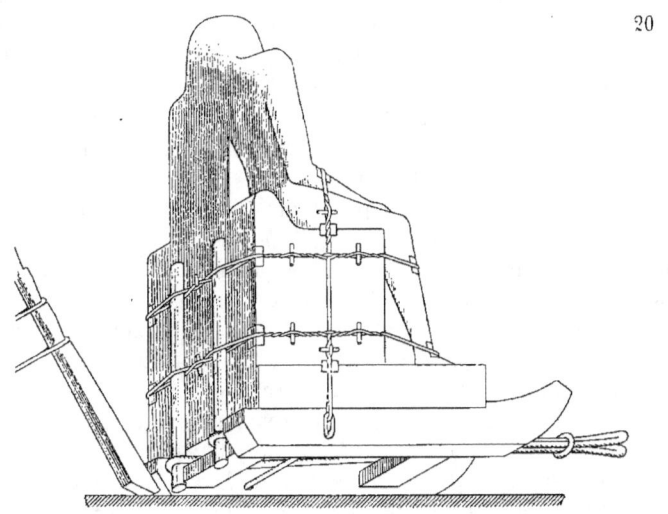

20

Au colosse d'El-Berseh, la traction a lieu à bras d'hommes agissant sur des câbles dont nous avons essayé (fig. 20) de reconstituer le mode d'amarrage.

Le traîneau d'El-Masara pose sans roues ni rouleaux sur une aire glissante; il est remorqué par des bœufs; et, grâce au mode d'attache indiqué fig. 21, le câble d'attelage fixe la

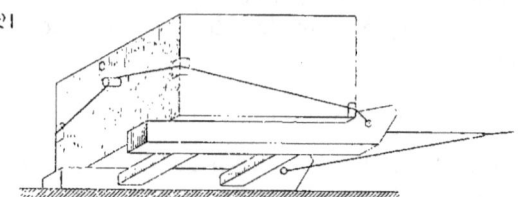

pierre sur son traîneau en même temps qu'il la fait avancer. Une cheville *c* était nécessaire pour ce mode d'arrimage : on retrouve dans les pierres de la grande pyramide le trou de tarière où probablement cette cheville était plantée.

Passons à la question du montage des pierres :

b. — Le hardage et la pose. — En décrivant la grande pyramide, Hérodote rapporte que les pierres furent hissées d'assise en assise au moyen « de machines faites de bois de petites dimensions ». Il est clair qu'une bigue suffisait pour la manœuvre indiquée par Hérodote : et il est probable que la machinerie des pyramides se réduisait à cet engin élémentaire.

Comparées aux architraves et aux dalles des plafonds des temples, les pierres des pyramides étaient d'un maniement aisé : pour les grands temples, Diodore nous apprend que le montage s'effectuait au moyen « de terrassements »; et les observations de Mariette à Karnak établissent en effet l'existence de rampes en briques crues sur lesquelles on a traîné les blocs du temple : il suffisait de remorquer à l'aide d'un cabestan installé au sommet de la rampe.

Les pierres ainsi élevées au moyen de plans inclinés, pour les amener à leur place définitive, le parti le plus simple était bien l'emploi des « terrassements » de Diodore. Dans les salles hypostyles des Égyptiens il y a tant de pleins et si peu de vides, qu'on dut songer à remplir ces vides d'un massif de briques sèches n'exerçant aucune poussée contre les murs, et s'exhaussant à mesure que les colonnes s'élèvent : on évitait ainsi la sujétion des échafaudages dans un pays où le bois fait défaut; et, à chaque instant du travail, on avait comme chantier une plate-forme où la manœuvre des pierres s'opérait aussi librement que sur le sol même.

On peut préciser davantage les détails :

Les papyrus Chabas contiennent des allusions à l'emploi du sable; nous-mêmes employons des sacs de sable pour les opérations de décintrement. Mariette a retrouvé un sarcophage à demi descendu dans la chambre souterraine destinée à le recevoir : la chambre était remplie d'un amas de sable qu'il a suffi d'enlever pour achever la manœuvre. L'usage des sacs de sable est d'ailleurs nettement décrit par Pline à propos d'un monument contemporain des premières relations de la Grèce avec l'Égypte, le temple d'Éphèse.

La fig. 22 rend compte de cet artifice :

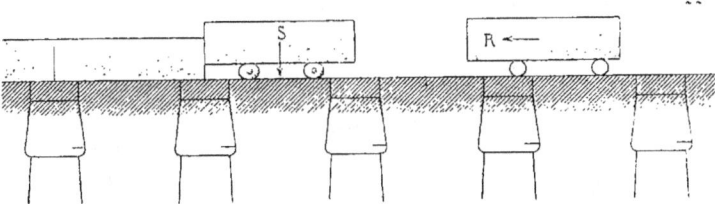

Nous prenons comme exemple la pose d'une architrave. Notre croquis montre le terre-plein arasé au niveau du sommet des colonnes. En R la pierre est représentée en marche sur rouleaux; en S les rouleaux sont remplacés par des sacs de sable : il suffit de vider ces sacs pour faire descendre le bloc sans à-coup à la place qu'il doit définitivement occuper.

Cas d'un obélisque. — Envisageons le cas d'un obélisque : partons de la carrière, et suivons le bloc jusqu'à sa mise en place.

L'extraction (nous en avons la preuve aux carrières d'Assouan) se fait à l'aide de rainures pratiquées dans la masse de granit et de coins de bronze chassés dans ces rainures.

La taille s'opère avec l'aide d'un cordeau directeur; et ce cordeau, ici encore, laisse la trace de sa flexion : les obélisques de Luxor (les deux) présentent chacun deux faces incurvées dans le sens qu'indique le croquis A fig. 23, c'est-à-dire dans le sens où le cordeau directeur a fléchi.

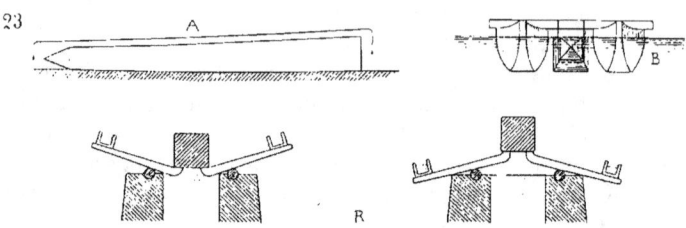

Sur le mode de transport, Pline nous a transmis un renseignement curieux : on profitait des crues du Nil pour enlever l'obélisque entre deux bateaux (B) et le faire sortir de la carrière. Pendant le transport par eau, le bloc immergé perdait plus d'un tiers de son poids.

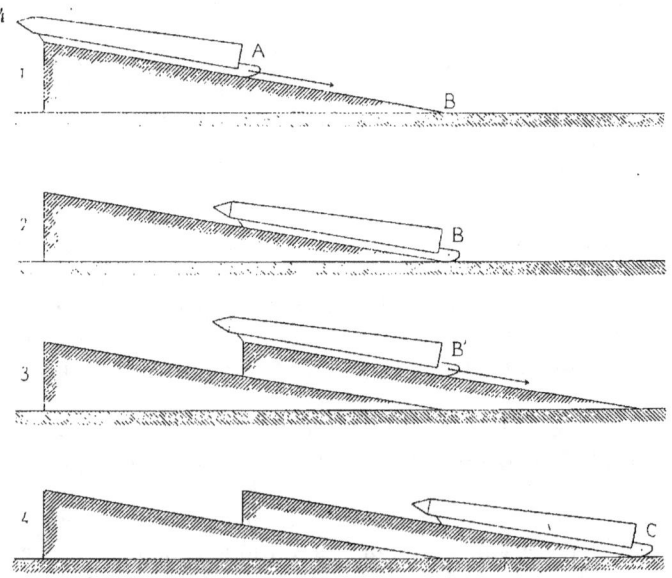

A terre, rien n'est plus simple que de faire cheminer l'obélisque ; il suffit de lui imprimer cette marche par échelons que nous avons décrite à l'occasion des blocs préhistoriques :

Soulever l'obélisque au moyen d'une série ininterrompue de leviers équilibrés (fig. 23 R);

Construire (fig. 24) une chaussée telle que AB, dont la surface sera rendue glissante par un glacis d'argile savonneuse du Nil ;

Amener l'obélisque de A en B par une traction qu'on peut réduire à volonté en réglant convenablement la pente;

Soulever de nouveau l'obélisque; de nouveau le faire glisser. Et ainsi de suite.

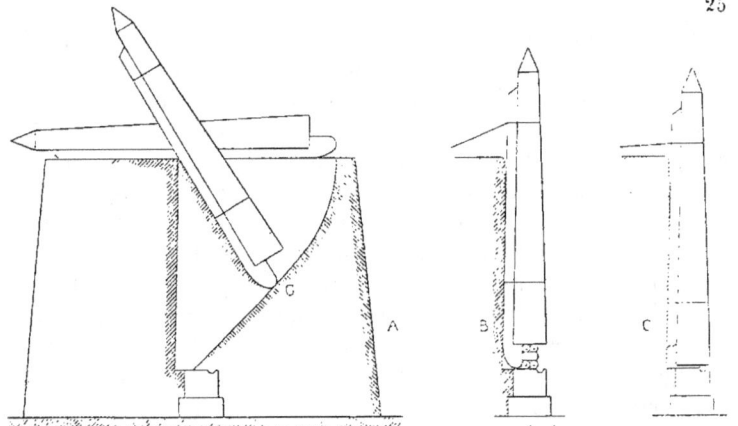

25

L'obélisque est arrivé à la place qu'on lui destine. Le dressage se fera, comme le transport, par les moyens que nous avons développés à propos de pierres levées; les opérations sont indiquées fig. 25, elles se résument ainsi :

Soulèvement progressif du bloc à l'aide de leviers équilibrés ;

Établissement en sous-œuvre d'une glissière G ;

Dressage du bloc par affouillement du remblai sur lequel il repose.

L'instant où le mouvement s'achève (croquis B et C) est le seul où la manœuvre devienne délicate. Des haubans de retenue arrêtent l'obélisque dans la position verticale ; et, grâce à la rainure R qui existe aux deux piédestaux de Luxor, les dernières opérations s'expliquent pour ainsi dire d'elles-mêmes; en voici la succession (fig. 26):

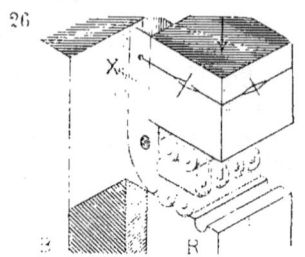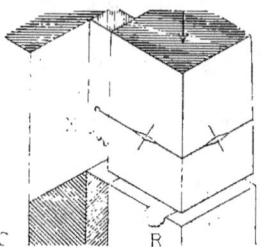

Calage sur sacs de sable (B); — Recepage de l'avant du traineau (C); — Vidange des sacs.

La difficulté est de se débarrasser de la toile qui s'interpose entre l'obélisque et son piédestal. Ici intervient la rainure R : aux derniers moments de la descente on loge dans cette rainure de petits sacs de sable qui reçoivent le poids de l'obélisque et permettent d'extraire les toiles; ces petits sacs, ouverts à leur tour, laissent dans la rainure leur contenu et leur enveloppe.

Toutes les opérations des architectures primitives ont cette simplicité. Elles exigent des bras, mais les bras ne manquent pas sous le régime autoritaire de l'Égypte. Elles exigent du temps, le temps n'est rien pour les Orientaux : elles sont de leur pays et de leur âge.

LES FORMES.

Il semble que, dans les architectures primitives, la forme doive tenir à la structure comme l'expression à l'idée : l'architecture de l'Égypte est loin de réaliser dans sa rigueur théorique cet accord entre la construction et la forme. Si haut que nous puissions remonter, nous trouvons la décoration déjà compliquée d'influences traditionnelles. La charpente prête ses formes à la maçonnerie de terre, celle-ci à son tour imprime une partie de ses caractères à la construction d'appareil : ces survivances, que nous avons aperçues même aux âges préhistoriques, peuvent seules expliquer la physionomie des monuments égyptiens ; partout il faut faire la part de la structure réelle, la part des traditions.

LA DÉCORATION DES MURS.

Murs d'argile. — Le mur de terre nous offre immédiatement un exemple de ces imitations de formes : dans les murailles de défense de Semneh on distingue une décoration par rudentures « en jeu d'orgue », qui n'est autre chose qu'un souvenir des panneaux en bois de palmier (pag. 25, fig. 9).

Les façades de maisons avaient leurs arêtes marquées (pag. 25, fig. 10) par des bourrelets de fascinage ; et le sommet, par une crête de rameaux maintenant l'argile des terrasses. Des assises en briques de champ, des enduits peints, des découpures de bois logées dans les baies, complétaient cette décoration.

Murs d'appareil. — En transportant à la construction de pierre les formes de la bordure et du couronnement des murs d'argile, les Égyptiens obtiennent au sommet de leurs murs d'appareil une corniche se profilant en gorge et, le long des arêtes, une moulure en baguette. Quant au parement, ils le règlent suivant un talus prononcé qui éveille l'idée de stabilité et de durée. Jamais de refends, rien qui accuse l'appareil : les panneaux sont des surfaces planes où se développent des hiéroglyphes, des légendes sacrées, des scènes de la vie du fondateur.

LES COLONNADES ÉGYPTIENNES.

Une ordonnance à colonnes consiste en un quillage, des poutres de pierre et des dalles de plafond. Examinons le parti que les Égyptiens surent tirer de cette donnée si simple :

a. — PILIERS ET ORDONNANCES EN IMITATION DE CHARPENTES.

Dans le temple du Sphinx, qui nous reporte aux premières dynasties, le pilier se réduit (pag. 27) à un prisme de pierre, sans base ni chapiteau; l'architrave, à une poutre rectangulaire.

Sous la 12ᵉ dynastie, dans les grottes sépulcrales de Beni-Hassan, la colonne (fig. 1 A) prend l'aspect d'un poteau à pans abattus terminé par un chapiteau en forme de planchette carrée, et soutient, par l'intermédiaire d'une mince architrave, un solivage en rondins de bois portant le ciel du portique.

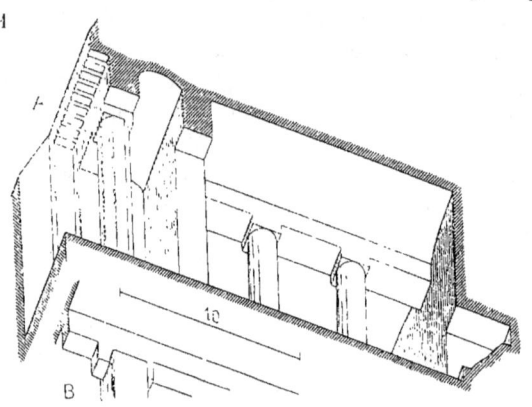

Cette disposition archaïque, qui a suggéré des rapprochements avec le dorique grec, semble se rattacher à une donnée de charpente, et paraît à première vue étrange dans une contrée où la rareté du bois n'a dû permettre qu'un développement tardif de l'art du charpentier. Selon une remarque que nous devons à M. J. Darcel, les circonstances où se présente pour la première fois cet ordre imitant la charpente, en expliquent fort naturellement l'aspect : il s'agit non de constructions élevées en plein air, mais de cavernes creusées dans le flanc d'une falaise, et dont le type serait la galerie blindée telle qu'elle se pratique pour l'exploitation des mines. A ce point de vue, la colonne est le poteau de mine ; le tailloir qui la surmonte est la planchette de calage ; l'architrave et les solives de bois rond représentent le poitrail et les rondins du blindage. Les formes sont tout indiquées, et leur analogie avec celles du dorique grec peut être purement fortuite.

Le croquis B indique une variante, également empruntée à la nécropole de Beni-Hassan, où le pilier se termine par une sous-poutre logée dans une entaille.

Les colonnes en forme de poteaux se perpétuent jusque sous la 18ᵉ dynastie, peut-être même plus tard : on les trouve à Deïr-el-Bahri dans les constructions d'Hatasou, et dans celles de Toutmès III, à Karnak ; quant à la corniche en imitation de charpente, elle ne paraît pas se continuer au delà de la 18ᵉ dynastie.

b. — ORDONNANCES LOTIFORMES ET FIGURÉES.

Forme générale des colonnes. — Dès les temps les plus reculés les Égyptiens employaient, concurremment aux supports carrés ou polygonaux, le pilier arrondi, la colonne : la colonne est indiquée, sous la 5ᵉ dynastie, dans les peintures du tombeau de Ti. Déjà elle se présente entièrement constituée ; et, par une circonstance étrange, ce n'est pas à ses fonctions, ce n'est pas à ses conditions de stabilité qu'elle emprunte ses formes, elle les demande au règne végétal : la forme des premières colonnes rappelle celle du lotus, cette belle plante presque semblable au nénuphar de nos étangs, dont les corolles flottent sur les eaux calmes de l'Égypte. Les architectes donnent au fût l'aspect de la tige du lotus, au chapiteau celui de la fleur ; tout, jusqu'au rétrécissement de la tige vers sa naissance, est imité aux dépens même de la solidité qui exigerait un ferme empattement à la base. Tantôt la colonne simule une tige isolée, tantôt un faisceau de tiges.

Comment les Égyptiens furent-ils conduits à l'adoption de ces formes végétales ? Peut-être en trouvaient-ils le modèle dans des huttes où les poteaux auraient été des faisceaux de tiges aquatiques. A Thèbes, deux piliers jouant le rôle de stèles décoratives ont leurs faces ornées de tiges de lotus à divers degrés de développement : peut-être ornait-on ainsi les piliers aux jours de fête, et le souvenir de ces fleurs appliquées eût éveillé l'idée de la colonne lotiforme. Quoi qu'il en soit, l'imitation du lotus est frappante ; et, pour compléter l'analogie, le lotus des colonnes suit dans ses transformations progressives celles de la plante dont il est l'image : les plus anciens chapiteaux reproduisent la corolle encore fermée, les plus récents la représentent pleinement épanouie.

A l'inverse de ce qui aura lieu dans l'art grec, l'extrême légèreté est le caractère dominant des plus anciennes colonnes : les colonnes sculptées dans le roc de Beni-Hassan sont de véritables fuseaux ; l'aspect massif ne commence que vers la 18ᵉ dynastie.

Entrons dans le détail de l'ordonnance.

La base, le fût. — Nous réunissons fig. 2 les types principaux du fût égyptien. Ce fût repose presque toujours sur un disque qui, chez les Grecs, deviendra la base.

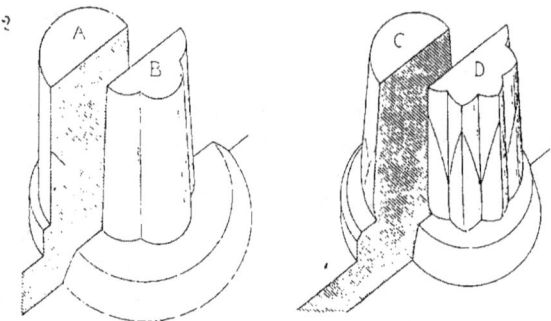

Tantôt le fût simule une tige isolée (A et C), tantôt (B et D) il imite un faisceau de tiges.

Les fûts du groupe A, B sont exactement coniques : la colonne forme une pile à empattement qui pose bien sur sa base ; les fûts du groupe C, D offrent ce rétrécissement irrationnel dont nous avons indiqué l'origine végétale ; et, pour que rien ne manque à l'image, on distingue à la naissance des tiges ces folioles qui dans la nature se développent au point d'insertion de la tige sur sa racine.

Ces divers types, fixés dès la 12ᵉ dynastie, sont simultanément en vigueur pendant toute la durée des dynasties thébaines.

Chapiteau. — La fig. 3 présente deux exemples du chapiteau en fleur de lotus sous sa forme originelle : l'un (A, Éléphantine) correspond à un faisceau de tiges, l'autre (B, Karnak), à une tige isolée. Dans les deux cas on reconnaît la fleur à l'état de simple bouton, les folioles encore fermées de la corolle. Dans le cas du faisceau, on distingue la ligature et de petites tiges comblant, à l'endroit de la ligature, les vides que les tiges principales laissent entre elles.

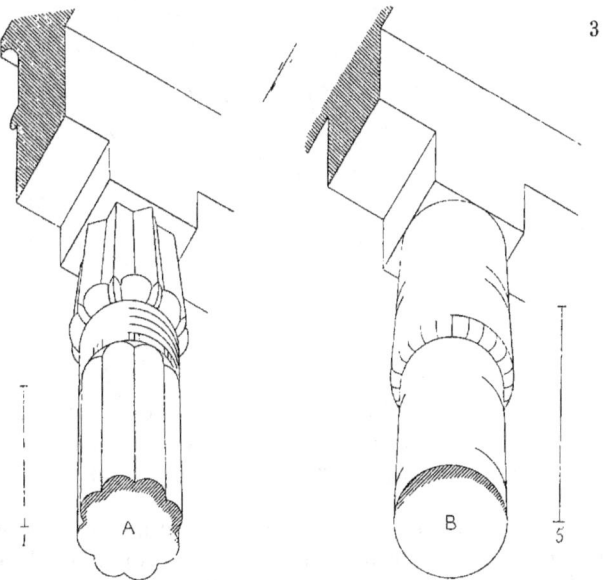

C'est vers la 18e dynastie, à l'époque des grands monuments de Thèbes, qu'on voit apparaître le chapiteau à corolle épanouie (fig. ci-contre). Jamais cette corolle ne porte directement l'architrave : entre les deux membres s'interpose un dé séparatif, un « tailloir » qui empêche les bords amincis de se briser sous la charge, mais empêche du même coup d'utiliser comme support de l'architrave l'évasement du chapiteau.

Ce chapiteau ne supplante que lentement le chapiteau en bouton de lotus : les deux variétés sont concurremment admises jusque sous les dernières dynasties pharaoniques :

on les trouve associées dans la salle hypostyle de Karnak, d'où provient l'exemple fig. 4; on les retrouve au Ramesseum,

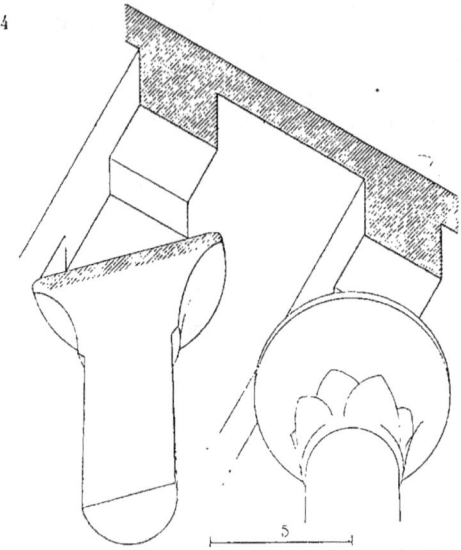

à Medinet-Abou. Toutefois le chapiteau en forme de fleur épanouie tend de plus en plus à prévaloir et, après la conquête macédonienne, c'est à peu près le seul qui subsiste.

Sous la 18e dynastie on rencontre, mais à titre exceptionnel, le chapiteau à corolle renversée (fig. 5 A, promenoir de Toutmès III); le chapiteau en forme de tête d'Athor, et aussi le chapiteau en feuilles de palmier, le premier ancêtre peut-être du corinthien grec.

Enfin, vers l'époque macédonienne (4e siècle avant notre ère), le chapiteau se complique dans ses formes, se modifie dans sa facture : les divers types de chapiteaux jusque-là employés isolément, se superposent les uns aux autres; les ornements, autrefois réduits à de simples gravures sans relief, commencent à se modeler, à se détacher en saillie; le feuillage prend une allure plus variée et plus libre : les exemples B (temple du

Sud à Karnak) et C (Dendérah) rendent ce caractère nouveau, qui persistera jusque sous la domination romaine.

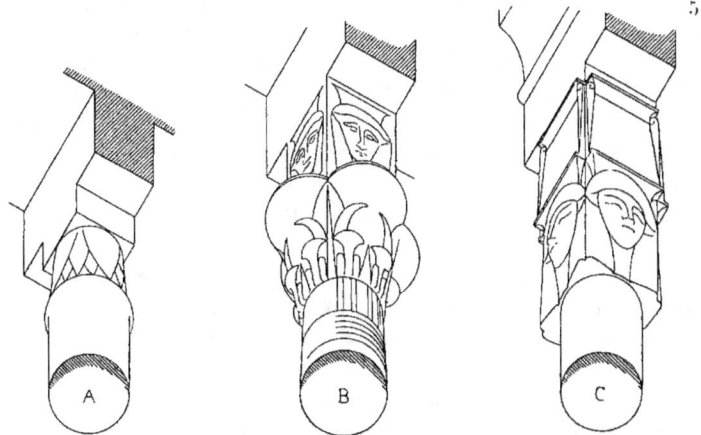

Il est à remarquer que jamais les formes de colonnes que nous venons de décrire ne s'appliquent aux piliers engagés : le pilastre a l'aspect d'une simple tête de mur, l' « ante » n'emprunte jamais les ornements de la colonne.

L'entablement. — L'entablement se réduit, pour les colonnades intérieures (B), à un cours d'architraves ou poutres à section rectangulaire. Pour les colonnades extérieures (C) l'entablement comprend, indépendamment de l'architrave, une corniche.

La corniche pose directement sur l'architrave : entre l'architrave et la corniche jamais les Égyptiens n'intercalent ce membre intermédiaire qui figurera dans les ordres grecs sous le nom de frise.

Quant au profil de la corniche, c'est celui que nous avons indiqué pour les murs : une gorge ou cavet régnant au-dessus d'une grosse baguette. L'origine de cette corniche (pag. 25) en explique à la fois la forme et les détails : la décoration du cavet rappelle des rameaux de palmier; celle de la baguette, une ligature en spirale.

Au point de vue des jeux de lumière, on ne pouvait imaginer un profil plus heureux. Le cavet C (fig. 6) trace au sommet de la façade une ligne noire et transparente dont l'allure horizontale se répète, comme pour s'affirmer davantage, dans l'ombre de la baguette inférieure. L'effet est net et franc, d'une simplicité saisissante. L'architecte a tracé sa corniche en tenant compte exclusivement des jeux de la lumière ; nous avons, nous, à remplir dans nos couronnements d'édifices une condition de plus, c'est d'écarter les eaux pluviales : nos corniches doivent faire revers-d'eau, le climat d'Égypte rendait cette complication superflue.

La corniche présente, suivant les époques et suivant la dimension des édifices, des variétés notables d'appareil :

Aux belles époques, l'appareil est absolument d'accord avec la forme ; le désaccord entre la forme et l'appareil est, pour l'art égyptien comme pour toutes les architectures, le signe des approches de la décadence.

La fig. 6 met en regard, à la même échelle, trois dispositions diverses de l'appareil :

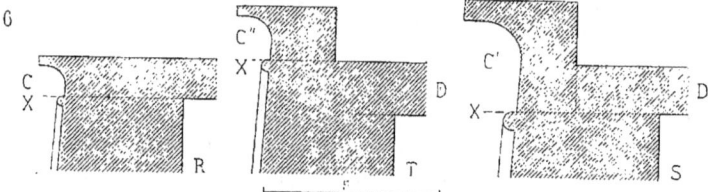

Dans le premier exemple, qui est le plus ancien des trois, le plan de lit X marque le dessus de l'architrave ; la gorge se présente comme la tranche même de la dalle du plafond : la vérité d'expression est absolue.

Avec l'exemple S les compromis commencent : on renonce à donner au plafond D l'épaisseur de la corniche ; le plafond se dissimule derrière une gorge C′ qui n'est plus qu'un ornement de rapport.

Enfin dans le cas T la gorge C″ repose sur la dalle de plafond D, et il ne reste qu'une forme sans rapport avec la structure ; la corniche est devenue un accessoire dépourvu de toute fonction réelle, l'architrave et la dalle du plafond se confondent pour l'œil en un membre unique coupé par un plan de lit. Ces licences ne se produisent guère avant la 19ᵉ dynastie.

LES ORNEMENTS MÉTALLIQUES.

Le métal a sa part et surtout son influence dans la décoration égyptienne : la parure d'orfèvrerie des édicules sacrés a fourni plus d'un modèle d'ornement à la grande architecture. Nous avons donné, pag. 26, fig. 11, deux exemples d'édicules métalliques où la colonnette se termine par un amortissement en campanule renversée : le chapiteau thébain A, pag. 45 n'est autre chose que l'agrandissement d'une de ces campanules d'orfèvrerie. Et comme souvenir de l'origine métallique, le chapiteau de Toutmès avait sa surface revêtue d'une enveloppe de cuivre.

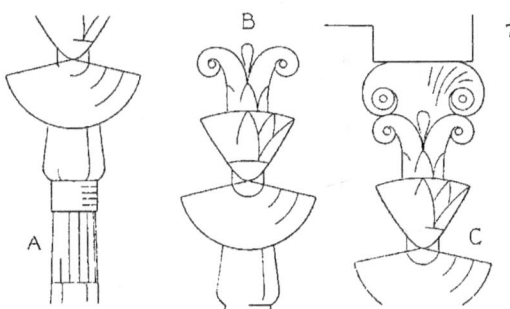

Nous reproduisons fig. 7 d'après Prisse les détails d'une colonnette plus ornée. Sa décoration consiste en une série de motifs distincts et étagés : cette superposition de motifs est précisément un des caractères de l'architecture monumentale à l'époque ptolémaïque. Ainsi (pag. 45, fig. 5) le chapiteau B présente au-dessus d'une corbeille de feuillage une tête d'Athor ; le chapiteau C, une tête d'Athor portant la silhouette d'un temple.

LA MODÉNATURE ET LE DESSIN ORNEMENTAL.

Nous avons vu aux âges préhistoriques l'art figuré prendre naissance avant l'architecture ; en Égypte, dans la décoration des monuments, c'est l'art figuré qui se constitue le premier. Le dessin ornemental ne viendra que plus tard; et la modénature, l'art abstrait d'accentuer les masses, ne commencera que vers la 12ᵉ dynastie.

Modénature. — Les effets de la modénature, chez les Égyptiens, reposent pour la plupart sur l'emploi de cette gorge à baguette qui est le profil de leurs corniches : ils l'adaptent aux bandeaux, aux couronnements des socles et des baies (P). Quelquefois (B) ils le surmontent d'une rangée de serpents dressés, et le profil sur lequel ces serpents se détachent peut être considéré comme le premier rudiment de la moulure en talon. A cela se réduit la modénature égyptienne.

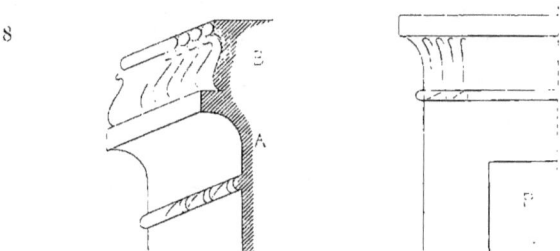

Le dessin ornemental. — L'âge archaïque, avons-nous dit, ne conçoit que le dessin représentatif : l'ornement ne se constitue que vers la 12ᵉ dynastie ; et, de ses débuts à ses dernières époques, toujours il présente ce style correct dont les exemples fig. 9 donnent l'impression.

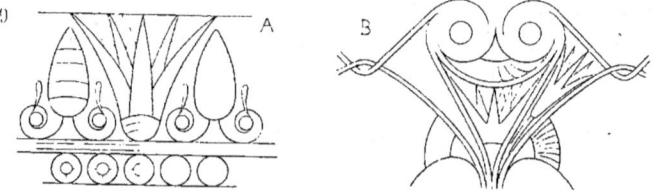

L'enroulement est un motif usuel de la décoration des panneaux ; pour les bordures, les éléments dominants sont la rosace et la palmette. Le trait est ferme, quelquefois un peu sec, et le contour s'enlève avec la netteté la plus parfaite sur un fond vigoureusement coloré.

LA DÉCORATION SCULPTÉE.

Statuaire et bas-relief. — Les figures sculptées qui ornent les édifices égyptiens sont ou des statues entièrement modelées, ou des images plates en bas-relief.

Dans les bas-reliefs les plus anciens (on en possède qui remontent à la 4º dynastie), les fonds sont légèrement champlevés; dès la 12º dynastie, l'usage de champlever les fonds devient moins général; vers la 18º, les figures cessent d'être champlevées et se dessinent presque toujours — comme à l'obélisque de Luxor — « en relief dans le creux ». A partir de la 19º dynastie, les deux procédés sont concurremment admis.

Ces figures sans saillie sont moins exposées aux mutilations et à l'action destructive du temps; peut-être aussi doit-on reconnaître en elles une tradition : le souvenir des seuls ornements que pussent admettre les constructions d'argile, une gravure à peine modelée.

Qu'il s'agisse de bas-reliefs ou de statues, le caractère expressif diffère profondément d'une époque à l'autre. Libre et vrai dans ses premières manifestations, l'art égyptien offre à ses débuts des représentations humaines qui ont avant tout les mérites du portrait : la personnalité et la vie. Les membres sont détachés, la physionomie individuelle, le style exempt de toute convention.

Ces statues primitives, les plus animées que l'art ait jamais produites, sont de bois tendre ou de calcaire : dès que le sculpteur s'attaque aux roches dures, la statuaire se transforme. Alors apparaissent (pag. 32) ces figures immobiles où les masses s'inscrivent dans un épannelage à larges surfaces planes, où les membres sont délimités par un trait de refouillement presque inflexible accusant un travail d'ébauche qui ne donne que des lignes droites et des plans. N'est-ce pas en effet le procédé qui imposa ces contours presque géométriques de la statuaire? Il y avait une simplification énorme à choisir des formes dont l'ébauche résultât de quelques traits de sciage; là serait l'origine de cette sculpture rigide. Le modelé s'obtenait par percussion : on ne pouvait détacher un relief sans s'exposer à éclater la pierre ; de là ces membres soudés au corps, de là cette attitude immobile des statues dont la matière est le basalte ou le granit.

Les figures antérieures aux dynasties thébaines concilient la dignité du style avec le charme d'expression le plus pénétrant (statue de Chefrem, grand sphinx de Gizeh, sphinx du Louvre). Sous les 18ᵉ et 19ᵉ dynasties, l'aspect solennel de la statuaire s'accentue, le sculpteur substitue au modèle réel un type convenu, la statue devient un membre de l'architecture, ses lignes prennent la rigidité des contours d'un temple : nous sommes à l'époque des files de colosses adossés aux piliers des portiques, des rangées de sphinx ou de béliers qui font avenues devant les frontispices. La statuaire conservera ce caractère monumental jusqu'à ses dernières époques, mais en reprenant sous le princes saïtes de la 26ᵉ dynastie des élégances d'expression qui rappellent l'art de l'ancien Empire.

LA DÉCORATION PEINTE.

Les Égyptiens n'admettent pas que l'effet d'un monument réside tout entier dans l'abstraite harmonie des lignes : dans l'art égyptien comme dans la nature nous trouvons partout la couleur associée à la forme. Non seulement les bas-reliefs sont peints, mais des tons vigoureux rehaussent, même sur les façades extérieures, le dessin des édifices. Un enduit léger recouvre la pierre ; et, sur cet enduit, le vert, le jaune franc, le bleu jouent dans les profils, les plafonds, les chapiteaux, et toujours les couleurs sont appliquées à plat.

Des incrustations de disques émaillés, des revêtements en plaques de faïence interviennent dans les décorations les plus anciennes : à la pyramide de Sakkarah, la principale chambre avait une paroi tapissée de carreaux d'émail dont plusieurs sont conservés dans les collections de Londres et de Berlin.

Pendant toute la période qui précède la 18ᵉ dynastie la peinture, aussi bien que le bas-relief, emprunte ses sujets presque exclusivement aux scènes de la vie civile et de l'histoire : point de représentations peintes de personnages divins ; la mythologie figurée ne commence guère avant la 18ᵉ dynastie.

Les plafonds simulent des ciels d'un bleu profond ornés de semis d'étoiles ou de vols de vautours. Sur les parties basses des murs se dessinent des tiges végétales qui semblent sortir du sol ; le reste des parois est occupé soit par des tableaux, soit par des inscriptions hiéroglyphiques : la peinture hiéroglyphique envahit jusqu'au champ des corniches, jusqu'au fût des colonnes, jusqu'aux ébrasements des baies. Un simple trait cerne les figures et arrête les contours. Jamais de trompe-l'œil, rien que des silhouettes : une sorte de tapisserie sous laquelle les formes architecturales gardent toute leur netteté. En somme la peinture, aussi bien que la sculpture en bas-relief qu'elle rehausse ou supplée, est moins un art à part qu'un auxiliaire, un complément de l'architecture. Toutes les architectures de l'Orient ont appelé ainsi la couleur à leur aide. Dans nos contrées où le ciel est pluvieux, la couleur appliquée à l'extérieur des édifices ne saurait durer, et le goût nous prévient contre une décoration qu'instinctivement nous jugeons éphémère ; mais en Égypte, sous le ciel le plus conservateur qui soit au monde, la peinture est durable : les Égyptiens l'ont admise, les Grecs après eux l'ont adoptée ; et il est à croire que, sur ce point comme dans toutes les questions d'art, le goût n'a pas à désavouer les exemples de ces maîtres.

LES LOIS DE PROPORTIONS, LES ILLUSIONS OPTIQUES.

PROPORTIONS.

Les proportions des édifices sont-elles régies par ce vague sentiment de l'harmonie qu'on nomme le goût, ou bien résultent-elles de procédés de tracé définis et méthodiques ?

Si l'on compare les parties d'un monument égyptien, ordinairement on constate entre leurs dimensions des rapports d'une remarquable simplicité : des rapports tels que ceux de 1 à 2, de 3 à 5. Et presque toujours on trouve entre ces dimensions une commune mesure qui les rend toutes exprimables en chiffres simples.

Il est un cas où une commune mesure s'impose, c'est le cas où l'édifice est exécuté en brique. Les carreaux d'argile sont d'échantillon uniforme, et pour les employer sans déchet il faut admettre comme dimensions des multiples exacts de la brique : la brique est une commune mesure, un « module » obligé.

Dans la construction d'appareil il faut compter avec une convenance de chantier moins impérieuse peut-être mais de même ordre, celle d'exprimer les dimensions en cotes entières : on n'obtient qu'à cette condition un travail courant et régulier. Les Égyptiens étaient en possession d'un système de mesures bien arrêté : leur instinct pratique devait les conduire à rapporter toutes les dimensions à l'unité métrique. L'unité métrique constituait ainsi entre les dimensions une commune mesure pour ainsi dire inévitable ; et, l'idée de mesures, de rapports une fois introduite, les rapports les plus simples étaient ceux qui se présentaient le plus naturellement à l'esprit : la métrique menait fatalement aux lois de rapports simples.

Relations arithmétiques. — La fig. 1 montre comment cette idée de rapports simples s'applique aux monuments égyptiens.

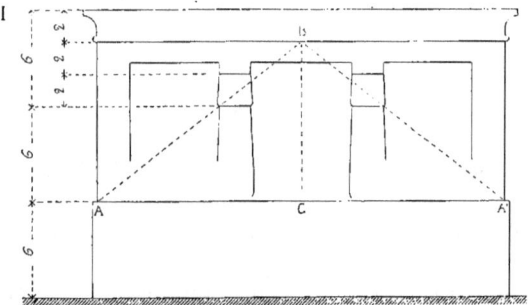

Cette figure est le diagramme d'un temple que les architectes de l'expédition d'Égypte ont mesuré avec un soin extrême, le temple d'Éléphantine; les relations de grandeurs qui s'y manifestent sont les suivantes :

La hauteur totale se partage en trois divisions égales :
1° Soubassement,
2° Fût,
3° Partie au-dessus de la naissance du chapiteau.

Cette dernière partie à son tour se subdivise en trois :
1° La corolle du chapiteau,
2° Le tailloir et l'architrave,
3° La corniche.

Et chacune de ces sous-divisions s'exprime en nombre rond au moyen de l'unité de mesure qui est le pied de $0^m,36$: chacune répond exactement à 2 pieds; nous trouvons à la fois les rapports simples et les cotes entières : tout l'essentiel des procédés de proportion est là.

Relations géométriques. — Les Égyptiens ne se contentaient pas de ces relations de chiffres : les tracés élégants plaisaient à leur esprit géométrique et jouaient un rôle dans les combinaisons de leur architecture. On connaît cette vieille solution du problème du « trait carré » où l'angle droit s'obtient à l'aide d'un triangle dont les côtés sont entre eux comme les nombres 3, 4 et 5. Le traité sur Osiris qui porte le nom de Plutarque nous apprend que ce triangle à côtés commensurables était regardé comme sacré par les Égyptiens; et souvent ils le firent intervenir. Ainsi, lorsqu'ils eurent à tracer les voûtes pag. 20, voici (fig. 2) comment ils procédèrent :

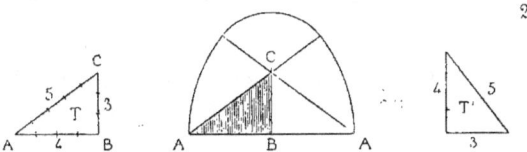

Les triangles ABC étant des triangles « égyptiens », ils ont obtenu la courbe par trois coups de compas, en plaçant les centres successivement aux sommets A, C, A.

ÉGYPTE.

Étendue au tracé des édifices, cette idée conduit à régler les contours de telle sorte qu'un triangle à définition géométrique simple y soit inscriptible ; et parmi les triangles ainsi employés comme régulateurs des proportions, les plus usités seraient le triangle dont les côtés sont entre eux comme 3, 4 et 5 (triangle T ou T' de la fig. 2), ou bien (fig. 3) les triangles qu'on engendre en associant ensemble des côtés re-

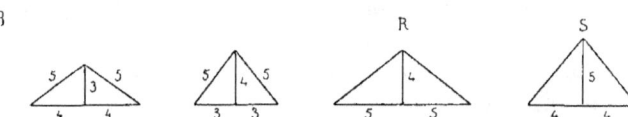

présentés par les nombres 3, 4, 5 : au temple d'Éléphantine, c'est le triangle R qui paraît imprimer sa proportion à l'ordonnance, et le diagramme fig. 1 (pag. 52) indique la façon dont il s'inscrit dans la façade.

Indépendamment de ces dérivés du triangle 3, 4, 5, on a signalé les triangles représentés fig. 4 par les tracés E, G et M :

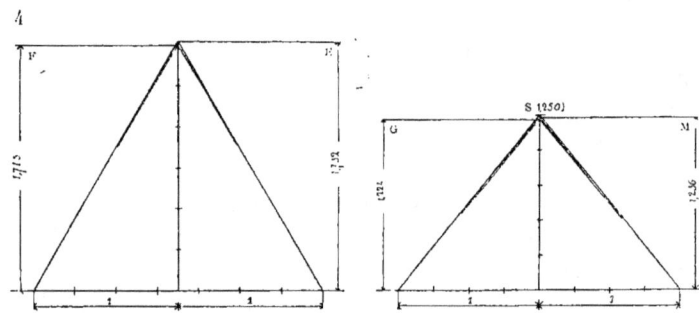

E : triangle équilatéral ;
G : triangle obtenu en coupant par un plan diagonal une pyramide telle que celle de Chéops, dont le profil est un triangle équilatéral ;
M : triangle dont la hauteur résulte du partage de la base en moyenne et extrême raison.

L'emploi de ces triangles paraît à première vue exclure

l'idée d'une commune mesure, d'un module, et semble en contradiction formelle avec le principe des rapports simples : nous nous trouverions ainsi en présence de deux méthodes de tracé, l'une par les chiffres, l'autre par les triangles : deux méthodes dont une serait la négation de l'autre.

Conciliation des deux méthodes arithmétique et graphique. — Il est curieux de reconnaître qu'en fait la méthode des triangles et celle des rapports modulaires concordent à très peu près entre elles et que, dans la limite des approximations usuelles, l'emploi des triangles fournit des cotes sensiblement en rapport simple : qu'en d'autres termes les deux méthodes n'en font qu'une.

Cette remarque est due à M. Babin, et la fig. 4 rend saisissables les rapprochements qui la justifient :

Dans le groupe E, F nous superposons au triangle équilatéral un triangle où la hauteur correspond aux 6/7 de la base ; les contours se confondent presque, et les cotes permettent de chiffrer l'écart. Un triangle dont la hauteur serait 7 et la base 8 ne différerait guère plus du triangle équilatéral.

Dans le groupe G, S, M nous superposons les triangles G, M et le dérivé S du triangle égyptien. Même accord : la conséquence de cet accord, c'est de concilier dans la pratique les deux procédés qu'on a trop souvent opposés l'un à l'autre ; les résultats auxquels ils aboutissent sont les mêmes. Il faudrait un monument d'une exécution bien parfaite et des mesures d'une précision bien rare pour permettre de distinguer d'un tracé purement arithmétique un tracé obtenu par des combinaisons de triangles. Construisez un triangle équilatéral ou prenez une hauteur égale aux 6/7 de la base, les traits se confondront. Partagez une ligne en moyenne et extrême raison, ou bien divisez-la en deux parties dans le rapport de 5 à 3, pratiquement le résultat sera le même : le rapport de 5 à 3, celui de 6 à 7 avaient le mérite de concilier des relations arithmétiques simples avec des propriétés géométriques remarquables. Le fréquent retour des proportions qui concordent avec des triangles tels que ceux de la fig. 4 donne à penser que ces triangles ont réellement servi de guides ; de sorte que la méthode paraît s'énoncer ainsi :

Les Égyptiens s'attachaient aux proportions modulaires, aux rapports simples ; et, parmi les rapports simples, ils adoptaient de préférence ceux qui cadrent avec des constructions géométriques simples : choisir parmi les proportions modulaires celles qui concordent avec d'élégants tracés était éveiller pour ainsi dire une double impression d'harmonie.

Appréciation de la méthode. — Essayons maintenant de nous rendre compte de la valeur de la méthode :

Au point de vue pratique, les rapports arithmétiques ou les tracés dérivant des triangles se prêtent à ces énoncés simples qui matérialisent pour ainsi dire la pensée de l'architecte, aident à la transmettre sans le secours de l'écriture, permettent de fixer des règles et de les perpétuer par l'enseignement.

Plus grande encore est l'importance de la méthode au point de vue de l'harmonie des formes. L'idée d'unité dans une œuvre d'art est celle d'une loi qui domine tout l'ensemble : nous sentons l'existence de cette loi alors même que nous en ignorons la formule ; en dehors de toute théorie, en musique un accord faux, en architecture une faute de proportion nous choque comme une dérogation à une loi d'harmonie dont nous portons en nous le sentiment instinctif. Que cette loi, en architecture, soit géométrique ou numérique, peu importe : avant tout il faut une loi.

Parmi ces lois, celle des rapports simples paraît tout indiquée. Elle n'est pas spéciale à l'architecture : dans les accords musicaux elle règne entre les nombres de vibrations ; dans la mélodie, c'est la mesure ; dans la versification, c'est le rythme. Les plus anciennes productions de l'architecture sont des œuvres rythmées ; et cela résume à la fois le principe du système et les applications qu'il comporte. Sommes-nous tenus, puisque les Égyptiens et après eux les Grecs ont réalisé l'harmonie par ces combinaisons modulaires, de les appliquer nous-mêmes? Pas plus que nous ne sommes tenus de mettre le rythme prosodique dans notre langage : mais on ne saurait nier que, lorsqu'elles existent, ces formes rythmées éveillent en nous l'idée d'ordre, qui n'est pas loin de l'idée du beau.

LA SYMÉTRIE, LES EFFETS DE RÉPÉTITION, LES ILLUSIONS OPTIQUES.

Un des grands moyens d'expression de l'art égyptien, est la répétition des mêmes motifs : enfilades de colonnes, rangées de sphinx ou de statues d'attitude uniforme; partout on sent la tendance à frapper par ce moyen, le plus puissant peut-être dont dispose l'architecture.

La symétrie est aussi un des traits dominants de l'art égyptien. Aucune architecture ne vise autant que celle de l'Égypte à l'exacte correspondance des masses, aucune peut-être ne sait mieux en sacrifier la réalité pour en obtenir l'apparence. Le plan de Luxor présente des cours en forme de rectangles très altérés : les Égyptiens savaient combien l'œil est mauvais juge des angles en plan, et ne reculaient pas devant ces légères incorrections qui échappent au spectateur. Les obélisques A et B (fig. 5) autrefois dressés devant l'entrée du temple, étaient fort inégaux : pour produire l'illusion de deux obélisques égaux, l'architecte plaça le plus petit B dans un plan plus avancé.

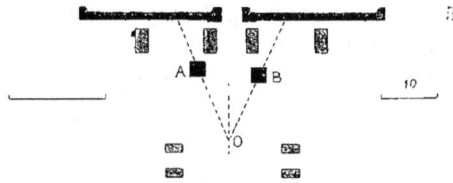

La cour du Ramesseum offre l'exemple d'un effet de profondeur obtenu en profitant du relief du sol pour réduire la hauteur des colonnes à mesure qu'elles s'éloignent : c'est de nos jours un artifice courant de décoration théâtrale.

ÉGYPTE.

Les Égyptiens ont poussé l'analyse des illusions optiques à un point que les Grecs seuls dépasseront. Ils connaissaient, ainsi que l'a montré M. Pennethorne, cette singulière déformation qui se produit lorsqu'on regarde une longue ligne horizontale telle que celle d'une architrave : la ligne paraît fléchir en son milieu. Les Grecs compenseront cette illusion en donnant à l'architrave un bombement en sens inverse de la déformation apparente (fig. 6 P). Au temple de Medinet-Abou, le bombement n'existe pas, mais l'architrave présente en plan une courbure telle qu'indique le croquis M : comme effet perspectif, le résultat est le même et, dans les deux cas, les courbures sont à peine accusées : dans les diagrammes fig. 6 elles ont dû être exagérées de beaucoup pour devenir lisibles.

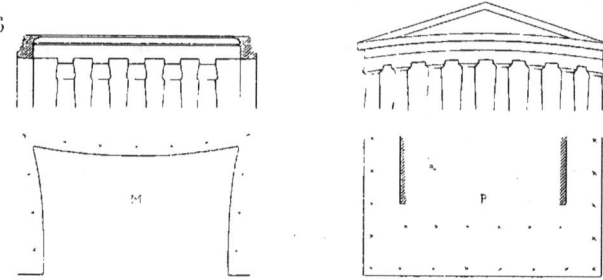

Nous reviendrons à propos de l'art grec sur ces altérations intentionnelles des lignes géométriques, sur ces recherches de pure nuance qui témoignent d'un art si délicat et si sûr de ses moyens : contentons-nous ici d'indiquer la communauté des tendances, et cette pénétrante analyse des effets dans une architecture qui devance de dix siècles les premiers essais de l'art grec.

LES MONUMENTS.

Les édifices de l'Égypte se classent en deux groupes bien distincts : d'un côté, les habitations ; de l'autre, les tombeaux et les temples. Les bâtiments d'habitation, éphémères comme la vie, comportent des matériaux peu durables : de l'argile, du bois ; les autres, faits pour l'éternité, destinés à consacrer les croyances religieuses ou le souvenir des morts, présentent seuls cette structure impérissable que l'on prête trop volontiers à l'ensemble des monuments de l'antiquité égyptienne.

LE TEMPLE.

Dispositions d'ensemble. — Une description de Strabon nous fait connaître le programme général du temple égyptien.

Le temple, réduit à ses éléments essentiels, répond au tracé fig. 1 et comprend les divisions suivantes :

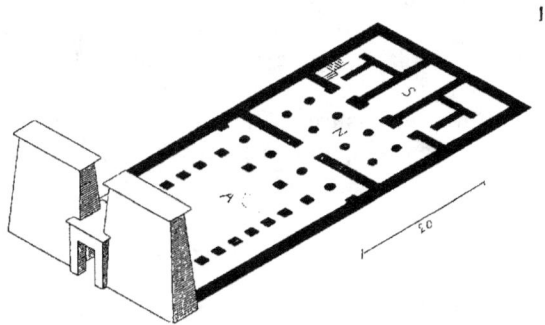

Un sanctuaire S, séjour impénétrable du dieu (le « secos »); c'est la partie la plus retirée de l'édifice.

Autour du sanctuaire se groupent diverses pièces de service, et en avant se présente la grande salle du temple, le « naos » N, accessible seulement aux initiés.

La salle N est à son tour précédée d'une vaste cour C bordée de portiques : c'est l'espace livré à la foule des adorateurs.

L'exemple fig. 1 provient d'un temple de second ordre englobé dans le grand ensemble de Karnak.

On ne saurait imaginer un programme plus nettement écrit ; et cette donnée si simple se prête au plus haut point à la gradation des effets, à l'impression du mystère. Dans la plupart des temples, à mesure qu'on approche du sanctuaire, le sol s'élève et les plafonds s'abaissent, l'obscurité croît et le symbole sacré n'apparaît qu'environné d'une lueur crépusculaire.

Le sanctuaire. — Le sanctuaire est presque toujours une cellule rectangulaire, sans autre décoration que la gravure de ses parois : des bas-reliefs ou des inscriptions. La statue colossale que nous trouvons au fond du temple grec n'existe pas dans le temple égyptien; le sanctuaire, quelquefois vide, ne contient d'ordinaire que des fétiches ou des symboles : des arches, des barques sacrées et des tables d'offrandes qui paraissent tenir lieu d'autels.

Il existait des sanctuaires monolithes de granit.

A Karnak, un corridor isole le sanctuaire des pièces qui l'entourent, et le plafond de granit est surmonté (fig. 2) d'un second plafond en dalles de grès. Une couche d'air sépare les deux toitures et assure à l'intérieur la meilleure des protections contre les températures extrêmes, celle des doubles enveloppes.

Les grandes salles. — C'est dans les salles situées en avant du sanctuaire, que l'architecture déploie toutes ses ressources. La salle de Karnak (fig. 3 et 4) est grande comme moitié de la cour du Louvre. Couvrir un tel espace est chose facile grâce aux files de piliers qui le partagent en travées étroites : toute la question est de l'éclairer.

Jamais les murs latéraux ne sont percés de fenêtres : on tient plus élevées les deux files de colonnes du milieu, ce qui permet de ménager (fig. 3) une claire-voie par où le jour pénètre. Des jours supplémentaires sont fournis par des soupiraux établis le long des murs : dès l'époque du temple du Sphinx, ces soupiraux sont en usage. Au Ramesseum, des trous verticaux existent de distance en distance dans les dalles mêmes de la terrasse. Au reste, le rôle de ces ouvertures auxiliaires est moins peut-être d'éclairer que d'aérer.

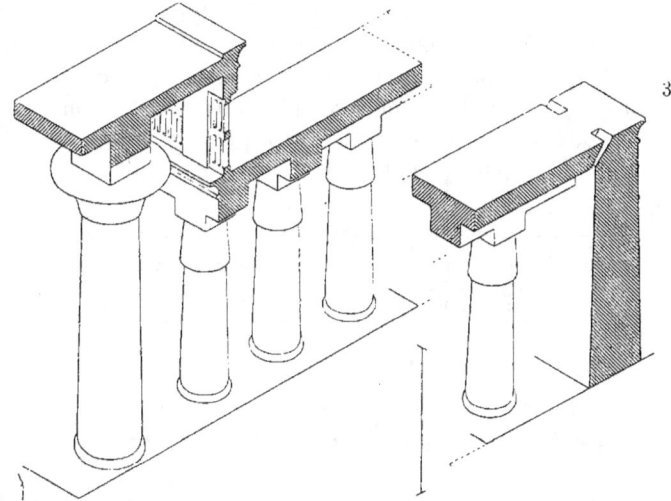

Comme décoration, on donne habituellement aux files centrales de colonnes la forme du lotus épanoui, les autres colonnes conservant la forme archaïque en bouton de lotus.

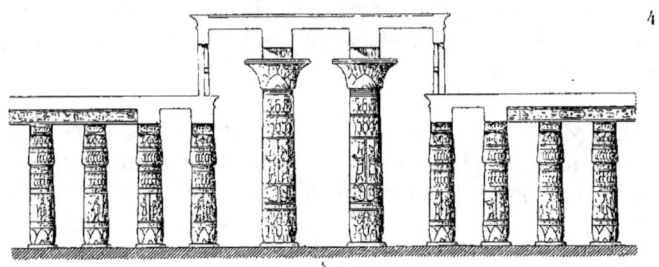

Quant à la façade qui clôt la grande salle et lui sert de

frontispice, c'est parmi les éléments du temple celui qui se modifie le plus suivant les dates :

Sous les dynasties thébaines, la façade consiste en une simple muraille, avec une porte unique laissant seulement entrevoir l'intérieur : c'est la règle, mais les exceptions sont nombreuses. Ainsi à Qournah, dès la 18ᵉ dynastie, la grande salle, au lieu de se terminer par une paroi pleine, s'annonce du côté de la cour par une colonnade ouverte. Puis ce parti se généralise et, au moment où l'Égypte entre en relations avec le monde grec, le frontispice en forme de colonnade devient le type usuel et passe de l'Égypte à la Grèce.

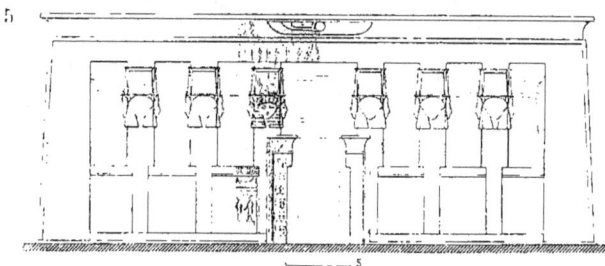

Nous empruntons l'exemple fig. 5 au temple relativement récent de Dendérah : la clôture se réduit à un bas écran de pierre interposé entre les colonnes. Même parti à Philæ, à Esneh, etc.

Souvent une salle hypostyle est une cour couverte après coup : dans ce cas le frontispice de la salle n'est autre que celui de la cour qu'elle remplace, le pylône.

Avant-cour et pylône. — Les bâtiments de l'avant-cour sont des portiques, quelquefois doubles ou triples en profondeur, qui se développent le long des rives; et, à l'entrée, le pylône se dresse comme une masse gigantesque qui annonce au loin le temple.

L'aspect ordinaire du pylône est celui de la fig. 6 : une haute muraille à talus très accentué. Au-dessus de la porte, le massif s'interrompt : on évite ainsi de surcharger le linteau. Souvent même on supprime ce linteau et l'on réduit la baie à ses jambages. Une corniche en gorge forme le couronnement, et les parements sont couverts de bas-reliefs : aucun espace

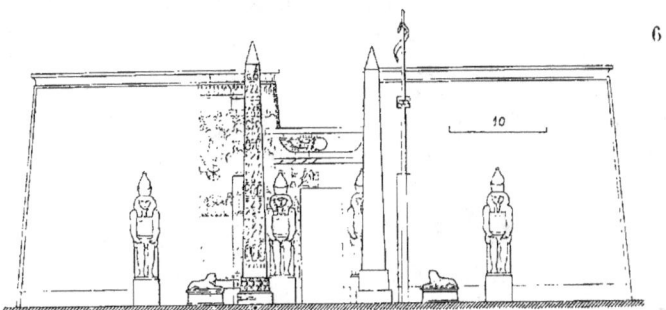

6

ne reste vide, la sculpture enveloppe l'architecture, mais sans l'écraser jamais, sans jamais rompre la sévère continuité de ses lignes. Devant le pylône sont plantés des mâts dont le croquis 7 explique l'ingénieuse attache; aux deux côtés de la porte s'élèvent des obélisques, stèles commémoratives portant le nom du fondateur. Et enfin, comme avenue aboutissant à cet imposant ensemble, un double alignement de béliers ou de sphinx.

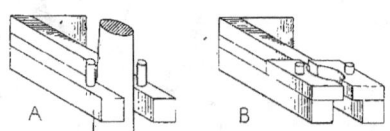

7

Accroissement progressif des temples. — Un temple égyptien n'était jamais terminé : le temple parvenu à l'état que nous venons de décrire, un autre souverain transformait les cours en salles couvertes, bâtissait en avant des salles d'autres cours, d'autres pylônes en avant des cours; d'agrandissement en agrandissement le temple prenait la complexité apparente et les dimensions d'un Karnak qui occupe plus de trois hectares. Quelques exemples préciseront l'esprit de ces agrégations.

La fig. 8 S (temple du Sud à Thèbes) montre le plan réduit à ses éléments primordiaux : le sanctuaire avec les dépendances qui l'entourent et lui sont adossées; la grande salle; la cour avancée; le pylône.

En M (Medinet-Abou), trois grandes salles se succèdent, et la cour elle-même est précédée d'une avant-cour postérieurement construite.

En E (Edfou) nous voyons la grande salle doublée, avec cette modification ptolémaïque qui consiste à remplacer le frontispice en forme de mur par une colonnade.

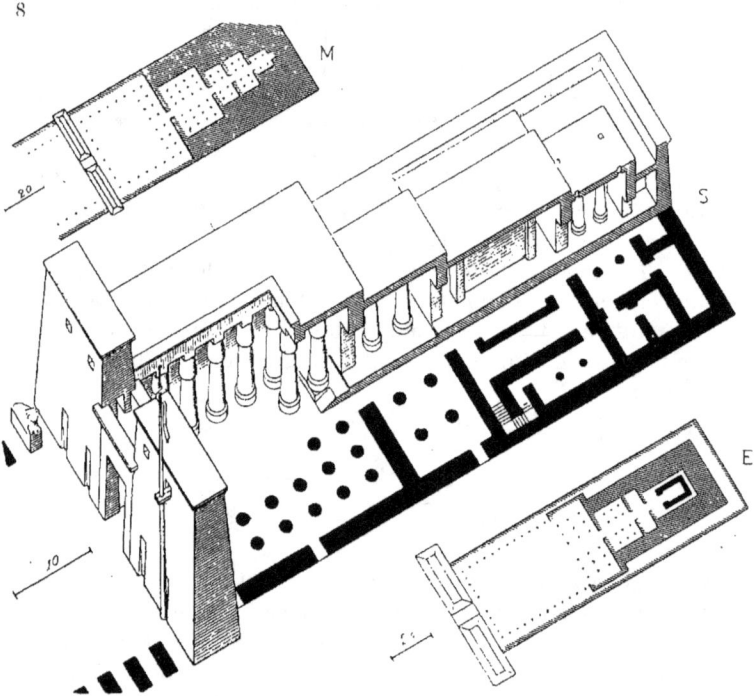

8

Sur la fig. 10 (voir ci-après pag. 67) nous avons mis en regard les deux plus grands temples de l'Égypte et peut-être du monde, en marquant par un renforcement de teinte les points où la construction s'est tour à tour arrêtée :

Le plan L présente le temple de Luxor avec ses agrandissements successifs et les irrégularités de son tracé.

On distingue en M le sanctuaire primitif et la salle qui l'accompagne; on voit cette salle successivement doublée, puis triplée et précédée d'une cour à pylône. En avant du pylône P qui forma pour un instant la façade de l'édifice, se développe une galerie oblongue Q : probablement l'amorce d'une salle hypostyle dont les ailes latérales restèrent à l'état de projet.

En avant de cette salle tronquée, une cour R dont le plan barlong s'explique par l'obstacle du cours du Nil. Puis un second pylône S, deux obélisques, une avenue de béliers. La dernière cour est l'œuvre de Ramsès II.

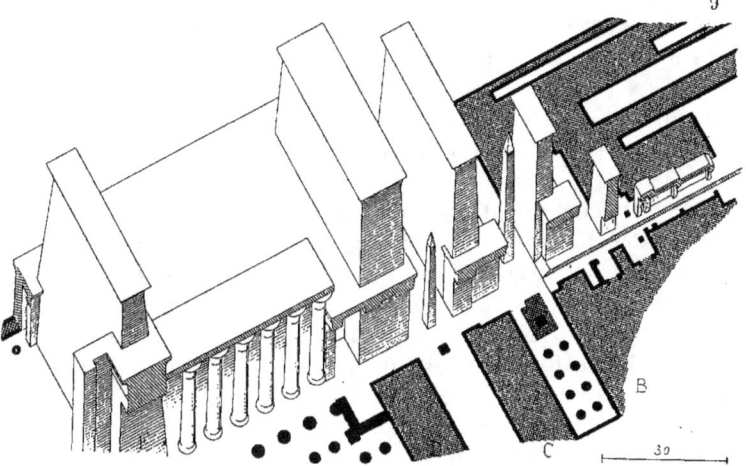

Karnak, dont le plan K (pag. 67) indique les masses et dont la fig. 9 offre une perspective sommaire, Karnak est une œuvre plus complexe, plus remaniée encore. Le noyau remonte au moins à la 12e dynastie, et les accroissements successifs appartiennent aux grandes dynasties thébaines.

Les inscriptions donnent à chaque partie un nom de fondateur : chronologie dont il faut se défier, car les rois d'Égypte se firent rarement scrupule d'effacer les noms de leurs prédécesseurs pour écrire le leur à la place.

Les constructions primitives se groupaient autour des salles de granit A, qui paraissent les restes ou la reproduction de l'antique sanctuaire.

Le temple primitif était dépourvu de pylône : un prince de la 18ᵉ dynastie, Toutmès Iᵉʳ lui donna ce complément (pylône *a*).

Ce même Toutmès Iᵉʳ bâtit en avant de son propre pylône un second pylône plus monumental B, puis un troisième C, plus magnifique encore.

Entre les pylônes B et C s'étendait originairement une cour ornée de deux obélisques en l'honneur de la reine Hatasou qui fut régente pendant la minorité de Toutmès III. Hatasou avait mêlé au culte égyptien des superstitions chaldéennes, le nom que consacraient les obélisques était celui d'une hérétique : des princes plus orthodoxes transformèrent l'espace compris entre les pylônes B et C en une salle sur colonnes, ce qui fournit un prétexte pour dissimuler les obélisques en les empâtant dans des massifs qui soutiennent le plafond.

Les nouvelles constructions débordaient à droite et à gauche les constructions antérieures : Toutmès III double le mur d'enceinte pour le raccorder avec le nouveau frontispice et élève en T le portique connu sous le nom de promenoir.

Amenhotep III ajoute au temple un quatrième pylône D. Ramsès Iᵉʳ en fonde un cinquième F; et Séti Iᵉʳ entreprend de transformer en une salle hypostyle la cour E comprise entre ces deux pylônes. Séti Iᵉʳ et son successeur Ramsès II (Sésostris) se partagent l'honneur d'avoir élevé cette salle, l'œuvre d'architecture la plus imposante qui existe : plus de 100ᵐ de largeur, 23ᵐ sous plafond; des piliers dont la grosseur est comparable à celle de la colonne Vendôme.

Une avant-cour précède la salle hypostyle: elle appartient, ainsi que le pylône qui la termine et qui fut le dernier frontispice du temple, à un prince de la 22ᵉ dynastie, Seshonk, un des rares souverains de l'Égypte dont la date puisse être fixée avec quelque assurance: cette cour remonte au 10ᵉ siècle (un siècle avant le temple de Jérusalem, cinq siècles avant le Parthénon) et enveloppe plusieurs sanctuaires antérieurs; le temple K, dont nous avons donné le plan détaillé pag. 59, est un de ces édifices englobés.

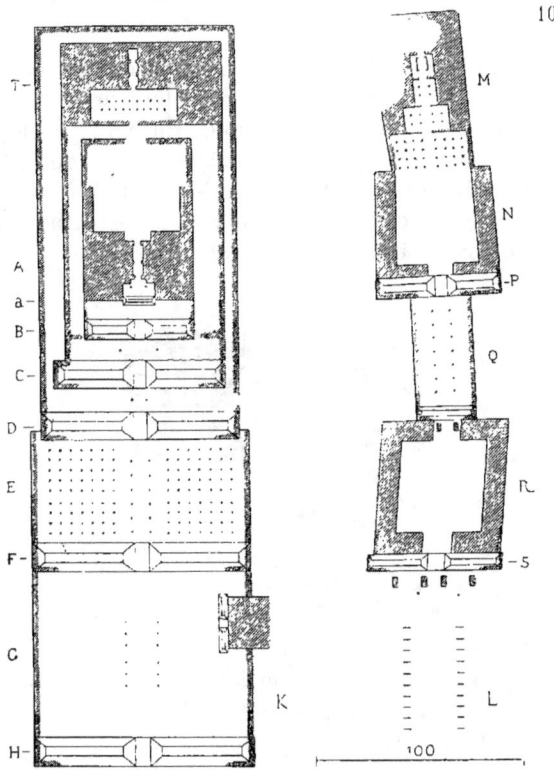

Pour compléter l'idée de Karnak il faut imaginer, autour du groupe central, des chapelles isolées qui elles-mêmes sont de vrais temples; des étangs sacrés; des avenues latérales où les pylônes alternent avec des alignements de sphinx ou de béliers. Une de ces avenues, longue de 2 kilomètres, réunit le temple de Luxor à celui de Karnak.

A côté de ces temples gigantesques citons le Ramesseum, monument de Ramsès II, Medinet-Abou, œuvre de Ramsès III; Philæ; Esneh, dont la fondation est fort ancienne, mais dont les constructions existantes appartiennent aux époques ptolémaïque et romaine : ces temples sont autant d'édifices développés à la manière de Karnak.

Les variétés du temple. — Ce développement méthodique, si simple pour des temples construits en terrain plat, n'est pas toujours possible dans l'étroite vallée du Nil : l'Éthiopie présente des temples creusés dans le flanc même de la falaise : tels Ipsamboul, Beth-el-Ouâli, Gherf-Hosseïn. Nous donnons fig. 11 le plan et la coupe du temple de Sésostris à Ipsamboul avec ses colosses taillés dans la masse du rocher.

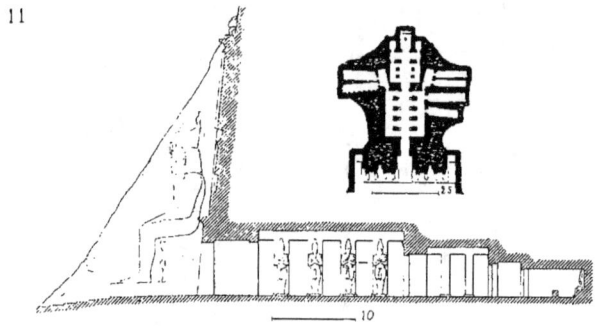

A Abydos, le temple de Séti Ier (fig. 12 A) se développe en plaine jusqu'au moment où son axe rencontre le pied de la montagne : à ce moment, l'axe se coude, et l'édifice se continue le long de la falaise.

A Deïr-el-Bahri (B), la difficulté était la même et la solution tient le milieu entre celles d'Abydos et d'Ipsamboul : une partie en plaine, une partie en souterrain.

Deïr-el-Bahri offre une particularité de plus : c'est un temple à terrasses étagées, et le seul peut-être qui conserve la trace d'un autel en plate-forme isolé dans une cour. Il correspond à l'époque des premiers contacts de l'Égypte et de la Chaldée : ne serait-il pas inspiré par les temples à étages des cultes chaldéens? La présomption est d'autant plus forte que le nom de la fondatrice Hatasou fut partout martelé en haine des idées religieuses dont elle avait fait profession. Quoi qu'il en soit, Deïr-el-Bahri est parmi les temples égyptiens celui dont la physionomie tranche le plus sur le type officiel.

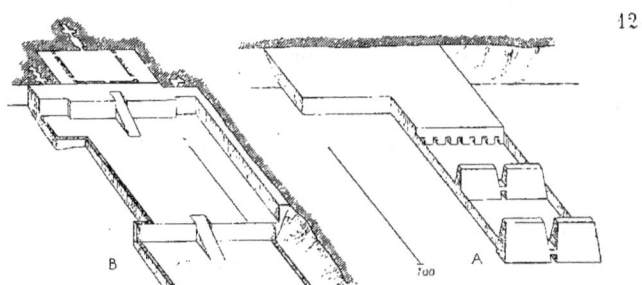

Quant aux petits temples, les plans en sont assez variables : le plus ancien de tous, le temple du Sphinx, présente un plan en forme de T avec des galeries étrangement ramifiées dans

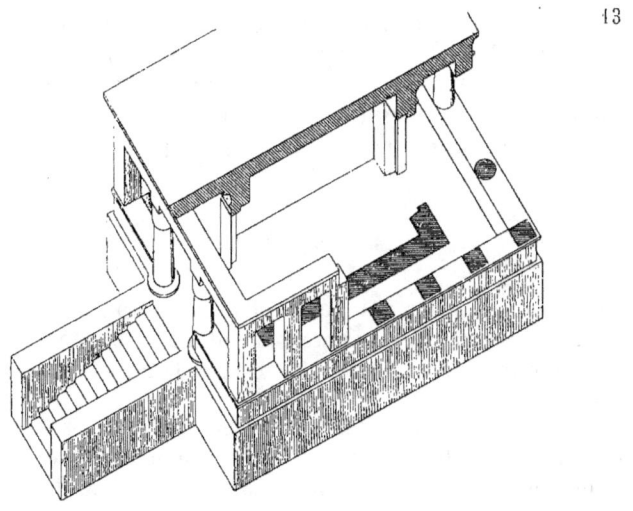

l'épaisseur des murs; celui d'Éléphantine (fig. 13) réalise dès la 18ᵉ dynastie l'élégante disposition qui sera celle des temples grecs, une cella entourée de portiques.

Les annexes des temples. — Les constructions annexées aux temples comprennent en premier lieu les pièces de service groupées autour du sanctuaire ; souvent une arrière-cour forme le centre de ces dépendances.

A Dendérah, l'état de ruine a fait découvrir dans l'épaisseur des murs des retraites jadis dissimulées, où les objets sacrés pouvaient être soustraits au vol.

Viennent ensuite des bâtiments consacrés selon toute apparence à l'enseignement : l'équivalent des écoles qui accompagnent les mosquées musulmanes.

Et enfin, comme nécessité d'une époque où l'on ne connaissait pas l'usage de la monnaie, les magasins destinés à recevoir les offrandes, les contributions en nature. Tout un quartier à l'arrière du Ramesseum est occupé par de longues galeries accolées les unes aux autres et voûtées en berceau : ce sont les celliers où s'accumulaient ces tributs, ces offrandes : le temple était une cité entière, avec les logements de ses prêtres, les dépôts de ses richesses ; le tout enfermé dans une enceinte de briques qui lui donnait au dehors l'apparence d'une place forte.

LES TOMBEAUX.

La tombe, chez les peuples de l'antiquité qui ne pratiquent pas l'incinération, se présente partout comme une image de l'habitation terrestre : elle l'imite et nous la fait connaître.

Ainsi que les temples, les tombeaux sont tantôt souterrains, tantôt élevés au-dessus du sol. Tous d'ailleurs se composent des mêmes éléments, répondent au même programme : une salle réservée à la sépulture, une salle destinée aux rites funèbres : un caveau et une chapelle.

Dans les tombes construites et dans les plus anciens hypogées, tels que ceux de Beni-Hassan, la chapelle forme comme le vestibule de la sépulture; dans les hypogées royaux de Thèbes, elle constitue un temple à part : le Ramesseum et Medinet-Abou étaient les chapelles funéraires de Ramsès II et de Ramsès III, le temple du Sphinx était celle de la pyramide de Chéops.

LA TOMBE EN FORME DE MAISON.

La tombe, sous les premières dynasties, offre l'aspect d'une hutte de fellah, avec ses murs en talus, sa terrasse. Le « mastaba » est visiblement la copie d'une maison. A l'extérieur on reconnaît les détails de l'encadrement des portes; au dedans on distingue tous les aménagements, tout le décor d'une chambre d'habitation : les troncs de palmier du plafond, les baies d'éclairage, jusqu'aux tentures de nattes. Et, pour animer cette demeure vide, la peinture y retrace les scènes de la vie journalière.

La fig. 8 (pag. 24) est empruntée à la décoration intérieure d'un de ces tombeaux où le mort semblait se survivre dans un logis pareil à celui où s'était écoulée son existence terrestre.

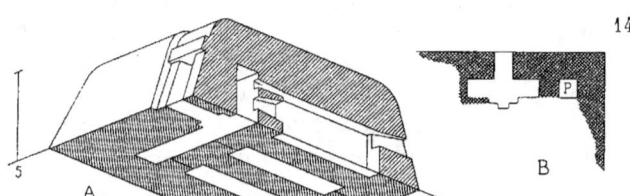

Quelques mastabas (fig. 14 B) présentent dans leur masse un puits muré P aboutissant à la chambre sépulcrale; d'autres (A) ont en guise de salles des galeries étroites contenant des statuettes à l'image du mort.

PYRAMIDES.

Au milieu des mastabas se dressent dans les plaines de la

ÉGYPTE.

basse Égypte les premières sépultures royales, dont la fig. 15 rapproche les types principaux; ce sont :

15
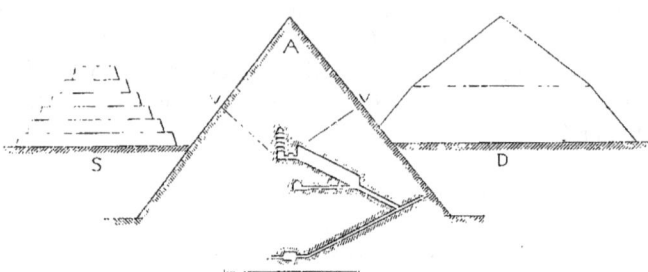

A, la pyramide proprement dite (Gizeh);
D, la pyramide à profil brisé (Dachour);
S, la pyramide à degrés (Sakkarah).

Ces pyramides, ainsi que les mastabas, ont leurs faces orientées vers les points cardinaux.

Dans la coupe A on distingue les chambres funéraires, leurs galeries d'accès et leurs canaux de ventilation V.

Une chambre funéraire consiste en quatre murailles droites, et un plafond formé tantôt de dalles posées à plat, tantôt de dalles qui s'arc-boutent. Les chambres, et quelquefois même les galeries d'accès, ont leurs plafonds protégés contre la pression qui tend à les rompre, par des ouvrages de décharge (pag. 30). Les entrées de galeries sont murées, entièrement dissimulées; et, de distance en distance, ces galeries sont parementées en granit et interceptées par des dalles de granit, véritables « herses » glissant dans des rainures. La fig. 16

 16
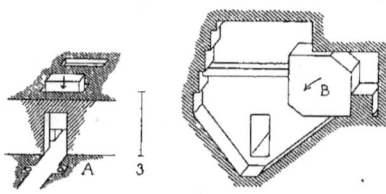

montre en A une de ces herses à demi levée : probablement elle posait sur des sacs de sable qu'il suffisait de vider pour que la herse descendît sans à-coup. Le croquis B indique une variante où la dalle de granit est maintenue par une contre-fiche en bois : on incendiait cet étai, et la dalle en tombant interrompait le passage.

Les pyramides, contemporaines des mastabas, ont comme eux une décoration peinte, mais ordinairement plus sobre et plus abstraite : des ciels bleus étoilés et presque toujours des inscriptions au lieu de tableaux.

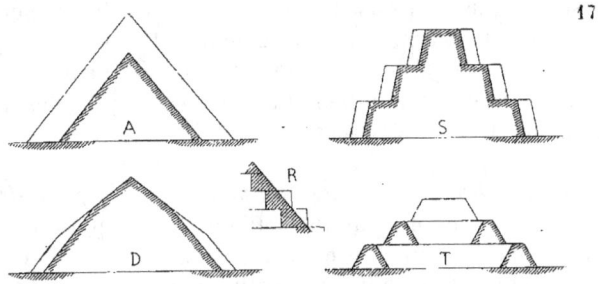

17

Mode d'exécution par enveloppes successives. — La plupart des pyramides témoignent par leur structure même d'un mode d'exécution conforme à celui des temples, le mode par agrégation successive. Dès son avènement, le pharaon fait creuser un caveau et bâtir un noyau de pyramide : ce premier travail achevé, il est assuré d'un asile pour ses restes. Continue-t-il de vivre : il agrandit sa pyramide, il la double d'une enveloppe de pierre renfermant une chambre sépulcrale plus somptueuse, qui désormais remplacera la première. Le pharaon survit : nouvelle enveloppe, nouvelle salle.

Les additions se font, suivant les cas, par l'un ou l'autre des procédés exposés pag. 28 et dont la fig. 17 précise l'idée :

1° Solution A : On élargit le noyau assise par assise;

2° Solution S : Contre les faces d'un noyau à gradins on accole des tranches successives de maçonnerie. Ces placages ont leur parement incliné, de manière à bien s'appuyer sur le noyau qu'ils englobent : ainsi s'expliquent les pyramides à degrés.

3° La solution D n'est au fond qu'une variante du mode d'accroissement par placage et paraît fournir l'explication des pyramides à profil brisé.

4° Enfin on recourt au mode simplifié qu'indique le croquis T : Au lieu de construire le corps entier de la pyramide en maçonnerie régulière, on se borne à maçonner en retraite successive des murettes d'enceinte formant comme des encaissements où s'entassent des remblais.

Quel que soit le procédé d'exécution du massif, le revêtement se compose d'assises régulières et, conformément aux indications d'Hérodote, le ravalement est commencé par le sommet et continué de proche en proche jusqu'à la base (croquis R) : c'est la marche naturelle, ce sera celle des travaux de ravalement chez les Grecs.

Les destinations diverses attribuées aux pyramides. — Stables comme des montagnes artificielles, les pyramides sont des symboles d'immobilité et de durée : leur forme convenait à des tombeaux. Pourtant leur destination exclusivement funéraire a été mise en doute :

Jomard, frappé de l'extrême exactitude d'orientation de la grande pyramide et de la direction de son principal couloir suivant l'axe du monde, lui assigne une place parmi les monuments astronomiques.

Jomard avait entrevu, et M. Mauss a précisé le caractère métrologique des pyramides : Toutes celles qui furent achevées ont des dimensions en rapport immédiat avec les unités métriques de l'Égypte. Pour ne citer qu'un exemple, le côté de la grande pyramide est de 600 pieds, soit un stade : la grande pyramide représenterait un étalon de mesure impérissable.

Au reste, ces rôles multiples se concilient fort bien entre eux et n'ont rien d'incompatible avec l'idée d'une sépulture : d'étroites relations avec les mesures nationales et les phénomènes célestes semblaient ajouter au caractère sacré de la tombe.

HYPOGÉES.

La période des pyramides s'arrête dans la basse Égypte vers la 6ᵉ dynastie, celle des mastabas vers la 11ᵉ. Passé cette date on ne rencontre plus que des applications isolées. Quelquefois on trouve la pyramide superposée pour ainsi dire au mastaba : les ruines d'Abydos présentent des tombes ainsi formées d'un socle à parois légèrement inclinées, que surmonte un pyramidion; les derniers exemples de pyramides sont les pyramides effilées de l'Éthiopie.

L'époque de la 12e dynastie est celle des hypogées à portique ouvert; à partir de la 18e, le portique disparaît et l'hypogée est entièrement dissimulé.

Nous avons indiqué pag. 40 l'aspect des hypogées à portiques taillés dans les falaises de Beni-Hassan; nous donnons fig. 18 le plan d'un des hypogées dissimulés qui servirent de sépulture aux pharaons thébains. La galerie est creusée dans le flanc d'une colline; tout le monument est souterrain, et la porte échappe aux regards derrière un amas de remblais qui semble un tertre naturel.

Ces hypogées de Thèbes rappellent, mais avec plus d'ampleur, les galeries des pyramides : la seule différence est que jamais on ne retrouve ces herses qui interceptent les corridors des pyramides. Les herses eussent été ici des défenses illusoires, le peu de dureté de la roche permettant de les tourner; on se contentait de dépister les chercheurs par des murs masquant le prolongement des corridors, ou même par de faux sarcophages.

La décoration des hypogées est conçue d'après le même esprit que celle des mastabas et des pyramides, mais le choix des sujets est différent : les scènes de la vie réelle occupent de moins en moins de place, les sujets légendaires dominent. C'est au type et à l'époque des hypogées qu'il faut rapporter la sépulture des Apis, le Sérapéum de Memphis.

L'agrandissement progressif des hypogées. — L'idée qui a présidé à l'amoncellement des pyramides explique la marche

76   ÉGYPTE.

suivie dans le percement de ces longues galeries : on veut assurer au pharaon une salle sépulcrale prête à quelque instant qu'il vienne à mourir. On creuse d'abord une première salle provisoire. Puis une nouvelle galerie part de cette première salle pour conduire à une deuxième salle ordinairement plus grande et plus ornée ; et ainsi de suite. Survient un banc de roche fissurée, on dévie : la fig. 18 donne en A un exemple de ces déviations. Ou bien on rencontre une sépulture antérieure : là encore il faut se détourner (tombeau de Ramsès III). Très souvent la galerie s'arrête inachevée : le pharaon est mort au cours du creusement des dernières salles.

L'HABITATION.

a. — DISPOSITIONS GÉNÉRALES.

Maisons. — Les dispositions de la maison égyptienne sont celles de toutes les habitations asiatiques : des demeures closes, sans fenêtres en façade, prenant leurs jours seulement sur des cours intérieures, et surmontées de terrasses où l'on va chercher la fraîcheur pendant les nuits d'été.

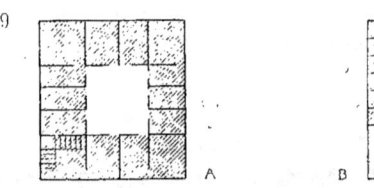

Les plans fig. 19 sont empruntés aux ruines de Tell-el-Amarna. Le plan A présente des salles indépendantes les unes des autres et groupées autour d'une cour centrale ; le plan B, une série de pièces rangées le long d'un couloir laissant à peine pénétrer la lumière : le besoin de se garantir contre la chaleur pouvait seul suggérer ce parti.

La ville. — Comme type d'un tracé de ville, on peut citer les rues alignées de Tell-el-Amarna. Tell-el-Amarna fut une capitale bâtie d'un jet, et sans doute les villes ordinaires répondaient fort incomplètement à cet idéal de régularité. Dans les vieilles agglomérations égyptiennes, les maisons s'élevaient sur les décombres des maisons antérieures et le sol s'exhaussait sans cesse, donnant au site des villes l'aspect de plates-formes dominant le champ des inondations du Nil, plates-formes que les Grecs attribuaient à la sagesse des anciens rois.

Le palais. — Nous ne connaissons les palais que par des représentations fort vagues, mais qui permettent du moins de saisir l'esprit qui présidait à leur arrangement :

Rien n'y rappelle l'aspect solennel de l'architecture des temples. Les Orientaux, si préoccupés de l'éternité dans leurs constructions religieuses ou funéraires, ne songent dans leurs habitations qu'au besoin présent : chaque sultan se bâtit un palais à sa guise, sans se préoccuper de ceux que ses ancêtres lui ont légués, sans s'inquiéter des successeurs qui viendront après lui. Ainsi des rois d'Égypte.

Comme les palais actuels des souverains asiatiques, les palais égyptiens consistent en des pavillons disséminés dans des jardins qu'enferment de hautes murailles. Non seulement une muraille d'enceinte enveloppe le parc, mais chaque quartier a son enceinte. Les jardins sont ornés de treilles et de pièces d'eau; les parterres forment des compartiments réguliers où l'on voit se dresser de distance en distance, comme dans les jardins actuels de l'Orient, un kiosque, abri aussi ouvert que l'habitation proprement dite est close : la muraille d'enceinte remplace ici la paroi pleine de la maison.

Très probablement les quartiers entre lesquels se partage le palais répondent à cette division actuellement absolue de toutes les habitations orientales :

Le « selamlik », où le maître reçoit ses visiteurs et ses hôtes ;

Le « harem », exclusivement réservé à la famille ;

Enfin le « khan », où se groupent toutes les dépendances : écuries, étables, ateliers, magasins, logement des gens de service. Le khan est la partie la plus développée du palais : il fallait en effet d'énormes magasins à une époque où la monnaie n'existait pas, où toute la fortune se conservait en nature.

b. — MODE D'EXÉCUTION, DISPOSITIONS DE DÉTAIL, ORNEMENTS.

Par leur construction, les habitations égyptiennes ressemblaient fort aux huttes actuelles des fellahs : des murs de brique crue, des terrasses reposant sur des troncs de palmier jointifs.

Le palmier, pour résister à la charge d'une terrasse, n'admet que de très faibles portées : de là ces pièces étroites qui semblent des couloirs.

L'éclairage, en même temps que la ventilation, se fait par ces fentes verticales, véritables meurtrières, dont la fig. 8 (pag. 24) contient les détails ; la fente, close tout au plus par un store, part du sol pour se terminer au plafond et permet, à tous les niveaux, un échange incessant entre les couches d'air inégalement chaudes de l'intérieur et de l'extérieur : c'est une ventilation sans courants, absolument parfaite.

Souvent un portique ou véranda borde la maison et empêche les murs d'être directement atteints par le soleil ; et le plafond est abrité par une terrasse sur piliers : en fait l'appartement possède une double toiture, avec interposition d'air sans cesse renouvelé.

L'idée de façades monumentales annonçant au dehors l'importance et la richesse des habitations, paraît étrangère aux Égyptiens : les Orientaux évitent de mettre en jeu par un luxe apparent les susceptibilités jalouses. Un palais même ne présente le long de la voie publique que des murs nus, tout au plus la porte est-elle bordée d'un encadrement et flanquée de tours qui appartiennent à la défense plus encore qu'à l'ornement : ces tours rappellent, sinon par leurs dimensions, du moins par leurs formes, les pylônes des temples.

A l'intérieur des cours se développent des portiques dont les colonnes, si l'on en juge par les dessins un peu conventionnels qui nous sont parvenus, ressemblent aux colonnes mêmes des temples : les Égyptiens n'auraient pas eu de types exclusivement réservés à l'architecture religieuse.

Toutefois l'architecture domestique paraît admettre, concurremment à ces ordres monumentaux, un genre de colonnes légères, composées d'un fût mince en bois surmonté d'un chapiteau faisant sous-poutre.

Le décor des appartements est celui que nous avons figuré pag. 24 : des frises en briques de champ, des meurtrières d'éclairage encadrées de madriers et ornées de découpures de bois ; des enduits peints ; des piliers de brique revêtus de nattes colorées. L'usage des nattes s'est perpétué dans les habitations modernes, et les fenêtres grillées de l'Égypte actuelle ne sont qu'une transformation des clôtures de bois ajouré en usage depuis quatre mille ans.

TRAVAUX D'UTILITÉ GÉNÉRALE ET DE DÉFENSE.

Nous ne mentionnons que pour mémoire ces grands travaux de distribution des eaux du Nil, dont l'Égypte moderne a gardé la tradition ; ces réservoirs dont le légendaire lac Mœris atteste au moins le principe ; ces échelles d'observation établies sous le nom de nilomètres pour suivre et prévoir l'allure des crues : bornons-nous à quelques aperçus sur le système de la défense.

Plusieurs forteresses se sont conservées : celle de Semneh, la double enceinte d'Abydos. L'édifice dit pavillon royal de Medinet-Abou (voir ci-contre fig. 20 A) emprunte ses formes à une porte de place forte.

En général les forteresses égyptiennes sont construites d'argile, avec cette précaution de répartir le choc des engins destructeurs à l'aide de poutres noyées dans la masse.

Les courtines de l'enceinte sont renforcées par des tours carrées; et les portes présentent, ainsi que l'indique le plan B, un passage coudé à plusieurs reprises en vue de multiplier les obstacles.

Les murs sont couronnés de créneaux en arc de cercle (A); et quelquefois (profil C) des balcons, jouant le rôle que rempliront les mâchicoulis gothiques, permettent de laisser tomber de lourdes masses sur l'ennemi posté au pied des murs.

Ces masses tombant verticalement, il serait facile à l'assaillant d'en parer le choc à l'aide d'une toiture mobile. Tout autre serait pour lui le danger si le choc, au lieu de venir verticalement, pouvait l'atteindre suivant une direction plus ou moins inclinée : c'est cette déviation du jet vertical que les Égyptiens ont cherché à réaliser en donnant à leurs murailles un profil brisé tel que C ou D, ou bien un empattement tel que A, sur lequel le boulet ricoche.

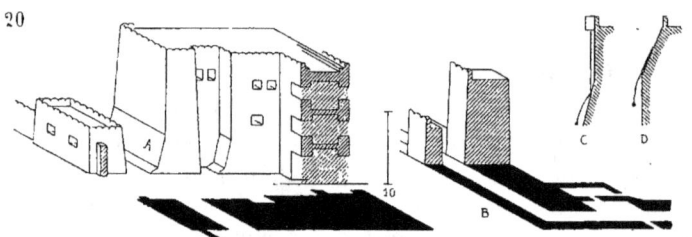

Dans les profils A et C (Medinet-Abou, Abydos), le glacis destiné à produire le ricochet est au pied de la muraille. Le boulet en le rencontrant ébranle les maçonneries et perd une partie de sa force vive : on évite cet inconvénient par le profil D (Semneh) qui imprime, dès le départ, la direction inclinée au projectile. On n'ébranle plus les maçonneries; mais le projectile, lancé trop en avant, cesse d'atteindre l'assaillant si celui-ci est parvenu à se loger au pied même de la muraille; les avantages se balancent, et le profil C paraît généralement préféré.

Les recherches d'ornement ne sont pas étrangères à l'architecture des forteresses : les murs d'Abydos gardent la trace de rudentures en jeu d'orgue; et la porte de Medinet-Abou présente, à côté de ses décorations empruntées à la défense, des consoles en forme de captifs accroupis qui sans doute portaient sur leurs épaules les trophées de quelque victoire.

L'ART ET LE RÉGIME SOCIAL. ÉPOQUES ET INFLUENCES.

Revenons à l'architecture des temples et des tombeaux. Nous sentons, des débuts aux derniers instants de cette architecture, la même impression de solennité calme et d'austère grandeur : partout le même esprit. Et pourtant l'art égyptien est loin de l'uniformité absolue; la colonne sous les dynasties thébaines n'est plus la colonne des premières dynasties, la colonne ptolémaïque a des caractères qui lui sont propres : la variation est lente et continue, mais les formes ont leurs époques, l'art ses alternatives de progrès, d'éclat et de décadence.

LA MARCHE GÉNÉRALE DE L'ART ÉGYPTIEN.

Longtemps on a cru que l'art égyptien était descendu de la Nubie vers la basse Égypte : les temples souterrains de l'Éthiopie semblaient le point de départ; et l'architecture, originairement troglodyte, se serait peu à peu manifestée au grand jour.

Cette théorie reposait sur une erreur de dates, fort excusable dans un temps où les hiéroglyphes n'avaient point encore livré les secrets de la chronologie. En fait, l'art égyptien paraît né dans le delta du Nil; ses premiers monuments connus se groupent dans la plaine de Memphis et ses premières périodes d'éclat correspondent aux 4ᵉ et 5ᵉ dynasties : c'est alors que s'élèvent les pyramides de Gizeh et de Sakkarah, le temple du Sphinx.

A la 12ᵉ dynastie appartiennent les tombeaux creusés dans le roc de Beni-Hassan, les monuments célèbres chez les Grecs sous les noms de Lac Mœris et de Labyrinthe, la fondation des grands sanctuaires de Thèbes ; enfin et surtout cette noble et élégante sculpture dont le sphinx du Louvre résume si bien le caractère.

L'occupation sémite des Pasteurs, survenue vers la 14e dynastie, marque dans la vie intellectuelle de l'Égypte sinon un arrêt, du moins un ralentissement ; et, même après leur expulsion sous la 18e dynastie, la reprise n'est pas sans hésitation : on voit percer des influences chaldéennes, on sent un effort d'invention qui se manifeste en particulier par l'essai d'un nouveau type de temple (pag. 69). Hatasou risque dans son sanctuaire de Deïr-el-Bahri les dispositions par terrasses imitées des cultes asiatiques ; Aménophis IV, hérétique comme elle, tente, dans sa capitale improvisée de Tell-el-Amarna, de réformer tout le système des représentations figurées pour le réduire à des symboles empruntés au culte du disque solaire. Mais peu à peu les vieilles traditions finissent par surnager, Karnak s'achève. Vers le 15e siècle le centre de la civilisation égyptienne s'est fixé à Thèbes ; c'est de là qu'il rayonne sur la Nubie, consacrant son apparition sur ces terres lointaines par les temples souterrains dont le plus fameux est celui d'Ipsamboul.

L'art égyptien est alors parvenu au terme de sa grandeur. L'époque des Séti et des Ramsès répond assez bien dans l'histoire de l'Égypte à celle de Louis XIV en France : époque d'entreprises colossales, où l'art perd en élégance ce qu'il gagne en majesté.

Les dynasties qui suivent, sans cesse troublées par les menaces assyriennes, laissent peu de traces : il faut attendre l'âge de paix qui répond à la dynastie saïte (26e) pour assister à une reprise, mais cette reprise est une véritable renaissance : l'art retrouve alors toute sa finesse, toute sa distinction natives.

Nous sommes au 6e siècle, à l'instant des premières relations commerciales de l'Égypte avec la Grèce. Avec le 5e siècle commence une nouvelle période de désastres : l'Égypte devient perse ; sous les successeurs de Cambyse l'art languit, mais sans changer de style, jusqu'à ce qu'un second réveil se produise après l'invasion d'Alexandre et au contact immédiat de la Grèce. Sous la dynastie saïte on pouvait se demander si l'influence venait de l'Égypte à la Grèce ou de la Grèce à l'Égypte : après la conquête macédonienne le sens du courant s'accuse nettement ; l'architecture prend une liberté d'allures inconnue jusque-là et toute la variété d'expressions compatible avec les lois hiératiques dont l'Égypte ne s'affranchit jamais. L'art revêt alors sa dernière forme : celle qui dure sous la domination romaine pour ne cesser qu'au jour où le christianisme vient rompre, avec les pratiques de l'ancien culte, celles d'une architecture qui lui était liée.

L'ART ET LE RÉGIME SOCIAL.

Telles sont les vicissitudes qui remplissent dans l'histoire de l'art égyptien une durée quarante fois séculaire. Leur lenteur même témoigne d'une société constituée pour le maintien des traditions. Les traditions de l'architecture se léguaient de père en fils comme un dépôt héréditaire : Brugsch a pu rétablir de véritables généalogies d'architectes.

Quant aux ouvriers, ils formaient des corporations dont le principe se retrouve dans toutes les contrées de l'Orient : les monarchies orientales ont toutes enrégimenté les forces ouvrières ; elles ne conçoivent que le monopole, le travail organisé et la corvée.

Le monopole, nous en trouvons un indice dans ces estampilles royales dont les briques sont marquées : on reconnaît ces estampilles même dans les constructions privées, ce qui paraît exclure ou tout au moins restreindre l'idée d'une fabrication libre.

La trace du travail organisé est empreinte dans l'aspect général des œuvres de construction : l'irresponsabilité de l'ouvrier semble écrite dans ces continuelles malfaçons de l'appareil qui n'auraient point été tolérées de la part d'entrepreneurs responsables. La « régie » était sinon le mode unique, du moins le mode habituel d'exécution pour les ouvrages qui exigent une préparation professionnelle ; et, pour toutes les manœuvres de pure force, on connaît les ressources que les rois d'Égypte savaient trouver dans les captifs, les réfugiés ou les esclaves. De là ce dédain des obstacles matériels, ce luxe inouï de la main-d'œuvre ; on devinerait d'après la seule architecture de l'Égypte tout son régime social : son organisation autoritaire se trahit dans les procédés, aussi bien que la toute-puissance de sa théocratie dans la grandeur et le mystère de ses temples.

LES INFLUENCES.

Quelles influences l'Égypte a-t-elle reçues, quelles influences a-t-elle exercées? Toute la période de formation de son architecture nous échappe : l'art savant des pyramides est à coup sûr la seconde époque d'un art dont le point de départ nous est inconnu et dont les débuts se perdent dans l'obscurité des temps préhistoriques.

Du côté de l'Orient, la guerre mit sans cesse l'empire des Pharaons en relation avec l'Asie : nous avons mentionné sous la 18ᵉ dynastie ses rapports avec la Chaldée ; les dynasties suivantes furent en lutte incessante et en continuel échange d'idées avec l'Assyrie et avec la Perse. Peut-être l'Égypte a-t-elle emprunté à la Chaldée son système de construction d'argile, mais à coup sûr elle n'emprunta point à des contrées où la pierre manque les méthodes de son architecture de pierre : son architecture d'argile peut être importée, son architecture de pierre paraît être indigène.

Du côté de l'Occident, les populations étaient encore à demi barbares alors que l'Égypte se montrait en pleine possession de son art et de son industrie : l'Égypte n'avait rien à recevoir des peuples occidentaux, ils avaient tout à apprendre d'elle. Athènes attribuait sa fondation à une colonie de bannis d'Égypte. Longtemps les ports des embouchures du Nil ne furent accessibles qu'aux navires phéniciens ; on entrevoyait alors l'Égypte à la manière de la Chine avant l'ouverture de ses ports, par les seuls objets de son exportation : mais ces menus objets suffirent pour imprimer une direction à l'art, ce furent les premiers modèles dont nos décorateurs se soient inspirés. Au fond de toutes les architectures de l'Occident nous en reconnaîtrons le style et comme l'empreinte.

III.

CHALDÉE, ASSYRIE.

Les plaines du Tigre et de l'Euphrate, fertiles comme la vallée du Nil, semblaient comme elle prédestinées à servir de berceau aux civilisations. Dans ces heureuses contrées non seulement une riche végétation rendait la vie facile, mais, grâce à la nature argileuse du sol, l'homme pouvait, avant même de posséder le moindre instrument, se construire un abri : avant d'être outillé, l'homme pouvait avoir au moins un rudiment d'architecture; c'est dans de telles contrées que l'art de bâtir devait naître. Il s'y développa dès les premiers âges de l'humanité. Un de ses plus anciens centres paraît être la Chaldée, la région du bas Euphrate. De la Chaldée l'art remonta peu à peu vers l'Assyrie; du golfe Persique aux sources du Tigre régna une architecture qui ne diffère d'une province à l'autre que par des nuances, et ces nuances elles-mêmes s'expliquent par des convenances locales. Tandis que l'Assyrie possédait un peu de bois et quelques carrières, la Chaldée n'avait ni pierre ni bois : l'argile n'en était que plus précieuse pour les Babyloniens, et la nécessité de la substituer entièrement à la pierre les a conduits à lui donner par la cuisson les qualités de la pierre. Malgré les difficultés de fabrication tenant à la rareté du combustible, les briques cuites occupent une large place dans l'architecture de Babylone : au 7e siècle elles sont les principaux matériaux employés dans les constructions de Nabuchodonosor (Birs-Nimroud, etc.); les récits d'Hérodote établissent que les quais, les remparts étaient au moins en partie bâtis à l'aide de ces matériaux factices; et la Genèse, en plaçant sur le site de Babylone la plus vieille tour dont l'histoire fasse mention, la désigne formellement comme un ouvrage d'argile durcie au feu.

Les caractères généraux de l'architecture sont donc ceux-ci :
Partout un système de construction reposant sur l'emploi de l'argile ;
Dans la Chaldée, association de l'argile crue à la brique ;
Dans l'Assyrie, association de l'argile crue à la pierre.

PROCÉDÉS GÉNÉRAUX DE CONSTRUCTION.

Nous nous attacherons d'abord au mode courant de construction à l'aide de l'argile mise en œuvre sans cuisson, pour indiquer ensuite les usages de la brique durcie au feu, et compléter cette revue par quelques détails sur l'emploi presque exceptionnel de la pierre et du bois.

CONSTRUCTION A MATÉRIAUX D'ARGILE.

Les modes d'emploi de l'argile sans cuisson. — Il est difficile de constater les usages de la terre battue, du pisé : les massifs de pisé peuvent se confondre avec des maçonneries de briques sèches. Probablement la pratique du pisé était peu répandue, à raison de la nécessité d'un coffrage, c'est-à-dire d'un ouvrage de charpente qui eût été coûteux, le bois manquant. On évitait cet encaissement en moulant la terre sous forme de carreaux.

Les briques usuelles présentent $0^m,30$ à $0^m,40$ de côté sur une épaisseur variable entre $0^m,055$ et $0^m,11$. Ces briques, fort semblables à celles de l'Égypte, étaient quelquefois séchées au soleil et posées, comme celles des Égyptiens, sur un lit d'argile délayée. Mais ce n'était pas là le cas ordinaire : dans l'architecture assyrienne la brique était de préférence employée à l'état pâteux ; et voici l'indice qui a révélé cet usage :

Par une coutume superstitieuse qui s'est perpétuée jusqu'à

nous, les Assyriens jetaient sur les premières assises qui répondaient à nos « premières pierres », des amulettes : jamais ces menus objets n'ont laissé d'empreinte sur la couche de briques qui les recevait, toujours ils se sont incrustés dans la couche qui les recouvre. Donc les briques de la couche inférieure étaient sèches au moment où les amulettes ont été déposées, et la couche supérieure était humide au moment de sa mise en place. Ce qui permet de résumer ainsi le mode assyrien et sa différence avec le système usité en Égypte :

Les briques égyptiennes s'employaient sèches et se posaient sur un lit de boue; les briques de l'Assyrie sont mises en place dans un état de dessiccation incomplet. Un lit de briques une fois en place est vite séché par le soleil; et les briques qui le recouvrent, posées molles et sans mortier, se soudent par le fait seul de l'humidité qu'elles contiennent.

Quelquefois l'assèchement des massifs est assuré par des drains ou des pierrées. On a considéré comme des galeries de drainage des canaux horizontaux dont la section moyenne est un rectangle de $0^m,22$ de hauteur sur $0^m,12$ de largeur. En fait ces canaux ne sont autre chose que les empreintes laissées par des longrines de bois autrefois noyées dans la masse pour faire liaison, et semblables à celles des fortifications égyptiennes de Semneh.

L'emploi de la brique cuite et du mortier. — Les Assyriens ne recouraient à la brique cuite que dans les cas où l'humidité eût désagrégé l'argile : à Khorsabad, à peine quelques soubassements furent revêtus de briques cuites; le sol des cours, exposé aux pluies, est dallé en carreaux de terre cuite sur lit de bitume. Les galeries souterraines sont parementées en briques cuites.

Ici l'on peut, mieux que dans le cas des constructions d'argile molle, préciser l'échantillon : le côté est compris entre $0^m,315$ et $0^m,630$, et les dimensions dérivent toutes, ainsi que l'a vérifié M. Mauss, des unités de mesure qui furent tour à tour ou simultanément en usage.

Presque toutes les briques portent d'ailleurs la marque du souverain qui les a fait mouler : il en existe d'innombrables au nom de Nabuchodonosor.

La brique cuite, ainsi que nous le disions au début, n'est admise d'une façon régulière que dans la Babylonie. Avec la brique cuite nous rencontrons le mortier qui seul permet de l'employer d'une façon régulière et courante.

Le bitume, abondant en Chaldée, était un mortier imperméable : l'usage en était très répandu. Hérodote indique même la pratique d'arases intercalées dans la maçonnerie et consistant en lits de roseaux dans un bain de bitume. Les ruines chaldéennes de Tello ont mis en évidence des nattes de matière filamenteuse dans la couche de bitume qui tient lieu de mortier.

On a signalé aussi dans les ruines chaldéennes du Birs-Nimroud et de Kars la présence de mortier de chaux; à Mougheïr un mortier de cendres et de chaux.

LES PRINCIPALES APPLICATIONS DE LA CONSTRUCTION A MATÉRIAUX D'ARGILE.

Substructions. — Nous sommes habitués à chercher en tranchée le sol solide pour asseoir les murailles de nos édifices. Ainsi procédaient les Égyptiens : les constructeurs babyloniens ou ninivites ne creusent jamais de fondations. Dans leurs plaines d'alluvion, le fond solide serait loin, ils renoncent à l'atteindre : ils s'appuient sur le sol naturel, mais en interposant entre ce sol et l'édifice un massif d'empattement, un radier général, sorte de monticule artificiel qui répartira sur une base d'appui très étendue la charge des parties hautes : ce mode de substruction suppose une masse de terre amoncelée énorme, mais on n'épargnait pas la main-d'œuvre. A Khorsabad, le massif qui sert de soubassement au palais s'élève à une hauteur de 14^m (celle de nos maisons à cinq étages), et n'est pas un simple remblai; c'est une véritable maçonnerie en carreaux de terre de forme régulière et posés à l'état pâteux : telle que nous l'avons décrite pag. 87

Murs. — Le mode de maçonnerie par carreaux humides s'étend au corps même des murs, mais ici il paraît d'un usage moins exclusif; dans les parties qui comportent un soin exceptionnel, la brique est posée sèche, sur bain de mortier de terre. Un enduit, ordinairement de terre ou de plâtre, quelquefois de terre et chaux, protège le parement contre les pluies.

Voûtes. — Ainsi que les Égyptiens, les constructeurs de l'Assyrie connaissaient la voûte de brique et comme eux ils l'employaient, suivant l'expression de Strabon, « à cause du manque de bois ». Comme eux et pour la même raison ils l'exécutaient sans charpentes auxiliaires.

Le type de voûte qui répond le mieux à cette condition est la coupole :

On distingue sur les bas-reliefs de Kouioundjik l'esquisse d'une ville où toutes les maisons sont surmontées de coupoles : ce sont tantôt des calottes hémisphériques, tantôt des dômes à surhaussement très accentué, qui se prêtent d'autant mieux à l'exécution directe dans l'espace.

Ces coupoles portaient-elles de fond sur des tambours circulaires, ou bien reposaient-elles sur plan carré par l'intermédiaire de pendentifs? Apparemment les salles d'habitation qu'elles abritaient n'étaient pas rondes, et l'hypothèse de pendentifs semble probable, mais la représentation est trop vague pour permettre de rien affirmer.

Les seules voûtes assyriennes qui nous soient parvenues sont des voûtes de galeries :

A Mougheïr des tombes sont voûtées par lits de briques formant encorbellement progressif, constructions qui n'exigeaient aucun cintre et n'exerçaient aucune poussée, mais n'admettaient que des portées tout à fait restreintes.

A Khorsabad, les fouilles ont révélé des galeries voûtées à l'aide de véritables berceaux clavés; et ces berceaux sont exécutés suivant le procédé par tranches que nous avons décrit (pag. 20) comme un moyen de bâtir sans cintrage.

La fig. 1 donne l'aspect général d'une de ces voûtes et les détails de sa construction :

Les matériaux sont des briques cuites, moulées en vue de leur destination spéciale.

Le profil courant est une ogive A dont le surhaussement facilite la construction sans cintrage.

Les briques sont simplement accolées les unes aux autres sans mortier, leur adhérence au moment de la pose n'est due qu'au frottement qui les retient ; et, par une précaution que nous retrouverons dans les architectures perse et byzantine, on eut soin de donner aux tranches un dévers très prononcé : il était impossible de pousser plus loin les recherches d'une économie raisonnée.

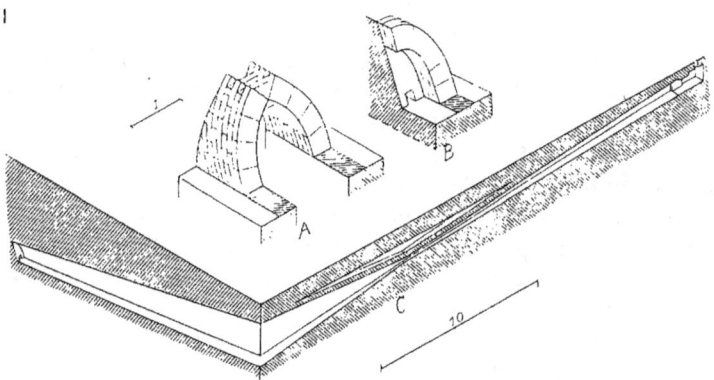

Il semble que les Assyriens se soient joués des difficultés de la construction voûtée : la galerie n'est point à section uniforme. Cette galerie, dont nous nous contentons en ce moment d'envisager la structure, présente, d'après la description de Place, les dispositions bizarres indiquées en C : changeant d'un point à l'autre de section et de pente, passant du profil normal A à des profils tels que B, se rétrécissant pour s'élargir ensuite. La construction sans cintre se prêtait à tous les caprices de cet étrange tracé.

La voûte par tranches n'est pratiquement applicable que

dans le cas d'une galerie limitée par un mur de tête qui lui sert de départ; pour une arcade, il faut recourir au procédé par claveaux, et c'est en effet par claveaux que sont construits les arceaux des portes de Khorsabad : les briques-voussoirs y sont posées à l'état d'argile sèche sur lit d'argile délayée.

Ainsi les ruines assyriennes nous offrent à la fois l'arcade clavée et le berceau par tranches : sans nul doute c'est au système par tranches qu'appartenaient les voûtes de leurs grandes salles.

LES EMPLOIS DU BOIS ET DE LA PIERRE.

Le bois. — D'après Strabon, les maisons de la Babylonie avaient pour toitures des terrasses faites de stipes de palmier et reposant sur des poteaux en palmier qu'on empêchait de fendre en les cerclant de frettes en osier, et qu'on recouvrait d'un enduit coloré.

La décoration « en jeux d'orgue » (pag. 25), qui visiblement imite des panneaux pleins en souches de palmier, donne à penser que ces panneaux, usités en Égypte, étaient aussi employés chez les Assyriens.

Dans les palais, les troncs de palmier des plafonds étaient remplacés par des poutres de cèdre ou de bois précieux apportés à grands frais. Les inscriptions associent à la mention de ces bois étrangers celle d'abris où le cuir jouait un rôle : apparemment il s'agit de tentures sur charpentes légères donnant de l'ombre aux cours des habitations royales.

La pierre. — Hérodote rapporte que le pont de Babylone avait des piles en pierre avec scellements au plomb : nous ne savons rien d'autre sur les constructions de pierre de la Chaldée. Dans les constructions assyriennes, les seules qui nous soient parvenues, le scellement est inusité; la pierre se pose à joints vifs comme chez les Égyptiens, et le mode d'appareil témoigne d'une épargne que la rareté de la matière explique : la pierre est toujours employée en mince placage, conformément au détail fig. 2 :

Une assise est formée de simples dalles posées de champ et reliées au corps des massifs par des boutisses en délit. Les retraites portent non sur le parement intérieur, mais sur le contre-parement.

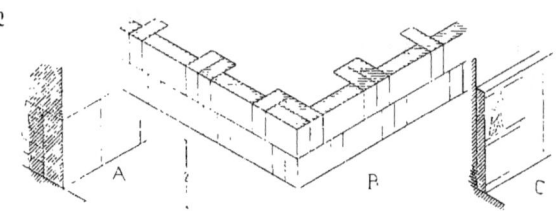

De toutes les constructions d'appareil, les plus ingénieusement conçues sont les kiosques royaux (fig. 3) représentés par les bas-reliefs assyriens :

Ces kiosques paraissent établis sur plan carré et sont surmontés d'une corniche caractéristique : une corniche haute et proéminente, qui n'est réalisable qu'en pierre, et dont les dimensions impliquent une superposition d'assises qui surplombent progressivement et doivent être lestées en queue.

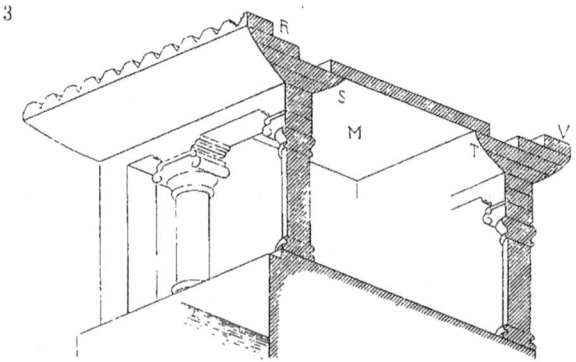

Pour équilibrer la saillie R, un contrepoids est nécessaire. Et cette remarque conduit à l'hypothèse d'une toiture faite d'une grande dalle centrale M soutenue par les encorbellements S et T. Ce serait l'application pure et simple de la bâtisse par tas de charge dont nous avons reconnu le principe en Égypte (pag. 30) ou, si l'on veut, l'extension aux matériaux de pierre du système d'encorbellement réalisé en briques dans les tombes de Mougheïr.

Détails sur l'emploi des pierres dures et des blocs gigantesques. — La Chaldée, à une date comparable à celle des premières dynasties égyptiennes, ornait ses palais d'argile de figures de diorite : le Louvre possède celles de Tello, qui remontent à un temps où l'usage du fer n'est point prouvé, et nous placent en face du problème qui s'est présenté à propos des statues de granit de l'Égypte : Comment étaient-elles taillées ?

Les figures de Tello, d'ailleurs fort différentes de style des statues égyptiennes, gardent comme elles la trace de grands plans d'épannelage. Apparemment dans les deux cas ces plans si caractéristiques résultent d'une même manière d'attaquer la pierre : l'ébauche se serait faite, comme pour les statues en pierre dure de l'Égypte, à l'aide de la scie au sable. Le ravalement, le modelé s'obtenait par les procédés de l'intaille, qui furent connus en Chaldée depuis les temps les plus reculés.

Dès qu'on arrive à l'époque assyrienne (8e et 7e siècles) la question des moyens d'entamer la roche cesse de se poser : le palais de Khorsabad contenait un magasin entier d'instruments en fer, et d'ailleurs l'albâtre gypseux des édifices assyriens était loin d'exiger un outillage perfectionné.

Reste la question du transport et du dressage des colosses.

Sur ce point, les représentations assyriennes accusent nettement des procédés semblables à ceux de l'Égypte qu'ils précisent et complètent. La méthode a été décrite pag. 33 : nous nous bornerons aux indications que les documents de l'Assyrie viennent ajouter. Pures indications de détail, qui se résument ainsi (fig. 4) :

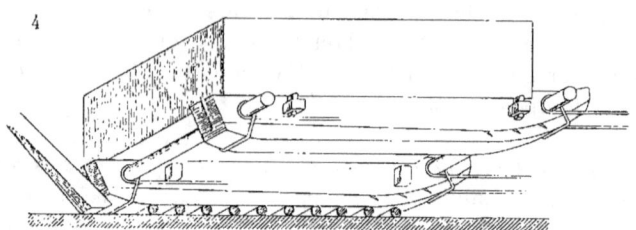

1° Construction des longerons du traîneau à l'aide de pièces jumelles réunies, suivant un mode que nous retrouverons dans les charpentes lyciennes, par un serrage à clavettes. Chaque longeron est d'ailleurs revêtu à sa face inférieure d'une semelle de bois dur, courbée au moyen de traits de scie ;
2° Attelage à l'aide de câbles qui embrassent le longeron, et dont l'attache n'a rien d'hypothétique ;
3° Emploi de rouleaux ;
4° Emploi de leviers pour vaincre la résistance au départ.

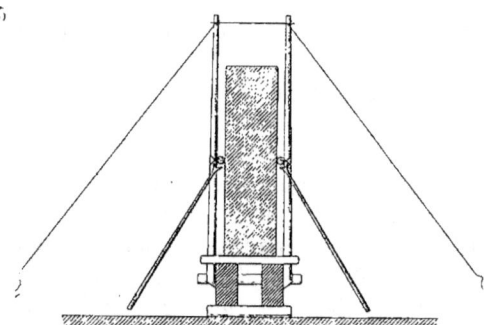

La fig. 5 montre les précautions prises pour le cas de pierres transportées sur leur champ. On distingue des haubans de retenue prévenant le déversement du bloc, et des fourches prêtes pour arrêter ce déversement s'il vient à se produire.

Comme dernier détail, on observe que certains blocs sont transportés à l'état d'ébauche : cela fait présumer que la pratique du ravalement sur tas existait en Assyrie, de même que nous l'avons aperçue en Égypte.

FORMES ET PROPORTIONS.

L'argile, la matière des modeleurs, se prêtait à toutes les fantaisies de la forme, mais, à moins d'être durcie au feu, elle ne donnait que des ornements peu durables. La cuisson était coûteuse faute de combustible : l'architecture ne pouvait viser qu'à des effets de masse, sans accidents de relief.

Murs. — Le mur ne présente aucun ornement qu'on puisse appeler une moulure : la modénature, si simple en Égypte, est ici totalement inconnue. Des stries verticales imitent les troncs jointifs d'un panneau de palmiers, ou bien des rainures anguleuses (fig. 6 B) rappellent l'aspect de ces longues meurtrières qui donnaient le jour et l'air aux maisons égyptiennes.

Sur les murs chaldéens de Warka, les rudentures A ont été revêtues d'un épais enduit d'argile et paille hachée où l'on a planté, à titre de décoration, de véritables clous coniques en terre cuite dont les têtes, tantôt jaunes, tantôt teintées de noir ou de rouge vif, se disposent suivant des dessins en losanges, spirales ou chevrons.

Ailleurs ce sont des cornets en poterie qui s'enfoncent par leur pointe dans la masse du mur et tracent sur le parement des files de points noirs. Ailleurs les lignes d'assises sont accentuées par des couvre-joints D de matière vitrifiée, qui se développent sur la façade en bandes translucides et colorées.

Point de corniches : les fortes saillies supposent l'emploi de la pierre; un crénelage de briques cuites termine la muraille et se découpe en feston sur le ciel. Le détail B explique ce genre de couronnement, qui se construit par le plus simple des empilages et naît pour ainsi dire de l'emploi même de la brique.

Voûtes et pieds-droits. — La décoration des arcs (fig. 6 C) en exprime la structure avec une franchise parfaite : tantôt le claveage reste apparent, tantôt la tranche de la voûte est incrustée d'un bandeau d'émail ; et une archivolte en briques à plat redessine la courbe d'extrados.

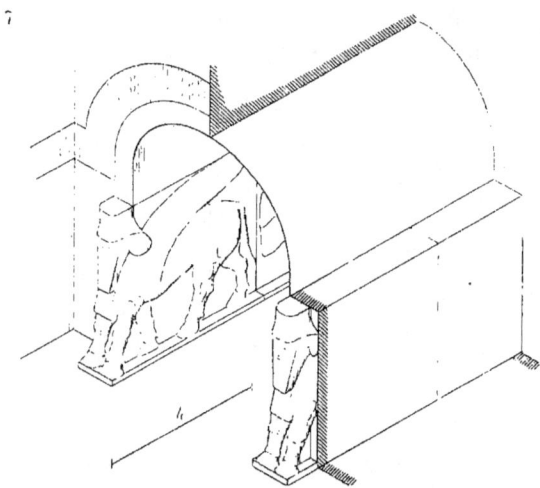

Les jambages sont absolument lisses, ou bien (fig. 7) ils simulent des animaux fantastiques, ces taureaux ailés à tête humaine, dont les Hébreux ont fait les Cherubim, et que les Assyriens vénéraient comme les divinités gardiennes des portes des palais.

Jamais le modelé de ces figures n'altère la sévère correction de contours qui convient à un membre d'architecture : la forme géométrique du support se sent sous la sculpture.

La colonne. — Le palais de Tello contenait des colonnes groupées en faisceau et faites de briques dont la fig. 8 indique l'agencement. Le faisceau reposait sur un socle carré ; le couronnement est inconnu.

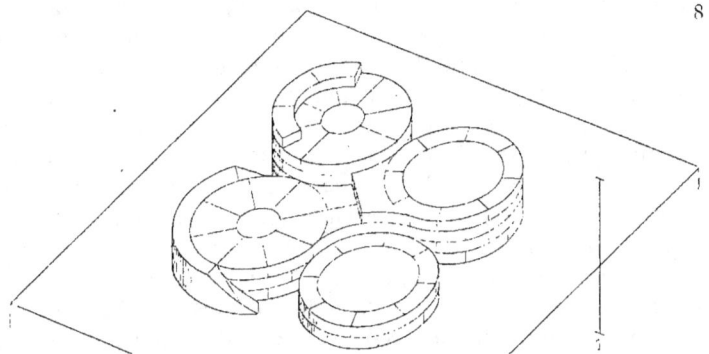

Les bas-reliefs assyriens représentent des colonnes portées sur des lions, et les fouilles de Nimroud autorisent à croire que ce motif est emprunté à l'architecture réelle.

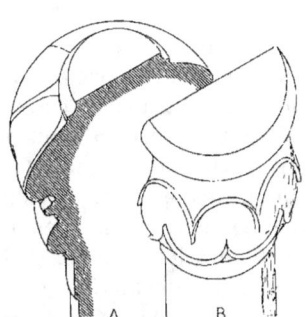

Quelques colonnes du type fig. 9 se sont retrouvées à Khorsabad, à Nimroud, sans qu'on ait pu déterminer d'une façon bien précise le rôle qu'elles jouaient dans l'ensemble de l'ordonnance. Le chapiteau est en bulbe parfois assez gauchement profilé ; la base, une répétition du chapiteau. Les balustres des terrasses ne sont autre chose que des colonnettes à chapiteaux bulbeux.

Enfin, dans les kiosques royaux nous apercevons (pag. 92, fig. 3) et la base profilée en tore et le chapiteau à volutes : le tout surmonté d'une mince architrave et d'une corniche monstre qui s'inscrit dans un épannelage à 45°. La base semble un rudiment de la base ionique, et l'allure générale du chapiteau est précisément celle que nous offriront les chapiteaux de la Phénicie. Dans une colonnade on a remarqué le mélange de types de chapiteaux fort divers : cette circonstance, jointe au caractère de l'ornement, a fait supposer un remploi pur et simple de chapiteaux achetés aux Phéniciens ou pillés chez les peuples vaincus. Les Assyriens, procédant comme feront plus tard les architectes de nos premières basiliques chrétiennes, auraient associé en un ensemble hybride des chapiteaux et des fûts de provenances diverses. Quoi qu'il en soit, ce n'est pas dans les plaines du Tigre ou de l'Euphrate qu'on doit chercher les grandes applications non plus que les types originaux de la colonne : dans ces plaines d'argile la brique seule pouvait être la matière courante des constructions, la colonne n'a pu se développer que dans les architectures à matériaux de bois ou de pierre.

Placages décoratifs, enduits, peintures. — La décoration des salles d'apparat (au moins en Assyrie où la pierre existe) était un placage en grandes dalles d'albâtre couvertes de bas-reliefs. Ces dalles (pag. 92, fig. 2 C) formaient au pourtour comme un lambris directement porté sur l'argile des substructions et s'arrêtant à mi-hauteur des parois. Le surplus était occupé par des enduits. Des couleurs appliquées à plat sur les fonds des bas-reliefs détachaient les figures, et les enduits étaient peints ou blanchis au lait de chaux.

Le métal jouait un rôle : les portes de Balawat étaient ornées de pentures en métal formant de véritables frises historiées ; à Khorsabad, une porte était accompagnée de deux palmiers en cuivre repoussé.

L'élément essentiel de la décoration était la poterie émaillée, la faïence dont la tradition s'est perpétuée en Perse jusqu'à nos jours : l'émail est la plus durable comme la plus éclatante des peintures. Les Chaldéens et les Assyriens savaient obtenir des bleus profonds, des blancs, des jaunes vifs et des noirs : ce sont leurs couleurs usuelles.

Les principaux emplois de la poterie émaillée sont des bordures au pied des murailles ; au sommet, les frises et la décoration des merlons ; les archivoltes des voûtes. Des inscriptions font même présumer que la poterie émaillée servait comme revêtement des pièces de charpente ; les ruines n'ont pas encore confirmé cette application, mais l'art grec archaïque nous en présentera l'exemple et probablement la tradition.

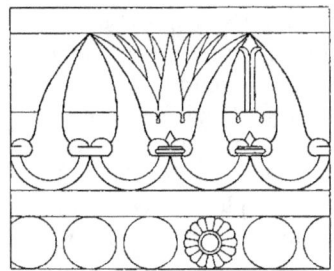

10

Quant aux éléments du dessin ornemental (fig. 10), ce sont ceux de l'art égyptien, la rosace et la palmette ; mais ici une facture moins ferme leur ôte en partie leur élégance native : on se sent en présence d'une copie.

L'ornement figuré. — La statuaire de pierres dures est représentée aux premières époques de l'art chaldéen par les figures de Tello : œuvres d'une saisissante vérité d'expression, mais dépourvues de l'aspect monumental des statues de l'Égypte.

La sculpture assyrienne, qui emploie des pierres tendres et fragiles, des albâtres, ne pouvait viser à des effets de ronde bosse : les statues assyriennes sont à peine fouillées, les taureaux qui décorent les jambages des portes sont traités pour ainsi dire en bas-relief. Le bas-relief est la forme usuelle : et dans les bas-reliefs historiés qui nous sont parvenus on remarque une recherche de détail, une précision anatomique qui rappellent l'art archaïque des Égyptiens et contrastent avec la simplicité abstraite que la sculpture présentait en Égypte à l'époque contemporaine. Le mouvement est violent, la musculature puissante; les animaux ont la vie.

LES PROPORTIONS.

Il est à peine besoin de vérifier dans l'architecture assyrienne les lois de rapports simples ou de proportions modulaires : nous avons observé (pag. 52) qu'elles résultent, comme une conséquence obligée, de l'emploi de la brique. Les longueurs des salles et les épaisseurs des murs ont, par le fait seul de leur appareillage, des dimensions subordonnées à la dimension de la brique qui constitue la commune mesure ou module. Contentons-nous d'un exemple entre beaucoup d'autres : les cours de Khorsabad sont dallées en carreaux de brique dont aucun n'a été recoupé. Donc leur dimension est un multiple exact de la dimension de ces carreaux, qui elle-même est exprimable par un nombre simple au moyen de l'unité métrique : l'application fût-elle inconsciente, la loi modulaire s'imposait.

MONUMENTS.

Tandis qu'en Égypte l'architecture religieuse efface l'architecture civile, en Assyrie c'est le palais qui tient la première place, englobant comme annexes les temples dans son enceinte : l'architecture de l'Égypte est celle d'une théocratie dominant jusqu'à l'autorité royale; l'architecture assyrienne est celle d'une monarchie qui domine le culte même. Babylone paraît avoir fait aux édifices sacrés une place plus large : comme importance, les temples de la Chaldée tiennent le milieu entre ceux de l'Égypte et de l'Assyrie.

LES TEMPLES, LES TOMBEAUX.

Les tours gigantesques (Babil, Birs-Nimroud) qui furent

les principaux monuments de Babylone, étaient à la fois des temples et des observatoires : les deux idées se confondaient dans une contrée où la religion est le culte des astres.

Les bas-reliefs nous ont conservé la silhouette de ces tours, Hérodote et Strabon nous en fournissent la description, et l'Observatoire de Khorsabad nous en montre les formes dans leur détail : ce sont (fig. 1) des massifs sur plan carré affectant l'aspect général de pyramides. Sur les flancs du massif se dé-

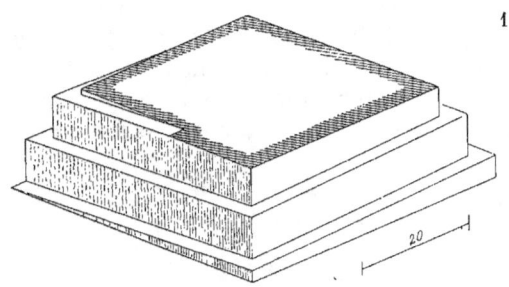

1

veloppe une rampe douce qui permet pendant la construction de monter les matériaux sans recourir à des échafaudages, et qui donne accès à la plate-forme supérieure où s'élève le principal sanctuaire. Les parements étaient ornés de rudentures et couronnés par des crénelages (pag. 95, fig. 6). Les étages successifs, conformément aux récits d'Hérodote et aux indications de Khorsabad, étaient en même nombre que les planètes et peints des couleurs qui les symbolisaient. Les couleurs se succédaient dans l'ordre suivant : blanc, noir, pourpre, bleu, rouge; l'argent et l'or étaient réservés aux deux derniers étages.

Indépendamment de ces tours, il existait, ainsi que paraissent l'établir les fouilles de Nimroud, des sanctuaires que les décorations sculptées permettent seules de distinguer des palais : c'étaient des palais destinés aux dieux.

Mentionnons enfin, mais comme une exception isolée qu'un bas-relief nous fait connaître, un temple en forme de pavillon surmonté d'une toiture à terminaison en forme de fronton ou peut-être de croupe : est-ce un temple indigène, est-ce la reproduction d'un temple que les Assyriens auraient rencontré dans leurs expéditions lointaines? Le bas-relief a trait à une campagne en Arménie, et il est permis d'admettre que le temple dont il rappelle l'aspect soit étranger à l'architecture assyrienne.

L'architecture funéraire, si développée dans l'Égypte, n'est représentée en Chaldée que par quelques nécropoles telles que celles de Warka et de Moughéïr : des chambres sépulcrales, et des tertres où les cadavres s'entassent enfermés dans des sarcophages de poterie ; les tertres sont de simples amas de cailloux avec drains d'asséchement : nulle décoration. En Assyrie l'architecture funéraire n'a laissé aucune trace connue, nous ignorons jusqu'au mode de sépulture.

L'HABITATION.

a. — LA MAISON.

Les monticules qui marquent en Mésopotamie l'emplacement des villes, sont pour la plupart formés des terres de maisons bâties sur les décombres de maisons antérieures : peut-être parviendra-t-on à reconstituer quelques plans à l'aide de ces débris informes; quant à présent, le peu qu'on sait sur la disposition des maisons se réduit à ce qu'Hérodote et Strabon nous disent, et surtout à ce que les bas-reliefs nous apprennent :

D'après les indications d'un bas-relief de Kouioundjik, il existait des habitations en forme de pavillon couvert par une coupole tantôt sphérique, tantôt surhaussée (pag. 89), avec ouverture d'appel d'air au sommet.

Au témoignage d'Hérodote, Babylone possédait des maisons à trois et même quatre étages.

Le type ordinaire (fig. 2), tel qu'il ressort de la plupart des bas-reliefs, est à un étage plafonné et sans autres ouvertures sur la voie publique qu'une porte et des meurtrières situées hors d'atteinte de la vue.

Au-dessus des pièces d'habitation règne une galerie entièrement à jour, sans doute construite à l'aide de pillettes en brique supportant une terrasse : en réalité la maison assyrienne, comme les maisons actuelles des Kurdes, est à double terrasse. La terrasse supérieure protège le plafond contre le rayonnement direct et lui assure cet excellent isolement que nous avons reconnu déjà dans l'architecture égyptienne, celui d'une couche d'air se renouvelant sans cesse.

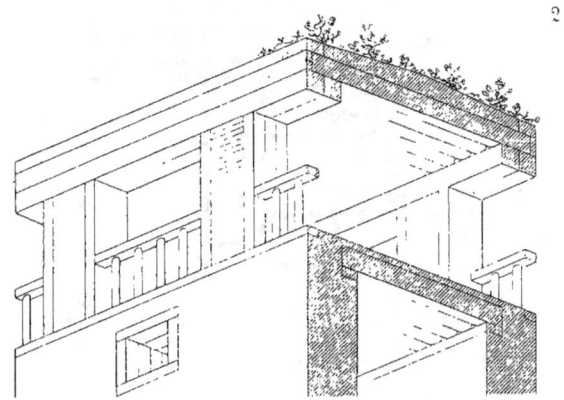

La seconde terrasse présente une particularité curieuse : presque toujours les bas-reliefs nous la montrent couronnée d'une riche végétation.

Une telle terrasse était en effet un jardin tout créé. Constituée par une épaisse couche de terre végétale ; évidemment arrosée comme on arrose aujourd'hui les toits, elle se prêtait d'elle-même à la culture : les légendaires Jardins suspendus, loin d'être une exception, n'étaient qu'une application royale de ces terrasses plantées qui surmontaient en Assyrie les plus modestes demeures.

b. — LE PALAIS.

Dispositions générales. — Les fouilles de Tello ont révélé les dispositions d'ensemble d'un palais chaldéen remontant aux plus anciens âges de l'architecture : une enceinte commune enveloppe trois groupes de bâtiments ayant chacun une cour centrale et une entrée distincte; le plan est visiblement conçu en vue d'établir l'indépendance la plus absolue entre les pièces de réception, les appartements privés et les bâtiments de service. Tel est le principe des distributions usitées aux 9e et 8e siècles dans les palais assyriens.

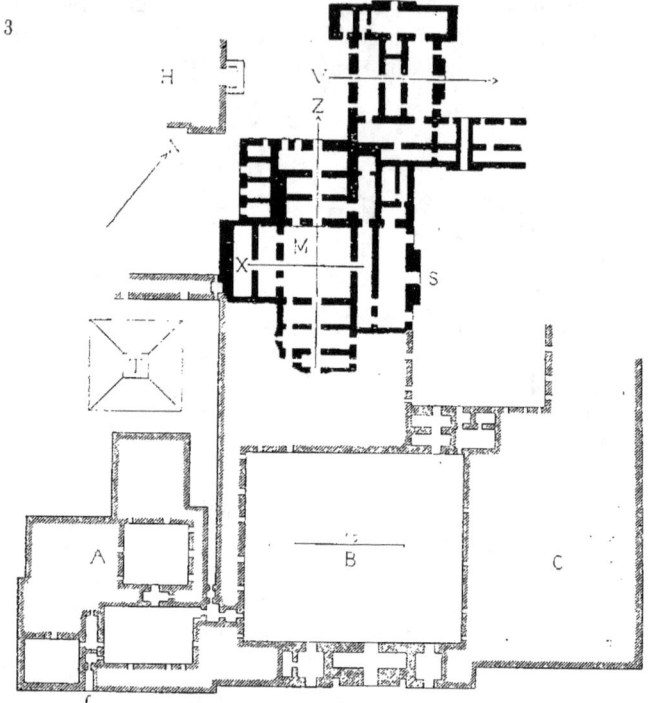

Khorsabad, que nous prendrons comme exemple, est un modèle de distribution savante où la vie d'un monarque asiatique semble écrite tout entière, avec ses raffinements et ses défiances.

Le palais (fig. 3) s'élève sur une haute plate-forme, accessible par des rampes aujourd'hui disparues.

Le plan est tracé sans nul souci de la symétrie : sans autre préoccupation que celle des besoins à satisfaire.

Suivant l'ordre d'idées qu'on aperçoit à Tello et qui se manifeste dans toutes les habitations asiatiques, le palais comprend, en maintenant entre eux une séparation bien nette, les services suivants :

Salles d'apparat,
Logis des hôtes,
Habitation privée,
Dépendances (écuries, magasins, remises, logement des gens de service, etc.).

A quoi il faut joindre une tour à degrés T servant de temple.

Sur le plan fig. 3, la répartition des services est celle-ci :
Les salles d'apparat forment le massif M.

Les communs (remises, écuries, boulangeries...) se groupent autour de la cour intérieure C et de l'esplanade B, grande d'un hectare : c'est sur les faces de cette esplanade que s'alignaient les magasins du palais.

Quant au quartier A, on l'a regardé comme le harem, et cela sur la foi d'une inscription où Sargon se proclame l'auteur du palais destiné à ses plaisirs et à son repos. Les termes de l'inscription sont vagues et l'emplacement en eût été mal choisi dans une retraite où nul étranger n'eût pu la lire. L'attribution paraîtra plus douteuse encore si l'on songe que les appartements A sont dominés par la tour T et en communication avec le dehors par une porte f : le harem aurait été plutôt reporté à l'arrière du palais sur un emplacement où coule aujourd'hui le Tigre; et le quartier A peut être regardé soit comme un groupe de prétoires ou de salles d'audience, soit comme un logis réservé à des hôtes de distinction.

Le plan fig. 3 indique spécialement les pièces que le prince destinait à étaler, comme de fastueuses pages d'histoire, les bas-reliefs relatant ses hauts faits ou ses chasses.

L'entrée principale S donne accès dans une première salle; puis il faut franchir une seconde porte à dessein détournée, pour arriver à la grande salle M, point central vers lequel s'alignent six portes monumentales rangées en enfilade. La dernière Z s'ouvre sur la plate-forme du trône H, mais elle ne permet de jeter sur le pavillon royal qu'un regard oblique, et le visiteur perd immédiatement de vue le souverain pour s'engager dans l'enfilade de sortie V : la prudence et le mystère ne sauraient être poussés plus loin.

Le détail des distributions, les aménagements intérieurs. — Le même esprit de défiance perce dans toutes les distributions. La fig. 4 donne en L le détail des boulangeries du palais : elles ne communiquent avec les autres services que par des passages gardés. Nul n'y pénètre sans traverser au moins un poste de surveillance. Et tous les quartiers sont ainsi séparés les uns des autres par de véritables passages éclusés : nous retrouvons ces obstacles dans le plan L', nous les retrouverions dans toutes les subdivisions du palais.

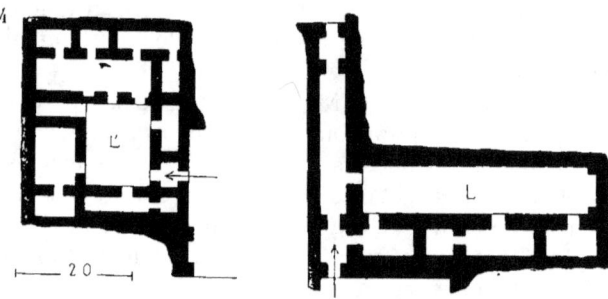

Le plan L' montre la distribution d'un des petits appartements : c'est un groupe de pièces, les unes directement ouvertes sur une cour centrale, les autres disposées pour servir de refuge contre les chaleurs extrêmes; celles-ci sont des cellules sombres s'ouvrant sur un large vestibule qui les isole de la cour, en même temps qu'une épaisse voûte de terre achève de maintenir la fraîcheur. La ventilation est assurée par des tubes en poterie, véritables cheminées d'aérage traversant la toiture.

La protection contre les chaleurs torrides, telle est, après le soin de la défense, la préoccupation dominante des constructeurs assyriens. Partout ils accolent à chaque chambre une retraite absolument sombre, et souvent cette retraite se présente sous la forme d'un couloir ménagé dans la masse des gros murs.

Cette disposition s'accuse d'une façon particulièrement frappante dans les pavillons qui se groupaient en A (fig. 3). La fig. 5 en donne le plan, et il semble qu'on puisse lire ainsi la distribution :

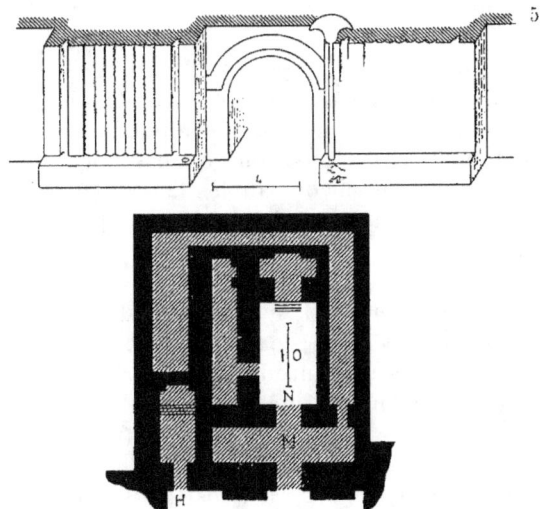

H serait une salle d'attente isolée ;

N une salle d'audience, dont le fond est occupé par une estrade et dont la partie centrale, sans doute découverte, était abritée par une banne ;

M serait l'antichambre servant de salle des gardes ;

La salle des gardes avait sa retraite, se développant en galerie coudée dans l'épaisseur des gros murs ; la salle d'audience avait la sienne.

On remarquera une apparente anomalie de construction : telle cloison de refend est plus épaisse que les murs extérieurs. Peut-être cette bizarrerie s'expliquerait-elle si l'on connaissait mieux les parties hautes. Les terrasses étaient habitées surtout la nuit ; il était naturel qu'elles eussent comme annexes des lieux de dépôt et des retraites pour le cas d'un orage subit. Ces retraites n'étaient-elles pas disposées en forme de couloirs et logées dans la masse même de ces épaisses cloisons? Le palais perse de Firouz-Abad présente, lui aussi, des cloisons de refend plus grosses que les murs d'enceinte : mais à Firouz-Abad les galeries hautes sont conservées, et c'est dans l'épaisseur des cloisons de refend qu'elles se développent.

La forme en corridors allongés n'est pas spéciale aux galeries prises aux dépens des murs, toutes les pièces y participent; et, comme on l'a vu, elle répond à une nécessité de construction dans un pays où l'on n'a pour couvrir les salles que deux moyens incompatibles l'un et l'autre avec les larges portées : la voûte en briques crues et les plafonds en troncs de palmier.

Les salles n'ont jamais de carrelage : des tapis ou des nattes en recouvraient le sol; tout au plus existait-il à l'entrée des pièces principales un seuil d'albâtre tendre orné de gravures, qu'on ne franchissait que pieds nus.

Aspect extérieur. — Un trait caractéristique de la physionomie extérieure des palais assyriens est l'absence de fenêtres à rez-de-chaussée : une habitation asiatique doit être impénétrable aux regards. Les bas-reliefs, lorsqu'ils indiquent une baie d'éclairage, la montrent réduite à une meurtrière sous plafond : le jour était pris de préférence sur les cours et pénétrait par les impostes des portes.

L'appartement dont le plan a été reproduit pag. 107 avait conservé la partie inférieure de sa façade; notre croquis donne l'idée du parti décoratif :

La porte, en plein cintre, était flanquée de deux avant-corps. Chacun de ces avant-corps reposait sur un socle en forme de banquette et avait un parement orné de rudentures. La partie basse des murs était marquée par une bande de couleur noire, les socles des avant-corps et l'archivolte de la porte étaient incrustés de carreaux émaillés; des palmiers de métal se dressaient à droite et à gauche de l'entrée.

Les kiosques. — Nous avons décrit d'après les bas-reliefs (pag. 92) le type des kiosques à colonnes de l'Assyrie. Ces kiosques sont des dépendances presque obligées des palais et les principaux ornements des parcs royaux. Leur emplacement est tantôt une éminence d'où la vue s'étend au loin, tantôt un îlot au milieu des eaux d'un lac. Un de ces kiosques (fig. 6)

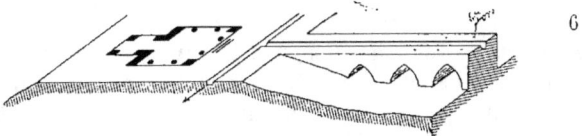

6

paraît correspondre à l'extrémité d'un aqueduc dont les eaux s'épandent sur le sol qu'elles irriguent. Les bas-reliefs montrent le roi donnant ses audiences ou recevant les hommages dans ces pavillons dont la tradition s'est conservée chez les sultans. Selon toute apparence, la salle du trône de Khorsabad (salle H du plan général) était un kiosque sur colonnes: telles seront les gigantesques salles d'audience des rois de Perse.

Le dais (fig. 7 B) est une variété du kiosque d'audience. Ici des montants de bois sculpté tiennent lieu de colonnes, et la terrasse est remplacée par une tenture faite de peaux ou de tapis, que retiennent des poids suspendus comme des glands le long de la bordure.

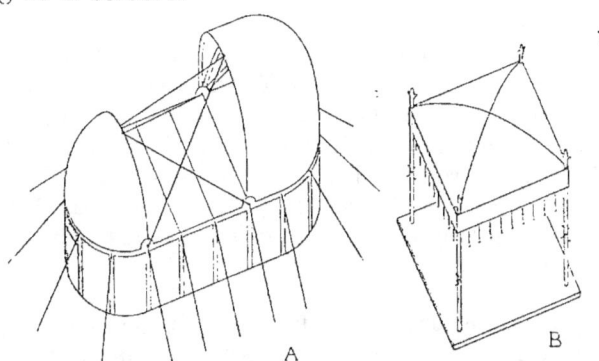

7

Mentionnons enfin la tente (A) qui servait d'habitation aux rois dans leurs guerres ou leurs chasses; c'était une salle mi-partie abritée, mi-partie découverte : la reproduction mobile ou plutôt le modèle de ces cours terminées par des niches couvertes (fig. 5 N), qui jouent un si grand rôle dans les palais assyriens.

LA VILLE ET LES OUVRAGES DE DÉFENSE.

La ville. — Les villes assyriennes avaient leurs rues alignées, avec chaussées en dalles. Habituellement on tournait les angles des maisons vers les points cardinaux de manière à répartir entre les quatre faces les avantages et aussi la gêne du soleil. Presque seul, le tracé de Nimroud fait exception.

Ces villes étaient environnées de défenses formidables : la Mésopotamie est la terre classique de la fortification. Babylone était une véritable province entourée de remparts avec des champs cultivables pouvant servir tout au moins à prolonger un siège. Khorsabad n'est qu'un groupe de maisons dans une enceinte resserrée; le fleuve ne traverse point : on craignait qu'il ne permît à une flottille ennemie de pénétrer dans la place. Et ce danger paraissait tellement sérieux qu'à Babylone où le fleuve coupait la ville par le milieu, on eut soin d'en défendre les deux rives par des lignes de fortification continues.

Non seulement on cherchait à se garantir contre l'ennemi du dehors : jamais on ne perdait de vue les émeutes intérieures. Un pont reliait entre elles les deux moitiés de Babylone, mais c'était un pont mobile, dont le tablier consistait en simples madriers qu'on retirait chaque nuit. C'est ainsi qu'actuellement encore les rues de Damas sont interceptées par des portes qui partagent la nuit la ville en quartiers sans communication entre eux.

Le palais, à Khorsabad, n'était point englobé dans l'enceinte, il occupait sur une des rives une position qui permît en cas d'émeute de se réfugier dans la plaine ou de gagner le Tigre.

Jamais deux portes opposées de l'enceinte ne se présentent

en regard l'une de l'autre : de l'une à l'autre on eut soin de briser l'alignement, de manière à intercepter la vue.

Les remparts. — L'enceinte de Babylone était triple. A Khorsabad, place de second ordre, l'enceinte se réduit (coupe A pag. 92) à un mur unique, construit en terre avec soubassement de pierre, et flanqué de tours sur plan carré.

On n'a retrouvé au pied du rempart aucune trace de fossé : sans doute le fossé était séparé du mur par une large risberme empêchant les effets de glissement qui, à défaut de cette précaution, auraient pu se produire sur un sol argileux.

A Khorsabad le profil de la muraille est vertical; et les bas-reliefs, toutes les fois qu'ils nous représentent une forteresse, indiquent au sommet des murs un crénelage. On distingue même des mâchicoulis tels que nous en avons indiqué dans la fortification égyptienne.

Quelquefois le crénelage était protégé par un masque extérieur qu'on installait au moment de l'attaque et qui se composait (fig. 8) de boucliers ronds montés à bascule : grâce à sa

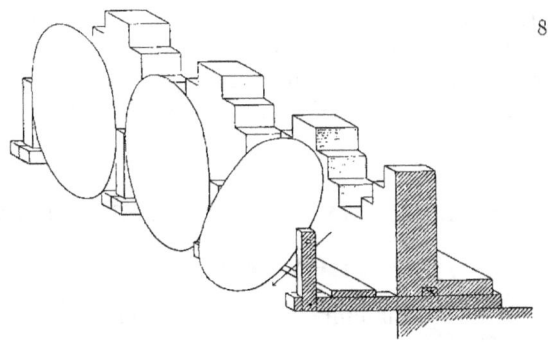

forme et à son mode de suspension, ce masque défensif était toujours équilibré et, suivant l'inclinaison qu'on lui donnait, il faisait écran ou toiture; les flèches de l'attaque, au lieu de le pénétrer, perdaient leur force vive en lui imprimant une oscillation sur son axe.

112 ASSYRIE.

Les portes. — Les portes étaient combinées en vue de déjouer les surprises : à Khorsabad (fig. 9), chaque porte a pour protection un châtelet avancé A et présente un passage en forme de long couloir défendu par des postes échelonnés sur son parcours.

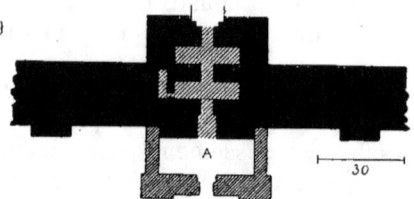

Les écoutes. — C'est enfin aux artifices de défense que semble se rapporter ce couloir souterrain de Khorsabad dont nous avons décrit pag. 90 l'étrange structure. Contre des fortifications de terre, l'attaque par la mine était tout indiquée. Hérodote raconte même qu'en pleine paix une salle de palais fut pillée à l'aide d'une mine pratiquée à travers les substructions d'argile. Il s'agissait de prévenir ces surprises, et le bruit seul pouvait les annoncer : la galerie fig. 1 ne répondait-elle pas à ce besoin? Cette galerie, comme toutes celles qu'on a retrouvées à Khorsabad, n'est ouverte que par un orifice de $0^m,10$ de côté et elle se termine dans la masse des substructions sans autre orifice qu'une double barbacane d'assèchement : elle n'a point d'issue et ne peut être un aqueduc, ne serait-ce pas une écoute?

L'ART ET L'ÉTAT SOCIAL, ÉPOQUES ET INFLUENCES.

LES ÉPOQUES.

L'art de la Mésopotamie paraît aussi vieux que celui de l'Égypte : il appartient à ces races primitives de la Chaldée dont l'esprit inventif a créé l'astronomie. Autant que les ruines de Tello permettent d'entrevoir l'état des méthodes, trente siècles avant notre ère le système de la construction d'argile était constitué et la sculpture architecturale parvenue à un état de singulière perfection. L'architecture était un art tellement en honneur alors, que le plus ancien roi chaldéen dont nous ayons l'image est figuré dans l'attitude d'un architecte ayant sur ses genoux le plan d'une forteresse et l'instrument de mesure qui sert à la tracer. Malheureusement peu de ruines subsistent qui puissent être rapportées à ces âges reculés. Tello, peut-être quelques vestiges à Mougheïr et à Warka, voilà ce que nous possédons de la haute antiquité chaldéenne.

La Mésopotamie fut dévastée lors de l'invasion qui substitua aux races supérieures de l'ancienne Chaldée la race purement guerrière des Assyriens : toutes les villes durent être rebâties après la conquête. Mougheïr n'est qu'une restauration de l'antique ville d'Our; Nimroud, une ville nouvelle élevée sur les ruines de Calach ; Kouioundjik, une reconstruction de Ninive. Ce qui nous est parvenu de Babylone ne remonte guère au delà du 6ᵉ siècle.

Mais l'architecture avait ses racines dans le sol même, dans ses ressources si spéciales : les vieux procédés survécurent comme étant les seuls possibles. Quant aux détails de la forme, la pauvreté d'imagination des nouveaux maîtres de la Mésopotamie fut pour eux une sauvegarde; le goût archéologique intervint même pour les perpétuer.

Ce roi féroce qui a nom Assournazirpal, fut un grand archéologue. Nabonid, à Babylone, recherchait avec un soin curieux les titres de fondation des anciens temples, et s'attachait à les restaurer « dans leur forme première ». On contrefaisait les sceaux archaïques de la Chaldée; tout était imitation : tellement qu'il est permis de voir dans l'art des grandes dynasties assyriennes et des dernières dynasties de Babylone une reprise de l'art de la Chaldée, dans le style de Khorsabad et de Kouioundjik le style même des palais chaldéens.

Toutefois il n'est point d'art dont l'immobilité soit absolue ; et ici comme pour l'architecture égyptienne, on peut, grâce aux inscriptions, discerner des époques :

L'art archaïque de Tello, révélé par les fouilles de M. de Sarzec, présente des caractères qui rappellent l'art primitif de l'Égypte : réalisme de la statuaire, absence presque absolue d'ornements à formes végétales, une décoration empruntée tout entière à la nature vivante. L'ornement proprement dit, qui en Égypte s'est développé fort tard, ne se constitue en Chaldée que pendant la période mal connue qui précède l'empire des Assyriens.

Arrivons à l'âge assyrien, c'est-à-dire à la période du 9e au 7e siècle. Grâce aux découvertes de Botta et aux fouilles de Layard, Place, Rawlinson, ici les monuments abondent. Les principaux sont :
Vers 870, le palais d'Assournazirpal (palais N. O. de Nimroud);
Vers 715, le palais de Sargon à Khorsabad ;
Vers 690, le palais de Sennachérib à Kouioundjik ;
Vers 675, le palais d'Assarhaddon (palais S. O. de Nimroud);
Vers 660, le palais d'Assourbanipal (palais N. de Nimroud).

L'époque d'Assournazirpal et des Sargonides est pour l'Assyrie l'équivalent de celle de Sésostris pour l'Égypte, une époque où la grandeur matérielle se développe aux dépens de la distinction des formes et de la perfection du détail. C'est le temps des succès militaires qui mettaient au service de la toute-puissance assyrienne des populations entières transportées — comme l'ont été les Hébreux — pour recruter les immenses chantiers. Les méthodes répondaient aux ressources : il ne fallait pour élever un palais que des manœuvres capables de pétrir et d'amonceler des briques.

Pendant cette période d'éclat, la construction et l'art décoratif sont loin de marcher de pair : du palais d'Assournazirpal à celui d'Assarhaddon, l'art de la construction paraît en progrès continu : la portée des salles va sans cesse en croissant, ce qui implique des procédés de plus en plus perfectionnés. Tandis que les plus larges salles du vieux palais de Nimroud ont au plus une ouverture de 7^m, celles de Khorsabad atteignent et dépassent 10^m ; au palais S. O. de Nimroud, les architectes d'Assarhaddon risqueront une salle de 19^m de largeur : mais il leur faudra renoncer à la couvrir d'une volée et la subdiviser après coup par une épine, qui la partage en deux nefs.

Par une marche inverse, tandis que l'art des constructions progresse, l'art de la sculpture décline. Sa belle époque est celle du vieux palais de Nimroud : elle présente alors une vérité d'expression saisissante, une imposante simplicité. Point d'accessoires superflus, le trait essentiel saisi avec justesse, rendu avec sûreté. Quelques dispositions naïves, telles que celle des inscriptions tracées à travers les figures, disparaîtront sous les Sargonides, mais le style ira s'amollissant, la composition se surchargera de détails : les tableaux deviendront complexes et confus; on sent la hâte, le désir de produire, la recherche à la place de la perfection. Aux derniers temps, les rois d'Assyrie iront jusqu'à dépouiller les palais de leurs ancêtres au profit de leurs propres palais : dans les constructions d'Assarhaddon, on voit des dalles d'anciens bas-reliefs retournées et sculptées sur le revers; le palais S. O. de Nimroud s'est constitué en partie par le pillage de Khorsabad.

Ainsi l'art décoratif entrait, sous les derniers princes assyriens, dans une voie qui eût conduit promptement à la décadence. La fondation du nouveau royaume de Babylone, vers 625, fut le signal, sinon d'une renaissance, du moins d'un prodigieux essor. Nabuchodonosor personnifie ce mouvement; c'est à lui qu'appartiennent presque en entier les constructions qui firent l'admiration d'Hérodote, les murs de Babylone, les palais, les tours à étages : édifices dont les ruines sont trop informes pour nous permettre d'apprécier le style, mais dont la structure présente un luxe inconnu aux monarchies assyriennes, l'emploi si coûteux de la brique cuite et un développement inouï des décorations émaillées. Après l'invasion de Cyrus (530 environ), l'art babylonien paraît sombrer avec les dynasties indigènes; l'art perse en sera le continuateur.

LES INFLUENCES.

Dès les temps les plus reculés, des liens étroits paraissent rattacher l'une à l'autre les architectures de la Mésopotamie et de l'Égypte. L'Égypte et la Chaldée ne furent jamais des centres de civilisation isolés : mais c'est surtout vers l'époque de la 18ᵉ dynastie que les contacts se multiplient. Hatasou porte ses armes jusque dans les régions de l'Euphrate et, au retour de ses campagnes, elle entreprend cet essai de rénovation de l'art égyptien marqué par le temple à étages de Deïr-el-Bahri. Aménophis IV, suzerain des provinces assyriennes, tente de substituer au culte des divinités nationales le culte chaldéen des astres, et cette réforme laisse sa trace dans la sculpture sacrée de l'Égypte. L'Égypte dut rendre à la Chaldée autant au moins qu'elle lui emprunta. Enfin les annales de la Chine font présumer que la Chaldée fut de très bonne heure en relation avec la haute Asie : il importe d'examiner ce qu'elle dut à ces diverses influences.

a. — Les éléments de décoration. — C'est de l'Égypte que proviennent les motifs courants du dessin ornemental : nous trouvons en Égypte longtemps avant de les rencontrer en Assyrie la palmette de lotus, la rosace; et la supériorité des applications égyptiennes ne permet pas de supposer un instant qu'elles puissent être des pastiches.

Les monuments de l'art figuré se rattachent-ils aussi à des types égyptiens, et le sphinx est-il l'ancêtre des monstres à tête humaine de la Chaldée? La filiation est plausible, mais le type a pris entre les mains des interprètes chaldéens une physionomie nouvelle qui équivaut au point de vue de l'art à une véritable création. Les cylindres archaïques, les plus anciennes intailles nous présentent des lions debout, des associations de têtes, d'ailes et de corps procédant de la plus extravagante fantaisie; le tout animé d'un geste convulsif et bizarre. Ce caractère fantastique n'a rien d'égyptien, c'est un trait ou si l'on veut une erreur du génie asiatique ; nous le retrouverons dans toutes les écoles décoratives des basses époques : en Chaldée il se manifeste dès les premiers âges.

b. — Les procédés. — La construction de pierre joue en Chaldée un rôle si accessoire, que l'idée d'une origine chaldéenne paraît invraisemblable : la question d'origine ne se pose vraiment que pour la construction d'argile. Le système des voûtes sans cintrage est-il originaire de l'Égypte ou de la Chaldée ? Jusqu'à présent on ne peut invoquer aucun argument décisif dans un sens ni dans l'autre ; du moins est-il sûr qu'en Égypte c'est après les guerres de Mésopotamie que le système prend tout son développement : les grandes applications de la voûte d'argile au Ramesseum sont postérieures aux expéditions d'Hatasou[!]; et, si l'on tient compte des nécessités matérielles plus impérieuses en Chaldée qu'en Égypte, c'est apparemment à la Chaldée que revient l'honneur d'avoir inauguré la méthode.

Peut-être aussi des influences émanèrent de la haute Asie. La première tour de briques cuites dont l'histoire fasse mention fut bâtie, nous apprend la Bible, par des gens « venus de l'Est » et apportant avec eux des langues inconnues à la vieille Chaldée : n'est-ce pas un indice de la provenance même du procédé ?

A coup sûr la brique cuite n'est pas une invention des pays où le combustible manque ; c'est une importation : les constructeurs « venus de l'Orient », qui jettent la confusion dans les langues indigènes, seraient des envahisseurs partis des contrées de l'Asie orientale et apportant avec eux les procédés de la poterie que leurs descendants devaient élever à la hauteur d'un art.

La brique cuite, qui joue un rôle capital chez les Babyloniens, se rencontrera dans l'antiquité sur tout le trajet de Babylone au Thibet : en Perse et dans l'Inde. Point de constructions en briques cuites en dehors de cette zone ; du côté de l'Occident c'est à Babylone que s'arrête le domaine de l'architecture de brique cuite : à peine s'étend-il jusqu'à Ninive. N'est-il pas permis de voir dans cette localisation des méthodes la trace d'une traînée d'influences, dont le point de départ nous reporterait aux régions du Thibet ?

Même question au sujet des mortiers :
Le mortier de chaux, employé à Babylone, paraît d'autant

moins originaire de la Babylonie, que la rareté du combustible et du calcaire le rendait doublement coûteux, et que l'abondance du bitume le rendait à la rigueur superflu : l'invention doit en être étrangère. La chaux proviendrait-elle aussi de ces populations de la haute Asie chez qui semblent avoir pris naissance toutes les industries où le feu joue un rôle? Contentons-nous d'énoncer ces questions, en attendant que des documents positifs permettent de les résoudre : elles touchent de près à l'histoire générale des races humaines et de cet échange d'idées d'où notre civilisation est issue.

IV.
PERSE.

De l'Égypte et de la Chaldée partent deux grands courants d'idées et d'influences qui se propagent à la fois dans deux directions inverses, l'un vers la haute Asie, l'autre vers l'Occident. L'histoire de l'art doit se scinder pour descendre ces deux courants l'un après l'autre. Nous suivrons en premier lieu le courant oriental, celui qui va de l'Égypte et de l'Assyrie à la Perse, puis, traversant le champ des très vieilles civilisations de l'Inde et de la Chine, s'étend à l'extrême Asie, peut-être jusqu'au continent américain.

La Perse est la première contrée qu'atteignent dans leur rayonnement oriental les influences de l'Assyrie et de l'Égypte.

La Perse se présente comme une succession de plateaux argileux qui s'étagent par terrasses en s'appuyant sur des murailles de roches nues. Aucune végétation forestière, point d'autres matériaux que l'argile des plaines et la pierre des falaises : l'argile, ici de même qu'en Assyrie, s'impose comme la matière à mettre en œuvre. Ici de même qu'en Assyrie il faut se protéger contre un climat torride. Quant aux besoins, ce sont ceux de toutes les monarchies asiatiques : il faut des monuments dont la majesté reflète l'éclat de la grandeur royale ; et la population ouvrière, pliée comme celle de l'Assyrie sous une autorité de fer, a sur elle cette supériorité que donne aux races aryennes le sentiment inné du beau, si différent de ce sens exclusif du grand qui semble un caractère des races sémites. L'architecture de l'Assyrie peut s'adapter à la Perse, mais elle ne s'acclimatera sur le sol iranien qu'avec plus de recherche dans l'application, plus d'élégance et de distinction dans les formes.

En fait de procédés, le legs de l'Assyrie se résume dans le mur d'argile, la voûte en berceau et la coupole, celle-ci réduite aux étroites dimensions, aux dispositions simples que comporte une exécution en briques crues. Grâce à un emploi restreint encore mais raisonné de la brique cuite, grâce surtout à l'usage du mortier de chaux, les Perses inaugurent la coupole à large ouverture, et jamais ils ne reculent devant la difficulté de raccorder la coupole avec un plan rectangulaire.

Ce qui fait surtout l'originalité de leur architecture, c'est le développement qu'ils donnent à la construction par terrasses. Nous avons vu en Assyrie le portique sur colonnes devenir le kiosque royal; le kiosque prend chez les Perses des dimensions gigantesques. La salle de trône en Perse est un kiosque assyrien, mais mis à l'échelle des salles hypostyles de l'Égypte : un kiosque grandi au point de ne pouvoir échapper à la lourdeur égyptienne que par une structure à poutres énormes. Et le bois fait défaut. Il faudra se procurer à grands frais des cèdres dans le Liban, leur faire franchir des chaînes de montagnes : l'impossible semble avoir tenté les grands rois; par un défi aux lois ordinaires, ils ont décrété la construction des pays boisés sur un sol où tout s'y refusait.

Nous trouverons donc dans l'histoire de l'art perse deux architectures simultanées : une architecture d'argile, sage dans ses procédés, ingénieuse dans ses applications, bien en harmonie avec toutes les convenances; et une architecture de charpente, qui se développe en dépit de tous les obstacles. L'architecture de charpente, née d'une fantaisie royale, se constitue avec la puissance achéménide, règne du 6ᵉ au 4ᵉ siècle avant notre ère, et disparaît dans l'effondrement de la dynastie; l'autre, qui a ses attaches dans le climat et les mœurs, survit à cette architecture factice, fleurit du 3ᵉ au 6ᵉ siècle de notre ère sous la dynastie sassanide, communique ses principes à l'Empire byzantin et se perpétue de nos jours même dans l'art moderne de la Perse.

PROCÉDÉS.

MODE GÉNÉRAL D'EMPLOI DES MATÉRIAUX.

Construction en pierre d'appareil. — La plate-forme de Pasargade peut être prise comme le type de la bâtisse appareillée chez les Perses : c'est une construction exécutée, suivant la méthode de l'Assyrie et de l'Égypte, à joints vifs, sans autre lien entre les blocs que des queues d'aronde, probablement en métal.

Les substructions de Persépolis présentent des exemples d'un appareil fort irrégulier : un appareil à « décrochements », où l'on s'est affranchi même de la condition d'exacte horizontalité des assises.

Aux substructions de Pasargade, où l'appareil est d'une régularité absolue, on a la preuve que les pierres de taille furent mises en place avec les parements vus et même les faces supérieures des lits simplement ébauchés : les arêtes sont bordées de ciselures, le ravalement des parements et des lits supérieurs devait s'exécuter sur tas. Les parements sont à retraites successives, et les massifs consistent en amas de blocages posés à sec et arasés au niveau de chaque assise.

Il est rare que le corps des murs soit de pierre d'appareil : la pierre de taille n'est employée que pour les soubassements, les colonnades et les encadrements des baies.

Constructions de moellons et de briques. — Même dans les somptueuses salles à colonnades de marbre et à plafonds de cèdre, la matière ordinaire des murs est l'argile : on la moulait en pains qui ont habituellement un pied de côté sur un quart de pied d'épaisseur (en chiffre rond $0^m,33$ sur $0^m,08$), et on la posait non pas à l'état pâteux comme en Assyrie, mais, comme en Égypte, à l'état de carreaux séchés. De l'argile délayée tenait lieu de mortier.

La brique cuite était réservée aux ouvrages qui exigent une solidité exceptionnelle : antérieurement à l'époque sassanide, on ne l'employait guère que pour les voûtes.

Le combustible servant à sa fabrication était, si l'on en juge d'après les traditions, de l'herbe sèche qu'on répandait par lits entre les couches d'argile, à peu près comme la houille dans le procédé occidental de la cuisson en meules.

La brique cuite était maçonnée à bain d'excellent mortier de chaux. En cela les Perses ne faisaient que suivre une tradition babylonienne; mais un procédé qui paraît leur appartenir en propre, est celui des maçonneries de blocage à mortier de chaux : les ruines de Firouz-Abad et de Sarvistan nous offrent les plus anciennes applications connues de cette manière de bâtir.

Pour assurer la liaison, les Perses ont souvent noyé dans les maçonneries des madriers faisant chaînages. Cette pratique, vieille comme les architectures de l'Égypte et de la Chaldée, ne se généralise en Perse qu'à l'époque sassanide, c'est-à-dire aux premiers siècles de notre ère. Les édifices authentiquement sassanides sont criblés de chaînages (arc de Ctésiphon); les édifices qu'on peut attribuer aux anciennes époques de l'art perse n'en possèdent point : Firouz-Abad, Sarvistan, Ferachbad n'en présentent aucune trace. Le bois des chaînages, enfermé dans la maçonnerie des murs, disparaît rapidement; d'ailleurs le bois est rare en Perse : pour cette double raison les constructeurs des bonnes époques en ont évité l'emploi; et la présence ou l'absence des chaînages peut être dans les questions de dates un indice d'une sérieuse valeur.

VOUTES.

Voûte en berceau. — Les berceaux perses présentent les plus frappantes ressemblances avec ceux de l'architecture égyptienne : non seulement la structure est semblable, mais le profil est le même. Les berceaux de Firouz-Abad, relevés par M. Dieulafoy, sont construits, comme ceux du Ramesseum, à l'aide de tranches inclinées ; et, comme au Ramesseum, leur profil consiste en une anse de panier surhaussée dont le tracé dérive du triangle égyptien (fig. 1 A). Une telle analogie im-

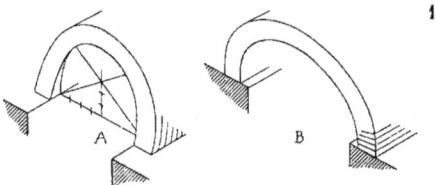

plique une transmission. Apparemment la Perse aura reçu de l'Égypte sinon le principe de la voûte, du moins la forme géométrique dont l'esprit égyptien l'avait empreinte.

Le profil en ogive de Khorsabad, qui convient si bien aux voûtes sans cintrage, se retrouve en Perse, mais il n'est connu que par des applications récentes : le palais sassanide de Ctésiphon en offre plusieurs exemples.

Le berceau construit sur cintre et par claveaux est tout à fait exceptionnel ; on n'en accepte les sujétions que dans deux cas : pour les arcades isolées, où la structure par tranches serait impossible ; ou bien lorsque le manque de hauteur interdit les profils surhaussés. Tous les berceaux clavés sont en plein cintre ; et toujours on distingue, au sommet des pieds-droits, une retraite ménagée pour recevoir le cintrage (fig. 1 B).

Lorsque deux berceaux se croisent, les Perses éludent la difficulté des pénétrations en élevant les naissances de l'un d'eux au-dessus de la clef de l'autre. Les vestibules du palais de Fïrouz-Abad, qui seront figurés plus loin (pag. 143), présentent l'application systématique de cet artifice. La voûte d'arête, qui semble la solution naturelle de la rencontre de deux galeries, est inconnue aux Perses de l'antiquité ; et, même au moyen âge, alors que les Byzantins emploieront couramment la voûte d'arête, les Persans ne l'appliqueront jamais.

Voûte conique ou trompe. — Nous avons vu à propos de l'architecture assyrienne le mode par tranches appliqué (pag. 90) au cas d'une galerie dont le profil varie d'un point à l'autre; l'architecture perse nous le montre adapté à des voûtes en trompe conique : l'exemple fig. 2 est emprunté aux constructions de Firouz-Abad. La trompe, ainsi que le berceau, exige pour s'exécuter sans cintre des matériaux minces tels que des briques. A Firouz-Abad, où les briques étaient médiocres, on

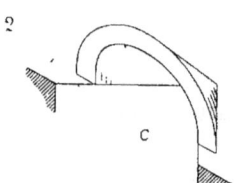

dut recourir aux moellons : et, pour rendre possible sans cintre la pose de ces moellons, on en a réduit l'épaisseur à l'épaisseur même d'une brique; expédient significatif, qui témoigne de l'importance attachée par des constructeurs qui manquaient de bois, à se passer de cintres.

La voûte sphérique sur plan carré. — Les bas-reliefs assyriens et les peintures égyptiennes nous ont offert de nombreuses indications de coupoles. Il est peu probable que les coupoles égyptiennes, employées pour couvrir des silos, aient présenté la complication du pendentif; en Assyrie (pag. 89) l'existence du pendentif est plus plausible. C'est en Perse que se sont conservés les plus anciens exemples authentiques de coupoles sur base non circulaire.

A première vue la coupole, la voûte à plan circulaire ne paraît point indiquée pour une salle carrée : la voûte naturelle serait, semble-t-il, la voûte dite en arc de cloître, où les quatre murs de l'enceinte se prolongent en se courbant progressivement au-dessus du vide. Mais il faudrait des cintres : l'avantage de la coupole est de les rendre inutiles, et cette propriété précieuse explique les efforts que les Perses ont tentés pour raccorder la coupole avec un plan rectangulaire.

Le raccord avec un plan octogone serait chose facile, tant l'octogone serre de près le cercle qu'il enveloppe : la solution perse consiste (fig. 3) à transformer le plan carré en un plan

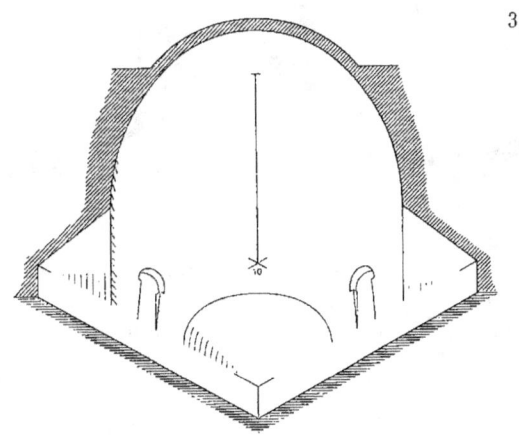

octogone à l'aide de quatre trompes d'angle construites suivant le procédé qui vient d'être exposé; c'est sur la base octogone fournie par ces quatre trompes que s'élève la coupole proprement dite.

Tel est le procédé adopté à Sarvistan, à Firouz-Abad; telle la coupole se perpétuera jusqu'à nos jours dans l'architecture de la Perse : le pendentif en trompe lui appartient essentiellement; le pendentif en triangle sphérique, que nous décrirons en son lieu, n'apparaîtra qu'aux débuts de l'architecture byzantine.

Mode de butée. — Le croquis N (fig. 4) montre dans son application la plus simple le mode général de butée de la coupole chez les Perses :

126   PERSE.

La voûte sphérique est enserrée entre quatre arceaux de tête T, et ces arceaux eux-mêmes sont maintenus par des massifs d'angle formant culées. Point de contreforts à l'exté-

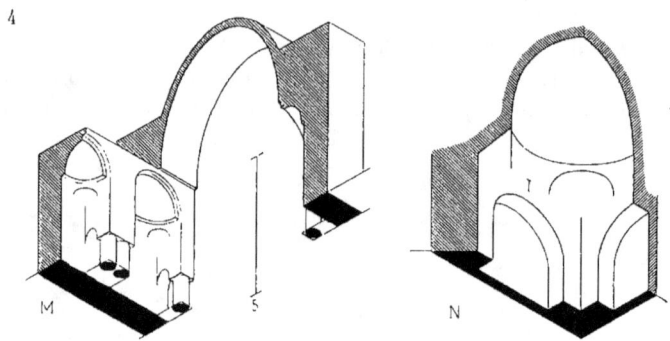

rieur de l'édifice; dehors tous les parements s'alignent, à l'intérieur l'œil découvre en même temps que le dôme les culées qui le maintiennent : la construction présente l'aspect clair et rassurant d'une voûte dont les conditions d'équilibre se lisent.

Nous donnons en M un second exemple des combinaisons d'équilibre de l'architecture perse : un berceau ayant pour culée un massif élégi par des évidements en forme de niches ou demi-coupoles à pendentifs. Ces niches s'appuient sur des groupes de colonnes jumelles et sont disposées de manière à peser contre le berceau central. Ici encore tout le système des contreforts est intérieur.

De parti pris on évite les massifs ayant exclusivement un rôle de butée. Faire servir comme contreforts les cloisons de l'édifice, et reporter à l'intérieur les organes de butée qu'on ne peut éviter, telle est la double idée qui domine les tracés de plans; et le système passera de l'architecture perse à l'architecture byzantine.

La voûte fig. 5 (Tag-Eïvan), est partagée en un squelette

agissant et des voûtains de remplissage : au lieu d'un berceau longitudinal nous trouvons ici une série de berceaux B dis-

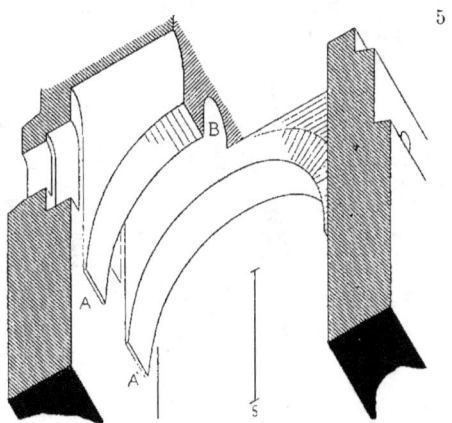

posés transversalement et portés sur des arcs doubleaux; les poussées, au lieu de se répartir uniformément, se localisent aux points A, A'. Il y a dans cette voûte, d'ailleurs d'assez basse époque, le principe des ingénieuses décompositions d'efforts qui prendront tant d'extension dans les architectures de la Perse musulmane et de l'Occident chrétien.

Ce qui nous reste à dire des méthodes de construction se rapporte exclusivement à l'architecture des palais achéménides : nous avons à parler de charpentes dont le type général est commun à toutes les architectures asiatiques, mais dont la réalisation, dans un pays sans bois et à l'échelle où les rois de Perse l'ont voulue, est un des plus grands efforts qui aient jamais été accomplis.

LA CONSTRUCTION A TERRASSES.

En Égypte la toiture des habitations s'appuie (pag. 24) sur des piles entretoisées par des cours de madriers transversaux et se compose d'un solivage en troncs de palmier portant une couche de terre avec bordure de fascinages ou de briques.

Les terrasses des palais perses nous sont connues par les sculptures des tombes royales et par les ruines de Persépolis et de Suse; elles ne diffèrent des terrasses égyptiennes que par l'ampleur des dimensions et le luxe de la matière :

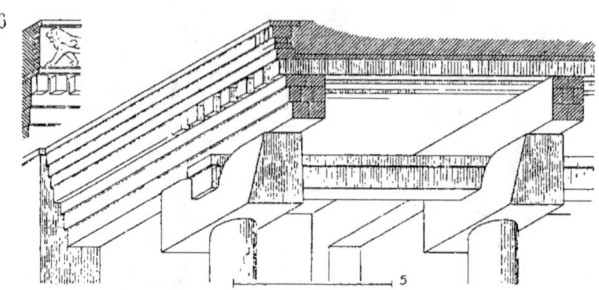

Le pilier, au lieu d'être un empilage de briques avec madriers d'entretoisement, est une colonne de marbre dont le sommet, bifurqué sous une forme qui rappelle un poteau fourchu, se revêt de sculptures simulant des taureaux accroupis.

L'entretoisement (fig. 6), au lieu d'être obtenu par un ou plusieurs cours de madriers traversant les piles, est assuré par des poutres énormes encastrées dans l'enfourchement des colonnes.

Le poitrail B que supportent ces colonnes et qui leur transmet le poids de la plate-forme, n'est pas ici une poutre unique : il eût été impossible de faire parvenir à travers les défilés qui séparent la Perse des forêts, des troncs capables de soutenir de pareilles charges. Au lieu d'employer le bois par pièces de fort équarrissage, on subdivise le poitrail en deux ou même trois cours de madriers superposés.

Puis vient le solivage;

Puis un plancher jointif;

Et enfin la terrasse, bordée, suivant l'usage égyptien, d'une murette de briques.

Au palais de Suse, qui est contemporain de l'art grec, la terrasse était elle-même protégée par des tuiles à larges courants de modèle grec.

On le voit, la charpente achéménide s'en tient aux dispositions les plus élémentaires : mais les partis simples sont les seuls qui donnent en architecture les impressions nettes et les grands effets.

FORMES ET PROPORTIONS.

A prendre les choses dans leur ensemble, l'architecture perse emprunte ses méthodes au fonds de l'Égypte et de l'Assyrie ; ainsi de la décoration : soit directement, soit par l'intermédiaire de l'Assyrie, les motifs proviennent de l'Égypte ; et le rapprochement des massives constructions égyptiennes avec les sveltes colonnades de la Perse montre la différence de caractère qui peut ressortir d'une même donnée selon l'esprit qui préside à la mise en œuvre.

Nous décrirons d'abord la décoration à l'époque achéménide, sauf à résumer ensuite les modifications qui surviennent aux époques parthe et sassanide.

LA DÉCORATION SOUS LES ACHÉMÉNIDES.

La colonne et son entablement. — La colonne perse offre dans les détails de sa décoration cet entassement de motifs superposés que nous trouvons en Égypte sous les dynasties contemporaines de l'art persépolitain ; peut-être même est-elle simplement imitée de ces ouvrages de bois sculpté ou de métal que fabriquaient les Égyptiens et que les Phéniciens vendaient au loin.

La colonne, élancée comme une tige d'arbre, mesure en hauteur au moins dix fois son diamètre. Le fût, creusé de cannelures serrées, s'appuie (fig. 1) sur une base tantôt en forme de tore, tantôt en forme de campanule et porte un chapiteau dont nous donnons en A le type le plus complexe.

On y distingue, à l'état de membres étagés les uns au-dessus des autres :

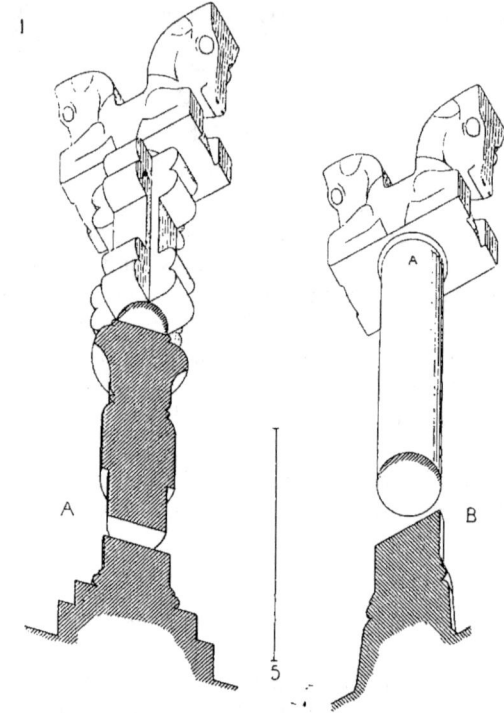

Une campanule, analogue à ceux du portique de Toutmès à Karnak ;
Une corolle semblable à celle des chapiteaux égyptiens en lotus épanoui ;
Des volutes à double enroulement ;
Enfin des taureaux accroupis.

Comme détail de décoration, les campanules ont leur profil

accentué par des gaufrures qui en redessinent pour ainsi dire la section méridienne ; les parements des fûts, les parements mêmes des volutes sont ornés de cannelures qui ôtent aux contours ce qu'ils pourraient avoir de mou et d'indécis.

Quelquefois (B) le couronnement se réduit au groupe des taureaux : c'est le cas des tombes royales, du palais de Xerxès, des portiques latéraux de Suse.

Dans tous les cas, l'enfourchement terminal laisse voir l'extrémité de la poutre-entretoise.

Dans l'entablement (pag. 128, fig. 6), chacun des cours de madriers s'accuse par une légère saillie, et les têtes des solives se dessinent en une ligne de modillons.

Enfin la tranche de la terrasse est bordée (même fig.) soit par une frise d'émail, soit par des assises de briques posées à la manière égyptienne alternativement sur leur plat et sur leur champ.

Murs. — Des parements d'argile ne comportaient guère que des enduits colorés ou des rudentures telles que celles des murs d'Égypte ou d'Assyrie : ce sont là les ornements usuels des murs de la Perse. Ctésiphon nous offre un exemple de mur raidi par des colonnes engagées qui sont de véritables contreforts ; et à Firouz-Abad ces contreforts en forme de colonnes sont reliés deux à deux par des arcatures.

Pour le couronnement de cette ordonnance on ne pouvait songer à une corniche saillante : elle s'exécuterait mal en brique ; on se contentait d'une dentelure crénelée semblable à celle des murailles assyriennes.

Baies. — Supposons qu'il s'agisse d'une de ces baies voûtées qui s'ouvrent dans les constructions de blocage :

Nous avons dit (pag. 123) que, pour faciliter la pose des

cintres, on ménage une retraite au niveau des naissances; un enduit tapisse l'intrados et rachète cette retraite. Cet enduit, à Ctésiphon, est appliqué selon les indications du croquis C (fig. 2) : il forme glacis au-dessus de la retraite, et donne au profil l'aspect d'un fer à cheval. Là est l'origine de l'arc outrepassé, qui sera d'un usage si général dans les architectures musulmanes.

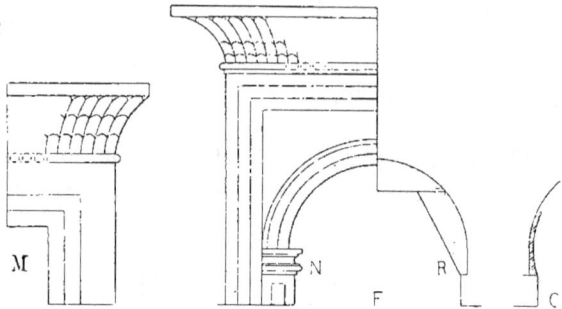

A Firouz-Abad (F) une imposte N tient lieu de glacis; mais au lieu de se profiler en saillie comme les impostes de notre architecture, elle se profile en retraite : une retraite R existe dans la construction, elle l'accuse.

Dans les palais de Persépolis (M), les baies sont à linteaux droits et encadrées de chambranles avec couronnement en gorge égyptienne. A Firouz-Abad (F), ce chambranle est simulé à l'aide de plâtre.

Reliefs décoratifs, couleurs, émaux. — Chez les Perses, de même que chez les Assyriens, la modénature existe à peine : elle n'est représentée en Perse que par un monument conçu d'après les modèles grecs, le tombeau dit de Cyrus.

A défaut de modénature, l'art perse possède une sculpture très développée : de même que les Assyriens, les Perses associent aux formes de l'architecture les représentations de la nature animée. Ils sculptent dans l'ébrasement des portes des figures en bas-relief qui s'avancent vers le visiteur; le long des rampes d'escalier, des personnages qui gravissent les marches. Le rebord des terrasses est une frise occupée par une procession de guerriers ou bien par une file de lions ou d'animaux chimériques. Nous avons décrit les taureaux accroupis qui terminent le fût des colonnes. A Persépolis, le propylée de Xerxès a ses pieds-droits taillés, comme ceux des palais assyriens, en taureaux ailés à tête humaine.

Les bas-reliefs sont pour la plupart en terre cuite et exécutés par moulage : procédé qui, en permettant de multiplier les épreuves, invitait à chercher les effets dans la répétition d'un même motif. De là ces frises de lions et de guerriers à modèle uniforme.

Envisagées comme œuvres de statuaire, les sculptures perses sont d'une élégance parfaite, d'une justesse d'expression irréprochable; la musculature est rendue à la manière assyrienne, mais avec plus de mesure; par-dessus tout les Perses ont cet art de simplifier les formes, qui met les représentations vivantes en harmonie avec les lignes sévères de l'architecture.

Les figures se détachaient sur des fonds colorés et étaient elles-mêmes rehaussées de couleurs.

Lorsque les briques des bas-reliefs devaient être peintes après la pose, on avait soin en les moulant de ménager au pourtour un bourrelet saillant qui permettait d'obtenir, par un ravalement au ciseau, le raccord exact d'une brique à l'autre.

Plus ordinairement on employait les briques colorées avant la pose par une application d'émail.

Nous avons vu les Égyptiens faire un usage, mais restreint, de l'émail; les Assyriens et surtout les Babyloniens en généralisèrent l'emploi : dans aucune architecture peut-être l'émail ne tient une place aussi large que dans celle de la Perse achéménide. Les briques découvertes par M. Dieulafoy dans les fouilles de Suse constituaient des frises à reliefs discrètement modelés, de la plus riche et de la plus harmonieuse coloration : une sorte de cloisonné où les tons sont séparés les uns des

134 PERSE.

autres par des arêtes à léger relief, qui se dessinent en traits vibrants et animent le décor de l'éclat scintillant des pierreries.

Mentionnons aussi les émaux appliqués sans relief sur un dessin purement ornemental : la fig. 3 en donne un exemple provenant de l'escalier de Suse. Il suffit de rapprocher ce motif du dessin pag. 18 pour saisir l'influence égyptienne dont il émane.

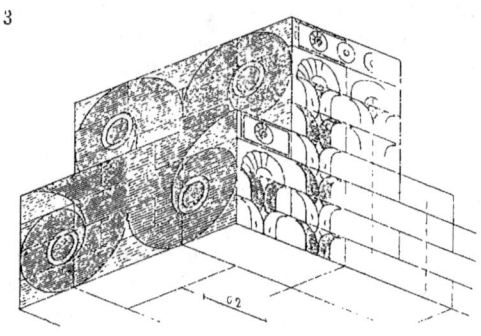

3

Non seulement l'émail intervient, les métaux jouent un rôle : les taureaux des chapiteaux de Suse avaient des cornes de bronze et des rehauts d'or discrètement répartis rompaient le ton noirâtre du marbre. L'application de l'or sur le marbre a été révélée par la présence de la préparation qui sert à le fixer.

A titre de décorations accessoires, les palais de l'époque achéménide avaient, comme aujourd'hui les palais persans, leurs murs revêtus de tentures, leur sol couvert de tapis : la couleur, si brillante sous le ciel de l'Orient, est un besoin des Asiatiques, et nulle nation de l'Asie ne sut à l'égal de la Perse en pénétrer les secrets, en réaliser les harmonies.

L'ARCHITECTURE SOUS LES PARTHES ET LES SASSANIDES.

La chute des Achéménides (330) marque dans l'art de la Perse un arrêt et le commencement d'une période de stérilité presque absolue : la dynastie des Parthes n'a laissé que des œuvres d'imitation, telles que le temple dorique de Kingavar dont le modèle est absolument grec; il faut descendre jusqu'aux premiers siècles de notre ère pour voir surnager l'art indigène.

Les Sassanides, en renouant les traditions de la légitimité dynastique, essaient de réveiller sinon la grande architecture de Persépolis et de Suse, du moins cette architecture plus modeste et plus vraie dont les voûtes de Sarvistan et de Firouz-Abad consacraient les principes. Les méthodes de la construction voûtée renaissent alors, pour se perpétuer pendant le moyen âge dans deux architectures rivales, l'art chrétien de l'Empire grec et l'architecture musulmane des Arabes.

C'est sous les Sassanides qu'on voit entrer dans la pratique courante l'arcade sur colonnes, membre essentiel de toutes les architectures du moyen âge. Le palais de Firouz-Abad présentait des arcatures engagées; au palais de Diarbékir se montre l'arcade isolée retombant sur des tailloirs de colonnes.

On saisira le style de la décoration sassanide par les exemples fig. 4.

Le chapiteau A, qui provient d'Ispahan, ne garde rien de l'élégance correcte des couronnements de colonnes de Persépolis; il se réduit à une corbeille taillée dans cet épannelage cubique que nous retrouverons dans les chapiteaux byzantins. L'ornement de feuillage s'alourdit, les contours s'arrondissent, le rendu devient à la fois anguleux et mou. L'école sassanide ne connaît plus cette réserve qui ménage des champs, des repos : la sculpture tapisse la corbeille entière des chapiteaux ; à Diarbékir elle envahit jusqu'à la surface des fûts.

Même changement pour la statuaire architecturale : à l'exquise légèreté des bas-reliefs de Persépolis et de Suse succèdent des formes épaisses et arrondies, toutefois empreintes d'une imposante grandeur : on sent un souffle puissant dans ces scènes historiques que les Sassanides firent sculpter sur les rochers de Nachché-Roustem, près des tombeaux des princes achéménides qu'ils revendiquaient comme leurs ancêtres. Mais tenons-nous à la sculpture ornementale :

Ce n'est pas seulement la profusion qui la caractérise, c'est souvent la bizarrerie. Les formes animales de l'époque achéménide, correctes jusque dans leurs plus libres caprices, font place à des silhouettes tourmentées et grimaçantes. Le fragment B (fig. 4), emprunté à une décoration d'orfèvrerie, accuse cette expression nouvelle.

LES PROPORTIONS.

Reportons-nous à l'époque achéménide et posons-nous pour l'art perse la question de mise en proportion que nous avons examinée à propos des architectures de l'Égypte et de l'Assyrie. La solution sera la même : des rapports modulaires entre les dimensions et, parmi les rapports possibles, une préférence marquée en faveur de ceux qui se traduisent par des tracés géométriques simples.

Un des monuments perses dont les cotes nous sont le plus exactement connues est le tombeau de Darius Ier : Coste l'a relevé avec un soin extrême, et M. Babin a pu à son tour en contrôler toutes les mesures. Toutes sont des multiples exacts d'un module ; et ce module, précisément égal à la coudée perse, n'est autre chose que le diamètre de la colonne, mesuré à mi-hauteur. Les chiffres inscrits à la fig. 5 expriment les principales dimensions en modules ou coudées ; et les proportions qui en résultent cadrent avec celles que donnerait, placé dans la position que le croquis indique, le triangle dont la base est 8 et la hauteur 7, c'est-à-dire avec une très grande approximation, le triangle équilatéral.

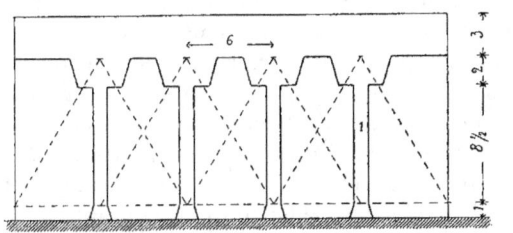

5

Nous empruntons un second exemple à la construction voûtée.

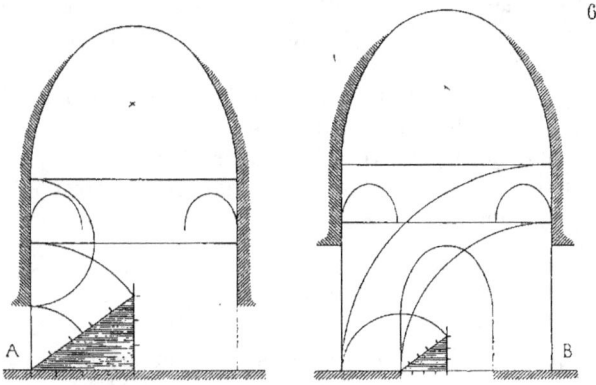

6

La fig. 6 A explique, d'après M. Dieulafoy, les proportions de la grande salle du palais de Firouz-Abad.

Ici le point de départ est le rayon de la voûte. Le profil de la voûte s'en déduit par le tracé égyptien (pag. 53). Et le reste des dimensions s'engendre par des constructions simples qui se lisent suffisamment sur la figure : les proportions ainsi obtenues sont essentiellement modulaires.

A Sarvistan (fig. 6 B) les dimensions sont subordonnées à l'ouverture de la baie : d'ailleurs l'esprit des tracés ne diffère pas d'un cas à l'autre.

Nous avons dit que les principales dimensions se chiffrent en cotes entières : ici intervient une sujétion tenant à l'emploi simultané de deux étalons de mesure. Les Perses font usage à la fois de la coudée de $0^m,55$ et du pied de $0^m,33$. Cinq pieds valent trois coudées : les architectes s'arrangent pour rendre toutes les cotes principales exprimables à la fois en coudées et en pieds ; c'est-à-dire qu'ils n'admettent pour les maîtresses cotes que des multiples de trois coudées ou de cinq pieds. La brique mesurant un pied de côté, cette précaution, essentiellement pratique, permet d'exécuter sans déchet les pans de murs à l'aide de briques d'échantillon courant.

Pour les constructions d'appareil, où l'on n'a point à compter avec la condition du fractionnement en pieds, l'unité que les Perses adoptent de préférence est la coudée de $0^m,55$ avec division en 24 parties : c'est cette coudée que nous avons indiquée fig. 5 comme point de départ de tous les tracés du tombeau de Darius.

Ajoutons, d'après une remarque de M. Babin, que les monuments archaïques présentent des traces de la coudée égyptienne de $0^m,52$ avec division en 7 parties : au tombeau provisoire des rois à Persépolis les cotes dérivent de cette unité égyptienne.

MONUMENTS.

Les palais et les forteresses sont, chez les Perses comme chez les Assyriens, les principaux monuments de l'architecture : l'art religieux est loin d'occuper dans les monarchies militaires de l'Asie une place comparable à celle que lui assignait la théocratie égyptienne.

LES MONUMENTS DE L'ARCHITECTURE RELIGIEUSE, LES TOMBEAUX.

Édifices religieux. — La Perse antique associait au culte des astres qui est la religion chaldéenne, le culte du feu qui se continue aujourd'hui chez les Guèbres. Ainsi que la Chaldée et l'Assyrie elle consacrait au culte des astres des tours à étages : un des rares exemples qui subsistent est la tour sassanide de Djour.

Les monuments qui nous restent de l'architecture religieuse aux temps achéménides sont les autels taillés au sommet des falaises de Persépolis; et des sanctuaires du feu, dont l'existence, restée longtemps douteuse, a été mise en pleine lumière par M. Dieulafoy. La fig. 1 donne le plan d'un de ces temples.

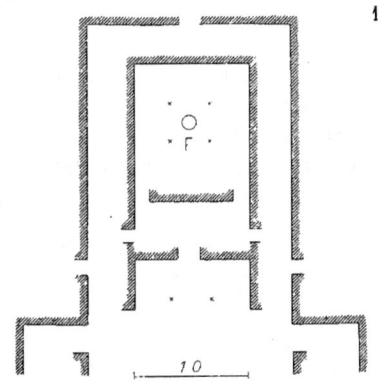

On distingue une cella renfermant le foyer F, qu'une double enceinte protège contre toute profanation : et ce plan se reproduira chez les Grecs dans les habitations de l'âge homérique, où le foyer a gardé un caractère sacré.

Tombeaux. — La tombe, si effacée dans la Chaldée et qui n'a point laissé de traces en Assyrie, reprend en Perse toute son importance et, comme en Égypte, elle affecte de reproduire l'habitation terrestre : par contre-épreuve elle nous aide à en reconstituer les formes.

La religion perse exige, indépendamment du lieu de sépulture, un lieu d'exposition des restes humains : c'est le dagma des Guèbres; le dagma royal s'est retrouvé à côté des tombeaux de Persépolis. C'est une tour carrée (fig. 2 B) dont l'étage inférieur est massif et l'étage supérieur accessible par un escalier droit, et qui porte une inscription mobile pouvant être renouvelée chaque fois que la cellule doit changer d'hôtes.

2
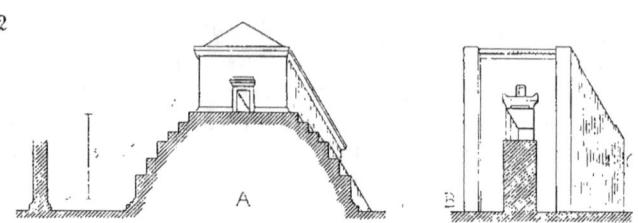

La tombe ne parvient à sa forme définitive qu'après quelques tâtonnements. A Pasargade on rencontre une tombe en forme de tour; une autre, A, en forme d'édicule, visiblement imité d'un modèle hellénique et présentant deux éléments tout à fait étrangers à l'art perse : le fronton et la corniche profilée.

3
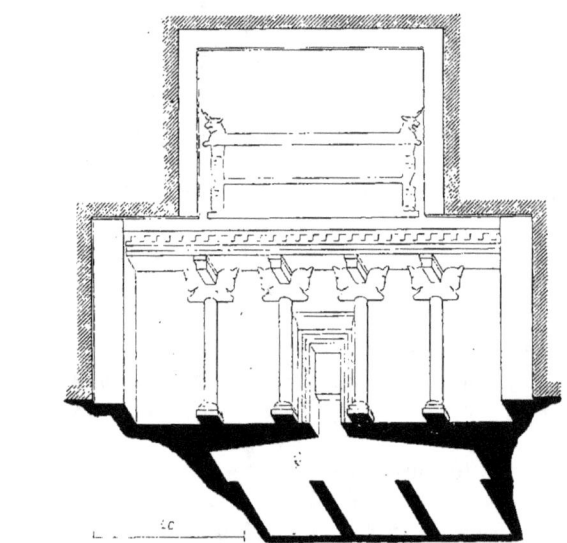

C'est seulement à l'époque de Darius l'Ancien, vers 500, que le type de la tombe est fixé : la tombe alors affecte non seulement l'aspect mais les dimensions du palais. Tous les rois, à partir de Darius, ont des sépultures semblables, toutes sculptées dans le flanc des rochers qui dominent Persépolis. Nous donnons fig. 3 une de ces tombes réduite à ses masses architecturales : la colonnade simule un frontispice de palais, avec ses chapiteaux en taureaux accroupis, avec la frise de lions qui borde la terrasse. Au-dessus s'élève un trône porté par des captifs, avec le roi debout en adoration devant le disque solaire.

PALAIS.

a. — Le palais à terrasse. — Les appartements qui servaient à l'habitation des rois de Perse n'ont point encore été explorés : sans doute bâtis d'argile, ils n'ont laissé que des vestiges informes. La seule partie bien connue du palais est la salle des audiences solennelles, cette salle dont les tombes de Nachché-Roustem reproduisent la façade et dont les ruines de Persépolis et de Suse ont permis de rétablir les dispositions intérieures.

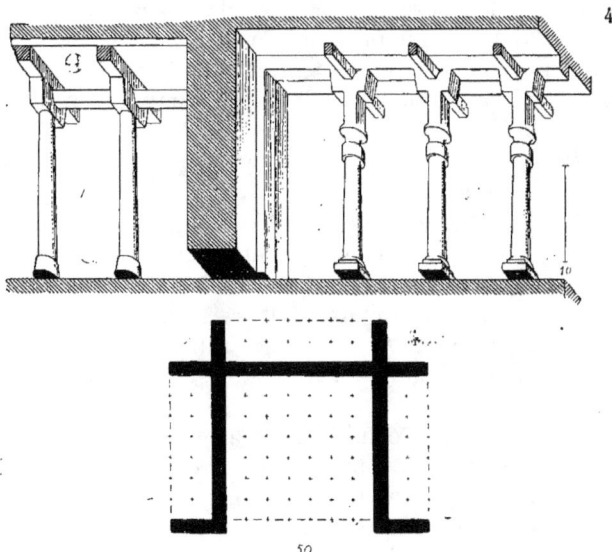

Le plan fig. 4 est celui de la grande salle 'ou apadâna du palais d'Artaxerxès à Suse :

Une halle gigantesque, entièrement ouverte sur sa face principale, close et bordée de portiques sur les trois autres. Un quinconce de colonnes porte le plafond, et la lumière n'arrive au trône royal que par la façade ouverte : c'est le kiosque assyrien, mais muré sur trois faces et grand comme les salles hypostyles de l'Égypte.

A Suse la salle hypostyle termine une avenue droite qui traverse la ville, et s'élève sur un tertre fortifié d'où la vue embrasse un horizon immense. A Persépolis, les salles se répartissent sur une plate-forme de rocher qu'un escalier à larges rampes raccorde avec la plaine. Un propylée, œuvre de Xerxès, annonce l'entrée de la plate-forme; puis les salles se pressent, chaque souverain bâtissant dans les vides que ses prédécesseurs ont laissés : Xerxès construit un apadâna en avant de celui de Darius, Artaxerxès élève le sien à l'arrière du plateau; la loi de symétrie, si impérieuse en Égypte, paraît aussi indifférente à l'architecte perse qu'elle l'était à l'assyrien : l'imprévu s'ajoute à l'impression de la grandeur; et, comme fond au tableau, derrière les crêtes émaillées des palais se dressent les falaises où sont taillés les hypogées royaux.

b. — Palais voûtés. — Les palais voûtés ont un caractère de dignité plus simple.

Le palais de Firouz-Abad (fig. 5), le plus ancien qui nous soit parvenu, est aussi celui qui nous offre le plan le plus complet, l'ensemble de distributions le plus clair. Il se partage en deux moitiés : l'une, librement accessible du dehors, est consacrée aux relations extérieures; l'autre, retirée à l'arrière et groupée autour d'une cour intérieure, est réservée à l'habitation.

Le premier groupe, celui des appartements de réception, comprend une salle des pas-perdus A et trois salles d'audience S : la salle des pas-perdus se compose d'une nef centrale voûtée en berceau et de quatre nefs latérales également en berceau; les trois salles d'audience auxquelles elle donne accès s'alignent transversalement et sont voûtées en coupoles.

Là s'arrêtent les services extérieurs : l'habitation proprement dite est une série de pièces sans fenêtres sur le dehors, rangées le long des faces de la cour C, avec une entrée spéciale pratiquée dans la face postérieure du palais.

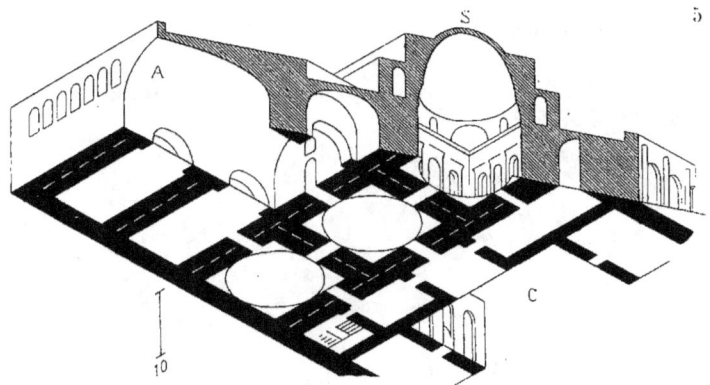

Tout l'édifice, sauf les salles S, est surmonté de terrasses.

La salle des pas-perdus présente un curieux exemple de berceaux étagés les uns au-dessus des autres (pag. 123) en vue d'éviter les pénétrations.

Quant aux trois coupoles des salles d'audience, elles dénotent par la timidité même de leur structure, un art à ses débuts : on sent dans l'épaisseur démesurée du massif qui les empâte, l'inexpérience de constructeurs qui poussent la prudence à l'excès.

Une apparente anomalie du plan est de présenter des murs de refend plus gros que les murs extérieurs : nous avons remarqué des anomalies de ce genre dans les ruines assyriennes (pag. 123); et l'explication qui dans le cas de l'Assyrie n'était qu'une hypothèse, paraît ici être la traduction d'un fait. Les terrasses, habitées la nuit, avaient besoin de dépendances à l'abri des orages : ces pièces de service sont en forme de galeries et correspondent précisément aux cloisons d'épaisseur insolite. Leur présence affamait les maçonneries, et la surépaisseur n'est qu'une compensation raisonnée. Nous avons marqué en plan par des lignes pointillées les axes de ces singulières galeries.

La décoration des salles à coupoles s'est conservée presque intacte : nous en avons figuré le détail pag. 132, F. A l'extérieur les murailles avaient pour ornement des contreforts en forme de demi-colonnes surmontées d'arcatures de brique et peut-être d'un crénelage.

Un exemple non moins remarquable de palais voûté existe à Sarvistan (fig. 6).

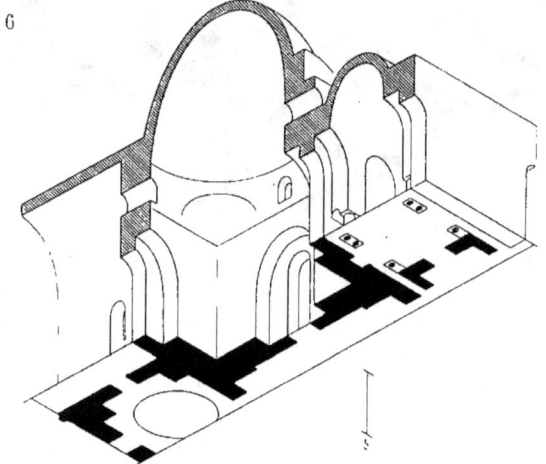

La conception générale est la même qu'à Firouz-Abad, mais les hardiesses de la structure indiquent un art plus avancé : la coupole se dégage plus librement de son garni de maçonnerie : et c'est à Sarvistan que s'observent ces berceaux si ingénieusement contrebutés que nous avons décrits pag. 126.

La décoration de la coupole est encore visible : elle consiste en une couche de lait de chaux sur laquelle les lignes d'assises sont redessinées en traits rouges.

Les palais perses paraissent avoir eu pour accompagnement des jardins ornés de kiosques et de pièces d'eau : à Firouz-Abad on distingue le bassin circulaire d'une pièce d'eau située en avant de la façade; et, à Ferachbad, M. Dieulafoy a retrouvé les ruines d'un kiosque voûté dont nous avons donné les détails pag. 126, N.

Nous arrivons aux monuments des derniers âges de l'art perse. On peut citer, comme les mieux conservés ou les mieux connus :

Le palais de Hatra, édifice élevé vers le 3ᵉ siècle de notre ère par les princes de la dynastie parthe suivant un style librement inspiré de l'art romain de Syrie, et qui présente une salle principale entourée d'une double muraille formant contre la chaleur une enveloppe isolante;

Le palais de Machita, probablement sassanide, et dont les ornements fleuris dérivent des mêmes sources que ceux de Hatra;

Ammân, palais à trois grandes salles ouvertes sur les flancs d'une cour carrée;

Diarbékir, dont nous avons mentionné les portiques sur colonnes;

Le Tag-Eïvan, dont nous avons analysé (pag. 127) l'ingénieuse structure;

Enfin le palais de Ctésiphon, monument le plus colossal de l'époque sassanide, que les légendes locales rapportent à Cosroès (6ᵉ siècle de notre ère).

Nous reviendrons sur le palais d'Ammân à propos des origines de l'art arabe; les fig. 7 et 8 indiquent les dispositions générales du Tag-Eïvan et de Ctésiphon :

Dans les deux cas, le programme est celui d'un apadâna de l'âge achéménide : un palais d'apparat indépendant des appartements privés.

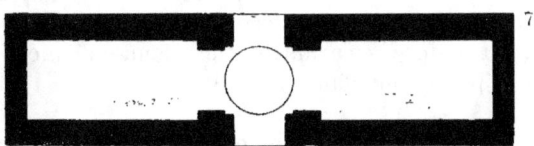

Au Tag-Eïvan, le plan se réduit (fig. 7) à une galerie oblongue, dont le centre est marqué par une coupole.

A Ctésiphon, les bâtiments se groupent (fig. 8) autour d'une nef centrale servant de salle du trône, ouverte sur toute sa largeur comme la salle achéménide, avec un frontispice en forme de muraille droite à six étages. La largeur de la salle du trône est comparable à celle de Saint-Pierre de Rome, et sa voûte consiste en un simple berceau d'un profil exactement semblable à celui de la coupole de Sarvistan.

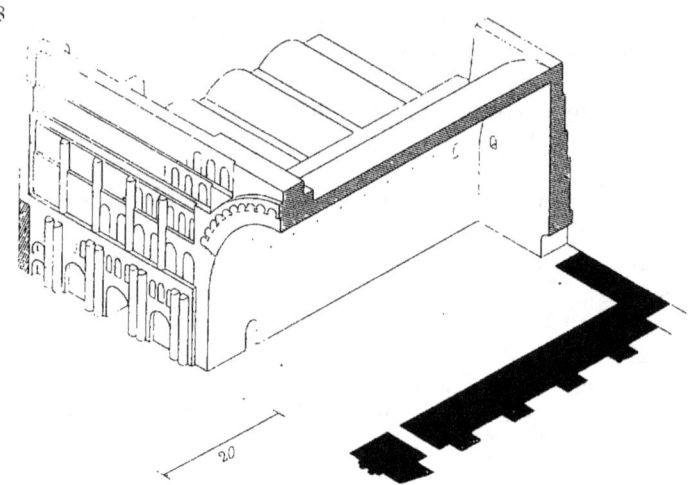

Sous les poussées d'un berceau de près de 27^m de portée, la brique crue se serait écrasée : les matériaux sont des briques cuites. Du moins la voûte fut-elle exécutée sans cintrage. Sa structure est par tranches, avec enveloppe en briques rayonnantes ; la maçonnerie, jusqu'au niveau des reins, est renforcée à de fréquents intervalles par des chaînages en bois noyés dans les massifs ; et le masque décoratif, isolé dans toute sa partie haute, est renforcé en avant par des demi-colonnes, en arrière par des éperons montant de fond.

La tête de la voûte a comme ornement une archivolte festonnée ; pour le reste du frontispice, les éléments de la décoration sont les demi-colonnes sans chapiteaux qui jouent un rôle de contreforts, et des arcatures dont la multiplicité et la superposition aident à saisir l'échelle du monument. Les arcatures sont réparties avec la plus entière insouciance des correspondances d'axes. Des trous ménagés dans la grande voûte servaient, dit-on, à suspendre des lampes et, si l'on en croit les traditions locales, les colonnes auraient été rehaussées d'or. Un voile, tendu devant la salle centrale, s'abaissait au moment des audiences de Cosroès. Il semble que la monarchie perse ait voulu rivaliser, à ce dernier instant de son éclat, avec les splendeurs mêmes de l'âge achéménide.

TRAVAUX D'UTILITÉ GÉNÉRALE ET DE DÉFENSE.

Nous savons peu de chose sur les travaux d'utilité générale à l'époque des Achéménides. Sous les dynasties parthes les travaux publics furent sans doute fort négligés. Les Sassanides ont laissé des vestiges de grands ponts; des barrages où se manifeste leur attention à l'aménagement des eaux qui sont la richesse du pays; des tours que l'on croit destinées à porter des signaux et qui compteraient parmi les plus anciens monuments de la télégraphie.

Après les palais, les principaux ouvrages de l'architecture antique des Perses sont les forteresses : le donjon de Suse était une défense formidable, l'enceinte de la ville rivalisait avec celles des plus fortes places de la Chaldée.

Les matériaux des forteresses sont, comme chez les Chaldéens, des briques employées sans cuisson.

En ce qui concerne les tracés, le principe dominant est celui du flanquement; et voici comment M. Dieulafoy en a fait la preuve :

Un rempart de brique crue a besoin d'être asséché : il est naturel de le séparer des remblais qu'il soutient par un drainage en gravier qui recueille les eaux de filtration et les évacue au dehors. Ce drainage existe à Suse; M. Dieulafoy l'a suivi :

ce fut une piste qui le mit à même de retrouver les sinuosités du plan : le plan des remparts de Suse est à crémaillère.

Le profil, qui répond de la façon la plus fidèle aux indications d'Hérodote sur les fortifications de Babylone, paraît l'application d'un type chaldéen.

Il comprend (fig. 9) une triple enceinte en zigzag, avec une tour au sommet de chaque redan.

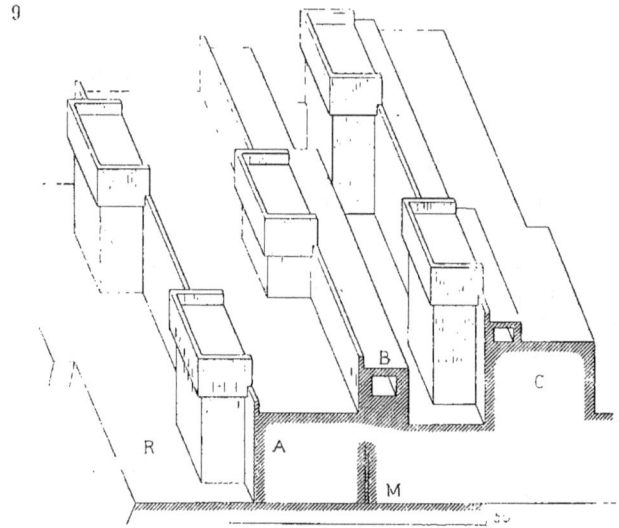

En s'avançant des dehors vers la place, on rencontre d'abord un large fossé, séparé de la première enceinte A par une risberme R assez large pour prévenir toute chance d'éboulement sous le poids des massifs.

La plate-forme adossée à cette première enceinte est au niveau du sol intérieur;

La deuxième enceinte est un mur casematé B, dont le parement répond à la ligne de drainage M.

Vient enfin une troisième ligne de défense C où la courtine n'a pas moins de 20^m d'épaisseur.

Les communications entre la place et les dehors se font par de longues poternes bordées à droite et à gauche de salles voûtées où s'échelonnent des postes, et l'on n'accède à ces poternes qu'après de longs détours au pied même des murs. Tout, dans la disposition des portes, est combiné en vue de déjouer les attaques par surprise, et l'on aurait peine à imaginer un profil mieux entendu contre les attaques de vive force : l'antiquité ne poussera pas plus loin la science de la défense.

L'ART ET LA CONDITION DE L'OUVRIER.
ÉPOQUES ET INFLUENCES.

Les caractères d'une architecture tiennent de bien près à la condition des ouvriers, à leur rang social, à la façon dont ils sont rétribués. Les hautes expressions de l'art supposent une certaine dignité personnelle que l'esclave ou l'homme de corvée n'aura jamais; l'application intelligente et raisonnée des méthodes, le travail à la fois correct et simplement exécuté témoigne d'un mode de rétribution qui intéresse l'ouvrier à son œuvre.

Nous avons vu en Égypte dans les négligences de l'appareil l'indice d'un régime qui rend l'ouvrier irresponsable, la corvée ou le travail à la journée; en Perse nous voyons l'ouvrier rétribué non d'après le temps dépensé mais d'après la quantité de travail accomplie :

Les tailleurs de pierre de Pasargade étaient des artisans payés; et la raison de le croire, c'est qu'aux substructions de Pasargade chaque pierre porte comme attachement la marque de celui qui l'a ébauchée.

Nul doute que la corvée et l'esclavage n'aient eu leur part : on en sent la trace dans ces rudes constructions d'argile où la main-d'œuvre est dépensée sans mesure; mais, indépendamment même d'indices positifs, il est clair qu'une architecture à combinaisons savantes telle que l'architecture voûtée de la Perse ne pouvait se développer que dans un pays où la condition faite à l'ouvrier permet de lui demander un concours autre que l'effort de ses bras.

Plaçons-nous maintenant au point de vue des origines de l'architecture perse :

L'impression générale de cette architecture est celle d'un art dont les éléments proviennent de l'Égypte et de l'Assyrie. Toutefois, si la communauté des méthodes décèle un emprunt, rien n'indique que l'emprunt ait été fait directement aux sources : plusieurs intermédiaires, surtout pendant la période des débuts, se sont interposés entre l'art perse et les architectures mères dont il descend. Comme nous le reconnaîtrons par l'étude des architectures de l'Asie Mineure, bien antérieurement à l'art perse, l'art lydien était parvenu à un haut degré de perfection; et c'est au moment où Cyrus renverse l'empire de Lydie que l'architecture prend dans ses États un premier essor. A Sardes, Cyrus trouvait des modèles de construction exactement appareillés comme les substructions qu'il allait élever à Pasargade; des ornements à double volute tout semblables à ceux des chapiteaux perses; la palmette, la rosace. L'Ionie possédait, comme nous l'ont appris les fouilles de Lesbos, la colonne perse presque entièrement constituée, avec ses campanules si caractéristiques, ses enroulements et son fût élancé. L'Ionie pratiquait même le système de mesures égyptiennes qui s'est manifesté dans un des plus vieux monuments de Persépolis (pag. 138) : c'est sans doute dans cette Asie Mineure où se préparait dès longtemps l'éclosion de l'art ionique, que les architectes de Cyrus puisèrent leurs premières inspirations.

Voici la liste des principales œuvres de l'architecture perse, à commencer par les monuments de l'art pour ainsi dire officiel des palais à terrasses :

a. — Période des origines (2ᵉ moitié du 6ᵉ siècle). Palais et substructions de Meched-Mourgab (Pasargade), tombeau dit de Cyrus; tombeau provisoire de Nachché-Roustem.

b. — Époque de complète formation. Les palais groupés sur la plate-forme de Persépolis : palais de Darius l'Ancien (vers 520);

palais et propylée de Xerxès (vers 480). Le palais d'Artaxerxès à Suse (vers 400).

Passé cette date, l'architecture officielle se perpétue jusqu'à la conquête d'Alexandre (330), pour cesser à la chute de la monarchie achéménide.

Parallèlement à cette architecture d'origine étrangère nous trouvons, dès l'époque achéménide, l'architecture à coupoles de brique dont les palais de Firouz-Abad et de Sarvistan sont les plus anciens exemples connus. La date en a été contestée et l'on a vu dans ces monuments de simples constructions de l'âge sassanide, à peu près contemporaines de l'époque byzantine : une comparaison de formes permet sinon de fixer la date, du moins de la reculer longtemps avant l'apparition du style sassanide. Nous avons caractérisé (pag. 135) par deux exemples la décoration sassanide, fleurie, chargée et grimaçante : attribuer à une même époque cette décoration et celle des portes du palais voûté de Firouz-Abad (pag. 132, F) implique un anachronisme manifeste. Les portes de Firouz-Abad ont le style sévère des portes achéménides que nous avons tracées en regard ; leur date, si elle n'est pas celle des monuments de Persépolis, se rapproche à coup sûr de l'époque persépolitaine beaucoup plus que de l'âge des décors sassanides.

Les dynasties parthes, exclusivement guerrières, ont peu bâti ; on sent dans leurs rares monuments, à Kingavar, à Warka, la tendance à l'imitation de l'art grec ; à leur tour les princes sassanides essaieront de reproduire des types romains (palais de Hatra). En somme, la vieille tradition de la construction voûtée reprend le dessus à l'époque sassanide et signale ses derniers efforts par l'imposante salle du trône de Ctésiphon.

C'est sous la dynastie sassanide, c'est pendant la période de lutte où la Perse entre en contact avec Constantinople, que Constantinople lui emprunte les principes de construction voûtée d'où sortira l'art byzantin. A une date plus ancienne

(2ᵉ au 5ᵉ siècle de notre ère) l'idée perse de décomposer les voûtes en membrures et remplissages pénètre dans la région de Damas et donne naissance à tout le système d'architecture de la Syrie transjordanienne.

Dans une autre direction, un rayonnement plus lointain portera, nous le verrons, les éléments de la décoration perse jusque dans les contrées scandinaves et de là sur tout le littoral européen de l'Océan.

Du côté de l'Inde, l'influence perse se révèle dès le 3ᵉ siècle avant notre ère : les types de la colonne persépolitaine passent de la Perse à l'Inde. Au 2ᵉ siècle de notre ère, l'Inde accepte de la Perse le style grimaçant de l'ornement sassanide.

Ce style étrange, à son tour d'où provient-il? Sans doute de l'art fantastique de la Chaldée : des sceaux chaldéens aux décors sassanides dont nous avons donné pag. 135 un exemple, la communauté d'inspiration est absolue: et, de ces décors sassanides aux décors hindous, la différence est inappréciable : l'ornement sassanide est une reprise, l'ornement hindou sera une copie.

Nous limiterons ici l'histoire de l'art en Perse aux débuts de l'islamisme : l'art musulman ne sera que la continuation et le développement de l'architecture voûtée dont Firouz-Abad et Sarvistan nous ont offert les premiers types et qui est la véritable architecture de la Perse.

V.
INDE.

On est fort loin d'être fixé sur le rôle de l'Inde dans l'histoire générale et par suite sur le rôle et les influences qui lui reviennent dans l'histoire de l'art :

Longtemps on a vu dans l'Inde le berceau des races civilisées et le foyer unique de leurs industries; puis, quand les monuments existants purent être rapportés à leurs vraies dates, un revirement se produisit, et l'on en vint à mettre en doute l'ancienneté même de la civilisation dont ils sont les témoins. Les Védas et les épopées de l'Inde n'ont reçu leur forme actuelle que vers les premiers siècles de notre ère. Les temples souterrains que l'on a crus contemporains de ceux de l'Égypte, ne remontent pas plus haut que le 3º siècle avant notre ère, leur époque est celle des premiers successeurs d'Alexandre.

En fait, ces récentes manifestations de la poésie, de la religion et des arts répondent à des traditions extrêmement anciennes.

Pour nous borner à ce qui doit faire l'objet spécial de nos études, l'architecture trahit par des imitations plus ou moins inconscientes les souvenirs d'un art qui n'appartient qu'à l'Inde et dont l'origine indigène ressort de la nature même des matériaux qu'il exige : un système de charpente, qui ne pouvait prendre naissance que dans des contrées riches en forêts. La charpente était tellement de tradition dans l'Inde, qu'aux premiers moments où la pierre est employée, la pierre est mise en œuvre à la manière du bois : avec tous les assemblages qui conviendraient au bois.

Un des plus curieux exemples de cette charpenterie de pierre est la clôture du tope de Sanchi (fig. 1), qui remonte au 2ᵉ siècle avant notre ère et compte parmi les plus anciens monuments de l'Inde :

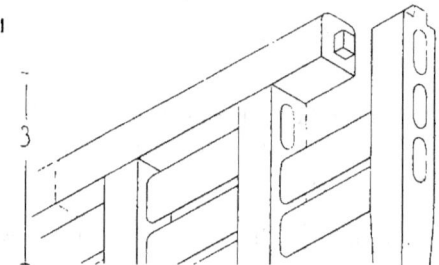

Les montants sont des pieux en pierre fichés dans le sol ; la lisse, une poutre de pierre dont les pièces sont reliées entre elles et avec les montants par des assemblages à tenons ; les remplissages, des madriers de pierre traversant les poteaux comme feraient des madriers de bois.

Aux cavernes de Karli, d'Ajunta, toutes les pièces d'une charpente qui peuvent être reproduites par la sculpture sont taillées dans la masse même du roc ; et quand les pièces à représenter supposent des évidements impraticables, l'architecte prend le parti franc de les exécuter en bois, sauf à les accrocher après coup à la voûte de rocher dont elles simulent le support.

Et ces fermes inutiles n'éveillent nullement l'idée d'une fantaisie décorative ; leur structure savante prouve que ce sont réellement des fermes combinées pour agir, pour porter : des fermes où l'ingénieux emploi du bois, la science des assemblages témoignent d'une pratique bien des fois séculaire.

Là résident les vestiges de l'antique architecture de l'Inde, le surplus est grec, perse ou chinois: l'histoire de l'architecture hindoue consistera surtout à discerner dans ces monuments complexes le vieux fonds des traditions locales.

PROCÉDÉS.

LES TRADITIONS DE LA CONSTRUCTION EN CHARPENTE.

Charpentes en arc. — Ces formes en arc sculptées ou suspendues au roc des hypogées sont de deux sortes: ce sont (fig. 2 et 3) des cerces de madriers formant support d'un plancher courbe, ou bien (fig. 4) des fermes composées de plusieurs cerces solidaires.

La fig. 2 résume les modes principaux de construction des cerces isolées.

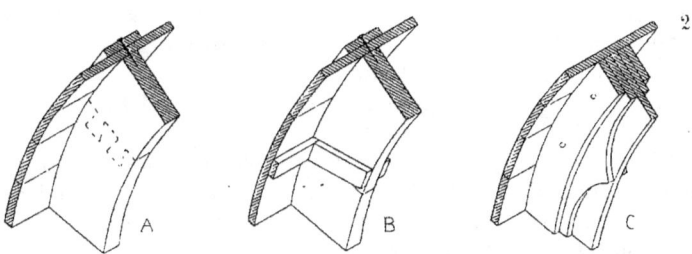

Le type A (Karli) répond au cas de madriers ajustés en prolongement les uns des autres au moyen d'assemblages probablement à redans et tels que le tracé pointillé les indique; une volige clouée à l'extrados suffit pour prévenir les flexions qui tendent à se produire dans la région des reins.

Dans la variante B (Ajunta) les assemblages sont moisés entre des éclisses qui les renforcent.

A Madura (C) nous trouvons, en pierre, la représentation de cerces constituées par un paquet de planches dont les coupes chevauchent: exactement le principe des fermes modernes dites à la Philibert Delorme.

La fig. 3 montre la façon dont ces fermes sont maintenues à leur naissance :

Le berceau dont elles sont le squelette couvre une grande nef comprise entre deux collatéraux à terrasses.

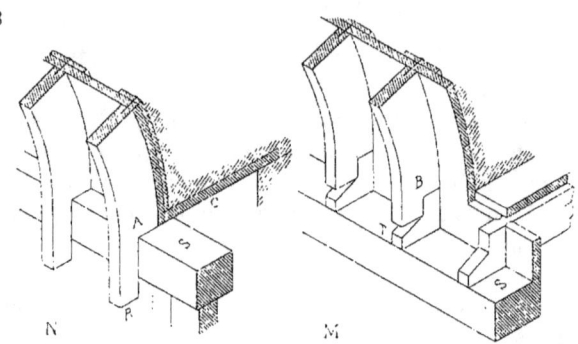

Le croquis N répond au cas où les collatéraux sont assez étroits pour ne point exiger de solivage; M, au cas d'un solivage régnant sur les collatéraux;
S est la sablière sur laquelle la charpente repose.

Dans le premier cas, les cerces prennent directement leur point d'appui sur la sablière, dans le second elles s'assemblent avec les solives : dans les deux cas, la terrasse du collatéral contrebute l'effort de poussée que développe le berceau.

Comme détail on remarquera la façon simple dont les fermes A sont assises sur la sablière :
Le pied de chaque cerce est légèrement échancré, et l'intrados de la cerce se trouve ramené en surplomb vers l'intérieur de la nef, ce qui réduit d'autant la portée. L'extrémité R pend au-dessous de la sablière, ce qui donne un effet décoratif original.

Observons aussi le détail T : Si l'on se rend compte de la manière dont l'arc tend à se déformer en s'affaissant sous son poids, on verra que le bout T de la solive ne porte rien ; ce bout de solive, abattu en chanfrein, prend une forme imprévue et élégante.

La fig. 4 montre les dispositions d'une ferme suspendue, chevillée à la voûte de rocher qui sert d'entrée de grotte à Karli (2ᵉ siècle avant notre ère).

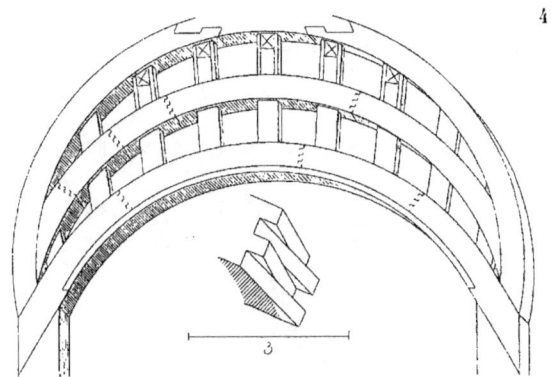

4

Ici, en vue d'augmenter la résistance de la charpente, on ne s'est pas contenté d'une cerce unique : les cerces sont au nombre de trois et rendues solidaires par des entretoises à peu près verticales donnant de la rigidité au système. Les pièces d'une même cerce sont ajustées bout à bout à l'aide de l'assemblage qu'indique le croquis de détail : assemblage qui a le double mérite d'empêcher tout déplacement latéral et de s'exécuter par de simples traits de scie. Une planche courbée renforce l'arc intérieur, et l'arc supérieur est fait de trois pièces seulement, avec joints à trait de Jupiter. Bien que la ferme fût isolée, elle a été traitée comme si elle eût fait partie d'un berceau continu ; on y distingue les têtes des madriers d'entretoisement qui, dans un berceau continu, la relieraient aux fermes voisines.

On remarquera enfin la courbure en fer à cheval qui empêche les pièces de se rencontrer sous des angles trop aigus. Le même profil en arc outrepassé s'observe dans les berceaux sur simples cerces ; il dénote un sentiment très juste des condi-

158   INDE.

tions d'équilibre : des cerces en arc outrepassé pourraient à la rigueur se maintenir sans poussées par le seul jeu des forces élastiques.

Sans doute, dans les applications réelles, des couchis reposaient sur ces arceaux et étaient enveloppés (fig. 5) d'une

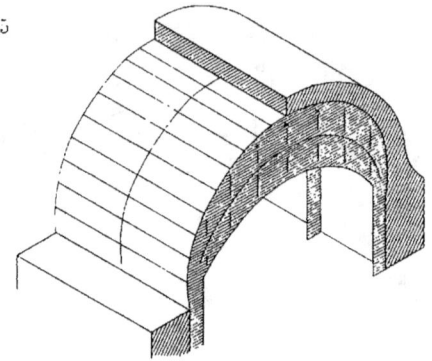

garniture d'argile en forme de terrasse courbe : la terrasse est une nécessité du climat de l'Inde ; suivant le poids à soutenir, on adoptait soit les simples cerces fig. 2 et 3, soit les cerces multiples fig. 4 et 5.

Charpentes par empilage. — Nous arrivons à un type de charpente dont les dispositions plus élémentaires remontent à une antiquité peut-être plus haute encore, la charpente par empilage, aujourd'hui même en vigueur dans les régions boisées de l'Himalaya.

Dans ce système les troncs d'arbres sont employés par lits : un lit de troncs en long alterne avec un lit de troncs en travers, et le tout constitue une sorte de maçonnerie par assises de bois.

Veut-on construire un pont? les piles (fig. 6) se monteront sans nulle difficulté à l'aide de ces lits alternatifs, et on leur assurera une masse suffisante pour résister au courant en logeant des cailloux dans les vides. Puis, pour franchir l'inter-

PROCÉDÉS.   159

valle d'une pile à l'autre, on fera progressivement déborder les couches des troncs d'arbres : telle est l'idée de la construction par empilage.

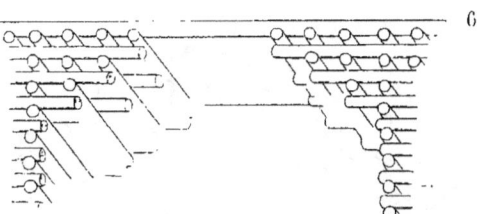

Appliquée au cas d'un portique, elle conduit à des combinaisons d'encorbellement telles que A ou B (fig. 7):

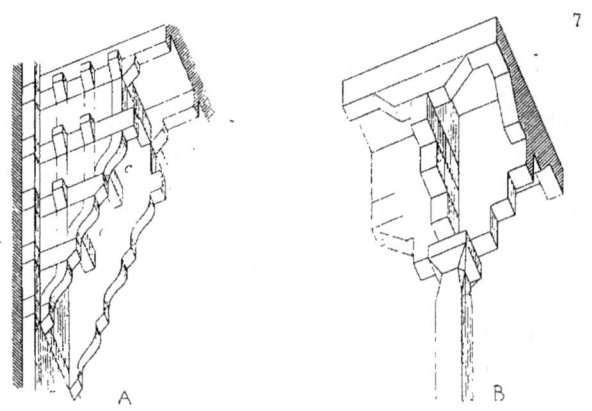

A est la traduction en charpente d'une galerie de pierre à Dabhoi; pour convertir en charpente l'original de pierre, il a suffi de reconstituer les entretoises c, dont les têtes sont d'ailleurs nettement accusées.

Quant à l'encorbellement B, il est tracé d'après un modèle de pierre existant à Bijapour, et l'aspect qu'il présente est exactement celui d'un pilier chinois.

Veut-on bâtir un dôme d'après ce principe d'empilage? la

solution fig. 8 s'offre d'elle-même : les cours de madriers, au lieu de surplomber vers le dehors, portent à faux vers l'intérieur et recouvrent de proche en proche l'espace vide.

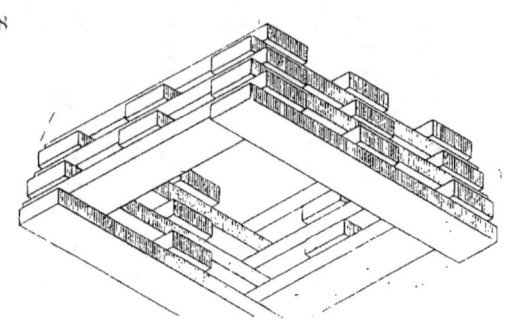

Si la portée est grande, on peut craindre que les bois, soutenus seulement par leurs extrémités, viennent à fléchir.

Pour éviter les flexions il suffit de caler les madriers en un ou plusieurs points de leur longueur par des tasseaux : et l'on obtient ainsi un dôme en tas de charge dont le profil le plus naturel est une courbe très surhaussée ; l'extérieur est hérissé de saillies formées par les têtes des madriers et des tasseaux qui dessinent sur le parement comme des chaînes de bossages :

Cet aspect en dôme surhaussé avec chaînes de bossages s'est très fidèlement conservé dans toute une famille de pyramides hindoues exécutées en pierre, entre autres celles de la province d'Orissa.

Charpentes triangulées. — Le procédé qui consiste à décomposer une charpente en triangles pour la rendre indéformable, ce procédé si simple est presque entièrement étranger à l'antiquité : à peine les Égyptiens l'ont-ils soupçonné (pag. 26) ; les Grecs, non plus que les populations de la haute Asie, ne l'employèrent jamais ; l'Inde le pratiqua, mais les applications datées remontent à peine au 8ᵉ siècle.

Dans l'exemple A (fig. 9), on reconnaît la forme de culasses

PROCÉDÉS.   161

d'arbres servant de liens ; dans les édifices du mont Abou (B), les liens se contournent suivant des courbes plus ou moins tourmentées dont le détail C exprime le caractère.

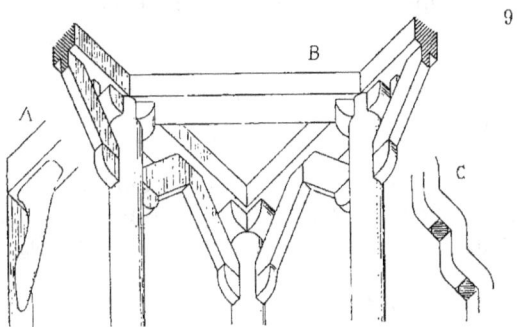

A la page 159, le dessin A présente l'association de pièces obliques et de combinaisons d'empilage.

En somme, les idées qui dominent dans l'Inde l'art de la charpenterie se réduisent à trois :
Combinaisons d'empilage ;
Consolidation des angles par des écharpes ;
Emploi des fermes en arc.

L'ARGILE ET LA PIERRE DANS LES CONSTRUCTIONS DE L'INDE.

Au 3ᵉ siècle avant notre ère, à l'époque où Mégasthène visita l'Inde, on ne construisait en brique que les maisons situées hors du champ des inondations, « car la brique n'eût pas résisté à l'humidité ». Cette brique qui se délaie dans l'eau, est évidemment la brique crue. La brique cuite pourtant était connue : pour ne citer qu'un exemple, elle constitue le massif du tope de Sanchi.

Nous l'avons dit, l'usage de la brique cuite se confine dans une zone qui va du Thibet à l'Euphrate : l'Inde appartient à cette zone.

11

Le mortier de chaux, qui existe en Chaldée, en Perse et dans la région du Thibet, ne paraît pas constaté dans les monuments de l'Inde antérieurs à notre ère. A Sanchi, les lits sur lesquels posent les briques du tope sont simplement de mortier de terre.

Les pierres d'appareil sont employées, comme chez tous les peuples de l'antiquité, à joints vifs.

Pour franchir le vide des baies, on fait usage de linteaux monolithes; à défaut de pierres assez grandes, on se contente d'un poitrail fait de pièces de bois ou quelquefois de barres de fer; puis on continue la maçonnerie en porte à faux, sans décharges ni artifices d'aucun genre.

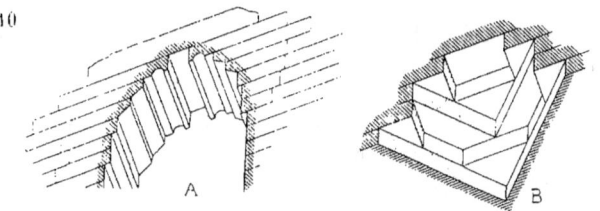

Les voûtes à poussées, les voûtes par claveaux sont étrangères à l'architecture de l'Inde :

Lorsqu'il s'agit de couvrir un espace carré, on procède (fig. 10 B) par empilage de dalles disposées en pan coupé et s'avançant progressivement sur le vide.

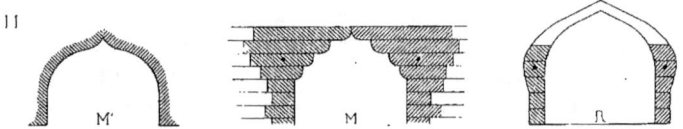

Pour le cas d'une galerie on procède par assises en encorbellement successif et l'on a soin (fig. 10 A et 11 M) de donner à chaque pierre une queue suffisante pour annuler toute tendance à la bascule.

Les monuments taillés dans le roc offrent dès le 9° siècle des représentations de dômes, ordinairement polygonaux, dont le profil est bulbeux et tel que nous l'indiquons en R (fig. 11) : n'y aurait-il pas là aussi la trace d'une combinaison de contre-poids? Lorsqu'on réalise cette forme par empilage d'assises horizontales, le centre de gravité du profil se trouve reporté vers le dehors et la masse se maintient mieux sans étais dans l'espace.

Sur le trajet entre l'Inde et la Perse, à Bamian, M. Maitland a signalé des coupoles sur pendentifs creusées dans le roc, véritables copies des coupoles de Firouz-Abad, et qui paraissent remonter au 2° siècle avant notre ère. Le type n'a pas fait école dans l'Inde, mais la date de la copie a son intérêt, car elle fournit en faveur de l'original une preuve d'ancienneté.

A tout prendre, les Hindous, soit qu'ils bâtissent à l'aide de la pierre ou du bois, sortent peu des combinaisons par empilage et ne connaissent guère qu'un principe d'équilibre, le contrepoids.

FORMES ET PROPORTIONS.

Envisagé dans ses formes, l'art hindou se ramène presque tout entier à des imitations de la vieille charpenterie indigène, et quelques éléments étrangers, perses et grecs : ces derniers éléments s'introduisent vers le 2° siècle avant notre ère. Puis on les voit peu à peu se transformer sous l'influence des traditions qui surnagent; et l'instinct du détail, le goût du fantastique achèvent de leur imprimer un cachet à part, à la fois de minutie et de grandeur.

Colonne. — Le type de la colonne est le premier emprunt de l'Inde à la Perse : il fut imposé à l'Inde, en même temps que la religion bouddhique, par les armes d'Asoka. Les stèles qui consacrent les victoires et les croyances d'Asoka ne sont autre chose que des colonnes persépolitaines; nous en donnons le tracé fig. 1 A : on reconnaît dans leur profil la campanule perse, dans le détail de leur ornement la palmette.

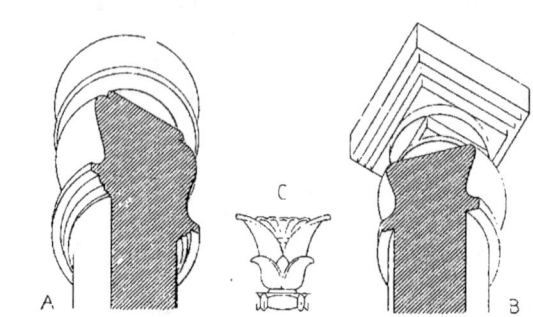

Sous les successeurs d'Asoka, cette colonne perse prend place dans la décoration des temples-cavernes qui reproduisent les édifices voûtés de l'âge antérieur : l'exemple B provient de Karli. Mais ici les colonnes sont tellement étrangères à la conception de l'œuvre, elles répondent si peu à la pensée dont ces temples sont l'expression irréfléchie, que la plupart du temps les architectes ne songent même pas à leur faire jouer le rôle de piliers : ils les alignent à l'intérieur sans leur faire soutenir la voûte, ils les dressent à l'entrée comme de simples stèles destinées à porter des figures symboliques.

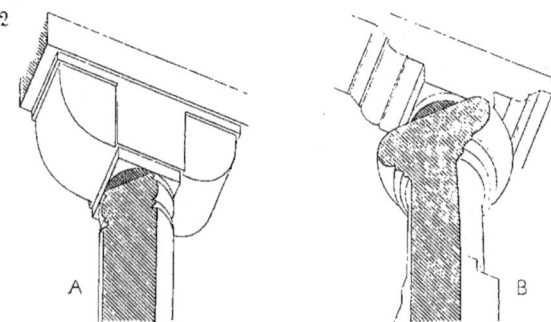

A cette époque de l'art hindou, lorsque les colonnes sont employées comme piliers, elles rappellent (fig. 2 A) par leur couronnement en sous-poutre un détail de la charpente traditionnelle, par les accessoires du chapiteau l'influence perse. Et ce chapiteau même se modifie vite : la campanule s'arrondit et dégénère en un bulbe tel que B.

Vers la même date apparaît à Sanchi le portique à poteaux entretoisés fig. 3, dont l'idée est manifestement chinoise.

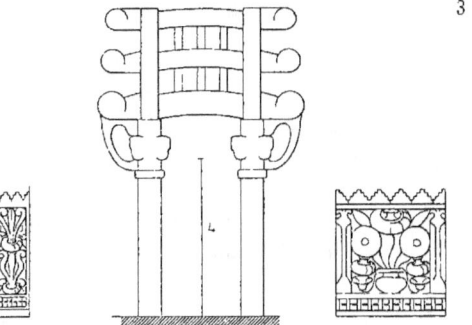

Au 9ᵉ siècle, c'est la colonne avec aisselier en écharpe qui domine dans les temples du mont Abou (pag. 161, fig. 9).

Au même temps et à la même école appartient la colonne surmontée d'un couronnement par enrayures étagées (pag. 159, fig. 7 B) : la colonne de type chinois exécutée en pierre.

Puis la décoration fantastique efface graduellement les lignes architecturales, et les temples de Sriringam ou de Madura présentent des colonnades entières en forme d'animaux enlacés à mouvement convulsif.

L'arcade. — L'arcade hindoue accuse dans sa décoration les assises horizontales qui la composent :

L'expression la plus franche consiste à terminer les assises en forme de corbeaux (pag. 162, fig. 11 M).

Quelquefois (même fig., croquis M') l'intrados est ravalé en courbe continue, et il arrive qu'au sommet de cette courbe l'intrados se relève en accolade.

La pointe de l'accolade répond au joint séparatif des deux pierres qui se rencontrent au sommet de la voûte : la forme est parfaitement en rapport avec la structure.

Corniche. — Comme couronnement de leurs façades ou de leurs portiques, les architectes de l'Inde ne connaissent pas d'autre corniche qu'une saillie en forme de glacis, dont le

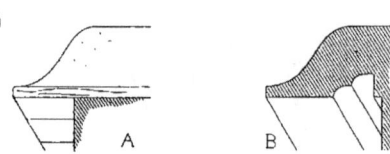

profil (fig. 4) reproduit la courbe en doucine que prend naturellement sous l'action des pluies le rebord d'une terrasse d'argile.

Le détail de la décoration. — La décoration hindoue ne comporte qu'une modénature assez insignifiante. En fait de détails, vers l'époque d'Asoka elle emprunte à la Perse ses dessins de palmettes (pag. 164, fig. 1); au cours des relations avec les Séleucides elle imite de la Grèce quelques ornements en oves ou rais de cœur, et surtout les allures de la statuaire architecturale.

Aux premiers siècles de notre ère, ce sont de nouveau les éléments de la Perse qui prévalent, mais cette fois les éléments de la Perse sassanide; nous les trouvons jusque dans la décoration de ces portiques de Sanchi dont la donnée générale est chinoise; les bas-reliefs (pag. 165, fig. 3) sont de la même famille que ceux des chapiteaux d'Ispahan (pag. 135) : mêmes motifs, même profusion, même lourdeur. C'est seulement vers le 6ᵉ siècle que l'art sassanide paraît avoir fourni à l'Inde ses ornements en forme de monstres grimaçants.

La couleur. — Comme dans tous les pays à belle lumière, les grands effets décoratifs sont des effets de couleur. Les Hindous dissimulent le grain de la pierre sous un enduit de stuc qui s'est conservé aux grottes d'Ajunta; et sur cet enduit ils répandent les richesses d'une coloration qui n'altère jamais les formes par les illusions du trompe-l'œil : coloration calme dont les tapis de l'Inde peuvent seuls nous faire entrevoir l'harmonie.

La symétrie et les lois de proportion. — Dans l'Inde la loi de la symétrie est aussi impérieuse que dans l'Égypte même. Quant aux méthodes qui président à la mise en proportion des édifices, elles nous sont connues, au moins pour une école spéciale, celle de Madras, par un livre qui a dans l'histoire de l'architecture hindoue tout l'intérêt de Vitruve dans l'histoire de l'art romain. Ram-Raz a résumé non seulement les pratiques de son temps (il écrivait au 18ᵉ siècle), mais les anciens traités : partout les dimensions se subordonnent au diamètre de la colonne et sont des multiples simples de ce diamètre; la loi modulaire paraît être pour l'Inde une règle absolue.

MONUMENTS.

L'Inde, où la personnalité humaine est absorbée par la caste, ne pouvait avoir d'architecture privée, et les idées brahmaniques sur la transmigration des âmes ne portaient guère à l'architecture funéraire. L'architecture privée est restée à l'état rudimentaire : des huttes à terrasses; et il ressort des renseignements fournis par Mégasthène qu'au 2ᵉ siècle avant notre ère l'architecture funéraire n'existait point.

LE PALAIS.

Ce qu'on a cru savoir du palais de Polybothra n'est connu que par des textes en partie apocryphes : les seuls monuments qui puissent nous donner une idée de l'architecture officielle de l'Inde sont postérieurs au 15ᵉ siècle.

Le palais est tantôt une grande salle d'audience (Madura,

Deeg), tantôt un groupe de chambres rangées autour d'une cour à portiques comme des cellules le long d'un cloître.

Quelquefois l'édifice est à plusieurs étages avec façade ornée de balcons, revêtue de faïences émaillées et flanquée de tours (Gwalior).

Le style diffère d'ailleurs fort peu de celui des temples : la véritable architecture est l'art religieux; et cette architecture subit les vicissitudes mêmes des religions de l'Inde.

LE TEMPLE ET SES DÉPENDANCES.

La vie religieuse de l'Inde se partage en trois âges :

1° Age brahmanique, antérieur au 3° siècle avant notre ère;
2° Age bouddhique, commençant vers le 3° siècle avec les conquêtes d'Asoka et se continuant jusqu'au 5° siècle de notre ère;
3° Second âge brahmanique, commençant vers le 5° siècle par un retour partiel aux doctrines primitives qui, après quelques alternatives telles que la réforme Jaïna du 8° siècle, finissent par supplanter le bouddhisme et se perpétuer jusqu'à nous.

Passons en revue les dispositions des temples à ces différentes époques.

a. — PÉRIODE BOUDDHIQUE.

Les édifices religieux de l'âge bouddhique sont des tumuli et des temples souterrains.

Topes. — Les tumuli ou topes, tertres élevés sur des reliques de Bouddha, comptent parmi les premiers monuments du bouddhisme hindou : quelques-uns remontent à trois siècles avant notre ère.

Leur forme générale est celle d'une demi-sphère portée sur un soubassement circulaire. Un sentier accessible par un escalier couronne le socle et permet aux processions de pèlerins de faire le tour du monticule sacré. A Sanchi une clôture en charpenterie de pierre entoure le monument, et les portes sont disposées (fig. 1) sur un plan tel, que l'intérieur soit à l'abri de tout regard profane.

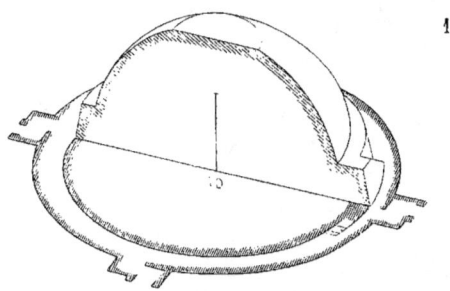

Cavernes. — Les fig. 2 et 3 montrent l'aspect des temples souterrains contemporains de ces topes bouddhistes.

Le plan est en basilique à trois nefs. La façade (fig. 2 B), taillée comme le reste du temple dans le roc vif, est ornée de colonnes et porte la trace des attaches qui maintenaient la charpente décorative de bois (pag. 157).

170   INDE.

A l'intérieur (fig. 3 C) on distingue sur le parement de la voûte, ici des nervures sculptées dans la masse même du rocher ; là, des tenons plantés à divers niveaux pour maintenir des nervures en charpente ; ailleurs, des rainures où furent

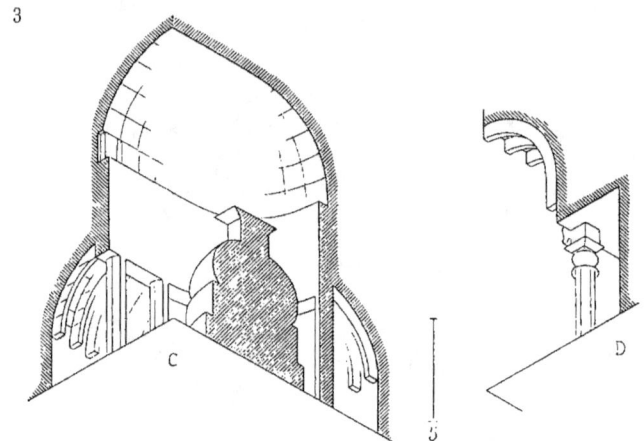

incrustées ces nervures et les pièces horizontales qui les entretoisaient. Souvent même les madriers de cette charpente de rapport se sont conservés intacts.

Les parois sont couvertes de bas-reliefs et de peintures, et le fond du sanctuaire est occupé (C) par un édicule circulaire avec amortissement sphérique, un sacraire en forme de tope dont la caverne est l'abri.

Ajunta (fig. 2 et fig. 3 C), Karli (fig. 3 D) sont les principaux représentants de cette famille de temples.

Les monastères bouddhistes. — Autour du temple bouddhiste se groupent presque toujours les cellules d'un monastère. Souvent aussi le monastère est indépendant du temple ; presque toujours il est lui-même taillé dans le roc : les cellules sont des cavernes et la façade qui les annonce est un portique dont les colonnes sont prises dans la masse du rocher.

MONUMENTS. 171

Le flanc entier de la falaise d'Ajunta est criblé de ces cellules, dont les portiques se mêlent dans un imposant désordre aux frontispices des temples.

b. — PÉRIODE DE RETOUR AU BRAHMANISME.

Vers le 6° siècle, lorsque les doctrines brahmaniques reviennent en honneur et se mêlent aux croyances du bouddhisme, on voit se répandre un type de temple étranger aux premiers temps de l'architecture bouddhique, la pagode en forme soit de maison à double étage, soit de tour à nombreux étages superposés.

La pagode. — Presque toutes les pagodes en forme de tour rentrent dans l'un ou l'autre des deux types fig. 4 :

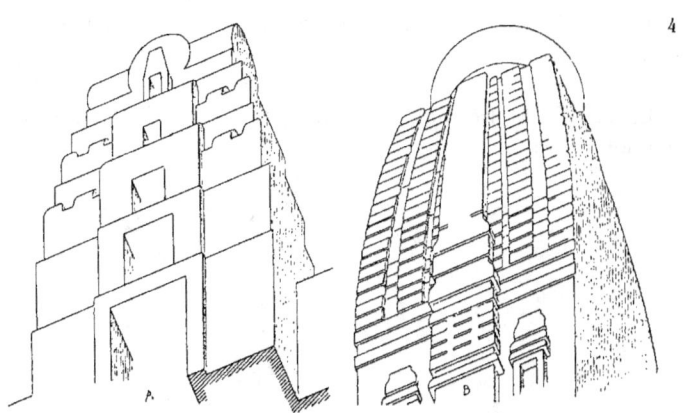

Le type B, en tour à faces courbes, paraît une libre interprétation de ces empilages que nous avons décrits pag. 160; le type A répond à l'idée d'une construction par retraites successives.

Le pylône A provient de Sriringam ; B, de Bhuwaneswar.
Un des plus anciens exemples datés de ces temples-pylônes est le Bouddha-Gaya, décrit au 7° siècle par Hiouen-Tsang, et

dont les dispositions générales sont reconnaissables sous les restaurations récentes.

Pendant la période de fusion qui prépare l'absorption de la religion bouddhiste dans le vieux brahmanisme, les emblèmes des deux cultes se trouvent fréquemment associés : c'est le cas d'Elora (9° et 10° siècles).

Le triomphe définitif du brahmanisme est signalé par la prédominance du temple en pyramide tronquée dont la forme est celle de la pagode roulante de Vishnou.

Faut-il voir dans la préférence pour les cavernes ou les topes une tendance bouddhiste, dans la pagode en pylône un symbole du retour aux croyances antérieures? Contentons-nous de constater la simultanéité des faits.

Les temples du Cambdoge, les monuments de l'art kmer sont des variétés de la pagode pyramidale.

La fig. 5 (Elora) donnera l'idée de la pagode en forme de maison à double étage.

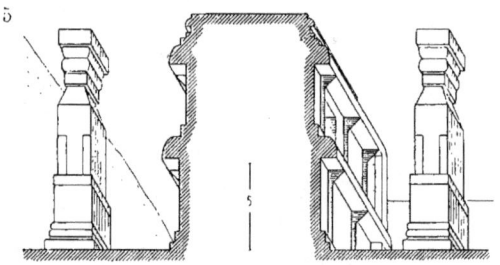

Avec des caractères d'école fort distincts, les temples d'Elora et les monuments kmers marquent dans l'art hindou un état d'exubérante richesse où le contour architectural disparaît pour ainsi dire sous l'ornement figuré : cet art fleuri est celui des 7°, 8° et 9° siècles.

Aux époques postérieures on rencontre, concurremment

avec les pagodes en forme de tours, les pagodes simulant des édifices à coupoles : telle cette pagode monolithe fig. 6, pro-

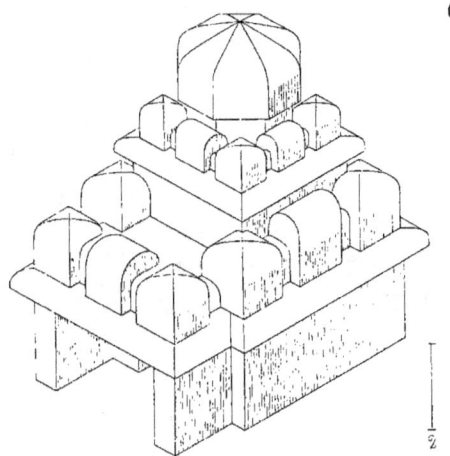

venant de Mahavellipore et attribuée au 6ᵉ siècle; enfin les pagodes en salle hypostyle, qui font leur apparition vers le 10ᵉ siècle dans l'architecture jaïnique du mont Abou et dont le type se retrouve dans l'architecture brahmanique de l'Inde méridionale.

Quelques tombeaux, élevés à l'imitation de ces pagodes à coupoles, se présentent sous l'aspect de kiosques à colonnes surmontés de dômes bulbeux.

Les dépendances du temple brahmanique : pylônes, salles hypostyles. — La dépendance presque obligée d'un temple bouddhique était le monastère : la vie monastique s'éteint avec le bouddhisme; les dépendances des temples brahmaniques seront des propylées, des salles hypostyles servant d'abri aux pèlerins, et des lacs sacrés environnés de portiques.

Par un échange de formes assez curieux, tantôt le pylône affecte l'aspect d'une tour à retraites et donne accès à un temple qui est une salle sur colonnes, tantôt au contraire c'est la salle sur colonnes qui constitue le propylée, et la tour à retraites qui joue le rôle de temple.

La fig. 7 montre les dispositions d'une salle hypostyle empruntées à l'architecture du Sud (pagode de Chillumbrum).

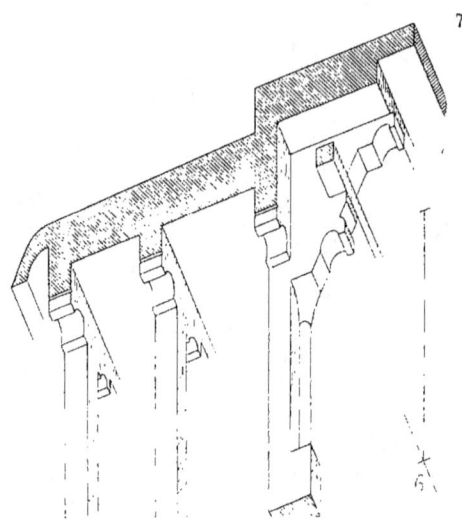

Quelquefois le temple et toutes ses dépendances sont pris dans la masse même du rocher : pour ne citer qu'un exemple, le groupe entier des édifices d'Elora, pagodes, portiques, statues, stèles, tout est sculpté dans une montagne de granit; les temples et les portiques ont leurs terrasses reliées par des ponts ménagés dans le roc. Le mode d'exécution des cavernes s'étend ici à des monuments en plein air.

Accroissement progressif des temples. — Comme les temples de l'Égypte, les principaux temples brahmaniques se sont constitués par agrégation successive de sanctuaires et d'enceintes autour d'un premier sanctuaire. Un temple primitif forme le noyau, en avant duquel un second sanctuaire s'élève ; une enceinte générale englobe les constructions originelles; puis vient un nouveau temple, une nouvelle enceinte, et ainsi de suite.

La fig. 8, empruntée au livre d'Architecture de Ram-Raz, montre cet emboîtement d'enceintes concentriques qui rappelle, et par sa formation, et par ses effets de pylônes, le groupe égyptien de Karnak.

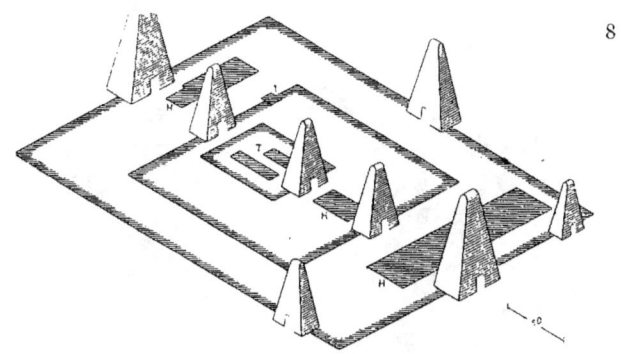

Vainement chercherait-on dans ces temples entassés les élégances de l'architecture de l'Égypte, mais ils ont une ampleur de masses, une puissance d'impression qui n'est comparable qu'à celle de l'architecture égyptienne; et la profusion des ornements qui les recouvrent ajoute encore à ce sentiment d'écrasante majesté.

CLASSEMENT GÉOGRAPHIQUE DES TEMPLES.

Les divers types de temples présentent sur le territoire de l'Inde une répartition que nous avons essayé d'exprimer en marquant sur la carte fig. ci-contre les diagrammes de ces temples rapportés à leurs positions géographiques.

Le tope est le seul genre d'édifice religieux qui ne paraisse pas localisé : il se rencontre de l'Inde himalayenne à Ceylan, et semble accuser partout la trace du bouddhisme qui fut pendant cinq siècles au moins la religion dominante de l'Inde entière. Nous en plaçons le diagramme en S, dans la région où se trouve le plus remarquable exemple, le tope de Sanchi.

176   INDE.

La caverne, la grotte, sans être absolument spéciale à une contrée, prévaut d'une façon très marquée au sud de la Nerbudda (région K) : c'est là que sont situées les grottes d'Ajunta et de Karli.

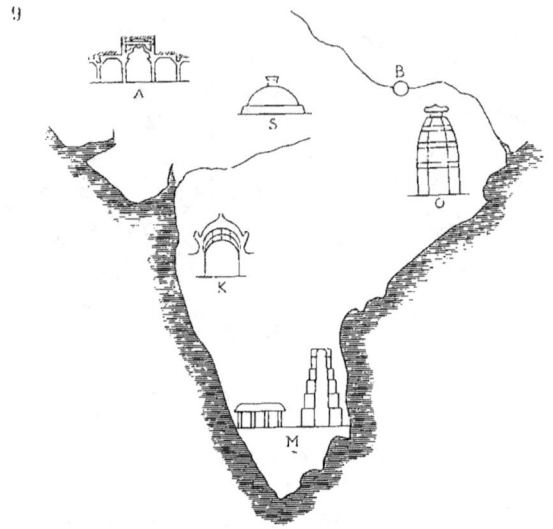

Au nord de la Nerbudda (région A), le mont Abou, foyer de la réforme Jaïna, est le pays de l'architecture en imitation de charpentes triangulées et contient les exemples les mieux caractérisés du temple en forme de salle à toiture par encorbellement (pag. 162, fig. 10 B).

La pagode en forme de tour à faces légèrement courbées a son principal champ d'application en O, dans la province d'Orissa.

Le temple à propylées en forme de pylônes avec accompagnement de salles hypostyles domine au sud de la presqu'île, en M, dans la province de Madras.

Enfin la vallée du Gange, la région de Bénarès B, qui est le centre religieux de l'Inde et le point de convergence des pèlerinages, présente comme un résumé de tous les types.

L'ART ET LE RÉGIME SOCIAL; LES INFLUENCES.

Remontons aux débuts de l'architecture de l'Inde : nous avons entrevu à plus de trois siècles avant notre ère, un art savant, reposant tout entier sur des combinaisons de charpente, et témoignant d'un esprit inventif dont sont totalement dépourvues les populations actuelles de l'Inde.

Sans doute quelque invasion, quelque renouvellement de race s'interpose entre la création de ce système et les imitations inconscientes où nous en distinguons la trace. L'art qui lui succède, celui des grottes de Karli et d'Ajunta, ne vit que de traditions sans rapport avec les procédés qu'il emploie, ou bien de formes étrangères : des formes perses sous Asoka, des détails grecs, puis des importations chinoises; et enfin un large emprunt sassanide. De tous ces éléments naît un style surchargé, qui cherche ses effets dans la richesse plutôt que dans la beauté abstraite et dont l'imposante impression est celle d'une somme de travail qui étonne.

Le régime des castes rendait possible ce déploiement d'efforts. Contraire aux principes du bouddhisme, il ne fut peut-être pas étranger à ses pratiques, et si les grands monuments du brahmanisme sont l'œuvre des castes opprimées, il est permis de douter que le travail libre ait été dépensé avec la prodigalité qu'attestent les grottes bouddhistes d'Ajunta. Le régime des castes devient définitif au retour du brahmanisme; désormais les artisans sont liés de père en fils à leur condition et fixés à leur contrée natale : la localisation des types de l'architecture hindoue, leur persistance reflètent cette organisation des forces ouvrières de l'Inde.

Les influences de l'art hindou hors de l'Inde ne se manifestent guère avant notre ère : c'est vers le 1er siècle que l'Inde transmet à la Chine les doctrines du bouddhisme et avec elles le symbolisme et le programme de ses temples. C'est alors que la Chine, dont l'art primitif paraît avoir été sobre d'ornements fantastiques, semble avoir adopté au contact de l'Inde ce monde de chimères qui animeront son architecture de leurs silhouettes étranges. Le bouddhisme s'efface de l'Inde à partir du 8ᵉ siècle, se perpétue en Chine, et les données générales de l'architecture religieuse de l'Inde se continuent dans la Chine bouddhiste.

En retour, l'Inde reçoit de la Chine, dès les premiers temps de la propagande bouddhiste, quelques modèles absolument étrangers à l'art indigène : les architectes de Sanchi imitent en pierre des portiques purement chinois. Plus tard, à l'époque jaïnique, les architectes du mont Abou reproduiront des couronnements de colonnes chinoises à enrayures (pag. 159) : ils copieront en pierre ces charpentes exotiques, comme leurs devanciers avaient sculpté dans le roc les formes de l'antique charpenterie indigène.

Les dernières transformations de l'art de l'Inde se rattachent à l'histoire des architectures musulmanes, et représentent encore une influence de la Perse, l'importation dans la région d'Agra des types de la mosquée persane.

VI.

CHINE, JAPON.

La traînée d'influences que nous avons suivie de la Chaldée à la Perse et de la Perse à l'Inde, ne s'arrête pas là : l'histoire de l'art en Chine n'est nullement un hors-d'œuvre dans un tableau général des architectures. Par ses origines, l'architecture chinoise paraît se rattacher à la Chaldée ; et la Chine, malgré sa tendance à l'isolement, exerça au loin une action dont il faut tenir compte. Dès une haute antiquité le commerce répandit en même temps que les produits de la Chine ses formes ornementales ; la religion bouddhique établit pendant plusieurs siècles avec l'Inde des relations suivies qui exercèrent leur contre-coup sur l'architecture : la Chine en un mot ne fut jamais un monde absolument fermé.

Nous associerons dans l'étude des procédés l'art de la Chine et son dérivé l'art japonais : l'architecture japonaise est plus élégante et plus libre, mais ne paraît posséder d'autres méthodes que les méthodes mêmes de l'art chinois ; le génie des deux peuples ne se distingue que par le détail des applications.

PROCÉDÉS.

La Chine, ainsi que l'Inde primitive, élève presque exclusivement des édifices de bois. Non que la pierre fasse défaut : mais les bois résineux, d'un emploi si facile, abondent ; et l'architecture de charpente convenait chez une nation dont les idées utilitaires ne se portent point vers l'avenir. Au Japon, où

180   CHINE.

le sol volcanique expose sans cesse les édifices à des commotions, la construction de bois se trouve naturellement indiquée. Dans les deux contrées, la pierre et la brique ne servent guère que pour les parties des édifices sujettes aux atteintes de l'humidité.

LES EMPLOIS DE LA PIERRE ET DE LA BRIQUE.

Les Japonais, qui n'ont en fait de pierres que des matériaux d'origine ignée, c'est-à-dire des pierres dépourvues de stratification, admettent couramment l'appareil polygonal; les Chinois, disposant de pierres qui se délitent, mettent habituellement cette propriété à profit pour régler les lits des constructions. Chez les Japonais, les assises de maçonnerie sont rarement planes, leur profil longitudinal est une courbe tournant sa convexité vers le sol; on a vu dans cette forme une garantie contre les tremblements de terre : peut-être résulte-t-elle simplement, ici comme en Égypte (pag. 18), de l'usage du cordeau comme moyen de direction.

La Chine et le Japon sont les contrées où l'art de la poterie s'est le plus développé : la brique s'y fabrique avec une rare perfection et l'usage en paraît fort ancien. Au 3ᵉ siècle avant notre ère, alors que les nations européennes n'employaient que la brique crue sur lits d'argile, des pans entiers de la Grande Muraille étaient construits ou tout au moins parementés en briques cuites, avec de l'argile en guise de mortier.

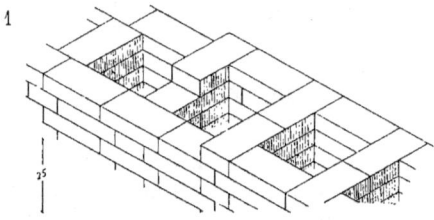

Les murs des maisons chinoises, lorsqu'ils sont exécutés en brique, sont rarement pleins : les parois creuses ont le double avantage d'exiger moins de matériaux et de protéger mieux contre les températures extrêmes. La fig. 1, tracée d'après une description de Chambers, indique la façon dont les murs se bâtissaient à Canton jusqu'au siècle dernier.

Tandis que la voûte clavée est restée étrangère à l'Inde, les Chinois l'ont assez anciennement pratiquée : nous en avons deux exemples datés du 13e siècle dans les portes de Pékin, qui répondent aux descriptions de Marco Polo. Mais la voûte en berceau est la seule que les Chinois paraissent admettre : la voûte sphérique, la coupole semble leur être absolument inconnue.

CHARPENTES ET TOITURES.

D'ordinaire la maçonnerie des maisons s'arrête au soubassement, le corps de la construction est en charpente.

Au Japon, pour éviter la transmission des secousses du sol, on a le plus grand soin de laisser le pan de bois indépendant de la maçonnerie qui le porte : la charpente repose sur le socle sans lui être reliée par aucune attache.

Au Japon comme en Chine, l'architecture de charpente offre un caractère qui la distingue nettement de celles que nous avons étudiées jusqu'ici : c'est une architecture à combles inclinés.

En Égypte, en Perse, dans l'Inde même, les toitures ordinaires sont des terrasses peu favorables à l'évacuation des eaux. La Chine, avec son climat pluvieux, a besoin de protéger ses habitations par une couverture offrant aux pluies un écoulement assuré : la Chine est la première contrée de l'Asie où se manifeste l'emploi systématique de toits à pentes raides.

Les toitures vulgaires sont de chaume, de bardeaux, ou même de tiges de bambous refendues et ajustées en recouvrement, à la manière de nos tuiles creuses.

Les constructions soignées sont couvertes (fig. 2) au moyen de tuiles dont le profil en S se prête à un emboîtement mutuel fort simple.

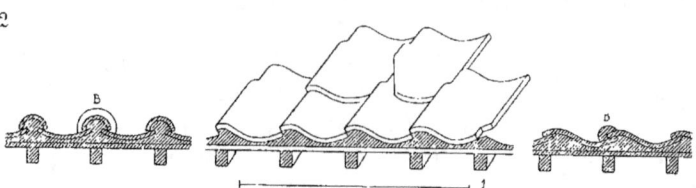

2

En prévision des effets du vent, toujours les tuiles sont posées sur lit de mortier, et des bourrelets de mortier B faisant couvre-joints achèvent d'en assurer la fixité.

Dans tous les cas, une charpente en forme de comble plus ou moins aigu est nécessaire pour supporter la toiture.

Les matériaux de charpente employés en Chine et au Japon sont de deux sortes : des troncs d'arbres à texture ligneuse, et des végétaux à tiges creuses, des bambous.

Les premiers seuls se prêtent à la charpenterie d'assemblage ; et, comme les vents régnants impriment communément à leurs tiges une flexion plus ou moins accentuée, les pièces courbes jouent un rôle considérable.

Quant aux bambous, ils ne comportent qu'un assemblage à ligatures, une sorte de vannerie architecturale, qui du reste se retrouve dans toutes les contrées de l'Asie orientale, du Japon aux îles de l'Océanie.

La charpente de bambous. — Jetons d'abord un coup d'œil sur le système de construction en bambous, en cannes dont l'écorce seule est résistante. La fig. 3 montre en B le mode de liaison des principales pièces d'une charpente : poteau, entrait et sablière.

L'extrémité du poteau forme une fourchette *f*, dont les deux branches traversent l'entrait et retiennent du même coup la sablière. L'arbalétrier est fixé en place par une ligature prenant son attache sur une cheville d'amarrage.

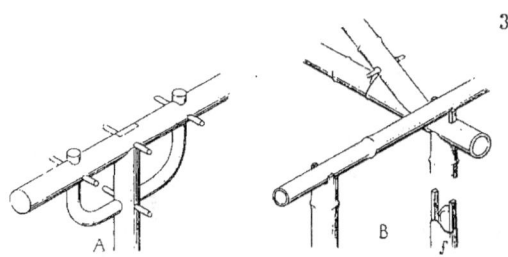

Lorsqu'au lieu de cannes on emploie des tiges pleines, les assemblages se font (A) par pénétration et sont renforcés par des goussets de bois flexible qui assurent l'invariabilité des angles.

Dans un pavillon bâti à l'aide de ces menus matériaux, les pans de bois se composent de pieux fichés en terre et entretoisés par des traverses que maintiennent de simples ligatures ; le comble comprend, indépendamment des arbalétriers et des pannes, des pièces en écharpe qui le triangulent ou servent d'arêtiers aux croupes qui le terminent. Il suffit de jeter les

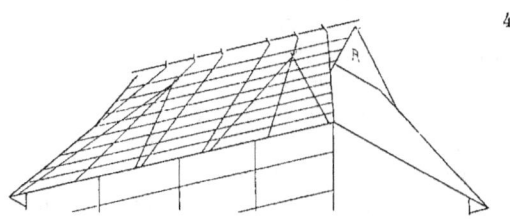

yeux sur la fig. 4 pour voir avec quelle facilité ce genre de charpente permet non seulement d'établir des croupes, mais de ménager des ouvertures R destinées à la fois à la ventilation et à l'éclairage.

Pour les pavillons de petite dimension, la charpente de la

croupe se réduit aux éléments indiqués fig. 5 : des arêtiers A, une sablière S et un panneau de chevronnage.

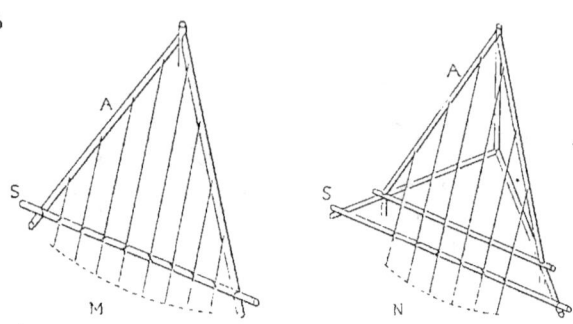

Les chevrons s'appuient d'un bout sur l'arêtier, de l'autre sur la sablière; et l'on remarquera que cette sablière, fixée par ligature, ne peut se placer dans le même plan que l'arêtier.

La conséquence est que les chevrons ne peuvent constituer un panneau plan :

La surface de chaque panneau de toiture est nécessairement une surface gauche;

Nécessairement ces chevrons se terminent suivant une ligne courbe, relevée vers les angles :

Le retroussis à l'angle des combles, cette forme si caractéristique des toitures chinoises et japonaises, cette forme en apparence si capricieuse, résulte tout simplement d'un mode de construction par ligatures qui ne permet pas d'assembler la sablière dans le plan même de l'arêtier; c'est un fait de pure géométrie, que le goût a pu accentuer, mais où la fantaisie n'eut originairement aucune part.

La charpente en pièces d'assemblage. — La charpente qui emploie au lieu de tiges minces ou de cannes des pièces se prêtant aux assemblages, la charpente proprement dite se ressent des influences de la construction en bambous : elle en est presque une variété. Nous en donnons fig. 6 quelques exemples empruntés à un traité chinois de l'Art de bâtir (Kong-tching-tso-fa).

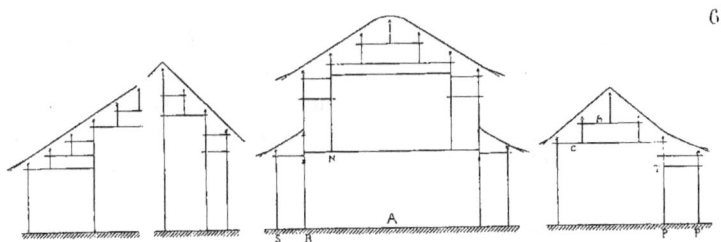

Le quillage, généralement en bois ronds, est fait de pièces verticales reliées par des traverses qui les pénètrent à tenons : rien ne répond à ces liens obliques qui empêchent la déformation de nos charpentes ; la seule garantie contre le « roulement » réside dans la résistance que les tenons lui opposent. Nous assurons la stabilité de nos charpentes par des triangles indéformables, les Chinois recourent à des rectangles rigides :

Ainsi, au lieu d'un poteau unique maintenu dans son aplomb par des aisseliers, nous voyons des montants jumeaux tels que P et P', avec une entretoise T qui les croise vers le sommet et constitue un système rigide ayant peu de tendance à s'incliner. En A, le montant principal R embrasse deux étages et est doublé : à rez-de-chaussée, par un contre-poteau extérieur S ; au premier étage, par un contre-poteau intérieur N qui prend son point d'appui en porte à faux sur les poutres du plancher.

Le comble est composé de montants en bois ronds et de traverses en pièces d'équarrissage rappelant par leur forme sinon par leur rôle les poinçons, entraits et faux-entraits de nos charpentes : le poids de la toiture est transmis par un poinçon au faux-entrait B ; et deux montants transmettent à leur tour le poids du faux-entrait B à l'entrait C, qui se trouve ainsi chargé seulement vers ses extrémités. Au lieu de chevrons droits, on admet volontiers des chevrons courbes, qu'il est aisé de se procurer en Chine.

Cette charpente est un pur empilage, conçu dans un esprit

186   CHINE.

tout différent de celui qui régit les combinaisons de nos combles :

Chez nous, la ferme de comble est un triangle composé de deux pièces rampantes, les arbalétriers, et d'une pièce transversale qui les sous-tend, l'entrait : les pesanteurs sont converties par l'arbalétrier en efforts obliques que la tension de l'entrait annule ; ici rien ne correspond à notre arbalétrier.

A son tour l'entrait chinois joue un rôle absolument différent du nôtre : le nôtre est un tirant, l'entrait chinois est une pièce portante ; il résiste par flexion et, même exécuté en fort gros bois, il s'adapte difficilement aux larges ouvertures.
Cette manière primitive de faire travailler l'entrait est du reste commune à tous les peuples de l'antiquité, sauf les Romains : les Grecs mêmes n'en ont pas connu d'autre.

Les fig. 7 et 8 indiquent quelques détails de charpenterie monumentale.

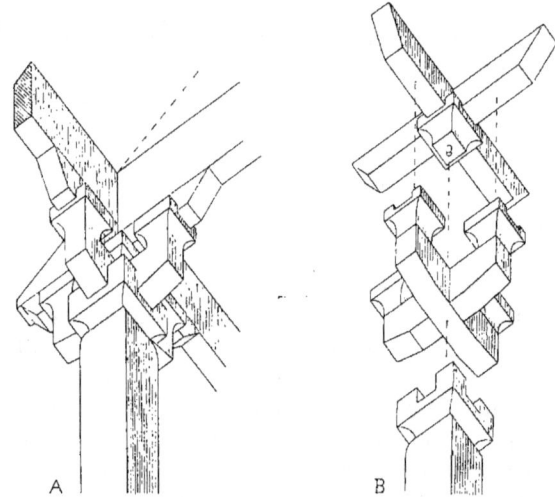

La fig. 7 montre une construction par encorbellement progressif formant gousset entre le sommet d'un poteau et les pièces horizontales qu'il supporte : c'est une succession d'enrayures qui s'étagent les unes au-dessus des autres et débordent de proche en proche.

Le croquis A donne l'aspect de l'encorbellement ; en B on voit les bois désassemblés, savoir :

Le poteau avec les entailles qui retiennent à son sommet les pièces de la première enrayure ;

Cette première enrayure ;

Puis la seconde, et les petits dés interposés entre les deux enrayures.

Comme dernier exemple de charpente, nous reproduisons (fig. 8 A) une de ces portes d'apparat dont nous avons trouvé l'imitation au tope hindou de Sanchi :

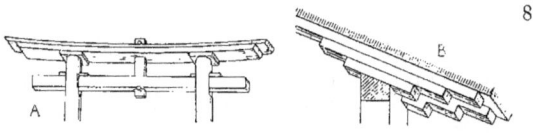

Un cadre où les pièces sont retenues par simple serrage.

FORMES ET PROPORTIONS.

La décoration des toitures. — La toiture en pente, qui est le propre de l'architecture chinoise, fournit à la décoration ses traits les plus caractéristiques : le toit est l'ornement principal de l'édifice qu'il abrite. C'est un signe de dignité de posséder plusieurs toitures les unes au-dessus des autres ; les toits multiples offrent la meilleure des garanties contre la chaleur : ils furent une protection avant de devenir un emblème.

En se servant de chevrons infléchis, souvent on remplace la brisure du faîtage par une courbe et, pour que l'avant-toit fasse moins d'obstacle au jour, on s'attache à lui donner une pente aussi restreinte que possible : ce qui conduit logiquement à des profils sinueux et retroussés (pag. 185, fig. 6).

Dans les édifices exécutés avec recherche, les chevrons sont doublés, triplés (fig. 8, détail B) par des fourrures qui leur donnent une forme générale d'égale résistance et permettent d'exagérer la saillie. Mais d'ordinaire on se contente de simuler ce luxe de construction et, par un mensonge décoratif, ces doubles ou triples chevrons ne sont autre chose que des ornements suspendus, un habillage de l'avant-toit.

Les angles présentent (pag. 184, fig. 5) ce relèvement pittoresque dont l'origine s'est expliquée par de pures convenances de construction.

Les arêtiers, tant ceux du comble que ceux des croupes, sont revêtus de faîtières tantôt en bois, tantôt en poterie et se terminent en silhouettes de dragons.

La décoration des portiques. — Après le toit, la véranda ou le portique sur colonnes est le membre le plus original de l'ordonnance. La colonne est un simple poteau cylindrique, orné à son pied d'une base plus ou moins semblable à celle de nos colonnes, toujours sans chapiteau. Quelquefois ce poteau est relié au poitrail qu'il supporte par des aisseliers courbes rappelant les goussets en bois flexible représentés fig. 3 (pag. 183). Le couronnement le plus usité est cet amortissement par enrayures successives que nous avons décrit pag. 186.

Le plafond du portique suit la pente de la toiture, et dans le mur de fond sont pratiquées des baies rectangulaires, que souvent la fantaisie chinoise remplace par de grandes ouvertures en œil-de-bœuf.

La sculpture ornementale. — Les Chinois, ainsi que les Hindous, conçoivent la sculpture comme une tapisserie en relief couvrant le champ entier des surfaces qu'elle décore. Cette décoration qui, sur les plus anciens vases de bronze, se réduit à des guillochis et des entrelacs, se complique peu à peu : de plus en plus elle affecte les lignes tortueuses, les contours dentelés, les découpures, et enfin les reproductions de la nature vivante.

La sculpture figurée de la Chine a deux époques bien tranchées : l'une antérieure, l'autre postérieure aux influences de l'Inde.

De la première il ne nous reste que de très rares monuments : le bois employé par les sculpteurs a péri ; du moins cet état de l'art est représenté en Chine par les bas-reliefs des dynasties Han, dans l'Inde par les décorations du tope de Sanchi. Cette période archaïque est un temps de simple réalisme : les figures des tombes publiées par M. Chavannes, sont des têtes d'éléphants, des paons ; aucun monstre, à peine quelques oiseaux à face humaine, mais sans expression contractée.

Tel était le style décoratif aux premiers siècles de notre ère. La seconde période, celle de l'art fantastique, ne commence qu'à l'instant où le bouddhisme ouvre la Chine aux influences de l'Inde et de l'Asie occidentale : les dessins tourmentés de l'art sassanide ne pénètrent pas seulement par l'intermédiaire de l'Inde bouddhiste, mais les modèles originaux s'introduisent en Chine et jusqu'au Japon : les temples japonais possèdent parmi les objets précieux de leurs trésors des vases sassanides. C'est de cette influence sassanide que date la recherche du monstrueux ; désormais les sujets favoris sont le lion, la licorne, le dragon, le phénix, avec des allures désordonnées qui paraissent étrangères à l'art primitif de la Chine.

La couleur. — En Chine comme dans tout l'Orient, la couleur est le complément obligé de l'architecture : on s'attache à faire valoir les tons chauds et la veinure des bois ; les charpentes sont vernies avec rehauts de bronze et d'or. Ou bien elles sont couvertes de laques éclatantes à fond rouge sombre ou noir, avec incrustations de nacre. L'émail, la porcelaine viennent à leur tour ajouter un éclat scintillant aux sombres colorations des laques et des métaux : les tuiles, les faîtières surtout sont émaillées ; les panneaux des pagodes, incrustés de porcelaines.

Proportions. — D'après les renseignements recueillis au Japon par M. Guérineau, c'est au toit, c'est-à-dire à l'élément qui donne aux édifices leur physionomie si tranchée, que toutes les dimensions se rapportent. Lorsqu'il s'agit de la mise en proportion d'un temple, le point de départ est l'intervalle d'axe en axe des chevrons : toutes les grandes dimensions en sont des multiples exacts. Ainsi, dans un temple dont la façade comprend trois travées, la travée centrale correspond à 18 entre-axes de chevrons, les deux travées de rives à 16, les travées en retour à 14.

Ces dimensions générales une fois fixées, une formule traditionnelle permet de calculer le diamètre de la colonne et chacune des cotes de détail; mais ici la loi nous échappe; ces architectures qui n'ont pas la simplicité des expressions, paraissent admettre dans leurs formules de proportion une complexité de rapports que ne présenteront jamais les grandes architectures de l'Occident.

MONUMENTS.

Temples. — Les cultes qui ont laissé leur trace dans les architectures de la Chine, se succèdent dans l'ordre suivant :

Aux époques primitives on entrevoit une religion probablement apparentée aux cultes astronomiques de la Chaldée;
La religion de Lao-Tseu (le taoïsme) apparaît vers le 6° siècle avant notre ère, en même temps que les doctrines de Confucius.
Le bouddhisme s'introduit au premier siècle de l'ère chrétienne. Venu de l'Inde, il s'éteint sur son sol d'origine vers le 7° siècle pour se communiquer au Japon à peu près au moment où il disparaît de l'Inde, et se perpétuer jusqu'à nous chez les races jaunes.

La Chine a conservé de son culte primitif la tradition des sacrifices offerts à l'époque des solstices dans un sanctuaire en forme de terrasse qui rappelle les autels chaldéens. Peut-être aussi doit-on reconnaître le souvenir de la Chaldée dans ces tours à étages dont nous trouvons la représentation sur de vieux dessins chinois, et dans ces pagodes en forme de tours dont la plus fameuse est celle de Canton.

Quant à l'architecture propre aux religions de Lao-Tseu et de Confucius, elle s'est tellement fondue dans l'art bouddhique, que les monuments des deux cultes ne se distinguent guère que par le détail des symboles. Au Japon, les monuments du vieux culte sintho tranchent sur ceux du bouddhisme par la sévérité de leur style : en somme, c'est à la description des temples bouddhistes que se réduit, tant au Japon qu'à la Chine, l'histoire de l'architecture religieuse.

Les fig. 1 A et 2 A donnent l'idée de ces temples, presque tous en forme de pavillons à double étage : l'étage inférieur, ordinairement à jour sur sa face principale, est bordé d'une véranda accessible par un large perron. Le second étage est surmonté d'une riche toiture.

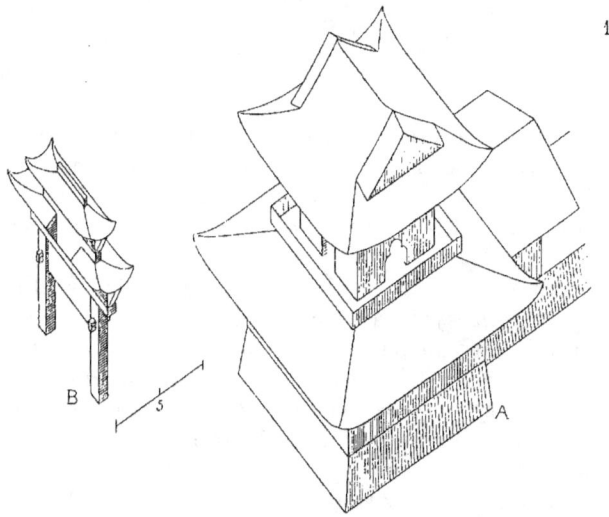

Ce sanctuaire est entouré d'une enceinte à portiques, sorte de cloître derrière lequel se rangent des établissements hospitaliers et les cellules des bonzes : partout où le bouddhisme règne, la vie monastique se développe, l'enceinte des temples est presque toujours un monastère.

L'entrée de cette enceinte est marquée par un porche précédé d'une porte sans vantaux (fig. 1 B); et l'esplanade qui environne le sanctuaire est occupée par des bassins d'ablution, des cloches, des brûle-parfums; on y rencontre des tours offrant une succession de cinq à sept étages, avec des balcons et des auvents qui se découpent en lignes hardies et étranges.

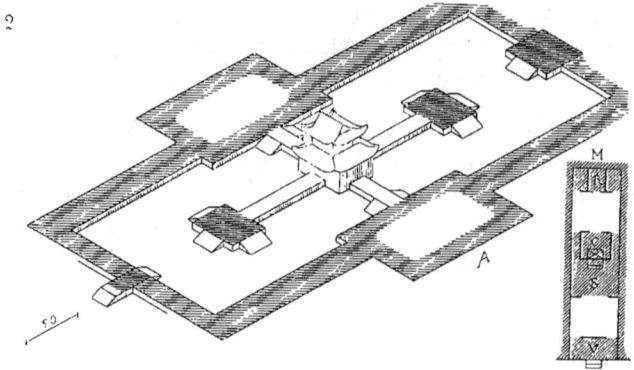

Comme chez les Hindous, les enceintes sacrées sont quelquefois enveloppées d'autres enceintes, et le temple primitif se présente comme le noyau d'un groupe d'édifices qui grandit de proche en proche par voie d'agrégations successives.

Dans les plaines de la Chine, les édifices se disposent suivant les règles de la symétrie; sur le sol montagneux du Japon, les cours s'échelonnent sous forme de terrasses où le pittoresque domine. Une végétation séculaire se mêle à l'architecture; l'enceinte sacrée est un parc accidenté où les temples se dessinent comme d'élégantes fabriques; le hiératisme est moins étroit : le temple chinois est un type officiel, le temple japonais une œuvre personnelle et vivante.

Les tombeaux. — La tombe chinoise consiste ordinairement en une chambre sépulcrale surmontée d'un tertre, avec enceinte plantée d'arbres. Le tertre des sépultures royales est accompagné de temples et précédé d'une avenue que bordent des figures colossales. A l'entrée de cette avenue se dresse une porte triomphale telle que celle de la fig. 1.

L'habitation. — Aucun caractère de style ne paraît distinguer l'architecture des maisons de celle des temples : les Chinois semblent ignorer cette séparation qui, chez d'autres peuples, est si profonde entre l'architecture civile et l'art religieux.

De même que pour les temples et les tombeaux, une tradition inflexible préside à toutes les dispositions de la maison : en Chine la loi fixe pour chaque classe les formes et les dimensions de l'habitation ; et les règles qu'elle impose paraissent remonter à l'antiquité la plus haute. Les bas-reliefs de la dynastie Han présentent la maison sous l'aspect qu'elle offre aujourd'hui : une construction en forme de pavillon à poteaux de bois avec véranda à chaque étage ; des couronnements de poteaux du type fig. 7 (pag. 186); des toits dont le faîtage se relève aux extrémités ; au-dessus du faîte, des figures d'animaux se dessinant sur le ciel. Ces curieux tracés établissent même la division des services : en sous-sol, des cuisines ; un étage consacré aux pièces de réception, un autre à l'appartement des femmes.

Le plan M (pag. 192) donne l'idée d'une habitation urbaine. La maison se compose de pavillons séparés les uns des autres par de petits jardins. Le plan que nous avons pris pour exemple comprend un vestibule V, une salle d'audience S, une chambre principale C, et en R des pièces de service. Lorsque l'espace le permet, le logis est séparé de la rue par une avant-cour, et un mur-écran intercepte les vues du dehors en même temps qu'il annonce par le caractère de sa décoration la condition du maître.

A la campagne, et surtout chez les Japonais, l'habitation consiste en kiosques disséminés au milieu de la verdure.

La pièce principale du kiosque est ouverte dans toute sa

largeur sur une véranda profonde : c'est la salle de réception ; les autres occupent l'arrière du bâtiment. L'ensemble du pavillon est élevé au-dessus du sol humide par un soubassement à claire-voie qui laisse circuler l'air. Les parois sont faites d'un hourdis de mortier soutenu par un treillis de bambous ; les plafonds sont composés de minces lames de bois verni, et les cloisons intérieures se réduisent à des paravents mobiles formés d'une tenture légère de papier montée sur châssis ; les baies ont en guise de vitrage des panneaux de papier transparent, et des stores en guise de volets : rien qui puisse, par sa fragilité ou par sa masse, donner prise aux tremblements de terre.

Le jardin qui encadre ces pavillons est un paysage artificiel. Aucune régularité géométrique : des sentiers sinueux, des accidents de terrain, l'imprévu dans les effets, la brusquerie dans les contrastes.

Travaux d'utilité générale et de défense. — Parmi les ouvrages d'utilité générale qui tiennent à l'architecture, nous nous bornerons à citer les ponts, ordinairement en charpente, quelquefois suspendus, qui franchissent les canaux de la Chine ou les ravins du Japon.

En Chine, le monument où se résume l'architecture militaire est la Grande Muraille, immense rempart à tours carrées, élevé trois siècles avant notre ère contre les envahisseurs tartares. Nous ne possédons sur ses dispositions que des détails fort incomplets. L'architecture militaire du Japon, qui nous est moins imparfaitement connue, paraît admettre comme base de ses combinaisons le tracé à crémaillère.

LES ÉPOQUES, LES INFLUENCES.

Les nations de l'Ouest et du Sud de l'Asie, de la Chaldée à l'Inde, ont eu pour gouvernement des monarchies ou des théocraties supprimant tout intermédiaire entre le pouvoir

APERÇUS HISTORIQUES. 195

suprême et les derniers sujets : les œuvres de leur architecture ne pouvaient être que des monuments destinés à la glorification de cette autorité devant qui tout s'efface. La Chine au contraire est le pays des classes moyennes ; une population de lettrés, de marchands, de petits propriétaires y tient sa place, y joue son rôle : l'architecture de la Chine est un art bourgeois, visant à l'utile et qui, même lorsqu'il élève des temples, songe moins à la durée qu'à la satisfaction immédiate des besoins présents.

Les influences reçues. — Les annales de la Chine gardent le souvenir de relations très anciennes avec l'Asie occidentale. Pauthier a traduit le récit des campagnes de l'empereur Mou-Wang à travers l'Asie occidentale ; et, grâce à de lumineuses identifications que nous empruntons à un travail inédit de M. V. Fournié, l'itinéraire de ces campagnes donne la clef de toutes les influences. Au 10ᵉ siècle avant notre ère, c'est-à-dire à l'époque où la civilisation chaldéenne est dans tout son éclat, Mou-Wang envahit la Chaldée, soumet les Hittites, pénètre jusqu'à la Méditerranée et établit sur les contrées de la Mésopotamie un protectorat chinois qui dure plus de soixante ans. Au cours de son expédition il admire les tours à étages, et il ramène des architectes pour élever en Chine des monuments semblables : ce seraient les premiers modèles de ces sanctuaires à terrasses dont le temple du Ciel est une lointaine imitation et dont dérivent les pagodes à étages.

Alors commence la culture artistique de la Chine.

Mou-Wang s'intéresse à la peinture des bois, à la fabrication des vernis : les décorations de laque dériveraient d'une industrie chaldéenne. L'émail était connu des Chaldéens aussi bien que des Égyptiens (pag. 50 et 99) : c'est à l'expédition de Chaldée qu'il faudrait rapporter le procédé des émaux qui deviendra l'art de la porcelaine.

Ce n'est pas seulement à l'art des Chaldéens que s'attache le conquérant chinois : leur science l'émerveille ; alors probablement la Chine emprunte à la Chaldée son système astronomique. La philosophie chaldéenne le frappe : sans nul doute c'est de la Chaldée que proviennent les principes qui se formuleront au 6° siècle dans les doctrines de Lao-Tseu, doctrines métaphysiques si peu en harmonie avec l'esprit positif de Chinois.

L'âge de Lao-Tseu et de Confucius répond à très peu près à celui de Çakia-Mouni dans l'Inde : c'est le dernier instant de vie active. Puis commence pour la Chine comme pour l'Inde une période d'immobilité, de hiératisme, de tradition étroite. Au 2° siècle la Chine se retranche derrière sa Grande Muraille, et elle ne sort de son isolement qu'au début de notre ère, au moment où la propagande bouddhiste renoue les relations entre elle et l'Inde : c'est de cette époque que date l'introduction des éléments indo-persans dans l'art chinois.

Les éléments originaux de l'art chinois, sa diffusion. — Nous venons de faire la part des influences étrangères, faisons celle du génie propre de la Chine :

L'art de la charpenterie chinoise paraît un art indigène. Le système des toitures à versants est exclusivement chinois; et les encorbellements par enrayure que nous avons décrits pag. 186 diffèrent trop des combinaisons par empilage de l'Inde pour qu'on puisse leur attribuer une origine hindoue. Ces encorbellements ainsi que les combles à versants, nous les avons reconnus de toutes pièces dans les représentations en bas-relief des premiers siècles de notre ère : apparemment nous ne les saisissons point à l'instant de leurs débuts, ils répondent à un art dès longtemps constitué.

Les contacts avec l'Inde ne modifient que le détail de l'ornement : la vieille décoration réaliste fait place aux fantaisies hindoues; là réside le seul changement dû aux rapports que la communauté de religion crée pendant six cents ans entre la Chine et l'Inde.

Le retour de l'Inde au brahmanisme rompt vers le 8° siècle les relations religieuses et les influences qui rattachaient les deux architectures l'une à l'autre. C'est alors que la Chine transmet au Japon, avec les doctrines du bouddhisme, son art et sa littérature.

L'art de la Chine a désormais atteint aux limites orientales du continent asiatique. Reste à examiner si l'influence asiatique n'a pas franchi ces limites mêmes pour s'étendre par delà l'Océan jusqu'au monde américain.

VII.
ARCHITECTURES
DU NOUVEAU-MONDE.

Sur le continent américain, les manifestations de l'art se confinent dans un espace qui ne semble en communication directe ni avec l'Asie ni avec l'Europe : toutes sont renfermées dans cette zone équatoriale qui comprend le Mexique, la presqu'île du Yucatan et le Pérou (parties teintées de la carte fig. 1). Au Sud comme à l'Est du Pérou, aucune trace d'art ancien; au Nord du Mexique, dans l'immense territoire occupé actuellement par les États-Unis, aucun reste d'architecture : à peine quelques buttes de terre à plan bizarre, et quelques ouvrages de défense disséminés sur le cours du Mississipi. Ainsi la zone de l'architecture se circonscrit entre le 20° degré Nord

et le 15° degré Sud. Et cette zone se partage à son tour en deux régions nettement distinctes, que sépare la chaîne des Andes : sur le versant Ouest, au Pérou, un art tout primitif, des constructions d'appareil polygonal sans ornements; sur le versant oriental, au Mexique et surtout au Yucatan une architecture savante procédant, comme l'art hindou, de l'imitation des ouvrages en bois, et rappelant par les richesses de son style l'architecture fleurie qui dominait dans l'Inde aux 9ᵉ et 10ᵉ siècles de notre ère. Nous tâcherons de démêler dans les procédés ce qui est commun à toutes les écoles et les caractères individuels qui les distinguent les unes des autres, pour faire ensuite s'il se peut la part des origines communes et celle des influences locales.

CONSTRUCTION.

Outillage. — Les anciennes populations de l'Amérique n'avaient qu'un outillage de silex : les récits de la conquête espagnole ne mentionnent jamais le fer et, malgré la perfection où la taille de la pierre est parvenue dans certaines régions du Mexique, l'existence du fer ne paraît point établie.

Matériaux et mode général d'emploi. — Les matériaux ordinaires des bâtiments d'habitation sont des terres argileuses, employées soit par pilonnage dans des encaissements mobiles (pisé), soit à l'état de briques simplement séchées au soleil et posées sur lit d'argile.

Les usages de la pierre d'appareil sont restreints par l'insuffisance de l'outillage qui permet de la travailler. Dans les contrées volcaniques du Pérou, qui possèdent peu de pierres stratifiées, les blocs gardent, sauf une légère retaille, l'aspect polygonal que l'extraction leur donne. Dans les régions calcaires où les roches sont stratifiées, la pierre s'extrait avec des plans de lits naturellement réglés et quelquefois des plans de joints plus ou moins inclinés ; ici encore on se contente de régulariser les formes, acceptant pour éviter les déchets les plans de joints avec l'inclinaison sous laquelle ils se présentent : les constructions du Yucatan offrent de nombreux exemples d'appareil à lits horizontaux et joints biais.

Les interstices des blocs polygonaux sont remplis par un garni de terre, quelquefois par du mortier à base de plâtre ou même de chaux.

On remarque dans les ruines du Pérou des constructions à joints vifs exécutés avec une rare perfection, où la liaison est établie entre les pierres d'une même assise au moyen d'un véritable assemblage à rainures et languettes et, entre deux assises successives, par des tenons : les assemblages à rainures se sont conservés, l'existence des tenons est indiquée par les mortaises où ils s'engageaient.

Mentionnons, comme une bizarrerie qui a son intérêt parce qu'elle est commune aux deux architectures du Mexique et du Pérou, la tendance à donner aux parements un surplomb progressif, un talus en sens inverse de celui que la stabilité commande : c'est le cas des soubassements mexicains d'Uxmal; au Pérou, c'est le cas des tours sépulcrales de Silustani.

Plates-bandes et constructions par encorbellement. — La voûte est absolument inconnue. On y supplée par des linteaux monolithes qui ne peuvent franchir que des intervalles fort limités :

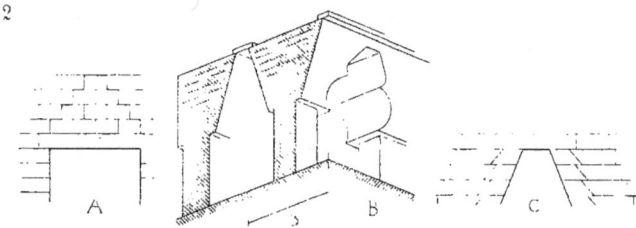

on restreint la portée (fig. 2 C) en faisant surplomber les jambages.

Il existe des baies dont le profil est en ogive avec appareil par lits horizontaux.

Dans l'exemple C, pour mieux assurer l'équilibre des blocs en surplomb, on a donné aux joints de queue une coupe très biaise, qui associe à la stabilité de chaque pierre le poids des pierres voisines.

Le croquis B (ruines de Palenque) représente une galerie avec pénétrations en forme d'arcades lobées : le tout, ici encore, est construit par assises horizontales.

Lorsqu'il s'agit de ménager une ouverture dans une muraille, le plus souvent, même dans l'architecture savante du Mexique, on se contente (détail A) d'un linteau de bois au-dessus duquel l'appareil courant se continue sans aucun artifice de décharge.

Inutile de dire que partout les linteaux ont pourri, entraînant avec eux les assises qui les surchargeaient, et laissant à l'ouverture l'aspect qu'on aurait dû lui donner, celui d'une construction par encorbellement.

Ouvrages de charpente. — Les édifices sont presque tous couverts en terrasse ; au Pérou il reste quelques débris de combles coniques, véritables ouvrages de vannerie en tiges de bambous avec toiture en chaume. Les combinaisons de la charpenterie sont connues surtout par des copies de pierre : les façades du Yucatan présentent, en guise d'ornements, des dessins en cul-de-lampe qui rappellent les empilages de la charpente hindoue.

FORMES ET PROPORTIONS.

Les outils de silex ou de bronze se prêtent mal à la sculpture, tout au plus permettent-ils d'« étonner » la pierre et de détacher en réserve des silhouettes plates : les décorations américaines ont presque toutes l'aspect de broderies sur fond champlevé. Même dans les pays où la pierre est tendre, les reliefs modelés sont rares, le plus souvent on se contente d'une ébauche et l'on achève le rendu par une application de stuc.

D'une manière générale le caractère de la décoration est subordonné aux obstacles qui résultent de la plus ou moins grande dureté de la pierre ; et la résistance qu'opposaient à la taille les roches ignées du Pérou explique la simplicité de son architecture. Au Pérou, point d'ornements sur les panneaux des murs ; au sommet, aucune corniche : tout au plus un chambranle à crossettes encadre les baies. Les rares monuments de la sculpture péruvienne sont des emblèmes indépendants du corps des édifices : des figures isolées, des bas-reliefs ornant des stèles ou des autels.

Passons au Mexique. Non seulement nous sommes en présence d'un art qui fait une place énorme à la sculpture, mais d'un art qui possède une modénature raisonnée : la modénature mexicaine dénote une analyse singulièrement pénétrante des effets d'ombre et des jeux de lumière. Les entablements qui séparent les étages ou couronnent les façades présentent des oppositions méthodiques de surfaces inégalement inclinées, inégalement éclairées. La seule moulure — la plus simple de toutes — est le chanfrein. Au Yucatan l'entablement se compose presque toujours (fig. 3 B) de deux chanfreins tournés en sens inverses et séparés par un champ vertical formant frise.

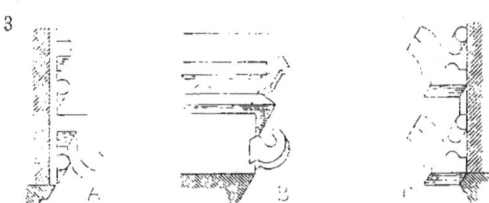

La colonne a l'aspect d'un pilier cylindrique, ordinairement monolithe, et fait corps avec le chapiteau qui n'est lui-même qu'un tailloir ou bien un renflement terminal.

Le procédé habituel de la décoration mexicaine consiste à revêtir les panneaux d'incrustations ou d'une tapisserie de bas-reliefs :

Les incrustations sont de véritables marqueteries de pierres plates dont la tranche décrit en léger relief des lignes rompues sur le fond des panneaux. Le bas-relief à son tour se présente comme un lacis de bandes géométriques, telles que grecques ou zigzags, entremêlées d'animaux monstrueux, à tête vue de face, à gueule béante, qui font songer aux dragons de la Chine ou de l'Inde.

Pour rompre la monotonie des plans, des crochets de pierre,

tantôt droits (C), tantôt renversés (A), sont plantés le long des arêtes, sur le nu des frises, sur les parements des murs : nous donnons pag. 205 l'ensemble d'une ordonnance où tous ces éléments interviennent. Une coloration à tons violents et sombres ajoutait ses contrastes à l'effet de cet étrange décor.

Cet art paraît avoir ses lois de proportions. Il ressort des observations de M. Chalon qu'au Pérou les grandes divisions des édifices sont des multiples exacts d'une unité métrique qu'on peut évaluer à 0^m,60 ou 0^m,65 (en chiffre rond 2 pieds) : c'est un module, et très probablement un module analogue règne dans l'architecture mexicaine. Il y aurait intérêt à savoir si l'unité de part et d'autre est la même, et surtout si elle se rapporte à nos systèmes de mesures : la métrologie révélerait peut-être les relations mutuelles et la provenance de ces architectures mystérieuses.

MONUMENTS.

Le monument type de l'architecture religieuse est le téocalli : la tour retraitée dont les flancs sont occupés par des escaliers droits et le sommet surmonté d'un sanctuaire. Ce type se retrouve partout, au Pérou aussi bien qu'au Mexique : au

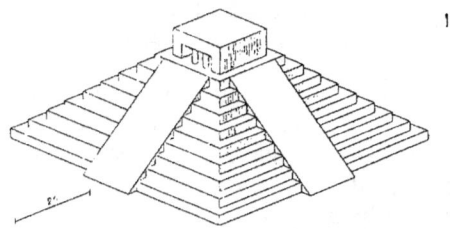

Mexique, Palenque, Papanta, Tehuacan, Chichen-Itza (fig. 1) : au Pérou, Vilcashuaman. Tantôt le talus de la tour est continu, tantôt la retraite se fait par degrés ou par étages. Quelquefois le plan carré est remplacé par un plan circulaire ; et cette

variété se rencontre dans les deux écoles : au Mexique, Tehuantepec, au Pérou le castillo de Huinchos. Le sanctuaire terminal présente dans l'architecture du Pérou les formes simples du dolmen, au Yucatan la richesse d'un temple asiatique.

Le Pérou possède, indépendamment de ces téocallis, des tumuli ceints à diverses hauteurs de couronnes de pierres levées (Escoma); des enceintes circulaires de pierres levées sans tumulus (Silustani); et enfin des dolmens (Acora).

Les tombes sont tantôt creusées dans des flancs de rocher, tantôt construites en forme de tours carrées, ou de tours rondes avec couronnement hémisphérique (Silustani).

Le palais mexicain nous est connu par les ruines de Palenque, Uxmal, Zaye, etc. Le site est un monticule à terrasses étagées que des perrons relient entre elles; les bâtiments, des pavillons allongés qui se développent en bordure sur les rives des terrasses.

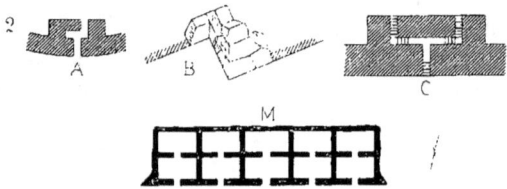

Un pavillon est ordinairement conçu suivant les données du plan M (fig. 2). Les pièces s'alignent sur deux rangs : celles du premier rang sont éclairées par la porte; celles du second rang ne reçoivent de jour que par intermédiaire. Le style est celui de la façade pag. 205.

Au Pérou nous retrouvons, dépouillée de tout luxe décoratif, cette donnée mexicaine : les salles obscures paraissent répondre à une convenance du climat. Un des plus remarquables exemples du palais péruvien est celui de Chanchan. Au palais inca de l'île de Titicaca, presque toutes les pièces étaient sans lumière, et le plan présentait dans ses distributions un enchevêtrement sans doute inspiré par des idées de défiance.

Les principaux monuments de l'architecture militaire sont les forteresses péruviennes : Cuzco était entourée d'une triple enceinte tracée à crémaillère (fig. 2 B). Changallo est une butte naturelle transformée en trois terrasses dont chacune a son enceinte, maintenue par un mur de soutènement. La dernière plate-forme porte trois donjons : deux sont à plan circulaire ; le troisième, sur plan carré, paraît être un palais. Le détail C indique la disposition des passages coudés qui donnent accès aux enceintes ; A, celle des entrées des donjons.

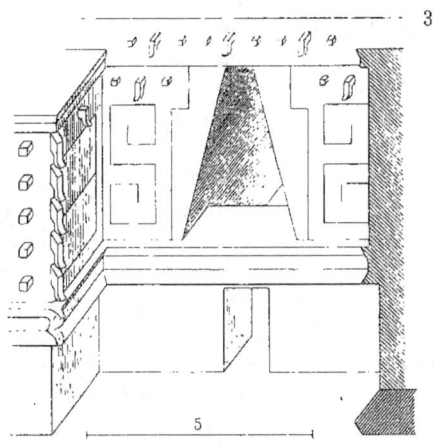

LES ÉPOQUES, LES QUESTIONS D'ORIGINES.

Les origines de l'art américain sont peut-être fort anciennes : mais, parmi les monuments existants, aucun de ceux qui présentent un caractère vraiment architectural ne paraît remonter à une date antérieure au 10° siècle de notre ère : les compagnons de Colomb assistèrent à l'achèvement des derniers téocallis, et les traditions indigènes n'attribuent à aucun édifice plus de quatre siècles avant l'occupation espagnole.

Si nous demandons aux monuments eux-mêmes leur histoire, ils semblent témoigner d'un art primitif commun au Mexique et au Pérou, puis d'un apport nouveau ayant influé sur la seule architecture du Mexique :

A l'art primitif appartiendraient le principe de la construction par encorbellement, l'emploi du mortier de chaux, le type du téocalli, le profil en surplomb des parements et surtout cette gravure en plat relief, cette tapisserie de pierre dont les figures paraissent, soit au Pérou, soit au Mexique, procéder partout d'une même inspiration.

L'architecture simple du Pérou serait la continuation directe, le dérivé immédiat de cet art primitif; l'architecture savante et fleurie du Yucatan représenterait l'apport nouveau : d'où provient le vieux fonds, d'où est venu l'apport ?

Le fonds général des architectures du Nouveau-Monde paraît être asiatique : le type du temple n'est autre que celui du sanctuaire chaldéen qui suggéra tant d'imitations dans la haute Asie; la sculpture grimaçante a tout à fait la physionomie de la sculpture de l'Inde ou de la Chine. Enfin la présence du mortier de chaux est, croyons-nous, significative. Calciner de la roche et employer les résidus comme matériaux d'agrégation, n'est point une idée instinctive : il serait surprenant que cette idée eût germé à la fois dans l'Asie et sur le nouveau continent. La méthode est très ancienne chez les Asiatiques (pag. 88); et, sans l'obstacle des communications, une hypothèse fort naturelle serait de rattacher les architectures du Pérou et du Yucatan à des colonisations ayant leur point de départ en Asie.

Si l'on admet l'hypothèse d'une origine asiatique, il paraîtra au moins peu probable que la transmission se soit faite par terre : les procédés auraient laissé des traces sur leur trajet. La vraisemblance est en faveur d'une colonisation par mer :

Tous les ans, les courants marins portent de la Chine ou du Japon aux côtes du Mexique des navires en détresse. Il ne fallait rien de plus. Un souvenir suffisait pour reconstituer sur le sol américain les tours à étages de la Chine, les fortifications à crémaillère du Japon. La construction, qui se réduit à un simple empilage, était aisée à retrouver. L'ornement, quelques menus objets, des lambeaux d'étoffes en auraient fourni les éléments. Peut-être l'art primitif du versant occidental des Andes est-il arrivé par cette voie.

Quant à l'art perfectionné du Mexique, presque localisé sur le versant des Andes opposé à l'Asie, cet art pourrait être venu par une voie différente :

Nous avons annoncé (pag. 152) et nous verrons en analysant les influences asiatiques en Europe que, par l'intermédiaire des fleuves tributaires de la mer Noire, les pays scandinaves étaient de véritables colonies de l'Asie centrale : des postes avancés d'où les Northmans partaient avec un équipement asiatique pour se répandre non seulement sur nos côtes mais même sur celles de l'Amérique. On les suit jusqu'au Labrador, jusqu'à Terre-Neuve : s'arrêtèrent-ils là? Les décorations à découpures du Yucatan rappellent d'une façon saisissante tels décors asiatiques encore usités dans les architectures scandinaves : le Yucatan, le Mexique tout entier ne serait-il pas une colonie northmane de l'Asie centrale? il était abordable par cabotage le long du littoral de l'Atlantique, et la voie d'accès était une voie de retour permettant des communications suivies et durables.

Dans cet ordre d'idées, un premier flot de l'Asie, venu par l'océan Pacifique, se serait répandu sur le versant occidental des Andes; puis un second, venu par l'Atlantique, se serait confiné au versant oriental. La carte pag. 198 résume cet aperçu. Nous ne le risquons qu'à titre d'hypothèse ; tout au moins il établit la possibilité d'une double filiation asiatique et permet de concevoir dans ces lointaines contrées un art dont les principes appartiendraient à l'ancien monde.

VIII.

RAYONNEMENT OCCIDENTAL
DES PREMIÈRES ARCHITECTURES.
LES INTERMÉDIAIRES ENTRE L'ÉGYPTE, LA CHALDÉE ET LE MONDE GREC.

Revenons aux régions qui furent les premiers foyers de la civilisation et des arts :

Tandis qu'un courant d'idées issu de l'Égypte et de la Chaldée se propageait vers la haute Asie, un courant de sens inverse se dirigeait vers notre Occident et apportait les premiers germes d'où nos architectures devaient sortir : c'est ce courant occidental que nous aurons désormais à suivre.

La navigation de la Méditerranée était aux mains des Phéniciens et, à propos de l'Égypte, nous avons indiqué les influences de leur commerce. Ce sont eux qui répandirent sur tout le littoral les menus objets de l'art égyptien où les vieilles architectures de l'Occident puisèrent leurs premières inspirations. Quant à l'Assyrie, reléguée dans l'intérieur de l'Asie, elle avait besoin pour communiquer avec l'Occident d'un intermédiaire continental :

Cet intermédiaire paraît avoir été le peuple hittite.

LES HITTITES.

De la Mésopotamie à l'Europe la voie de caravane indiquée par les reliefs du sol part (fig. 1) de la vallée de l'Euphrate pour atteindre les défilés du Taurus, traverser les plaines de l'Asie Mineure et de là se diriger vers Smyrne.

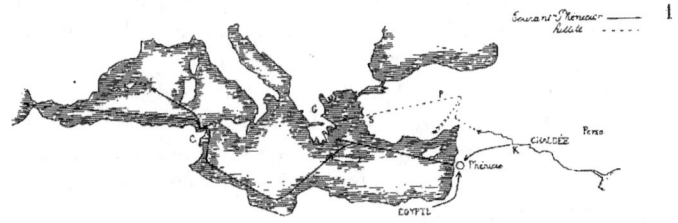

Cette voie tracée par la nature est jalonnée sur tout son parcours par des monuments d'un style étrange : des sculptures taillées dans le roc et accompagnées d'inscriptions hiéroglyphiques dont nous ignorons encore la clef, mais qui toutes dénotent par la similitude de leur caractère une évidente communauté d'origine.

En partant de l'Euphrate pour gagner le plateau central de l'Asie Mineure, nous rencontrons ces bas-reliefs dans la région de Karchemis (K) : à Edesse, à Kalah.

Nous retrouvons des bas-reliefs de même aspect vers le centre de l'Asie Mineure (P) : à Pterium, à Euïuk.

Puis la ligne d'influence se dirige vers la mer Égée et marque son point d'arrivée par d'autres bas-reliefs situés en S au voisinage de Smyrne.

A Pterium les figures se développent en longues frises sur des parois de rocher. Pterium et Euïuk possèdent des ruines de palais. Les murs sont de terre comme en Chaldée. La porte du palais d'Euïuk est ornée d'animaux à tête humaine et rappelle sous une forme grossière les pieds-droits des palais ninivites.

Un édicule représenté sur la frise de Pterium a la physionomie des kiosques assyriens : colonnes à bases profilées, chapiteaux en volutes. Le couronnement est en forme d'aigle aux ailes éployées.

Dans toutes ces décorations la facture est la même : les

figures se dessinent sur un fond mal dressé. A Ptérium on a choisi pour les frises des parois de falaise à peu près planes et, sans essayer de régulariser les surfaces, on a entamé à peine le parement naturel de la roche. Pour les sphinx d'Euïuk, on a pris deux blocs offrant une vague forme animale ; ces deux blocs étaient fort inégaux : sans songer à les égaliser, on s'est borné à esquisser en plat relief une tête et quelques linéaments de membres. Telle est en général la sculpture hittite : plate et essentiellement subordonnée aux masses naturelles des blocs.

Au point de vue du style, ces représentations se rapprochent de celles de l'Assyrie, ou mieux encore des figures en intaille gravées sur les sceaux archaïques de la Chaldée.

Ces caractères ont été mis en évidence par les relevés de MM. G. Perrot et Guillaume ; ils témoignent à la fois d'une origine et d'une date : origine chaldéenne, date antérieure à l'époque où les outils de fer sont entrés dans l'usage courant. Le fer seul permet d'attaquer le rocher dans sa masse : c'est faute de tranchants assez fermes pour entamer la pierre, que les Hittites se contentent d'en effleurer l'épiderme ; les outils de fer étaient devenus vulgaires en Assyrie à l'époque des Sargonides (8ᵉ siècle) : à coup sûr nous sommes ici en face de décorations bien antérieures au temps de Khorsabad.

On a identifié les auteurs de ces monuments avec les Khétas, les Hittites si souvent mentionnés dans les inscriptions égyptiennes : acceptons cette identification ; ce qui nous suffit, c'est de saisir, neuf siècles au moins avant notre ère, une relation suivie entre la Chaldée et le territoire où naîtra l'art grec.

PHÉNICIE, JUDÉE, COLONIES PHÉNICIENNES.

En même temps que les Hittites créent par terre un lien entre la Chaldée et l'Occident, les Phéniciens établissent un lien maritime non seulement avec la Chaldée, mais aussi et surtout avec l'Égypte. Placés entre ces deux foyers de l'art, maîtres des ports de la côte de Syrie, leur position géographique les désigne comme les courtiers des idées et des produits du vieux monde ; ingénieux au point d'inventer l'alphabet, doués de l'instinct de la contrefaçon autant que du génie du commerce, charpentiers et fondeurs, ils fabriquent, ils vendent, et par eux se répandent au loin des méthodes qui doivent en d'autres mains être fécondes. D'autres peuples auront des aspirations plus hautes, aucun n'exercera sur notre Occident une action plus décisive : ils nous donnent l'écriture et nous révèlent l'Égypte.

PROCÉDÉS.

Des tombeaux cypriotes, dont la fig. 1 A représente un fragment, paraissent des copies de portiques à terrasses dont le croquis B explique la structure : des solives reposant sur des poutres jumelles et, sous ces poutres jumelles, des piliers couronnés par des chapiteaux à très fort évasement.

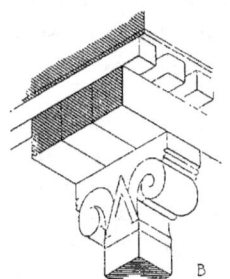
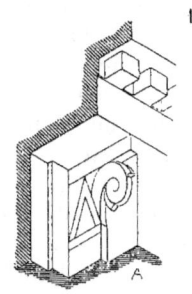

A part ces représentations, les ouvrages de la charpenterie n'ont laissé de souvenir que dans les textes bibliques : il ne nous reste sur le sol phénicien que des constructions de pierre ; et ces constructions se distinguent par la masse de blocs mis en œuvre. Les Phéniciens, habitués aux manœuvres de force de la marine, étaient mieux que d'autres préparés à remuer de lourds fardeaux ; aucun peuple n'a construit en blocs plus énormes : les pierres de Balbek atteignent au poids de

1000 tonnes. Dans les contrées rocheuses, quelquefois les monuments au lieu d'être bâtis, sont pris dans le roc vif : Renan a retrouvé des murs de forteresses, des maisons qui ne sont autre chose que des rochers taillés.

A défaut de monolithes naturels, les Phéniciens paraissent avoir été des premiers parmi les peuples de l'antiquité à créer des monolithes artificiels par l'emploi des mortiers :

Arrien rapporte que les fortifications de Tyr étaient de pierres maçonnées « avec du gypse ». Pline cite en Afrique et en Espagne des forteresses carthaginoises, c'est-à-dire phéniciennes, exécutées à l'aide de matériaux terreux pilonnés dans des encaissements : une sorte de pisé dont la solidité était extrême.

Les monuments confirment ces indications :

Les fouilles de M. Richter ont révélé dans des tombes cypriotes des garnis de blocages maçonnés au mortier de chaux ; et les tombes qui présentent cette particularité si inattendue remontent au moins au 6e siècle. Des observations de même sorte ont été faites en Tunisie : les chambres sépulcrales de Vaga sont bâties en menus moellons reliés par du mortier de chaux. Des médailles retrouvées dans ces sépultures M. Perrot conclut à une date antérieure à l'occupation romaine. La conséquence paraît s'imposer ; et elle a cet intérêt, qu'elle nous met sur la trace des origines de la construction concrète des Romains : les Phéniciens, soit qu'ils fussent les inventeurs, soit plus probablement qu'ils fussent de simples intermédiaires entre la Babylonie et l'Orient, auraient apporté dans nos contrées le principe de la bâtisse en menus matériaux agglomérés par le mortier de chaux, la bâtisse artificiellement monolithe.

Autre analogie entre les constructions des Phéniciens et celles des Romains :

Les Phéniciens réservent le mortier pour les ouvrages non appareillés ; chez eux, comme chez les Romains, le mortier est une matière d'agrégation et non un agent de transmission des charges. Comme liaison artificielle entre les pierres de taille, ils ne paraissent avoir connu que les scellements au plomb.

La voûte rudimentaire formée de deux dalles qui s'arc-boutent (pag. 31, fig. 18), est fréquente dans les hypogées de Chypre.

La voûte clavée elle-même fut connue des Phéniciens : à Jérusalem le pont qui reliait la colline du Temple à la colline du Palais est un ouvrage sinon de date du moins de tradition phénicienne ; les amorces qui en restent indiquent de grands voussoirs superposés à joints vifs et dont l'appareil est exactement celui que nous adopterions aujourd'hui.

Comment les Phéniciens ont-ils extrait et mis en mouvement des pierres telles que celles de Balbek? Ce que nous avons dit à propos des obélisques égyptiens permet au moins d'entrevoir le principe des manœuvres. Contentons-nous d'ajouter quelques remarques sur le mode d'extraction et de taille :

Jamais on n'entreprenait de dégager un bloc de la masse du rocher sans une opération préalable de sondage. Quand l'aspect du front de carrière faisait soupçonner une veine tendre, on forait à la pointerolle un trou de sonde que l'on poussait jusqu'à l'instant où la résistance rencontrée par l'outil garantissait une dureté parfaite. A Balbek (fig. ci-contre) les pierres présentent, et sur les faces supérieures et sur celles qui correspondent aux fronts de carrière, des cavités carrées semblables à des mortaises, qui ne sont autre chose que des trous de sondage. A la nécropole de Gebal, le creusement des chambres sépulcrales ne fut commencé qu'après exploration de la masse à l'aide de la sonde.

Au reste, la pratique de la taille par ravalement ne paraît pas avoir été de règle absolue : les maçons phéniciens qui bâtirent le Temple de Jérusalem en posèrent les pierres toutes taillées.

A Balbek le ravalement est resté inachevé, et on lit dans les travaux préparatoires la pensée de l'architecte : Les pierres retaillées sur tas perdaient en valeur ce qu'elles perdaient en volume ; il importait de les régulariser avec le moindre déchet possible. Le ravalement projeté se réduisait à un abatage faisant disparaître les épaufrures survenues lors du transport.

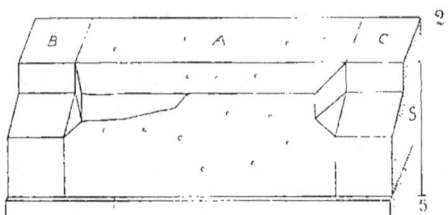

La fig. 2 montre en S le profil du mur de Balbek tel que le définissent les entailles directrices qui s'observent aux angles des pierres. La pierre A est représentée avec ses épaufrures et ses amorces de ravalement ; les pierres B et C sont supposées ravalées. Aucune idée théorique n'a présidé au choix du profil, il a été déterminé exclusivement par les accidents du voyage.

LES FORMES.

La principale visée de l'art phénicien est d'éveiller l'impression de la grandeur matérielle ou de la difficulté vaincue ; les Phéniciens cherchent les effets de masse, ce qui étonne : les pierres monstres répondent à leur idéal.

Il est des monuments où tout le détail décoratif est copié sur des modèles égyptiens : tels les édicules monolithes d'Amrith et d'Aïn-el-Hayat.

Mais ailleurs on sent dans la façon dont le modèle est interprété un accent nouveau qui se retrouvera dans les premières productions de l'art grec. Le pilier phénicien est ordinairement rectangulaire et se termine par une sous-poutre à volutes qui sera le point de départ du chapiteau ionique grec : nous donnons en A (fig. 3) un de ces chapiteaux phéniciens. Le détail B provient d'un cippe funéraire : le motif est le même, avec accompagnement d'accessoires égyptiens. Des stèles cypriotes de terre cuite conservées au Louvre se terminent par des figures de sphinx adossés qui leur donnent l'aspect général des chapiteaux persépolitains. Le pilier C est à profil égyptien.

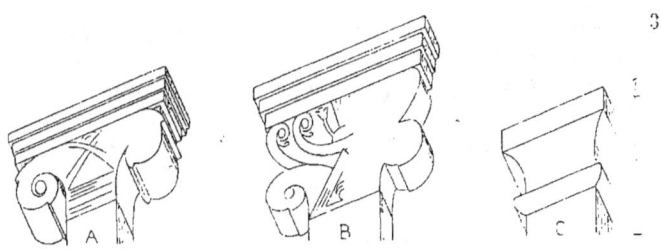

Nous avons réuni (fig. ci-contre) quelques exemples de décoration sculptée : il suffit d'un coup d'œil pour reconnaître l'Assyrie à la facture des palmettes, au dessin des ornements en forme de crénelage; l'Égypte, dans le tracé des corniches à gorge. Assyriens ou égyptiens, tous les éléments mis en œuvre dans la décoration phénicienne sont d'origine étrangère.

La sculpture figurée revêt à son tour ce caractère d'art d'imitation : les sarcophages de la Phénicie sont des reproductions de sarcophages égyptiens en forme de momies (tombeau d'Echmunasar, etc.). La plupart de ceux qui nous sont parvenus datent d'une époque postérieure aux influences helléniques : le parti général est égyptien, la facture absolument grecque.

MONUMENTS.

a. — PHÉNICIE CONTINENTALE, ILE DE CHYPRE.

Les monuments dont les vestiges existent dans la Phénicie continentale et dans l'île de Chypre, datent presque tous d'une époque où déjà l'art grec réagissait sur les architectures dont il était issu : certaines inscriptions phéniciennes sont des textes grecs transcrits à l'aide d'un alphabet cypriote; mais l'esprit de la vieille Phénicie se perpétue : nous n'avons que des copies peut-être, mais des copies assez parlantes pour tenir lieu des originaux dont la tradition vit en elles.

Tombeaux. — Les tombes sont des chambres souterraines creusées dans le roc, bordées quelquefois de plusieurs étages de cellules où se logent les cercueils, et surmontées soit de cippes, soit d'édicules en forme de prismes ou de tours. La fig. 1 A donne l'aspect d'un des monuments d'Amrith : une tour

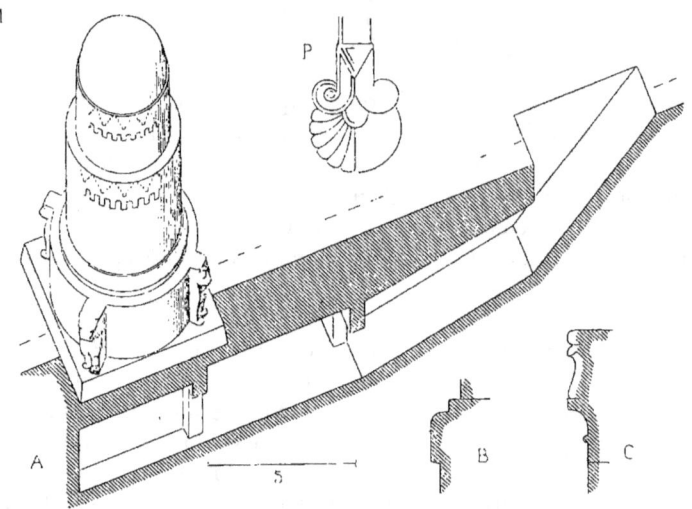

cylindrique dont le décor simule un crénelage, et qui repose sur un socle orné de lions.

A Chypre, les tombes phéniciennes se présentent fréquemment sous l'aspect de salles souterraines dont le plafond est formé de dalles qui s'arc-boutent, et dont le frontispice a pour ornements des piliers à volutes et une corniche simulant une terrasse (pag. 211, fig. 1).

Temples. — Le temple phénicien était un sanctuaire dressé sur une plate-forme qu'entourait une monumentale enceinte.

Les ruines de Balbek laissent entrevoir la magnificence avec laquelle les enceintes des temples étaient construites. Les blocs gigantesques que nous avons décrits faisaient partie de l'enceinte d'un sanctuaire dont les constructions romaines occupent la place ; ce sont les assises du mur de soutènement sur lequel s'élevait la plate-forme.

Quant au sanctuaire, l'architecture ne nous en est connue que par des ruines encore mal explorées, et par les indications de quelques médailles cypriotes :

L'édifice que figurent ces médailles (probablement le temple de Paphos) est précédé d'un parvis demi-circulaire, et présente la silhouette générale d'un temple égyptien, mais avec une proportion svelte que l'Égypte n'a jamais admise. Il se compose d'une nef principale accompagnée de deux portiques latéraux. La nef, dont la toiture est indiquée par un trait infléchi, paraît abritée sous une banne et prend ses jours au-dessus des portiques. A l'avant du temple se dressent deux pylônes en forme de tours élancées.

Les ornements sont des candélabres et des vases d'airain ou de pierre, de dimensions colossales. Le Louvre possède un des vases d'Amathonte ; nous en avons reproduit fig. 1 les ornements en palmettes.

Il y avait aussi, comme en Égypte, des lacs sacrés : c'est au milieu d'un de ces lacs qu'émergeaient les chapelles d'Aïn-el-Hayat, véritables édicules égyptiens, dont le couronnement est indiqué en C.

Constructions civiles et militaires. — L'ouvrage de défense le mieux conservé est le rempart qui défendait du côté de la plaine le promontoire fortifié de Banias : le mur était de pierres à peu près brutes ; le tracé suivait les reliefs du terrain ; et l'on s'était attaché à donner aux portes une position telle qu'elles ne fussent accessibles qu'au prix d'un dangereux parcours au pied même des murailles.

Des fortifications de Tyr il reste à peine des traces, et ce qui subsiste des défenses de Sidon et d'Arad se réduit à la partie des murs que les Phéniciens avaient taillée dans la roche vive.

C'est aussi à la pratique de tailler dans le roc, que nous devons le peu qui nous reste des maisons phéniciennes d'Amrith : la partie existante consiste en une enceinte carrée d'environ 30^m de côté, et paraît indiquer un édifice où les pièces d'habitation se rangeaient autour d'une cour sans prendre de vues sur le dehors.

b. — COLONIES MARITIMES.

Sicile, Malte, les Baléares. — Est-ce à des ouvriers phéniciens qu'il faut rapporter ces monuments mégalithiques, ces enceintes en blocs irrégulièrement entassés qui sont les plus anciennes forteresses du littoral de la Méditerranée? les constructions dites cyclopéennes ou pélasgiques de l'Étrurie témoignent tout au moins d'une influence phénicienne; c'est authentiquement aux Phéniciens qu'appartiennent les murailles de l'Éryx, à la pointe occidentale de la Sicile : elles consistent en une courtine interrompue de distance en distance par des tours carrées : la maçonnerie est en pierres grossièrement équarries et portant en forme de monogramme la signature des ouvriers qui les ont taillées.

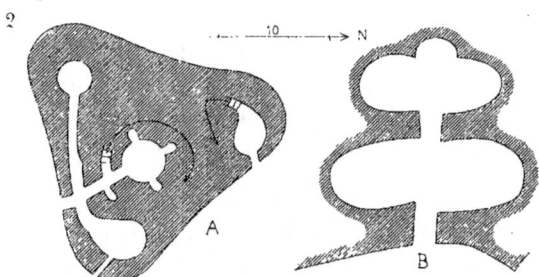

Citons aussi parmi les monuments phéniciens des îles de la Méditerranée les sanctuaires à plan irrégulier de Malte et de Gozzo (fig. 2 I.); ces tours (donjons ou retraites?) disséminées, sous le nom de « nouraghes », sur le sol de la Sardaigne et des Baléares. Le plan A donne l'idée d'une de ces tours; le type s'en est conservé dans le pays de Bari et peut-être en trouvons-nous la tradition dans les fortins échelonnés de nos jours sur les côtes de la Sicile.

Carthage. — Le grand entrepôt du commerce phénicien était Carthage : sa position la désignait comme une étape entre la métropole, la Sicile et l'Espagne. La destruction de la ville phénicienne fut si complète, qu'à peine peut-on distinguer dans ses ruines l'emplacement des constructions primitives : les restes de l'architecture carthaginoise se réduisent à quelques bas-reliefs où l'on sent le reflet du style asiatique; quelques tombeaux qui sont presque des dolmens, et dont un présente en guise de plafond des dalles inclinées qui s'arc-boutent; et surtout (pag. 212) des sépultures en forme de puits menant à des chambres sépulcrales, monuments grossiers mais peut-être les plus anciens exemples de la construction concrète que l'Occident possède.

En général, les monuments de la côte d'Afrique ne remontent pas à plus de trois siècles avant notre ère : les tombeaux des rois numides (Medracen, Tombeau de la Chrétienne) sont déjà fortement empreints d'un caractère grec; mais ils répondent bien à l'esprit des populations phéniciennes qui les ont élevés : leur décoration est un mélange d'éléments empruntés aux nations avec lesquelles elles faisaient le commerce. Au Medracen la corniche est égyptienne et les colonnes sont grecques. Ce que nous savons du tombeau de Thugga nous autorise à croire que tel était aussi le caractère mixte de son architecture.

Avant tout, l'architecture carthaginoise visait à l'utile. Les routes dallées, au témoignage des Romains, étaient en usage sur la côte d'Afrique avant d'entrer dans la pratique romaine. Les Carthaginois s'attachaient à l'aménagement des eaux : on rencontre sur le sol de la Tunisie des citernes à bassins multiples et de forme polygonale, combinées en vue d'une décantation progressive; leur maçonnerie est en cailloux et mortier, et les rares ornements qui les décorent ont un accent qui n'est point romain.

Marins et guerriers, les Carthaginois ont surtout construit des ports et des forteresses :
Nous avons cité ces postes d'observation bâtis en pisé dont ils couronnèrent les collines de l'Afrique et de l'Espagne.

Appien nous apprend, sans doute d'après Polybe, que Carthage possédait une enceinte composée de trois lignes de défense, enceinte analogue aux fortifications des Asiatiques avec lesquels la Phénicie était en relation incessante.
La description qu'Appien nous a laissée du port militaire de Carthage indique un bassin dont le centre est un îlot occupé par un fort. La configuration actuelle du sol confirme cette description, et les ruines d'Utique nous aident à concevoir la façon dont elle était réalisée. Le fort d'Utique, avec ses salles à coupoles, offre un caractère byzantin : très probablement les ouvrages actuels ne datent que de l'époque où l'Empire grec reprit possession des côtes d'Afrique sur les Vandales ; mais ces ouvrages durent être bâtis sur des substructions phéniciennes, et l'on y distingue tout au moins le plan général des défenses d'un port telles que les entendaient les ingénieurs de Carthage.

c. — JUDÉE.

Le Temple. — A son tour, l'architecture de la Judée est un art phénicien : le Temple de Jérusalem fut élevé par des mains phéniciennes. Malheureusement du temple primitif il ne reste que des souvenirs : le peu de ruines qui puissent être rapportées avec quelque vraisemblance à l'époque salomonienne se réduisent à des substructions dont l'aspect mégalithique rappelle Balbek. A part ces fragments, les débris parvenus jusqu'à nous ne paraissent pas antérieurs à l'époque d'Hérode ; et la description d'Ézéchiel, que M. Chipiez a si ingénieusement traduite, n'est qu'un projet, l'idéal d'un temple tel que le rêvaient les poètes juifs sur une terre d'exil. Ils imaginaient un sanctuaire en forme de temple égyptien, avec son sécos, son naos et ses pylônes; ce temple eût occupé le milieu d'une terrasse qu'entourent les logements des prêtres et qui s'ouvre sur trois faces par des propylées disposés eux-mêmes en forme de pylônes.

Le temple primitif de Salomon, celui qui fut rebâti par Zorobabel, avait inspiré ce programme, mais n'en réalisait qu'une faible partie.

Nous donnons (fig. 3) d'après de Saulcy et M. de Vogüé un plan et une coupe qui paraissent répondre aux indications du Livre des Rois et des Chroniques :

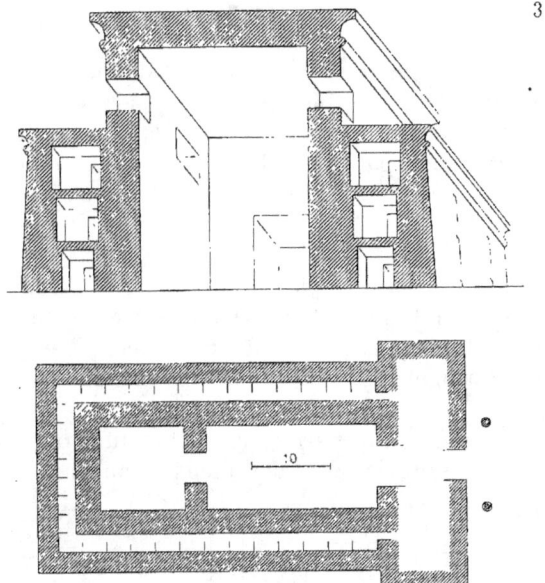

La cella se partage en deux salles : une nef principale et un sanctuaire. Sur chaque flanc règne une galerie à trois étages subdivisée en cellules.

Comme au temple phénicien de Paphos la cella prend ses jours au-dessus des galeries qui la bordent, et la façade est ornée de deux pylônes en forme de tours.

La cella qui, à Paphos, paraît avoir été abritée par une simple tente, est couverte d'une terrasse à poutres de cèdre, et la décoration intérieure consiste en lambris à bas-reliefs relevés d'or. Les panneaux, dont les sujets étaient inspirés de modèles assyriens, représentaient des arbres symboliques alternant avec des Cherubim, figures ailées plus ou moins semblables à celles qui ornent les pieds-droits des portes de Khorsabad.

L'arche, accompagnée de deux figures ailées en plein relief, était protégée par un voile contre les regards profanes et occupait dans le sanctuaire la place des emblèmes sacrés, barques ou arches, du sécos égyptien.

Le mobilier architectural comprenait des tables d'offrandes et des candélabres; au dehors, sur le parvis, des vases de bronze; en avant de la façade, à la place occupée dans les temples égyptiens par des obélisques et à Paphos par de gigantesques candélabres, se dressaient deux colonnes de bronze.

Dans les tracés du Temple, M. de Vogüé a retrouvé l'application des triangles égyptiens (pag. 53) et, dans le projet d'Ézéchiel, M. Chipiez a reconnu un procédé de dessin « au carreau » qui implique des proportions modulaires.

Monuments des cultes étrangers. — Les Juifs ont plus d'une fois dédié des sanctuaires à des dieux étrangers : un édicule

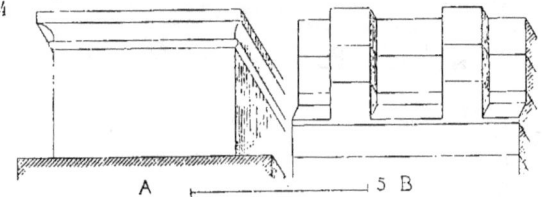

monolithe A (fig. 4), du style égyptien le plus pur, domine le Cédron et paraît être un monument de ce paganisme judaïque.

Tombeaux. — Les tombeaux juifs qui peuvent être attribués à une date antérieure aux influences grecques, sont des caveaux à cellules creusés dans le roc et fort semblables aux souterrains d'Amrith (pag. 216).

L'hypogée connu sous le nom de Tombeau des Rois présente tous les caractères de l'époque grecque, mais avec une profusion d'ornements qui n'a rien de grec.

Le détail B (fig. 4) est emprunté à l'enceinte élevée à Hébron autour d'un monument que la tradition désigne comme le tombeau d'Abraham : l'époque en est probablement grecque, mais la conception est toute phénicienne.

Quant aux tombeaux de la vallée de Josaphat, ils se rattachent à cette décadence asiatique du style grec dont nous trouverons les types dans l'architecture de Petra (tombeau dit d'Absalon, etc.).

Palais. — Les documents relatifs au palais des rois sont d'un vague extrême, du moins permettent-ils d'entrevoir l'existence d'une salle hypostyle à colonnes de cèdre, de même type que l'apadâna des rois de Perse.

Le palais d'Arak-el-Émir est d'une date relativement récente (environ 175 ans avant notre ère) : il rappelle par son aspect d'ensemble et par sa frise ornée de lions, le style perse.

Travaux d'utilité générale et de défense. — Les défenses de Jérusalem n'appartiennent qu'à l'époque romaine. Mais deux aqueducs se sont conservés qui remontent à la vieille époque juive : l'un d'eux alimentait la ville, l'autre établissait une communication souterraine entre Jérusalem et la fontaine de la Vierge. Le premier, auquel la tradition attache le nom de Salomon, nous est parvenu sous la forme d'un conduit à tubes de pierre emboîtés ; l'autre, qui nous reporte authentiquement au temps d'Ezéchias, est un tunnel creusé tout entier dans le roc : il fut attaqué par ses deux extrémités, et les deux tronçons furent raccordés sans autre guide que le son, qui indiquait à une équipe de mineurs l'approche de l'autre équipe : la série des tâtonnements est écrite dans les sinuosités du tracé. Une telle entreprise prouve à quelle hardiesse l'art de la mine était parvenu sept siècles avant notre ère dans les contrées où dominait l'influence phénicienne.

L'ART ET L'ORGANISATION SOCIALE.
INDICES CHRONOLOGIQUES, CHAMP D'INFLUENCES.

Les chantiers phéniciens. — L'histoire du Temple de Jérusalem nous montre en pleine activité un de ces chantiers où la population indigène travaille par réquisition, enrôlée en escouades sous des contremaîtres phéniciens; nous y apercevons jusqu'à la comptabilité des travaux au temps où la monnaie était inconnue et dans les contrées où l'autorité monarchique était tout. Le roi-marchand de Tyr est le véritable entrepreneur du Temple de Jérusalem : c'est entre ses mains que les ouvrages sont payés; ils le sont en vivres et en huile « pour sa maison ».

C'est ce même roi qui fournit aux Juifs les cèdres destinés aux toitures.

A Chypre, des inscriptions d'époque romaine consacrent des règlements qui réservaient à l'État l'exploitation des principales essences forestières : le régime phénicien est celui du monopole et du travail organisé. Disons du moins à l'honneur de la monarchie phénicienne qu'elle paraît avoir alloué à ses ouvriers un salaire, et un salaire proportionné à leur part de travail : les marques de tâcherons conservées sur les pierres phéniciennes de l'Eryx dénotent un concours rétribué.

Indices chronologiques. — L'époque des grands monuments phéniciens est en général assez flottante. Le Temple de Jérusalem date du 9e siècle. Quant aux constructions d'appareil gigantesque de Balbek, elles supposent une exploitation de carrières qui n'est possible qu'à l'aide d'outils de fer : le fer a pu être connu en Phénicie comme il l'était en Égypte, longtemps avant d'être répandu dans le reste du monde. Toutefois l'absence presque complète d'outillage de fer que nous constaterons à l'époque homérique chez des populations en relation incessante avec la Phénicie, n'autorise guère à reporter l'emploi courant du fer au delà du 10° siècle ; et cette remarque fixe, croyons-nous, la limite supérieure de l'ancienneté qu'il convient d'attribuer à ces étranges monuments.

Champ des influences. — Le champ du commerce des Phéniciens, qui est celui de leurs influences, est indiqué par la carte pag. 209.

De la Phénicie part un double rayonnement, d'un côté vers Chypre, la Crète et la presqu'île grecque ; de l'autre vers les côtes africaines, avec Carthage comme principale station ; de Carthage, la navigation atteint la Sicile et l'Étrurie, la Sardaigne, les Baléares, et peut-être l'Océan.

Si l'on rapproche cet itinéraire de celui des influences hittites tracé sur la même carte, on aperçoit un point où les deux courants convergent, c'est la Grèce ; elle devra sans doute à cette situation privilégiée de devenir le principal centre des architectures qui vont naître.

IX.

LES ARCHITECTURES
PRÉHELLÉNIQUES
AU TEMPS DE L'OUTILLAGE DE BRONZE.

Dans le développement des germes que le commerce de la Phénicie a semés sur le littoral de la Méditerranée il convient de distinguer deux époques, caractérisées par un changement de l'outillage et, par suite, des procédés :

Pendant la première période, le fer est une matière précieuse et l'essor de l'art est entravé par l'insuffisance des instruments de silex et de bronze ;

Au second âge, l'outillage de fer permet d'aborder de front tous les problèmes de construction, de réaliser toutes les conceptions décoratives.

La première période nous reporte aux temps homériques, l'autre commence aux invasions doriennes et nous conduit à l'éclosion définitive de l'hellénisme.

LA CONSTRUCTION AUX TEMPS HOMÉRIQUES.

L'art des temps homériques nous a été révélé par les fouilles de Schliemann sur les sites des villes achéennes, Mycènes, Orchomène, Tirynthe, et sur les buttes d'Hissarlik qui paraissent répondre au site antique de Troie.

Cet art présente une remarquable communauté de caractères chez les populations qui occupent les deux rives de la mer

Égée : les mêmes méthodes règnent de la Troade à l'Argolide, un air de famille rapproche les architectures contemporaines; et sur ce fond uniforme se détache une école relativement savante, celle dont Mycènes et Tirynthe furent les principaux centres.

Nous examinerons en premier lieu les procédés communs à tout le groupe, puis les particularités qui distinguent l'école mycénienne.

a. — PROCÉDÉS GÉNÉRAUX DE CONSTRUCTION.

LA CHARPENTE.

Les récits homériques nous fournissent quelques indications sur l'outillage du charpentier : on distingue la hache de bronze emmanchée qui sert à l'abatage et au dressage des bois; la tarière au moyen de laquelle on forait les trous de chevilles. La scie à dents n'est pas mentionnée dans Homère, mais elle était connue, comme l'ont prouvé les fouilles d'Hissarlik.

Les charpentes des grandes salles étaient soutenues par des poteaux intérieurs, ce qui paraît exclure l'idée de fermes franchissant l'intervalle des murs et impliquer l'existence de terrasses.

LES OUVRAGES D'ARGILE.

Ces maisons à toitures en terrasse avaient pour la plupart des murs d'argile crue : ce sont surtout des murs d'argile qu'ont mis au jour les fouilles de Tirynthe et de la Troade. Quelques pans de murs ont produit l'illusion de constructions de brique : en fait, la consistance qu'ils offraient leur avait été donnée par des incendies.

Le mortier employé était, comme en Égypte, de l'argile délayée; et, pour mettre de la liaison dans la masse, on incorporait à la muraille une sorte d'ossature, faite de madriers disposés (fig. 1) soit transversalement, soit dans le sens de la longueur; quelquefois des madriers croisés formaient à divers niveaux de véritables grillages.

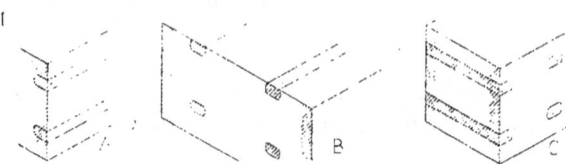

On n'a signalé jusqu'à présent aucune trace de voûtes d'argile.

LA PIERRE.

Extraction et mode courant d'emploi. — La pierre s'exploitait à l'aide de coins chassés à coups de masse dans les fissures naturelles des bancs de carrière. A défaut de fissures naturelles, on attaquait le roc au fleuret, et l'on achevait l'extraction par éclatement. On évitait le plus possible les retailles et, comme le tranchant de bronze entamait mal la pierre tendre, au besoin on la dressait à la scie. D'une manière générale on l'employait brute, en ajustant les fragments par appareillage polygonal.

A Santorin, dans une ruine qui paraît remonter au delà même de l'époque homérique, les assises de cailloux alternent avec des lits de terre mêlée de roseaux; à Tirynthe, en Troade, un mortier de terre comblait les interstices, et le procédé de chaînage à l'aide de longrines de bois s'étendait aux constructions de blocage. L'emploi du mortier de chaux était totalement inconnu : la présence de la chaux n'a été constatée que dans les enduits.

Constructions de gros blocs, constructions d'appareil. — Les pierres couramment employées ne présentent guère plus de grosseur que nos moellons; imparfaitement enchevêtrées à raison de l'irrégularité même de leurs formes, elles ne donnaient qu'une bâtisse assez médiocre. Pour obtenir plus de solidité il fallait recourir soit à la pierre taillée, soit à des blocs présentant de la stabilité par leurs masses : entre les deux partis, le choix était tout indiqué. Aux temps de l'outillage de silex et de bronze, la taille des pierres offrait des difficultés que nous avons peine à nous représenter aujourd'hui; au contraire (nous l'avons vu à propos des âges préhistoriques) la manœuvre de gros blocs n'exigeait que des bras et du temps : de là cet aspect mégalithique qui est celui des murs des forteresses dites pélasgiques ou cyclopéennes (murailles de Tirynthe, etc.).

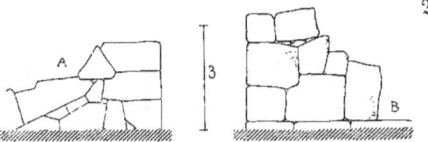

L'appareil de ces murs en gros blocs est d'aspect très variable : tantôt franchement polygonal (fig. 2 A), tantôt à décrochements plus ou moins irréguliers (B). On a tenté un classement par époques, attribuant les constructions par décrochement à un âge plus récent, les constructions par assises réglées à une troisième époque. Sans doute le progrès de l'outillage dut se traduire par un progrès de l'appareil, mais l'influence dominante est celle des matériaux eux-mêmes : dans les contrées où la pierre ne se délite pas, l'appareil polygonal s'impose, l'appareil par assises est indiqué partout où la carrière se présente par bancs stratifiés. Il y a là un fait géologique bien plus qu'une question d'époque.

Les parties plafonnantes des constructions en pierre s'exécutent autant que possible à l'aide de simples dalles.

Lorsque l'espace à franchir s'exagère, ou lorsqu'on redoute les risques de rupture d'une plate-bande monolithe, on recourt au procédé par encorbellement. Nous avons indiqué en Égypte (pag. 30) des galeries couvertes de pierres en surplomb dont l'appareil est combiné en vue d'une exécution sans supports auxiliaires : cet appareil équilibré existe à Samothrace et a laissé sa tradition dans toute une série de monuments de l'île d'Eubée, dont le plus célèbre s'élève sur le sommet du mont Ocha.

On n'a reconnu de voûtes clavées ni dans les fouilles de la Troade ni dans celles des villes achéennes. Un des rares exemples de combinaisons où la poussée intervienne, est le sanctuaire primitif de Délos : la toiture est constituée, conformément à un type égyptien décrit pag. 31, à l'aide de dalles s'arc-boutant deux à deux.

Les monuments taillés dans le roc ne sont point étrangers à l'architecture des temps homériques : il en existe notamment aux abords de Mycènes ; mais, par une circonstance qui dénote l'insuffisance des moyens d'attaquer la roche, bien que cette roche ne fût qu'un tuf calcaire, sur plusieurs points les excavations entreprises durent être abandonnées.

b. — PARTICULARITÉS DE LA CONSTRUCTION MYCÉNIENNE.

Nous arrivons à cette école plus avancée dont les foyers sont Mycènes, Orchomène, Tirynthe.

Ici tous les procédés généraux se retrouvent, mais appliqués avec une sûreté qu'on ne rencontre pas ailleurs, avec une ampleur qu'aucune architecture n'a dépassée.

Nulle part dans l'art préhellénique la bâtisse par encorbellement n'est réalisée avec des matériaux de grandeur comparable à ceux des galeries de Tirynthe ; nulle part la platebande n'atteint les dimensions qu'elle présente à Mycènes.

Le détail A (fig. 3) est emprunté aux constructions par encorbellement de Mycènes.

Comme exemple de linteaux mycéniens, nous citerons celui de la porte des Lions, bloc de 12^{mc} ; celui du trésor d'Atrée, qui représente en chiffre rond un volume de 45^{mc} et un poids de 100 tonnes.

Ce qui distingue le plus nettement l'école mycénienne, c'est la construction à dômes.

Coupoles à lits horizontaux. — Les tombes égyptiennes d'Abydos nous ont fourni (pag. 19) le type de la voûte à plan circulaire et à profil ogival, formée de lits de brique s'avançant progressivement sur le vide. Substituons par la pensée des assises de pierre aux briques d'Abydos et imaginons le parement par échelons ravalé suivant une surface continue, nous avons les dômes de l'architecture mycénienne (fig. 3 A).

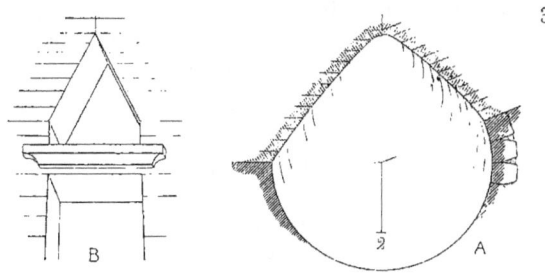

Comme les voûtes d'Abydos, celles de Mycènes ont le mérite de s'exécuter sans cintres et de n'exercer aucune poussée; les opérations de taille sont d'ailleurs réduites au strict nécessaire : les plans de lits seuls sont entièrement dressés, les joints montants ne le sont qu'au voisinage immédiat de l'intrados; le surplus est brut, et un calage en éclats de pierre remplit les vides de l'appareil.

Quelques-unes de ces voûtes sont d'une hardiesse qui témoigne d'un art bien sûr de ses moyens : le diamètre de la coupole dite Trésor d'Atrée mesure plus de 14^m.

Emploi des pierres dures. — Une autre particularité de l'école mycénienne, est le large usage qu'elle fait des revêtements de pierres dures. Nous l'avons dit, le débit des roches dures est une des plus anciennes industries : elle remonte à l'âge de la pierre polie; et, à une époque où la mollesse du taillant de bronze obligeait à compter avec les difficultés du dressage des pierres tendres, on débitait au moyen de la scie au sable des roches de la dureté du porphyre. Leur emploi exclusif était dans les revêtements. La forme en dalles convenait à cet usage; et c'est celle qui s'obtient le plus facilement par la scie au grès : un simple trait de sciage donnait le parement.

Emploi des attaches métalliques. — Qu'il s'agisse de dalles de placage ou d'autres accessoires, le mode de fixation consiste (voir pag. 241, détail S) à les relier au mur à l'aide d'attaches de bronze en queue d'aronde. On observera que ces attaches sont combinées de manière à n'exiger aucun scellement. A l'époque hellénique le scellement au plomb interviendra et le fer remplacera le bronze, mais là est le point de départ.

LA DÉCORATION.

a. — PROCÉDÉS GÉNÉRAUX.

Enduits et lambrissages. — La décoration courante consiste en application d'enduits plus ou moins grossièrement peints, et de revêtements de bois qui protègent et renforcent les têtes des murs d'argile.

Les plus anciens édifices de Tirynthe présentent des têtes de murs, des antes lambrissées de madriers qui font songer aux revêtements intérieurs du Temple de Jérusalem et comme eux se rattachent sans doute aux pratiques phéniciennes. La

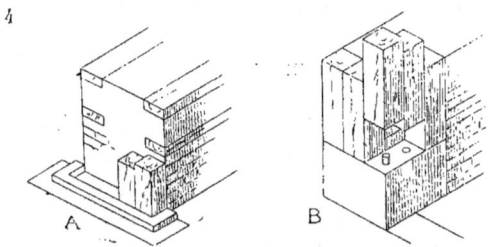

fig. 4 montre deux exemples de ces enveloppes : dans l'un, A (Hissarlik), les madriers sont maintenus à leur pied par une

FORMES.   233

rainure; dans l'autre, B (Tirynthe), ils sont fixés par des chevilles ou goujons de bois dont la présence est accusée par des trous cylindriques creusés au fleuret de bronze.

A ces éléments se bornent les moyens décoratifs communs à toutes les écoles : ceux qui restent à passer en revue sont spéciaux à l'école mycénienne.

b. — ORNEMENTS PROPRES A L'ÉCOLE MYCÉNIENNE.

Appliques de métal et de pierre. — Les richesses ornementales de l'architecture mycénienne sont en rapport avec le luxe de la structure. L'intérieur des tombes en dôme était revêtu de plaques ou semé de disques de cuivre estampé. Au trésor d'Atrée le parement de la coupole est percé de trous régulièrement répartis où se logeaient des clous de cuivre servant à fixer ces rosaces.

Le principe des applications de métal s'aperçoit en Égypte (pag. 47), et nous l'avons retrouvé dans les architectures de la Chaldée et de l'Assyrie (portes de Balawat, palmiers de Khorsabad) : ici encore nous sommes sans doute en face d'une imitation ou d'un emprunt.

Quant aux placages de pierre dure, la surface en est tapissée d'une gravure au champlevé, dont le caractère résulte (comme dans l'art du Mexique, pag. 201) du manque d'instruments propres à la sculpture modelée : la pointe de silex ou de bronze se prêtait à l'exécution de ce guillochis, qui donne aux panneaux l'aspect de tentures. Le choix des dessins confirme

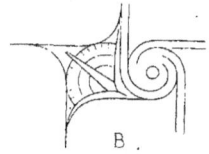

cette impression : ce sont, pour les frises, des rangées de rosaces et de palmettes égyptiennes ou assyriennes; pour les panneaux, des combinaisons de spirales et de chevrons dont la figure précédente exprime le caractère.

Si l'on rapproche le dessin B (fig. 5) de celui que nous avons donné pag. 48, on sentira plus qu'une influence égyptienne, la copie est d'une fidélité absolue.

Modénature. — La modénature mycénienne se réduit à des profils de chambranles tracés, conformément à un type égyptien, par bandes parallèles, et des couronnements de portes (fig. 3 B, pag. 231) qui rappellent la gorge égyptienne. La modénature suppose des moyens de fouiller la pierre, elle ne peut vraiment se développer qu'à l'époque du fer : les chapiteaux mycéniens que nous allons décrire nous mettent en face des plus anciens essais de moulures proprement dites tentés en Occident.

Colonnes et entablements. — La colonne, dans l'architecture à coupoles, ne comporte qu'un rôle fort secondaire : elle n'existe qu'à l'état de hors-d'œuvre, de colonne engagée et, par une singularité qui contraste avec les usages actuels de l'architecture, partout le fût se présente sous la forme d'un tronc de cône renversé (fig. 6 B et C : colonnes du trésor d'Atrée et du bas-relief des Lions à Mycènes).

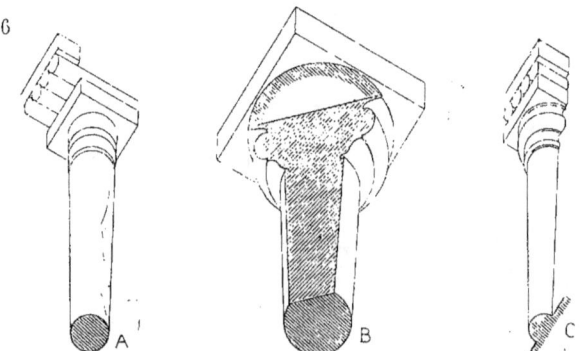

Évidemment il y a là le souvenir d'un poteau fait d'un tronc d'arbre planté par la pointe; et, pour le bois, ce mode d'emploi n'a rien que de raisonnable : il facilite la fiche et fait reposer le poitrail portant la terrasse sur la culasse de l'arbre, où ce poitrail trouve une large et solide assiette.

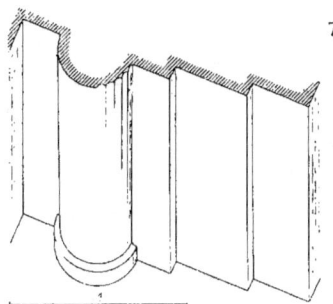

Le fût fig. 7 (également en cône retourné) est décoré de cannelures qui rappellent le travail du bois à la hache; d'autres ont leur surface tapissée d'un dessin à chevrons (fig. 5 C) qui éveille l'idée d'une enveloppe en métal estampé.

Le socle est un disque ou simule une superposition de disques à diamètres décroissants.

Le chapiteau (fig. 6 B et C) se compose d'un gros tore, quelquefois accompagné d'un tore de moindre importance formant astragale, avec des moulures qui font valoir le motif principal en le détachant du fût conique qui le termine, et de l'abaque carré qui le surmonte. Ce profil se présentait de lui-même lorsque le pilier était un tronc d'arbre : il suffisait pour l'obtenir de régulariser la culasse par des coups de hache donnés circulairement (fig. 6, croquis théorique A). La saillie bulbeuse de ce chapiteau est précisément (pag. 97) celle du chapiteau assyrien : elle paraît en être inspirée; et c'est peut-être dans ce couronnement à formes géométriques, dans ce tore surmonté d'un tailloir carré qu'il faut chercher le rudiment du chapiteau dorique.

L'entablement (fig. 6 C) emprunte sa forme au rebord d'une terrasse sur rondins.

A Mycènes, à Tirynthe, des fragments de bandeaux décoratifs font pressentir et par leur aspect général et par leur mode d'appareil la frise dorique, avec ses métopes carrées et ses

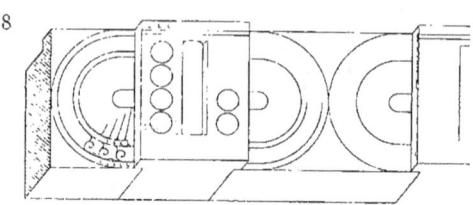

dés ou triglyphes : la fig. 8 montre une de ces frises, provenant de Tirynthe.

La décoration figurée. — Le principal monument de la décoration figurée est le bas-relief des Lions à Mycènes : deux lions debout, séparés par une colonne.

L'attitude, la facture, la manière d'accentuer les muscles, accusent une influence chaldéenne.

Le bas-relief remplit le vide triangulaire réservé au-dessus du linteau d'une porte dont les dispositions sont celles de la fig. B (pag. 231).

Ce bas-relief est indépendant du corps de la construction et taillé dans une dalle : l'âge mycénien ne conçoit la décoration que comme une parure de rapport.

La couleur. — Dès l'époque des ruines de Santorin, les enduits étaient rehaussés de couleurs. En Troade on n'a retrouvé que des enduits blanchis au lait de chaux. L'enduit coloré reparaît dans les ruines mycéniennes.

Les couleurs sont les couleurs égyptiennes : le blanc de chaux, un brun noirâtre, le rouge et le bleu.

Tous les dessins sont tracés à main levée : géométriques dans leur composition, ils n'ont dans leur exécution matérielle rien de précis.

Les roches ignées et les marbres à veinures jouent leur rôle dans la décoration.

Le verre bleuâtre (probablement phénicien) est employé à l'état de plaques à reliefs ou bien de cabochons. La frise fig. 8 offre l'exemple d'une composition ornementale où la blancheur translucide de l'albâtre s'associe à l'éclat de ces pierreries artificielles.

La description de la maison d'Alcinoüs dans l'Odyssée rend assez bien l'idée que se faisaient de la décoration polychrome les contemporains d'Homère : Une maison dont les terrasses sont bordées d'une frise bleue (la couleur bleue est celle des fonds dans les frises perses); des portes à jambages argentés, flanquées de figures d'animaux en argent incrusté d'or; à l'intérieur, une salle éclairée par des torchères en forme de statues dorées; et, sur le pourtour, des sièges, des « divans » recouverts de ces belles tapisseries dont l'Orient a gardé les secrets et dont les colorations chatoyantes rappellent le « ruissellement de l'huile ».

LES MONUMENTS.

Le besoin qui prime tous les autres est celui de la défense : les monuments les plus imposants de l'âge mycénien sont des forteresses; la tombe occupe le second rang; le temple est à peine indiqué dans Homère.

Forteresses. — Les forteresses décrites par Homère se réduisent à des enceintes de gros blocs doublées extérieurement de palissades.

Ces enceintes se sont en partie conservées. Le tracé n'est autre qu'une ligne de défilement qui suit les reliefs et les accidents naturels du terrain. Des redans et de rares tours carrées interrompent la continuité des courtines (front S. E. de l'enceinte d'Hissarlik, etc.).

Les dispositions les plus caractéristiques de cette architecture militaire sont celles des portes de Troie et des murs à galeries de Tirynthe.

Nous donnons, fig. 1 A, le plan d'une des portes d'Hissarlik.

Ici tout est combiné, comme dans l'architecture assyrienne, en vue de déjouer les surprises. La baie est accompagnée d'un porche extérieur, puis d'un corps de garde et d'un second porche situés du côté de la place. Une rampe dallée en pierres polygonales donne accès au porche extérieur.

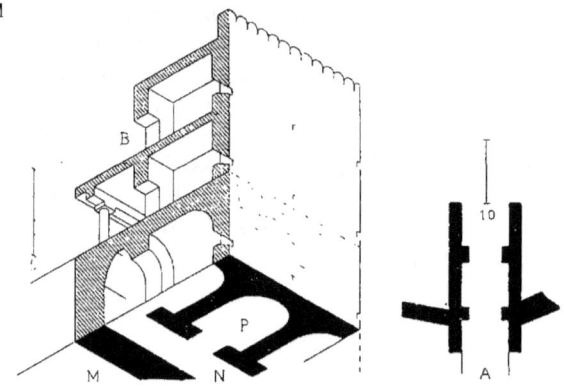

La fig. 1 B indique l'aspect des murs à galeries de Tirynthe.

On distingue, en allant de la place vers les dehors :
En premier lieu une paroi épaisse M;
Puis une galerie N, voûtée par encorbellement en blocs énormes;
Et enfin une série de cellules P.

L'épaisseur de la paroi M s'explique par son rôle de soutènement; et les cellules P paraissent être les substructions d'un rempart casematé dont les évidements, en correspondance avec les cellules du soubassement, auraient été fort bien appropriées au rôle de magasins ou de casernes.

La partie inférieure, moins les meurtrières, est authentique; le portique à colonnes indiqué sur la figure a laissé des vestiges ; le surplus des parties hautes, exécuté sans doute en briques crues, a disparu, et nous ne le présentons qu'à titre de restauration.

A cet âge de la fortification appartiennent, indépendamment des murs de Tirynthe et de Troie, les fortifications de Mycènes et les défenses primitives de l'acropole d'Athènes.

Habitations. — Les plus anciennes maisons de l'Occident qui nous soient connues sont celles de Santorin : celle dont le plan se lit le mieux se réduit à deux chambres auxquelles s'adosse une grande salle avec pilier central.

Pour l'époque homérique, nous possédons non seulement des ruines, mais le tableau des mœurs qui les expliquent, le détail des ornements, des accessoires : le tout embelli peut-être par l'imagination du poète, mais à coup sûr vrai comme couleur générale et comme caractère.

Nous avons cité, à propos des décors polychromes, le pavillon d'Alcinoüs : Homère n'a pas négligé de nous le montrer dans le cadre de jardins irrigués qui l'entoure.

La description de la maison de Laërte est le programme d'une habitation des champs :
Les étables se répartissent autour d'une cour circulaire défendue par un mur et une palissade; et, au fond de cette cour, s'élève le pavillon du maître.

Souvent la maison présente des galeries ouvertes où l'on passe les nuits chaudes ;
Un étage supérieur est réservé à la famille;
Et, par un raffinement qu'on s'attendrait peu à rencontrer, la maison a comme annexes des salles de bains dont les récits homériques impliquent l'existence et dont les fouilles de Tirynthe ont révélé la trace.

Passons aux monuments dont les vestiges sont parvenus jusqu'à nous.

Le palais de Tirynthe (fig. 2) est un groupe de pavillons indépendants les uns des autres et précédés de cours à portiques : un pavillon C avec sa cour pour le maître du logis, un pavillon R avec sa cour pour la famille.

Chaque cour a son porche ou propylée à colonnes P. Et, incidemment, on remarquera les détours, les coudes des couloirs qui mènent au harem.

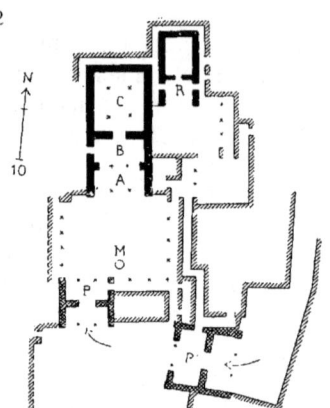

Quant à la distribution du pavillon principal, elle comprend :
Un portique extérieur A, où l'on reçoit les hôtes;
Une première salle B, lieu d'audience;
Enfin une salle à colonnes C, destinée aux réunions plus intimes et dont le centre est occupé par le foyer.

La cour contient l'autel domestique M, et les dépendances (bains et pièces de service) se groupent le long des portiques.

Telles étaient les demeures qu'animèrent jadis ces réceptions hospitalières, ces festins, toutes les scènes de mœurs demi-royales, demi-patriarcales de cette Grèce primitive si vivante dans les peintures homériques.

Lieux d'assemblées. — Parmi les ruines de Mycènes on distingue une plate-forme circulaire entourée d'un parapet et bordée d'un fossé : cette enceinte paraît avoir convenu à des réunions politiques, c'était peut-être une agora; elle contenait des tombeaux : les délibérations s'y seraient prises en vue des restes des citoyens illustres; ce serait un monument civil et funéraire à la fois.

Tombeaux. — Les peuples de l'âge homérique connaissaient l'incinération, les récits de l'Iliade le prouvent; mais si l'on en juge par les ruines, l'ensevelissement aurait été la coutume la plus répandue dans la région de Mycènes : c'est là que se sont retrouvées ces chambres à sarcophages, la plupart en dôme ogival, qui ont été longtemps considérées, sur la foi de Pausanias, comme des trésors (tombes de Mycènes, Orchomène, Vaphio, etc.).

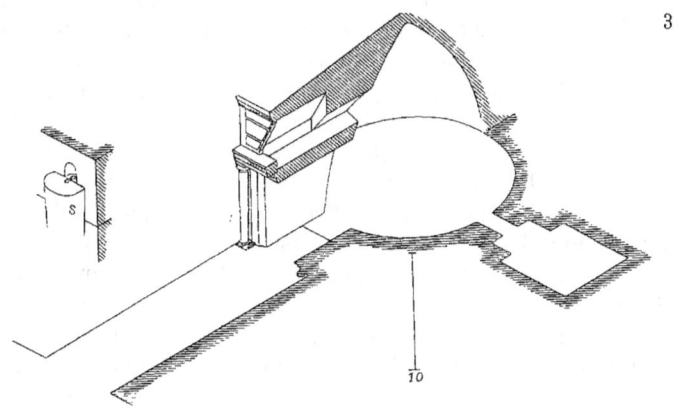

La tombe mycénienne (fig. 3) est ordinairement enfouie dans les flancs d'une colline.
Une tranchée d'accès aboutit à la façade.
Au milieu du frontispice s'ouvre une porte rectangulaire dont le linteau est surmonté d'une construction en décharge.

Nous avons décrit les applications d'albâtre et de roches colorées qui revêtent la façade, les ornements de bronze qui décorent l'intérieur. C'est au plafond d'une chambre rectangulaire accompagnant la grande coupole d'Orchomène qu'est emprunté le beau motif reproduit en B, pag. 233.

Aucun tertre ne signalait l'emplacement des tombes mycéniennes : quelques-unes même eurent, comme les hypogées de l'Égypte, leur façade dissimulée derrière des remblais.

En Troade et d'une manière générale en Asie Mineure, la chambre servant de sépulture est une cellule rectangulaire surmontée d'un tumulus : un tumulus s'élevait sur le tombeau de Patrocle; et, dans les environs de Smyrne, le monument connu sous le nom de Tombeau de Tantale était un tumulus consolidé par des murs rayonnants, et recouvrant la chambre sépulcrale.

Monuments du culte. — Si les constructions funéraires abondent, en revanche l'architecture religieuse se laisse à peine entrevoir. Les sacrifices domestiques se pratiquaient (pag. 240) sur des autels dépendant de l'habitation même, et les lieux ordinaires des cérémonies publiques étaient des bois sacrés, des « hauts lieux », ou bien des grottes naturelles : à peine trouve-t-on l'indice de quelques sanctuaires construits. A Délos, une voûte rudimentaire (pag. 230) transformait en caverne un ravin sacré. Quant à l'édifice voûté par encorbellement qui couronne le mont Ocha, on est fort loin d'en connaître la date et le vrai caractère; peut-être est-ce un simple poste d'observation, peut-être fut-il bâti pour protéger un site consacré par la légende : l'âge héroïque abritait ses lieux saints, mais il n'a point laissé d'édifices qu'on puisse vraiment appeler des temples.

X.

LES ARCHITECTURES
PRÉHELLÉNIQUES
AUX TEMPS DE L'OUTILLAGE DE FER.

Vers le 11ᵉ siècle, deux événements ont mis fin à la civilisation achéenne dont Mycènes était le centre : la guerre de Troie a ruiné la Grèce aussi bien que la Troade ; puis l'invasion dorienne est venue porter le dernier coup. Cette architecture à dômes qui s'était si puissamment constituée sous les Atrides, appartient désormais au passé, l'art de l'Occident semble éteint dans son foyer.

Cependant la Phénicie continue son œuvre de diffusion : les germes qu'elle ne cesse de porter au loin se développent, un lent travail d'assimilation s'opère, un second âge préhellénique commence.

A ce second âge de l'art préhellénique, le mouvement cesse de se confiner sur un territoire circonscrit :

Sous les mêmes influences transmises par les mêmes intermédiaires, un art presque uniforme se développe en tous les points où les Phéniciens pénètrent; partout on voit se constituer des architectures prenant pour thèmes d'ornement les mêmes motifs empruntés à l'Assyrie et à l'Égypte.
Ce sont, de l'Est à l'Ouest, les architectures de la Lycie, de la Lydie, des côtes ioniennes, des îles de la mer Égée, de l'Étrurie. L'art achéménide lui-même appartient à cette fa-

mille : du golfe Persique à la Toscane on sent circuler un même souffle.

L'âge où nous entrons est pour l'Étrurie l'instant de la civilisation qui précède Rome.

C'est pour l'Asie Mineure un temps de prospérité où les royaumes de Phrygie et de Lydie jettent leur éclat.

Le royaume lydien, sous la dynastie dont les derniers représentants furent Alyatte et Crésus, est le centre principal de l'art comme de la richesse : s'il fallait donner un nom à cet âge de l'humanité, il semblerait juste de lui attacher celui de la Lydie.

Trois faits dominants caractérisent alors la civilisation générale et marquent le progrès accompli depuis les temps homériques :

L'apparition de l'écriture alphabétique que l'âge précédent ignorait ;

L'invention de la monnaie, qui transforme les relations commerciales ;

Enfin, au point de vue de l'architecture, l'introduction en grand du fer dans l'outillage, innovation capitale qui ouvre à l'art une ère nouvelle en rendant pratiques l'appareil régulier et la sculpture.

Bien peu d'édifices remontent d'une manière authentique à cette époque, mais il nous reste des monuments de style archaïsant qui reflètent, à une date où déjà l'hellénisme s'était constitué, les tendances dont l'ordre ionien sera l'expression dernière : c'est par des survivances plutôt que par des exemples contemporains que nous devinons ces architectures de transition, ce n'est qu'en reportant au passé des procédés antérieurs aux applications existantes, que nous pouvons combler la lacune entre l'art mycénien et l'art grec. Disons-le d'une façon bien formelle, nous n'entendons point ici établir une chronologie de monuments, mais suivre un enchaînement de méthodes.

Nécessairement il y eut entre la civilisation mycénienne et

PROCÉDÉS.   245

l'éclosion de l'hellénisme un art de transition : cet art s'entrevoit dans les œuvres archaïsantes qui le rappellent.

LA CONSTRUCTION.

a. — CONSTRUCTIONS EN BRIQUE.

Certains procédés sont de tous les temps : tel l'usage de la brique. Dans tout le bassin de la Méditerranée l'emploi de la brique se continue : et partout la brique se présente exclusivement à l'état d'argile séchée. Vitruve cite en particulier deux exemples : le palais lydien de Crésus et les fortifications étrusques d'Arezzo.

b. — CONSTRUCTIONS EN PIERRE.

Dès qu'on peut sculpter la pierre tendre, on cesse d'intailler les roches dures : les revêtements mycéniens en plaques de la nature du phorphyre, tombent en désuétude.

Appareils. — L'appareil mycénien, avec ses variétés dues aux circonstances locales de la stratification des roches (pag. 229), se perpétue; mais, grâce aux ressources nouvelles de l'outillage de fer, les blocs se présentent ordinairement avec le parement dressé ou le pourtour bordé d'une ciselure (fig. 1 B) : l'arête ciselée implique une date parce qu'elle suppose des moyens que l'âge antérieur ne possédait point.

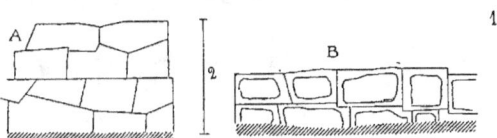

En Lycie, en Lydie dans les tombes de Sardes, nous voyons l'appareil polygonal appliqué avec un perfectionnement qui consiste (fig. 1 A) à ménager de deux en deux assises une surface de lit réglée suivant un plan horizontal.

Ce genre d'appareil se retrouve en Perse dans les soubassements des tombes achéménides, et la tradition s'en est perpétuée jusqu'à nous dans la région de Smyrne : c'est un parti intermédiaire entre l'appareil irrégulier et la construction par assises réglées.

Partout les pierres de taille sont posées à joints vifs, les constructions en matériaux bruts sont les seules où une matière plastique soit employée; et elle intervient non comme un moyen de transmettre les charges, mais comme un correctif des irrégularités que présentent les pierres.

Dans les tombes de Sardes les murs de blocage sont à lits de mortier de terre.

Les procédés d'encorbellement et les voûtes. — L'âge mycénien ne connaissait que les procédés d'encorbellement : l'âge lydien emploie l'encorbellement et la voûte.

Aux fortifications de Missolonghi et dans des forteresses lyciennes figurées par un bas-relief du Musée britannique, les baies présentent le profil triangulaire des décharges du trésor d'Atrée (pag. 244, fig. 3) et sont appareillées comme elles par surplomb progressif.

Une tombe lydienne voisine d'Éphèse a comme toiture un plafond par encorbellement en pans coupés (fig. 2 A).

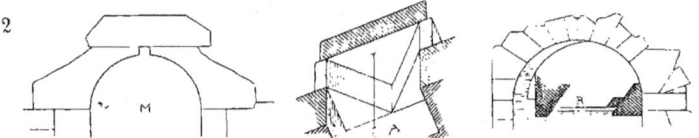

En Acarnanie on rencontre à la fois la voûte par assises équilibrées M, et la voûte clavée, la véritable voûte à poussées R.

L'Étrurie, étroitement apparentée à l'Acarnanie, possède comme elle à côté de l'encorbellement N (fig. 3), la voûte parvenue à l'état d'élément régulier de construction.

A Tusculum le profil est assez surhaussé pour que tous les voussoirs aient pu se poser sans cintre.

Puis on arrive au profil circulaire et à l'exécution sur charpente auxiliaire (fig. 3 M) :
Les Étrusques, qui ne manquent pas de bois, préfèrent la complication des cintres aux sujétions de l'appareil par encorbellement.

Vient ensuite la plate-bande clavée :
Les constructeurs de l'Étrurie abordent, à la Prison mamertine, la difficulté d'une voûte absolument plate; et la tradition de la plate-bande appareillée se manifestera pendant la période étrusque de l'art romain à l'émissaire d'Albano (P).

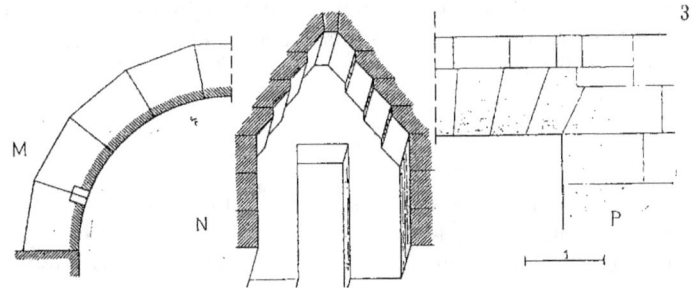

La taille des monuments dans le roc. — Nous avons rapporté (pag. 230) les obstacles et les mécomptes qu'ont éprouvés les architectes de l'âge mycénien lorsqu'ils tentèrent de creuser des monuments dans le roc : ils n'étaient pas outillés pour réussir, l'architecture qui taille dans le vif du rocher ne pouvait prendre son extension qu'à l'époque du fer.

Cette remarque permet, sinon de rapporter à leur vraie date les grands ouvrages de déblai dans le roc, du moins d'exclure certaines attributions manifestement erronées.

Ainsi ce ne sont point les Pélasges qui écrêtèrent le rocher de l'acropole d'Athènes, ils n'en avaient pas les moyens : ce grand travail, qui suppose l'emploi du fer, est l'œuvre de populations postérieures aux invasions doriennes.

Passons aux monuments des premiers temps de l'âge de fer :

Il nous reste comme monuments creusés dans le roc à cet âge de l'architecture :
En Asie Mineure, les tombes de Phrygie et de Cappadoce ;
Près d'Athènes, le souterrain dit Prison de Socrate ;
En Étrurie, les nécropoles de Castel d'Asso, Chiusi, Norchia, etc. ;
En Lycie, les tombes de la vallée du Xanthe.

Un détail caractéristique décèle des procédés d'origine phénicienne, c'est l'usage presque constant de pratiquer des sondages avant la taille (pag. 213).

Les trous de sondage sont visibles dans la façade de la prison de Socrate, en Asie Mineure dans les tombes d'Amasia ; on les reconnaît en Perse dans les tombes achéménides de Nachché-Roustem.

CONSTRUCTIONS EN CHARPENTE.

Aux premiers âges de l'humanité, l'imperfection de l'outillage compliquait le travail du bois, et la charpenterie proprement dite fut longtemps sans doute réservée aux besoins de la construction des navires :

Dès que l'usage d'outils de fer permet d'entamer les matières ligneuses, l'art de la construction de bois se développe et transporte aux habitations les méthodes jusque-là réservées à la charpenterie navale.

a. — Charpentes lyciennes. — Les charpentes les mieux connues sont celles de la Lycie : les tombeaux taillés dans le roc en reproduisent jusqu'aux moindres assemblages.

Nous essaierons d'interpréter les procédés en rapprochant les représentations sculptées des circonstances locales qui les expliquent.

La Lycie, qui correspond au flanc méridional du Taurus, ne

possède que des arbres croissant sur des pentes raides : des arbres (fig. 4) dont la souche est en crosse et la tige effilée.

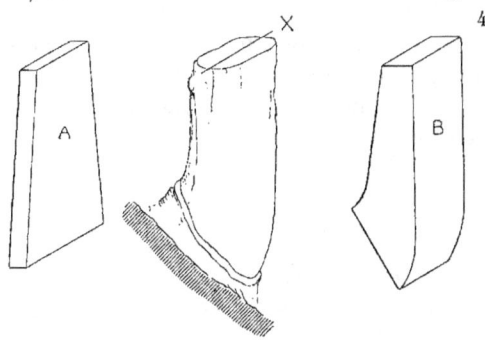

On les débite par traits de scie parallèles ou perpendiculaires à la direction X :

Dans le premier cas, on a des madriers à contour biais tels que A; dans le second cas, des pièces telles que B : amincies et terminées en crosse.

Veut-on un panneau rectangulaire (fig. 5 M)? on juxtaposera tête-bêche deux madriers de forme biaise A et, pour les tenir en présence, il suffira d'une traverse T avec coin de serrage.

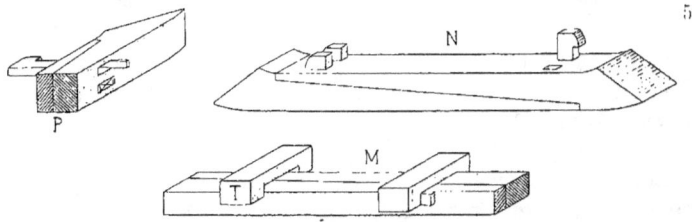

Veut-on obtenir une poutre à section rectangulaire (croquis N)? on accolera tête-bêche deux de ces pièces amincies figurées en B, et on les réunira par un serrage à clavettes.

Si les poutres factices doivent être soumises à des efforts d'écrasement, on les placera sur leur plat (position N); si au contraire elles doivent résister à des efforts de flexion, on les mettra sur leur champ (position P).

Ces panneaux et ces poutres factices sont les matériaux de la charpenterie lycienne ; voici comment ils sont mis en œuvre :

Ils ne constituent que l'ossature de la construction. Le corps des murs est en maçonnerie de terre ; et le pan de bois lui-même (fig. 6) se compose de montants, entretoises et sablières.

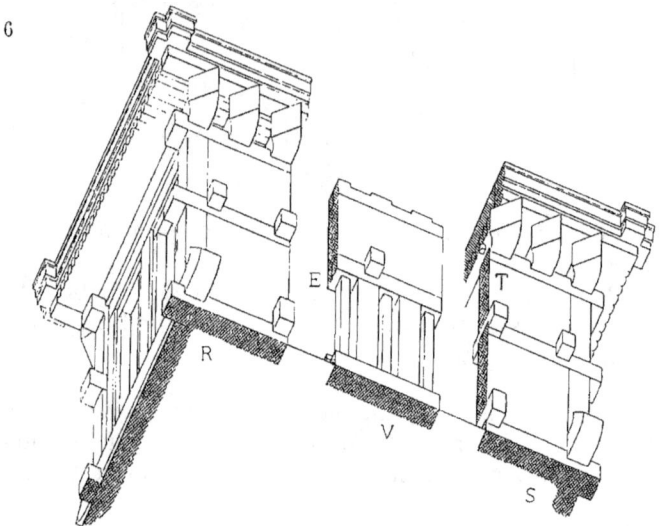

Sauf les montants d'angle qui paraissent être des poteaux d'équarrissage, tous les membres du pan de bois répondent aux types M et N de la fig. 5 :

Les entretoises E (fig. 6) sont des madriers du type M jumelés au moyen de traverses T.

A première vue on croirait reconnaître dans les têtes T des traverses des abouts de solives. Il n'en est rien ; en effet :

1° Ces saillies T se présentent dans des constructions dont l'aspect général accuse un étage unique ;

2° Toujours elles s'arrêtent, tant du côté intérieur que du côté extérieur, à environ $0^m,20$ du parement du mur.

Les saillies T indiquent donc bien des traverses, de simples moises.

Quant aux sablières hautes et basses, leur constitution à l'aide de deux pièces jumelées (type N, fig. 5) est prouvée par les clavettes qui seraient sans utilité si la sablière était d'une seule pièce.

La sablière basse, qui travaille à l'écrasement, présente, suivant la règle que nous avons formulée, la position N ; la sablière haute et les poutres de la toiture, qui travaillent à la flexion, affectent la position P.

Dans quelques maisons on remarque des pans de murs à montants très rapprochés (V, fig. 6) : les intervalles laissés vides entre ces montants ne sont autre chose que des meurtrières d'aérage analogues à celles des habitations égyptiennes.

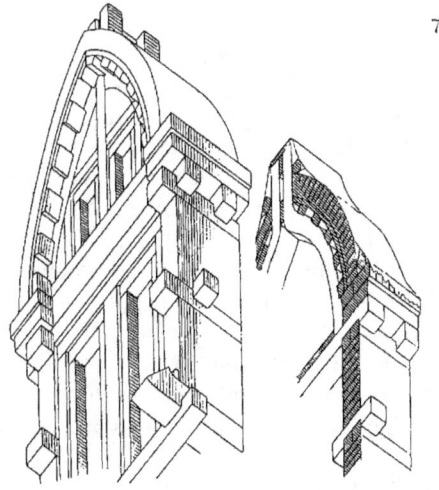

7

La maison fig. 6 a pour toiture une terrasse horizontale reposant sur des rondins jointifs : la maison fig. 7, tracée d'après un sarcophage lycien du Musée britannique, possède une toiture en ogive.

La façade est la seule partie authentiquement représentée. Mais la forme en carène du comble fait songer, surtout chez un peuple de marins, à la structure même d'une carène. C'est celle que nous avons admise : les fermes sont des « couples », et l'assemblage des deux demi-couples explique la crête saillante qui termine le comble.

Au-dessus de cette coque, le modèle indique une couche épaisse, apparemment une enveloppe de briques crues, garantie excellente contre les chaleurs. Ce revêtement eût été vite dégradé par les pluies : un manteau protecteur était nécessaire ; des peaux convenaient parfaitement à ce rôle. Et en effet plusieurs sarcophages à toiture en ogive ont pour ornements des dépouilles d'animaux : des lions à tête et griffes pendantes sont sculptés sur le sarcophage du Musée britannique ; d'autres présentent comme décoration au sommet du fronton les cornes et les têtes des bœufs dont les peaux recouvraient l'argile de la toiture.

b. — Les procédés de la charpente lycienne en Assyrie ; leur analogie avec les procédés égyptiens. — La construction fig. 6 n'est pas sans ressemblance avec celle des maisons égyptiennes (pag. 24). En Égypte, où le bois manque, les poteaux sont de brique : mais de part et d'autre la bâtisse est mixte, terre et bois ; et de part et d'autre les combinaisons excluent l'emploi d'écharpes ou liens obliques. Le principe, au fond, est le même ; et, comme fait de détail, la disposition des baies d'éclairage V suggère au moins un rapprochement.

En Assyrie les traîneaux employés au transport des colosses avaient (pag. 94) leurs semelles constituées, comme les poutres lyciennes, de pièces jumelles coincées par des clavettes.

D'une manière générale on peut dire que le procédé des poutres factices est commun aux contrées de l'Orient où le gros bois fait défaut : nous allons le retrouver dans les charpentes de la Phrygie et de toutes les régions de l'Asie Mineure où la végétation forestière est si pauvre.

Les procédés de charpente dans le centre et le Nord de l'Asie Mineure. Les charpentes étrusques. — En Mysie, le tombeau taillé dans le roc dit le Delikli-Tach simule une porte dont le linteau est fait de la superposition de deux plates-formes de madriers ; ces plates-formes sont établies suivant le système que la fig. 8 définit : chacune d'elles se compose de madriers réunis par des traverses.

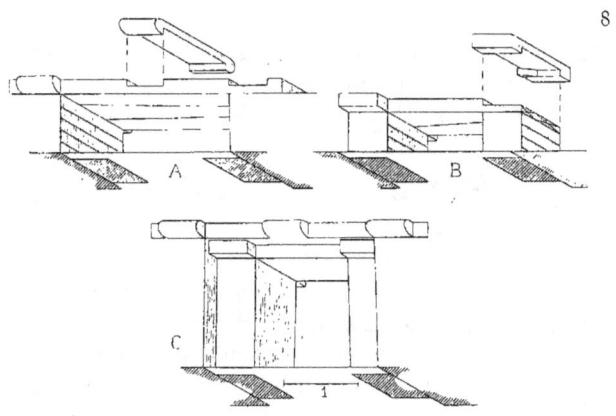

Nous représentons en A et B les plates-formes démontées : en B la plate-forme inférieure avec ses jambages ; en A la plate-forme supérieure.

En C nous voyons la charpente assemblée : c'est de point en point une charpente lycienne.

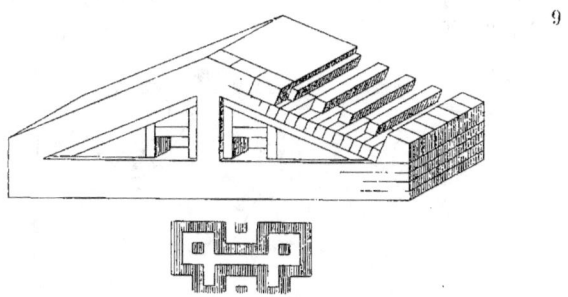

On pourrait analyser exactement de la même manière la porte phrygienne de ce frontispice taillé dans le roc (fig. 9), qui est connu sous le nom de Tombeau de Midas.

Le couronnement du tombeau de Midas nous offre un des plus anciens exemples connus du comble à deux versants d'où dérivera le fronton grec. La structure, comme celle des murs lyciens, est mixte : bois et argile, le bois employé avec une épargne que sa rareté justifie.

Le tombeau de Midas accuse seulement l'aspect du mur-pignon : un hypogée phrygien et des tombes paphlagoniennes permettent de rétablir les fermes.

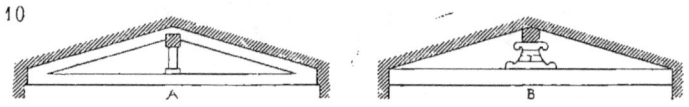

Le type des fermes (fig. 10 A) présente cette remarquable particularité que l'entrait est une pièce portante. L'entrait qui, dans les constructions actuelles, est un tirant, joue ici le rôle de poutre : il soutient, par l'intermédiaire du poinçon, le poids de la toiture.

Cette solution, d'une simplicité naïve, paraît du reste avoir été en usage dans tout le bassin de la Méditerranée ; les Grecs l'adopteront, elle existait dans l'art de l'Étrurie : l'exemple B, emprunté à une peinture étrusque, semble même indiquer, au lieu d'un poinçon de bois, une pillette de maçonnerie sur laquelle repose le faîtage.

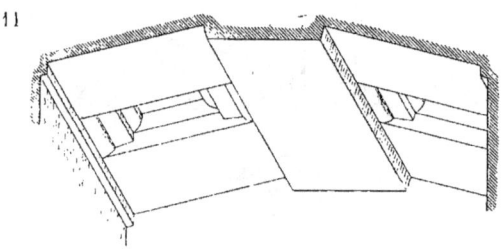

La figure 11 détaille, d'après un tombeau de Chiusi, la structure des panneaux d'un comble étrusque ; chacun de ces panneaux est formé d'une superposition de pièces se déchargeant par leurs extrémités les unes sur les autres : l'idée de construction par empilage est commune à toutes les architectures archaïques.

LA DÉCORATION.

a. — DÉCORATION PAR APPLIQUE.

L'usage de l'ornement par placage survit à l'âge mycénien, mais les appliques cessent d'être des dalles de pierre dure :

Sparte, nous apprend Pausanias, possédait un très ancien temple de Minerve à parois lambrissées d'airain.

L'Étrurie continue la pratique de ces habillages, mais en employant des terres cuites à la place des métaux : elle orne ses colonnades de frises et d'antéfixes de poterie, ses frontons de bas-reliefs rapportés.

La tradition des revêtements en poterie ou en bois se perpétuera jusque dans l'art hellénique : les trésors d'Olympie auront un décor de terre cuite, et nous verrons l'ordre dorique emprunter le détail de ses formes à des revêtements en lambrissage.

b. — DÉCORATION SCULPTÉE.

Pendant la période mycénienne, l'ornement se gravait ; à l'époque lydienne on commence à le sculpter : grâce à l'outillage de fer la décoration à plein relief se généralise, et la traduction en relief des modèles phéniciens sera la première ébauche des formes grecques.

Modénature. — La modénature, qui suppose des moyens d'entamer profondément la pierre, commence à se constituer ; et la contrée où elle se développe avec le plus d'originalité et de vigueur est l'Étrurie : les effets sont heurtés, les oppositions violentes, mais il règne une remarquable entente des contrastes et un art véritable de faire alterner les parties profilées et les champs lisses.

256   AGE LYDIEN.

Nous donnons fig. 1 une série de moulures étrusques empruntées à des monuments peut-être contemporains de l'art grec, mais qui sans nul doute procèdent de vieilles traditions :

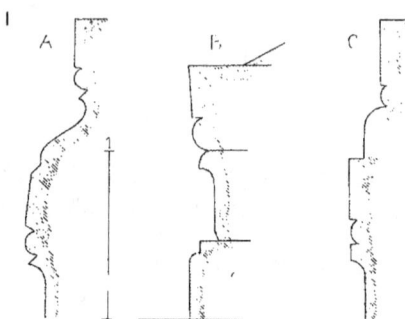

Une évidente communauté de style les rattache à la famille de ces profils phéniciens dont nous avons caractérisé pag. 216 l'austère et rude physionomie.

La colonne et l'entablement. — Les seules colonnes que nous ayons aperçues dans l'architecture mycénienne sont à fûts en tronc de cône renversé, avec chapiteaux en forme d'anneaux.

L'ordre à volutes se développe pendant la période lydienne à la faveur de l'outillage qui permet de découper les contours.

Cet ordre, d'où naîtra l'ionique, règne de la Perse à l'Étrurie. L'idée première nous reporte à l'Égypte : le chapiteau à volutes existe en germe dans ces édicules (pag. 47, fig. 7), dans ces meubles à colonnettes de fabrication égyptienne que le commerce de la Phénicie répandait au loin.

Nous avons vu les Phéniciens imiter ces modèles dans leur propre architecture : sans doute ce sont ces modèles qu'ils ont reproduits chez les peuples encore dépourvus d'art auxquels ils louaient leurs services. Le chapiteau cypriote pag. 215 A est une interprétation simplifiée de ces originaux égyptiens, le couronnement de stèle B en est une traduction plus complète.

Tel est aussi (pag. 130) le thème du chapiteau achéménide.

FORMES.

La même donnée se manifeste dans ces chapiteaux d'une admirable franchise de style que de récentes découvertes ont révélés en Troade :

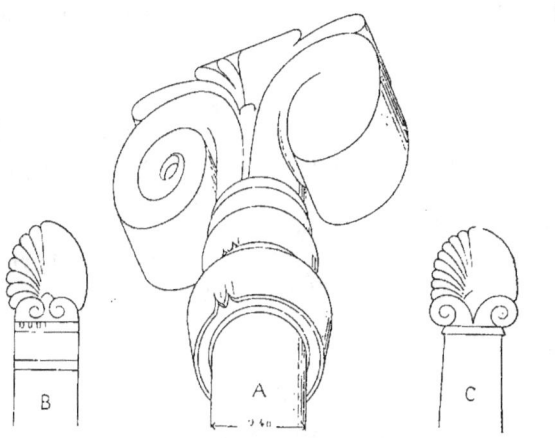

Une série de chapiteaux conformes à la fig. 2 A, existaient à Neandria; un chapiteau presque semblable s'est retrouvé à Lesbos. Ici non plus qu'à Persépolis nous ne sommes point en face d'une fantaisie isolée, mais d'un type qui se répète. Et dans cet ordre lesbien, les éléments essentiels de l'ordre achéménide se dessinent avec la plus parfaite netteté : les volutes, d'une si large allure, les campanules, l'aspect élancé, le mouvement de la colonne persépolitaine.

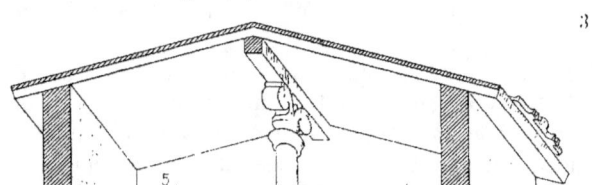

Nous connaissons les dispositions générales de l'édifice dont cette curieuse ordonnance faisait partie : les colonnes de Neandria s'alignaient (fig. 3) suivant l'axe d'un portique surmonté d'un toit à deux versants, et soutenaient un faîtage : leur forme aplatie convenait bien à ce mode d'emploi.

258   AGE LYDIEN.

En Grèce, le style de cette époque se devine par les représentations des vases peints : les deux stèles archaïques que la figure précédente met en regard du chapiteau de Neandria sont conçues suivant le même esprit, dérivent des mêmes influences.

Dans l'île de Chypre, les ruines de Kition ont fourni les fragments d'un chapiteau appartenant à cette période, et présentant déjà l'ensemble des caractères que nous observerons dans l'ionique grec.

Nous n'avons aucun exemple de la colonne lydienne. Quelques chapiteaux étrusques sont parvenus jusqu'à nous (fig. 4, A et B) : mêmes données générales, même sentiment dans le tracé des volutes.

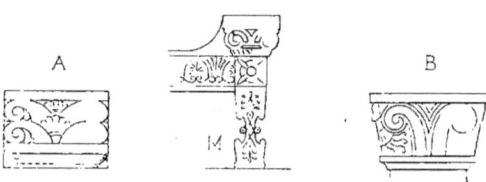

A côté de ces chapiteaux à volutes, l'Étrurie nous a laissé des chapiteaux en forme de tore surmonté d'un tailloir : mais ici nous ne sommes plus en face d'une décoration née d'influences préhelléniques; l'ordre toscan est un dérivé du dorique grec, et trouvera sa place parmi les variétés de cet ordre.

Le dessin décoratif et l'ornement figuré. — L'ornement qui, dans l'art mycénien, n'était qu'une tapisserie courante, un semis, prend le caractère d'une composition pondérée, d'un sujet décoratif ayant son unité : au lieu de se répéter, les motifs se groupent et s'associent pour former un ensemble. Ces motifs sont d'ailleurs ceux de l'architecture antérieure : la volute, la rosace et la palmette.

Nous donnons (fig. 4 M et fig. 5) deux de ces dessins d'ornement empruntés à deux architectures dont Hérodote nous indique l'étroite parenté, celles de la Lydie et de l'Étrurie : le détail M (fig. 4) est un fragment du magnifique sarcophage de Cervetri que possède le Louvre; le détail fig. 5 provient des lits funéraires de la nécropole de Sardes.

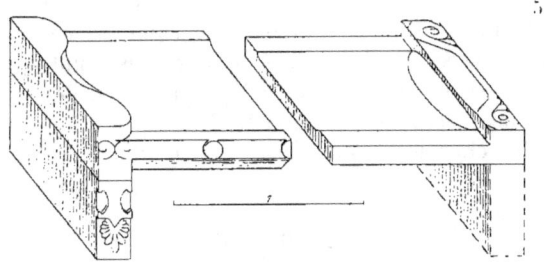

Si l'on veut se représenter le style de l'ornement à cette époque de brillant archaïsme, c'est surtout dans la décoration des vases qu'il faut chercher des exemples.

La céramique, n'exigeant qu'un matériel de fabrication simple, s'est développée avant l'architecture : les vases de Corinthe ou leurs imitations étrusques, les poteries à dessins noirs les plus anciennes présentent déjà cette décoration libre et correcte à la fois, ces rinceaux d'une exquise légèreté, ces personnages où les membres se détachent avec une si élégante finesse, où la composition est si claire, si vivante et si franche. Cette céramique primitive se montre déjà tout animée du génie grec; l'architecture y trouvera plus tard des motifs qu'il lui suffira de transporter sur le marbre.

La couleur. — L'usage de colorer l'architecture persiste pendant la période lydienne : les tombes de Sardes ont leur sculpture rehaussée de traits vigoureux de couleur : le noir et le rouge vif dominent. Dans la nécropole étrusque de Chiusi, la peinture des plafonds offre une harmonie sourde dont les seuls éléments sont le noir, le brun rouge et le blanc.

L'art de la Perse, qui appartient à cette époque, associe au ton sombre du marbre des colonnes les ornements d'or et les frises émaillées.

L'émail paraît s'être transmis de l'Assyrie ou de la Perse à l'Asie Mineure : les décorations de la façade phrygienne dite Tombeau de Midas (pag. 253, fig. 9) font songer à des dessins de briques colorées tapissant les parements.

Les architectures mycéniennes marquaient par des incrustations de verre ou de pierres colorées les points principaux de leurs dessins d'ornement : à Neandria l'œil des volutes est incrusté de pierre noire; et la tradition des effets d'émail se continuera chez les Grecs dans le décor de l'Érechtheion.

LES MONUMENTS.

Forteresses. — Comme à l'époque mycénienne, les principaux monuments sont ceux de la défense.

La fortification, disposée d'après le relief du terrain, se réduit le plus souvent à une courtine à laquelle des tours ont été ajoutées après coup. Le tracé le plus savant est celui de l'enceinte dite des Lélèges sur la côte d'Asie Mineure : un front à redans renforcé par des tours où l'on aperçoit — peut-être pour la première fois — la forme ronde.

Le profil est à parement vertical avec ou sans empattement à la base; et les représentations de places lyciennes conservées au Musée britannique prouvent l'existence, sur les tours et les courtines, de merlons arrondis à la manière des merlons égyptiens (pag. 80).

En Étrurie, à une date relativement récente, l'entrée de Volterra reproduit le type troyen des portes à vestibule intérieur. Et les ruines d'Acarnanie nous présentent (pag. 246, plan R) un ingénieux arrangement de porte biaise permettant une fermeture à poutrelles avec remblais adossés.

A cette époque se rapportent la plupart des murailles dites cyclopéennes ou pélasgiques qui s'échelonnent sur le littoral de la Méditerranée : en Étrurie Fiésole, Cora, etc.; en Sicile le fort Euryèle, à sous-sol taillé dans le roc, et qui paraît le donjon des fortifications primitives de Syracuse.

Habitation. — Les maisons lyciennes, dont nous avons décrit les murs en pans de bois hourdés d'argile et les toitures tantôt en terrasse, tantôt en carène renversée, étaient des pavillons isolés, avec une chambre unique, quelquefois précédée d'un vestibule ouvert. Peut-être doit-on rattacher au type lydien ces constructions africaines en coque de navire que Salluste nous signale.

Les habitations primitives des Étrusques, autant qu'on en peut juger par les urnes en forme de maisons étaient (fig. 1 A) des constructions en branchages à comble cintré avec une couverture de chaume retenue par des harts : des « paillottes »; la hutte de Romulus n'avait pas d'autre aspect.

Le type monumental de la maison étrusque nous est connu par les copies en poterie, et par la description de Vitruve. Nous donnons en B les distributions d'une maison reproduites dans le plan d'un tombeau; en C l'élévation qui répond aux indications combinées de ce plan et des modèles en terre cuite.

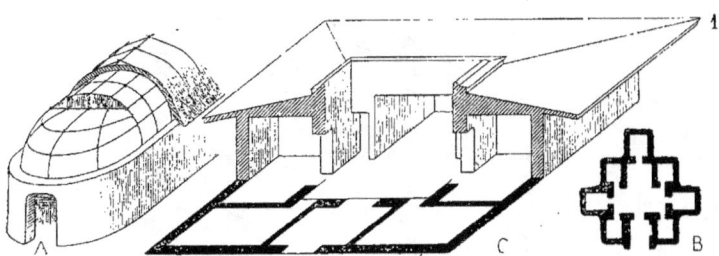

La maison, ici comme chez tous les peuples d'origine asiatique, est privée de vues sur le dehors : les jours sont pris exclusivement sur une cour, l' « atrium », et la toiture jette ses eaux selon les cas vers la cour ou vers l'extérieur. La salle d'audience, largement ouverte, occupe le fond, et les pièces d'habitation se rangent sur les côtés.

Lieux d'assemblée. — Nous avons tracé (pag. 257, fig. 3) la coupe d'une galerie à colonnade intérieure provenant de Neandria. Le voisinage d'un autel a suggéré l'idée que ce monument était un temple. En fait, l'autel est situé derrière l'édifice et présente une orientation à part : la ruine de Neandria est probablement celle d'une promenade couverte, dont le type se retrouvera plus tard à la basilique de Paestum.

Tombeaux. — La pratique de l'incinération, sans se substituer jamais à celle de l'ensevelissement, paraît prévaloir après les invasions doriennes : elle se généralise surtout dans les contrées où les Doriens s'implantent, la Grèce qu'ils envahissent, l'Étrurie où ils pénètrent.

Les contrées les plus riches en monuments funéraires sont la Lydie, la Phrygie et l'Étrurie.

La nécropole lydienne de Sardes est un groupe de tumuli, véritable chaîne de collines artificielles groupées sur la rive d'un lac. Un de ces tombeaux, celui d'Alyatte (commencement du 6ᵉ siècle) est comparable par sa masse aux pyramides d'Égypte.

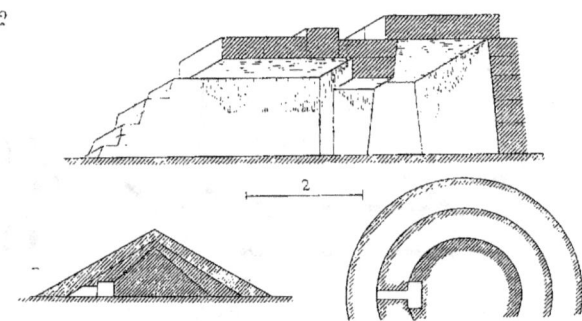

La fig. 2 indique les dispositions d'une chambre sépulcrale et de la butte qui la surmonte. La chambre est rectangulaire, couverte en dalles et accessible par un couloir dont l'entrée se dérobe sous les remblais.

Nous avons donné pag. 259 les détails d'un des lits funéraires qui formaient le mobilier de la tombe.

Le mode d'exécution de la butte n'est pas sans intérêt. Le plan et la coupe fig. 2 précisent l'allure des couches de terre : jamais la chambre funéraire ne correspond au centre des remblais. Pour permettre aux maçons de poursuivre leur travail en même temps que les terrassiers élèvent la butte, on a placé par côté le noyau de cette butte. La chambre achevée, le tumulus se continue et l'enveloppe. A mesure que la butte grossit, le couloir d'accès se prolonge. Au moment où la tombe est occupée, le couloir est comblé et le terrassement s'achève.

La Phrygie est le pays des sépultures creusées dans le roc : à chaque pas on y rencontre une falaise criblée d'excavations qui furent des tombeaux. Un petit nombre ont un frontispice orné; et, suivant l'usage des anciens qui aimaient à rappeler dans la tombe l'image de la demeure terrestre, les frontispices affectent l'aspect de façades de maisons : tel était le tombeau dit de Midas (pag. 253, fig. 9), le Delikli-Tach (pag. 253, fig. 8), etc.

La Lycie reproduit plus fidèlement encore l'habitation dans le rocher où elle taille ses tombes : les sarcophages interprétés pag. 250 et 251 donnent l'idée de ces imitations.

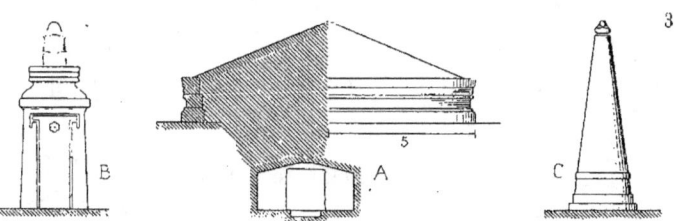

Enfin (fig. 3) l'Étrurie nous offre simultanément la tombe à tumulus (Casale-Rotondo, tombeaux de Corneto); la tombe en forme de chambre bâtie au-dessus du sol (Orvieto, Pérouse); la tombe taillée dans le roc (Castel d'Asso, Norchia); la tombe en forme de maison creusée dans le tuf (Chiusi).

Une variété qui paraît spéciale à l'Étrurie est le tombeau à soubassement rectangulaire surmonté d'un groupe de cônes : il en existe un exemple récent près d'Albano; tel était l'aspect général du tombeau de Porsenna.

Il est d'ailleurs peu de nécropoles étrusques qui ne contiennent à la fois des sarcophages et des urnes cinéraires.

Temples. — La coutume de l'adoration dans les bois sacrés ou sur les hauts lieux paraît s'être continuée à l'époque lydienne. La Phrygie conserve plusieurs autels du type A (fig. 4); Athènes possède, sur une plate-forme dont les murs sont d'appareil polygonal, un piédestal à gradins (fig. 4 B) où l'on a vu la tribune du Pnyx, et qui probablement n'est autre chose qu'un de ces autels sans temple.

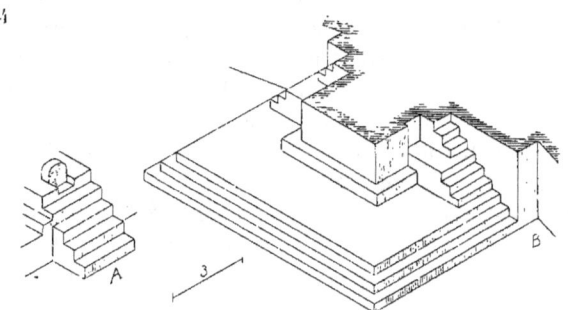

Ces autels, taillés dans le roc vif, ne sauraient être antérieurs à l'époque où l'outillage de fer permit d'attaquer franchement le rocher.

Les premiers temples seraient contemporains de ces derniers hauts lieux. Nous l'avons dit, le vague des textes homériques donne à penser que le temple s'est constitué en Grèce postérieurement à la civilisation mycénienne. Le temple, l'habitation du dieu, reproduit d'ailleurs les dispositions de a demeure des princes mycéniens. Le plan du pavillon mycénien, qui n'est lui-même autre chose que le plan perse du temple du feu (pag. 139), devient celui du temple grec : la salle du foyer devient la cella, le portique qui le précède sera le pronaos. Et jusque dans le propylée qui se dresse en avant de l'enceinte du temple, on retrouvera de point en point le vestibule qui donnait accès aux cours des habitations mycéniennes. Mais ici nous sortons de l'âge préhellénique.

RÉSUMÉ : VUE D'ENSEMBLE DE L'ART A L'ÉPOQUE LYDIENNE.

Si l'on compare entre eux les monuments de l'âge lydien, on sera frappé de l'air de famille qu'ils présentent d'une contrée à l'autre : partout l'art s'inspire des mêmes modèles phéniciens, partout il se montre empreint d'un même caractère. Nous avons essayé de faire ressortir cette uniformité de style par un diagramme (fig. 5) où nous rapportons à leur position géographique quelques ornements types.

5

En parcourant cette carte de l'Est à l'Ouest on y remarque tour à tour le chapiteau persépolitain à double volute; le chapiteau à gros enroulements de l'architecture cypriote; l'ornement lydien à palmettes et enroulements; l'ordre à volutes de Neandria; les chapiteaux à volutes de l'Étrurie : la communauté de caractères et de tendances ne saurait être plus parfaite.

XI.

ARCHITECTURE GRECQUE.

Tandis qu'en Lydie, en Perse, en Étrurie le progrès de l'art est un simple développement des germes asiatiques semés par le commerce phénicien, en Grèce le mouvement est plus complexe : une invasion venue du Nord peu après la guerre de Troie, l'invasion dorienne a fait de la Grèce comme un monde nouveau.

La race dominante est désormais une race de montagnards qu'un séjour de plusieurs siècles dans les âpres contrées de la Thessalie a tenus éloignés des raffinements du luxe asiatique.

Même au moment où le contact des civilisations antérieures leur aura ôté leur rudesse native, les Doriens garderont des instincts en rapport avec leurs origines, il leur faudra un accent plus mâle, des expressions plus fermes : ils placeront leur idéal dans une architecture dédaigneuse des faciles séductions de l'ornement, une architecture qui vise avant tout à la sévère beauté des lignes.

C'est à cette infusion du sang dorien en Grèce que l'art devra la plus brillante des renaissances. Sans ce renouvellement du goût par la conquête, les ordres grecs n'eussent été sans doute qu'une traduction, parmi tant d'autres, des types phéniciens : pour répondre aux aspirations de cette forte race dorienne, l'art va s'attacher à des types nouveaux plus abstraits et plus simples, et les ordonnances traditionnelles elles-mêmes vont gagner sous la main de leurs nouveaux interprètes l'exquise mesure et la calme harmonie que le génie asiatique à lui seul eût été impuissant à leur imprimer.

Un lent travail prépara sans doute cette éclosion de l'architecture grecque : les débuts de l'occupation dorienne remontent au moins au 10ᵉ siècle, et ce n'est qu'au 7ᵉ que l'art jette son premier éclat ; son essor correspond à l'instant où la société achève de se constituer et commence à essaimer au loin. Sparte, Athènes se sont donné des lois ; l'Égypte, l'Inde elle-même se sont ouvertes à la curiosité savante, nous sommes à l'époque des voyages de Thalès, de Pythagore ; nous assistons aux premières conquêtes de la science ; une prospérité coloniale sans précédent multiplie les foyers d'activité, l'éveil se manifeste à la fois sur tous les points ; et l'institution des assemblées d'Olympie, établissant un lien entre les membres de la famille grecque, met l'unité dans l'œuvre collective de l'hellénisme. Il existe désormais un corps de nation où s'associent sans se confondre le génie dorien et les traditions ioniennes ; l'art consacre la civilisation qui vient de naître, il en est le symbole : de ses débuts à ses derniers instants il garde l'empreinte de la double origine ionienne et dorienne dont le peuple grec est issu. Ses expressions se résument en deux types généraux ou ordres : un de ces ordres conserve le nom d'ionique, il reproduit en les épurant les formes que les Phéniciens avaient importées, il dérive en ligne droite des architectures du groupe lydien ; le second ordre prend le nom des conquérants doriens, et marque le premier effort de l'art pour s'affranchir des influences asiatiques.

L'étude des ordres sera la partie principale de l'histoire de l'art grec : avant d'en aborder le détail, nous passerons en revue les méthodes de la construction et les éléments généraux de l'ornement.

LES MÉTHODES DE LA CONSTRUCTION GRECQUE.

En fait de construction, les Grecs n'admettent que les procédés simples, ceux qui se prêtent le mieux aux expressions franches et claires. Bien loin d'enchérir sur les hardiesses de l'art mycénien ou sur les essais de l'Acarnanie, l'art hellénique laisse dans l'oubli le principe de la coupole, exclut la voûte et s'attache presque sans réserve aux combinaisons de plates-bandes sur pieds-droits. Il fait une large place aux matériaux d'argile ; et, pour les charpentes, il emprunte aux contrées pluvieuses qu'avaient occupées les Doriens le type du comble à deux versants.

CONSTRUCTIONS D'ARGILE.

Les constructions d'argile de l'âge hellénique ne nous sont connues que par les textes : c'étaient presque exclusivement des ouvrages en briques crues. Vitruve énumère les échantillons usuels : les briques ne dépassaient guère 1 pied de côté sur une épaisseur que les inscriptions relatives aux murs d'Athènes permettent de fixer à 1 palme, soit en chiffre rond $0^m,08$. Ces briques avaient place même dans les plus luxueuses constructions : les parois du temple de Junon d'Olympie étaient de briques crues ; Pausanias mentionne des murs de briques crues au temple de Panopée en Phocide. Le plus ancien exemple de briques cuites que nous puissions citer nous est indiqué aussi par Pausanias, c'est le Philippeum d'Olympie, qui ne remonte pas au delà du 4ᵉ siècle.

Les inscriptions relatives aux remparts d'Athènes montrent que l'usage mycénien d'incorporer des chaînages de bois aux constructions d'argile s'était continué à l'époque hellénique : le toit abritant le chemin de ronde était porté sur des piles d'argile reliées à deux niveaux différents par des cours de longrines formant chaînages.

CONSTRUCTIONS DE PIERRE.

1. — PROCÉDÉS GÉNÉRAUX.

L'appareil des murs. — L'appareil polygonal, que les perfectionnements de l'outillage permettent désormais d'éviter, ne se rencontre que dans des monuments de style archaïsant, tels que le petit temple de Rhamnus.

L'appareil « à décrochements », qui atténue les déchets, est fréquent dans les constructions militaires.

L'appareil ordinaire est par assises réglées et répond, suivant les époques, aux dispositions diverses résumées fig. 1 :

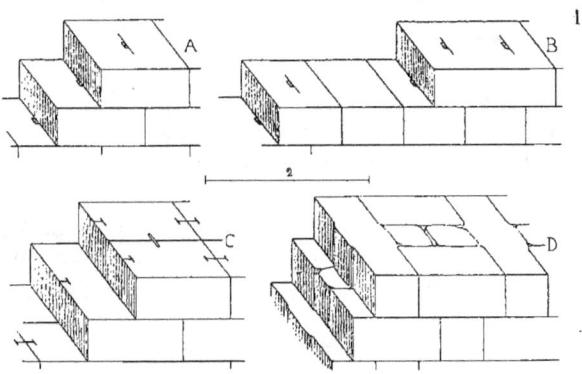

A et B : Lits exclusivement composés de parpaings, c'est-à-dire de pierres traversant le mur de part en part;
C : Appareil où les parpaings ne se présentent que de deux en deux lits;
D : Appareil mixte, où le corps du mur est en blocage et la pierre de taille joue le rôle d'un simple revêtement.

Les modes A, B, C sont ceux des 6ᵉ et 5ᵉ siècles; la solution D prévaut à l'époque macédonienne et se généralise à l'époque romaine.

A la naissance des murs il est d'usage d'établir une assise de soubassement plus haute que les assises courantes. Ce soubassement est fait de deux rangées de carreaux dressés sur leur champ et, entre les deux rangées, règne un vide qui sert à l'asséchement.

270   ARCHITECTURE GRECQUE.

Aux angles on emploie communément l'appareil dit « en besace » (fig. 2 B); l'appareil « à crossettes » A, qui entraîne des pertes de pierre et des risques de rupture, est rare avant le 4ᵉ siècle : un des plus anciens exemples qu'on en puisse citer est l'arsenal du Pirée, bâti vers 340.

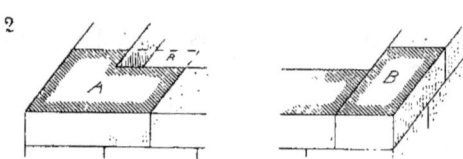

Partout la construction de pierre de taille est à joints vifs : les architectures de l'antiquité n'ont jamais admis de mortier entre les blocs régulièrement dressés.

Plates-bandes. — Même aux meilleures époques, les Grecs ne se faisaient point une obligation absolue d'employer la pierre sur lit de carrière : ils ont fréquemment dérogé à cette règle dans la construction de leurs murs; ils y ont dérogé de parti pris lorsqu'ils avaient à faire travailler la pierre à la flexion.

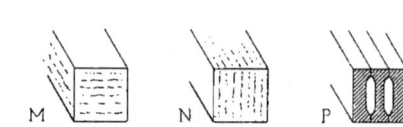

A section égale, une pierre posée « en délit » (croquis N, fig. 3) exigera pour se rompre une plus lourde charge que la pierre sur lit de carrière M : les ruines de Pæstum et de Sélinonte offrent de nombreux exemples d'architraves en délit.

Dans une pierre formant poutre, il suffit d'une veine tendre pour amener la rupture. En remplaçant la pierre unique par deux ou trois dalles accolées, P, on peut espérer, si l'une d'elles vient à céder, que les autres résisteront. Ces dalles minces sont d'ailleurs plus maniables que de gros blocs : il y a du même coup simplification du travail et surcroît de sécurité.

Enfin, comme les risques de rupture croissent quand la portée augmente, on s'attache à réduire cette portée en disposant les pieds-droits en surplomb. La fig. 4 montre deux baies du 5° siècle où ce surplomb est nettement accentué.

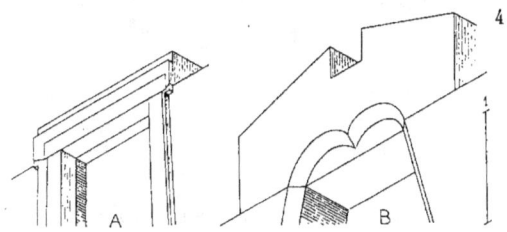

Quelques portes de défense (enceinte de Messène, etc.) présentent, au lieu d'un linteau sur jambages inclinés, des assises s'avançant progressivement sur le vide et rappelant les encorbellements préhelléniques, pag. 231.

II. — DÉTAIL DES PROCÉDÉS DE LA CONSTRUCTION D'APPAREIL.

Entrons dans les détails d'application; et, pour les mettre dans leur jour, suivons le travail de la pierre à partir de la carrière :

Extraction. — Les moyens d'extraction paraissent être ceux des Phéniciens : en Sicile les faces cachées des pierres sont percées de trous irrégulièrement répartis qui rappellent ceux des blocs de Balbek (pag. 214) et semblent indiquer les mêmes précautions de sondage en carrière. Rien d'étonnant à cette communauté de procédés si l'on songe que les Grecs de Sicile ont employé comme carriers des prisonniers carthaginois, c'est-à-dire phéniciens.

Dressage des lits et joints. — Les faces de joints et surtout les faces de lits, par lesquelles la charge se transmet sans l'intermédiaire d'aucun ciment, exigent un dressage très correct : les pierres grecques réalisent cette condition avec une perfection surprenante.

Au 6ᵉ siècle, les lits sont aplanis sur toute leur étendue ; au 5ᵉ, on se contente quelquefois d'aplanir le rebord du lit :

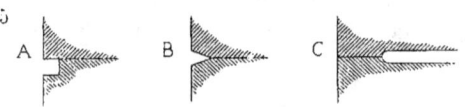

le surplus (croquis C) est démaigri et cesse de porter : en fait, la surface d'appui reste toujours plus que suffisante pour la charge à transmettre.

Le « dressage au rouge », qui s'emploie dans les ateliers modernes, servait au réglage des plans de lits et de joints. Cet artifice, nettement spécifié dans un devis de Livadie, consiste à présenter contre la face à dresser un plateau de marbre recouvert de sanguine : les points où la sanguine décalque sont ceux qu'il faut retailler.

On a indiqué comme un moyen d'assurer l'exacte juxtaposition des pierres la pratique de passer entre elles un trait de scie qui eût donné exactement la même forme aux deux faces destinées à venir au contact.

On a pensé aussi que les tambours des colonnes avaient leurs lits usés par rotation sur une couche de sable : le Parthénon, qui est le type de l'exécution parfaite, garde des traces vraisemblables de la rotation des tambours, mais rien à notre connaissance n'y dénote le trait de scie entre les joints.

Dans une construction à joints vifs, le moindre corps dur qui s'interpose entre deux blocs au voisinage de l'arête peut faire éclater la pierre :

Pour éviter ce danger, et aussi pour prévenir les accidents pendant le bardage, on ménage le long de l'arête (fig. 5) un biseau B, ou bien une ciselure A plus ou moins profonde ; et d'ordinaire cette ciselure se termine (fig. 6) par une petite réserve cubique R qui garantit l'angle contre les chocs.

CONSTRUCTION. 273

Souvent un bourrelet protecteur V règne le long de l'arête entière.

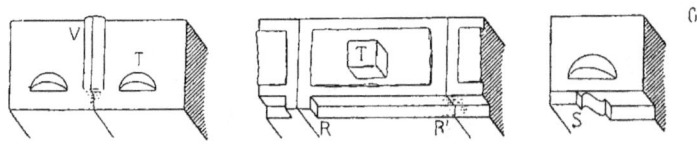

Enfin on a soin de préparer, lors de la taille d'ébauche, des tenons T qui faciliteront les opérations de la pose.

Bardage. — Pour le bardage des pierres, les Grecs, peuple de marins, avaient à leur service toutes les ressources de la machinerie navale, c'est-à-dire tout le système de la machinerie moderne, palans, treuils, etc. :

Ces apparaux sont décrits non seulement dans Vitruve, mais dans les traités du 4ᵉ siècle où ils ne sont point du tout présentés comme des nouveautés.

Les fig. 7 et 8 résument les moyens de levage :

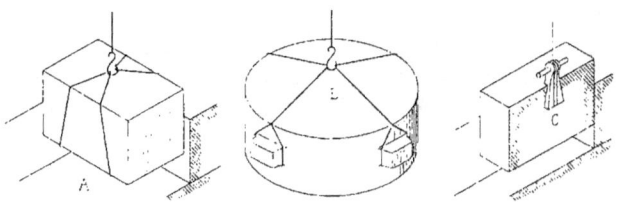

Les tambours de colonnes, munis de tenons, sont saisis par des « élingues » B.

Pour les pierres des murs, on emploie autant que possible la « louve » (C), coin en fer calé dans une mortaise dont le fond s'évase.

Lorsque la pierre est friable (c'est le cas de la plupart des calcaires de Sicile), on se contente d'élingues A; ou mieux on creuse les faces de joints de rainures en U, dans lesquelles

18

se logent les câbles de levage. La fig. 8 montre l'application de ce procédé aux triglyphes et aux chapiteaux du grand temple d'Agrigente.

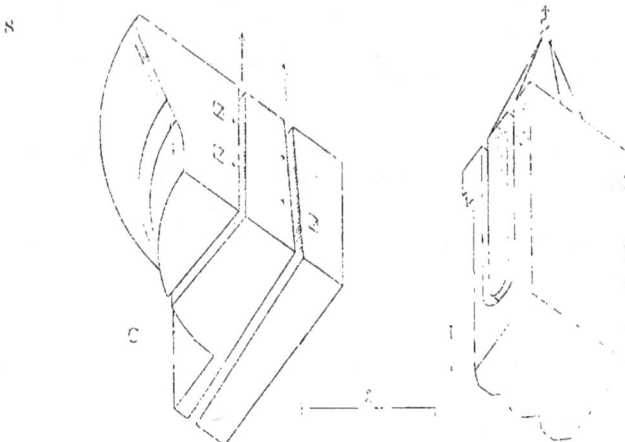

Serrage à joint. — L'avantage de la louve ou des rainures en U est de permettre d'amener d'emblée la pierre à joint.

Lorsqu'on emploie simplement des élingues, il faut pour retirer les cordes poser provisoirement la pierre à côté de la place qu'on lui destine, sauf ensuite à la serrer à joint :

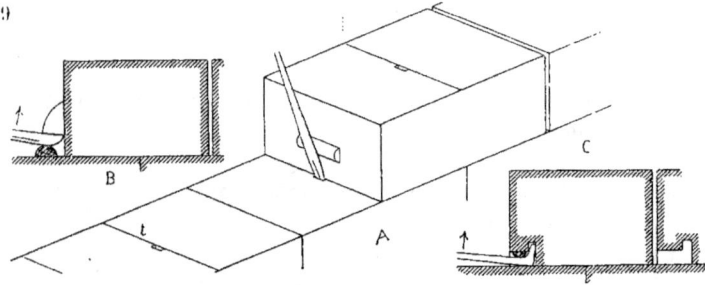

Au temple dit d'Hercule d'Agrigente, on avait préparé cette manœuvre par des encoches t (fig. 9) où l'on engageait sans difficulté l'extrémité d'un levier en fer ou « pince ».

Au temple de Ségeste (B) des tenons ménagés dans la masse permettaient, à l'aide d'un levier, de chasser progressivement la pierre jusqu'à sa position définitive. Et, dans un monument romain exécuté suivant la tradition des méthodes grecques, nous trouvons des entailles de la forme indiquée par la coupe C, évidemment destinées à permettre le serrage par des impulsions répétées, au moyen d'un levier coudé.

Ravalement. — Au moment de la pose, les faces destinées à former parement sont laissées à l'état d'ébauche : seuls les bas-reliefs des métopes ou des frises sont sculptés d'avance, et ils s'enchâssent dans l'appareil sans faire corps avec lui.

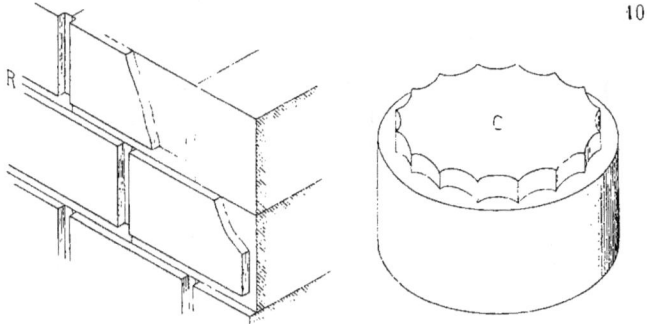

10

Pour les pierres qui constituent le corps de l'édifice le parement s'exécute sur tas; mais cette opération finale, on a soin (fig. 10) de la préparer sur le chantier par des amorces directrices destinées à guider l'ouvrier :

Supposons qu'il s'agisse d'un pan de mur : chaque pierre R présentera au moins sur son arête inférieure un refend ciselé. Lors de la pose, les refends seront soigneusement alignés, et le dressage du parement se fera sans hésitation dans l'intervalle d'une ciselure à l'autre, ainsi que l'indique la figure.

Pour une colonne (C) on marque l'extrémité des cannelures par une amorce taillée sur le chantier, alors que les plans de lit encore à nu permettent d'exécuter sans gêne les tracés : une amorce de ce genre correspondra au sommet, une autre au pied de chaque cannelure. Et le ravalement sur tas se trouvera réduit à un travail de raccord.

Les pièces de rapport. — Quelquefois les Grecs, pour assurer plus de résistance aux parties les plus exposées, les exécutaient en pierre dure et les rapportaient par incrustation. La fig. 11 A donne un exemple de cette précaution.

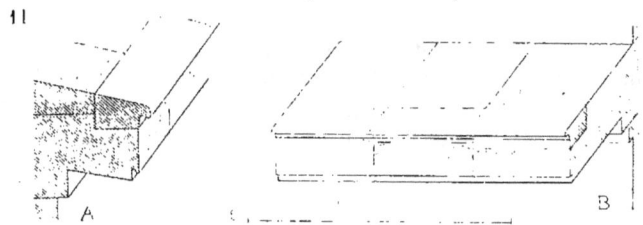

La plupart du temps, les incrustations sont étrangères à la construction primitive et proviennent simplement de restaurations. C'est le cas de Pæstum (B), où l'irrégularité des pièces ne saurait laisser de doute sur leur origine.

Liaison artificielle des pierres. — Grâce au système de la construction par plates-bandes, les pesanteurs agissent verticalement sans jamais se transformer en poussées : le déplacement des blocs ne peut se produire que par l'affaissement du sol ou par des secousses de tremblement de terre.

Mais ces secousses sont fréquentes et il importait d'y parer.

On prévenait autant que possible le danger en rendant les pierres solidaires les unes des autres par des scellements.

Nous avons indiqué dans les monuments égyptiens des assises dont les blocs sont reliés ensemble par des queues d'aronde en bois. Dans l'art mycénien, nous avons rencontré des attaches de bronze posées sans scellement et maintenant les placages décoratifs. Les Grecs appliquent ce mode de liaison au corps même de la construction ; comme les architectes mycéniens ils emploient le métal, mais ce métal n'est plus le bronze, c'est le fer, et, pour le fixer à la pierre, ils adoptent le procédé du scellement au plomb.

Il ne faudrait pas prêter à ce mode de liaison une généralité sans réserve : le premier aspect des ruines fait supposer une profusion de scellements qui n'ont jamais existé. Ainsi au grand temple d'Agrigente, une foule de cavités qu'on prendrait pour des trous de scellement ne se correspondent pas d'une pierre à l'autre. La fig. 8 C (pag. 274) montre une pierre de chapiteau avec les mortaises de son plan de joint; des croix repèrent sur cette pierre les mortaises de la pierre contiguë : aucune correspondance; nous sommes en présence de simples traces de sondage (pag. 271).

Puis on doit tenir compte des dates.

L'art archaïque, surtout en Sicile, était très sobre de scellements : les Grecs de Sicile, au 6e siècle, se contentaient ordinairement d'assurer la fixité des tambours de colonnes par des goujons de bois; ce n'est qu'au 5e siècle dans la Grèce propre et au 4e dans l'Asie Mineure, que l'emploi des ferrements devient systématique.

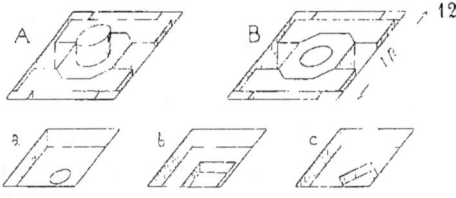

Les détails fig. 12 se rapportent aux constructions siciliennes : en *a, b, c* nous représentons les entailles existantes, en A et B le mode d'attache qu'elles paraissent impliquer.

La dimension des mortaises (elles atteignent jusqu'à 1 pied de côté) exclut ici l'idée du métal, et l'inconvénient du bois est sa dilatabilité qui expose les blocs à des ruptures : les combinaisons adoptées tendent à rendre la dilatation libre. Le tenon A, au lieu d'être calé directement contre la paroi de l'enclave, est maintenu par deux traverses qui peuvent fléchir si ce tenon vient à se gonfler.

Même disposition pour la mortaise B où le tenon s'engage.

La fig. 13 résume les principales variétés d'attaches métalliques usitées dans la Grèce propre :

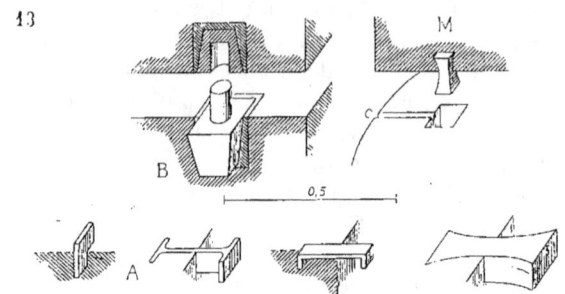

Les ferrements qui relient entre elles les pierres d'une même assise, sont en forme de crampons, de queues d'aronde ou de doubles T;

Pour relier ensemble deux assises superposées, on emploie des goujons qui, aux derniers temps de l'architecture grecque, s'épaississent par leurs deux extrémités : ces goujons M sont scellés, avant la pose, dans l'assise supérieure; après la pose, on les scelle dans l'assise inférieure (*c* est le canal de coulée).

Entre les tambours de colonnes du Parthénon il existait des crapaudines de bois, B, calées directement dans le marbre : le constructeur, pour prévenir le danger du gonflement, avait eu soin de choisir un bois résineux, c'est-à-dire très peu hygrométrique, et sans doute de l'employer vert, c'est-à-dire sous le plus grand volume qu'il puisse prendre. Peut-être les tambours, encore suspendus à leurs câbles de levage, ont-ils pivoté autour de ces crapaudines pour s'ajuster par frottement.

Delagardette a signalé entre les tambours des petites colonnes de Pæstum des poches de scellement où l'on aurait versé du mortier par un conduit de coulée pratiqué suivant l'axe des tambours.

Comme dernier exemple de consolidation métallique, nous citerons les armatures de fer du linteau de la porte du grand temple d'Agrigente : la rainure qui les contenait avait 0^m,16 de large et autant de hauteur; probablement elle était remplie par un paquet de fers plats posés de champ.

CHARPENTES ET TOITURES.

Combles. — Au sujet des charpentes de combles, nous possédons le document le plus explicite qu'on puisse souhaiter : le devis descriptif de l'arsenal du Pirée nous a conservé dans leurs moindres détails les dispositions que nous reproduisons fig. 14 A. Le monument ne date que du 4ᵉ siècle, mais le mode de construction est assurément fort ancien, c'est celui même que nous avons entrevu chez les Phrygiens et chez les Étrusques (pag. 254).

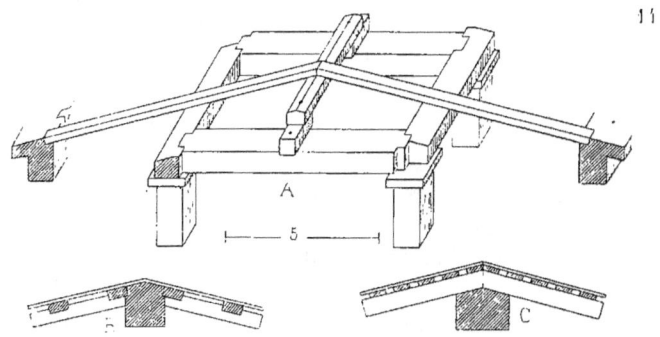

La ferme se réduit à un entrait A soutenant par l'intermédiaire d'une fourrure B la charge du faîtage.

Rien ici ne répond au principe de notre ferme moderne, où l'entrait est tendu par l'effort d'écartement de deux arbalétriers et soulagé en son milieu par le poinçon : point d'arbalétriers, le poinçon est une fourrure qui presse sur l'entrait au lieu de lui servir de soutien; et l'entrait, au lieu de travailler par extension, subit exclusivement un effort de flexion : c'est une poutre, non un tirant.

Dans toute cette charpente, les pièces sont soumises soit à l'écrasement (poinçon), soit à la flexion (entrait), jamais à la traction : la différence avec notre système de charpente est radicale ; la charpente grecque, essentiellement subordonnée à l'emploi d'entraits portants, est un empilage pur et simple, une véritable maçonnerie de bois.

L'ordre dorique sera l'application de ce mode de bâtisse à des matériaux de pierre.

Réduit à ses masses, l'ordre dorique présente (fig. 15) l'aspect S. Interprété en combinaisons de charpente, il s'explique (du moins quant à l'ensemble) par la traduction M :

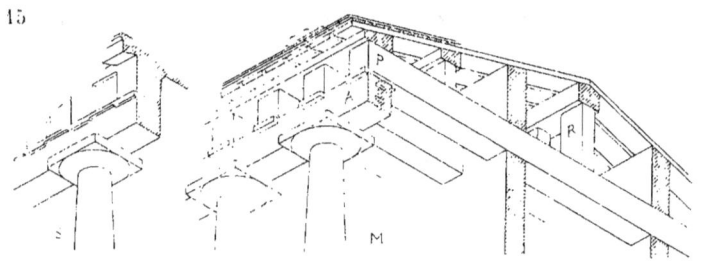

Suivant un usage conservé en Étrurie jusqu'à l'époque de Vitruve, le poitrail A qui franchit l'intervalle des colonnes se compose de deux poutres jumelles.

Ces poutres, il convient de les séparer l'une de l'autre pour éviter l'échauffement du bois, et d'ailleurs il est nécessaire de les relier ensemble :

L'isolement s'obtient par des cales interposées entre les deux poutres ; et la liaison, par des demi-moises munies de clavettes de serrage : c'est de point en point le procédé que nous avons reconnu dans la charpenterie lycienne (pag. 249).

Sur ce poitrail A reposent les poutres P : pièces aussi grosses que le poitrail lui-même, et dont la forte section s'explique par la grande profondeur des portiques des temples primitifs. Les pièces P ne sont pas seulement des poutres recevant le plafond, mais de véritables « entraits portants », ayant comme fonction principale de soutenir par l'intermédiaire de poinçons tels que R le poids du chevronnage.

L'infériorité de ce système par rapport au nôtre est palpable : l'entrait étant une poutre lourdement chargée en son milieu, le moindre comble exige un entrait énorme.

A l'arsenal du Pirée, où la galerie centrale n'a que 20 pieds, l'équarrissage de l'entrait est de 2 pieds $\frac{1}{4}$ sur 2 pieds $\frac{1}{2}$ ($0^m,67$ sur $0^m,75$) : comment se procurer, dans un pareil système, les bois nécessaires pour couvrir un temple tel que celui d'Agrigente, où la portée est presque double?

En fait, la difficulté devint dans plus d'un cas impossibilité : on sait par Strabon que le temple de Milet resta sans toiture « à cause de sa grandeur », c'est-à-dire faute de bois qui permissent de le couvrir.

La terminaison naturelle d'un comble à deux versants est une façade à fronton : un pignon dont les rampants suivent la pente de la toiture.

Pourtant les combles à pignons ne sont pas les seuls en usage : l'existence d'une croupe paraît nettement écrite (fig. 16)

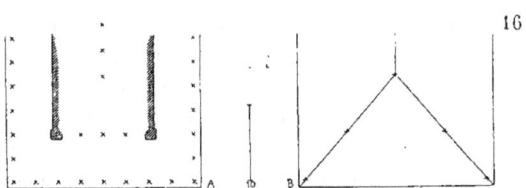

dans le plan même de l'édifice archaïque connu sous le nom de basilique de Pæstum.

Plafonds, ouvrages de menuiserie. — A l'arsenal du Pirée, la charpente du comble était apparente. Les inscriptions de l'Érechthéion établissent que, des deux cellas du temple, l'une avait un comble apparent, l'autre un plafond horizontal.

Ce plafond se composait (fig. 17) de poutres supportant des caissons à membrure de bois avec panneaux de remplissage en terre cuite.

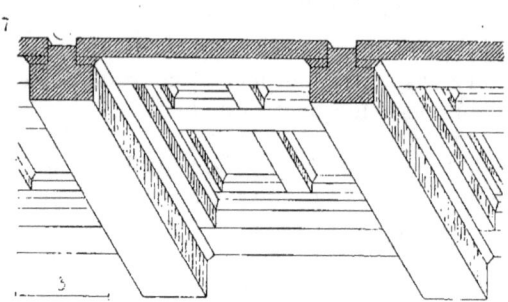

Les moulures n'étaient pas prises aux dépens des bois de la membrure, mais rapportées après coup : c'étaient tantôt des baguettes que l'on clouait dans les angles rentrants, tantôt des planchettes à rebord profilé que l'on posait sur la face supérieure des pièces de charpente.

C'est ce parti que traduisent en marbre les soffites des temples de Thésée, de Phigalie, de Rhamnus, etc. Et il ne sera pas sans intérêt de rapprocher ces dispositions grecques de l'arrangement étrusque reproduit pag. 254, fig. 11.

Comme exemples de menus ouvrages de charpente, nous citerons les vantaux à grands cadres imités en pierre dans les tombes de Pydna et conservés au musée du Louvre ; les portes simulées du tombeau dit de Théron à Agrigente, etc.

Couvertures. — La toiture est de terre cuite ou de marbre.

L'emploi du marbre suppose des moyens pratiques de débiter les blocs en dalles minces : l'émeri, qui abonde à Naxos, se prêtait au sciage ; l'invention des tuiles de marbre est attribuée à un Naxien et date de l'an 480.

Quelle que soit la matière, les dispositions essentielles sont les mêmes : De larges courants, et des tuiles courbes faisant recouvrement ; le tout porté sur une plate-forme à claire-voie.

CONSTRUCTION. 283

On trouvera pag. 279, en C les détails du plancher qui recevait les tuiles de terre cuite de l'arsenal du Pirée; en B ceux du grillage qui soutenait les tuiles de marbre de l'Érechtheion.

La fig. 18 reproduit les tuiles de marbre du temple de Rhamnus :

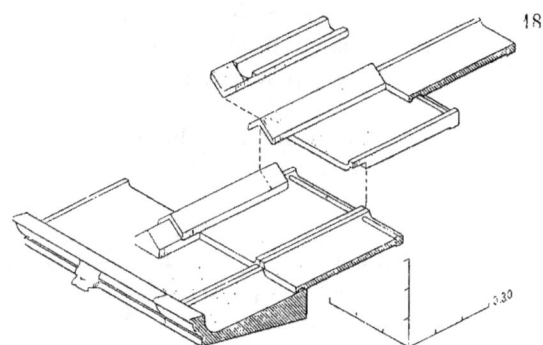

A l'inspection du dessin on se rend compte des précautions prises pour éviter le reflux des eaux sous l'action du vent, et même leur introduction par capillarité.

Au sommet du comble les deux versants sont raccordés par une rangée de tuiles de faîtage; et l'écoulement se fait, tantôt par une simple gouttière (Parthénon), tantôt (fig. 18) par un chéneau formé d'une série de cuvettes recevant les eaux d'un ou de deux cours de tuiles. Chaque cuvette a son orifice d'évacuation.

Les toits coniques paraissent revêtus de tuiles en forme d'écailles de poisson, dont les dimensions grandissent à mesure que le rayon augmente (indications du monument de Lysicrate).

MARCHE DES TRAVAUX.

Le temple inachevé de Ségeste se réduisait, au moment où les chantiers furent arrêtés, à sa colonnade extérieure : cette colonnade se dressait tout entière, alors que les murs de la cella n'étaient même pas entrepris.

Il y a là l'indice d'une marche qui fut généralement suivie :

A Égine, les procédés de levage ne ont pas les mêmes pour les pierres du portique et pour les pierres de la cella ; apparemment le changement de procédés marque une reprise, et on est autorisé à penser qu'ici comme à Ségeste, le portique fut bâti tout d'abord.

Au grand temple de Sélinonte, la différence des styles implique la succession des travaux : le temple fut commencé par sa façade principale.

Ces faits se résument en une idée fort naturelle : On exécutait en premier lieu les parties les plus apparentes, de manière à produire l'effet le plus rapidement possible.

Un autre détail, qui intéresse de plus près l'histoire des procédés, a trait à la marche des ravalements :

Toujours on les commençait par la partie supérieure ; les échafaudages, à mesure qu'ils s'abaissaient, laissaient au-dessus d'eux les parements non seulement taillés mais peints : on évitait en procédant ainsi tout risque de dégrader les parties achevées de la décoration.

Il est des temples où les seules parties ravalées sont l'entablement et les chapiteaux : les fûts des colonnes et les soubassements sont restés bruts ; dans d'autres enfin le soubassement seul est demeuré à l'état d'épannelage.

COMMENT LES ÉDIFICES GRECS ONT PÉRI.

Des édifices sans combinaisons de poussées et où l'on ne demande à la pierre qu'une faible partie de l'effort dont elle est capable, semblaient défier les siècles.

Quelques-uns ont résisté à des causes terribles de destruction : le Parthénon, à l'explosion d'une poudrière.

ÉLÉMENTS DÉCORATIFS.

La menace la plus redoutable était (pag. 276) celle des tremblements de terre :

Vainement les Grecs ont-ils essayé de lutter en cramponnant les pierres entre elles, la disposition même des colonnades était un danger. La grosse masse de l'entablement qui les couronne relevait le centre de gravité et rendait irrésistible l'effet d'une secousse du sol ; la plupart des temples grecs ont péri par les tremblements de terre. L'état de leurs ruines en témoigne : les colonnades de Sélinonte sont couchées sur leur flanc, de même que celles d'Olympie. Les temples tels que ceux de Pæstum qui n'ont eu à subir que l'effort du temps sont encore debout et n'ont rien perdu de leur solidité.

ÉLÉMENTS GÉNÉRAUX DE LA DÉCORATION.

A l'époque hellénique l'ornement, aussi bien que la construction, a pour caractère cette simplicité qui est la marque d'un art mûr, maître de ses moyens, sûr de ses effets.

Comme l'art mycénien, l'art grec (du moins à ses débuts) donne une large place aux ornements rapportés, aux revêtements.

Les Grecs font de la modénature une véritable science.

Enfin, et c'est là leur principal titre, ils créent ces ordonnances types de portiques qu'ils animent d'une vie personnelle et expressive et qui, sous le nom d'ordres, éveillent le sentiment d'un organisme harmonieux et pondéré, la plus haute manifestation de l'idée du beau qu'aucune architecture ait jamais réalisée.

REVÊTEMENTS DÉCORATIFS.

Revêtements émaillés. — L'usage de recouvrir la pierre d'une enveloppe de poterie paraît une tradition des temps où l'insuffisance de l'outillage rendait pénible la taille d'un parement régulier.

Cette pratique est en pleine vigueur à la fin du 7ᵉ siècle et au commencement du 6ᵉ.

Elle appartient surtout aux écoles de la Sicile et de l'Italie méridionale : les temples de Sélinonte et de Métaponte nous en offrent les principales applications; et il est à remarquer que les trésors archaïques d'Olympie où le procédé se retrouve appartiennent à des villes siciliennes : Himère, Géla.

Au 5ᵉ siècle, ces poteries architecturales se fabriquaient couramment à Corinthe; nous les voyons employées en bordure le long du toit qui abritait les murs d'Athènes, et c'est dans l'architecture de l'Étrurie que nous en apercevons les dernières traces.

La fig. 1 donne l'idée de la manière dont se disposaient ces revêtements :

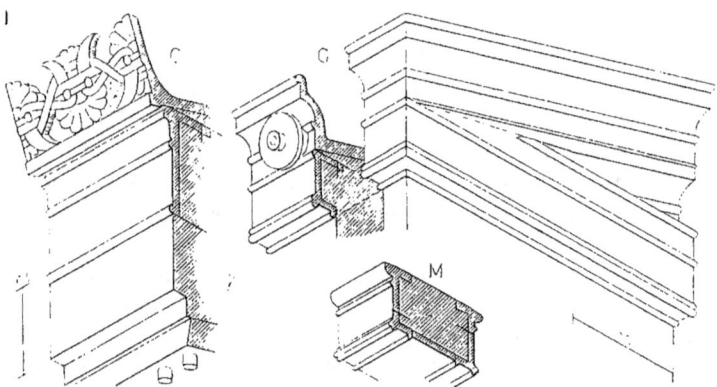

Le détail G est celui des revêtements du trésor de Géla : véritable coffrage de terre cuite cloué sur la pierre.

En C nous reproduisons le couronnement d'un des plus vieux temples de l'acropole de Sélinonte : des plaques émaillées forment un lambrissage sur l'assise qui termine la corniche, et le couronnement consiste en une crête dont le motif ornemental dérive de la palmette assyrienne; des ajours dissymétriques ménagés dans cette crête donnent issue aux eaux de la toiture.

A Métaponte il existait des couronnements de même style que ceux d'Olympie, et quelques fragments ont conservé les broches de cuivre qui les fixaient à la pierre.

Le calcaire de Métaponte était trop cassant pour servir à l'exécution de plafonds : au temple dit Chiesa di Sansone, les poutres des portiques étaient en bois et habillées de poteries peintes dont le profil est donné en M. Des inscriptions assyriennes ont trait à des poutres de bois revêtues de terre cuite : peut-être sommes-nous en présence d'une tradition asiatique.

Enduits. — Par un usage qui remonte aussi sans doute aux temps où les constructeurs reculaient devant la difficulté de dresser un parement, la pierre de taille, aux meilleures époques de l'art grec, est recouverte de stuc peint ; tout au plus laissait-on à nu le marbre : le beau travertin de Pæstum, aussi bien que les grossiers calcaires d'Agrigente, était voilé sous un enduit.

Habillage des charpentes. — La scie, qui n'est qu'une lame de métal denteclé, était connue dès l'époque mycénienne, et le débit du bois par planchettes était dès une haute antiquité une opération plus facile que la taille régulière de grosses pièces à l'aide de la hache de bronze. Aussi les anciennes charpentes dont les Doriens apportèrent en Grèce le principe, paraissent exécutées à l'aide de bois sommairement équarris et revêtus d'un coffrage décoratif.

Les combinaisons de la charpente nous ont donné les effets de masse de l'ordonnance et comme une première approximation des formes ; pour expliquer le détail il faut, croyons-nous, faire intervenir ce coffrage qui lui servait d'enveloppe.

La fig. 2 ci-après met en regard un entablement grec et la charpente habillée dont il paraît être la traduction.

Cette charpente, nous l'avons décrite pag. 280 ; rappelons-en ici les éléments :

Sur les piliers, un poitrail A, composé de deux pièces jumelles reliées, suivant le procédé lycien, à l'aide de traverses moisantes M. Sur ce poitrail, les poutres du portique P; puis les sablières S et les chevrons C.

Telle est l'ossature. Voici comment on peut concevoir le revêtement décoratif :

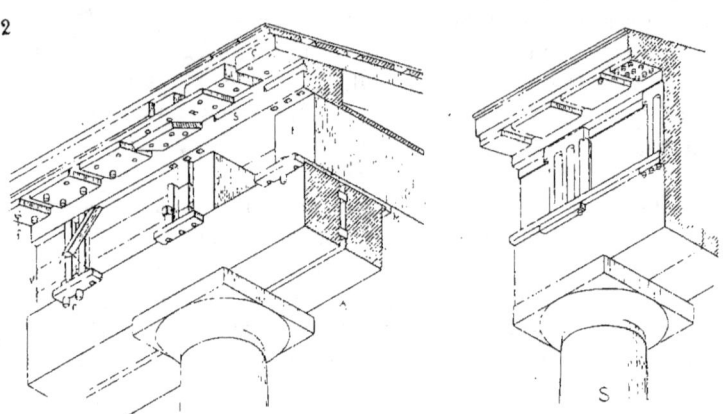

La zone qui correspond aux têtes des poutres P est lambrissée à l'aide de planches V, retenues par des tringles verticales t qui, d'un bout, s'engagent dans la sablière, de l'autre sont arrêtées par des chevilles c : les planches V forment un panneau dont les tringles t sont les traverses, et les chevilles c agissent par serrage.

A leur tour les abouts des chevrons sont emboîtés dans un coffrage en planches, et les planches qui plafonnent (R) sont maintenues au moyen de couvre-joints et de chevilles f.

Rien de plus facile à exécuter que ce coffrage, rien ne répond mieux à l'esprit d'une architecture où domine l'idée de décoration par applique.

LES ORNEMENTS DÉRIVÉS DE L'APPAREIL.

Dès qu'on fut à même de tailler correctement la pierre, il

ÉLÉMENTS DÉCORATIFS. 289

semble qu'on ait dû songer à faire servir comme ornements les lignes de l'appareil en les accentuant par des refends. En réalité, les refends ne furent admis que fort tard comme éléments décoratifs. Dans l'origine (pag. 275) ils n'étaient que des entailles directrices destinées à disparaître lors du ravalement : il n'existe guère de murs antérieurs au 5ᵉ siècle où l'appareil soit accusé ; aux Propylées (vers 440) on n'aperçoit de refends que dans les parties demeurées à l'état d'ébauche.

Peu à peu, l'œil s'accoutumant à ces formes provisoires, on s'avisa de les reproduire dans les constructions définitives : vers 330, au monument de Lysicrate, les refends apparaissent à titre d'ornement. Ils ne bordent encore que les lignes de lits ; à l'époque macédonienne, nous les trouvons fréquemment et sur les lignes de lits et sur les lignes de joints.

Ces ciselures formant refends s'arrêtent quelquefois avant d'avoir atteint l'angle de la pierre ; en d'autres termes, il arrive qu'on réserve à l'extrémité du refend (pag. 273, fig. 6) une petite masse R en forme de dé : cette réserve à son tour est mise à profit ; si bien que, dans les monuments de l'époque macédonienne, il n'est pas rare de voir le dé R non seulement ménagé, mais sculpté en doucine (même fig., détail S).

Nous avons dit (pag. 275) qu'on préparait avant la pose la cannelure des colonnes par des amorces taillées tant à la naissance du fût qu'à son sommet : à Rhamnus, ces amorces deviennent si bien un élément décoratif, qu'on a sauvé par un profil leur raccord avec la partie lisse. C'est ainsi que l'art grec des récentes époques accepte comme motif d'ornement ce qui dans l'architecture archaïque n'était qu'une forme transitoire : ses dernières productions se modèlent sur l'ébauche des premières.

MODÉNATURE.

Les architectures primitives, celles de l'Égypte, de l'Assyrie et de la Grèce mycénienne, n'ont connu qu'une modénature rudimentaire : la corniche en gorge des Égyptiens, le chapiteau bulbeux des Assyriens. Le chapiteau mycénien (pag. 234), avec ses anneaux étagés, ses accompagnements de doucines et de congés qui détachent la moulure principale du tailloir qui la surmonte et du fût qu'elle termine, peut être regardé comme le plus ingénieux essai qui ait été tenté avant l'époque hellénique pour utiliser les ombres et les reflets dans l'ornement architectural : la modénature proprement dite est essentiellement grecque.

Le choix des moulures suivant leur fonction et leur éclairage. — Le choix des moulures est réglé avant tout sur leur rôle utile : une moulure ornant l'extérieur d'un édifice doit autant que possible écarter les eaux pluviales du parement et se profiler en coupe-larme ; les moulures situées sous les parties plafonnantes doivent faire corbeaux.

Mais ces considérations d'ordre purement matériel sont loin de fixer d'une façon complète l'allure du profil ; et ici intervient l'analyse des jeux de la lumière.

Les effets sont fort différents selon que la lumière est directe ou diffuse, en d'autres termes selon que la moulure est frappée par le soleil, plongée sous l'ombre d'une saillie ou baignée des lueurs vagues d'un intérieur ; bornons-nous (fig. 3) à quelques exemples simples :

Un biseau occupant la position A se dessine en noir à l'exté-

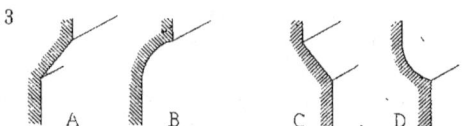

rieur, en clair dans la lumière diffuse ; retourné (C), il s'enlève avec éclat sur une façade, sous un portique il se détache à peine. Le cavet B donne à la lumière directe une ombre vigoureuse et transparente ; dans un intérieur, une teinte blanchâtre et molle. Ainsi des autres profils.

ÉLÉMENTS DÉCORATIFS.

Les Grecs ont analysé tous ces effets : lorsqu'un cavet se trouve dans la lumière diffuse, presque toujours ils lui ôtent sa mollesse par des stries vigoureuses ; les moulures exposées au grand jour sont arrondies, les moulures en pénombre anguleuses et heurtées.

Influence de l'épannelage. — Pour assurer une exécution correcte sans dépense inutile de pierre, les Grecs s'astreignent à circonscrire les moulures dans un prisme d'épannelage dont les faces sont autant que possible utilisées : éviter les abatages coûteux et les refouillements inutiles est leur constante préoccupation.

La fig. 4 montre comment les moulures de la corniche du Parthénon s'inscrivent dans leur solide d'épannelage. Les faces du bloc rectangulaire M fournissent immédiatement le filet F, le plan de lit P et l'arrête L : la taille définitive se réduit à des évidements insignifiants, indiqués par une teinte de hachures.

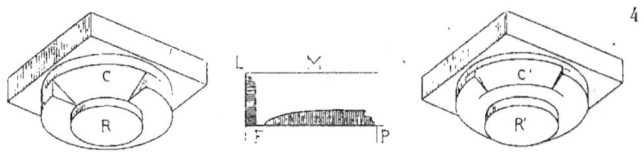

Autre exemple : Le profil d'une échine dorique est tracé en vue d'une exécution par épannelages extrêmement simples ; les croquis R et R' montrent les états successifs du travail. Les opérations sont les suivantes :

Un premier épannelage cylindrique ;
Un épannelage conique C ;
Un second épannelage conique C' ;

Après quoi l'achèvement de l'échine n'est plus qu'un ravalement au gabarit sans difficulté d'aucun genre.

Influence de la matière. — Jamais une moulure de pierre tendre n'est tracée comme une moulure de marbre : les dessins qui accompagnent cette étude de l'art grec fourniront une vérification continuelle de cette influence de la matière mise en œuvre.

Que l'on compare les profils si sobrement fouillés d'Agrigente avec les profils si fins, si profondément élégis du Parthénon : au premier coup d'œil on distinguera, ici des moulures taillées dans une pierre sans consistance, là des moulures prises dans la matière dure et résistante du marbre.

Les profils suivant les ordres et les époques. — Le caractère expressif des moulures varie à son tour suivant l'ordre d'architecture auquel elles appartiennent : l'architecture dorique a des expressions mâles et rudes, l'ionique des formes plus élégantes et moins vigoureusement accentuées.

Cette différence d'expression ressortira de la comparaison

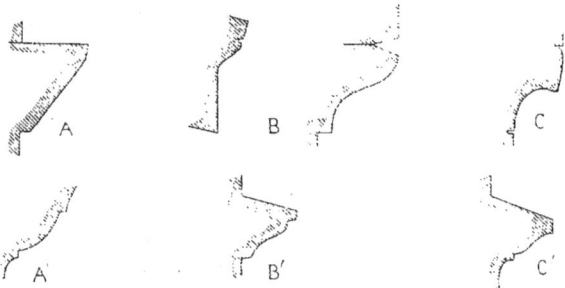

des profils que nous rapprochons fig. 5 : en A, B, C, le quart de rond, le talon et le bec-de-corbin doriques; en A′, B′, C′, le quart de rond, le talon et la doucine ioniques.

Vient enfin l'influence des époques : les profils archaïques sont d'un contour plus large, les profils du 5ᵉ siècle moins étoffés et déjà tendus; le 3ᵉ siècle arrive dans l'ordre dorique à la raideur, dans l'ordre ionique à la mollesse.

Il suffira pour se rendre compte de cette transformation de passer en revue les suites de figures où nous mettrons en

ÉLÉMENTS DÉCORATIFS.   293

regard, soit des chapiteaux, soit des entablements appartenant aux divers âges de l'art grec.

LA SCULPTURE DÉCORATIVE ET LA PEINTURE ARCHITECTURALE.

L'ornement courant. — Souvent les profils ioniques sont rehaussés de sculptures, les profils doriques ne le sont presque jamais : on se contentait de les peindre. A peine apercevons-nous quelques ornements sculptés aux gorgerins des chapiteaux de la basilique de Pæstum et sur des chapiteaux d'antes archaïques : en général la modénature dorique reste lisse.

Pour les moulures ioniques, les ornements usuels sont (fig. 6) l'ove B et le rais de cœur C : ce dernier est spécial aux profils à inflexion.

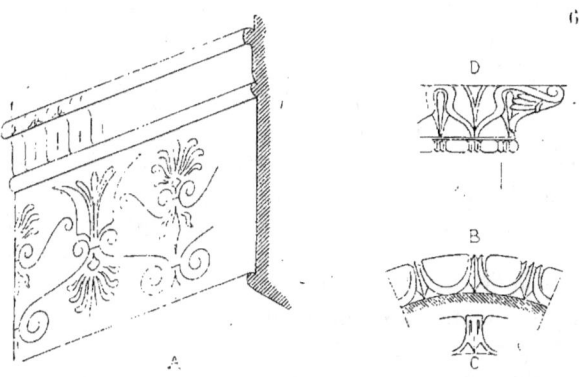

Sur les champs de l'architecture, les dessins courants se ramènent presque sans exception à deux motifs principaux, communs d'ailleurs à toute l'antiquité classique, la palmette et la rosace.

Le détail A (fig. 6), emprunté à un chéneau peint de Sélinonte, caractérise le style de ces décors : une composition à linéaments légers, fortement découpée, que l'œil suit sans effort; c'est le style même de ces admirables dessins de bordures qui ornent les vases grecs.

Le bas-relief et la statuaire. — La sculpture figurée s'associe intimement à l'architecture. Par une tradition qui remonte aux temps où l'outillage ne permettait pas d'entamer profondément la pierre, la sculpture architecturale des premières époques n'est presque qu'une gravure champlevée ; peu à peu les masses se dégagent, le modelé se développe, la statuaire proprement dite achève de se constituer ; et voici d'après quel esprit les Grecs lui font sa place :

Recourir à des figures pour décorer les parties essentielles d'un édifice serait une faute : l'attention se fixerait sur la statuaire et le spectateur saisirait moins nettement la structure qu'on ne doit jamais voiler. Une architrave, un linteau, un pilier ne sont point des champs appropriés au développement de représentations symboliques, ce sont des organes : aux membres actifs on donne des formes en rapport avec leur rôle, et l'on réserve les bas-reliefs pour les espaces où leur présence ne cache ou ne complique aucune des données essentielles de la construction. On consacre à la statuaire les panneaux ou métopes des frises, les tympans des frontons. Nous ne connaissons parmi les monuments grecs qu'un exemple d'architrave historiée ; il appartient au temple archaïque d'Assos : la grande époque n'admet point ce mélange d'expressions empruntées à la construction et à l'art figuré. Un signe de supériorité chez les êtres vivants réside dans la division des fonctions : de même pour l'art grec, à mesure qu'on approche de la perfection, les fonctions se localisent.

Les sculpteurs des premières époques paraissent avoir tenu peu de compte des circonstances de l'éclairage dans le rendu de leurs figures : même au temple de Thésée qui date du commencement du 5e siècle, les bas-reliefs situés sous les portiques ne présentent pas une facture différente de celle des métopes extérieures. Au Parthénon, nous voyons appliquer à la sculpture figurée cette distinction que nous venons d'indiquer pour la modénature : les moulures intérieures, comparées à celles de l'extérieur, ont une sorte de sécheresse voulue ; ainsi des représentations sculptées. Les figures des frontons et des métopes sont en ronde bosse ; au contraire, celles de la frise qui se développe sous les portiques sont en bas-relief à saillies extrêmement légères, à brusques arêtes accrochant la lumière diffuse : une gravure à peine modelée.

La peinture architecturale. — Ainsi que l'a prouvé Hittorff, les monuments grecs étaient peints.

Nous avons vu les architectes de l'âge mycénien employer les incrustations de marbres veinés et de porphyres.

Cette polychromie de marbre tombe en désuétude à l'époque hellénique ; tout au plus trouvons-nous dans les inscriptions d'Épidaure la mention de combinaisons où le marbre noir intervient ; à l'Érechtheion une frise et aux Propylées une rangée de marches faites de marbre noir.

D'une manière générale, les Grecs évitent ces tons rompus que la nature donne aux marbres ; ils aiment la simplicité des effets, et cherchent dans de pures oppositions de couleurs des contrastes plus francs.

La couleur joue un double rôle dans leur architecture : appliquée sur les reliefs, elle les accentue, appliquée sur les fonds, elle éteint les ombres portées dont la violence et l'irrégularité compliquent l'effet des lignes ; les colorations des reliefs sont vives et vibrantes, celles des fonds se réduisent à des tons sourds où le contour des ombres s'efface.

La loi des contrastes est observée avec une sûreté remarquable, presque toujours les couleurs qui se juxtaposent sont complémentaires : au bleu on oppose le rouge de minium, au vert un rouge plus éclatant.

D'un ordre à l'autre, l'harmonie de la coloration diffère : heurtée dans le cas du dorique, à oppositions calmes dans le cas de l'ionique.

A son tour, l'influence de l'époque est sensible dans la décoration peinte comme elle l'est dans l'ornement sculpté :

Les couleurs de l'époque archaïque sont, pour les grandes surfaces, le blanc, l'ocre clair, le rouge et le bleu; pour les détails, le vert, le bleu, le jaune franc et le noir.

Généralement le tympan des frontons, sur lequel doivent s'éteindre les ombres des statues, est d'un bleu profond; le mur de fond de la cella garde à l'époque archaïque un ton de pierre : les architectes de la belle époque, pour effacer les ombres portées des colonnes, ont admis un fond rouge sombre. Sous le bec-de-corbin des vieilles corniches doriques, on distingue souvent des folioles lancéolées rappelant celles de la gorge égyptienne, alternativement rouges et vertes, avec contours redessinés d'un trait noir; les panneaux des plafonds étaient bleus.

Le 5ᵉ siècle est l'époque de l'architecture de marbre : on s'est demandé si le marbre lui-même était recouvert de peinture. Il l'était sans nul doute à l'endroit des métopes, des triglyphes et des frises; d'une manière générale il restait à nu, et des touches de couleur discrètement réparties se détachaient sur sa blancheur diaphane.

Aux décorations sur fond de marbre le 5ᵉ siècle ajoute des rehauts d'or dont les chauds reflets scintillent dans la transparence des ombres. Les attributs de la frise des Panathénées étaient de métal doré; les marbres de l'Érechthéion étaient incrustés d'émaux et d'or. Il exista des temples où, suivant le témoignage de Pline, des filets d'or s'enchâssaient entre les joints des pierres.

Les sarcophages de Sidon présentent une polychromie à tons plus clairs, à contrastes moins violents; et vers l'époque macédonienne, on sent dans la peinture architecturale le goût qui préside à la légère enluminure des figurines de Tanagre. Le rouge et le bleu, sobrement appliqués, seront presque les seules couleurs des monuments ioniques de Priène, d'Éphèse et d'Halicarnasse. Mais à toutes les époques la couleur intervient; les statues mêmes sont peintes : les Grecs ne conçoivent point la forme sans lui associer la couleur.

Nous avons remarqué (pag. 294) que, dans les ordonnances grecques, les sculptures se localisent sur les parties accessoires de la construction :

Là aussi se localisent les couleurs.

Il ressort des observations de M. L. Magne qu'au Parthénon le marbre des colonnes et des architraves ne porte aucune trace de décor peint ; que, dans les temples en calcaire poreux, l'enduit des architraves et des colonnes est à ton de pierre : à ces membres agissants de la construction les Grecs assignent non seulement une forme empruntée à leur rôle, mais une teinte qui rappelle la solide matière dont ils sont faits.

Que l'œuvre décorative soit une statue, un ornement en relief ou une peinture, le détail en est traité avec un soin, une recherche qui nous surprend : les colosses du Parthénon et du temple d'Olympie étaient couverts de ciselures ; au Parthénon les dessous des corniches étaient ornés de rinceaux si déliés que l'œil avait peine à en discerner le dessin.

L'intention paraît évidente :

Supposez un dessin plus large et plus lisible, l'effet va se partager entre les grandes masses et les ornements secondaires, l'unité sera rompue. Au contraire, dans l'œuvre grecque l'accompagnement s'efface tout d'abord et ne se révèle qu'au regard qui le cherche : les Grecs laissent à l'impression première toute sa franchise et réservent à l'analyse la découverte d'un monde d'accessoires qui éveillent l'idée du fini et de la perfection ; en agissant ainsi ils montrent un sentiment aussi juste que délicat de la subordination qu'il convient d'établir entre les masses et les détails : des masses simples qui s'imposent à la vue, des détails qui se dérobent au premier coup d'œil.

L'ORDRE DORIQUE.

Sous les climats méridionaux où l'on recherche l'ombre et le plein air, le portique est le principal élément de l'architecture :

Un temple grec a presque invariablement pour façade un portique sur colonnes ; les édifices civils, marchés, lieux d'assemblées, sont entourés de portiques : au besoin ils se réduisent à ces abris où l'on vient discuter les affaires publiques et chercher l'ombre aux heures brûlantes du jour. C'est sur les dispositions du portique que les Grecs concentrent leurs efforts : ils les ramènent à deux ordonnances types dont nous avons déjà marqué les caractères : l'ordre dorique, mâle, trapu, d'une sévère rudesse ; l'ordre ionique, riche, élégant et léger. Dès le 6ᵉ siècle, peut-être dès le 7ᵉ, ces deux types paraissent constitués, et le travail de plusieurs générations tendra sans cesse à les rendre plus voisins de la perfection. Ainsi procède le génie grec : moins soucieux du nouveau que du mieux, il reporte vers l'épuration des formes l'activité que d'autres dépensent en innovations souvent stériles, jusqu'à ce qu'enfin il atteigne l'exquise mesure dans les effets et, dans les expressions, l'absolue justesse.

L'ordre où ces hautes qualités trouvent leur manifestation la plus complète est le dorique : nous le décrirons d'abord à son état d'entière formation, pour retracer ensuite la marche qu'il a suivie dans ses progrès et son déclin.

CARACTÈRES DE L'ORDRE DORIQUE. ORIGINE DE SES FORMES.

Les éléments. — La fig. 1 montre les éléments caractéristiques de l'ordre : le chapiteau et l'entablement, avec les formes qu'ils présentent aux meilleures époques.

La colonne est dépourvue de base ; son fût conique s'amincit non plus vers le bas comme le fût mycénien, mais vers le haut ainsi que la stabilité l'exige. La surface de ce fût est ornée de cannelures, et le chapiteau qui le couronne est d'un tracé purement géométrique : une échine surmontée d'un tailloir carré dont la forte saillie éveille l'idée d'un encorbellement ménagé pour réduire la portée de l'architrave.

ORDRE DORIQUE.

L'architrave, presque toujours lisse, ne reçoit pas directement la corniche : elle en est séparée par la frise, membre exclusivement propre à l'architecture grecque, et qui se compose de dés striés verticalement, reliés entre eux par des panneaux sculptés ou peints. Les dés sont les triglyphes, et les panneaux de remplissage les métopes.

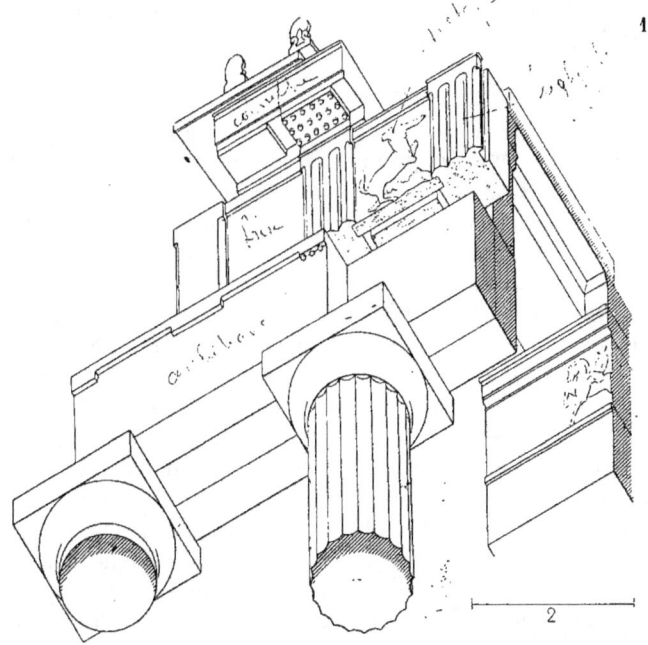

La corniche qui termine cette ordonnance est profilée en revers d'eau et présente sous sa face inférieure des renforts saillants ou mutules ornées de gouttes. Intérieurement le portique est abrité par un plafond à caissons, situé au niveau de la corniche.

Les origines. — On a cru voir le rudiment du chapiteau dorique dans les ordonnances mycéniennes (pag. 234) où se distinguent l'abaque et le tore qui l'accompagne ; on a cherché le modèle de l'entablement et de la colonne dans les portiques égyptiens de Beni-Hassan (pag. 40) où se dessine le fût cannelé et comme une esquisse de l'entablement à mutules. Ces rencontres assez vagues peuvent être fortuites ; en tout cas, à supposer qu'elles dénotent une filiation, elles ne font que déplacer la question d'origine :

De quelle donnée initiale dérivent les formes générales de l'ordre?

Deux théories ont été émises :

La plus ancienne explique l'ordre dorique par l'imitation d'un système de bâtisse en bois. C'est cette théorie que nous avons exposée par anticipation (pag. 280) en traitant des charpentes grecques.

La colonne serait l'image d'un poteau de charpente : le tronc effilé de l'arbre, avec les facettes que donne le travail à la hache, aurait fourni le modèle du fût conique et cannelé; on reconnaîtrait dans le chapiteau à tailloir un sommier préparé pour recevoir les poutres. L'architrave serait le poitrail de pierre substitué au poitrail de bois des temples primitifs. Les triglyphes rappelleraient les têtes des poutres du plafond, ou plutôt (pag. 288) le revêtement décoratif qu'on leur appliquait; les mutules, les abouts des chevrons ou mieux encore l'habillage en planches de la gouttière. Si exacte était la conformité entre les vieux temples de bois et les temples de pierre bâtis à leur image, qu'on put, dans le temple de Junon d'Olympie, substituer aux poteaux de bois des colonnes de pierre sans changer l'aspect général de l'édifice.

Cette théorie, qui a pour elle l'autorité de Vitruve, a été acceptée sans conteste jusqu'à nos jours.

Vers 1820, Hübsch protesta contre elle au nom des principes de l'art : L'ordre dorique, ce chef-d'œuvre de la construction en pierre, serait-il la copie en pierre d'un modèle de bois, et les Grecs auraient-ils dérogé dans la plus admirable de leurs créations à cette loi de vérité qui devrait être la règle suprême? Sans chercher l'explication des formes dans de pures traditions, ne pourrait-on la trouver dans les exigences mêmes de l'art de bâtir?

On la trouve en effet :

La colonne, avec son fort empattement, présente le profil qui convient à un support de pierre; l'architrave est un linteau, la corniche un coupe-larme.

Reste la frise : on peut l'expliquer comme une murette légère permettant d'élever le niveau de la corniche sans exagérer la hauteur des colonnes.

A la rigueur tout l'ensemble se conçoit dans l'un ou dans l'autre système.

Heureusement, les deux hypothèses sont loin d'être inconciliables.

S'il est vrai (pag. 279) que dans la charpente grecque les poutres de bois agissent à la façon de plates-bandes de pierre; s'il est vrai que les charpentes grecques soient, suivant une expression que j'emprunte à M. Dieulafoy, « des maçonneries de bois », rien d'étonnant à ce qu'on puisse faire dériver à volonté les formes, soit de la maçonnerie, soit de la charpente.

Mais l'analogie avec la bâtisse de bois s'étend à des détails où la simple structure paraît insuffisante à tout expliquer : la justification de la frise est le point faible de la théorie nouvelle; les mutules se comprennent mal. Autant vaut reconnaître ici un de ces phénomènes de permanence si fréquents dans l'histoire du langage et de la vie organique elle-même : un type qui survit aux fonctions qui l'ont originairement justifié. Trop de logique est dangereux sur un terrain où il s'agit de données librement interprétées et d'une explication qui a pour elle l'autorité des Grecs.

Une dernière objection contre la théorie qui rapporte les formes doriques aux seules convenances de la construction d'appareil, c'est la constance presque absolue des formes comparée à l'extrême diversité de l'appareil : cette diversité même montre que les Grecs ont tâché de réaliser, comme ils ont pu, un type traditionnel à l'aide d'agencements de pierres dont ils se souciaient peu et qu'un enduit de stuc devait après tout rendre invisibles. Les appareils les plus primitifs, ceux qui, suivant la théorie de Hübsch, devraient être le mieux en harmonie avec la forme, sont précisément ceux où la forme est le plus profondément en désaccord avec l'appareil : les vieux temples présentent des coupes de pierre tout à fait condamnables.

Voici (fig. 2) quelques-unes de ces anomalies :

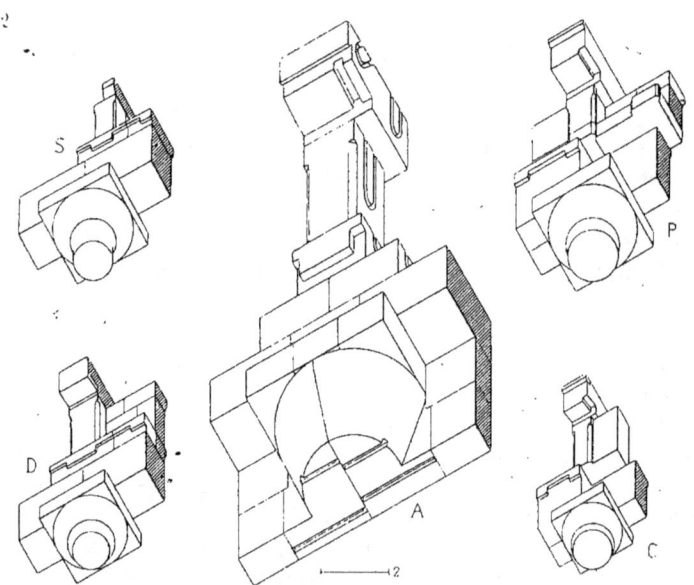

Au grand temple de Pæstum (P), l'appareilleur a, sans scrupule, subdivisé la frise en deux assises : métopes et triglyphes sont traversés par un plan de lit.

A ce même temple de Pæstum et dans trois des temples

d'Agrigente (temples dits de la Concorde, d'Hercule et de Castor) les triglyphes font corps avec les métopes (croquis C), et les joints de la corniche tombent au hasard, souvent au milieu d'une mutule.

Au temple S de Sélinonte, l'architrave de l'ordre intérieur, poutre à section sensiblement carrée, est faite de deux assises : un plan de lit la coupe horizontalement (croquis S). En bonne construction, il y a là une faute manifeste : des pierres qui travaillent à la flexion doivent se présenter sur leur champ et non sur leur plat.

Et la faute se répète dans la plupart des monuments archaïques : on la retrouve à Sélinonte dans le temple D (croquis D); au portique intérieur du grand Temple (temple T d'Hittorff); elle existe à la basilique de Pæstum, au temple dit Tavola de' Paladini de Métaponte...

Au temple des Géants d'Agrigente, la faute s'aggrave encore. L'échelle est si colossale et la pierre si médiocre, qu'on renonce à poser d'une colonne à l'autre une véritable plate-bande : l'architrave est fractionnée non plus par un plan de lit, mais par deux (détail A). Non seulement elle ne porte pas, mais il faut la porter. De là cette cloison qui l'étaie pour ainsi dire. Réaliser l'aspect des ordres à l'aide de matériaux trop petits pour l'échelle, voilà l'origine de l'ordonnance à colonnes engagées d'Agrigente.

Il serait aisé de multiplier les exemples de ces fautes d'appareil; tous ramèneraient à cette conclusion : A l'époque d'archaïsme l'ordre dorique se présente comme une forme construite et non comme une combinaison de structure imprimant ses exigences à la forme.

Il était réservé à la grande époque grecque de faire cesser ces discordances, et ce fut là le progrès qui s'accomplit au 5ᵉ siècle. Le temple de Thésée et le Parthénon ne reproduisent, au point de vue de la structure, aucune de ces incorrections :

l'architrave (pag. 299, fig. 1) est un faisceau de dalles de champ juxtaposées; dans la frise l'appareil respecte la distinction des triglyphes qui sont des blocs massifs, et des métopes qui se réduisent à des dalles de remplissage.

Quelques détails pourraient prêter encore à la critique; ainsi les mutules du Parthénon, celles du temple de Thésée sont taillées sans autre préoccupation que celle d'économiser le plus possible la matière : en moyenne, la structure est devenue vraie.

Comme conclusion, la forme a été le point de départ; et la structure, loin de lui avoir imposé ses exigences, ne s'est mise que lentement en harmonie avec elle : ce fut l'honneur du siècle de Périclès de réaliser cette concordance, qui du reste ne lui survécut guère.

LES TRANSFORMATIONS D'ENSEMBLE DE L'ORDRE DORIQUE.

DONNÉES CHRONOLOGIQUES.

Pendant la période des débuts, et même pendant la période d'éclat de l'art grec, nous n'avons pour apprécier les modifications chronologiques de l'ordre dorique qu'un petit nombre d'exemples authentiquement datés, mais par bonheur ces repères se répartissent sur le cours des deux siècles qui embrassent le développement et pour ainsi dire la vie de l'ordre.

Au 6ᵉ siècle remontent les débris de l'ancienne acropole d'Athènes détruite par les Perses en l'an 480 et dont les fragments prennent ainsi date certaine.

Pour le 5ᵉ siècle nous avons : le temple d'Olympie, construit vers 475 par l'architecte Libon; vers 450, le Parthénon et les Propylées de Périclès; vers 425, le temple de Phigalie, qui eut pour architecte Ictinus, l'auteur même du Parthénon; le temple de Ségeste, interrompu par l'invasion carthaginoise de l'an 410.

Le grand temple de Sélinonte nous fournit deux dates : une probable, celle de sa fondation ; une assurée, celle de la cessation des travaux. Les travaux paraissent avoir été suspendus une première fois par une invasion carthaginoise survenue vers les premières années du 5ᵉ siècle, ce fut l'invasion de l'an 410 qui y mit fin : les anciennes parties seraient antérieures à la première invasion ; les plus récentes, à la seconde.

Pendant les trois derniers siècles avant notre ère, les monuments datés se multiplient. Bornons-nous à citer, pour l'époque macédonienne, le Philippeum d'Olympie ; pour l'époque romaine, les édifices de Pompei, tous antérieurs à l'éruption de l'an 79 qui les ensevelit.

Voilà les principaux points de repère : ces monuments de date authentique trouveront leur place dans la série des figures qui accompagnent cette notice de l'art grec, nous y renvoyons par avance.

En comparant les styles, on saisit une loi de transformation si continue, une marche d'idées si logique, qu'on se sent autorisé à dater par interpolation les édifices intermédiaires sur lesquels l'histoire est muette. Dans d'autres architectures nous trouverons des écoles arriérées qui ont leur chronologie à part ; ici, rien de semblable : le mouvement paraît le même et dans la métropole et dans les plus lointaines colonies. Telle est la fréquence des relations entre les membres de la famille hellénique, que tout progrès accompli sur un point du monde grec appartient aussitôt au fonds commun de l'hellénisme : c'est un pas franchi pour l'art.

Une pratique significative montre combien est inflexible cette influence de l'époque sur les styles : c'est l'habitude de restaurer les temples non point d'après leur style original, mais suivant le goût nouveau.

Nous venons de citer les deux époques du grand temple de Sélinonte. De l'une à l'autre le style change ; et la fig. 3 S ci-contre permettra d'apprécier la différence :

Sur les façades de la première époque les colonnes avaient l'aspect effilé A; sans se préoccuper du contraste les architectes de la deuxième époque achèvent les colonnades à l'aide de fûts B à peine amincis.

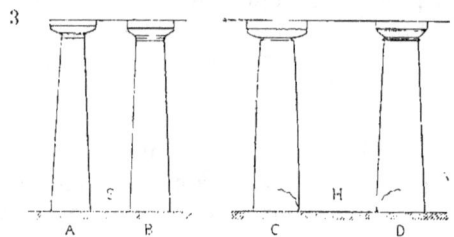

Nous avons dit (pag. 300) qu'au temple de Junon d'Olympie les poteaux, à mesure qu'ils pourrissaient, furent remplacés par des colonnes de pierre : chacune de ces colonnes présente le caractère qui répond à sa date. Nous rapprochons en C et D deux colonnes choisies parmi les plus dissemblables : on a compté dans la colonnade jusqu'à huit modèles différents. Jamais le Grec ne se soumet à des types surannés, jamais il ne songe à transformer suivant le goût de son temps le monument qu'il restaure : le moyen âge seul professera avec cette franchise le respect du passé et la foi au progrès.

PHYSIONOMIE DE L'ORDRE AUX PRINCIPALES ÉPOQUES.

L'indice chronologique le plus net est la proportion générale : toute œuvre grecque porte dans sa proportion le sceau de sa date.

Les dessins comparatifs fig. 4 rendent sensible le changement de proportion qui s'accomplit du 6ᵉ siècle au 5ᵉ; ils rapprochent, en les ramenant à la même hauteur totale, un ordre du 6ᵉ siècle, Pæstum (A), et un ordre du milieu du 5ᵉ, le Parthénon (B):

Le plus ancien se distingue par un excès de force, une certaine lourdeur; le plus récent, par une grâce élégante.

Et si l'on dépasse le 5⁰ siècle pour traverser la période macédonienne et descendre jusqu'à la domination romaine, on voit

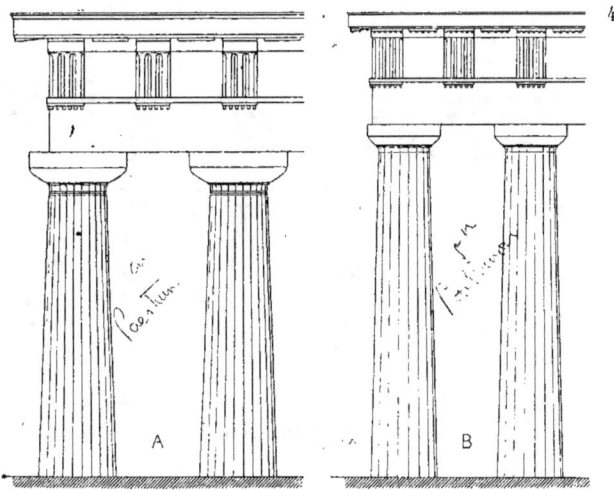

la tendance à la légèreté s'exagérer au point de donner les

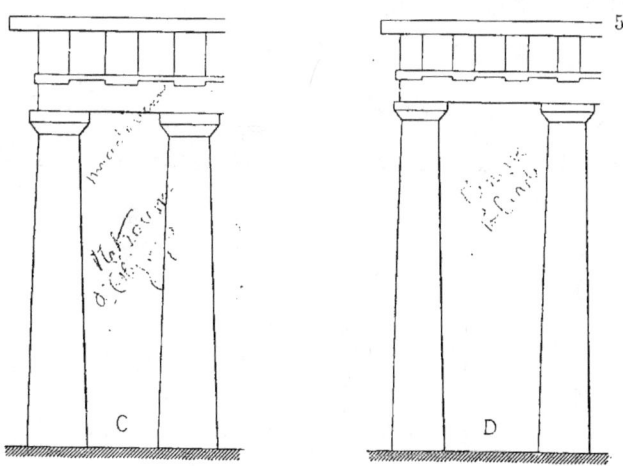

proportions fig. 5 (C, Metroum d'Olympie; D, Minerve Poliade de Pergame).

Afin d'accentuer davantage ce changement de physionomie, nous mettons en regard quelques frontispices doriques.

6

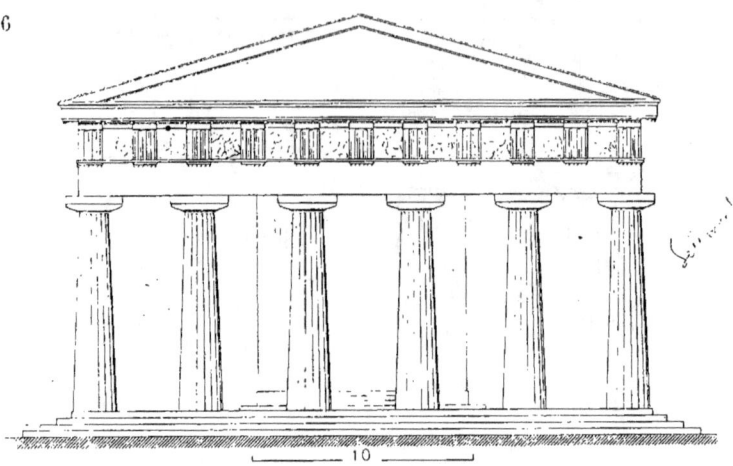

La fig. 6 répond à l'âge archaïque (temple S de Sélinonte) : un ordre écrasé, à fût démesurément conique, à chapiteau évasé, à lourd entablement.

7

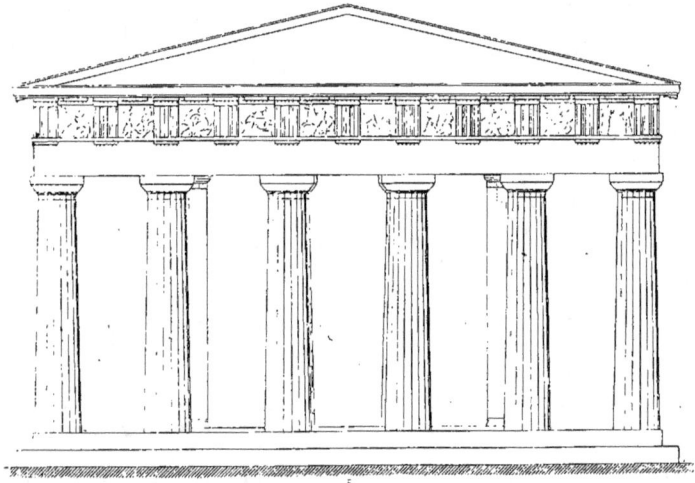

Dans l'application fig. 7 (temple dit de Thésée), l'ordre s'est dégagé des exagérations de l'archaïsme, on touche à l'instant de la perfection.

La fig. 8 montre l'ordre à la meilleure époque de l'art grec : la façade qu'elle représente est celle du Parthénon. A peine le style se distingue-t-il de celui du temple de Thésée : l'art aux approches de son point culminant n'admet que des variations presque insensibles; mais cette fois l'absolue justesse est

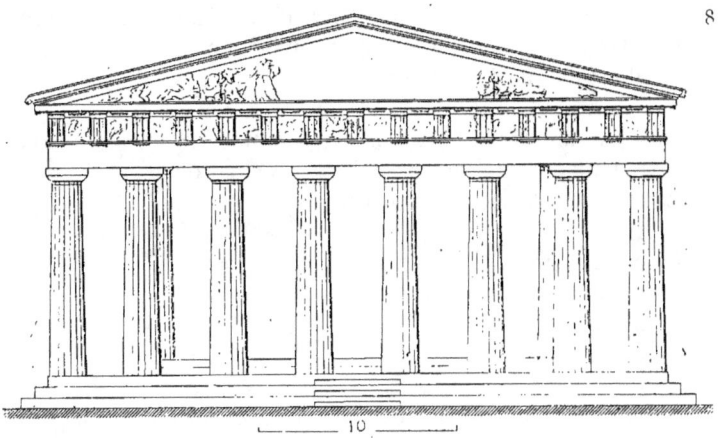

8

atteinte, l'impression dominante est celle de la mesure, du calme et de la distinction. Tels sont, autant du moins qu'un chef-d'œuvre puisse résumer une époque, les caractères de l'architecture au siècle de Périclès, alors que les artistes avaient nom Phidias, Ictinus, Callicrate, Mnésiclès.

L'art grec débute par un excès de force et s'approche de son idéal par un progrès continu, non point par une série d'oscillations qui franchissent le but pour revenir en arrière. Les Grecs sentent le danger de dépasser la limite d'élégance vers laquelle ils tendent : ils mettent un siècle à s'en approcher; et la marche de l'architecture de Pisistrate à Périclès n'est autre chose que la gradation d'un art qui, sans se départir jamais de la gravité imposante de son premier âge, se dépouille peu à peu, par un travail prudent et méthodique, de sa rudesse native. On dirait un être vivant qui passe sans à-coup de l'enfance à la jeunesse, pour arriver enfin par une pente inévitable à une décadence qui elle-même a son éclat.

ANALYSE DES MEMBRES DE L'ORDRE. LEURS TRANSFORMATIONS INDIVIDUELLES.

Nous n'avons jusqu'ici considéré que l'ensemble de l'ordre, nous entrons dans le détail pour envisager un à un les éléments du portique.

Nous examinerons les membres à commencer par le soubassement pour nous élever de proche en proche.
Nous aurons à passer en revue :

Les colonnades extérieures,
Les colonnades intérieures,
Les murs,
Les plafonds.

Comme dans l'histoire générale de l'ordre, dans l'histoire individuelle des membres les époques seront marquées par de simples nuances, mais de ces nuances qui mettent entre une œuvre et une autre la distance des essais à la perfection : le 6e siècle, l'âge des Pisistratides, nous offrira les formes à l'état d'ébauche déjà savante; le 5e, le siècle de Périclès, nous présentera l'œuvre achevée. Avec le 4e siècle, c'est-à-dire avec l'époque d'Alexandre, commenceront les raffinements de l'élégance.

SOUBASSEMENTS.

L'ordre repose sur un empattement à forte saillie, fait d'assises en retraite qui règnent au pourtour de l'édifice.

Au 6e siècle, ces assises de soubassement sont de véritables marches dont la hauteur est réglée, quelle que soit la dimension du temple, par cette seule condition qu'on puisse les gravir sans effort (fig. 9, croquis S).

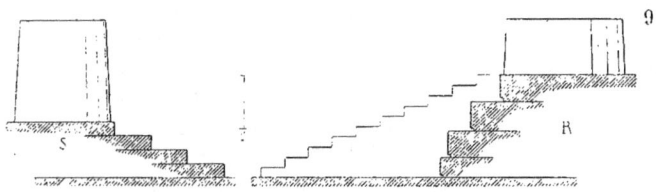

Peu à peu, l'idée de leur rôle utile s'oublie et ces gradins, cessant d'être des marches, deviennent (R) des assises de substruction dont la hauteur se subordonne exclusivement à la grandeur de l'édifice : on renonce à les régler sur la taille humaine pour les proportionner à l'importance des temples; si bien qu'au 5ᵉ siècle on en vient à intercaler entre les degrés du soubassement de petites marches pour rendre possible l'accès des portiques.

Nous avons décrit (pag. 289) cette singulière transformation qui convertit en ornements les ciselures d'ébauche : c'est dans les soubassements que la transition est le plus visible. Les soubassements archaïques, lorsqu'ils sont ravalés, ont leurs parements plans et ne gardent aucune trace des ciselures directrices qui ont servi à les dresser; au 5ᵉ siècle, presque partout ces ciselures sont converties en ornements; les bossages mêmes qui n'étaient que des appuis pour serrer à joint les blocs, sont conservés de parti pris; toutes les pierres gardent l'aspect que la taille préparatoire donnait aux matériaux des vieux temples.

BASE.

La base, cette plate-forme circulaire que nous avons observée au pied de la plupart des colonnes égyptiennes, n'existe dans l'ordre dorique qu'à titre tout à fait exceptionnel : le 5ᵉ siècle n'en a laissé que deux applications : l'ordre intérieur de la cella d'Éleusis, et l'ordre du temple des Géants à Agrigente (fig. 10); et, dans les deux cas, la base se réduit à un disque faisant à peine saillie sur le nu du fût.

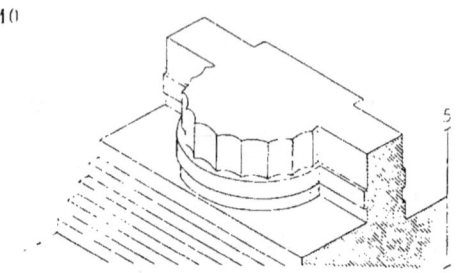

10

La base profilée n'apparaît qu'à l'époque macédonienne et résulte probablement d'une imitation de l'ordre ionique qui est alors en pleine faveur. La base existe à Kourno (Péloponèse); au 1ᵉʳ siècle avant notre ère on la retrouve à Cora. L'ordre dorique de Vitruve est dépourvu de base : telle est la règle. Le fût s'élance brusquement.

FUT.

Appareil. — Les fûts les plus anciens sont monolithes. C'est le cas des colonnes du vieux temple de Syracuse; à Sélinonte le temple C, construit en partie avec les débris d'un édifice antérieur, a sur une de ses faces des colonnes monolithes, restes probables du temple qu'il remplace.

On ne se décide que peu à peu à construire les fûts par tambours; en renonçant aux fûts monolithes, on s'attache à réduire autant que possible le fractionnement : les colonnes du temple C qui ne sont pas d'une seule pierre se subdivisent au plus en quatre ou cinq tronçons.

Au 6ᵉ siècle, ces tronçons ont leurs lits entièrement dressés; au 5ᵉ siècle, en même temps que l'appareil par tambours se généralise, on commence à démaigrir les lits : nous donnons fig. 11 A, la vue d'un secteur de colonne provenant du Parthénon : les tambours ne portent que par leur centre et par leurs bords.

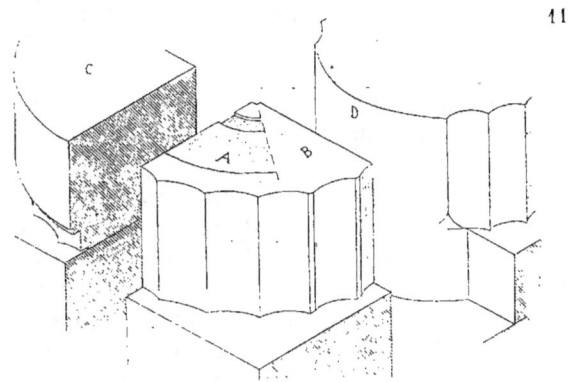

Profil. — Les fig. 4 et 5 pag. 307 ont permis d'apprécier le rétrécissement du fût aux principales époques ; les limites entre lesquelles ce rétrécissement varie du 6e siècle au 5e, peuvent se chiffrer ainsi : Pour les colonnes où la conicité est le plus accentuée, l'inclinaison des arêtes sur la verticale ne dépasse guère $0^m,03$ par mètre ; au 5e siècle elle se réduit sensiblement à $0^m,02$.

Il est rare d'ailleurs que le fût soit un tronc de cône exact : à peine peut-on citer le grand temple de Pæstum et l'ordre des propylées de Sunium où les arêtes soient des lignes droites : partout ailleurs, les arêtes présentent une légère convexité ou « galbe ».

A l'époque archaïque, ce galbe se manifeste avec une véritable exagération ; mais jamais il n'est assez prononcé pour se traduire par un renflement : le diamètre décroît d'une façon inégalement rapide, mais décroît du pied du fût à son sommet ; il faut descendre à l'époque romaine pour rencontrer des colonnes où le diamètre grandisse pour diminuer ensuite.

Cannelures. — La période archaïque nous offre des exemples de fûts à 24, 20 et 16 cannelures : 24 au grand temple de

Pæstum, 16 au vieux temple de Syracuse; en moyenne, le nombre 20 tend à prévaloir. A partir du 5ᵉ siècle, sauf de très rares exceptions telles que le temple de Sunium où les fûts ont 16 cannelures, le chiffre 20 est définitivement adopté.

La section des cannelures doriques est en arc de cercle très aplati, quelquefois modifié en vue de mieux détacher l'arête.

En règle générale, l'arête est vive (fig. 11 A); les arêtes mousses telles que B sont exceptionnelles, et toujours elles correspondent aux parties des édifices les plus sujettes aux dégradations. Les plans fig. 12 montrent comment les deux sortes de cannelures se répartissent aux temples S et T de Sélinonte : les colonnes à cannelures mousses sont indiquées par des croix. Ce sont précisément celles que le passage de la foule expose le plus aux chocs. A la basilique de Pæstum, dont

nous avons donné le plan pag. 281, la colonnade qui marque l'axe de l'édifice se termine à chaque extrémité par un fût conforme au détail D fig. 11 : lisse sur toute la partie antérieure, cannelé sur le reste de son pourtour.

Rappelons enfin les colonnes du type C, où la cannelure n'est qu'amorcée : ce sont (pag. 289) celles des temples archaïques inachevés; leur forme, née d'un artifice de chantier, n'apparaît comme forme voulue qu'au cours du 5ᵉ siècle.

CHAPITEAU.

Le chapiteau joue le rôle constructif de sous-poutre et, au point de vue décoratif, le rôle d'une transition entre la section circulaire du fût et les lignes droites de l'entablement.

Il se compose de deux membres : un tailloir faisant sous-poutre ; une échine faisant raccord.

Le relief du chapiteau aux diverses époques. — Nous reproduisons ci-contre avec tous leurs détails quelques chapiteaux types rangés par ordre chronologique : pour mieux faire sentir les modifications générales de leur profil, envisageons-le d'abord à l'état de simple épannelage.

La série fig. 13 permet d'apprécier, indépendamment de tout détail accessoire, l'effet de masse aux principales époques.

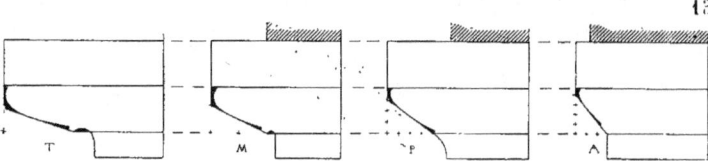
13

L'épannelage T provient du temple archaïque élevé sur les ruines préhelléniques de Tirynthe : l'échine s'inscrit dans un cône extrêmement ouvert. L'état de mutilation des fragments ne permet pas de donner un chiffre d'inclinaison précis ; au temple de Tarente, qui appartient à cet âge de l'art, l'ouverture du cône-enveloppe est au moins de 3 de base pour 1 de hauteur. Au temple de Métaponte dit Chiesa di Sansone (M), l'inclinaison du cône d'épannelage n'est plus que de 1 de hauteur pour 2 de base. Au grand temple de Pæstum (P), l'ouverture du cône d'épannelage se réduit encore, elle correspond à la diagonale du triangle égyptien : 3 de hauteur pour 4 de base. Au temple des Géants d'Agrigente, le même triangle définit le cône d'épannelage, mais cette fois c'est le grand côté qui se place verticalement : l'inclinaison des génératrices est à 4 de hauteur pour 3 de base. Le Parthénon, à peu près contemporain du temple des Géants, présente à son ordre extérieur l'inclinaison $\frac{4}{5}$, et à son ordre intérieur A l'inclinaison $\frac{1}{3}$: on oscille autour de la pente à 45° et l'on tend à la dépasser ; le temple de Thésée marque la transition : la pente y est exactement de 1 pour 1.

Profil. — Le profil de l'« échine » est en courbe sensiblement parabolique. Cette courbe, d'abord très accentuée (fig. 14),

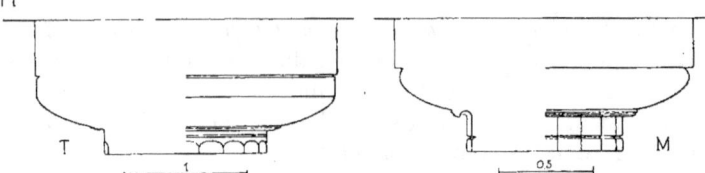

prend dans les monuments du 5ᵉ siècle une allure plus tendue : elle se raidit suivant des tracés tels que A et B (fig. 15), pour dégénérer, vers l'époque macédonienne, en une ligne à peu près droite C.

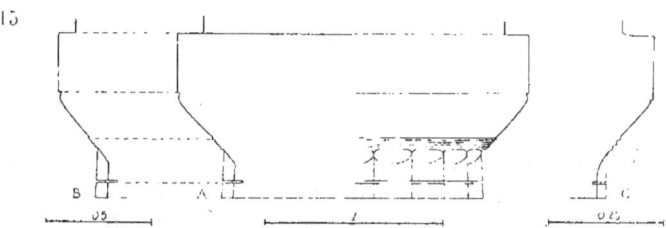

Les profils T et M (fig. 14) proviennent de Tarente et de Métaponte; A et B (fig. 15), du Parthénon; C, du propylée de Palatitza.

L'architecte semble obéir à un sentiment instinctif des formes qui conviendraient à des solides d'égale résistance : les premiers tracés sont ceux que la théorie indique dans l'hypothèse d'un corbeau portant une charge concentrée à son extrémité; en raidissant la courbure on se rapproche de l'hypothèse où la charge se répartirait sur la saillie entière.

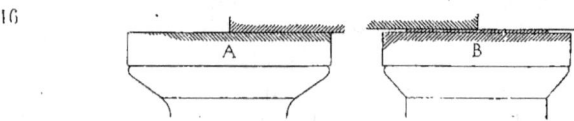

En fait, les monuments archaïques sont les seuls où le tailloir porte réellement (fig. 16, croquis A). Craignant de le voir se

ORDRE DORIQUE.

briser, on arrive à l'isoler de l'architrave par un vide (B) : cet oubli du rôle réel se manifeste dès l'époque du Parthénon.

Les détails : gorgerin, annelets. — Au début, l'échine est accompagnée d'un « gorgerin » G (fig. 17) : ce refouillement,

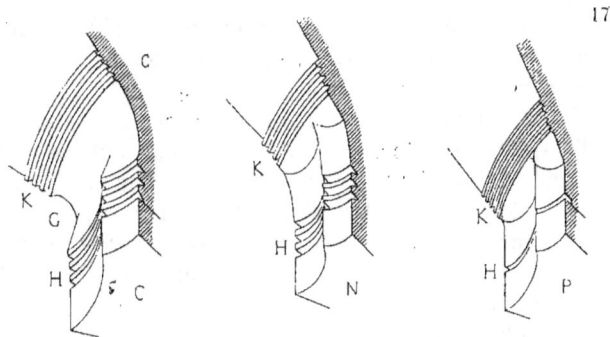

situé à la naissance de la saillie portante, lui ôte de sa force; de plus, la lumière se diffuse dans cette cavité sans accuser à l'œil un profil net; à la basilique de Pæstum, dans les trois colonnes centrales, l'effet du gorgerin est relevé par quelques ornements sculptés. Au 5ᵉ siècle il n'en reste plus de trace.

Tant que le gorgerin existe, les cannelures se terminent soit en s'arrêtant avant de l'atteindre (fig. 14 T), soit en se perdant dans sa courbure (fig. 14 M, fig. 17 C). Dès qu'il est abandonné, les cannelures se prolongent (fig. 17 N et P) jusqu'à la rencontre avec le cône d'épannelage de l'échine : ce mode nouveau de terminaison apparaît à Corinthe, se répète à Pæstum et, à partir du 5ᵉ siècle, il est seul en usage.

Des stries circulaires K, des « annelets » marquent la naissance de l'échine; d'autres stries H terminent le fût et le séparent du chapiteau. Toutes, étant destinées à être vues dans l'ombre, présentent des arêtes vives, heurtées. Les annelets K sont d'un profil à peu près invariable; mais dans le tracé des filets H, on sent quelque indécision. Le 6ᵉ siècle admet les deux variétés C et N fig. 17. Le 5ᵉ siècle adopte le parti plus franc indiqué en P : un trait de scie, indiquant où

318   ARCHITECTURE GRECQUE.

s'arrête le fût, où le chapiteau commence. Cette simple coupure délimite le chapiteau au temple de Thésée et dans les édifices doriques de l'Acropole.

ARCHITRAVE.

Matériaux et appareil. — L'architrave, le poitrail qui porte les membres supérieurs de l'entablement, était de bois dans les temples primitifs :

L'Héréon d'Olympie conservait, sur ses colonnes de pierre, sa vieille architrave de charpente; et l'espacement des colonnes correspondait à la large portée que peut franchir une poutre.

Près de Corfou, à Cadacchio, existe un temple remanié à l'époque romaine mais dont les dispositions paraissent très anciennes; là encore l'intervalle des colonnes paraît s'expliquer sinon par la présence, du moins par le souvenir d'un entablement semblable à celui d'Olympie : les temples primitifs avaient des architraves à grandes portées, parce que la matière de ces architraves était le bois.

Survient, vers le 6ᵉ siècle, le changement des matériaux : une poutre de pierre prend la place du poitrail en charpente. Alors, brusquement, la portée de l'architrave se réduit et,

comme il arrive presque toujours lors des réactions, d'un excès on passe à l'excès opposé : aux larges espacements de l'Héréon succèdent des portées si restreintes, que les tailloirs des chapiteaux se touchent presque (vieux temple de Syracuse, Tarente..). Puis les espacements grandissent jusqu'à ce que l'exacte mesure soit atteinte. Les exemples fig. 18 montrent les portées successivement admises du 6º siècle au milieu du 5º : A et B, basilique et grand temple de Pæstum; C, grand temple d'Agrigente.

L'architrave est en un seul bloc dans les constructions du 6º siècle (temples de Sélinonte, de Métaponte, etc.). Au 5º on tend, au double avantage de la sécurité et de l'économie (pag. 270), à remplacer le bloc unique par deux ou trois dalles de champ accolées l'une à l'autre : les architraves du temple de Thésée sont formées de deux dalles de champ; celles du Parthénon, de trois.

Aux bonnes époques, l'architrave présente la hauteur qui convient à une poutre réellement agissante; peu à peu on perd de vue sa fonction et, visant à la légèreté, on amincit la poutre à ce point qu'il devient impossible de la tailler dans un bloc distinct du reste de l'entablement : à Cora et dans les monuments de Pompei, l'architrave fait corps avec la frise.

Formes. — Si l'on se reporte aux diagrammes tracés pag. 315 pour caractériser les reliefs successifs du chapiteau, on remarquera qu'au 6º siècle l'architrave a généralement son parement à l'aplomb même du sommet du fût (fig. 13 M et P); puis on voit le parement de l'architrave surplomber d'une façon progressive (fig. 13 A, fig. 15 A et C).

A Métaponte, le surplomb se pressent à peine; à Pæstum il n'existe point encore; au Parthénon il devient très accusé; et si l'on envisage les exemples de dates intermédiaires, tels que le temple de Thésée, celui d'Égine, etc., on constate, sauf de légères fluctuations, une tendance à exagérer ce surplomb de l'architrave, qui seul justifie la saillie antérieure du tailloir.

Un édifice du 6º siècle dont le Louvre possède des fragments, le temple d'Assos présentait des figures d'animaux sculptées en bas-relief sur les parements des architraves : cet ornement avait le tort de voiler le rôle constructif de l'architrave ; l'exemple d'Assos ne fit pas école. L'architrave est une poutre agissante, on lui laisse son caractère bien net, bien évident de poutre ; sa décoration se réduit (voir pag. 299, fig. 1), à un bandeau de couronnement, un listel qui, à l'endroit des triglyphes, s'épaissit formant comme un cul-de-lampe sous lequel règne une rangée de gouttes. A la basilique de Pæstum, les gouttes ont été omises.

FRISE.

On ne connaît pas d'exemples de l'ordre dorique dépourvu de frise : il dut exister ; et la raison de le croire, c'est que l'ordre dit étrusque ou toscan, dérivé évident d'un type dorique archaïque, ne comporte point de frise.

L'entablement toscan se réduit, comme l'entablement ionique architravé ou comme l'entablement égyptien de Beni-Hassan (pag. 40), à une architrave directement surmontée d'une corniche.

Peut-être serait-on en droit de considérer comme un souvenir du dorique primitif l'ordonnance simplifiée que nous décrirons (pag. 328) à propos des colonnades intérieures des temples.

En attendant qu'une découverte établisse d'une façon plus positive l'existence du dorique « architravé », tenons-nous au type canonique :

La frise interposée entre l'architrave et la corniche est constituée par une alternance de triglyphes formant ou simulant une ossature, et de métopes faisant office de remplissages.

Appareil de la frise. — Nous avons indiqué pag. 302 les anomalies que l'appareil de la frise présente aux époques d'archaïsme. Au 5ᵉ siècle ces anomalies cessent, et l'appareil qui prévaut est celui que détaille la fig. 1 (pag. 299) :

Les triglyphes et les métopes constituent le parement ; une simple murette fait contre-parement. Au Parthénon, le parement et le contre-parement sont séparés par un intervalle : le noyau de la frise est vide.

Les triglyphes sont des pillettes ou des monolithes; et les métopes, des dalles minces. Les triglyphes portent sur leur flanc des rainures verticales où les métopes se glissent à coulisse :
Le tout donne une construction légère, chargeant peu l'architrave.

Et il est à remarquer que cet appareil rationnel, étranger à l'architecture du 6ᵉ siècle, se trouvait appliqué dès l'époque mycénienne (pag. 236) à des frises dont la ressemblance avec la frise dorique n'est peut-être pas fortuite.

Répartition des triglyphes et des métopes. — Aux bonnes époques, l'usage est de n'avoir entre deux colonnes qu'un triglyphe : pourtant, au vieux temple de Syracuse, le surcroît de largeur que présente la travée centrale fait présumer que cette travée était à deux triglyphes; et au 5ᵉ siècle la travée centrale des Propylées nous offre (fig. 19) un exemple authentique d'entre-colonnement de ce genre.

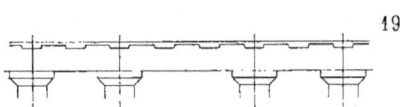
19

L'époque macédonienne, exagérant la portée des entre-colonnements, emploie d'une manière courante deux triglyphes par travée (Messène, Pergame).
L'époque romaine en admet jusqu'à trois (Cora, etc.).

Il est d'ailleurs de règle absolue aux belles époques de marquer par des triglyphes les angles des façades; et si l'on se reporte (pag. 305 et 309) aux dessins d'ensemble que nous avons donnés des façades grecques, on verra que l'axe des triglyphes extrêmes ne correspond nulle part à l'axe des colonnes d'angles : il y a là une irrégularité qui préoccupa fort les architectes de l'époque romaine et sur laquelle nous aurons à revenir.

Détail des triglyphes. — La rangée des triglyphes qui constituent l'ossature de la frise, se présente comme une petite ordonnance de pilastres, ornés de stries verticales, de « canaux » rappelant la cannelure même des fûts.

Ces canaux sont au nombre de trois : deux sur la face, et deux demi-canaux aux rives.

Le profil normal de la cannelure est un angle rentrant (fig. 20, coupe N).

A Métaponte, dans les fragments du temple dit Chiesa di Sansone, on observe la variante M.

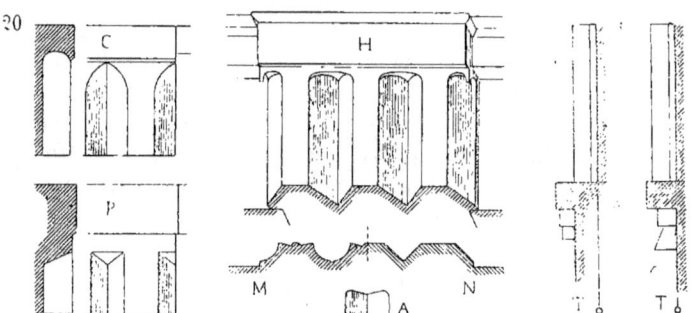

La façon d'arrêter les canaux à leur sommet, se modifie suivant l'époque. Au temple de Pæstum, la terminaison est en demi-cercle; au temple C de Sélinonte, en ogive; au 5° siècle, en courbe très aplatie (H ou A); à l'époque macédonienne, en ligne droite (P).

Pour détacher l'amortissement des canaux, les architectes du 5° siècle ont soin de l'accentuer, autant que la dureté de la pierre le permet, par un refouillement qui se dessine en clair sous l'ombre de la corniche. Aux temps de décadence, cet usage tombe en désuétude, et l'on se contente (P) d'un arrêt plan.

Jusqu'au 4ᵉ siècle, les triglyphes ont leur parement à l'aplomb du nu de l'architrave : les métopes font retraite (fig. 20, section T′).

Les métopes à l'aplomb de l'architrave avec triglyphes en saillie (même fig., variante T) ne se rencontrent pas avant l'époque macédonienne.

L'époque romaine applique concurremment les deux dispositions (triglyphes sans saillie : Pompei; triglyphes saillants : Cora, théâtre de Marcellus, etc.).

Les métopes. — On doit admettre sur la foi d'Euripide qu'il exista des temples où la place des métopes était vide : apparemment il s'agit de ces temples primitifs où les poutres en bois du portique n'auraient pas eu leurs abouts voilés par un coffrage (pag. 288).

Dans les temples de pierre, les métopes étaient des champs tout indiqués pour les représentations figurées : chaque métope formait un tableau. Les métopes sculptées se rencontrent dès les débuts de l'art grec : celles du temple C de Sélinonte, œuvres encore presque barbares, sont des fragments remployés d'un des plus anciens temples dont les débris soient parvenus jusqu'à nous.

CORNICHE.

En décrivant l'ensemble de l'ordre, nous avons signalé le caractère de coupe-larme de la corniche : la forme est éminemment rationnelle, et pourtant étrangère à toutes les architectures antérieures. Ni les Égyptiens ni les Assyriens n'avaient connu le profil en revers d'eau.

La fig. 21 montre deux exemples de corniches appartenant, l'un au temps de formation, l'autre au 5ᵉ siècle : on distingue sous la saillie du larmier les mutules qui rompent l'uniformité de cette surface plafonnante. Les mutules se répartissent à raison d'une par triglyphe, une par métope. Leur face inférieure est ornée de gouttes, quelquefois rapportées par incrustation (grand temple de Pæstum).

Ces gouttes, très heureusement appropriées à leur position dans l'ombre, se disposent (P) sur trois rangées parallèles comprenant six gouttes chacune. Il existe (D) des temples

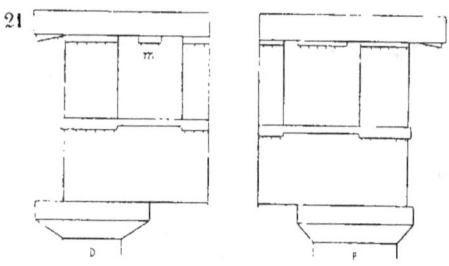

archaïques, tels que le temple D de Sélinonte, où la mutule *m* qui correspond à la métope est remplacée par une demi-mutule comprenant trois rangées de trois gouttes seulement.

Les moulures de la corniche sont, au fond, les mêmes à toutes les époques : mais, à mesure que l'art se développe, on sent un effort pour redessiner par des arêtes plus vives les parties noyées dans l'ombre (comparer, fig. 22, les tracés S et P : temple S de Sélinonte, et Parthénon).

Il faut aussi tenir compte des matériaux mis en œuvre. L'introduction du marbre dans les temples athéniens du 5e siècle suggéra les profils hardis de la belle époque; et l'époque pompéienne, profitant des ressources de la modénature sur enduit, poussa aux limites du possible ces artifices de refouillement qui permettent d'animer les ombres. L'exemple F (fig. 22) provient de Pompei.

Assise terminale, gouttière, chéneau. — Au-dessus de la corniche proprement dite, quelques temples archaïques possèdent une assise de couronnement revêtue de terres cuites émaillées. Les cours de tuiles forment gouttière par-dessus cette assise

ORDRE DORIQUE.   325

et se découpent en festons. Nous avons donné, pag. 286, un exemple emprunté au temple C de Sélinonte.

Au 5ᵉ siècle cette assise additionnelle cesse d'être en usage, et la corniche se termine (pag. 283) soit par un chéneau à gargouilles en têtes de lions, soit, en l'absence de chéneau, par un coupe-larme surmonté de palmettes (pag. 299, fig. 1). Une autre file de palmettes orne le sommet du comble.

Le chéneau, aux époques archaïques, présente un parement vertical (temple S, fig. 22 S). A Métaponte, le profil du chéneau est un talon; au Parthénon, un quart de rond. Le chéneau en doucine paraît réservé à l'ordre ionique.

FRONTON.

La pente du fronton est celle de la toiture; et celle-ci est réglée par cette double condition, que les eaux s'égouttent et que les tuiles ne glissent pas. Cette pente varie peu, elle ne saurait guère varier : elle est en moyenne de 1 de hauteur pour 4 de base; plus raide dans les anciens édifices, légèrement atténuée au temple d'Éleusis qui avait douze colonnes de front.

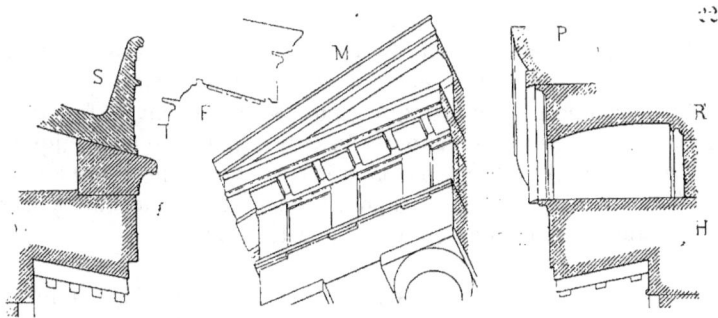

La corniche rampante du fronton (fig. 22 M) diffère de la corniche horizontale par l'absence de mutules : c'est un simple revers d'eau abritant, lorsque la statuaire s'associe à l'architecture, les figures du fronton.

La décoration du fronton par la statuaire remonte, comme la sculpture des métopes, aux premiers temps de l'art grec : les fouilles de l'Acropole ont mis au jour un tympan historié aussi vieux peut-être que les métopes du temple C de Sélinonte.

Ce tympan archaïque d'Athènes était un simple bas-relief : les Grecs du 5e siècle abordent la sculpture en ronde bosse ; et, pour donner plus de place aux statues, ordinairement ils établissent en retraite le parement du fronton.

Lorsqu'il existe des statues, la corniche régnant à la base du fronton leur sert de support : les Grecs tiennent compte de cette circonstance. Hittorff a formulé la règle suivante :

Dans les frontons à statues, le larmier horizontal H, non compris la moulure qui le couronne, est égal en hauteur au larmier rampant R y compris la moulure de couronnement.

COLONNADES INTÉRIEURES. ACCESSOIRES DE L'ORDRE.

Les dispositions que nous venons de décrire sont celles des ordonnances extérieures.

Les ordres intérieurs ont avec elles des traits communs, mais ils ne sauraient en être l'exacte reproduction :

La corniche extérieure, qui accuse si nettement sa fonction de revers d'eau, serait un non-sens sous le plafond d'un portique.

Puis la lumière n'est pas la même : la pénombre qui baigne une ordonnance intérieure impose à ses profils un accent à part.

Ce sont ces nuances qu'il nous reste à analyser.

Les colonnes. — Vitruve conseille, pour rendre les colonnes intérieures moins encombrantes, de les tenir plus grêles que celles des ordonnances extérieures. L'époque archaïque déroge quelquefois à cette règle (temple C de Sélinonte), mais le 5e siècle ne la méconnait jamais : au Parthénon les colonnes situées sous les portiques sont de proportion plus élancée, et se terminent (pag. 315) par des chapiteaux dont le cône d'épannelage est moins ouvert.

Entre les exemples helléniques et les préceptes de Vitruve, le désaccord ne porte que sur la manière de canneler le fût.

Vitruve recommande de multiplier les cannelures sur les fûts minces des intérieurs, et cela en vue de dissimuler leur minceur ;

Les anciens Grecs faisaient juste l'inverse :

Tandis que le nombre de cannelures admis à l'extérieur est 20, il n'est pas rare que sous les portiques ce nombre se réduise à 16.

C'est le cas de l'ordre sous portique du temple S de Sélinonte.

C'est aussi le cas des colonnades intérieures du grand Temple.

L'entablement. — Sous les portiques, jamais les Grecs n'ont commis la faute de disposer la corniche en coupe-larme : ils la tracent exclusivement en vue des jeux de la lumière. La fig. 23 montre les profils qui, dans les ordres intérieurs, surmontent la frise et remplacent la corniche en revers d'eau.

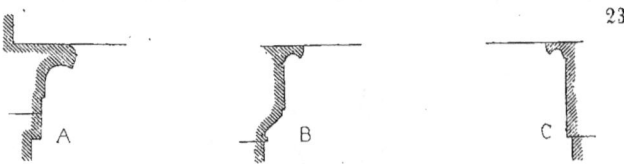

Le motif dominant est cette moulure heurtée en « bec-de-corbin » dont nous avons reconnu l'appropriation à la lumière diffuse. Les temples archaïques admettent le bec-de-corbin A dans toute sa brusquerie ; au Parthénon (B et C) les expressions s'adoucissent, mais le contour anguleux subsiste.

En somme l'entablement sous portique conserve ses trois membres, architrave, frise et corniche. C'est seulement dans les petits ordres de la cella des temples que les simplifications apparaissent : ici la frise est supprimée, et il ne reste que l'architrave E, tout au plus (P) l'architrave surmontée d'une tablette profilée. L'exemple E provient d'Égine; P, de Pæstum.

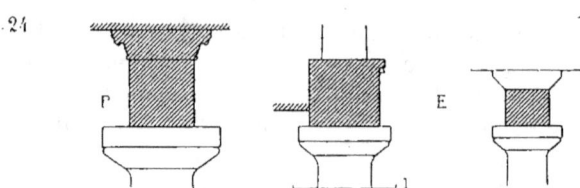

Les murs. — Des piliers isolés exigent, pour présenter une stabilité égale à celle d'un mur continu, un empattement plus fort : aussi le fruit, le talus du mur est toujours beaucoup moindre que celui des colonnes; souvent même il est nul.

La première assise forme socle; la seconde fait soubassement et occupe (pag. 269) une hauteur égale à celle de deux ou trois assises courantes. Le surplus du mur, dans les temples antérieurs au 4e siècle, est entièrement lisse, sans refends.

Les têtes de murs ou antes. — L'aspect des pilastres ou antes qui constituent les têtes des murs, demeure longtemps indécis.

Il existe au temple D de Sélinonte des antes en forme de colonnes engagées (fig. 25 D); à la basilique de Pæstum, des antes où le fruit et le galbe sont ceux d'un fût de colonne.

Au grand temple de Sélinonte, sous le vieux portique, l'ante T se présente comme un pilastre à section carrée.

ORDRE DORIQUE. 329

Tout à l'heure l'ante était assimilée à une colonne, ici elle prend l'aspect d'un pilier. Dans le portique du temple qui date du 5ᵉ siècle, elle va être traitée comme une simple tête de mur : de la forme T elle passe à la forme T'.

Cette fois la netteté des expressions est parfaite :
Pour bien montrer que l'ante est une terminaison et non un membre à part, on en réduit l'épaisseur à ce point qu'elle ne peut se maintenir que par sa solidarité avec le mur même.

Comme la paroi à laquelle elle se trouve incorporée, l'ante a sa face lisse et sans cannelures.

Le socle, l'assise de soubassement, et l'entablement qui règnent le long de la paroi, se continuent à l'endroit de l'ante.

Reste la question du chapiteau.

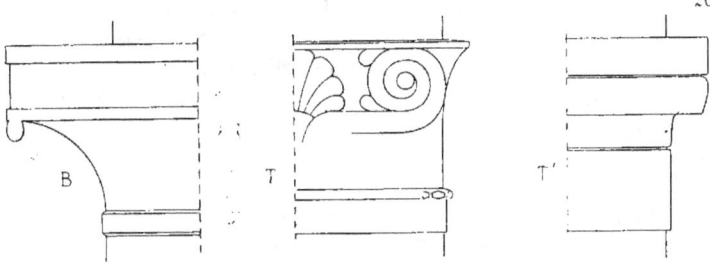

Pendant la période d'hésitation, nous rencontrons des chapiteaux d'antes en forme de corbeille aplatie : le chapiteau B (fig. 26) est celui de la basilique de Pæstum ; T, celui de la partie primitive du grand temple de Sélinonte.

La partie récente du temple, où nous avons observé les dernières modifications du corps de l'ante, nous fait assister à la transformation définitive du chapiteau : Ici la corbeille T est abandonnée et remplacée par une simple moulure T', une moulure en bec-de-corbin tout à fait analogue à celle des corniches sous plafond. Mêmes convenances de lumière, même principe de tracé, le vrai profil est trouvé.

En Sicile, le profil en bec-de-corbin est d'ordinaire accompagné d'un simple bandeau ;

Au Parthénon (fig. 27 P), aux Propylées, il se présente combiné avec une moulure en talon. Au temple dit de Diane-propylée d'Éleusis (E), aux Propylées d'Athènes, la gorge est hachée de stries horizontales.

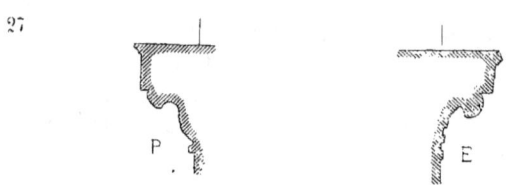

Les portes participent au caractère général de simplicité de l'ordre. Les jambages sont habituellement inclinés. Le chambranle reste nu : à peine l'encadre-t-on d'un rebord mouluré.

Baies. — Quant aux fenêtres doriques, nous n'en connaissons que deux exemples : celles du temple des Géants d'Agrigente et de l'aile nord des Propylées d'Athènes. Au temple des Géants, l'état de la ruine ne laisse discerner aucun détail ; aux Propylées les fenêtres sont dépourvues de toute décoration extérieure.

Soffites. — Les plafonds, comme le reste de l'ordonnance, empruntent leurs formes à la construction en bois. Nous avons indiqué pag. 282 les détails d'un plafond de charpente ; la fig. 28 montre comment ces détails sont imités en pierre : le soffite A provient du temple de Thésée ; B est une variante empruntée au temple de Phigalie.

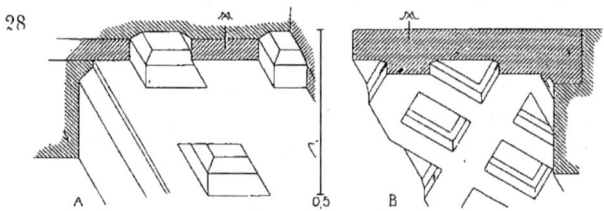

LE REPÉRAGE DES AXES DANS L'ORDONNANCE DORIQUE.

Nous avons terminé la revue des éléments de l'ordre ; l'association des parties entre elles donne lieu à quelques sujétions de tracé dont il convient de tenir compte.

Envisageons d'abord la façade extérieure :
La façade, suivant une remarque déjà faite, se termine par un triglyphe dont la position (fig. 29) est indiquée en A.

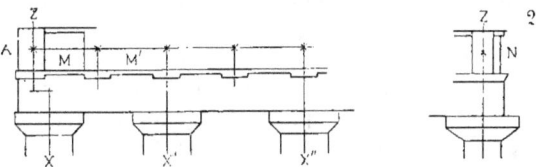

Or le diagramme A établit que l'axe Z du triglyphe terminal ne peut correspondre à l'axe X de la colonne d'angle :

A l'endroit de la colonne d'angle, un « démanchement » tel que XZ s'impose; on l'accepte.
Mais on tâche du moins qu'il ne se reproduise pas pour les colonnes intermédiaires, et l'on s'astreint à placer les axes X', X"... de ces colonnes intermédiaires exactement à l'aplomb des axes des triglyphes.

Dès lors il faut opter entre deux partis :
Admettre pour les métopes M et M' des largeurs notablement plus grandes que celles des métopes courantes;
Ou bien resserrer l'intervalle XX'.

Le resserrement de l'intervalle XX' ne saurait être que favorable à la stabilité : dans toutes les façades doriques des bonnes époques, la travée de rive est plus étroite que la travée courante.

La difficulté, on le voit, tient à la position du dernier triglyphe sur l'angle même de la façade.
Cette difficulté, on l'élude aujourd'hui en disposant le dernier triglyphe conformément aux indications du tracé N : Au lieu de faire correspondre ce dernier triglyphe à l'angle de la façade, on en place l'axe sur le prolongement même de l'axe de la colonne, et il reste à l'angle de la frise une demi-métope.

Vitruve a connaissance de cette solution, et nous en donne approximativement l'époque : il l'indique comme une disposition récente, qui pourtant lui a été « enseignée par ses maîtres ».

L'innovation daterait du 1ᵉʳ siècle avant notre ère.

Nous ne connaissons qu'un exemple antique de triglyphe ainsi centré sur l'axe de la colonne d'angle : il provient d'une restauration romaine du temple dit de Cérès à Pæstum.

Revenons à l'art grec, et considérons non plus le cas d'une façade extérieure, mais celui d'une colonnade sous portique.

Ici le problème devient plus complexe, à raison de la présence des poutres du plafond (fig. 30).

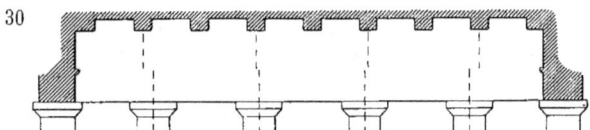

Réglera-t-on la distribution des triglyphes d'après l'espacement des colonnes qui les portent, ou bien d'après l'intervalle des poutres qui les surmontent ?

La question a été diversement résolue :

L'époque archaïque s'attache surtout à la concordance entre les triglyphes et les poutres ; l'époque classique, à la concordance entre les triglyphes et les colonnes.

Comme exemple d'arrangement archaïque, nous donnons (fig. 31) la colonnade sous portique du temple D de Sélinonte.

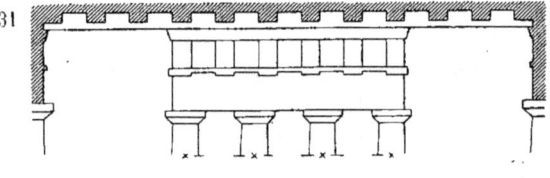

Les colonnes, uniformément espacées, sont au nombre de quatre, et le nombre des triglyphes est de six : association insolite, qui place une métope au centre de l'ordonnance, et rompt l'accord entre les axes des colonnes et les compartiments de la frise.

Ce qu'a voulu l'auteur de ce tracé, est une division de frise en harmonie avec la répartition des poutres du plafond. Et en effet la distribution des triglyphes se trouve juste concorder avec une division du plafond par portées uniformes.

Semblable intention se reconnaîtrait au temple S de Sélinonte.

Comme type des arrangements qui tendent à prévaloir aux approches du 5ᵉ siècle, nous reproduisons (fig. 32) un portique de pronaos où le resserrement des travées extrêmes a permis de réaliser la répartition que définit la fig. 29 A : Un triglyphe sur l'angle, et un à l'aplomb de chacun des points d'appui intermédiaires.

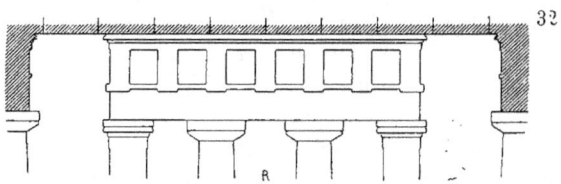

L'aspect de la colonnade est devenu correct, mais le repérage des poutres par rapport aux points d'appui est sacrifié ; les axes des poutres prennent les positions marquées sur la figure : un étrange effet de porte à faux se produit.

A peine peut-on citer comme exempts de cette irrégularité le temple de Rhamnus et peut-être ceux d'Olympie et de Phigalie : aux temples R et T de Sélinonte, à Pæstum le défaut de repérage existe sans que rien le compense.

La même anomalie se reproduit au Parthénon, au temple de Thésée ; mais ici intervient un ingénieux palliatif :

Ce qui rend sensible le porte à faux des poutres, c'est la présence des triglyphes ;

Que ces triglyphes disparaissent, les points de repère seront effacés, et tout se conciliera, du moins en apparence.

C'est à ce parti que se sont arrêtés les architectes du temple de Thésée et du Parthénon :

Au pronaos du temple de Thésée, la rangée des triglyphes est remplacée par un bas-relief ininterrompu dont la continuité déroute l'œil ;

Au Parthénon, l'entablement du pronaos garde, en souvenir des triglyphes classiques, les gouttes qui leur servent d'accompagnement, mais les triglyphes eux-mêmes sont absents : la frise des Panathénées en occupe la place.

Tels furent les expédients auxquels les Grecs de la grande époque ne dédaignèrent pas de recourir : leurs idées sur la régularité étaient à coup sûr moins absolues que les nôtres, mais les artifices qu'ils employèrent pour dissimuler les discordances d'axes montrent qu'ils en avaient le sentiment et qu'ils savaient en distraire l'attention. En présence de ces incorrections inévitables, les Romains et même, au témoignage de Vitruve, les Grecs de l'époque alexandrine ont hésité à faire usage de l'ordre dorique : à la belle époque les Grecs ne croyaient pas que des irrégularités de détail dussent restreindre les emplois d'un type d'architecture qui, malgré ses difficultés d'application, reste l'idéal de la grandeur sévère et de l'austère élégance.

L'ORDRE IONIQUE.

Nous arrivons à ce dialecte asiatique de l'architecture dont les brillantes expressions rappellent si bien le style sonore et imagé d'Homère : l'ordonnance ionienne et la poésie homérique sont nées sur le même sol ; la poésie a devancé l'architecture, mais l'une et l'autre répondent aux mêmes aspirations, à la même façon de concevoir le beau. Le dialecte ionien du langage était fixé dès le 9ᵉ siècle ; en plein 7ᵉ siècle l'art en était encore à la période des essais, c'était l'âge des combinaisons à volutes de Neandria : compositions charmantes, mais où l'art se dégage à peine des influences phéniciennes. Un pas énorme restait à franchir pour constituer un ordre, en arrêter les éléments, en préciser les proportions : ce pas

ORDRE IONIQUE.   335

n'est définitivement accompli qu'aux premières années du 6ᵉ siècle, l'ordre ionique n'arrive à sa forme canonique qu'au moment où le dorique prend naissance.

CARACTÈRES GÉNÉRAUX DE L'ORDRE IONIQUE.
ORIGINE DE SES FORMES.

Caractères généraux. — La fig. 1 met sous nos yeux une ordonnance ionique, prise à l'état de complète formation :

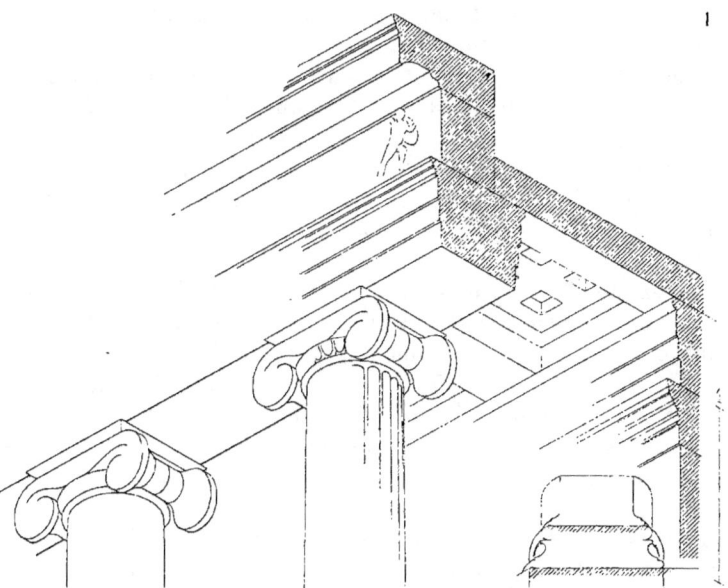

Sur une base annulaire s'élève un fût grêle à peine rétréci vers le sommet qui supporte, par l'intermédiaire d'un chapiteau à volutes, un entablement mince dont les éléments sont :

Une architrave à bandes ;
Une frise sans triglyphes ;
Une corniche peu saillante, sans mutules, généralement ornée d'une rangée de denticules.

Plus de légèreté, des formes moins abstraites, des enroulements en spirale à la place du chapiteau géométrique des Doriens, tels sont les caractères généraux. Dans le détail de l'ornement, au lieu de la sobriété dorienne, un luxe d'oves, de rais de cœur, de palmettes achève de donner à l'ordre ionique une physionomie à part.

Les théoriciens de l'école d'Alexandrie, dont Vitruve est l'interprète, assimilent l'allure et les proportions de l'ordre dorique à la stature et aux expressions de l'homme, les proportions et l'allure de l'ordre ionique à celles de la femme. Puis, étendant l'assimilation aux plus menus détails, ils se plaisent à reconnaître dans les volutes l'enroulement d'une chevelure, dans les cannelures du fût les plis d'une robe pendante, etc.

Ici la subtilité des Grecs alexandrins se donne carrière; et pourtant l'idée qu'ils nous rendent sous ce développement puéril est au fond une idée vraie :

Il existe deux ordres de beautés bien distinctes, dont les caractères ne sauraient s'associer dans une même œuvre, et qui tous les deux appartiennent à l'art, ont droit d'être traduits dans ses créations : la force et l'énergie d'un côté, de l'autre la grâce et l'élégance; d'un côté les formes vigoureuses, mâles et sévères, de l'autre les beautés moins austères, les nuances moins énergiques et plus délicates.

Telles sont les deux expressions opposées que la nature a réparties entre les deux divisions de l'espèce humaine; ce sont les expressions mêmes que les Grecs ont attribuées aux deux types fondamentaux de leurs ordres.

Origines et formation de l'ordre ionique. — L'ordre ionique, si l'on en croit Vitruve, serait une création des architectes du 6ᵉ siècle : sa date serait celle du temple d'Éphèse, fondé vers l'an 590.

Les colonies ioniennes, jetées sur la côte d'Asie Mineure par l'invasion des Doriens, voulurent, nous dit-il, que ce monument, symbole de leur nationalité, eût un style d'architecture qui lui fût propre, et l'architecte Chersiphron se fit l'interprète de cette pensée : l'ordre ionique serait son œuvre.

Il est facile de discerner sous ce récit légendaire l'histoire réelle des origines :

L'ordre ionique s'est constitué à l'état définitif, avec ses proportions canoniques, à la date que la tradition lui assigne, mais les éléments préexistaient.

Un ordre d'architecture ne s'improvise pas de toutes pièces ; et si l'honneur d'avoir régularisé l'ordre ionique revient sans conteste aux architectes du 6° siècle, du moins les éléments qu'ils prirent pour thème sont de beaucoup antérieurs, et il suffira de jeter un coup d'œil en arrière pour reconnaître que ces éléments appartiennent au fonds commun des architectures asiatiques :

Bien longtemps avant le temple d'Éphèse, les sculptures hittites de Pterium nous montrent dans une reproduction d'une vérité frappante tous les détails de la colonne ionique : son chapiteau à volutes, ses cannelures, sa base.

En Assyrie, au 8° siècle, dans les bas-reliefs représentant les kiosques royaux (pag. 92, fig. 2), on distingue l'ordre tout entier : le chapiteau à volutes, la base ; le tout surmonté d'un couronnement réduit aux deux membres qui constitueront l'entablement ionique primitif : architrave et corniche.

A Neandria, à Lesbos (pag. 257), la volute se dessine avec une franchise, une fierté de contours qui ne sera pas dépassée aux meilleures époques.

Enfin nous avons comme indice des origines la tradition lycienne. La Lycie a sculpté sur le roc de ses tombeaux les assemblages de la charpente ; elle conserve en plein 5° siècle les formes archaïques de l'ordre ionique : c'est le pays des imitations, une province où l'esprit d'invention fait défaut et qui vit à trois siècles peut-être en deçà des autres contrées du monde grec.

Or voici (fig. 2 A) le type habituel de l'ordre dans les monuments archaïsants de la Lycie :

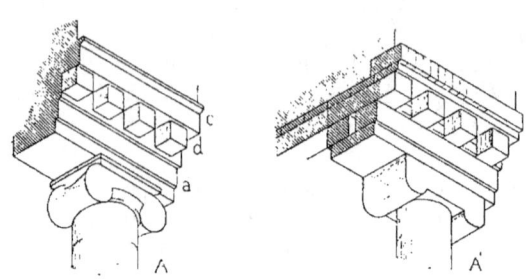

Point de frise ;
Une corniche portée sur des denticules, et qui ne fait même pas coupe-larme.

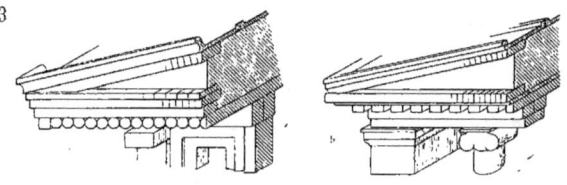

Le fronton (fig. 3) est en forte saillie et bordé d'un bandeau rampant.

Ces dispositions suggèrent au sujet de l'ordre ionique une hypothèse analogue à celle que nous avons développée à propos du dorique, celle d'un type originel où le bois aurait joué le principal rôle. Nous avons placé (fig. 2 A') en regard de l'ordre la traduction en charpente ; pour le fronton (fig. 3) nous avons marqué l'interprétation sur le dessin même qui exprime les formes existantes.

L'architrave rappelle la poutre factice des ruines de Persépolis ou de Suse : la poutre que l'on constitue, en vue d'économiser les gros bois, à l'aide de cours de madriers superposés.

Les denticules, serrés et quelquefois remplacés par des rondins, sont visiblement, ici comme à Persépolis, des têtes de solives équarries ou brutes qui portent une terrasse, et la corniche répond au hérisson de briques qui en forme la bordure.

Que cette terrasse prenne de l'inclinaison pour assurer mieux l'écoulement des eaux pluviales, et le fronton lycien se présente de lui-même : avec son parement en surplomb et sa garniture de briques.

Quant au chapiteau, il n'est autre chose qu'une sous-poutre, qui soutient l'architrave et emboîte le sommet du poteau servant de colonne.

Tout paraît donc s'expliquer, ici comme dans l'ordre dorique grec, par une imitation de la charpente : nous sommes en face d'une construction répondant de tout point à l'esprit asiatique des monuments de Persépolis. En quoi cette charpente diffère-t-elle de celles dont l'ordre dorique est le souvenir?

Par la grosseur des bois, rien de plus.

Reportons-nous à la figure théorique (pag. 280) qui donne la traduction en charpente des formes doriques : nous trouvons comme architrave un cours de grosses poutres jumelles; ici, deux cours superposés de petits madriers dont l'emploi ne peut se justifier que par la pénurie de bois. Au lieu de solives rapprochées, l'ordre dorique présente des poutres de fort équarrissage séparées par de larges intervalles : d'ailleurs le rôle des triglyphes répond à celui des denticules ; denticules et triglyphes sont des membres équivalents. De sorte qu'à vrai dire, suivant une remarque de M. Dieulafoy, la zone des denticules devrait être considérée, dans l'ordre ionique primitif, comme une véritable frise.

La corniche dorique accuse des extrémités de chevrons inclinés et par là témoigne de l'existence d'un comble; la corniche ionique, où se dessinent des têtes de solives horizontales, indique plutôt une toiture massive en terre.

Voici donc comment les dispositions générales se résument et s'expliquent :

L'ordre ionique rappelle la construction en menus bois avec terrasse ; l'ordre dorique, la construction en gros bois avec comble.

L'un aurait pris naissance dans l'Ionie où croissent à peine quelques arbres chétifs ; l'autre se serait constitué au milieu des forêts de la Thrace, dernière étape de la race dorienne.

Si l'on s'attache aux détails de l'ordre ionique, partout on reconnaîtra des ornements empruntés soit à ces objets d'exportation assyriens ou égyptiens que vulgarisait le commerce de la Phénicie, soit aux copies qu'exécutaient les Phéniciens eux-mêmes : des chapiteaux phéniciens de Chypre (pag. 213) aux chapiteaux préhelléniques de Neandria (pag. 257) il n'y a qu'un pas à franchir ; à son tour le chapiteau de Neandria mène droit à celui de l'Erechtheion. Des modèles de l'Égypte ou de l'Assyrie on passe par une transition insensible aux formes préhelléniques, et de celles-ci aux formes de la grande époque ; de part et d'autre la donnée première est la même, la différence tient à ce sens plus délicat du beau, à cet instinct de l'harmonie qui est le privilège de la race grecque.

LES TRANSFORMATIONS D'ENSEMBLE DE L'ORDRE IONIQUE.

Repères chronologiques. — Pour apprécier les caractères successifs de l'ordre, les principales indications que nous offre la chronologie positive, sont les suivantes :

A Éphèse, une colonne archaïque qu'une inscription permet sans invraisemblance de considérer comme une offrande de Crésus, c'est-à-dire un monument du milieu du 6ᵉ siècle ;

A Samos, les débris d'une colonne du temple, qui était à peu près contemporain de celui d'Éphèse ;

A Délos, à Olympie, à Delphes, quelques trésors et des colonnes votives qui appartiennent au 6ᵉ siècle.

ORDRE IONIQUE.   341

Le 5ᵉ siècle est représenté par les ruines de l'Acropole :
L'ordre de la Victoire aptère, très probablement élevé par Cimon vers le début du siècle;
L'ordre intérieur des Propylées (440);
Les deux portiques de l'Érechtheion dont un (celui du N.) était achevé, l'autre en cours d'exécution l'an 410.

Puis, pour retrouver des exemples datés, il faut traverser la période de souffrance des guerres du Péloponèse. Alors les monuments abondent, l'ordre ionique est celui des somptueuses constructions élevées sous Alexandre et ses successeurs : Milet, Priène, le nouveau temple d'Éphèse...

Enfin on arrive à l'époque romaine : l'état de l'art ionique au début de notre ère est marqué par les édifices de Pompei.

Tels sont les principaux jalons qui nous permettront de suivre les modifications chronologiques de l'ordonnance; envisageons-la d'abord dans ses traits d'ensemble.

L'aspect primitif de l'ordre. — L'ordre primitif fut sans doute l'ordre « architravé » : l'ordre où la corniche porte directement sur l'architrave. La frise, cette bande décorative interposée entre l'architrave et la corniche, ne paraît point d'origine asiatique : elle est étrangère à l'architecture perse et, s'il fallait lui assigner un précédent, c'est peut-être (pag. 236) dans l'architecture mycénienne qu'on devrait le chercher.

Chez les Perses la toiture était une terrasse épaisse, dont la tranche offrait un champ pour des bas-reliefs tels que les lions émaillés de Suse. Sous le climat de l'Ionie cette lourde terrasse eût été superflue, les Grecs la suppriment; et, pour retrouver un champ, un fond où puissent se développer des bas-reliefs, ils ménagent entre l'architrave et la corniche une zone intermédiaire, qui est la frise.

Ce membre purement ornemental existait-il dans les monuments du 6ᵉ siècle? on l'ignore : les fragments du temple primitif d'Éphèse et du temple de Samos ne nous mettent point à même de rétablir l'entablement. La forme architravée de l'entablement ne nous est connue que par les monuments archaïsants de la Lycie et par les survivances qu'elle a laissées pendant toute la durée de l'âge classique : au 5ᵉ siècle, dans le portique des Arrhéphores à l'Érechthéion ; au 4ᵉ siècle, dans les tombeaux de Sidon et quelques temples d'Olympie.

Les transformations générales de l'ordre pendant la période classique. — A partir du 5ᵉ siècle, on peut dire que le type normal de l'ordre comporte un entablement complet comprenant, indépendamment de l'architrave et de la corniche, une frise.

Les diagrammes fig. 4 feront saisir les variations de ce type

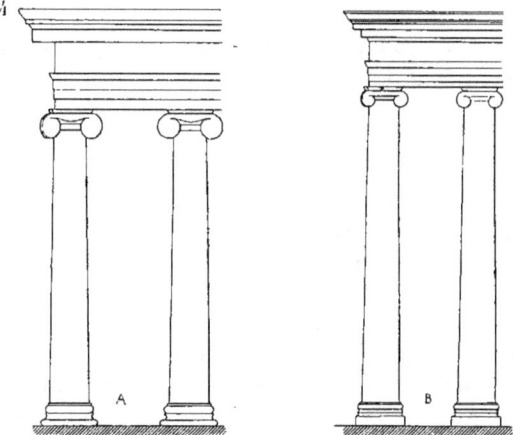

désormais constitué : l'exemple A (Victoire aptère) répond au début du 5ᵉ siècle ; l'exemple B (Milet), au milieu du 4ᵉ.

Comme pour le dorique, la transformation se résume dans le passage de la force majestueuse à la légèreté, puis à l'excès de la légèreté. En A les colonnes ont un diamètre qui rassure l'œil sur la stabilité et permet une portée d'architrave considérable ; en B le fût est devenu tellement grêle qu'il a fallu serrer les colonnes tout près les unes des autres pour donner une impression de solidité.

Quant à l'entablement, sa minceur croissante est une conséquence immédiate de la diminution de sa portée.

Deux exemples de frontispices achèveront de caractériser les expressions successives de l'ordre : l'un (fig. 5) montre les

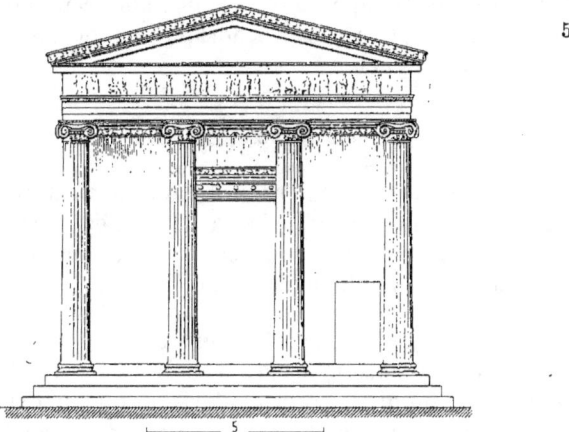

5

proportions dans leur plus sage et leur plus harmonieuse jus-

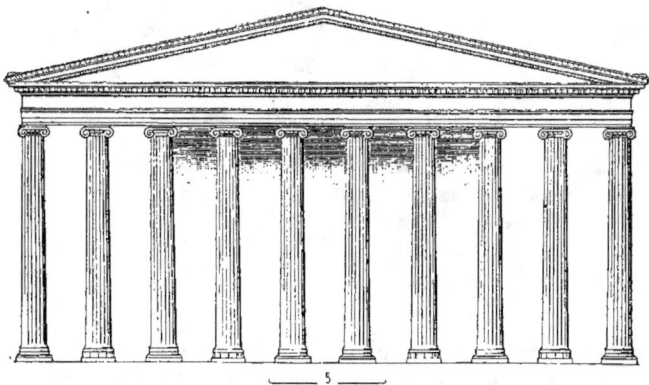

6

tesse ; dans l'autre (fig. 6), la mesure est déjà dépassée. La façade fig. 5 est celle du portique nord de l'Érechtheion, achevé probablement avant l'an 400; l'autre appartient à l'époque macédonienne, c'est le frontispice de Milet.

ANALYSE DES MEMBRES DE L'ORDRE. LEURS TRANSFORMATIONS INDIVIDUELLES.

Pour préciser cet aperçu d'ensemble nous reprenons, comme nous l'avons fait pour l'ordre dorique, les éléments un à un, de la base au sommet.

LE SOUBASSEMENT, LE PIÉDESTAL.

Nous ne connaissons pour l'ordre dorique d'autre soubassement qu'une série de gradins (pag. 311) : c'est aussi sous cette forme de perron continu que se présente habituellement le soubassement des colonnades ioniques.

Ici toutefois la règle paraît moins absolue :
A Éphèse une murette verticale en forme de stylobate portait la colonnade latérale, le perron n'existait qu'aux extrémités du temple; et, pour abriter ce perron, on se trouva conduit (fig. 7)

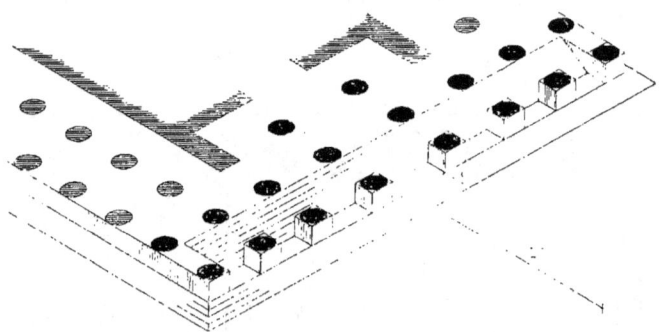

à faire reposer les colonnes du frontispice sur une rangée de dés isolés M. Ces supports, dont le rôle et l'emplacement ont été établis par M. Murray, sont les plus anciens exemples connus du piédestal dans une ordonnance grecque. Les piédestaux d'Éphèse étaient ornés sur leurs quatre faces de figures sculptées.

LA BASE.

Sauf de très rares exceptions, le fût dorique était dépourvu de base; à raison de sa forte conicité il répartissait sur une large surface d'appui le poids de l'édifice : sous un fût qui lui-même est un empattement, une base en saillie eût été une superfétation.

Tout autres sont les conditions de la colonne ionique :

Le fût en est élancé et à peine conique.

Faire poser directement sur le sol cette colonne mince serait une faute de construction ou, ce qui revient au même, une faute de goût. Il convient de répartir les charges sur la fondation; et cette transmission des charges du fût au massif qui le porte s'obtient, suivant les cas, par l'une ou l'autre des dispositions indiquées par la figure théorique 8 :

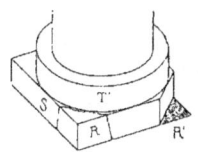 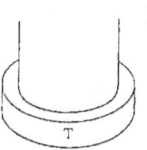

a. — Un disque T, ordinairement profilé, et débordant le fût;

b. — Un disque T', reposant sur le soubassement par l'intermédiaire d'une plinthe carrée S.

La plinthe. — La plinthe S se présente comme une dalle interposée entre la base proprement dite et le soubassement. Au point de vue de la répartition des charges, c'est un organe utile, mais encombrant; et de plus cette dalle, étant surchargée en son milieu, tend à se briser suivant R : on ne peut la supprimer sans inconvénient ni l'admettre sans danger. Suivant qu'on s'attache à ses avantages ou bien à ses défauts, la plinthe a tour à tour ses périodes de faveur et de discrédit.

On l'admet au début : les exemples archaïsants de la Lycie en font foi ; au 5ᵉ siècle, on la supprime : elle ne figure ni au temple de la Victoire aptère, ni au temple sur l'Ilyssus, ni à l'Érechtheion ; à l'époque macédonienne elle reparait : nous la trouvons à Priène.

Au temple de Milet, l'architecte essaie d'atténuer les inconvénients en abattant l'angle R', ce qui ramène la plinthe à un plan octogone : ainsi elle devient moins gênante et moins fragile ; mais elle perd sa principale utilité, qui était d'agrandir la surface d'appui : on est tombé dans les compromis, les moyens termes.

La base proprement dite : appareils et profils. — L'appareil et le profil des plus anciennes bases répondent nettement à l'idée d'un disque saillant posé sous le fût : à la colonne votive des Naxiens à Delphes, ce qu'on a retrouvé de la base consiste en un tambour cylindrique, et cette variété rudimentaire de la base paraît avoir été reproduite dans un édifice encore bien insuffisamment étudié et qui est un des chefs-d'œuvre de l'art grec, le temple de Sardes.

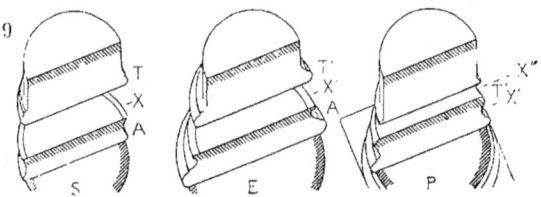

A Samos (fig. 9 S), sous une colonne qui remonte au 6ᵉ siècle, le disque s'élègit : à vrai dire, le disque profilé A constitue à lui seul la base ; le tore T qui le surmonte appartient bien plutôt au fût, et le plan de lit X indique dans l'appareil cette distinction.

Au 5ᵉ siècle, les rôles s'accentuent mieux encore : le socle A' servant de support, la base proprement dite se termine à sa face supérieure suivant un plan X' nettement accusé (portique nord de l'Érechtheion E, Victoire aptère, temple sur l'Ilyssus) : on ne saurait mieux marquer l'arase du socle.

Mais bientôt cette vérité d'expression cesse et, par une rencontre étrange, c'est à l'instant où la forme parvient à sa dernière perfection qu'elle se met en désaccord avec la structure.

Pour incorporer le tore T″ au premier tambour du fût, il eût fallu perdre du marbre et pratiquer un abatage coûteux : l'architecte des Propylées s'affranchit de cette sujétion, il transporte le lit de X″ en X‴. Et voici les conséquences de ce compromis :

Le fût, une fois séparé du tore T″, se termine par un rebord fragile; ce rebord, s'il portait charge, éclaterait infailliblement : on est conduit à l'isoler par un trait de scie, et toute la zone de pourtour du lit cesse de concourir à la stabilité.

Autre résultat fâcheux : Pour conserver le profil traditionnel, il faut exécuter en X″ un refouillement à angle vif, ce qui « étonne » la pierre et la rend cassante : ce sont là des incorrections matérielles dont les meilleures époques ne semblent point exemptes : nous avons vu (pag. 316) le tailloir dorique se réduire à l'apparence d'un support; ici la base ionique perd en partie son rôle d'empattement : les deux licences se produisent à la même date.

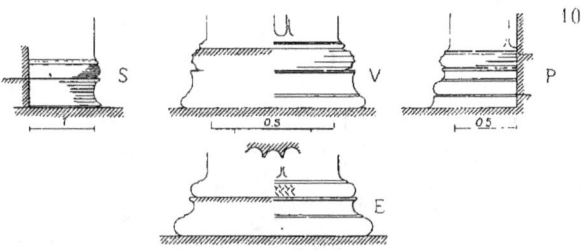

La fig. 10 détaille les profils des bases dont nous venons d'analyser l'appareil : S, Samos; V, Victoire aptère; P, Propylées; E, Érechtheion. A Samos une simple scotie sous le tore qui marque la naissance du fût; dans les autres exemples, deux tores d'inégale grosseur séparés par une scotie : le tout s'inscrivant dans un épannelage tronconique qui éveille l'idée d'un léger empattement.

Vers le milieu du 5⁰ siècle se produit dans la base ionique une transformation représentée par les profils fig. 11 :

Développez la scotie qui sépare les deux tores et donnez à l'ensemble un très fort empattement, la base prend l'aspect N.

C'est l'architecte même du Parthénon qui introduit cette forme nouvelle : l'ordre intérieur de Phigalie paraît en être le premier exemple.

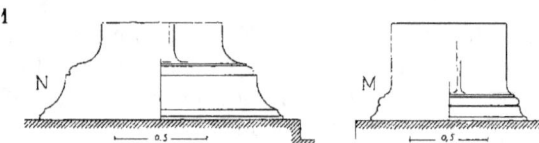

11

On est dès lors en possession de deux types généraux de base : la base à modénature peu saillante (fig. 10), et la base inscrite dans un épannelage en cône très prononcé (fig. 11).

Ces deux types une fois créés se perpétuent concurremment jusqu'aux derniers temps de l'art grec :

L'époque macédonienne nous offre le type en cône accentué à Palatitza (fig. 11 M), au Leonidæon d'Olympie ; l'époque romaine nous en montre la tradition à Pompei.

Quant au type normal, la fig. 12 permet de suivre les modifications qu'il éprouve : l'époque macédonienne traite les profils comme de libres variations sur le thème classique ; à Milet (B) les moulures se multiplient et la hauteur s'exagère ; à Priène (A) le tore inférieur disparaît : suppression malheureuse qui ôte à la base son rôle utile en la dépouillant de son caractère d'empattement.

Les accessoires sculptés de la base ionique. — L'ordre dorique, où la base n'existe pas, concentre l'attention sur ses parties hautes, le chapiteau et l'entablement : rien ne trouble l'unité d'impression.

Avec un ordre à base, on court risque de faire naître, loin

ORDRE IONIQUE. 349

du motif principal qui est le chapiteau, un motif secondaire
trop important.

Aussi les Grecs de la belle époque traitent les bases avec
toute la simplicité possible : deux tores et un cavet; tores et
cavet sont ordinairement lisses ou, s'ils reçoivent des ornements sculptés, ces ornements se réduisent à des stries circulaires ou bien des entrelacs.

A Samos (fig. 10, profil S) ces stries existent sur toute la
surface; leur rôle est de rompre, à la manière de hachures,
les tons fondus de l'ombre.

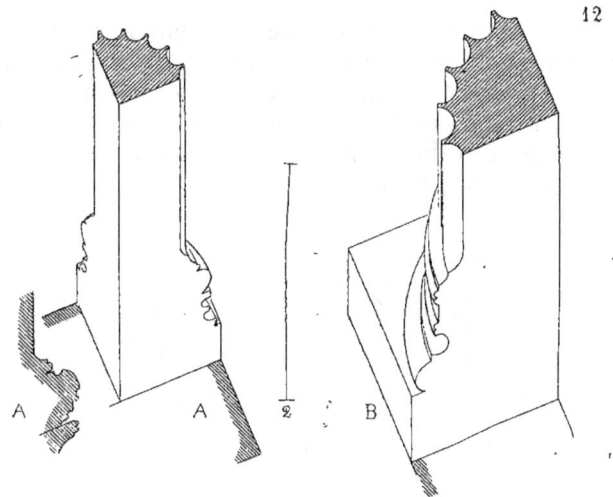

A Priène (fig. 12, détail A) c'est dans l'ombre seule qu'elles
se présentent. Probablement la base de Priène est demeurée
inachevée, et les stries qui la décorent se réduisent à celles
qui furent sculptées avant la pose; mais l'essentiel de l'effet
était obtenu.

Ajoutons qu'en vue d'éviter la monotonie, les architectes du
5ᵉ siècle ne revêtent de stries ou d'entrelacs qu'un seul des
deux tores : celui qu'ils sculptent est habituellement le tore
supérieur, que sa position met le mieux à l'abri des dégrada-

350 ARCHITECTURE GRECQUE.

tions : l'exemple de l'Erechtheion (fig. 10 E) vient à l'appui de cette remarque.

LE FUT IONIQUE.

La naissance du fût, les tambours historiés. — Réserver les accessoires décoratifs pour le couronnement et traiter d'une manière simple les membres inférieurs, telle est en somme la règle : mais elle admet des exceptions ; et quelquefois les Grecs, adoptant le parti inverse, dirigent l'attention vers les membres inférieurs de l'ordonnance. C'est le cas du temple d'Éphèse.

Ici tout le couronnement est orné avec une sobriété extrême : le fronton paraît avoir été nu, la frise sans sculptures ; en revanche la statuaire couvrait les faces des piédestaux et se développait même sur la naissance des fûts. Le détail B, fig. 13, donne l'idée de cette curieuse application des bas-reliefs au soubassement de l'édifice.

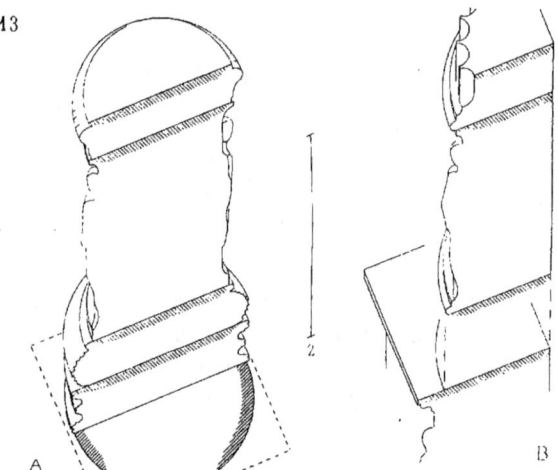

Toutes les colonnes d'ailleurs n'étaient point ornées avec cette richesse, mais seulement les colonnes les plus apparentes, celles que le plan pag. 344 indique en noir plein. Et très probablement ces colonnes à bas-reliefs étaient dépourvues de bases; on lit sur le piédestal le diamètre du membre que ce piédestal recevait : c'est exactement celui du tambour sculpté.

En regard du détail B emprunté au temple macédonien d'Éphèse nous plaçons, fig. 13 A, un fragment qui paraît provenir du temple primitif : on ignore s'il existait un piédestal, mais ici du moins une base s'interposait entre le soubassement et l'anneau sculpté du fût.

Quoi qu'il en soit, nous ne rencontrons cette assise sculptée qu'au début de l'ordre ionique et à partir de l'époque macédonienne; pendant la période intermédiaire, nous ne connaissons aucun exemple de tambours historiés : la grande époque paraît les proscrire. Elle les eût exclus à juste titre : L'assise sculptée fait partie du fût, et le fût est un membre agissant qui ne doit emprunter ses formes qu'à sa fonction même; sculpter des bas-reliefs sur une colonne était une erreur.

Le corps du fût. — Le fût ionique, s'il eût été coupé par des lits horizontaux, n'aurait pas offert ces garanties de solidité qu'exigent les architectures primitives : il paraissait trop effilé pour n'être pas monolithe. Aussi dans les premiers temples, le fût ionique est fait d'une seule pierre, tout au plus d'une pierre portée sur ce tambour historié que nous venons de décrire. Vitruve raconte les efforts qu'exigea le transport des colonnes énormes du temple d'Éphèse; le temple sur l'Ilyssus avait ses colonnes monolithes; de même le temple ionique de Sélinonte, le temple de la Victoire aptère, etc. Ce n'est qu'à l'époque des Propylées (milieu du 5e siècle) qu'on voit l'appareilleur s'enhardir et sectionner le fût ionique par tronçons.

L'aspect du fût répond bien à l'idée d'un support monolithe :
La forme naturelle d'un pilier monolithe est un cylindre qu'on peut sans inconvénient démaigrir sur toute sa hauteur, pourvu qu'aux deux extrémités on lui laisse sa grosseur normale. Tel est en effet le fût ionique : à peine rétréci au sommet, avec un bourrelet saillant ou astragale à chaque extrémité.

Ce fût, galbé plus discrètement que le fût dorique, est, comme lui, orné de cannelures, mais d'un caractère moins rude :

Au lieu de se profiler en arc aplati avec arêtes tranchantes, les cannelures ioniques (fig. 12) ont un profil en demi-ovale, souvent en demi-cercle, et sont séparées l'une de l'autre non par une arête vive, mais par un intervalle lisse, un listel.

Le nombre ordinaire des cannelures, qui est de 20 pour l'ordre dorique, s'élève à 24 dans l'ionique du 5ᵉ siècle; au 4ᵉ, il redescend à 20.

A la colonne archaïque d'Éphèse les cannelures sont au nombre de 40; à la colonne des Naxiens à Delphes, elles se multiplient au point de former sur la surface du fût un parement rudenté; et, par une autre particularité non moins singulière, dans ces deux derniers exemples elles sont à vives arêtes, comme des cannelures doriques.

Quelques colonnes votives de date très ancienne ont leurs fûts entièrement lisses.

LE CHAPITEAU.

Ici comme dans l'ordre dorique, le rôle du chapiteau est double : au point de vue de la construction, c'est une sous-poutre réduisant la portée de l'architrave; pour l'œil, c'est un raccord, une transition entre le plan circulaire du fût et les formes rectilignes de l'architrave.

Dans l'ordre dorique, la transition s'accomplit par une simple échine; dans l'ordre ionique, elle est obtenue par une échine accompagnée de deux appendices latéraux en forme d'enroulement, les volutes.

La donnée originelle. — Le chapiteau ionique dérive d'un couronnement de poteau encore en usage dans toute l'Asie, et qui consiste à interposer entre le montant et le poitrail qu'il supporte une pièce horizontale faisant sous-poutre ou sommier.

Que l'on arrondisse les extrémités de ce sommier de bois,

on arrive à la silhouette générale du chapiteau ionique. Et c'est en effet (fig. 14 A) cet aspect de madrier échancré et arrondi, que le tailloir présente aux plus anciennes époques.

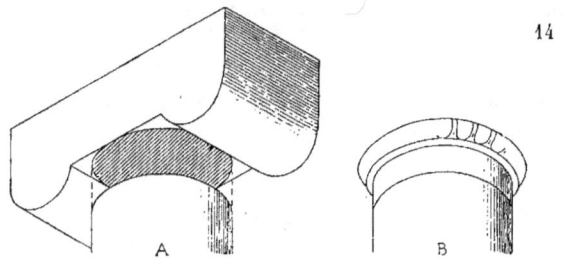
14

Appareil. — L'appareil primitif est d'accord avec cette origine :

Une colonne votive de Délos réalise de la façon la plus franche l'assemblage de charpenterie A qui a donné naissance au tailloir : le fût se prolonge à travers l'intervalle de deux volutes rudimentaires, comme le poteau de bois dans l'échancrure de la sous-poutre.

A Samos (B), nous ne connaissons que la disposition de l'échine : l'échine fait corps avec le fût, ce qui suppose un appareil semblable à celui de Délos.

Même appareil au portique nord de l'Érechtheion (fig. 15 C).

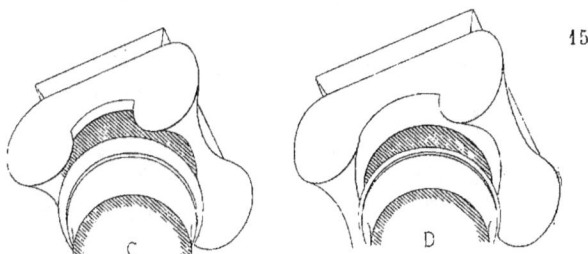
15

Cet appareil conforme à la tradition entraînait une notable perte de pierre : peu à peu on l'abandonne pour tailler sans déchet les volutes et l'échine dans un même bloc. L'appareil nouveau se rencontre pour la première fois aux Propylées (D);

puis on le retrouve à l'Érechtheion dans la colonnade orientale, dont l'exécution, moins parfaite que celle du portique nord, trahit une date plus récente. Au temple dit d'Empédocle à Sélinonte, le premier tambour du fût fait corps avec le chapiteau : même à défaut d'ornement, l'appareil implique la date.

Les formes archaïques. — Les exemples fig. 16 à 19 nous font assister aux essais tentés pendant la période d'archaïsme pour adapter une forme architecturale à cette donnée d'un poteau à sous-poutre.

Les chapiteaux A et N proviennent de Délos; M et R, de l'ancienne Acropole; B, de Sélinonte; F est le chapiteau de la vieille colonne d'Éphèse.

En A, rien ne s'ajoute à l'expression naïve du programme, la modénature est totalement absente; point d'échine; le tailloir, très oblong, est chantourné sans aucune recherche de profil; et de simples traits en spirale accusent le mouvement des volutes. Les volutes sont indépendantes l'une de l'autre; entre les deux est dessinée une palmette et, au sommet du fût, on distingue un collier sans relief orné de linéaments en zigzag.

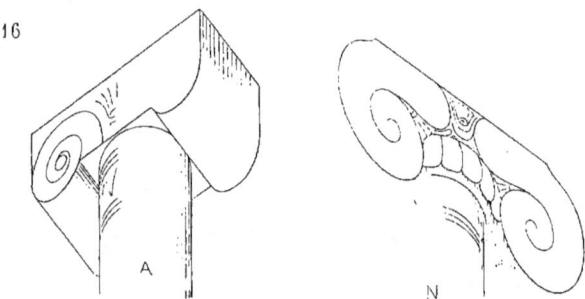

16

En N (fig. 16), mêmes éléments, même indépendance des volutes, même palmette centrale, même terminaison du fût par une sorte de collier.

Le tailloir conserve une forme oblongue qui rappelle le sommier de la sous-poutre, mais ici l'échine apparaît; et, par une particularité qui suggère un rapprochement avec les ordres de Neandria et de Persépolis, cette échine est tracée en campanule renversée; le profil, les gaufrures, tout dans cette architecture primitive, est imité des campanules asiatiques.

Au chapiteau M (fig. 17), la campanule subsiste, mais se réduit aux proportions que gardera l'échine. Les gaufrures persépolitaines deviennent des oves : le chapiteau M est déjà un chapiteau classique, mais où les oves sont renversées aussi bien que le profil de l'échine. Le collier terminal du fût se modèle en relief; et les spirales des deux volutes, au lieu de demeurer indépendantes, sont raccordées l'une avec l'autre par une ligne continue, élégamment infléchie, qui se reproduira dans tous les chapiteaux jusqu'à la fin du 5ᵉ siècle. Une palmette telle que celle du chapiteau N eût rompu cette belle ligne; la palmette est supprimée.

Au temple ionique de Sélinonte (fig. 17 B), la physionomie asiatique s'atténue, l'échine se redresse, le collier est supprimé et trois lignes en spirale s'enroulent d'un mouvement commun pour converger vers l'œil de la volute.

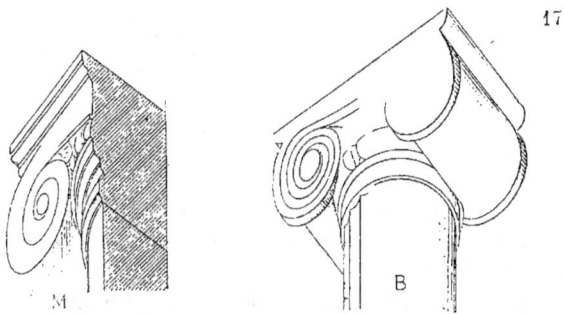

17

Les fig. 17 B et 18 indiquent l'aspect du chapiteau archaïque vu sur sa face latérale.

Le membre principal de cette face en retour, est l'enroulement dont la volute forme la tête : le « balustre », tantôt chantourné en cylindre, tantôt étranglé en son milieu selon un profil tel que R.

18

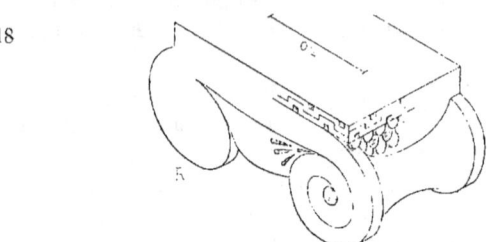

Au chapiteau archaïque d'Éphèse (fig. 19), non seulement le balustre est profilé, mais l'involution est accentuée, comme dans les chapiteaux perses, par des cannelures tournantes qui rappellent celles du fût.

19

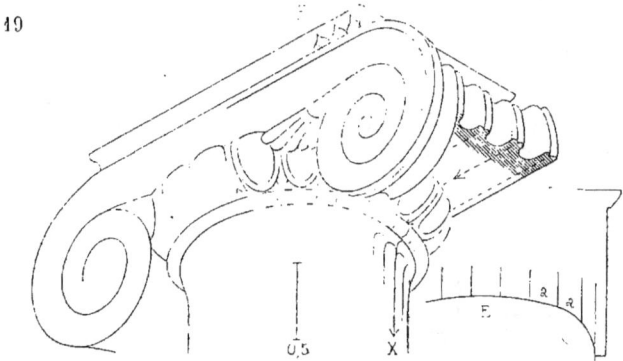

Autant qu'on en peut juger par les fragments conservés, il règne entre les cannelures et les oves la correspondance indiquée par le tracé F :

A un groupe de deux cannelures du fût répond une ove de l'échine, et à une ove une cannelure du balustre.

De cette sorte une ligne d'arête ininterrompue X monte le long du fût, se continue suivant la côte séparative des oves et se prolonge au pourtour du balustre. Et la conséquence de cette continuité est que, sur le balustre, les cannelures de rive se trouvent sensiblement moins larges que celles du milieu.

Une autre recherche contribue à la physionomie de ce chapiteau archaïque : les têtes des volutes ne sont pas verticales mais légèrement déversées.

En moyenne, et sous la réserve de quelques hésitations portant sur l'ajustement des accessoires, on peut dire que dès le 6ᵉ siècle les formes sont constituées.

Le chapiteau du 6ᵉ siècle est essentiellement à faces dissemblables :
Deux faces à volutes,
Deux faces à balustres.
Au 5ᵉ siècle nous verrons s'introduire (pag. 361) l'ionique orné de volutes sur les quatre faces, mais cette variété ne fera jamais renoncer au type qu'avait légué l'âge archaïque; l'apparition de cette variante ne sera dans l'histoire de l'ordre qu'un fait secondaire, un incident.

Pour l'ordre ionique comme pour le dorique, le rôle du 5ᵉ siècle sera de porter à leur perfection les formes traditionnelles, d'en assouplir les raideurs, et surtout d'introduire dans le caractère expressif cette absolue justesse qui est le signe de la pleine floraison de l'art.

Les caractères définitifs du chapiteau à balustres. — Dans les figures qui vont suivre (pag. 358 et 359) nous mettons en regard deux exemples de chapiteaux du 5ᵉ siècle, où se manifestent deux nuances d'expression bien distinctes :
D'un côté, la grâce rehaussée de toutes les richesses de la parure ;
De l'autre, l'élégance austère et simple.
Ne cherchons pas dans ces compositions des éléments nouveaux : le 6ᵉ siècle poursuivait un idéal, le 5ᵉ siècle l'atteint. Les contours prennent un charme incomparable, l'ornement une pureté jusqu'alors inconnue ; jamais les lignes décoratives n'eurent, à l'égal de celles des chapiteaux ioniques de la grande époque, l'irréprochable correction unie au libre mouvement : il semble qu'un souffle de vie les anime.

Le chapiteau fig. 20 provient du portique septentrional de l'Érechthéion.

Ce chapiteau rappelle par plus d'un trait ceux des colonnes archaïques de Délos ou de l'Acropole.

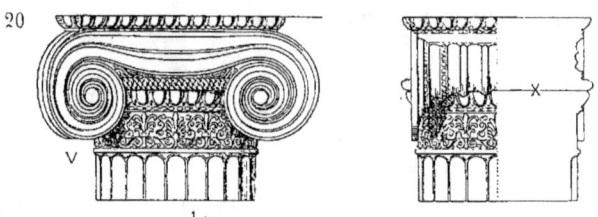

Pour se représenter le tailloir et les volutes, on peut imaginer un double bandeau de matière flexible qui s'amincit progressivement et dont les extrémités s'enroulent sur elles-mêmes : on dirait un ressort élastique qui transmet au fût le poids de l'architrave.

Entre l'échine et cette sorte de ressort s'interpose, à la manière d'un coussin, un membre intermédiaire profilé en tore ; et, au-dessous de l'échine, se place le collier archaïque.

Sur les faces latérales, le balustre se dessine d'un trait ferme et simple ; le balustre se resserre vers le milieu, et l'allure tournante de son profil est accentuée par des cannelures analogues à celles du vieux chapiteau d'Éphèse. Mais ici les têtes des balustres sont exactement verticales, et la variation de largeur des canaux paraît provenir (pag. 356, fig. 19 E) d'une simple division du profil E par parties égales $a, a...$

Les détails sont d'une richesse tout asiatique :
Le collier est orné de palmettes. Des oves décorent l'échine ; des entrelacs tapissent le bourrelet sur lequel s'appuie le tailloir et, en rappelant l'aspect d'un lacis de rubans, précisent l'idée d'un coussin déjà indiqué par le profil.

Avant les mutilations que le monument a subies, des rosettes de métal doré s'enchâssaient dans le marbre et formaient l'œil de chaque volute, et des émaux colorés marquaient sur le bourrelet les points de croisement de la tresse.

Le chapiteau de l'Érechthéion fut très probablement exécuté dans la seconde moitié du 5° siècle.

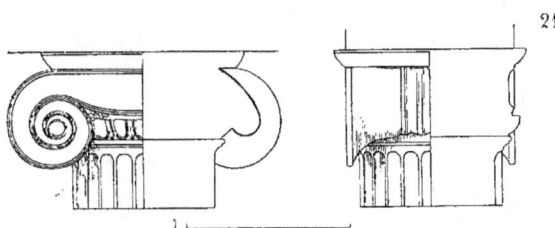

21

Plus ancien par sa date, mais plus dégagé des influences de l'archaïsme, le chapiteau de l'ordre intérieur des Propylées n'emprunte à la tradition que la silhouette d'ensemble : les détails se simplifient. L'Érechthéion était un petit édifice où l'on ne pouvait chercher que la grâce; ici il s'agit d'un édifice de grande dimension : l'architecte s'attache à cette sobriété d'ornement qui éveille l'impression de la grandeur.

La fig. 21 montre l'aspect du chapiteau des Propylées.

Comparé avec celui de l'Érechthéion, il se distingue par les caractères suivants :
Tailloir exactement carré;
Absence du bourrelet qui, à l'Érechthéion, séparait l'échine du tailloir;
Absence du collier qui terminait le fût;
Réduction du nombre des lignes spirales à deux;
Balustres lisses, présentant à la gorge trois cannelures seulement et un profil en doucine qui s'accentuera aux derniers temps de l'art grec : Poursuivant l'idée si évidente à l'Érechthéion d'emprunter la décoration aux formes d'une matière souple et flexible, on a donné au balustre l'aspect d'une nappe enroulée serrée en son milieu par une quadruple ligature; cette

assimilation explique les moindres particularités du balustre des Propylées.

Ni aux Propylées ni à l'Érechtheion on ne retrouve cette palmette qui, dans quelques monuments archaïques, marquait le milieu du tailloir : cet ornement ne reparaîtra qu'aux approches de l'âge macédonien. Aux Propylées toutes les simplifications que comporte le chapiteau ionique sont réalisées : inutile d'insister sur le caractère de dignité solennelle que cette sobriété d'ornement imprime à l'ordre.

Le chapiteau d'angle. Le chapiteau à quatre faces pareilles. — L'application du chapiteau à balustres que nous venons de décrire donne lieu à une légère difficulté :

Que l'on essaie de placer à l'angle de deux façades un chapiteau ainsi constitué, on aura les volutes sur une des façades, et les balustres sur la façade en retour.

Cette conséquence, les Grecs ne l'acceptent pas : ils veulent (fig. 22 A) que le chapiteau situé à l'angle de deux façades présente sur l'une et sur l'autre des volutes ; et le seul moyen d'obtenir ce résultat est d'orienter à 45° la volute d'angle

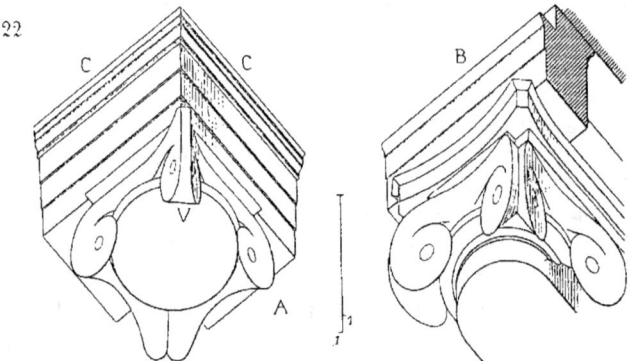

sauf à ménager pour la recevoir un appendice diagonal V, sortant du plan du tailloir.

ORDRE IONIQUE.

Le croquis A explique la déformation que subit ainsi le chapiteau. Dans le dessin pag. 358, la volute de gauche est une volute d'angle : on se rend compte de l'effet qu'elle produit. Grâce à cet artifice, la face en retour est devenue pareille à la face principale, mais le chapiteau d'angle est devenu dissymétrique.

C'est seulement vers la fin du 5ᵉ siècle que les architectes tentent de s'affranchir de cette dissymétrie. L'appendice diagonal V, né d'un pur expédient, leur paraît susceptible d'un emploi systématique : ils le mettent à profit pour rendre les quatre faces pareilles ; ils suppriment les balustres et adaptent aux quatre côtés un décor de volutes orientées à 45° (fig. 22 B).

La plus ancienne application connue (B) provient du temple de Phigalie où nous avons déjà signalé l'innovation de la base par empattement conique (pag. 348).

Nous sommes aux environs de l'an 430.

A dater de ce moment, on possède pour le chapiteau deux variétés, de même qu'on en possède deux pour la base : d'un côté, le chapiteau à balustres et la base à tores ; de l'autre, le chapiteau symétrique et la base par empattement.

Les nouvelles formes du chapiteau et de la base, qui se manifestent à la fois à Phigalie, restent habituellement associées l'une à l'autre et se cantonnent dans la région où elles ont pris naissance, la Grèce propre et la Macédoine (théâtre d'Épidaure, propylée de Palatitza);

L'Ionie, au contraire, demeure fidèle à l'ancien type qui s'était développé sur son sol même (Sardes, Milet, Priène, Magnésie, Geira, Æzani). A prendre les faits dans leur ensemble, on peut dire que c'est le chapiteau à balustres qui domine.

Dernières modifications. — Passé le 5ᵉ siècle, les modifications du chapiteau ionique portent exclusivement sur le caractère expressif :

Comme le dorique, l'ionique prend une certaine sécheresse de forme, une élégance savante et de plus en plus cherchée.

Les exemples M et P (fig. 23) accusent cette tendance : M est un chapiteau dissymétrique de l'époque macédonienne (Milet);

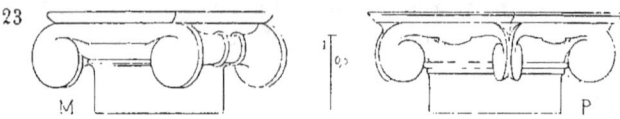

P, un chapiteau à quatre faces pareilles datant de l'époque romaine (Pompei).

ENTABLEMENT.

Nous donnons en perspective (fig. 24) et en géométral (fig. 25) une série d'exemples qui caractérisent les aspects successifs de l'entablement ionique.

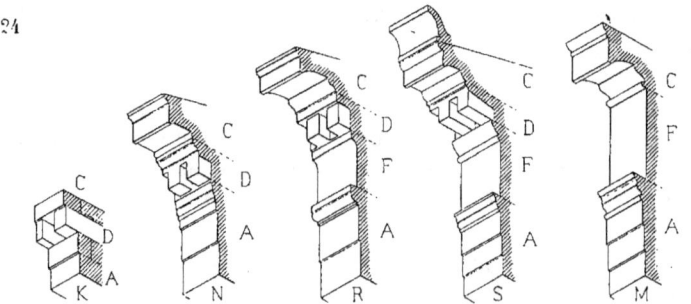

Dans ces divers dessins, les mêmes lettres répondent aux mêmes membres :

A architrave,
F frise,
C corniche,
D denticules.

Il suffit de comparer les tracés pour reconnaître que, de l'un à l'autre, les seules différences matérielles consistent dans la présence ou l'absence des membres F et D :

Les entablements ont ou n'ont pas de frise; ils sont ou ne sont pas denticulés.

ORDRE IONIQUE.   363

La frise F et les denticules D sont des éléments facultatifs, accidentels : mettons-les provisoirement à part, et passons en revue les éléments communs à tous les profils d'entablement.

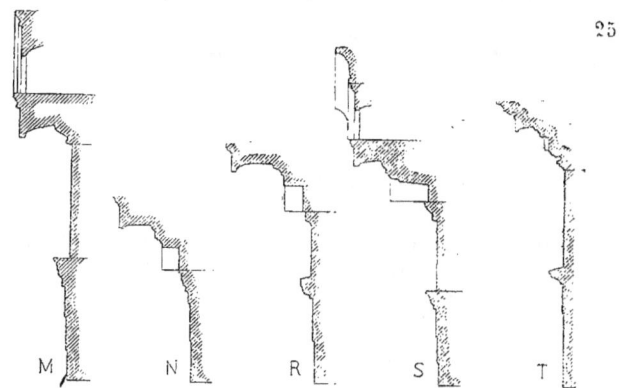

25

Architrave. — L'architrave des ordres archaïsants de la Lycie (pag. 338, fig. 2) est partagée en deux bandes; au 5ᵉ siècle, le nombre des bandes est presque invariablement porté à trois; et la combinaison de charpente dont ces bandes rappellent le souvenir est manifestement celle qu'indique (fig. 24) le croquis théorique K. L'architrave lisse est tout à fait exceptionnelle : on n'en peut guère citer qu'un exemple, le temple sur l'Ilyssus dont Stuart nous a conservé les détails.

Au lieu du listel dorique, l'architrave ionique a comme moulure de couronnement un talon.

Corniche. — La corniche archaïque de la Lycie (fig. 24 K) se prêtait mal à garantir l'édifice contre les eaux pluviales : elle débordait à peine et était dépourvue de revers d'eau : les modifications que lui apportent les architectes de l'époque classique, consistent à l'avancer en surplomb et profiler le dessous de la saillie en coupe-larme.

Comme accompagnement la corniche présente, à sa naissance, un gros talon et, le long de son arête supérieure, un talon moindre, sur lequel repose le chéneau.

Nous ne connaissons pas d'édifice ionique dont la toiture soit à simple gouttière : le chéneau est de règle. Jamais d'ailleurs il ne reproduit les profils en talon ou en quart de rond du chéneau dorique, il affecte la forme d'une doucine.

Restent les membres facultatifs de l'entablement, la frise F et les denticules D :

Denticules. — L'entablement denticulé n'est représenté dans l'architecture athénienne que par un exemple, la tribune des Arrhéphores : il n'existe ni aux grands portiques de l'Érechtheion, ni au temple sur l'Ilyssus, ni à la Victoire aptère. En Asie Mineure au contraire il est admis presque sans réserve (Priène, Milet, etc.).

Le rôle utile des denticules est de former un encorbellement élégi qui permet d'exagérer la saillie de la corniche et par suite de mieux abriter la façade. Leur répartition se fait d'ordinaire tant plein que vide.

Frise. — La frise dorique était partagée en triglyphes et métopes ; la frise ionique est une bande continue. Son nom implique son rôle, les anciens l'appelaient « zoophoron » : c'était un fond de bas-reliefs. L'ordonnance à frise lisse ne prévaut qu'à l'époque de Priène ou de Milet.

Nous avons vu (pag. 331) que dans l'ordre ionique, la présence des triglyphes conduit à rapprocher les colonnes d'angle : l'ordre ionique, où les triglyphes n'existent pas, a ses colonnes uniformément espacées ; la façade de la Victoire aptère est un des rares exemples d'ordonnance sans triglyphes où les entrecolonnements extrêmes soient resserrés.

FRONTON.

Le comble à deux versants dont le fronton dérive a laissé ses plus anciennes traces dans les régions à rudes hivers de la

Phrygie et de la Paphlagonie (pag. 254) et très probablement il fut introduit en Grèce par les Doriens. En Lycie, les tombes d'architecture archaïsante où nous entrevoyons les édifices ioniques sous leur aspect original, nous les montrent (pag. 338) surmontés de terrasses tantôt arasées horizontalement, tantôt réglées suivant deux contre-pentes.

C'étaient de lourdes constructions que ces terrasses, et l'ordre ionique semblait écrasé sous ce fardeau : afin d'atténuer la surcharge, les Ioniens s'attachent à réduire la pente à son extrême limite ; jamais l'inclinaison du fronton ionique n'excède la pente minimum du fronton dorique, 1 de hauteur pour 4 de base ; souvent, à l'époque macédonienne, elle descend à 1 pour 5.

Dans l'ordre dorique, la corniche rampante du fronton se distingue de la corniche horizontale par l'absence de mutules : ici, ce sont les denticules qui disparaissent.

La fig. 26 met en regard deux exemples de frontons ioniques empruntés l'un à l'Asie Mineure, l'autre à la Grèce propre :

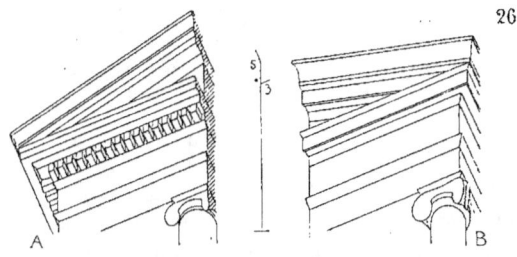

26

En Asie Mineure (type A, Priène) la corniche rampante reproduit la corniche horizontale moins les denticules. Dans l'école ionique d'Athènes, qui exclut les denticules, aucune différence n'existe entre les deux corniches (type B, Érechtheion). Il faut descendre jusqu'à l'époque romaine pour trouver des édifices tels que le temple d'Æzani où une rangée de denticules règne le long des rampants du fronton.

Le tympan du fronton ionique est presque toujours lisse : sa forme écrasée se prêtait mal au développement de la statuaire.

COLONNADES INTÉRIEURES ET ACCESSOIRES DE L'ORDRE.

Ordres intérieurs. — Nous passons du frontispice aux dispositions intérieures du portique :

La différence entre l'ordre du frontispice et celui des intérieurs porte sur l'entablement : Ainsi que dans l'ordre dorique et pour la même raison, l'entablement sous plafond est dépourvu de corniche.

Ici la simplification va encore plus loin : La frise, qui fait si peu partie intégrante de l'ordre, disparaît d'ordinaire en même temps que la corniche. Aux Propylées, au temple de Milet, etc. les colonnes ioniques sous portique sont surmontées seulement d'une architrave qui reçoit sans intermédiaire les poutres du plafond (fig. 27 : Milet).

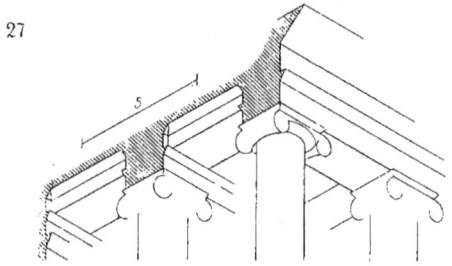

27

Antes et pilastres. — L'ordre dorique n'admet, en fait de pilastres, que des têtes de murs ou antes ; le temple ionique de Milet présente en outre, le long des façades intérieures de la cella, une véritable ordonnance de pilastres.

Ni l'ante ni le pilastre ne reproduit les formes d'une colonne :

Les arêtes de l'ante ou du pilastre sont verticales, sans galbe et sans talus ;

ORDRE IONIQUE.   367

La base seule est quelquefois empruntée à la colonne : à l'Érechtheion la conformité est exacte ; au temple sur l'Ilyssus, la base de l'ante, composée des mêmes éléments que celle de la colonne, offrait un relief moindre.

Pour le chapiteau d'ante, le profil normal est A (fig. 28) : il

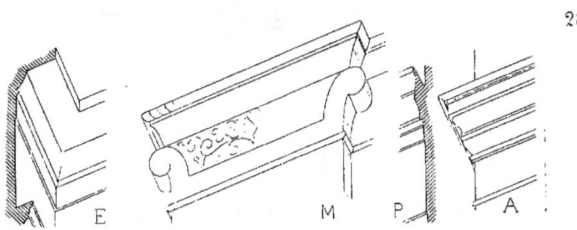

diffère du profil dorique par la substitution d'un talon à la place de la rude moulure en bec-de-corbin.

Quant aux pilastres, à Priène, à Milet ils se terminent par des chapiteaux aplatis M accompagnés d'enroulements qui rappellent, mais ne font que rappeler les volutes des colonnes.

Plafonds. — Les plafonds ioniques sont à caissons comme ceux de l'ordre dorique, et ne se distinguent que par un surcroît de légèreté et une décoration moins austère.
Nous reproduisons en E la corniche qui fait bordure au pourtour du plafond des Arrhéphores.

Baies. — Les fenêtres, à peine rétrécies au sommet, sont encadrées de chambranles (façade occidentale de l'Érechtheion, pag. 271, A).
Les portes présentent, indépendamment du chambranle, une corniche reposant par ses extrémités sur des consoles : la porte du temple de Sardes est un des plus beaux exemples de la baie ionique; celle de l'Érechtheion en est l'exemple le plus célèbre.
A l'Érechtheion, la corniche de couronnement (fig. ci-contre) est à peine saillante et dépourvue de coupe-larme : elle doit ce

double caractère à sa position sous un portique qui la met à l'abri des pluies. Dans une telle situation le coupe-larme eût été un contresens.

LE DÉTAIL DES ORNEMENTS.

Jusqu'au 5ᵉ siècle la modénature ionique a quelque chose de la fermeté dorique. Vers l'époque macédonienne, tandis que la modénature dorique se raidit jusqu'à la sécheresse, les moulures ioniques s'arrondissent en contours de plus en plus souples.

En traitant des caractères généraux des ordres, nous avons observé que les moulures doriques sont rarement ornées de sculptures. Jamais l'échine dorique n'est décorée d'oves. Au contraire les oves sont l'ornement presque obligé de l'échine ionique. Les moulures de l'entablement sont lisses dans l'ordre dorique; dans les monuments ioniques elles sont presque toujours sculptées en oves ou bien en rais de cœur.

A la pag. 293, nous avons donné deux exemples d'oves : en B des oves du 5ᵉ siècle, en C des oves de l'époque macédonienne : les plus anciennes sont séparées les unes des autres par des côtes saillantes, les plus récentes par des fers de lance.

Une particularité des oves des Propylées montrera jusqu'où fut poussée chez les Grecs l'analyse des effets de la lumière.

Ces oves du chapiteau ne sont pas toutes modelées : sous les balustres, dans la partie de l'échine où la lumière plusieurs fois réfléchie amollit les contours, on a simplifié le rendu, supprimant les détails et réduisant les oves à un épannelage anguleux. Plus tard, l'ordre des Propylées fut copié, mais ces délicatesses échappèrent aux imitateurs. Vers l'époque d'Adrien, temps d'indécision où l'on cherchait, faute d'idées nouvelles, à faire revivre le passé, on imagina de reproduire à Éleusis les propylées d'Athènes; mais on omit cette distinction et toutes les oves devinrent pareilles. Des nuances de cette sorte font la différence entre un tableau de maître et la vulgaire copie : elles peuvent échapper à l'œil, mais le goût les sent.

VARIÉTÉS DES ORDRES GRECS :
ORDRES CORINTHIEN, CARYATIDE, ATTIQUE.
ROLE ET ASSOCIATION DES DIVERS ORDRES.

Quoi qu'on fasse, un portique sur colonnes se réduit à des pièces horizontales et des piliers verticaux. Les applications, envisagées dans leur ensemble, ne peuvent différer que par des degrés de force ou de légèreté; en d'autres termes, il ne saurait exister que deux ordres : l'ordre robuste, le dorique; l'ordre léger, l'ionique. Les ordres qui nous restent à décrire rentrent nécessairement dans ces deux types fondamentaux : ils s'en écartent plus ou moins par le détail de l'ornement, au fond ils n'en sont que des variantes.

L'ORDRE CORINTHIEN.

L'ordre corinthien variété de l'ionique. — L'ordonnance dite corinthienne, qui se distingue par le chapiteau à corbeille de feuillage, doit son intérêt aux innombrables applications que les Romains en ont faites : chez les Grecs, elle ne joue qu'un rôle fort secondaire et ne se présente guère qu'à titre de variété plus riche de l'ordre ionique. A l'époque même où l'ordre corinthien avait pris sa place dans l'art romain, Vitruve lui reconnaît à peine une existence individuelle, il le rattache à l'ionique par la communauté des proportions : « l'ordre corinthien, dit-il, ne diffère quant aux proportions de l'ordre ionique, que par la plus grande hauteur du chapiteau ». Et il est si vrai que ces deux ordres se confondaient dans l'esprit des Grecs, que le plus ancien chapiteau corinthien parvenu jusqu'à nous se trouve mêlé dans une même ordonnance d'ensemble avec des chapiteaux ioniques.

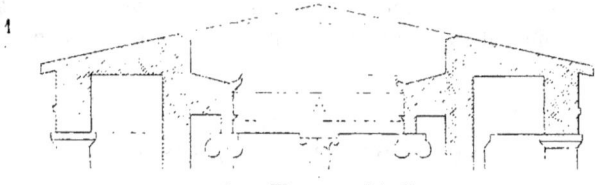

Cette association significative existait au temple de Phigalie qui fut élevé par Ictinus peu d'années après le Parthénon.

La cella était d'ordre ionique ; et, au fond de la cella, la colonne centrale tranchait sur toutes les autres par son chapiteau corinthien. La fig. 1 fera saisir la différence du chapiteau central A et de ceux qui l'encadrent.

Le chapiteau A était, selon toute apparence, un fragment archaïque remployé dans le temple nouveau, comme les métopes de ce vieux temple de Sélinonte qui furent religieusement enchâssées dans le temple reconstruit.

Vitruve raconte que le premier chapiteau corinthien fut l'œuvre d'un orfèvre de Corinthe qui vivait vers l'an 400, Callimaque, l'auteur de la lampe d'or qui éclairait à l'Érechtheion le sanctuaire de Minerve. Le chapiteau de Phigalie, non pas exécuté mais remployé au 5ᵉ siècle, prouve que les éléments préexistaient, et de beaucoup, à cette date. S'il fallait risquer une hypothèse, nous dirions que le type originel de cet ordre à feuillage n'est autre chose que le chapiteau égyptien à feuilles de palmier (pag. 44) qui était en faveur lors des premiers contacts entre l'Égypte et le monde grec.

Quoi qu'il en soit, le type est antérieur à Callimaque, et le rôle de cet artiste ne put être que d'imprimer un caractère régulier et définitif aux rudiments de la décoration corinthienne : c'est le rôle même de Chersiphron pour l'ordre ionique.

LE CHAPITEAU.

Aspect général, origine métallique. — D'après le récit de Vitruve, l'inventeur du chapiteau en aurait conçu l'idée en observant sur une tombe une acanthe dont les feuilles enveloppaient une corbeille d'offrandes.

Le seul détail intéressant de la légende, c'est qu'elle rappelle un nom d'orfèvre : le chapiteau primitif est en effet une œuvre d'orfèvrerie. Suivant une remarque de M. Chipiez, les formes répondent moins aux convenances d'un ouvrage de sculpture qu'à celles d'un travail de forge, exécuté au repoussé ; ces feuillages, où la matière est fouillée à l'excès, sont trop fragiles pour le marbre.

Au contraire, supposons la corbeille revêtue d'une enveloppe en feuilles de cuivre estampé : tout s'explique. Les feuilles sont martelées séparément et il suffit, pour en fixer une rangée, de les river (fig. 2) sur un anneau C embrassant la corbeille.

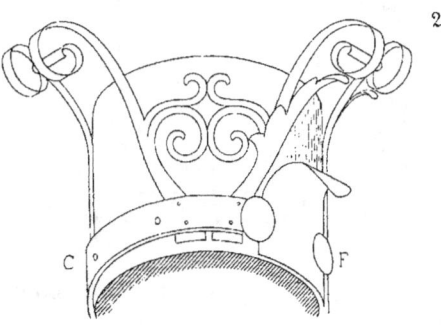

Les volutes viennent d'elles-mêmes : ce sont les spirales qu'on obtient par l'enroulement d'une lame de métal. Les ajours mêmes des volutes, si difficiles à réaliser en pierre, ne sont plus que des découpures au burin : dès qu'on admet l'origine métallique, les apparentes anomalies disparaissent.

372 ARCHITECTURE GRECQUE.

La tradition des chapiteaux à revêtement de métal se perpétue jusqu'aux derniers temps de l'empire romain, et paraît confirmer cette hypothèse. Pline nous apprend qu'il exista des chapiteaux à décor de bronze au Panthéon de Rome; et l'on voit à Palmyre, à Djerach, des colonnes dont la corbeille lisse était enfermée dans une enveloppe à feuillage métallique.

Détails et formes successives du chapiteau. — Nous n'essaierons pas de reconstituer en détail le vieux chapiteau de Phigalie; les dessins qui nous en ont conservé l'aspect sont trop vagues et trop peu concordants : la fig. 1 reproduit les traits généraux communs aux différents relevés.

En revanche, le chapiteau du monument de Lysicrate (fig. 3),

dont la date est l'an 335 avant notre ère, nous est parvenu presque intact.

La corbeille est exactement cylindrique; il règne dans les ornements qui l'enveloppent une sorte de caprice qui est de mise pour un édifice de petite dimension, mais qui serait déplacée dans une construction à grande échelle. Les volutes, un peu grêles, se briseraient sous la moindre charge, et le contour manque peut-être de fermeté : c'est bien la traduction en marbre d'un modèle de métal.

On est si près encore de l'original, que l'on associe dans la copie de marbre le métal aux formes dérivées de son emploi :

La frette nécessaire pour serrer le pied des feuilles contre la corbeille, est une bague de bronze incrustée à la naissance du chapiteau.

Les petits disques interposés entre les feuilles du second rang s'expliquent par le croquis théorique fig. 2 : ils rappellent les attaches F qui retenaient les feuilles en les fixant à l'armature C.

Au monument de Lysicrate ainsi qu'au temple de Phigalie, le motif central du chapiteau est une palmette plate.

Au temple de Milet (3ᵉ siècle) nous retrouvons cette palmette centrale sans relief qui fera place plus tard à une volute saillante. Les feuilles gardent encore la maigreur et les contours découpés qu'elles avaient au monument de Lysicrate.

D'ailleurs, le chapiteau de Milet offre un caractère qui sera dans l'architecture romaine un signe d'archaïsme, l'extrême rapprochement des deux couronnes de feuilles : les feuilles du second rang s'élèvent à peine au-dessus de celles du premier.

Les ruines du temple rond d'Épidaure nous présentent l'ordre sous une forme plus voisine de celle qu'il gardera dans l'art romain.

La fig. ci-contre indique en E les masses de ce chapiteau, qui est un chef-d'œuvre de sculpture.

Les inscriptions paraissent lui assigner une date voisine de l'an 360; et pourtant les formes se ressentent moins qu'au monument de Lysicrate de l'influence du modèle métallique. La hauteur du second rang de feuilles est plus grande qu'à Milet, et une volute centrale commence à se détacher en relief. Ces indices tendraient à faire présumer une date plus récente.

A côté de ces ordres types se placent une série de variétés secondaires, qu'il suffira d'énumérer :

Les ruines de Délos ont fourni l'exemple d'une colonne votive où le chapiteau semble un corinthien trapu réduit à sa corbeille : peut-être une libre inspiration de la campanule égyptienne.

A Pergame l'imitation des ordres proto-corinthiens de l'Égypte est plus manifeste encore : quelques chapiteaux semblent des copies de modèles ptolémaïques.

L'influence des originaux égyptiens s'aperçoit aussi dans les chapiteaux à palmettes et sans découpures des colonnes votives du théâtre de Bacchus (fig. 4 B); elle se retrouve à Théra, à la tour des Vents d'Athènes, etc.

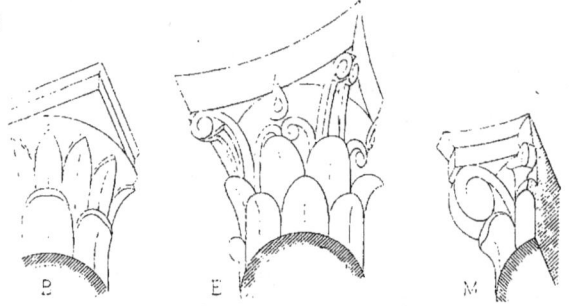

Ailleurs on voit surnager les données ioniques qui ont été le point de départ : au chapiteau dit de Diane Laphria à Messène (M), la hauteur n'excède guère celle qu'aurait le chapiteau ionique lui-même, les volutes reprennent l'allure ionique; un seul rang de feuilles les accompagne : nous sommes en présence d'un ordre ionique analogue à celui de l'Érechtheion (pag. 358) où la couronne de palmettes se modèlerait en plein relief.

Enfin ce mouvement de retour vers les origines explique les formes des chapiteaux demi-corinthiens demi-ioniques de

Pæstum, de Cora : l'ordre, né de l'ionique, revient aux formes ioniques avant de prendre, entre les mains des Grecs au service de Rome, l'aspect définitif du corinthien romain.

L'ENTABLEMENT.

L'entablement type de l'ordre corinthien est celui du monument de Lysicrate (pag. 372); et les éléments en sont de tout point ioniques : architrave à bandes, frise historiée, corniche à denticules; c'est l'entablement ionique à son état d'entier épanouissement, avec tous les membres qu'il présente en Ionie; dans les profils plus de richesse encore, dans l'expression un surcroît de légèreté et de finesse.

Au temple d'Épidaure, la composition prête à plus d'une critique : la frise se profile suivant une courbe en doucine qui manque de fermeté; dans la corniche les moulures se pressent sans laisser entre elles ces champs lisses qui sont un repos pour l'œil : M. Chipiez considère ce couronnement comme refait à l'époque romaine.

Quant à l'entablement de la tour des Vents, c'est déjà une œuvre de décadence.

L'ANTE.

A Épidaure l'ante se termine par un amortissement en doucine qui rappelle le profil de la frise.
A la tour des Vents, l'ante est purement ionique.
Ailleurs enfin l'ante est remplacée par une colonne engagée dont la section est un ovale très aplati : le Musée britannique possède parmi les fragments d'Éphèse des restes de demi-colonnes de ce genre; le théâtre de Bacchus en offre d'autres exemples, sans doute plus récents.

En somme, dans l'ordre corinthien le chapiteau est le seul membre dont le caractère soit tranché; aux yeux des Grecs l'ordre corinthien est presque une ordonnance de fantaisie : il ne prendra une physionomie à part que pour s'adapter à l'architecture romaine.

L'ORDRE CARYATIDE.

L'ordre corinthien est l'ionique avec chapiteau de feuillage; l'ordre caryatide est une combinaison de l'entablement ionique ou dorique avec un fût en figure humaine.

L'exemple le plus justement célèbre se trouve au portique sud de l'Érechthéion (fig. 5), une des productions où l'esprit grec se manifeste avec le plus d'originalité ingénieuse, de liberté sagement contenue.

Par ses ornements, ce morceau d'architecture rentre dans le type ionique, par sa proportion trapue il se rapproche du dorique.

Quatre statues d'arrhéphores soutiennent l'entablement : symétriquement posées à droite et à gauche de l'axe du portique, et saisies dans un mouvement qui éveille l'idée d'un parfait équilibre. Pour alléger la charge qui pèse sur leurs têtes, l'architecte a ramené l'entablement ionique à sa forme originelle : un entablement architravé. L'architrave et la corniche, seuls membres conservés, sont exactement d'égale importance : le dessous des denticules coupe juste l'entablement à mi-hauteur.

La statuaire ainsi incorporée à l'architecture est traitée d'une façon vraiment monumentale : point de geste violent qui contraste avec l'immobilité d'une construction de marbre, des lignes calmes et simples comme celles de l'architecture même : l'harmonie des deux arts ne pouvait être plus parfaite.

Les fouilles de Delphes ont établi que l'ordonnance caryatide était admise antérieurement au 5ᵉ siècle et de nombreux fragments prouvent qu'elle fut en usage jusqu'à l'époque romaine. Le Louvre possède des figures qui remplirent dans la décoration de la scène du théâtre de Milet la fonction des arrhéphores à l'Érechtheion : l'allure générale est la même, mais la sculpture a perdu cette gravité architecturale qui fait de la tribune de l'Érechtheion une œuvre hors de pair.

Au grand temple d'Agrigente, des géants portés sur de hauts piédestaux recevaient sur leurs épaules le poids de l'entablement de la cella. Nous donnerons dans la coupe intérieure du temple une vue de ces piliers dont le robuste aspect contraste avec les élégances du portique athénien.

Des édicules au théâtre de Bacchus avaient également en guise de piliers des figures de Télamons.

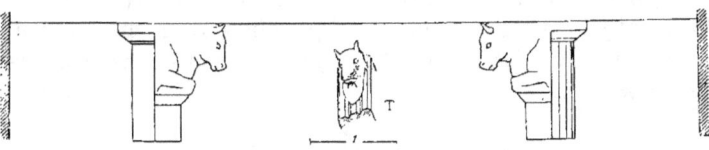

6

Au lieu de piédestaux surmontés de figures de géants, les architectes de Délos ont employé des piliers terminés, en manière d'encorbellement, par des représentations de taureaux accroupis. L'ordonnance fig. 6 provient d'un temple à cella très allongée et marquait l'entrée du sanctuaire.

Dans un portique dorique de Délos, des têtes de taureaux T tenaient lieu de triglyphes.

A Éphèse, des chapiteaux ioniques étaient flanqués de têtes de taureaux.

Le temple de Milet présentait des chapiteaux où l'œil de la volute était occupé par un masque colossal.

L'ORDONNANCE A PILIER CARRÉ (L'ORDRE ATTIQUE).

Au lieu de remplacer, comme dans l'ordre caryatide, le fût par une figure humaine, remplaçons-le par un simple pilier carré, nous obtenons l'ordonnance à pilastres, celle que Pline désigne sous le nom d'« ordre attique ».

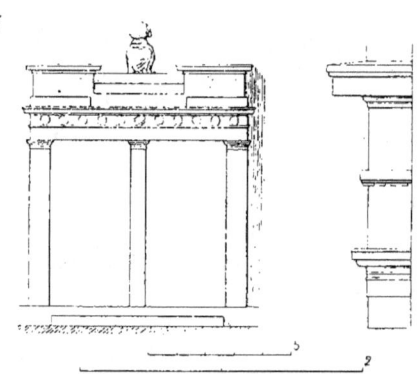

L'ordre attique était celui du monument de Thrasyllus (fig. 7), charmant édifice du 4° siècle dont quelques fragments existent au Musée britannique et dont les détails nous ont été conservés par Stuart.

Les piliers du monument de Thrasyllus dérivent directement de l'ante dorique : ceux des deux angles sont de véritables antes terminant les parois latérales; celui du milieu reproduit la proportion étrangement élancée d'une ante vue de profil.

Le chapiteau est un chapiteau d'ante, profilé en bec-de-corbin; l'entablement, un entablement dorique mais sans triglyphes ni mutules : rien qui soit nouveau, une extension pure et simple des formes du pilier engagé à des supports isolés et de section carrée.

Cet ordre de pilastres élancés paraît avoir trouvé des applications importantes dans l'architecture civile des Grecs : à l'arsenal du Pirée, le comble reposait sur des supports désignés au devis par un nom qui répond au mot « pilier », et dont la proportion paraît incompatible avec la forme de la colonne : une hauteur égale à onze fois l'épaisseur, et un chapiteau égal seulement au trentième du fût.

Sans nul doute l'ordre de l'arsenal du Pirée était un ordre « attique » et ses détails différaient peu de ceux du monument de Thrasyllus, dont il était presque contemporain.

Les inscriptions indiquent aussi à Délos des ordres de ce genre.

L'ORDRE TOSCAN.

C'est enfin une variété et probablement une variété archaïque du dorique, que cet ordre dont Vitruve donne la description sous le nom d'ordre étrusque et dont nous indiquons fig. 8 les particularités essentielles.

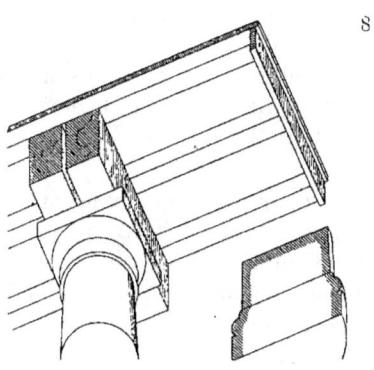

Une colonne à base, un chapiteau dorique accompagné d'un gorgerin; un entablement composé de deux pièces jumelles en bois; point de frise, et, au lieu de corniche, une toiture faisant auvent : un ordre dorique architravé de proportion très légère. Et, comme indice de la filiation dorique, nous verrons que le plan des temples où cet ordre était appliqué rappelle les plans doriques les plus anciens.

ORDONNANCES HYBRIDES.

Pour compléter la revue des ordres, nous devons mentionner les combinaisons fantaisistes que les anciens ont faites d'éléments empruntés aux types canoniques.

Indépendamment de ces formes mixtes de chapiteaux qu'on peut à volonté nommer ioniques ou corinthiennes, on rencontre dans l'architecture des Grecs l'ordre ionique ou même le corinthien revêtu de la frise dorique à triglyphes.

L'application des triglyphes aux ordonnances corinthiennes est admise par Vitruve, et nous la trouvons dans des monuments asiatiques de basse époque, les tombeaux de Petra.

Quant à leur introduction dans l'ordonnance ionique, nous en avons dès le 5ᵉ siècle un exemple au temple dit d'Empédocle à Sélinonte (voir ci-après pag. 383, fig. 10 A). Même mélange au tombeau dit de Théron à Agrigente, dans un portique de Pergame, dans plusieurs monuments de Pompei. L'ionique sans triglyphes a ses colonnes uniformément espacées ; dès que le triglyphe intervient, le dernier entre-colonnement se resserre (pag. 331).

Hors du monde grec, non seulement les ordres se mélangent, mais fréquemment ils se présentent avec un appoint d'éléments étrangers à l'art hellénique : sur toutes les côtes de Syrie et d'Afrique, l'influence phénicienne persiste à côté de l'influence grecque, et les ordres se compliquent d'un apport phénicien, c'est-à-dire égyptien.

Les détails fig. 9 reproduisent quelques-uns de ces arrangements hybrides, qui d'ailleurs ne sont pas dépourvus de style et d'élégance.

A est une ordonnance empruntée à l'architecture de la côte d'Afrique, les autres appartiennent à l'architecture grécisante de la Palestine : le détail A provient du Medracen, tombeau des rois numides; la colonne B, d'une des portes de l'enceinte du temple de Jérusalem; l'entablement C, du tombeau dit d'Absalon; la frise qui occupe le bas de la figure est celle de l'hypogée dit des Rois à Jérusalem.

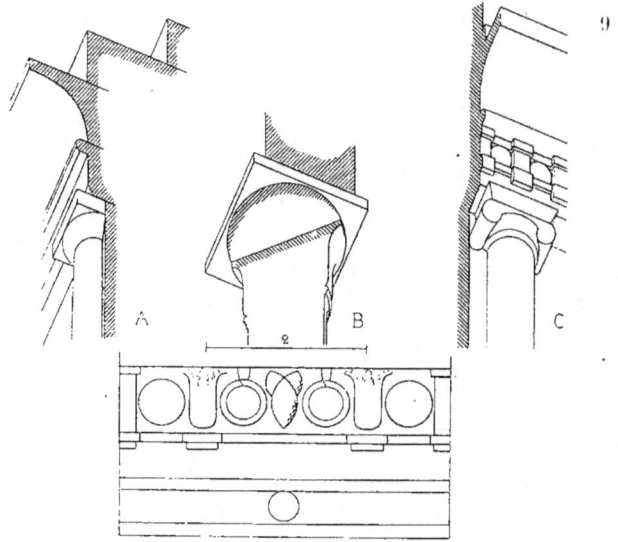

On remarquera en A et C l'emploi de la gorge égyptienne à la place de la corniche grecque; en B, un chapiteau à demi égyptien, à demi corinthien. Au tombeau des Rois, les moulures de l'entablement se retournent d'onglet pour former autour du portique un chambranle qui l'encadre.

Ces derniers exemples suffisent pour montrer ce que deviennent les ordres dans les pays où l'hellénisme ne pénètre que par rayonnement indirect.

Les colonies grecques n'acceptèrent jamais cet alliage d'éléments étrangers : l'art grec y demeura aussi pur que dans la métropole même, il ne s'y transforma que pour se plier aux goûts et aux besoins de Rome.

LES DOMAINES PROPRES DES DIVERS ORDRES. LEURS ROLES SPÉCIAUX. LEUR ASSOCIATION.

Distribution géographique des ordres. — Il est des contrées grecques où l'ordre ionique est presque exclusivement en usage, d'autres où l'ordre dorique prévaut. Les colonies ioniennes d'Asie Mineure n'admettent guère que l'ionique; les populations de la Grande Grèce et de la Sicile, où domine l'élément dorien, emploient spécialement le dorique; la Grèce propre est la seule région où les deux ordres règnent à la fois. Quelle idée préside au choix entre l'un et l'autre?

Le rôle des divers ordres. — Ce choix est indiqué par les caractères très distincts des deux ordres :

Le dorique, par son mâle et monumental aspect, est tout désigné comme l'ordre des très grands temples. Dans les compositions de petite échelle, comme au monument de Thrasyllus, nous l'avons vu remplacé par une ordonnance de pilastres sveltes; plus ordinairement c'est l'ordre ionique qui décore les édifices de médiocre grandeur. Les petits temples de l'acropole d'Athènes sont tous d'ordre ionique : la Victoire aptère, Diane Brauronia, Minerve Erganè, l'Érechtheion.

A plus forte raison l'ordre corinthien, avec son surcroît de fantaisie, convenait aux édifices qui comportent l'élégance plus que la majesté : tel le monument de Lysicrate (pag. 372).

Mais dès le 5ᵉ siècle une autre distinction s'établit : l'ionique tend à devenir l'ordre des intérieurs. C'est à ce titre que Vitruve en conseille l'application sous les portiques. C'est à ce titre qu'il est admis aux propylées d'Athènes, qu'il figure aux propylées de Palatitza : l'ordre extérieur est dorique, l'intérieur ionique. L'ionique, moins encombrant, va mieux à cette place. De plus, les sculptures fouillées du chapiteau s'accommodent mieux à la lumière diffuse que les surfaces lisses de l'échine dorique. La coupe fig. 10 B, empruntée aux propylées d'Athènes, montre les deux ordres associés malgré l'inégale longueur des colonnes et l'inégale hauteur des entablements.

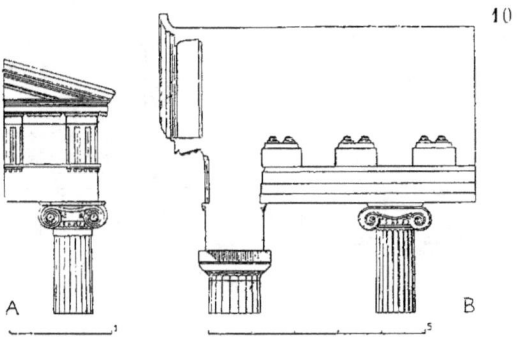

Plus encore que l'ionique, l'ordre corinthien semble, par sa délicate légèreté, fait pour les intérieurs; et tel est plus spécialement son emploi. L'ordre corinthien d'Épidaure était placé dans une rotonde dorique; l'ordre corinthien de Milet, dans une cella ionique. De même au Philippeum d'Olympie. A Æzani, les colonnes extérieures du portique étaient ioniques, les colonnes intérieures corinthiennes. L'ordre corinthien joue ainsi par rapport à l'ionique le rôle de l'ionique par rapport au dorique; les Grecs font à chacun sa place et n'hésitent pas à les juxtaposer sans redouter les contrastes : ces contrastes ils les cherchent plutôt, bien convaincus que le goût sera satisfait dès qu'il en sentira la convenance.

Les ordres superposés. — Enfin lorsqu'il s'agit d'étager l'une au-dessus de l'autre deux rangées de colonnes, la légèreté relative des ordres commande leur superposition; le dorique seul se superpose à lui-même, et la fig. 11 A montre comment l'association s'opère : les arêtes du fût supérieur font le prolongement exact de celles de l'ordre inférieur. En d'autres termes, imaginez un fût continu embrassant les deux étages, et coupez-le par une architrave d'entretoisement, vous obtiendrez l'ordonnance dorique à double étage. Ainsi se présente-t-elle au grand temple de Pæstum, au temple d'Égine (A), au temple principal de Sélinonte.

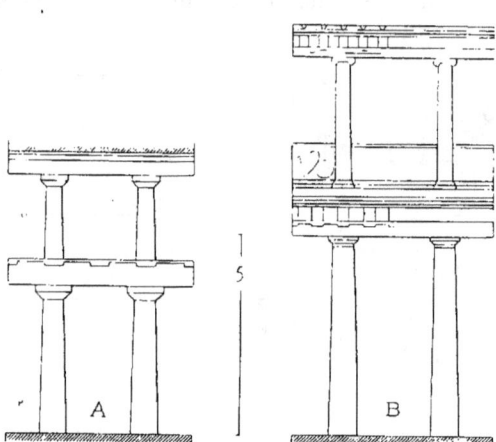

Comme exemple de superposition de deux ordres différents, nous citerons le portique de Pergame représenté en B : l'ordre inférieur est dorique ; l'ordre supérieur, un ionique à triglyphes. A Tégée, nous apprend Pausanias, l'ordre inférieur de la cella était dorique, l'ordre supérieur corinthien.

Tel était le mode de groupement des ordres. Il nous reste pour en compléter l'histoire, à préciser les proportions que les Grecs leur appliquaient.

LES PROPORTIONS, LA PERSPECTIVE ET LE PITTORESQUE DANS L'ART GREC.

PROPORTIONS.

Dans l'analyse des ordres, l'idée de proportion est revenue sans cesse, c'est-à-dire l'idée de rapports de grandeurs régnant entre les divers membres et qui donnent à chacun des ordres fondamentaux son caractère, à chaque époque le cachet de sa date. Nous nous proposons ici d'examiner la loi qui présidait aux proportions chez les Grecs.

LE PRINCIPE DE LA MÉTHODE MODULAIRE.

Comme dans les architectures de l'Égypte et de la Chaldée, chez les Grecs la loi des tracés est essentiellement modulaire, elle consiste à relier entre elles les dimensions d'un ensemble en les subordonnant toutes à une commune mesure prise dans l'édifice même.

Cette dimension fondamentale est ce qu'on appelle le module : toutes les autres sont en rapport simple avec elle.

Quel que soit l'ordre d'architecture adopté, que l'édifice soit ionique ou dorique, les textes établissent que le module se déduit du rayon de la colonne.

Longtemps on a cru qu'il s'agissait du rayon inférieur du fût. La théorie ainsi entendue est peut-être celle de Vitruve, certainement celle de Pline; elle se vérifie sur quelques monuments d'époque romaine, la colonne Trajane par exemple : mais, appliquée aux édifices des temps helléniques, elle se trouve en défaut.

On voyait en elle une pure spéculation, lorsqu'Aurès émit l'opinion que le rayon module est *le rayon moyen* de la colonne ou, en d'autres termes, la demi-somme de ses rayons extrêmes.

En premier lieu, Aurès établit que le rapport de ce rayon moyen aux divers membres de l'ordonnance est toujours très voisin d'un chiffre simple.

En second lieu, que ce rayon s'exprime toujours par un nombre très simple lorsqu'on le rapporte au pied grec ou (plus précisément) au pied local qui est, à Athènes, $0^m,308$ avec subdivision en 16 doigts et, dans les colonies de la Grande Grèce, 0^m,296, avec subdivision en 12 pouces.

Le point de départ était trouvé; pourtant la simplicité des rapports ne se vérifiait que d'une façon approximative :

Aurès, partant de cette idée que, dans un projet destiné à une exécution précise, toutes les dimensions doivent se coter sans expressions fractionnaires, est arrivé à rendre compte avec une clarté saisissante des apparentes anomalies.

L'exemple de Pæstum (fig. 1) précisera sa pensée.

Exemple de Pæstum. — La donnée initiale, commandée par l'espace disponible, est l'intervalle entre les axes des deux colonnes extrêmes : 75 pieds italiques.

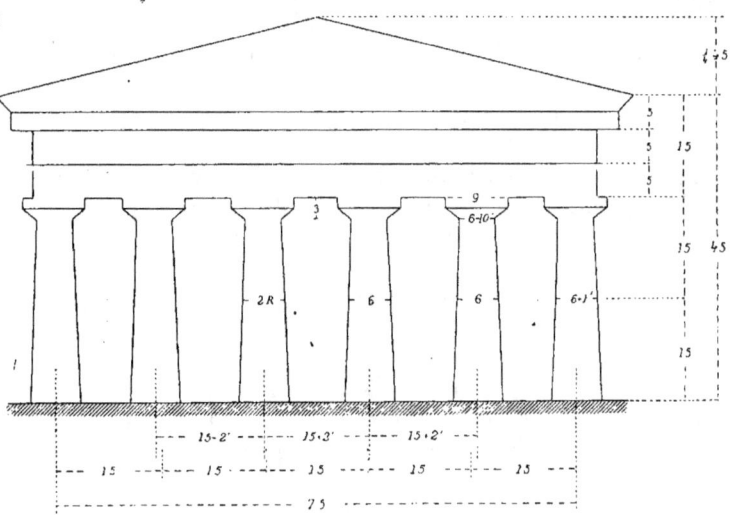

Cet intervalle doit se subdiviser en cinq entre-axes : ce qui donne pour chacun une valeur moyenne de 15 pieds.

Mais, comme nous l'avons vu (pag. 331), il est d'usage dans l'ordre dorique de faire les entre-axes extrêmes plus étroits que l'entre-axe courant : on augmente donc chacun des entre-axes courants, et les petites additions se cumulent aux dépens des entre-axes extrêmes.

Ainsi, au lieu de 15 pieds on donne $15^{pi},2^{po}$ à chacun des entre-axes courants, ce qui réduit chacun des entre-axes extrêmes à 15 pieds moins 3 pouces, soit $14^{pi},9^{po}$:
On aperçoit ici à la fois le principe et l'expression numérique de ces légers écarts.

Prenons maintenant un à un les membres de l'ordonnance.

a. — La colonne :

Sa hauteur est égale à deux entre-axes, soit 30 pieds ;

Son diamètre moyen (le double module) correspond au cinquième de la hauteur totale, soit 6 pieds. Le module sera donc de 3 pieds.

Pour donner au fût de la conicité, on ajoute 10 pouces au diamètre à la base ; le diamètre au sommet se trouve réduit d'autant, ce qui fixe le diamètre à la base à $6^{pi},10^{po}$, et le diamètre au sommet à $5^{pi},2^{po}$.

A la colonne d'angle on assigne un diamètre un peu plus fort qu'aux colonnes courantes : le diamètre courant étant de 6 pieds, celui de la colonne d'angle est porté à $6^{pi},1^{po}$.

b. — Pour les membres supérieurs de l'ordre, les principales dimensions sont les suivantes :

L'architrave est égale à la frise : l'une et l'autre mesurent exactement 5 pieds ; et telle était sans doute la hauteur de la corniche lorsqu'elle conservait son chéneau.
De cette sorte la hauteur totale de l'entablement se trouvait égale à 15 pieds, soit 5 modules, soit encore une largeur d'entre-axe ou une demi-hauteur de colonne.

c. — Envisageons spécialement le chapiteau. Le tracé répond aux indications fig. 2.

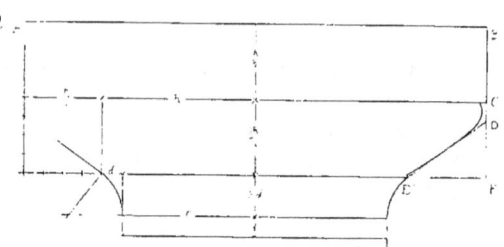

La largeur du tailloir est de 9 pieds (3 modules);

La hauteur du chapiteau, comptée à partir de la naissance F de l'échine, est de 3 pieds (1 module) et se partage en deux moitiés : l'échine FC et le tailloir CB. L'échine présente une saillie EF égale à sa hauteur FC et sa courbure s'inscrit dans un épannelage à 4 de base pour 3 de hauteur (proportion du triangle égyptien).

Quant aux cotes de détail, on les lira sur la figure même : R étant le rayon moyen, r le rayon supérieur, d la différence des rayons, toutes sont des multiples exacts de R, r ou d.

On aperçoit par cet exemple l'esprit de la méthode : on y discerne à la fois les rapports simples de grandeurs qui donnent ce qu'on peut appeler la proportion théorique de l'édifice, et les corrections métrologiques que la pratique impose.

Un second exemple achèvera de mettre la méthode dans son jour.

Exemple de l'arsenal du Pirée. — Une inscription, qui est le texte même d'un marché d'entreprise, nous a transmis toutes les cotes d'exécution de l'arsenal du Pirée.

Or si l'on reconstitue le frontispice à l'aide de ces cotes authentiques, on constate entre les diverses parties des relations de grandeur extrêmement simples, celles que nous avons essayé de rendre sensibles à l'œil par le diagramme fig. 3 :

La donnée initiale est la largeur de la façade mesurée au-dessus du socle (largeur AA').

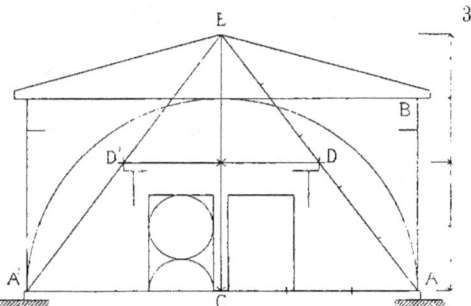

La hauteur AB de la façade, mesurée entre le socle et la corniche, est la moitié de la largeur AA'.

La hauteur au milieu, CE, est des deux tiers de AA'.

Les portes ont pour ouverture un sixième de la largeur de la façade et pour hauteur une fois et demie leur ouverture. Le bandeau DD' qui les surmonte est situé juste à mi-hauteur de l'édifice et présente un développement égal à la moitié de la largeur de la façade.

Mettons les chiffres et passons en revue les corrections :

La donnée initiale, la largeur AA' de la façade, réglée comme à Pæstum d'après l'espace disponible, a été fixée à 55 pieds.

Cette cote de départ admise, nous allons trouver pour toutes les autres des cotes fractionnaires; pour toutes nous reconnaîtrons une correction bien simple, qui consiste *à les arrondir à l'unité* :

Hauteur AB. Théoriquement elle serait la moitié de 55 pieds, soit 27^{pi},50 : on l'arrondit à 27 pieds.

Hauteur CE; $\frac{2}{3}$ 55^{pi} = 36,67 : on l'arrondit à 36.

Largeur de la porte; $\frac{1}{6}$ 55 = 9,17 : on l'arrondit à 9.

Hauteur de la porte $\frac{3}{2}$ 9 = 13,50 : on l'arrondit à 14.

Longueur du bandeau de couronnement DD' : $\frac{1}{2}$ 55 : comme pour la hauteur CE, on arrondit à 27.

Tous les monuments grecs dont les dimensions ont pu être déterminées avec exactitude répondent ainsi à des lois de tracé simples, que les cotes expriment sans fractions.

DÉTAILS D'APPLICATION.

Le choix des nombres. — Ici une question se pose. Tantôt on arrondit par défaut, tantôt par excès :
Quelle est la règle?

Une cote fractionnaire étant toujours comprise entre deux nombres entiers, l'idée qui se présente la première est de choisir le plus voisin.

Telle n'est pas l'idée grecque.

Les Grecs, guidés par des doctrines pythagoriciennes dont le nom de « puissance » implique le souvenir, classent de préférence les nombres dans l'ordre suivant :

Avant tout les nombres carrés, les « puissances » ;

En second lieu, les nombres impairs.

Quant aux nombres pairs, ils sont l'objet d'une exclusion systématique.

Nous n'avons point à justifier ces préférences, bornons-nous à les constater comme des faits. « Le nombre impair plaît aux dieux. » Les nombres carrés, qui sont les sommes des nombres impairs consécutifs, paraissent leur « plaire » plus encore. Et telle est la valeur attachée à ces nombres, qu'on lit dans un traité d'art militaire une largeur de fossé justifiée par cette considération « qu'elle s'exprime en nombre carré » : cette étrange raison est formulée dans Végèce.

Cette superstition donne la clef des choix ; voici quelques vérifications empruntées à l'arsenal du Pirée :

La cote du sommet du mur (hauteur AB fig. 3), égale théoriquement à 27^{pi},50, pouvait avec une égale approximation être arrondie à 28 ou bien à 27 ; c'est le nombre 27 qu'on préfère : le nombre impair.

La cote du sommet du fronton (hauteur CE), 36^{pi},67, était plus voisine de 37 que de 36 ; mais 36 était un nombre carré.

Pour la largeur de la porte, 9^{pi},17, l'approximation aussi bien que les considérations de « puissances » conduisait au nombre 9.

Une seule cote paraît déroger à la règle, et la dérogation est à coup sûr un fait de préjugé comme la règle elle-même :

La hauteur calculée de la porte eût été de 13^{pi},50 ; on pouvait avec une approximation égale adopter le nombre impair 13 ou le nombre pair 14 ; mais le nombre impair eût été 13.

Tenons-nous-en à ces indications d'une métaphysique surannée, et reprenons l'idée modulaire par ses côtés sérieux.

Le choix du module. — Nous avons dit (pag. 385) qu'aux belles époques de l'architecture grecque le module est le rayon moyen de la colonne : cette règle se vérifie à peu près sans exception jusqu'au milieu du 5e siècle ; les Grecs voyaient dans ce rayon moyen la cote caractéristique d'une ordonnance : c'est ce rayon moyen qu'ils adoptèrent comme unité.

Et cela est si vrai qu'au grand temple de Sélinonte, lorsqu'ils eurent à raccorder (pag. 306) la vieille colonnade avec une colonnade de style plus récent, il leur parut suffire de respecter dans la nouvelle le rayon moyen de l'ancienne : les deux colonnades s'harmonisaient parce que de l'une à l'autre le module n'avait point varié.

Toutefois il s'en faut que les Grecs aient attaché d'une manière absolue l'idée de module à tel ou tel membre de l'ordonnance. Si, du 5e siècle, nous passons à l'époque macédonienne, nous voyons subsister le principe du module, mais dès qu'il s'agit

392   ARCHITECTURE GRECQUE.

de choisir le membre qui servira de module, l'hésitation commence :

Vitruve, interprète des critiques alexandrins, nous indique comme module tantôt la largeur du triglyphe, tantôt le rayon de la colonne.

Pline, reproduisant à son tour les documents alexandrins où Vitruve avait puisé, spécifie nettement qu'il entend comme rayon module non pas le rayon moyen, mais bien le rayon à la base.

Et en effet, si l'on se place à l'époque romaine, souvent c'est au rayon inférieur qu'il faut rapporter les dimensions pour voir apparaître la simplicité modulaire (colonne Trajane, etc.).

LES MÉTHODES GRAPHIQUES.

Revenons encore une fois au diagramme fig. 3 qui donne le canevas théorique de l'arsenal du Pirée, et notons le rapport de la hauteur CE à la demi-largeur CA. Ce rapport est de 4 à 3 : de sorte que le triangle égyptien (pag. 53) est inscriptible dans la demi-façade.

Ce triangle se présente à chaque instant dans les combinaisons de mise en proportion. Nous l'avons aperçu (pag. 388) en décrivant le chapiteau de Pæstum. Ailleurs ce sera le triangle équilatéral qui s'inscrira dans les tracés ; nous donnons fig. 4 deux exemples extraits des travaux de M. Babin :

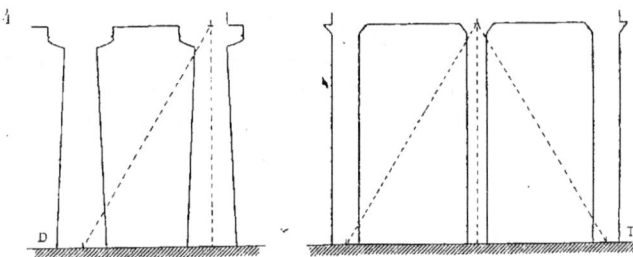

l'un, T, est le monument de Thrasyllus, l'autre est la travée d'angle du temple D de Sélinonte.

PROPORTIONS.

La fig. 5 représente un motif ornemental où la disposition des principales lignes ainsi que l'emplacement des centres paraît se subordonner à un canevas de lignes équidistantes dont l'inclinaison serait de 4 sur 5.

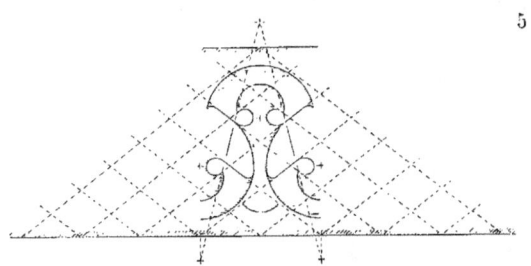

5

Qu'il s'agisse d'ornement ou d'architecture proprement dite, les triangles qui constituent le réseau régulateur sont ceux que nous avons énumérés pag. 53 :

Le triangle égyptien et ses dérivés ;
Le triangle équilatéral ;
Ou enfin le triangle dont la hauteur est déterminée par le partage de la base en moyenne et extrême raison.

Concordances et désaccords entre les combinaisons graphiques et la loi modulaire. — Ainsi se retrouvent dans l'art grec les deux méthodes de tracé que nous avons reconnues dans les principales architectures de l'Orient, et dont les plus anciennes applications nous reportent à l'Égypte :

D'un côté, le système modulaire, l'établissement d'une commune mesure entre toutes les parties de la composition ;
De l'autre, le système des triangles, qui rattache les positions des points à une loi graphique.

En fait (pag. 54) les deux méthodes donnent dans la plupart des cas des résultats sensiblement concordants ; et celle où les triangles interviennent a le mérite d'engendrer des tracés où l'ordre géométrique s'ajoute à la simplicité des rapports.

Mais les anciens ne se sont pas bornés à des combinaisons où les deux systèmes d'harmonie concordent : la méthode des constructions graphiques, ils l'ont étendue à des cas où la conversion modulaire devient trop complexe ou trop grossièrement approximative pour être vraisemblable.

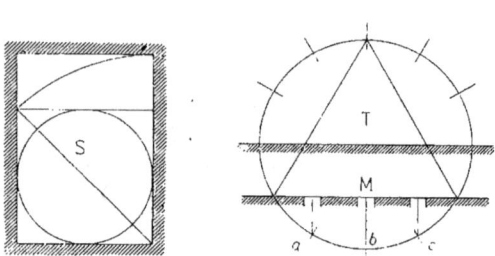

Nous citerons (fig. 6) deux exemples, l'un et l'autre empruntés à Vitruve :

1° Vitruve conseille, pour mettre en proportion les deux faces d'une salle S, d'établir entre elles le rapport de la diagonale au côté du carré :

2° Il indique pour les théâtres grecs un tracé dont nous développerons plus loin les détails, mais dont un fragment (T) nous suffit ici :

Le contour de l'orchestre est un cercle T.

Imaginez le contour de l'orchestre partagé en douze segments égaux : quatre de ces segments déterminent le côté d'un triangle équilatéral et fixent la position du mur de fond M.

Projetez sur M les points de division intermédiaires a, b, c, vous obtenez les axes des portes de l'arrière-scène.

Avec ces deux exemples nous nous écartons de la loi des rapports simples, mais nous restons pleinement dans l'esprit de cette géométrie des formes qui s'est manifestée dès la plus haute antiquité.

D'une manière générale les méthodes de tracé suivies par les Grecs sont celles de l'Égypte et de l'Assyrie; et ce rapprochement paraît une des raisons les plus pressantes d'attribuer aux diverses architectures de notre Occident une commune origine.

Si l'on se place au point de vue de la valeur théorique du système, ce que nous avons dit à propos de l'art égyptien s'applique de point en point à l'art grec : Que l'on adopte l'une ou l'autre méthode, on introduit dans la composition une harmonie rythmée, qui ne peut mieux se comparer qu'à celle de la versification.

Ces deux harmonies du langage et de l'architecture, ont d'ailleurs d'étroites attaches l'une avec l'autre : elles semblent répondre à un besoin du goût au temps de son premier éveil. La prose littéraire ne commence chez les Grecs qu'à l'époque d'Hérodote, c'est-à-dire vers le début du 5e siècle : jusque-là on ne concevait pour fixer la pensée d'autre forme que la forme rythmée; le rythme de la parole et celui de l'architecture sont deux faits qui se correspondent, deux manifestations simultanées des instincts d'un même âge.

LES PROPORTIONS DANS LES ORDRES.

Essayons maintenant de chiffrer les proportions admises pour les ordres.
Nous nous attacherons à dégager les éléments de proportion constants, qui appartiennent aux ordres, et les variations de détail, qui caractérisent les époques.

L'ensemble de l'ordonnance. — Suivant une remarque d'Hittorff, l'élément de proportion qui varie le moins est le rapport de la largeur à la hauteur de la façade.

Rapprochez les divers temples doriques où le nombre des colonnes est le même, presque tous inscrivent leurs colonnades dans des rectangles semblables.
Et une similitude de même sorte se reproduit pour les temples ioniques.

La fig. 7 exprime en D la proportion courante des façades doriques à quatre, six, huit colonnes; en I la proportion des façades ioniques à quatre, six, huit, dix colonnes.

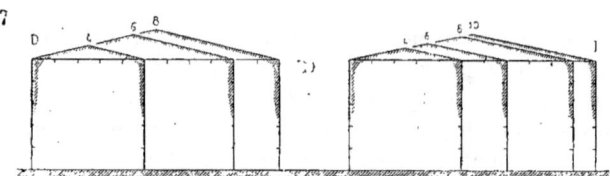

On voit d'après ces diagrammes qu'au cas de quatre colonnes le rectangle-enveloppe est le même quel que soit l'ordre et correspond à un carré parfait;

Pour six et surtout pour huit colonnes, le rectangle de l'ordre ionique est sensiblement plus allongé.

A peine deux ou trois exemples dérogent à la loi (Sunium, Rhamnus, le temple D de Sélinonte); mais — et c'est là le point essentiel — toujours le rapport de la largeur à la hauteur est un nombre simple.

Le détail de la colonnade. — Si l'on analyse les détails de la colonnade, quelques rapports présentent, dans les monuments antérieurs à l'époque macédonienne, une remarquable fixité :

Ainsi, quel que soit l'ordre, la hauteur de l'architrave égale sensiblement celle de la frise.

On peut citer comme exemples :
Parmi les monuments doriques, Pæstum (pag. 386), le temple de Thésée, le Parthénon, les Propylées, Sunium;
Parmi les monuments ioniques, le temple sur l'Ilyssus; la Victoire aptère, l'Érechtheion, le temple de Milet, le mausolée d'Halicarnasse.

Dans les ordonnances doriques, la hauteur du chapiteau se décompose en deux parties égales (échine et tailloir) et correspond à la largeur du triglyphe.

Nous avons observé cette égalité à Pæstum (pag. 388); elle se manifeste à Métaponte, au temple de Thésée, au Parthénon.

Le surplus des proportions se modifie selon la date : les croquis comparatifs fig. 8 indiquent, en chiffres ronds, les limites entre lesquelles varient les cotes modulaires de l'époque archaïque à l'âge macédonien.

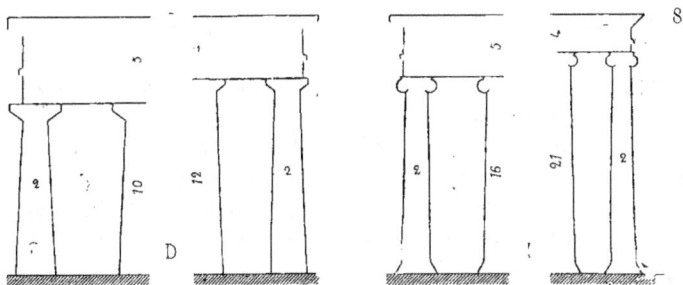

A la seule inspection de ces diagrammes on suit l'amincissement de la colonne et la diminution correspondante de l'entablement :

Le rayon moyen étant pris comme unité, la longueur de la colonne, dans l'ordre dorique, s'élève de 10 à 12 modules; dans l'ordre ionique, de 16 à 21.

L'entablement se réduit, dans un ordre et dans l'autre, de 5 à 4 modules.

En moyenne l'ordre ionique, même le plus timide, présente plus de légèreté que n'en a le dorique le plus hardi.

La proportion des ordres selon Vitruve. — Les méthodes de proportion en usage dans l'école d'Alexandrie nous ont été transmises par Vitruve ; en voici le principe :

Quel que soit l'ordre, Vitruve n'admet pas que la grosseur des colonnes soit invariablement liée à leur espacement : il laisse au choix de l'architecte le rapport du vide au plein, élément capital dont résultera le caractère de force ou de légèreté de l'œuvre.

C'est sur ce rapport qu'on se règle pour déterminer la proportion du fût : Si le plein domine, le fût sera élancé ; trapu dans le cas inverse.

Quant aux dimensions du chapiteau, de la base et de l'entablement, elles se déduisent immédiatement du rayon ou module ; mais comme le rayon lui-même se trouve fixé par le rapport du vide au plein, on peut dire que c'est de ce rapport caractéristique que découle tout l'ensemble de la proportion vitruvienne.

Précisons ces indications par des chiffres, et prenons comme exemple l'ordre ionique :

Le plein étant 1, Vitruve laisse pour le vide le choix entre les nombres suivants : $1\frac{1}{2}$, 2, $2\frac{1}{4}$, 3, ... ; là est le point de départ, et d'après cette donnée fondamentale Vitruve établit le classement des ordonnances en pycnostyle, systyle, etc.

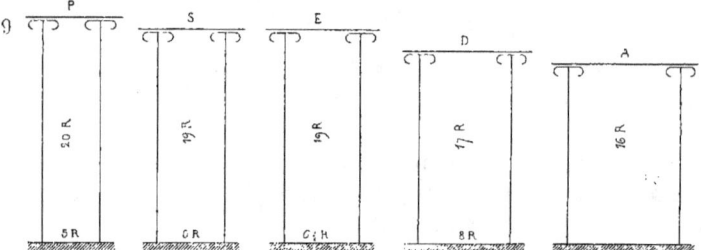

Si le rapport du vide au plein est $1\frac{1}{2}$, autrement dit si l'intervalle d'axe en axe est de 5 rayons ou modules, la hauteur de la colonne sera de 20 modules ;

Si l'intervalle d'axe en axe s'élève à six fois le module R, la hauteur de la colonne descend à 19 R ;

Pour un intervalle de 8 R, la hauteur se réduit à 17 R.

Le diagramme fig. 9 résume la méthode : on le voit, elle n'est autre chose que la traduction — mais une traduction en chiffres, et en chiffres simples — de cette convenance de bon sens qui veut que les colonnes soient d'autant plus robustes qu'elles sont plus clairsemées.

Lorsqu'il s'agit d'édifices civils, Vitruve recommande les ordonnances où les vides dominent, et une proportion de colonnes plus élancée, mais toujours subordonnée aux lois de rapports simples : grâce à cette modification l'espace est rendu plus libre, et l'on évite une sévérité de style qui ne convient qu'aux temples.

LE TRACÉ DES PROFILS.

Les lois de nombres ne régissent pas seulement la disposition générale des ordres, elles se retrouvent dans tout le détail de la décoration : elles dominent jusqu'au tracé des moulures.

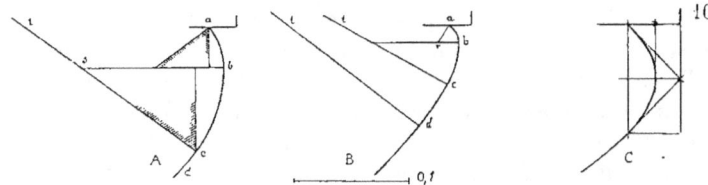

Au chapiteau de Pæstum, Aurès a reconnu que la courbe de l'échine est obtenue (fig. 10 A) par trois arcs de cercle ab, bc, cd, dont les rayons, exprimés en pouces par les nombres $2\frac{1}{2}$, 5 et $22\frac{1}{2}$, sont entre eux comme 1, 2 et 9. Le rayon bs qui répond au point de raccordement des deux premiers arcs est horizontal, et l'angle sous-tendu par chacun de ces arcs correspond au triangle égyptien.

Au Parthénon (tracé B) on trouve successivement trois arcs ab, bc, cd, dont les rayons sont respectivement 1 doigt, 1 palme, 1 pied.

Autant que possible, le tracé se fait au compas. Nous en avons une preuve palpable dans le jarret que présente (pag. 316, T) le profil de chapiteau de Tarente. Toutefois cette règle n'avait rien d'absolu : Aurès a démontré l'impossibilité de ramener à ce mode de tracé le chapiteau de Métaponte. A Métaponte le chapiteau fut obtenu par une série d'épannelages successifs, répondant d'ailleurs à des tracés géométriques très simples, que l'épure C explique suffisamment. Ces épannelages engendrent l'enveloppe d'une courbe très voisine d'une parabole.

La parabole et, plus généralement, les sections du cône auraient-elles été en usage dès l'époque archaïque dans le tracé des moulures grecques? Les études de Penrose et de Pennethorne donnent de fortes présomptions en faveur de l'affirmative. Sans trancher cette délicate question, contentons-nous de reconnaître l'extrême ressemblance qui rapproche les sections coniques des profils grecs.

Citons encore comme exemples de courbes à tracé géométrique celles de la volute ionique et du galbe des colonnes ; les spirales de la volute, d'après Vitruve, se décrivaient au compas ; et sur un chapiteau, il est vrai de basse époque, conservé à Rome dans les colonnades de Sainte-Marie du Transtévère, on distingue encore la position des centres. Un chapiteau grec reproduit par Stuart fournit des indices du même genre.

En ce qui concerne la courbure du fût, la figure explicative par laquelle Vitruve la définissait ne nous est point parvenue, mais les termes par lesquels Vitruve la désigne montrent nettement qu'il s'agit d'un tracé méthodique exprimable par une épure : partout dans l'architecture grecque la géométrie trouvait sa place.

LE MODULE ET L'ÉCHELLE.

Parmi les édifices des Grecs, les seuls qui éveillent l'impression de la grandeur matérielle, sont ceux de l'âge archaïque. Et cela tient, croyons-nous, à la lourdeur même de leurs proportions.

Plaçons-nous dans le cas le plus simple de la construction grecque, une plate-bande qui ne porte d'autre charge que son propre poids :

L'analyse des conditions de résistance permet d'établir que l'épaisseur de cette plate-bande ne doit pas varier proportionnellement à sa portée : si l'on double la portée, l'épaisseur doit être plus que doublée. En d'autres termes, une plate-bande de grande dimension doit être de proportion plus massive qu'une plate-bande de petite ouverture.

Par contre-épreuve, l'aspect d'une plate-bande massive éveillera l'idée d'un édifice de grande dimension : c'est le cas du temple de Pæstum, où l'exagération de la force se traduit par une illusion de grandeur.

Que cette exagération de force ait été intentionnelle, nous n'oserions l'affirmer, du moins l'illusion qu'elle produit paraît propre aux âges d'archaïsme : à dater du 5ᵉ siècle les Grecs tendent à modeler les ordres sur un canon de proportions indépendant de l'échelle; puis, cédant peu à peu à l'entraînement de la méthode, ils en viennent, comme quelques exemples vont le montrer, à faire fléchir devant ces proportions consacrées les convenances matérielles elles-mêmes :

Il semble que, dans une œuvre d'architecture, certains membres doivent conserver, quelle que soit la grandeur de l'édifice, une dimension à peu près invariable : à prendre les choses par le côté purement utilitaire, la hauteur d'une porte n'aurait d'autre mesure que la hauteur de l'homme auquel elle donnera passage ; les marches d'un perron se régleraient sur la conformation de l'homme qui devra les franchir.

Cet ordre de considérations, les Grecs l'observent tout au plus à l'époque archaïque, mais bien vite ils le perdent de vue : tous les organes, ils les soumettent peu à peu au canon modulaire, ils les grandissent ou les rapetissent selon que le module augmente ou diminue. S'ils doublent le développement de la façade, ils doublent la hauteur des portes, ils doublent celle des marches. Entre la destination des organes et leur grandeur toute relation est rompue : rien ne subsiste qui donne à l'édifice son « échelle ».

Nos architectes du moyen âge sauront concilier les rapports de proportion qui établissent le rythme avec les indications d'échelle qui servent de repère et permettent d'évaluer les dimensions. Nous verrons dans l'architecture privée des Romains la dimension absolue influer sur le choix des proportions; et peut-être l'architecture civile des Grecs, si elle nous était mieux connue, offrirait-elle l'exemple de combinaisons où l'échelle joue un rôle. Dans l'architecture des temples, les

Grecs s'attachent exclusivement au rythme; leurs œuvres, tout au moins aux dernières époques, se présentent comme des conceptions abstraites : dégagées de tout lien avec les choses qui se mesurent, elles ne font naître aucune idée de grandeur absolue, rien qu'une perception de rapports, une impression d'harmonie.

LA COMPENSATION DES ERREURS VISUELLES.

a. — EFFETS D'ÉLOIGNEMENT.

On a reproché aux méthodes que nous venons d'exposer — aussi bien aux méthodes modulaires qu'aux procédés graphiques — d'établir une harmonie fictive que les déformations perspectives bouleversent.

En réalité, l'esprit reconstitue les dimensions réelles et saisit à bien peu près les vrais rapports; mais il reste une part d'illusion avec laquelle il faut compter. La question est complexe, et elle avait excité la sagacité des Grecs.

Un texte de Platon, dans le dialogue du Sophiste, établit que l'usage était d'exagérer la hauteur des parties qui devaient être vues d'en bas et réduites par la perspective.

Vitruve précise cette indication générale :
Pour un spectateur placé près de l'édifice, les déformations s'accentuent à mesure que la grandeur de l'édifice augmente : les fûts prennent pour l'œil un rétrécissement excessif; l'entablement paraît moins épais qu'il n'est en réalité; l'inclinaison des jambages des portes semble dépasser la mesure.

On corrigera ces illusions en exagérant les membres que la perspective diminue, en réduisant ceux que la perspective augmente : pour les colonnes, on modérera le rétrécissement des fûts; pour les portes, on atténuera l'inclinaison des jambages; aux membres de l'entablement on attribuera une légère surépaisseur. Telle est la règle formulée par Vitruve.

Dans cet ordre d'idées, bien loin de chercher à exprimer la grandeur matérielle de l'œuvre en faisant varier la proportion suivant l'échelle, on efface pour ainsi dire toute trace de l'échelle en ramenant l'édifice au même aspect, quelles que soient les dimensions.

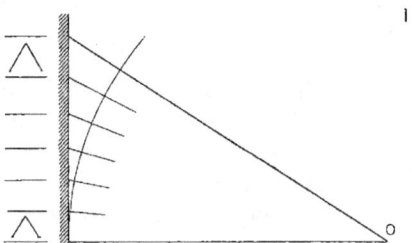

Au temple de Priène une application fort élémentaire nous permet de saisir sur le fait cet artifice de compensations. Dans une inscription gravée sur une des antes (fig. 1), la hauteur des lettres varie d'une ligne à l'autre. Pour un spectateur placé en O, les hauteurs angulaires des diverses lignes s'égalisent, et l'effet est celui d'une inscription à caractères uniformes.

Pennethorne, partant de cette idée que l'œil perçoit seulement des relations angulaires, considère l'artifice de l'inscription de Priène comme l'application d'une méthode générale de l'art grec. Prenant entre autres exemples le Parthénon, il signale tel point de vue d'où les masses architecturales se présentent sous des angles visuels en rapports simples : selon lui ce sont ces rapports angulaires que l'architecte aurait avant tout cherchés.

Accepter cette théorie sans réserves, ce serait d'abord admettre des lois d'angles que l'auteur n'a pu établir qu'au prix d'approximations ; la considérer comme un principe absolu, ce serait supposer que l'édifice est combiné pour un point de vue unique. L'œil se déplace, mais, pour des déplacements même considérables, les angles optiques varient peu : à tout prendre, la théorie de Pennethorne paraît l'expression d'une idée vraie ; elle ne saurait se résoudre en une formule, mais elle indique tout au moins une tendance.

L'artifice des compensations optiques n'est pas spécial à l'architecture : il se retrouve dans la statuaire. Un chroniqueur byzantin nous a transmis l'impression défavorable que produisirent, vues hors de leur vraie place, les figures destinées au fronton du Parthénon : ces figures étaient déformées en vue de la perspective.

De face, la statue qui surmontait le fronton d'Olympie, est disgracieuse : elle prend, dès qu'on la regarde de bas en haut, une élégance, une beauté inattendues : Phidias au Parthénon, à Olympie Pæonius avaient tenu compte du point de vue ; toutes les statues de la belle époque sont faites ainsi pour la place qu'elles occupent.

Si les Grecs ont cherché à rectifier les illusions de la vue qui troublent l'harmonie, par contre il est des illusions que, de parti pris, ils s'attachèrent à provoquer :

Dans les portiques à deux files de colonnes, les colonnes de second rang sont ordinairement plus minces que celles de la file antérieure. Ainsi réduites, elles semblent égales à celles du premier plan, mais plus reculées qu'elles ne sont en réalité : il se produit une illusion de profondeur. A peine existe-t-il quelques édifices archaïques, tels que le temple S de Sélinonte ou le vieux temple de Syracuse, où le portique ait deux rangs de colonnes égales : l'inégalité se manifeste sans exception dans les portiques du 5ᵉ siècle. A Olympie, les colonnes du pronaos ont la même hauteur que celles de la façade mais un moindre diamètre ; au Parthénon, elles ont à la fois moindre hauteur et moindre diamètre.

b. — EFFETS D'IRRADIATION ET DE CONTRASTE ;
ILLUSIONS SUR LA RECTITUDE ET LA VERTICALITÉ DES LIGNES.

Galbe des colonnes. — Nous lisons dans un traité grec d'optique cette remarque, qu'un cylindre exact paraît étranglé en son milieu. Damien de Larisse eût pu dire, au lieu d'un cylindre, un fût de colonne. Et les Grecs ont soin (fig. 2 A) de corriger cet étranglement en arquant vers l'extérieur les génératrices du fût. De là cette courbure que nous avons décrite sous le nom de galbe (pag. 313).

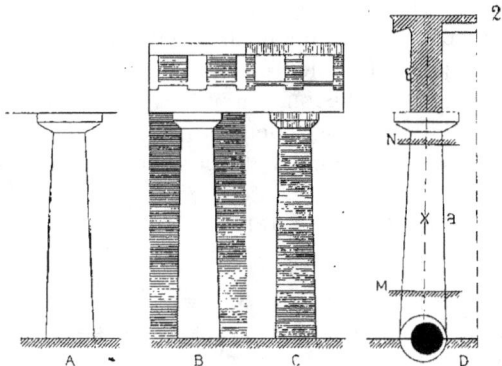

Surépaisseur des colonnes d'angle. — Les Grecs ne se bornent pas à rectifier pour l'œil l'arête des colonnes, ils se préoccupent des effets d'irradiation qui faussent (fig. 2 B et C) l'impression de leur grosseur.

La colonne d'angle d'un temple, qui se détache sur le ciel, paraît, suivant la remarque de Vitruve, « dévorée par la lumière qui la baigne » : on l'épaissit par esprit de compensation. Pæstum nous a présenté (pag. 387) un exemple de cette correction.

Inclinaison des colonnes. — Non seulement les arêtes des colonnes ne sont pas droites, mais (croquis D) leur axe n'est point d'aplomb. Vitruve prescrit de donner à l'axe X des colonnes une légère inclinaison vers l'intérieur de l'édifice : et cette indication est confirmée par les monuments.

Pour réaliser l'inclinaison de l'axe, d'ordinaire on procède comme il suit :

On règle perpendiculairement à la direction X la face supérieure M du premier tambour; au sommet on ménage, à l'aide d'un tambour N à lits non parallèles, le raccordement entre le fût incliné et le chapiteau; le corps du fût s'exécute sans plus de difficulté que si la colonne était droite.

L'inclinaison des axes vers l'intérieur peut se justifier par des raisons de stabilité; en tout cas elle répond à un besoin instinctif si impérieux que, dans les édifices où elle fait défaut, les axes des colonnes semblent diverger en éventail.

Les monuments modernes où les colonnes sont verticales prêtent tous à cette illusion. Qu'on regarde le Panthéon de Paris ou le palais du Corps législatif, on dirait que la construction pousse au vide et se déverse vers le dehors.

La fig. 3 exprime en l'exagérant cette illusion de divergence,

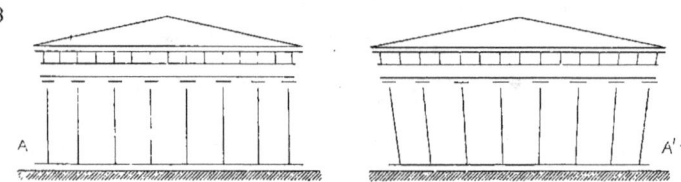

et la fig. 4 indique le correctif adopté par les Grecs : Les

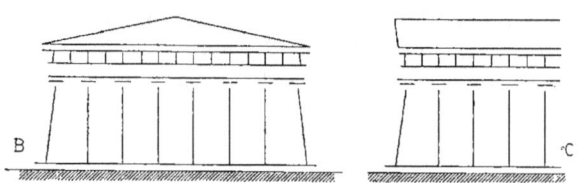

colonnes, l'architrave même présentent une inclinaison réelle en sens inverse de celle que l'œil tend à leur attribuer.

Inclinaison des frontons. — Autre illusion produite par les édifices actuels : Le fronton ne paraît pas vertical.

Vitruve connaissait cet effet : « Si le fronton est vertical, nous dit-il, il paraîtra fuir en arrière ».

Comme compensation, Vitruve conseille de donner à ce fronton du surplomb vers l'avant (fig. 4, croquis C). Au Parthénon, les dalles du fronton présentent un surplomb dont l'effet est très heureux : mais leur inclinaison peut résulter

CORRECTIONS OPTIQUES.   407

de pures déformations, et n'implique rien quant aux dispositions originelles.

Substitution de courbes aux lignes horizontales. — Voici encore (fig. 5 R) une illusion que l'on peut constater en présence de nos façades :

En même temps que les lignes verticales divergent, les lignes horizontales de l'entablement fléchissent en tournant leur concavité vers le ciel, comme si la colonnade cédait en son milieu sous la surcharge du fronton.

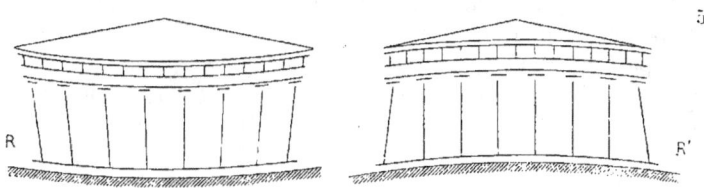

5

Les Grecs ont aussi observé cette apparence, et ils y ont remédié en courbant réellement les lignes dans un sens inverse de celui où les lignes droites eussent semblé fléchir : de sorte qu'en amplifiant les courbures en même temps que nous forçons les inclinaisons des colonnes, nous obtenons pour la façade du Parthénon un diagramme tel que R'.

Le croquis fig. 6 accuse en l'exagérant la déformation du chapiteau qui résulte de la courbure des lignes de l'architrave.

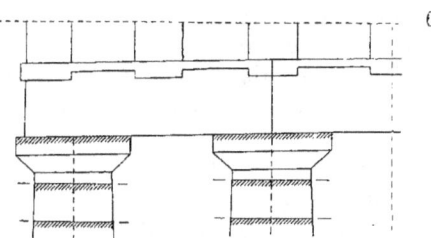

6

Bombement des dallages. — Un carrelage exactement plan semble déprimé en son milieu : Au Parthénon, cette dépression apparente est compensée par un léger bombement.

Époque et origine des corrections optiques. — Ces ingénieux artifices qui consistent à opposer des contre-courbures aux courbures apparentes des lignes et des surfaces, ne se manifestent chez les Grecs que vers le milieu du 5ᵉ siècle, mais le principe en était connu des Égyptiens.

Au Parthénon, les lignes sont droites en plan, arquées en élévation ;

Au temple de Medinet-Abou (pag. 58, croquis M), les lignes sont courbées en plan, droites en élévation ; en d'autres termes, chez les Égyptiens la courbure se passe dans un plan horizontal, chez les Grecs dans un plan vertical.

De part et d'autre le résultat perspectif est semblable : les courbes du Parthénon et celles de Medinet-Abou sont deux façons différentes de réaliser le même effet optique.

Toutes ces courbures sont extrêmement faibles : si faibles qu'elles ont échappé à des observateurs tels que Stuart. La flèche, mesurée par Penrose, est de 0ᵐ,065 sur les 100 pieds, soit en chiffre rond sur les 30ᵐ de la façade principale et, sur les 70ᵐ de la façade latérale, elle est de 0ᵐ,123.

Ces courbes ne sauraient être attribuées à des tassements : le sous-sol du Parthénon est un rocher et la substruction un amas de libages sans mortier.

Vitruve d'ailleurs nous parle de l'artifice des courbures comme d'une pratique qui se serait perpétuée jusqu'à l'époque romaine, et la raison qu'il en donne est celle que nous avons rapportée : la compensation d'une erreur visuelle plus ou moins inexpliquée, mais indiscutable comme fait.

La théorie de Vitruve serait décisive, si cette flèche légère produisait l'illusion de la ligne droite.

En réalité la courbure reste sensible.

Est-ce à dire que le but soit manqué? Nullement : que l'on en ait ou non conscience, il résulte de cette allure inusitée des lignes une impression étrange et neuve. Non averti, le spectateur sent quelque chose d'insolite; averti, il reconnaît une attention délicate qui le charme : les contours prennent, grâce à cette recherche, un air de distinction auquel le goût ne saurait demeurer indifférent : l'édifice échappe à l'aspect vulgaire des constructions à lignes rigides, il s'empreint d'un caractère imprévu et neuf qui se soustrait peut-être à l'analyse mais nous saisit alors même que nous en ignorons le vrai sens et la cause.

LE PITTORESQUE DANS L'ART GREC :

PARTIS DISSYMÉTRIQUES, PONDÉRATION DES MASSES.

LES PARTIS DISSYMÉTRIQUES.

Les Grecs n'imaginent pas un édifice indépendamment du site qui l'encadre et des édifices qui l'entourent.

L'idée de niveler les abords leur est absolument étrangère : ils acceptent en le régularisant à peine l'emplacement tel que la nature l'a fait, et leur seule préoccupation est d'harmoniser l'architecture au paysage ; les temples grecs valent autant par le choix de leur site que par l'art avec lequel ils sont construits :

Le temple de Sunium se dresse sur la crête abrupte d'un promontoire ; le temple de Crotone marque l'extrémité d'un cap ; un ravin enlace le temple de Ségeste ; les temples de Sélinonte couronnent deux collines entre lesquelles s'étendait la nappe d'eau du port : les temples d'Agrigente bordent une falaise qui domine la mer.

Lorsqu'il s'agit d'un groupe d'édifices, ce respect de l'allure naturelle du sol interdit la symétrie.

Une autre circonstance rend les alignements irréalisables :
Les temples se bâtissent les uns après les autres sur des emplacements sacrés et envahis par des édifices plus anciens ; il faut se renfermer dans les intervalles que laissent libres les vieux sanctuaires.

L'architecture se plie à ces sujétions, elle les met à profit :

410   ARCHITECTURE GRECQUE.

l'impossibilité des plans symétriques nous a valu des partis pittoresques tels que l'Acropole, l'Altis, ou ces groupes de monuments que les fouilles récentes de l'École française d'Athènes ont révélés sur les sites de Delphes et de Délos.

Delphes. — A Delphes, le temple occupe une plate-forme au flanc de la montagne, et les trésors s'échelonnent le long d'un chemin en lacet qui aboutit à la terrasse, avec le Parnasse comme fond de tableau.

Délos. — A Délos (fig. 1), nous trouvons un temple principal A, entouré d'une couronne de sanctuaires et de trésors.

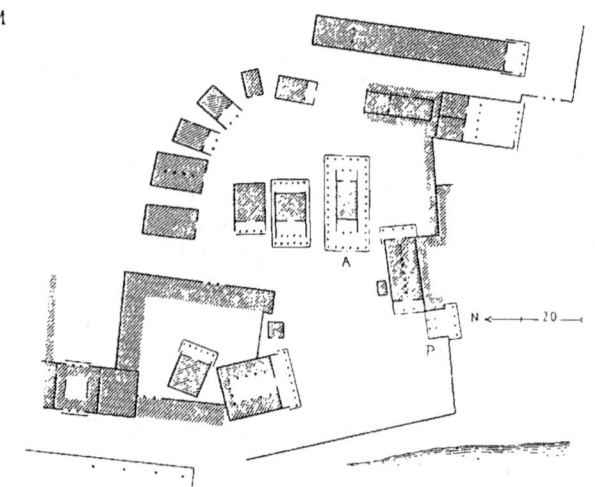

La voie des pèlerins, partant du propylée P, rencontre tour à tour une colossale figure d'Apollon et le temple A; puis elle contourne l'hémicycle des trésors, et vient aboutir à un des lieux les plus saints de Délos, une galerie allongée qui abrite un autel fondé par le dieu même.

Les édifices s'étagent sur un sol en pente douce, et la mer anime les premiers plans.

Olympie. — A Olympie (fig. 2), la composition se groupe autour de deux sanctuaires : le grand temple de Jupiter T, et le temple archaïque de Junon, l'Heræum H. Entre les deux, la vieille enceinte de Pélops P; en C, l'autel; en M, un temple secondaire, le Métroüm. A et B sont deux propylées, un pour l'entrée, un pour la sortie. Les autres édifices sont des portiques ou des trésors : les trésors se rangent sur une terrasse du mont Kronios, dont la cime domine ce majestueux ensemble.

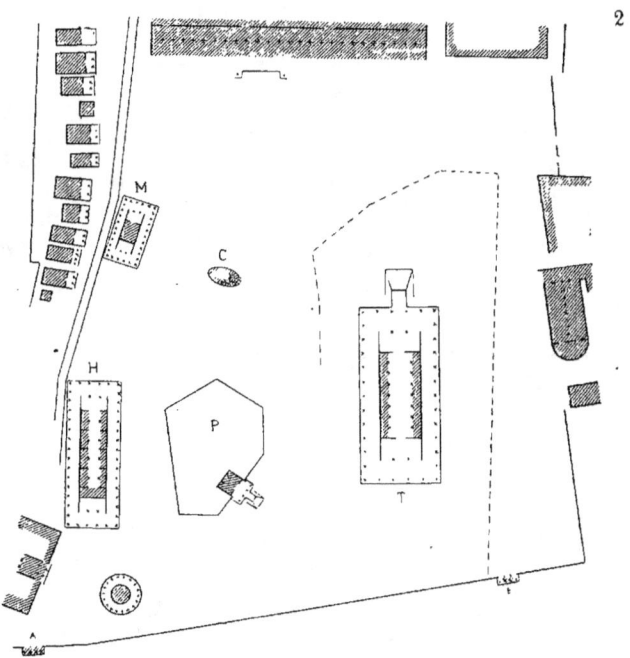

Des groupements non moins ordonnés dans leur dissymétrie se rencontrent à Éleusis, à Épidaure, à Dodone, enfin et surtout à l'Acropole d'Athènes.

LA PONDÉRATION DES MASSES : EXEMPLE DE L'ACROPOLE D'ATHÈNES.

Nous rapprochons fig. 3 deux états successifs de l'Acropole d'Athènes :

Le plan de droite A montre l'Acropole telle que l'avaient laissée les Pisistratides, telle qu'elle se présentait en 480 lors de l'incendie d'Athènes par les Perses;

Le plan de gauche B est celui de l'Acropole actuelle, avec les édifices rebâtis par Cimon et Périclès.

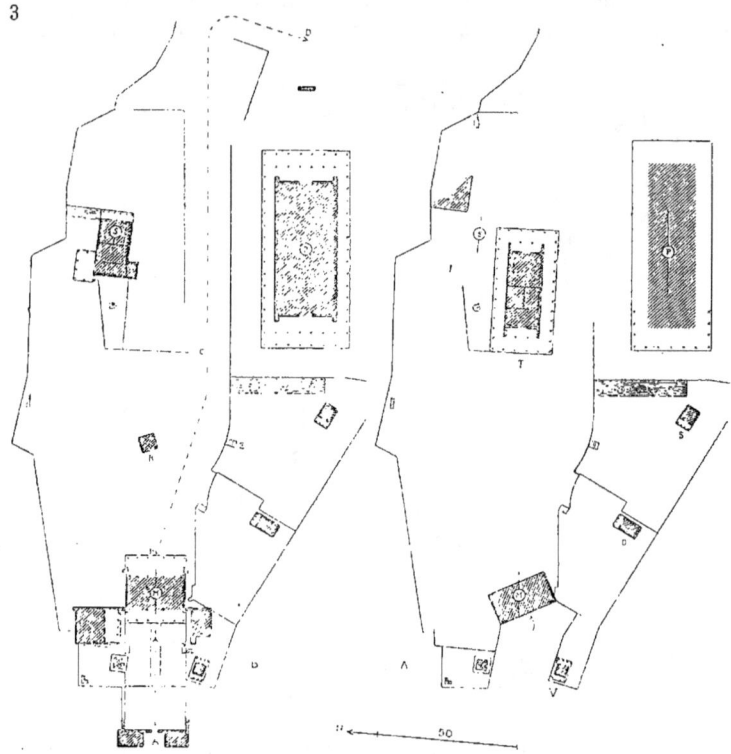

Pour repérer les anciens édifices par rapport à ceux qui existent aujourd'hui, nous avons marqué sur le plan archaïque A les édifices nouveaux en désignant chacun d'eux par son centre, son axe et la lettre de renvoi qui le désigne dans le plan au siècle de Périclès.

L'Acropole se présente comme un rocher isolé de toutes

parts et dont la plate-forme est consacrée au culte des dieux nationaux.

En I était l'empreinte du trident de Neptune ;
Non loin de là croissait l'olivier de Minerve :

Au voisinage de cet emplacement sacré on avait élevé aux deux divinités un temple commun T.

Après l'incendie, l'espace se trouva vide, et l'on put reconstruire le sanctuaire sur le site même que consacrait la légende : le temple T fut transporté en S et devint l'Érechtheion.

Aux deux époques, le point culminant P fut occupé par le grand temple de Minerve, le Parthénon.

Entre le Parthénon et l'entrée se répartissent une série de petits temples qui probablement appartiennent aux deux acropoles : Minerve Ergané S, Diane Brauronia D, la Victoire aptère V. C'est aussi dans cet espace que s'éleva au 5e siècle la colossale statue R de la Minerve Promachos.

Le propylée M qui forme le frontispice de l'Acropole est situé dans les deux plans à la même place, mais la nouvelle orientation est moins oblique et à coup sûr plus heureuse.

On le voit, d'un plan à l'autre les détails seuls diffèrent ; mais l'un résulte d'une accumulation d'édifices d'époques diverses, l'autre est méthodiquement conçu d'après une vue d'ensemble et adapté à un site que l'incendie avait rendu libre ; et dans cette nouvelle Acropole les apparentes dissymétries ne sont qu'un moyen de donner le pittoresque au groupe d'architecture le plus savamment pondéré qui fut jamais.

La méthode de pondération ressortira d'une revue des tableaux successifs qu'offrait au visiteur l'Acropole du 5e siècle.

a. — *Le tableau des Propylées.* — La fig. 4 montre le parti général du plan des Propylées :

Un corps central symétrique: deux ailes notablement inégales : à gauche la plus large, à droite la plus petite et, en avant, le temple de la Victoire aptère.

Rien n'est en apparence plus irrégulier que ce plan : en fait c'est un ensemble équilibré, où la symétrie des masses s'associe à la plus originale variété de détails. L'aile de droite, avec le temple de la Victoire, forme une masse qui répond à celle de l'aile de gauche : si bien que, pour un spectateur placé au pied de l'escalier, les deux rayons limites AX et AY s'inclinent également sur l'axe général de l'édifice.

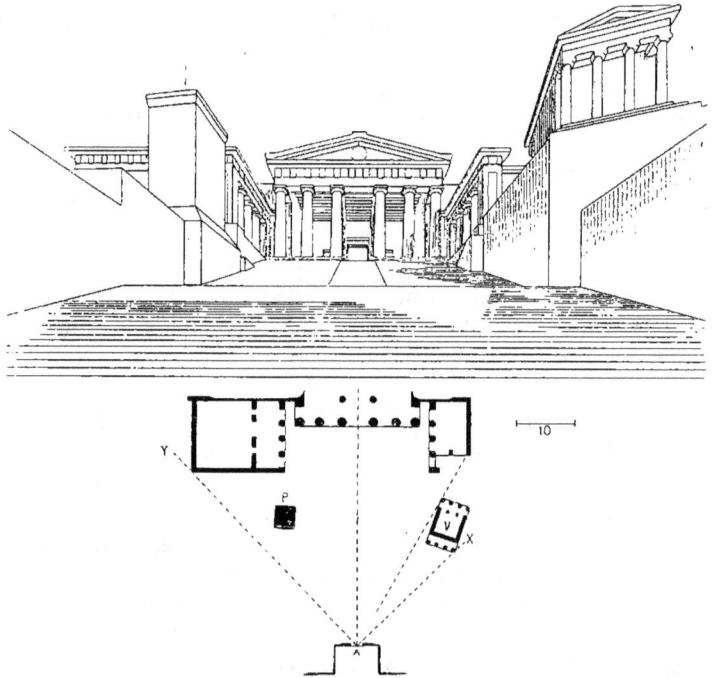

Si l'architecte a tronqué l'aile droite, ce fut pour respecter l'enceinte de la Victoire aptère et permettre au temple V de se dessiner tout entier sur le ciel. Ce petit temple n'est point orienté parallèlement à l'axe général de la composition : irrégularité nouvelle qui fixe sur lui le regard, et lui rend une importance que l'exiguïté de ses dimensions semblait lui refuser.

En plan, la symétrie optique est irréprochable ; en élévation, il manque sur la gauche un pendant au massif de la Victoire : ce pendant existait. Le piédestal vide P où les Romains ont élevé une statue d'Agrippa, repose sur une très ancienne substruction : les ruines indiquent ici la place d'un colosse, dont l'existence était nécessaire à la symétrie.

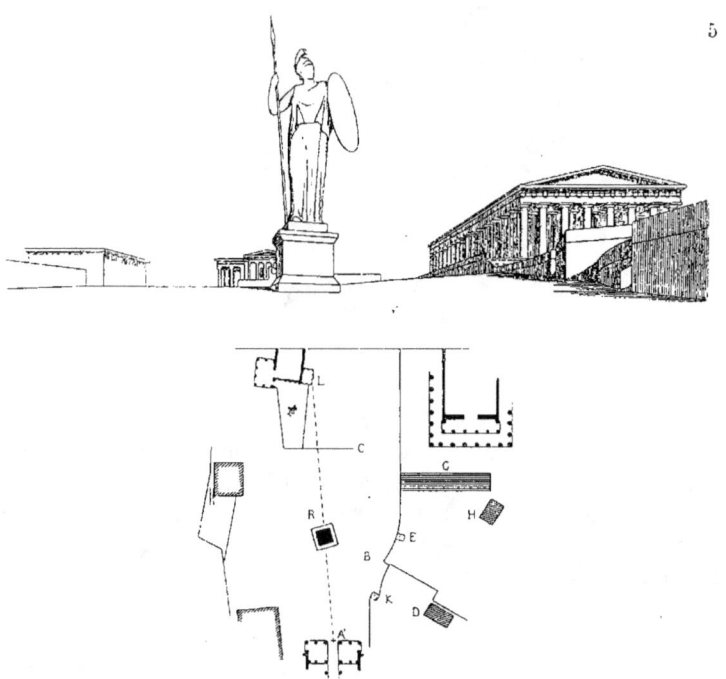

5

b.— Premier aspect de la plate-forme : la Minerve Promachos.
— Franchissons le seuil A' des Propylées : le regard embrasse (fig. 5) le Parthénon, l'Érechtheion et la Minerve Promachos :

416   ARCHITECTURE GRECQUE.

sur la gauche, des édifices ruinés dont les substructions seules subsistent.

La Minerve Promachos se dresse au premier plan; l'Érechthéion et le Parthénon occupent le fond : dans ce premier tableau c'est la Minerve Promachos qui domine, elle forme le motif central, c'est sur elle que l'unité d'impression repose : le Parthénon ne prendra son importance qu'au moment où le visiteur aura perdu de vue cette statue gigantesque.

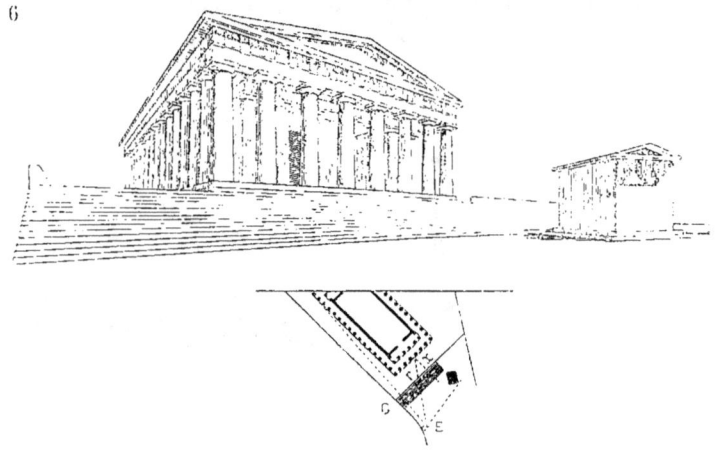

c. — *Le Parthénon et ses vues d'angle.* — Suivant nos idées modernes, le Parthénon, le grand temple de l'Acropole, se placerait en face de la principale entrée : les Grecs entendent les choses tout autrement. Le rocher de l'Acropole n'est point de niveau : ils en acceptent les reliefs, et mettent le grand temple sur le point culminant, près de la rive qui regarde la ville.

Ainsi posé, le Parthénon s'aperçoit obliquement : les vues d'angle sont celles que les anciens cherchent en général à ménager. Une vue d'angle est plus pittoresque, une vue de face plus majestueuse : à chacune son rôle; la vue d'angle est la règle, la vue de face une exception toujours motivée. Le corps central des Propylées s'est présenté de face; c'est de face que l'on arrive, après avoir traversé l'Acropole, au pronaos du Parthénon : sauf ces deux cas, où l'effet de face est calculé, toutes les vues sont obliques : le temple de la Victoire aptère s'est montré en biais ; c'est en biais (voir le plan pag. 415) que se montre le temple de Minerve Ergané H lorsqu'on pénètre en E dans son enceinte. De même pour le temple de Diane Brauronia, qui est situé en D avec entrée en K.

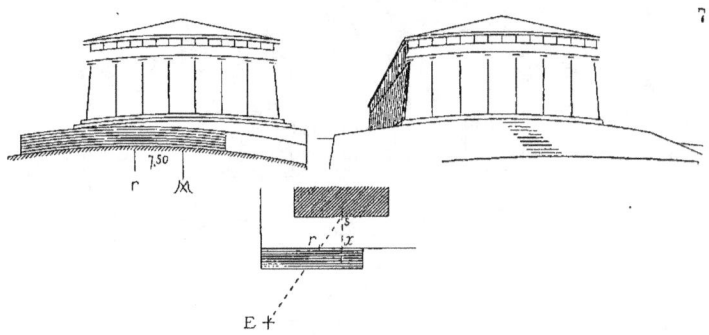

La façade occidentale du Parthénon a pour accompagnement une série de gradins G taillés dans le roc vif. Soit qu'on franchisse en A' le seuil de l'Acropole, soit qu'on pénètre par E dans l'enceinte de Minerve Ergané, on voit ces degrés se dessiner au pied de la façade : ils font partie du même ensemble, et pour les harmoniser on a donné à leurs arêtes des courbures semblables à celles des lignes mêmes de la façade.

Mais on a pris soin de tenir compte de l'obliquité.

Deux séries de courbes dont les sommets ne s'aligneraient point suivant le même rayon visuel produiraient en perspective un effet discordant : pour parer à ce désordre et créer une symétrie optique, les Grecs ont rompu la symétrie géométrale, ainsi que l'indique le diagramme fig. 7. Au lieu de placer en x le sommet des courbures de l'escalier, ils l'ont reporté en r, juste sur la ligne qui va de l'œil du spectateur au sommet des courbes du Parthénon. La fig. 6 exprime, telle que l'œil la perçoit, l'harmonie qui résulte de cette correction :

418   ARCHITECTURE GRECQUE.

la flèche des courbures y est rapportée exactement à l'échelle, mais, pour rendre l'effet plus sensible, on a remplacé les courbes par des lignes brisées.

d. — Premier aspect de l'Érechtheion. — Continuons à suivre le sentier de l'Acropole : vers le point B, le Parthénon est le seul monument qui se place dans le champ de la vue.

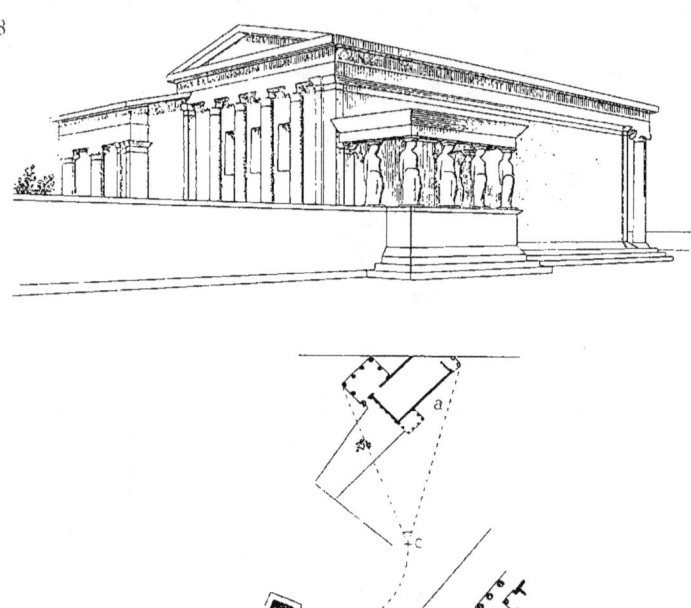

Parvenus en C, nous sommes trop près du Parthénon pour en embrasser les formes ; c'est à ce moment que l'Érechtheion devient le motif principal du tableau : et alors il offre (fig. 8) une silhouette qui pyramide de la façon la plus élégante ; le mur vide *a* se trouve meublé par la tribune des Arréphores, qui se dessine sur ce mur comme sur un fond réservé pour elle.

Ainsi se sont succédé trois tableaux correspondant à trois

points de vue principaux A′, B et C (fig. 5). Et dans chacun d'eux *un seul* monument a dominé : c'était en C l'Érechtheion, en B le Parthénon, en A′ la Minerve Promachos : cette unité du motif principal assurait la simplicité de l'impression, l'unité du tableau.

e. — L'Érechtheion et la Minerve Promachos. — Revenons (fig. 5, pag. 415) au point de départ, au point de vue A′. C'était alors la Minerve Promachos qui fixait l'attention : l'Érechtheion, avec ses caryatides, était en second plan. Entre la statue gigantesque de Minerve et les élégantes figures des Arrhéphores, un contraste écrasant était à craindre. Pour sauver la difficulté, l'architecte imagina de placer la base de la grande statue de façon à cacher la tribune des Arréphores (alignement A′ R L. La tribune L, ainsi rendue invisible au premier instant, ne se découvre qu'au moment où l'on est trop près du colosse pour l'embrasser du regard : l'opposition n'existe que dans le souvenir.

RÉSUMÉ. — LE PITTORESQUE ET LES PREMIÈRES IMPRESSIONS.

L'esprit des artifices de groupement paraît se dégager de ces exemples :

Chaque motif d'architecture pris à part est symétrique, mais chaque groupe est traité comme un paysage où les masses seules se pondèrent.
Ainsi procède la nature : les feuilles d'une plante sont symétriques, l'arbre est une masse équilibrée. La symétrie règne dans chacune des parties, l'ensemble est soumis aux seules lois d'équilibre dont le mot de pondération contient à la fois l'expression physique et l'image.

Si maintenant nous parcourons la série des tableaux que l'Acropole nous a offerts, sans exception nous les trouverons combinés en vue de la première impression. C'est à cette première impression que nos souvenirs nous reportent invinciblement, les Grecs cherchaient avant tout à se la rendre favorable.

Aux Propylées (fig. 4) c'est pour le spectateur placé en A, c'est pour l'instant où l'ensemble de l'édifice se dévoile, que les deux ailes s'équilibrent.

Dans le tableau de la Minerve Promachos (fig. 5), c'est pour le premier instant qu'est imaginé l'artifice d'occultation des Arréphores.

Pour le Parthénon (fig. 6), c'est surtout au moment où l'on franchit l'enceinte de Minerve Ergané, que l'escalier à courbures dissymétriques vient compléter l effet de la façade.

Cette recherche du premier effet paraît la constante préoccupation des architectes grecs.

Et, pour rapprocher en un aperçu général les remarques qui se sont présentées dans ce trajet à travers l Acropole, nous pensons que la méthode peut se formuler ainsi :

1° Obtenir l'unité d'effet en faisant dominer dans chacun des tableaux qui se succèdent un motif principal unique ;

2° Ménager d'une manière générale les vues d'angles, en réservant la vue de face comme un moyen exceptionnel d'impression ;

3° Établir entre les masses un équilibre optique qui concilie la symétrie des contours avec la variété et l'imprévu des détails.

APPARITION DES PARTIS SYMÉTRIQUES.

Aucun groupe ne réalise à l'égal de l'Acropole cet idéal de variété et d'harmonie qui paraît être la pensée même de Phidias.

Peu après commence l'architecture à régularité solennelle : elle se manifeste dès les dernières années du 5e siècle et a pour promoteur Hippodamus de Milet, l'auteur des plans de Rhodes et du Pirée.

On peut suivre la transition dans le plan d'Halicarnasse, qui nous est connu par Vitruve :

Qu'on se figure un hémicycle de collines bordant le port. Au centre, la place publique; à mi-hauteur de l'hémicycle, une grande voie dont le milieu est occupé par le tombeau de Mausole; le sommet de la colline est marqué par le temple de Mars; aux deux extrémités s'élèvent comme deux masses s'équilibrant, d'un côté le Palais, de l'autre le temple de Vénus. Halicarnasse, fondée par Mausole, date du commencement du 4º siècle : déjà l'on sent l'acheminement vers les tracés symétriques.

A Pergame, la tendance nouvelle est plus marquée encore : Sur la montagne qui fut l'acropole des Attales, l'implantation des temples témoigne d'une recherche de régularité géométrique qui n'est entravée que par les accidents du sol. La symétrie optique de l'Acropole d'Athènes forme ainsi comme l'intermédiaire entre le désordre pittoresque de l'âge archaïque et les tracés au cordeau du dernier âge de l'hellénisme.

A partir de l'époque d'Alexandre, les tracés symétriques ont définitivement prévalu dans l'art grec : Damas, Alexandrie, le Pirée sont le triomphe de la ligne droite; les dernières époques ne concevront que des plans réguliers.

Désormais ce n'est plus dans l'art même de la Grèce qu'il faudra chercher le pittoresque, mais dans cet art issu de la Grèce et de l'Étrurie qui se perpétue à Rome jusqu'aux dernières années de la République : Tandis que l'Asie alexandrine se soumet aux froids alignements, dans la Rome consulaire l'architecture s'accommode encore aux paysages.

Au siècle même qui précède l'ère chrétienne, le temple de Tivoli s'élève en manière de fabrique et de nymphée au sommet d'un ravin, avec l'eau jaillissant des substructions. A Préneste, les dépendances du temple de la Fortune s'étagent par gradins sur le revers d'une colline; le temple de Cora se dresse sur un pic; le Forum (fig. 9) rappelle, par le désordre de ses temples accumulés, les acropoles de la vieille époque grecque.

Puis Rome à son tour, maîtresse de l'Asie, lui emprunte ses grandes ordonnances géométriques (enceinte du temple d'Octavie, forums de Nerva, de Trajan). Mais, même sous l'Empire, la région où prévaut cette régularité factice est celle où le régime macédonien l'avait mise en faveur, l'Asie grecque : les plus imposantes manifestations de ce style sont les portiques comparables à notre colonnade du Louvre qui se développaient le long des rues d'Alexandrie et de Damas; enfin, aux 2e et 3e siècles, Balbek, la colonnade de Soles, les prodigieux alignements de Djerach et de Palmyre.

LE TEMPLE GREC.

A l'âge homérique, le monde grec était partagé en petits états gouvernés par des rois qui avaient leurs palais; à l'époque de l'épanouissement de l'art, ces petites monarchies se sont transformées en républiques, où la seule autorité est celle des dieux. Le palais disparaît, il fait place au temple ; et le temple, habitation du nouveau maître, prend l'aspect des pavillons qu'habitaient les vieux rois : le palais, antique emblème de l'autorité, imprime son caractère traditionnel au sanctuaire qui le remplace.

A dater de ce jour, l'architecture se consacre exclusivement à des besoins impersonnels : plus d'architecture privée, rien que des constructions destinées aux besoins collectifs ; et telle est la prédominance de l'idée religieuse dans la société nouvelle, que les édifices civils eux-mêmes empruntent leurs caractères à l'architecture des temples. Le portique de Pæstum a bien des fois été pris pour un temple. Les propylées sont comme des façades de temples donnant par leur style une sorte de consécration religieuse à l'enceinte dont ils forment le frontispice. Les théâtres mêmes sont des monuments liés aux rites sacrés. Le monde grec n'a qu'une architecture ainsi qu'il n'a qu'une langue : les expressions de l'architecture varient, mais l'idée religieuse les marque toutes de son empreinte. Sa plus haute manifestation est le temple lui-même : le temple sera le résumé de l'architecture grecque tout entière.

Le palais mycénien et le temple. — La date de l'apparition du temple répond bien à l'époque de la révolution sociale à laquelle nous venons de la rattacher : le temple est à peine mentionné dans Homère. Selon toute apparence, pendant les premiers âges de la vie grecque, les fêtes religieuses se célébraient dans des bois sacrés ou bien des grottes telles que l'antre de Trophonius, la grotte de Pan à l'Acropole. Les fouilles de la primitive Tirynthe n'ont révélé que des autels domestiques, des fosses à offrandes : le temple proprement dit ne remonte guère au delà du 7° siècle, ce n'est qu'alors qu'on songe à donner à la divinité une « habitation » (naos).

Essayons de suivre dans les ruines cette extension si naturelle qui transfère à la demeure du dieu les formes des demeures royales de l'âge antérieur.

424   ARCHITECTURE GRECQUE.

Qu'on se reporte (fig. 1 R, T) au plan des pavillons du palais de Tirynthe et qu'on le compare au plan D d'un sanctuaire archaïque, les dispositions générales sont les mêmes :

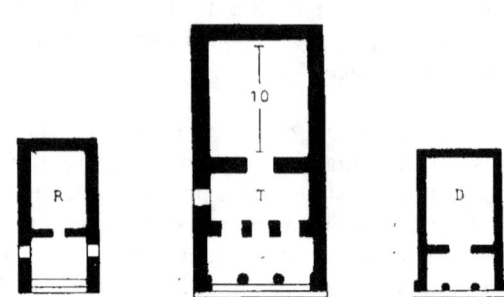

La salle qui renfermait le foyer est devenue le sanctuaire, et l'on y loge la statue divine comme une personnification du maître nouveau qui l'occupe. Le portique qui précède la cella, le pronaos conserve son antique caractère d'abri ouvert à tous en avant de la demeure close. Une enceinte entourera le temple comme la cour entourait la maison, et l'autel se placera dans cette enceinte comme l'autel domestique dans la cour mycénienne.

Cette idée du temple-maison n'est point d'ailleurs particulière aux Grecs : chez la plupart des peuples de l'antiquité, le temple est la demeure du dieu comme la tombe est la maison du mort. En Chaldée, les temples qui ne sont pas des observatoires ne diffèrent en rien des palais (pag. 101) : ce sont des palais habités par des idoles; en Perse les temples du feu, dont M. Dieulafoy a retrouvé le type, ne diffèrent en rien de la maison mycénienne.

L'ORIENTATION ET LE PLAN D'ENSEMBLE.

L'ORIENTATION.

Il est des temples grecs dont l'axe se dirige vers les lieux saints de la divinité qu'on y adore : de même que les mosquées musulmanes regardent la Mecque et les églises Jérusalem, tel temple de Vénus a son axe tourné vers Cythère, tel temple d'Apollon vers Délos.

Plus ordinairement, les temples sont orientés le pronaos regardant le levant.

Le Parthénon offre un curieux exemple de cet usage, avec son frontispice tourné non vers les Propylées mais vers l'arrière de l'Acropole.

Nous ignorons la formule précise qui présidait à l'implantation : sans doute une formule astronomique reliant la direction de l'axe à quelque phénomène solaire ou planétaire.

Quoi qu'il en soit, la loi paraît avoir été inflexible : nous donnons fig. 2, en AD, un fragment du plan de l'acropole de Sélinonte et, en HM, le plan des deux temples de Rhamnus : Les différences d'alignement qui s'observent dans ces deux exemples entre des temples presque contigus ne sauraient s'expliquer ni par une fantaisie ni par une erreur.

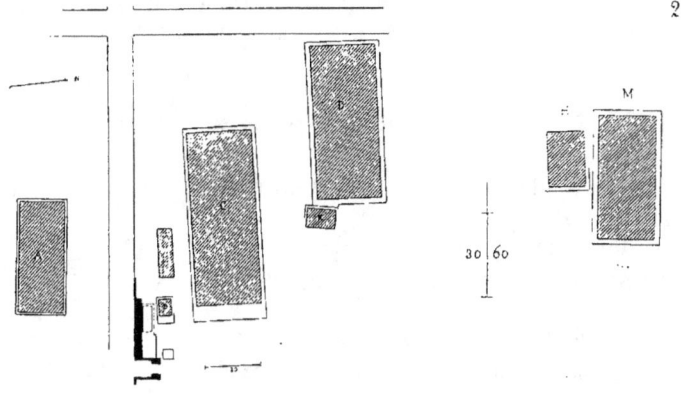

L'ASPECT DU PLAN DANS LES PLUS ANCIENS TEMPLES.

La forme primitive des temples paraît être celle que nous avons indiquée fig. 1 par le tracé D. Ainsi se présente le plan dans la plupart des temples archaïques élevés sous le nom de trésors près des grands sanctuaires d'Olympie, de Delphes et de Délos : une cella précédée d'un portique formant vestibule ou « pronaos ».

Le plus ancien temple connu où le portique règne sur les faces latérales, est l'Heræum d'Olympie (pag. 433, A).
Là aussi nous rencontrons pour la première fois, à l'arrière de la cella, un vestibule reproduisant, par pure raison décorative, les dispositions du pronaos : le « posticum ».
C'est un trait commun à tous les grands temples des premiers temps d'avoir une cella très allongée : cette longueur de la cella est particulièrement accentuée à l'Heræum, au temple S de Sélinonte (fig. 3 A); à Délos un des plus anciens temples avait l'aspect d'une véritable galerie.

Mais le principal caractère d'archaïsme consiste dans l'importance considérable de leurs portiques et la petitesse relative de la cella : au vieux temple de Syracuse, au temple D de Sélinonte, au temple S (fig. 3 A), au temple T (fig. 4 A), les portiques prennent tant de place, que la cella s'efface pour ainsi dire au milieu des galeries qui l'entourent.

PASSAGE DU PLAN ARCHAÏQUE AU PLAN DU Ve SIÈCLE.

Tel est le plan aux époques primitives. Ses modifications ultérieures portent :
1° Sur la longueur de la cella;
2° Sur la profondeur des portiques.

a. — Réduction progressive de la longueur du temple. — L'Acropole d'Athènes a gardé la trace de deux plans successifs du Parthénon, sous Pisistrate et sous Périclès : le Parthénon de Pisistrate, quoique plus étroit, était sensiblement plus long.
Au très ancien temple C de Sélinonte on compte, pour 5 entre-colonnements de façade, 16 sur le long pan; à l'Heræum, 15; 12 ou tout au plus 13 dans les temples du 5° siècle.

TEMPLES.   427

Dans l'architecture de l'époque macédonienne, la proportion normale paraît être une profondeur égale à deux fois la façade : formule que les anciens ont interprétée de deux manières différentes : nombre double de colonnes, ou nombre double d'entre-colonnements. Vitruve, organe des dernières traditions de l'art grec, indique la seconde solution comme la plus autorisée. C'est celle du temple de Priène.

b. — Réduction des portiques. — Pour peindre aux yeux la modification qui porte sur la superficie des galeries extérieures,

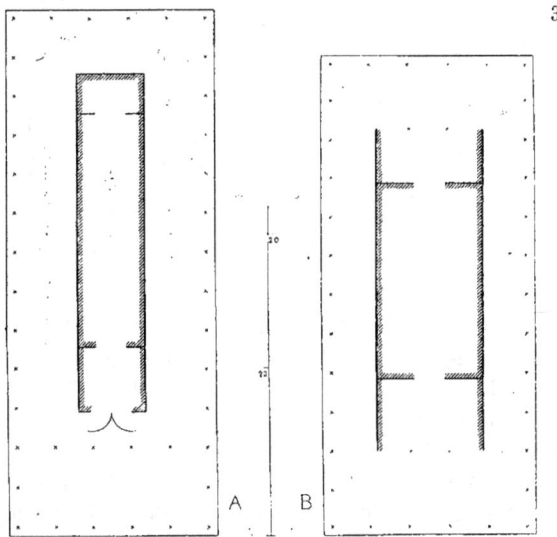

nous rapprochons (fig. 3) deux exemples, l'un du 6ᵉ siècle, l'autre du 5ᵉ (A, temple S, de Sélinonte; B, temple dit de Thésée). Au temple S la cella avec ses annexes représente à peine le quart de la surface couverte, au temple de Thésée elle en occupe plus de la moitié.

Les exemples fig. 3 proviennent de temples à six colonnes de face : la fig. 4 accuse, pour les temples à huit colonnes, le même changement de caractère.

428   ARCHITECTURE GRECQUE.

Nous y mettons en regard le grand temple de Sélinonte A (6ᵉ siècle), et le Parthénon B (5ᵉ siècle) : on saisit à première vue le développement de la cella aux dépens des galeries qui l'entourent.

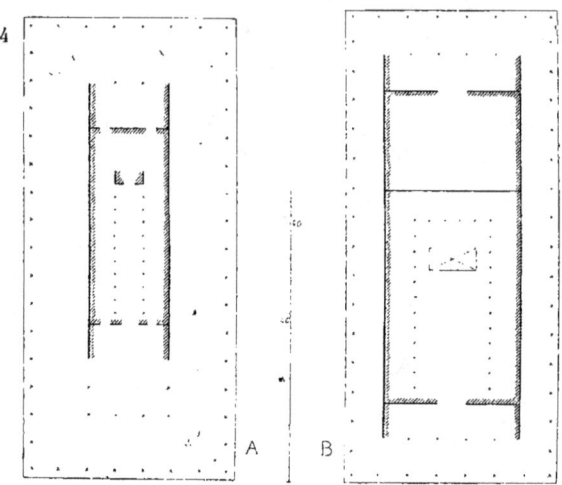

Le portique du Parthénon est un abri tout à fait illusoire et ne peut être regardé que comme un ornement : dans le temple archaïque le portique est un abri réel, destiné à protéger la foule contre les ardeurs du soleil. Et s'il fallait une preuve de son utilisation effective, nous rappellerions (pag. 314) les précautions prises pour garantir contre les chocs les colonnes qui correspondent au courant principal de la circulation.

Cette réduction systématique des galeries extérieures a été signalée par Hittorff, et voici l'interprétation qu'il en donne :

Au début, le temple sert à la fois aux besoins religieux et aux besoins civils, c'est le monument de la cité : un portique public en même temps qu'un sanctuaire. Tout s'y dispose en vue de cette association du culte et de la vie civile : au dieu est réservée la cella avec son pronaos; le portique appartient à tous. Ce portique extérieur est large, spacieux, de toutes parts accessible par des degrés commodes. Puis, la cella s'agrandissant, l'espace livré à la foule se rétrécit; la protection que les galeries offrent contre le soleil devient purement fictive.

En même temps que la foule cesse d'être attirée sous les galeries par l'insuffisance de l'abri qu'elle y trouve, elle en est écartée par la difficulté d'accès que l'architecte semble prendre à tâche de créer : les degrés du temple cessent d'être des marches pour devenir des soubassements. N'est-ce pas là l'histoire d'un effort incessant pour ôter aux portiques leur affectation profane? On lit dans le plan plus nettement que dans un texte la séparation qui tend à s'établir entre la vie religieuse et la vie civile.

Au milieu du 5ᵉ siècle la scission est accomplie, le temple est devenu exclusivement édifice religieux.

Passé cette date, les variations du plan ne seront plus subordonnées qu'aux vicissitudes du goût; à l'époque macédonienne, le désir d'augmenter la majesté des temples amènera un retour aux portiques profonds : les doubles colonnades, telles que celles de Milet, datent de ce dernier âge de l'art grec.

DÉTAILS DE DISTRIBUTION ET PLANS EXCEPTIONNELS.
LE TEMPLE A L'ÉPOQUE DE VITRUVE.

Détail de distribution. — Les distributions intérieures des temples sont celles qu'indiquent les fig. 3 et 4 :

La pièce principale, la cella, est une salle oblongue, tantôt sans division (fig. 3), tantôt partagée en trois nefs par deux files de colonnes (fig. 4) : la salle d'honneur de l'appartement du dieu.

En avant de la cella, un vestibule ou pronaos;
Au fond, une arrière-salle ou « opisthodome ».

Quel était le rôle de l'opisthodome?
Pour la plupart des cas, ce rôle nous est formellement indiqué par Pausanias : un trésor où la ville déposait ses richesses sous la sauvegarde du dieu.

Au temple D de Sélinonte, l'opisthodome a son sol surélevé au-dessus de celui de la nef : ici il paraît être un « sécos » semblable à celui des temples égyptiens, un saint des saints destiné à renfermer les emblèmes sacrés.

Enfin nous avons dit et nous reconnaîtrons bientôt qu'il existe des temples à cella totalement découverte : cette fois, la cella se présente comme une cour monumentale qui constitue ou précède le sanctuaire.

Le classement des temples selon Vitruve. — Vitruve nous a donné, d'après les traités de l'École d'Alexandrie, un classement des temples qui répond à l'état de l'architecture aux derniers temps de l'hellénisme. La fig. 5 définit les types principaux contenus dans énumération :

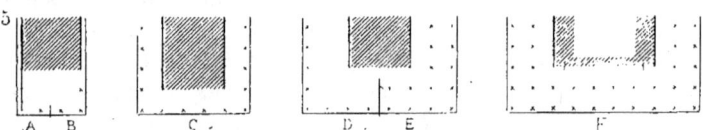

Les types A et B répondent au cas d'un temple sans portiques latéraux : dans le plan A, les antes de la cella encadrent le portique d'entrée ; dans la variante B elles s'arrêtent à l'endroit où le portique commence.

Le plan C est celui du temple à six colonnes.

Pour le temple à huit colonnes de face, Vitruve admet en principe deux rangées de colonnes latérales (tracé E), sauf suppression facultative de la deuxième rangée (variante D).

Le temple F mérite une mention spéciale : c'est le temple « hypèthre », où la cella restait découverte et était bordée de deux portiques intérieurs.

Variétés exceptionnelles du temple. — A côté de ces types normaux, il convient de faire une place à toute une série de plans plus ou moins exceptionnels, dont les principaux sont réunis fig. 6.

En R nous indiquons un arrangement hypostyle réalisé à

Éleusis. A vrai dire, le sanctuaire d'Éleusis est moins un temple qu'une salle d'assemblée : sa destination est accusée par les gradins qui en bordent les faces. C'est une salle d'initiation pour des mystères d'origine égyptienne : peut-être le parti général en est-il emprunté à l'Égypte.

Le temple en forme de galerie H paraît lui aussi conçu pour faire place à une nombreuse assistance (Délos).

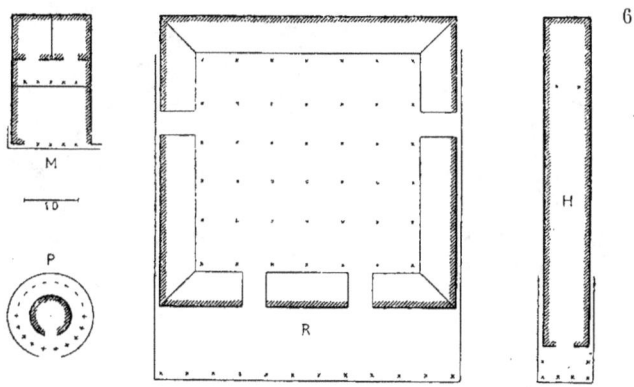

Les variétés qu'il nous reste à passer en revue répondent d'une façon plus exacte au programme du temple : un abri spécialement réservé à une idole et des offrandes. Ce sont :

Le temple rond, dont un des plus anciens exemples se trouve à Épidaure, et dont les applications se multiplient à l'époque macédonienne (Philippeum d'Olympie, temple de Samothrace, etc.);

Le temple à cella terminée en hémicycle (ce plan existait à Livadie);

Le temple en forme de salle partagée en deux nefs par une file centrale de colonnes (trésor à Délos);

Enfin le temple à plusieurs cellas, le temple où plusieurs divinités sont associées dans un culte commun : ce sera chez les Étrusques le type courant; nous en donnons en M (fig. 6) une application provenant des fouilles de Délos.

C'est à ce type du temple à cellas multiples qu'appartient l'Érechtheion :

Le plan de l'Érechtheion (fig. 7) offre à la fois l'exemple de plusieurs cellas et d'un parti absolument dissymétrique :

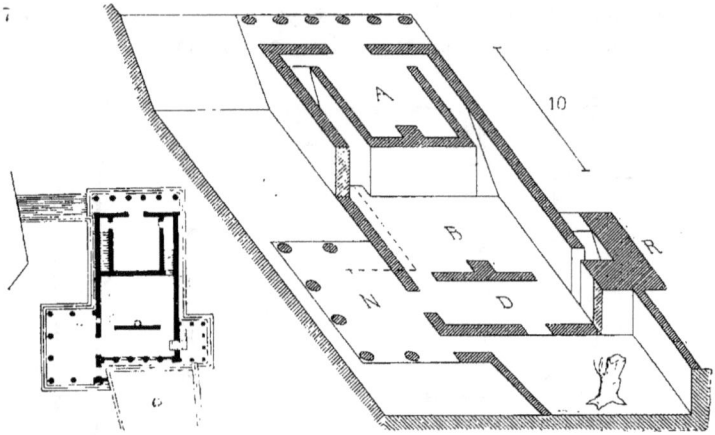

L'Érechtheion s'élève sur le sol même d'où Neptune et Minerve avaient fait sortir le cheval et l'olivier. Le sanctuaire devait se partager entre les deux divinités dont le souvenir s'attachait à la fois à son site. D'ailleurs, ainsi que le montre la perspective, ce site lui-même était extrêmement inégal, il fallait en respecter les reliefs, se renfermer dans ses limites. Le plan se plie à toutes ces exigences :

A est la cella consacrée à Neptune-Érechthée, communiquant par couloir souterrain avec un caveau où l'on voit l'empreinte de son trident. En B est la cella de Minerve Poliade. Ce sanctuaire, situé à un niveau plus bas, est accessible par un portique N indépendant du sanctuaire de Neptune et communique par un vestibule D dédié à Pandrose avec une cour où croissait l'olivier sacré.

Peut-être convient-il de rattacher à ce groupe des temples où plusieurs divinités sont associées dans un culte commun.

les temples à cellules réparties le long d'une principale nef. On en connaît deux exemples (fig. 8) : l'Heræum A, et le temple de Phigalie B.

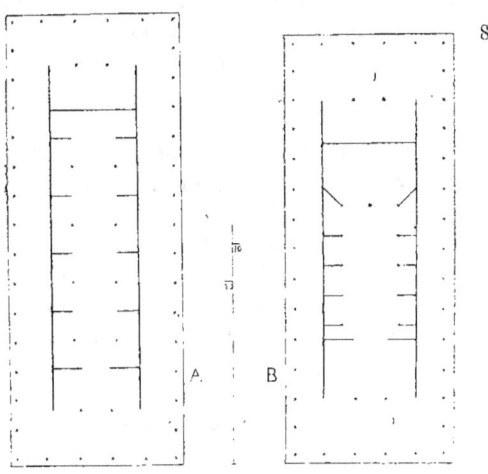

L'EMPLACEMENT DE LA STATUE ET DE L'AUTEL.

Nous avons parcouru les distributions du temple : avant d'en examiner les formes architecturales, précisons la façon dont se disposaient la statue dont il était la châsse, et l'autel où avaient lieu les sacrifices.

Emplacement de la statue. — Au Parthénon (pag. 428, B), à Olympie, la place de la statue est reconnaissable, le massif de fondation existe : l'idole se dressait au fond de la cella.

Loger une statue dans un temple couvert n'offrait nulle difficulté ; mais nous avons dit d'après Vitruve que certains temples avaient une cella sans toiture. De ce nombre était, au témoignage de Strabon, le temple de Milet ; et l'étude des conditions d'établissement du toit nous conduira à ranger parmi les hypèthres le temple de Phigalie et le grand temple de Sélinonte : l'idole de ces temples était-elle abritée, et comment ?

28

A Milet, l'idole était protégée par un édicule dont le Louvre possède des fragments.

A Phigalie (pag. 433, plan B), un portique termine la cella et paraît avoir joué le rôle de l'édicule de Milet; des fragments de statue existaient sous ce portique : là selon toute apparence était l'image du dieu.

Dans les temples à opisthodome tels que le grand temple de Sélinonte (pag. 428, plan A), l'idole pouvait trouver au fond de la cella un abri semblable à celui de Milet, ou bien être reléguée dans l'opisthodome : ce dernier emplacement convenait lorsque l'objet du culte consistait en un fétiche trop informe pour être exposé aux regards. Alors on avait au lieu de cella une cour allongée conduisant comme une imposante avenue à l'opisthodome, véritable sanctuaire.

Place de l'autel. — L'autel n'est point une table de sacrifices dressée dans la demeure du dieu, mais un massif isolé du temple et qui en est quelquefois tout à fait indépendant : à Pæstum, l'autel s'élève à 15ᵐ en avant du pronaos. Tout est préparé pour un culte en plein air. Une peinture de Pompéi (sacrifice à Isis) nous montre la foule groupée sur l'esplanade autour de l'autel, et les prêtres sous les portiques.

LA CELLA : SES DISPOSITIONS INTÉRIEURES, SA TOITURE, SON ÉCLAIRAGE.

LES NEFS.

a. — *La cella à une seule nef.* — Lorsque la cella est d'ouverture assez restreinte pour qu'on puisse aisément jeter d'un mur à l'autre des fermes en charpente, on se garde d'encombrer l'intérieur par des colonnades : on fait reposer sur les murs les entraits du comble, et d'ordinaire on laisse les murs entièrement lisses; c'est le cas du temple de la Concorde d'Agrigente, du temple de Thésée, etc.

Mais, à mesure que la portée s'accroît, l'établissement des fermes devient difficile.

Pour atténuer cette portée, on recourt à un artifice qui justifie au point de vue de la construction le plan à cellules de l'Heræum (pag. 433, A) : on fait reposer l'entrait non sur le mur lui-même mais sur des éperons qui se détachent en relief et s'avancent pour ainsi dire vers le milieu de la cella.

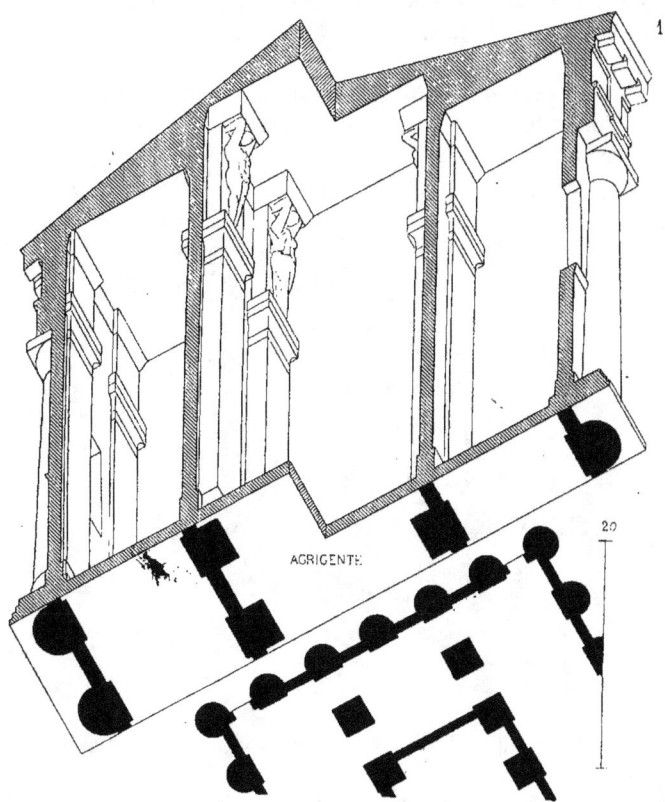

Avec une saillie moindre, ces éperons intérieurs se retrouvent (fig. 1) au temple dit des Géants d'Agrigente :

Au niveau du sol, les éperons se présentent sous forme de pilastres peu encombrants; au sommet, afin d'exagérer le relief, on a terminé les pilastres par des figures de géants aux épaules ramassées qui soutiennent en très fort encorbellement une corniche proéminente sur laquelle la charpente repose : l'intervalle à franchir se trouve atténué d'autant.

Pour de grandes ouvertures, cette solution est encore d'une extrême hardiesse; d'ordinaire on se contente de fractionner la portée du comble par des points d'appui intermédiaires : et alors la cella devient une salle à trois nefs.

b. — *La cella à trois nefs.* — La fig. 2 indique l'arrangement des colonnades intérieures qui subdivisent en trois nefs la cella de Pæstum.

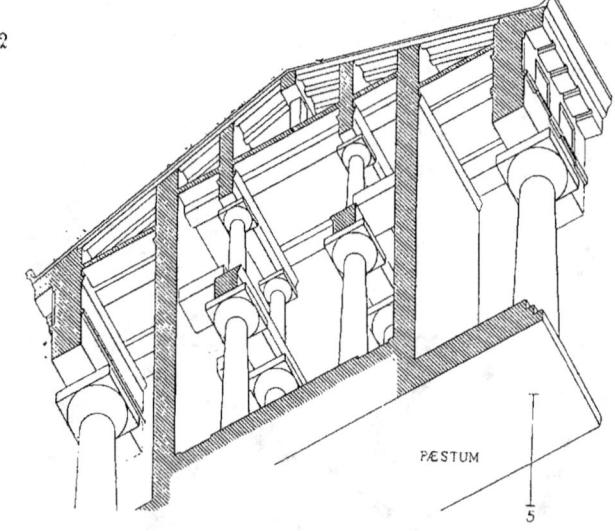

Ce partage répond bien à l'imperfection des charpentes antiques.

Avec un système d'entraits portants (pag. 279), on hésitait à couvrir d'une volée une large cella : les colonnades formaient repos.

Afin de les rendre moins massives et en même temps moins

TEMPLES.   437

gênantes, on les composait chacune de deux ordres étagés l'un sur l'autre et séparés par une architrave d'entretoisement (pag. 384).

L'étage supérieur des collatéraux et ses escaliers d'accès. — Régnait-il au niveau de cette architrave une galerie haute et, si cette galerie existait, quels étaient les moyens d'y accéder?

Et d'abord doit-on admettre un plafond au niveau de l'architrave?

Au temple de Pæstum, l'existence de ce plafond peut être discutée.

Aujourd'hui, les ruines ne fournissent aucun indice; mais au temps où Delagardette les releva, il restait aux abords du

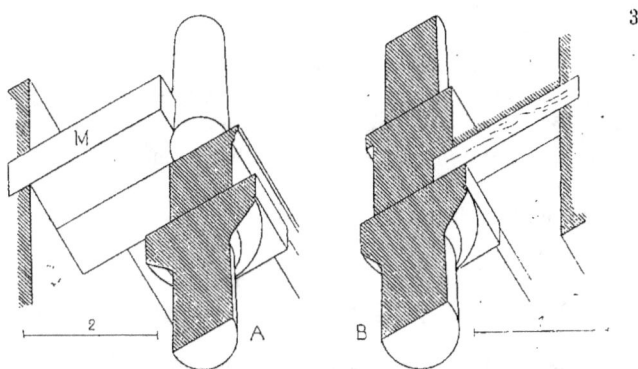

temple des pierres telles que M (fig. 3). Delagardette prit soin de s'assurer par un moulage qu'elles s'adaptaient exactement au pied des colonnes hautes : c'est pour cette position qu'elles étaient faites. Elles formaient entretoisement transversal, comme les architraves formaient entretoisement longitudinal. Qu'elles fussent reliées les unes aux autres par un plancher continu, rien ne permet de l'affirmer.

A Égine (fig. 3 B), le doute ne paraît pas possible, les nefs latérales étaient à double étage : on distingue des entailles de solives qui impliquent un plancher; l'architrave elle-même faisait office de garde-corps, et l'intérieur de la cella présentait l'aspect fig. 4.

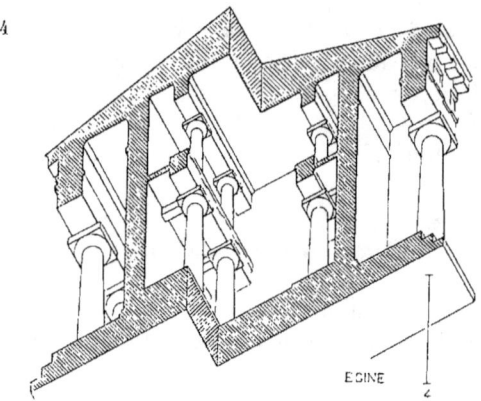

Enfin à Olympie la preuve d'un plancher nous est fournie par Pausanias qui affirme qu'on faisait le tour de la statue sur une galerie accessible par un escalier « détourné ». Il serait intéressant de reconstituer cet escalier d'accès.

L'emplacement, on ne peut guère le chercher que vers l'entrée de la cella.

Or à cet endroit existe (fig. 5) une pierre R qui présente deux mortaises rectangulaires a, a et deux trous de scellement n, n.

La pierre R a tout à fait l'aspect d'une première marche d'escalier :

Essayons de loger dans les mortaises a, a les échiffres d'une rampe droite, elles s'y placent d'elles-mêmes. Imaginons une grille dont les montants répondraient aux trous de scellement n, n, elle trouve exactement dans le palier l'espace nécessaire pour tourner (croquis R').

Ces rapprochements conduisent à restituer les accès des galeries conformément aux indications de la vue d'ensemble : une volée d'un côté pour la montée, une de l'autre côté pour la descente. Les pèlerins pouvaient circuler sans encombre autour de la statue; et l'escalier, dans la position qu'il occupe, paraît assez « détourné » pour justifier la qualification de Pausanias. Des escaliers de ce genre ont dû se reproduire dans les différents temples à galeries : la matière périssable dont ils étaient faits explique qu'à Égine ainsi qu'au Parthénon ils aient pu disparaître sans laisser de traces.

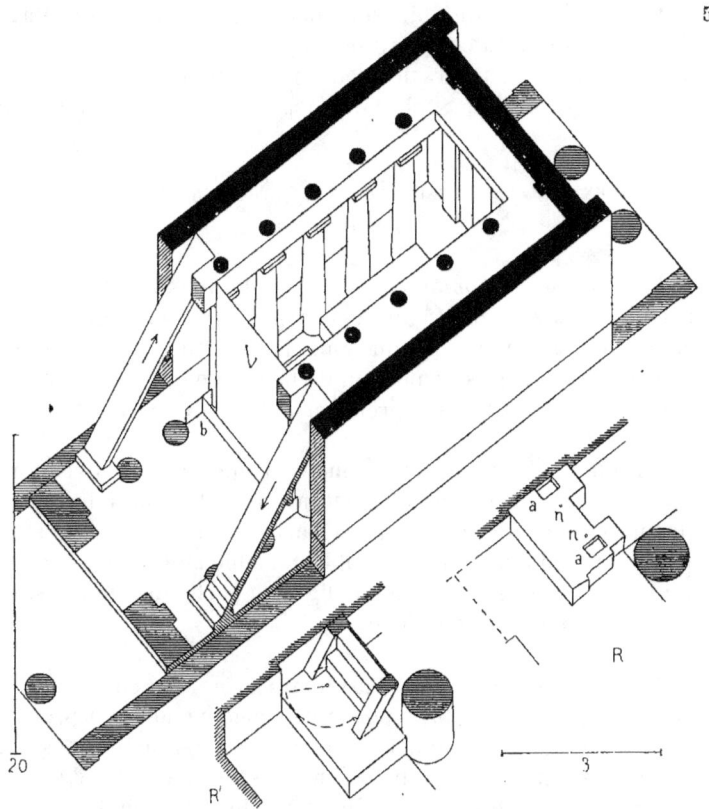

La fig. 5 contient le tracé des balustrades situées au rez-de-chaussée du temple. Ces balustrades *b* sont disposées de façon à empêcher l'accès direct de la statue, tout en permettant de faire le tour au niveau du sol de même qu'on a fait le tour au niveau de la galerie haute : elles barrent la cella, bordent les portiques latéraux et s'interrompent seulement sous les volées de l'escalier où sont ménagées d'un côté une entrée, de l'autre une sortie.

Qu'on se représente au fond de la cella cette imposante figure du Jupiter assis dont la tête touche au comble de la grande nef; cette double colonnade qui accuse deux étages dans la hauteur du colosse; un voile (V) qui s'abaisse derrière la balustrade transversale et découvre comme une vision le dieu d'ivoire et d'or : tel était l'aspect intérieur d'un temple.

COMMENT LA CELLA ÉTAIT COUVERTE : STRUCTURE ET UTILISATION DES COMBLES.

Restitution des combles. — Un temple nous est parvenu, où les dispositifs d'attente de la charpente se sont entièrement conservés, le temple connu sous le nom de la Concorde, à Agrigente : tâchons avant tout de faire dire à ce précieux édifice ce qu'il peut nous apprendre.

Au temple de la Concorde, une corniche règne à niveau uniforme sur tout le développement intérieur des murs de la cella, du pronaos et du posticum; et partout cette corniche est accompagnée d'une retraite visiblement ménagée pour recevoir un plafond. Nous représentons fig. 6 la partie du temple située au-dessus de cette corniche.

L'espace est coupé par deux murs de refend en trois compartiments A, B, C, correspondant respectivement au pronaos, à la cella, au posticum. Le compartiment situé au-dessus de la cella est mis en communication avec les autres par de larges portes P, P', et desservi par deux escaliers tournants E, E'.

Des escaliers impliquent un espace utilisé, c'est-à-dire un comble : un comble où l'on puisse circuler; et comme il résulte des dimensions qu'on ne saurait se tenir debout vers les rives, il s'ensuit que la toiture monte sans interruption jusqu'au faîtage.

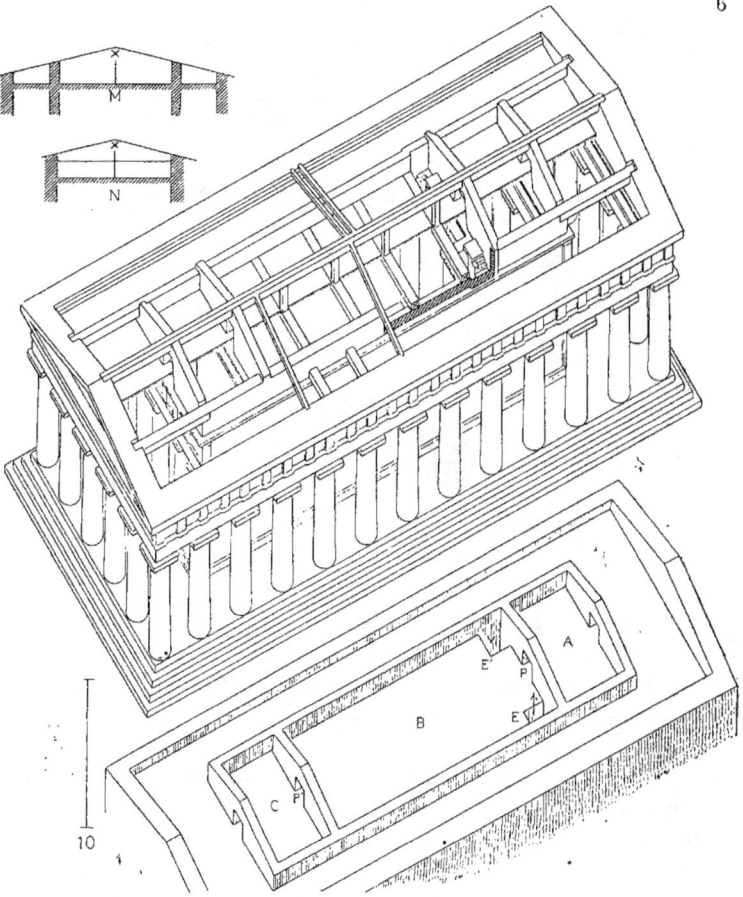

Supposez le comble construit suivant le système moderne à l'aide de fermes avec tirants du type M, la circulation sera interceptée à chaque ferme ;

Admettez au contraire une charpente à entraits portants semblable à celle de l'arsenal du Pirée (pag. 279), la circulation devient libre : le comble est nécessairement le type N, et

442   ARCHITECTURE GRECQUE.

l'aspect de la charpente sur toute la longueur de la cella, est celui qu'indique la fig. 7.

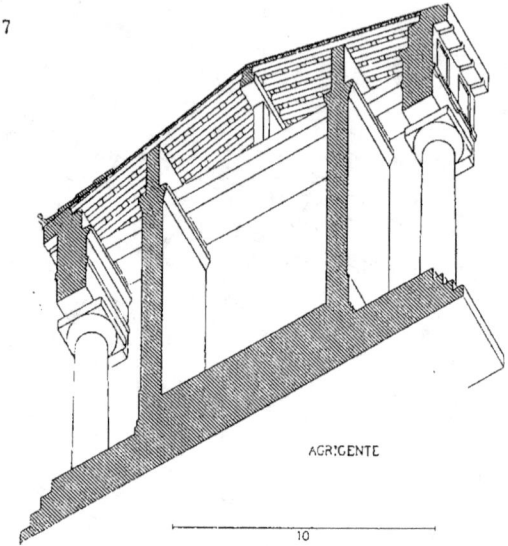

Quant aux charpentes du pronaos et du posticum, elles sont écrites dans la disposition même des murs-pignons : elles se réduisent, ainsi que l'explique la vue d'ensemble fig. 6, à des pannes appuyées sur ces murs.

Jusqu'ici il ne s'agit que d'une cella à une nef. Au cas de trois nefs, la solution reste la même : la charpente à entraits portants, le type de l'arsenal du Pirée.

La fig. 2 pag. 436 en montre l'application à Pæstum.

Des murettes soit en charpente, soit plus probablement en brique crue, surmontaient les colonnades intérieures et recevaient les chevrons. Des tirants traversant le comble eussent été, ici comme à Agrigente, des barrières arrêtant la circulation à chaque travée : la seule charpente possible était celle de la fig. 2.

TEMPLES.   443

La destination des combles et l'agencement des escaliers qui les desservent. — La charpente à entraits portants permettait d'utiliser les combles, là résidait l'avantage compensant la dépense de bois qu'elle entraîne : partout se manifeste la préoccupation de rendre les combles praticables. La fig. 8 donne,

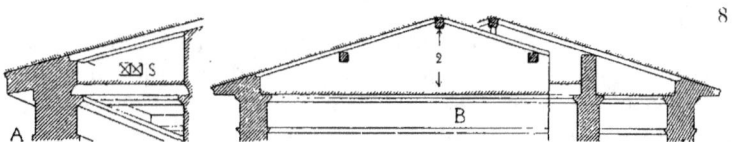

d'après les enclaves où s'engageaient les bois, le détail de deux charpentes grecques, celle du temple dit de Cérès à Pæstum et celle des portiques latéraux du grand Temple.

Au temple de Cérès (coupes B) on eut soin d'assembler les chevrons *dans l'épaisseur* de la pièce de faîtage, ce qui donne suivant l'axe du comble une échappée juste suffisante pour qu'on puisse se tenir debout.

Aux portiques latéraux A du grand Temple, au lieu d'établir le plancher sur des poutres épaisses, ce qui eût été plus économique, on recourut à des poutres jumelles posées sur leur plat (section S) : cela encore en vue de gagner de la hauteur.

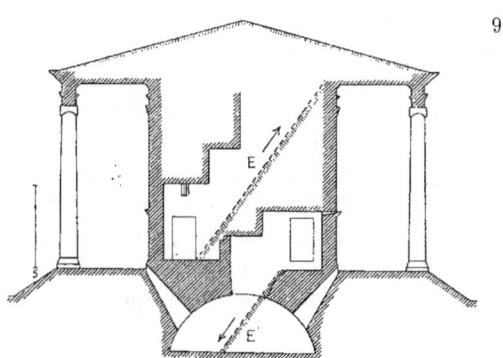

A son tour, l'importance attribuée aux escaliers qui desservent les combles témoigne de l'intérêt que les anciens attachaient à ces annexes des temples : la fig. 9 montre les dispositions de l'escalier qui conduisait aux combles d'Æzani, et nous avons indiqué fig. 6 les accès de comble du temple de la Concorde.

Au temple de la Concorde, ce n'est pas un escalier unique que nous trouvons, mais deux. Deux existent également au grand temple de Pæstum.

Répéter par symétrie une cage d'escalier, eût été un artifice peu digne des Grecs : mais répéter l'escalier lui-même suppose un besoin sérieux, et ce besoin est évidemment celui d'assurer d'un côté une circulation montante, de l'autre une circulation descendante. La largeur d'emmarchement, qui excède à peine 2 pieds, est trop faible pour que les deux courants puissent se croiser : de là le second escalier. La position même des portes est significative. Elles ne s'ouvrent pas sur le pronaos mais dans la cella même; l'entrée est aussi protégée qu'il se puisse, ce qui suppose que les combles étaient destinés à enfermer des objets précieux : c'étaient les magasins où l'on serrait le matériel du culte.

Ajoutons que rien n'est invariable dans la disposition des temples : à côté de temples à sacraire sous toiture, il en est où la charpente demeurait apparente. Les ruines de Délos ont révélé des toitures où les tuiles de marbre formaient sur la cella un plafond rampant; Hittorff cite des tuiles de terre cuite dont le dessous, laissé apparent, était émaillé. Et, comme exemple de l'application simultanée des deux solutions, on peut citer les deux sanctuaires de l'Érechtheion : la cella de Neptune avait (les inscriptions nous le disent) ses pannes apparentes et ses rampants lambrissés; la cella de Minerve avait un comble proprement dit, un plafond indépendant de la toiture. Les combles apparents des églises de Sicile représentent à coup sûr la tradition des toitures grecques sans plafond.

COMMENT LES TEMPLES ÉTAIENT ÉCLAIRÉS : QUESTION DES TEMPLES HYPÈTHRES.

Plaçons-nous maintenant au point de vue de l'éclairage

des temples, et examinons comment les dispositions de leur toiture pouvaient se concilier avec l'accès du jour dans la cella.

En principe, les temples sont dépourvus de fenêtres.

Les seuls où le mur de la cella soit percé de baies d'éclairage sont : un édifice de basse époque, le temple de Labranda en Asie Mineure, un temple à Palmyre, et la rotonde de Tivoli;

Les seuls où les portiques soient éclairés par des fenêtres sont : l'Érechtheion (pag. 418) et le temple des Géants d'Agrigente (pag. 43) : même dans ces deux cas la cella est une salle entourée de murs pleins, où le jour ne peut venir que de la porte ou du toit.

La porte, dont l'extraordinaire grandeur nous surprend, suffisait largement dans le cas des petits temples; mais la considérait-on comme suffisante pour les grands temples, et la toiture n'était-elle pas disposée en vue de fournir un surcroît de lumière? Il existait, nous en avons Vitruve pour garant, des temples à cella sans toiture : était-ce la règle? la cella n'était-elle que partiellement couverte? ou si la toiture s'étendait à la cella tout entière, se prêtait-elle à des ouvertures d'éclairage?

a. — *Temples entièrement couverts.* — Ce que nous venons de dire au sujet du temple de la Concorde montre qu'au moins dans cet exemple la lumière ne pouvait venir d'une interruption de la toiture : le plafond de la cella était le plancher du comble; et, comme ce plancher n'était praticable que vers l'axe du temple, le plafond était nécessairement ininterrompu : la seule ouverture par où le jour pût pénétrer, était la porte.

Le temple de la Concorde est de médiocre grandeur, sa cella n'a pas 20^m de profondeur; probablement l'éclairage par la porte était seul admis pour les temples de dimensions comparables aux siennes : tels les temples A, C, D, R, S de Sélinonte, le temple dit de Junon Lacinienne à Agrigente, le temple de Thésée.

b. — *Temples à ouverture hypèthre*. — Mais pour les temples de grande dimension, la question est loin de se trancher par simple analogie. Au temple de la Concorde la seule voie de circulation commode suivait l'axe du comble; dans les temples où la hauteur du comble est considérable, rien n'empêchait (fig. 10) de reporter la circulation sur les rives : ménager le passage T au-dessus des nefs latérales, et laisser sans toiture une ou plusieurs travées de la nef centrale.

Il est question dans Justin d'un dieu entrant dans son sanctuaire « par le sommet ouvert de la toiture » : cela suppose un vide, et le système de charpente n'a rien d'incompatible avec l'existence d'un ciel ouvert tel que V.

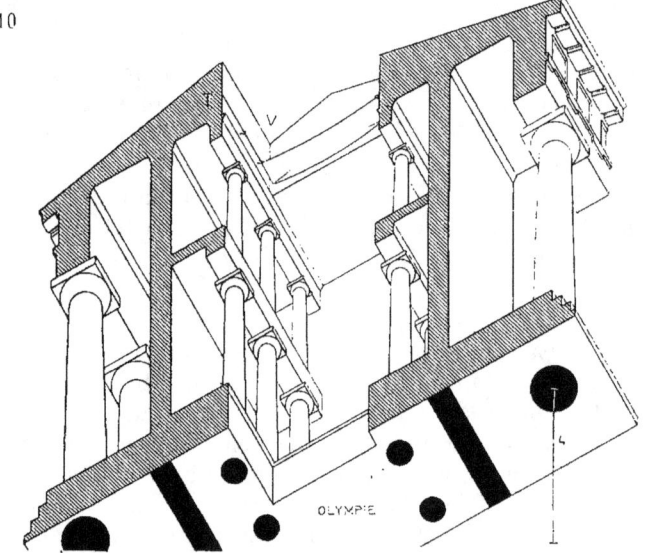

Le temple représenté fig. 10 est celui d'Olympie : il est probable qu'un ciel ouvert de ce genre existait en effet dans son comble.

Pausanias raconte que Jupiter exprima sa satisfaction pour la statue, œuvre de Phidias, en frappant d'un coup de foudre le sol du sanctuaire : apparemment ce témoignage de satisfaction ne fut pas accompagné d'une destruction partielle du temple, et la légende de Pausanias implique une lacune à la toiture.

On a cru retrouver dans le dallage la preuve de cette interruption du toit : à l'endroit de la travée hypèthre, le dallage présente une cuvette qui aurait servi à recevoir l'eau des pluies.

En fait, cette cuvette ne communique avec aucun caniveau d'écoulement, et il faut s'en tenir à l'explication que Pausanias nous suggère :

Le temple s'élevait dans un marécage où l'humidité détériorait l'ivoire de la statue; on garantissait la statue contre cette cause de dégradation en l'arrosant d'huile, et la dépression du carrelage n'est autre chose que le bassin destiné à recueillir l'huile qui s'égouttait.

Il est d'ailleurs difficile d'admettre que l'ouverture hypèthre ait été sans clôture : elle eût donné trop libre accès à la poussière, ce fléau du climat grec; assurément une banne était tendue sous le ciel ouvert V, comme aujourd'hui une banne ferme l'œil circulaire qui correspond à l'hypèthre au Panthéon de Rome.

c. — Temples à cella totalement hypèthre. — Faites régner sur la cella tout entière le ciel ouvert V, vous obtenez l'hypèthre de Vitruve :

« Dans le temple hypèthre, dit-il, la nef centrale n'a point de toit. »

Comme particularité d'aménagement intérieur, Vitruve indique une cella bordée à droite et à gauche par des portiques qui communiquent d'un bout avec le pronaos, d'autre avec le posticum.

Les exemples, ajoute-t-il, sont rares : il n'en existe aucun à Rome; Athènes en possède un, le temple octostyle de Jupiter Olympien. — Il ne faut pas chercher l'application de ce texte au temple actuel, reconstruit sous Adrien; l'auteur parle de l'édifice qui existait de son temps, celui qu'avait bâti l'architecte Cossutius : ce temple était octostyle et hypèthre.

Tel était aussi (fig. 11) le grand temple de Sélinonte : son

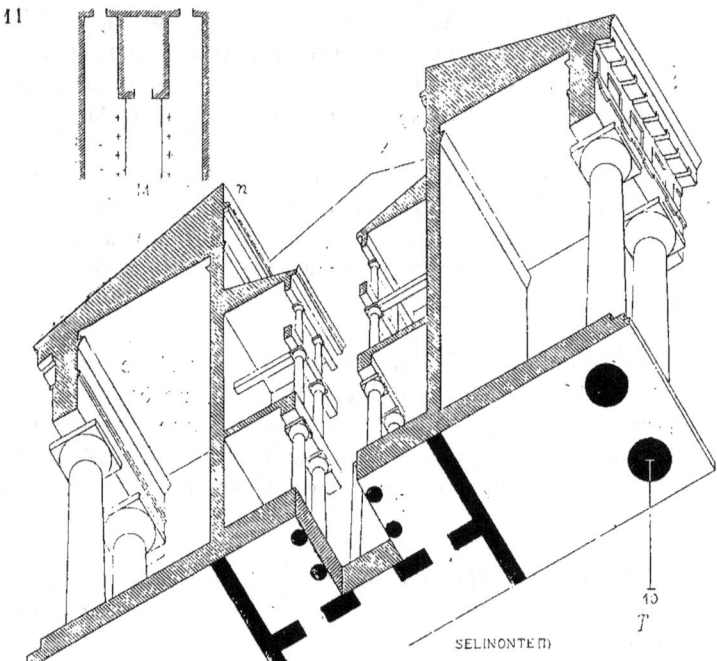

plan M reproduit les traits caractéristiques du signalement de Vitruve, on y trouve à droite et à gauche de la cella les galeries qui relient le pronaos au posticum ; ces galeries étaient à triple étage. Et à coup sûr elles ne supportaient pas un plafond ininterrompu, car leur mur d'adossement, le mur d'enceinte de la cella est couronné d'une riche corniche à denticules n, qui ne pouvait être vue que des galeries intérieures.

Le temple de Phigalie (fig. 12) avait également une cella sans toiture.

Une première preuve est l'existence du chéneau *c* qui a été retrouvé par l'expédition française de Morée. Une seconde

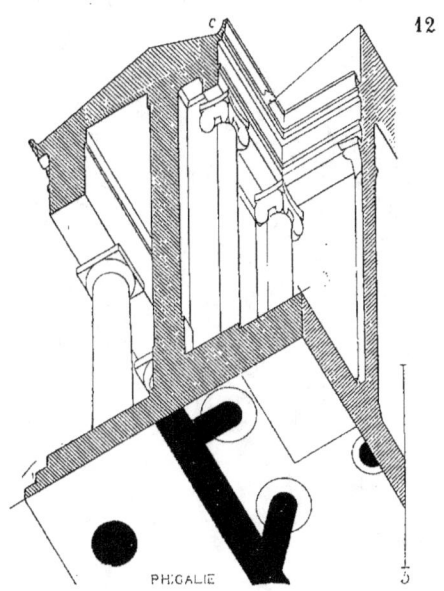

preuve est fournie par la pierre d'angle de l'hypèthre, découverte et publiée par Cockerell.

Enfin certains temples étaient restés hypèthres à raison même de l'excessive largeur de leur cella : tel est, d'après Strabon, le cas du temple de Milet dont nous donnons ci-contre une demi-coupe; on distingue en A l'édicule qui, à défaut du toit, abritait la statue.

A Milet, l'ouverture de la cella était de près de 25^m. Quand on songe à l'énormité des bois employés à l'arsenal du Pirée pour une travée de 7^m, on sent qu'il y avait ici une absolue impossibilité, et l'on s'étonne moins de rencontrer des cellas hypèthres que de voir réaliser au grand temple de Sélinonte un comble sur un proanos de 17^m de portée.

Il est à remarquer que les temples où l'ouverture hypèthre est le mieux établie paraissent consacrés aux divinités qui personnifient la lumière : Jupiter (Olympie, Sélinonte); Apollon

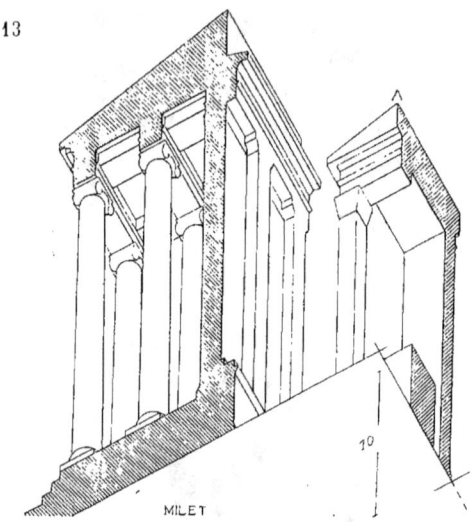

(Phigalie, Milet). Le temple où Justin a montré le dieu descendant par l'hypèthre, était celui de Delphes, et le dieu était Apollon. La pensée de faire pénétrer la lumière dans le sanctuaire qui lui est dédié n'aurait en soi rien que de fort naturel.

Pour tout résumer, on peut dire que le type normal de temple comporte une cella entièrement close. La travée hypèthre est un premier compromis. Quant à la cella totalement hypèthre, elle implique une manifeste contradiction entre l'aspect extérieur et la disposition intérieure : c'est une variété relativement récente, intervenue lorsque l'édifice prit une extension sans rapport avec la donnée originelle.

Hypothèses tendant à concilier l'éclairage direct avec la couverture totale du temple. — On a imaginé entre ces deux partis extrêmes, entre la toiture continue et la toiture interrompue ou supprimée, des combinaisons intermédiaires permettant d'éclairer la cella sans en laisser aucune portion découverte.

Les diagrammes fig. 14 expliquent les principales hypothèses.

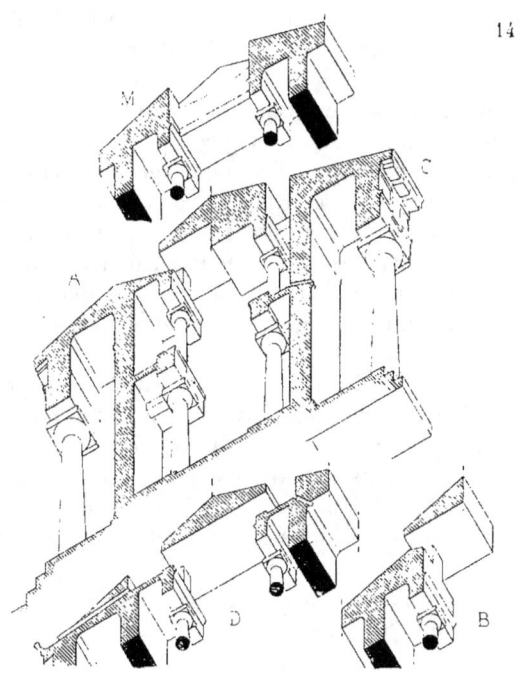

14

Toutes répondent à l'idée d'une sorte de soupirail longitudinal par où pénètre la lumière; et les principales différences portent sur les dispositifs adoptés pour l'évacuation des eaux : La combinaison indiquée en C et celle que représente la moitié gauche du croquis D, appartiennent à M. Chipiez; les autres, à Fergusson.

Mais le problème dont nous poursuivons la solution, est-il sûr que les anciens se le soient posé?

Malgré nous, nous transportons à ce beau ciel de la Grèce les exigences de notre ciel terne et sombre. Nous croyons à la nécessité d'introduire la lumière, tandis qu'il faudrait plutôt en atténuer l'excessif éclat.

Plusieurs temples étaient ornés de statues d'ivoire et d'or ; on n'imagine guère ces statues en pleine lumière : l'or jette au grand jour des étincelles qui nuisent à l'effet des reliefs, il ne prend son modelé et ses chauds reflets que dans une pénombre.

Ce qui nous fait penser que l'ouverture hypèthre M n'est pas inadmissible, c'est que par sa profondeur même elle rompt les rayons directs, et ne laisse pénétrer dans la cella qu'une lumière reflétée et diffuse. Rien ne vaut cette lumière. Ce n'est point le demi-jour triste de nos intérieurs du Nord, la grise et froide lueur des brumes, mais une lueur douce, chaude comme celle de nos crépuscules d'été ; une clarté diaphane, colorée et vibrante : la lumière même que rendent si bien les reflets rougeâtres et les modelés sans ombres des peintures de Pompei.

Deux édifices semblent faits pour vaincre nos préventions contre les ténèbres des temples : à Palerme la chapelle Palatine, à Jérusalem la mosquée d'Omar : à peine assez de jour pour se diriger, mais les formes prennent une mystérieuse ampleur, les tons d'or un éclat profond, un chatoiement, une douceur qui nous charment. Tel était, n'en doutons point, l'effet que les Grecs ont cherché en plongeant les ornements de la cella, les statues, les offrandes dans la demi-obscurité qui les enveloppe.

L'ARCHITECTURE EXTÉRIEURE DES TEMPLES.

A l'extérieur, ce qui donne au temple sa physionomie, c'est sa colonnade et son fronton. La paroi de la cella qui rappelle le mur sans fenêtres des maisons asiatiques, s'efface derrière les portiques. Quant au fronton, l'idée en est tellement liée à celle du temple que, suivant l'expression d'un ancien, « le temple, fût-il construit dans l'Olympe où la pluie est inconnue, aurait pour couronnement un fronton ». Les transformations

TEMPLES. 453

du portique extérieur résumeront l'histoire architecturale du temple.

I. — LES ASPECTS SUCCESSIFS DU TEMPLE IONIQUE.

Les ordonnances extérieures se partagent entre les deux styles ionique et dorique.

L'ordonnance ionique n'est représentée aux temps d'archaïsme que par les fragments d'un grand temple, celui de Samos, et par les petits sanctuaires ou trésors d'Olympie, de Delphes, de Délos. Le plus original de ces trésors est celui de Cnide à Delphes : un temple ionique sans colonnades, dont l'entablement est porté par des murs pleins. La décoration est avant tout sculpturale : une frise, monument incomparable de la vieille école, se développe au pourtour de l'édifice, tout l'effet se concentre sur elle ; il semble que l'architecture s'efface pour lui laisser toute sa valeur.

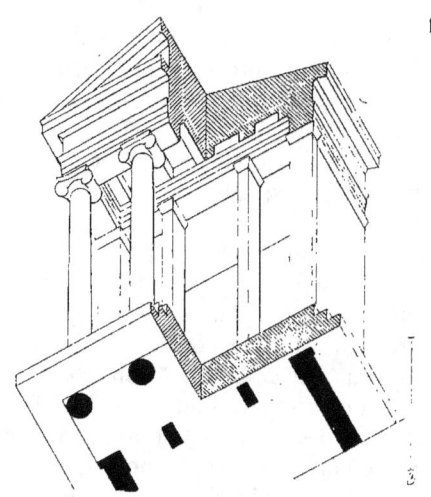

Comme exemple de l'ordre ionique au début du 5ᵉ siècle, nous donnons fig. 1 la vue du temple de la Victoire aptère qui, malgré l'exiguïté de ses dimensions, annonce si dignement l'entrée de l'Acropole :

L'édifice consiste en une cella accompagnée, tant à l'avant

qu'à l'arrière, de portiques à quatre colonnes : c'est le seul temple connu où la cella ne soit pas entièrement murée. Entre le portique antérieur et la cella, la séparation consistait en une grille maintenue par des piliers. Les piliers sont d'une légèreté qu'on ne retrouve qu'au monument de Thrasyllus. Sur les façades, l'ordre ionique garde une gravité sans lourdeur; au pourtour règne une frise de la plus noble allure et de l'exécution la plus savante. Ce n'est plus l'art archaïque, mais un art absolument mûr et maître de ses moyens.

Les temples ioniques de l'Acropole, entre autres celui de Diane Brauronia, participent à cette majesté du style qui remplace la grandeur matérielle. Le temple ionique à triglyphes de Sélinonte, d'aspect plus primitif, appartient peut-être à la même époque : il semble une application archaïsante de l'ordre ionique dans une contrée où l'ionique ne régnait pas.

L'Érechtheion, probablement projeté sous Périclès, terminé vers les dernières années du 5ᵉ siècle, est le type de l'ordre dans son entière perfection. Situé en regard du Parthénon et limité dans son étendue par le site sacré qu'il fallait respecter, l'Érechtheion ne pouvait qu'à force d'élégance échapper au contraste et racheter ce qui lui manquait en étendue; l'ordre ionique se trouvait tout indiqué : de l'Érechtheion au Parthénon le style différait au point d'écarter l'idée d'un rapprochement et, grâce à l'absence de tout détail définissant l'échelle, la grandeur même de l'un ne pouvait nuire à l'autre. Nous avons reproduit (pag. 343, fig. 5) le portique nord de l'Érechtheion, c'est le plus ancien et à coup sûr le plus harmonieux de proportion; le portique oriental, dont l'appareil dénote une date plus récente (pag. 354), est loin de réaliser au même degré cet idéal de la grâce en architecture. Le portique oriental est le seul exemple existant d'une ordonnance ionique à colonnes engagées avec interposition de fenêtres.

Nous retrouvons ensuite l'ordre ionique au temple de Sardes, dont deux colonnes seulement et la porte sont conservées, et rivalisent avec celles de l'Érechtheion lui-même.

Puis il faut descendre à l'époque macédonienne; et alors nous voyons l'ordre réalisé avec des dimensions gigantesques.

Non seulement l'échelle des colonnes s'agrandit, mais leur nombre tend à se multiplier : l'Érechtheion avait offert l'exemple de portiques à quatre et à six colonnes, en Ionie on arrive à dix colonnes.

Le fronton, s'il conservait sa pente normale, paraîtrait une surcharge écrasante : aussi s'attache-t-on à en atténuer l'inclinaison, quelquefois on l'abaisse à 1 pour 5.

Comme style, l'ordre macédonien offre la régularité un peu froide et l'excès de légèreté dont la façade de Milet donne l'impression (pag. 343, fig. 6); dans le détail, tantôt une sorte de sécheresse, tantôt la tendance aux formes amollies : le style des sculptures de Milet ou de la frise de Magnésie.

Les plus remarquables exemples sont groupés, le long des côtes de l'Asie Mineure, sur le territoire ionien :

Le temple de Milet, auquel s'attachent les noms des architectes Pæonius et Daphnis, est le type de l'ordonnance à dix colonnes.

L'ordonnance à huit colonnes est représentée par les temples d'Éphèse, Magnésie, Geira, Æzani.

Le portique latéral d'Éphèse a deux files de colonnes : l'ordonnance est « diptère »; et, par une disposition exceptionnelle dans l'art grec, mais qui deviendra usuelle chez les Romains, le portique s'élève sur un soubassement en forme de stylobate (pag. 344, fig. 7).

A Magnésie, on n'observe ni le stylobate d'Éphèse ni la deuxième file de colonnes : l'architecte Hermogène y avait adopté le tracé dit « pseudo-diptère », où le portique latéral offre, en une seule portée, la largeur de deux entre-colonnements.

L'ordonnance à six colonnes trouve sa principale application au temple de Priène, œuvre de Pitheus et l'un des plus beaux édifices du 4ᵉ siècle.

C'est aussi à l'ordre ionique qu'appartiennent le Philippeum et le Leonidæum d'Olympie : le Philippeum (fig. 2) montre l'adaptation de l'ordre à un plan circulaire.

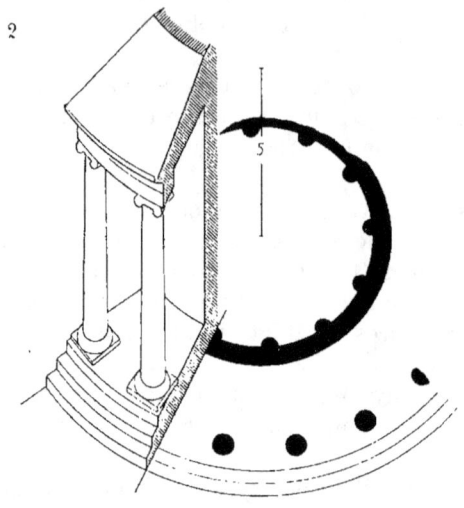

II. — LES ASPECTS SUCCESSIFS DU TEMPLE DORIQUE.

La série des temples ioniques est interrompue par de nombreuses lacunes qui s'expliquent, nous le verrons, par la situation politique de l'Ionie : le temple dorique est le seul dont on puisse suivre les variations d'âge en âge.

Nous passerons en revue tour à tour les ordonnances doriques qui répondent à quatre, six et huit colonnes de front et, pour chacune d'elles, nous essaierons de marquer les caractères d'époques à l'aide de quelques exemples rangés par ordre chronologique.

a. — **Le temple à antes et le temple à quatre colonnes.** — Le temple à antes qui reproduit le pavillon mycénien (pag. 424, fig. 1), est le type le plus simple et paraît la forme primitive du temple. Ses applications les plus anciennes se trouvent aux trésors d'Olympie et de Délos : là il se présente réduit, comme le pavillon mycénien, à une cella dont les murs latéraux se prolongent vers l'avant pour encadrer ce vestibule d'entrée qui porte le nom de pronaos.

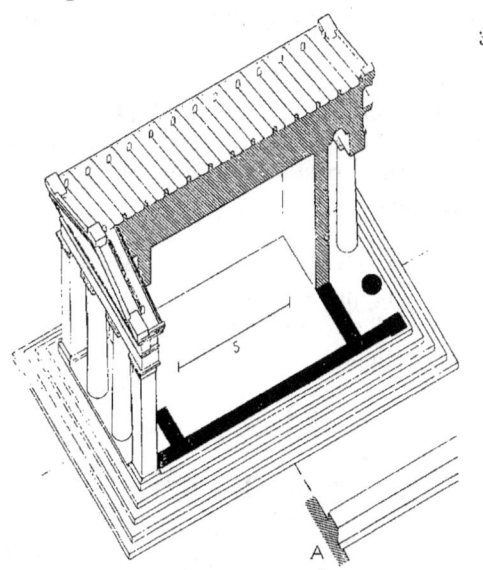

Originairement la toiture du pronaos repose sur les deux têtes des murs formant antes et sur deux colonnes intermédiaires : c'est le plan « in antis » de Vitruve. Plus tard, les deux antes sont remplacées par des colonnes d'angle, l'ordonnance devient « tétrastyle ». Et comme les raisons d'orientation font que l'arrière du temple est souvent la face la plus en vue, peu à peu on lui applique la décoration de la façade antérieure, ce qui donne le temple à « posticum ». L'édicule dit de Diane-propylée à Éleusis (fig. 3) nous offre l'exemple du temple à antes avec posticum et pronaos.

b. — L'ordonnance à six colonnes. Type primitif : portique antérieur à deux files de colonnes; pronaos clos. — Entourez le temple à antes ou le temple tétrastyle d'un portique régnant sur ses quatre faces, vous obtenez l'ordonnance à six colonnes, qui est celle de la plupart des grands édifices sacrés du monde grec : un temple à quatre colonnes environné d'un portique, ainsi peut se définir le temple « hexastyle ».

Aux époques primitives, il offre trois particularités caractéristiques :
1° Pronaos clos ;
2° Très grande profondeur des portiques ;
3° Comme moyen de réaliser sur la face principale cette grande profondeur, existence le long de cette face de deux files parallèles de colonnes.

Le temple S de Sélinonte peut être regardé comme le type de ce temple archaïque.

Nous en avons décrit le plan pag. 427, nous en donnons fig. 4 une élévation partielle.

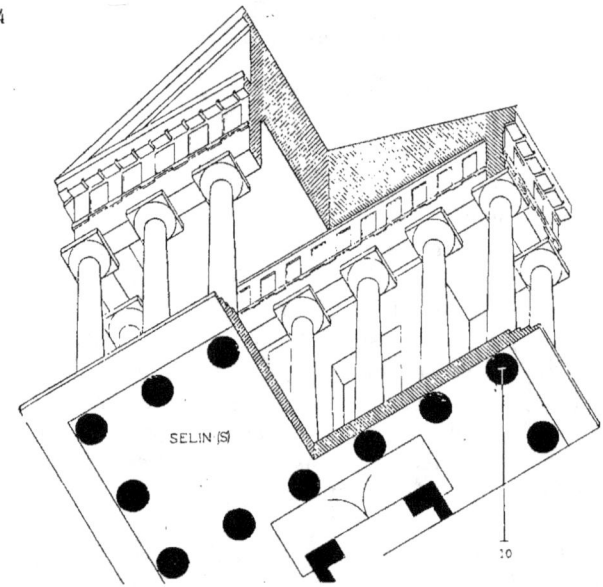

On reconnaît dans le plan la cella étroite, accompagnée à l'arrière d'un opisthodome et à l'avant d'un vestibule fermé.

TEMPLES. 459

L'épaisseur de la muraille qui termine ce vestibule est justifiée par la nécessité de résister à la traction que les portes exercent lorsqu'elles sont béantes et suspendues sur leurs gonds.

Pour atténuer cet effort, on avait ménagé des glissières de rotation, véritables rails courbes, dont la trace indique le sens de l'ouverture des portes.

En élévation on remarquera comme un trait distinctif de la première époque cette frise à triglyphes qui se développe sans interruption au-dessus de la file intérieure des colonnes : parti simple et franc, d'un saisissant effet, et dont il faudra peut-être regretter le prochain abandon.

Au temple S, comme dans la plupart des temples archaïques, la sculpture était sobrement répartie : seules les métopes de la façade principale étaient sculptées.

Suivons maintenant les modifications que ce type primitif va tour à tour subir :

Les diagrammes fig. 5 résument les transformations qu'il éprouve au cours du 6ᵉ siècle :

Suppression de la clôture du pronaos, suppression de la deuxième file de colonnes du portique d'entrée. — Le premier changement consiste à faire disparaître la clôture du pronaos en remplaçant cette clôture par une colonnade ouverte :

Du plan C on passe au plan M (vieux temple de Syracuse).

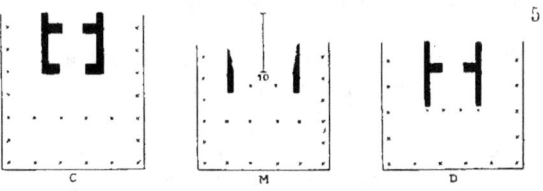

5

Le pronaos se trouvant ainsi incorporé au portique, on juge bientôt la seconde file de colonnes superflue : on la supprime, et dès lors le plan se réduit aux éléments indiqués en D.

L'exemple fig. 6 (temple D de Sélinonte) montre l'aspect que prend à ce moment l'édifice.

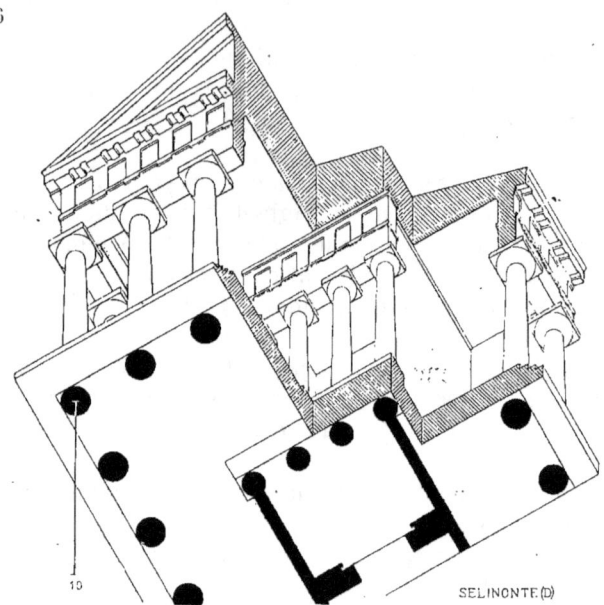

Réduction des portiques latéraux et conversion des marches en assises de soubassement. — Puis vient (pag. 427) cette modification dont nous avons dit la portée historique, qui consiste à réduire la largeur des galeries latérales et remplacer les marches du pourtour par de hautes assises de soubassement : à Pæstum (fig. 7), ce changement capital est accompli.

Apparition du posticum. — Originairement les temples hexastyles, non plus que les temples à antes, n'avaient point d'arrière-vestibule ou posticum : les temples C, D, S de Sélinonte en sont dépourvus ; et si le posticum existe à l'Heræum d'Olympie, la façon gauche dont il s'agence (pag. 423, plan A) permet de soupçonner un remaniement. Le posticum est adopté à Pæstum, et désormais il formera l'accessoire obligé des grands temples. Nous l'avons présenté (pag. 426) comme une annexe purement décorative : les Grecs le considéraient si bien comme un hors-d'œuvre que, dans la plupart des cas, ils

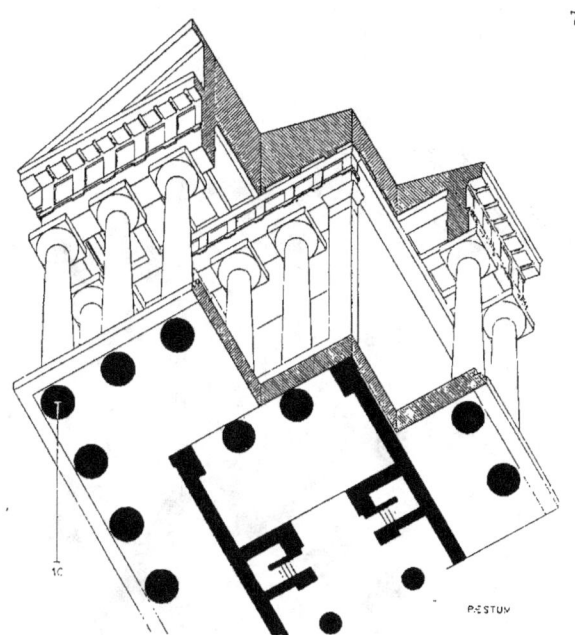

l'ont laissé sans communication avec l'intérieur du temple (Sélinonte, temples C, D, R, etc.).

L'aspect du temple hexastyle au 5ᵉ siècle. — Nous touchons au 5ᵉ siècle : le type est fixé, et les temples de la grande époque ne se distingueront plus les uns des autres que par des nuances de style.

Au 6ᵉ siècle (fig. 4 et 6), la colonne affectait une conicité exagérée et l'entablement se dressait à l'aplomb même du nu du fût : le 5ᵉ siècle ramène la conicité à sa juste mesure, et inaugure l'entablement en surplomb.

Au 6ᵉ siècle la forme de l'ante était indécise et flottante : c'est vers l'époque du grand temple de Pæstum que l'ante prend son aspect définitif (pag. 329).

Deux exemples (fig. 8 et 9) caractériseront l'aspect du temple au cours du 5° siècle : l'un est le temple d'Olympie élevé vers 470, l'autre est le temple dit de Thésée, qui paraît appartenir à la première moitié du siècle.

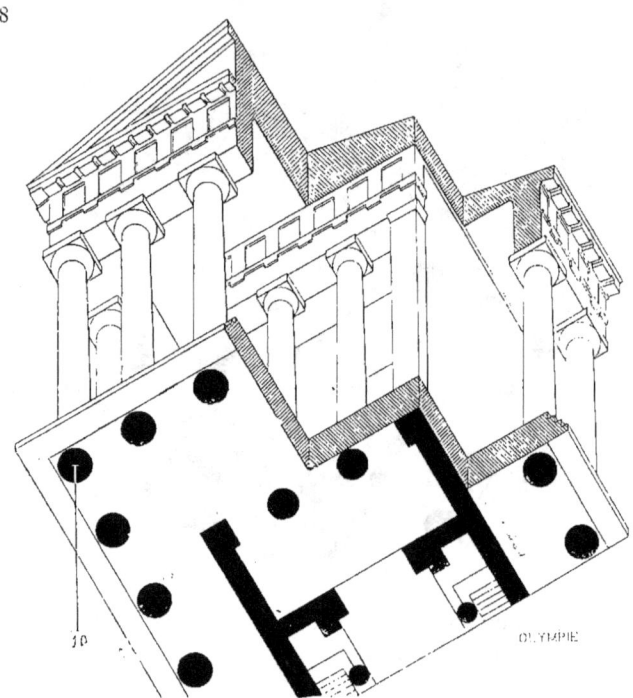

Le temple d'Olympie, œuvre de l'architecte Libon, ne diffère de celui de Pæstum que par une proportion plus heureuse. L'impression n'est plus celle de la lourdeur, la mesure des effets est presque atteinte.

Le décor se distingue par un surcroît de richesse : des frontons ornés de statues; au sommet de la façade, une Victoire ailée; aux angles, des acrotères portant des vases.

Les métopes historiées disparaissent de la colonnade extérieure et se reportent sur la frise intérieure : cette répartition nouvelle de la sculpture se retrouve au temple R de Sélinonte.

Le temple d'Olympie, bâti en calcaire grossier, garde dans ses détails quelque chose de la rudesse archaïque; ce qu'il y avait d'exagéré dans les expressions de Pæstum s'est atténué, mais sans s'effacer entièrement : le temple de Thésée, tout

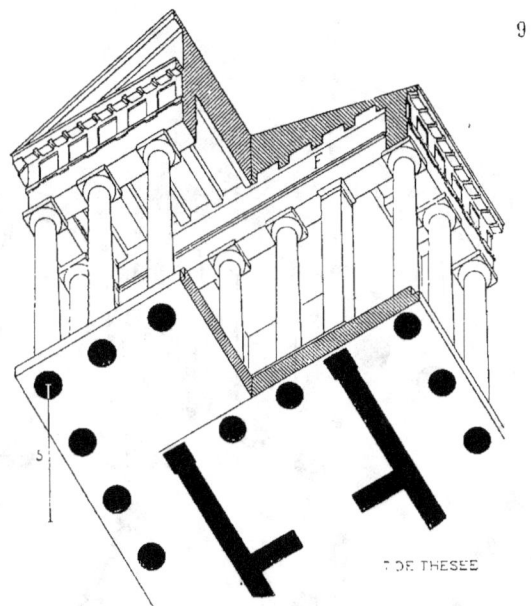

T. DE THÉSÉE

entier en marbre, prend dans les détails une finesse en rapport avec la beauté de la matière.

Comme proportion, le temple de Thésée est presque à la hauteur du Parthénon, comme détails de sculpture il égale la Victoire aptère.

Vu du côté de l'opisthodome, le temple de Thésée reproduit l'ordonnance générale d'Olympie : la seule différence réside dans la substitution d'une frise historiée à la place de la frise à triglyphes du posticum.

Du côté du pronaos (fig. 9 F), non seulement la frise est historiée, mais, par une disposition qui rappelle l'âge archaïque, elle traverse l'édifice de part en part (comparer pag. 458, fig. 4).

D'une manière générale on peut dire que les temples du 5ᵉ siècle sont des variantes du type d'Olympie, variantes plus ou moins élégantes suivant leur date : Égine, Sunium, Épidaure, les temples A et R de Sélinonte, etc.

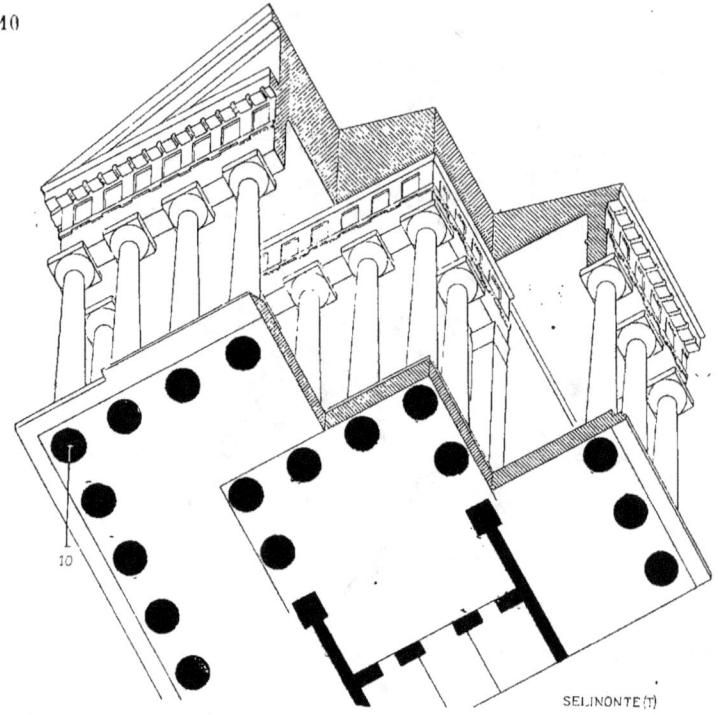

c. — *Le temple à huit colonnes.* — Nous avons vu le temple hexastyle dériver du tétrastyle par l'addition d'un portique d'enceinte : doublez la profondeur de ce portique d'enceinte, vous obtenez le temple octostyle tel qu'il se présente à Sélinonte.

Le grand temple de Sélinonte est la plus ancienne application connue du type octostyle, le Parthénon en est l'exemple le plus célèbre.

Nous donnons fig. 10 et 11 l'aspect de ces deux temples :

On reconnaît en les comparant les caractères d'époques que nous avons énoncés à propos des temples hexastyles : largeur décroissante des portiques externes, envahissement de ces

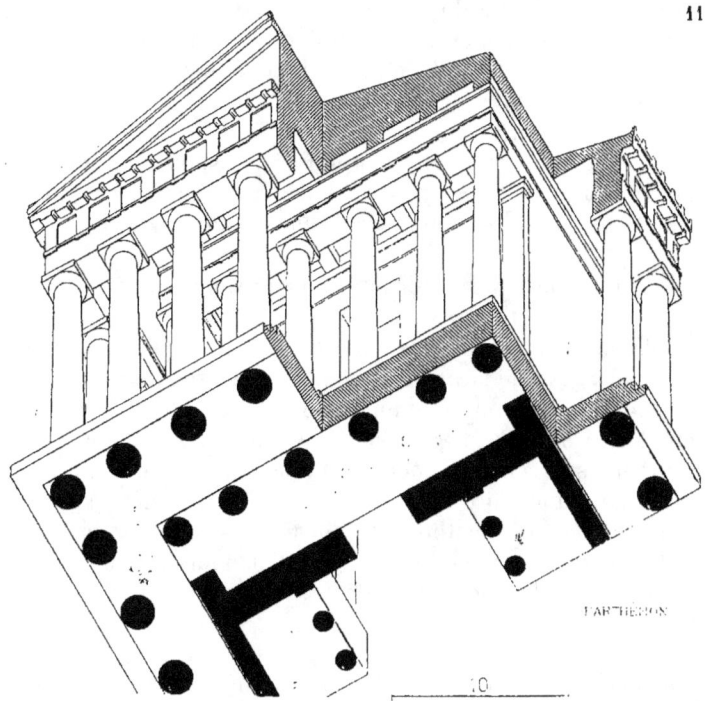

11

PARTHENON

portiques par la cella. En élévation, élancement progressif de l'ordre et réduction de la conicité.

Le plan du temple T de Sélinonte est la plus large conception que l'antiquité grecque nous ait laissée. Ce qui le distingue c'est (fig. 10 et pag. 428, A) l'ampleur de son pronaos profond ; la noble disposition de sa cella, avec galeries reliant le pronaos au posticum ; un sanctuaire en forme de sécos où aboutit la colonnade de la cella.

Ce temple est l'œuvre de deux époques : fondé au 6° siècle, il ne fut continué qu'au 5° et nous est parvenu inachevé. Il porte la trace des deux reprises : c'est à lui que s'applique ce hardi raccord indiqué pag. 306 et 391 entre des colonnes qui n'ont de commun qu'une égale hauteur et un même diamètre moyen ; l'architecte du 5° siècle s'est soumis au plan adopté, aux dimensions générales, mais il ne s'est nullement astreint aux caractères surannés de la vieille ordonnance : les fûts nouveaux ont la conicité atténuée du 5° siècle.

Le Parthénon (fig. 11) reproduit les dispositions générales du grand temple de Sélinonte : il les traduit en marbre, mais à échelle fort réduite (100 pieds de façade au lieu de 175).

Les différences de détail peuvent se résumer ainsi :

Sélinonte n'avait à l'extrémité de la cella qu'un sécos occupant la largeur de la nef centrale, ce qui permettait de mettre les nefs latérales en communication directe avec l'arrière du temple, de livrer à la foule non seulement les portiques extérieurs mais la cella elle-même, en réservant seulement le sécos comme un sanctuaire inaccessible : au Parthénon, le sécos est remplacé par un opisthodome où se conservent les richesses d'Athènes ; cet opisthodome règne d'un mur latéral à l'autre et intercepte les nefs latérales de la cella (voir le plan B, pag. 428).

A Sélinonte, l'hypèthre de la cella paraît établi ; au Parthénon l'hypèthre n'est nullement prouvé : il est probable qu'un comble au moins partiel abritait la statue d'or et d'ivoire.

Au dehors, les portiques se présentent exactement comme ceux de Sélinonte, mais se resserrent au point de n'être plus que des simulacres de galeries. Une frise sculptée règne au pourtour du mur de la cella, et telle est l'étroitesse des portiques, que cette frise admirable ne peut se distinguer sans effort : à tout prendre, le Parthénon envisagé au point de vue du plan ne marque point un progrès ; mais combien il surpasse par le style son modèle sicilien ! Dans l'analyse de chaque membre de l'ordre dorique, toutes les fois qu'il s'est agi de caractériser le dernier terme de la perfection, c'est à l'exemple du Parthénon que nous avons été invariablement ramenés : le Parthénon se présente à nous comme le suprême effort du génie à la poursuite du beau ; c'est l'idéal même du siècle de Périclès et de Phidias : les auteurs de ce chef-d'œuvre, Ictinus et Callicrate doivent compter parmi les plus illustres représentants de l'art à sa plus grande époque.

Variétés à sept et à douze colonnes. — Avec l'ordonnance octostyle se termine la série normale des types de temples doriques ; les variétés qui restent à mentionner ne sont connues que par des monuments isolés, et peuvent être regardées comme de pures exceptions :

Le temple dit des Géants d'Agrigente (pag. 435) offre l'étrange particularité d'un frontispice où le nombre des colonnes est impair : Sur la façade antérieure une porte centrale s'ouvre entre deux groupes de trois colonnes ; sur la face postérieure, la porte a été remplacée par une septième colonne.

Tout est d'ailleurs exceptionnel dans ce temple : sa dimension, ses façades à colonnes engagées, les fenêtres qui éclairaient ses portiques, et jusqu'à la décoration de la cella où se dressaient, en guise de colonnades, des files de piédestaux surmontés de colossales figures.

La façade dorique à douze colonnes se rencontre à Éleusis en avant de la salle hypostyle qui servait de temple. Ce frontispice fut élevé vers l'an 400 par l'architecte Philon, l'auteur de l'arsenal du Pirée. Le principal détail à remarquer est la forme aplatie du fronton : sensiblement la même — et pour la même raison — que celle du temple décastyle de Milet.

Aucune application de l'ordre dorique au plan décastyle ne nous est parvenue.

Quant au temple corinthien, on n'en connaît l'existence qu'à l'époque romaine ; quelques inductions font penser que le temple de Jupiter Olympien d'Athènes était d'ordonnance corinthienne : par un emprunt que Vitruve nous signale avec une légitime fierté, ce temple, élevé en pleine ville d'Athènes, avait eu un Romain pour architecte.

LES ORNEMENTS DE SCULPTURE ET DE PEINTURE, LES ANNEXES DES TEMPLES.

LA STATUAIRE.

Rappelons d'abord le style général et les principales époques des figures sculptées que les Grecs vénéraient dans leurs temples :

A l'époque archaïque, les statues et les bas-reliefs présentent des caractères pour ainsi dire inverses : la statue est une figure rigide dont les membres se soudent au corps; le bas-relief a le geste violent, accentué par une musculature énergique. On sent dans la statue des formes originairement imposées par l'insuffisance de l'outillage ; dans le bas-relief, où rien ne gêne la liberté du dessin, on reconnaît les influences assyriennes qu'avait apportées à la Grèce le commerce des Phéniciens et des Hittites; l'allure des personnages rappelle celle des figures noires qui s'enlèvent sur le fond gris ou rougeâtre des vieux vases de Corinthe ; la facture est heurtée, mais surprenante de vigueur et d'effet. Imaginez, en légère retraite l'un par rapport à l'autre, deux plans, trois plans au plus sur lesquels les contours se découpent en simples silhouettes, tel est l'aspect des bas-reliefs qui décoraient à Délos le trésor de Cnide.

Grâce aux moyens perfectionnés d'attaquer le marbre, il se forme vers la fin du 6° siècle une école nouvelle qui transporte à la statuaire les allures dégagées, les mouvements vrais et violents des vieux bas-reliefs, c'est l'école dite éginétique, dont les œuvres capitales sont les frontons d'Égine et, à une date peut-être antérieure à celle du temple d'Égine, les admirables sculptures du trésor des Athéniens à Delphes

Alors s'ouvre le 5ᵉ siècle, époque unique pour l'art figuré aussi bien que pour l'architecture ; nous sommes au temps des artistes inconnus qui sculptèrent les frises de la Victoire aptère et du temple de Thésée, vrais précurseurs des Phidias, des Polyclète, des Alcamène.

Le milieu du 5ᵉ siècle est l'époque de la calme beauté ; la statuaire, dégagée à la fois et de la raideur des premiers âges et des exagérations de l'âge éginétique, semble une glorification de la forme humaine. Alors non seulement les entraves matérielles ont cessé, mais les liens hiératiques sont définitivement rompus : l'artiste traduit suivant son sentiment personnel le symbole dont il est l'interprète.

Survient l'époque macédonienne, celle de Scopas, de Praxitèle, de Lysippe : une grâce plus libre tend à remplacer la sévère beauté des figures de Phidias ; la statuaire est devenue plus expressive mais moins monumentale, moins en harmonie avec l'architecture.

Enfin à l'époque de Pergame, sous les Attales, la sculpture prend une vie et un relief exagérés peut-être, elle acquiert une puissance d'expression qui rachète en partie ce qu'elle a perdu de calme et de pureté.

Tels sont les caractères successifs de la statuaire. Dans les temples, les champs qui lui étaient offerts étaient les frontons, les métopes et les frises : nous en parcourrons les principaux exemples.

Frontons. — Un des plus anciens monuments de la sculpture appliquée aux frontons, est ce curieux fragment retrouvé dans les fouilles de l'Acropole, représentant Hercule aux prises avec l'hydre : composition fantastique, d'une exécution rude et heurtée et d'un art encore dominé par l'ascendant de l'Asie. Comme toutes les sculptures architecturales du premier âge grec, le fronton archaïque de l'Acropole est un bas-relief.

Telle est aussi la facture du fronton du trésor de Cnide à Délos, monument des dernières années du 6ᵉ siècle.

Puis viennent les frontons d'Égine, traités en plein relief et de la facture la plus savante, mais où les figures, par leur mouvement même, contrastent trop peut-être avec les lignes qui les encadrent.

Au temple d'Olympie on saisit la transition entre les écarts de l'archaïsme et la parfaite mesure du siècle de Périclès. Le fronton oriental, exécuté le premier, semble accuser une réaction contre les tendances éginétiques. Pæonius, leur auteur présumé, paraît s'inspirer de préférence du style des vieilles statues et rend aux attitudes quelque chose de la raideur traditionnelle. Les sujets du fronton occidental, sculptés par Alcamène, reprennent une animation contenue : leur auteur et leur date les rattachent à l'école même du Parthénon.

Avec les deux frontons du Parthénon, œuvres d'Alcamène et de Phidias, la statuaire atteint à cette grandeur sereine, à cette justesse d'expression qui est le dernier terme de l'art.

Comme exemple du fronton à l'âge macédonien, nous citerons le groupe élégant et dramatique des Niobides, copie d'une composition attribuée à Scopas : à en juger par la date, l'édifice d'où provient le groupe des Niobides devait être ionique ; ce serait un des rares exemples du temple ionique à fronton sculpté.

Métopes. — Les plus anciennes métopes à figures sont celles du temple C de Sélinonte, où l'on reconnaît des fragments remployés d'un temple plus ancien.

Dans les édifices archaïques, sans doute par raison d'économie, une partie seulement des métopes sont sculptées : aux temples C et S de Sélinonte, ce sont, comme on l'a vu, les métopes de la colonnade extérieure de la façade ; au temple R ainsi qu'au temple d'Olympie, ce sont celles de la colonnade sous portique. Même au temple de Thésée, la sculpture des métopes n'existe que sur la face la plus en vue, elle n'est qu'amorcée sur les faces en retour. Le Parthénon est peut-être le seul exemple d'un temple offrant sur ses quatre faces une file ininterrompue de métopes historiées.

Partout la sculpture, conçue en vue de son cadre architectural, se dispose comme une tapisserie qui ne laisse inoccupée aucune partie du champ où elle s'étale.

Bas-reliefs des frises, des tambours de colonnes. — Pour les temples ioniques, la frise sculptée est de règle : c'est à un édifice ionique qu'appartenait la frise du trésor de Cnide ; c'est sur une frise ionique que se développait le bas-relief de la Victoire aptère ; le temple ionique sur l'Ilyssus avait sa frise sculptée. A l'Érechtheion, des figures en marbre de Paros se détachaient sur un fond de marbre noir. A Phigalie, une frise sculptée décorait l'ordonnance ionique de la cella. Le Louvre possède la frise qui ceignait le temple ionique de Magnésie : à peine laissa-t-on sans figures les frises de quelques édifices modestes ou celles d'édifices gigantesques tels que le temple de Milet où sans doute on recula devant la dépense.

Rappelons enfin le parti décoratif qui consiste à revêtir de bas-reliefs non le sommet mais le pied des édifices : nous avons cité (pag. 350) l'exemple du temple d'Éphèse, où les colonnes du frontispice présentent à la naissance du fût un anneau historié.

Non seulement la naissance des fûts est sculptée, mais les socles ou piédestaux sur lesquels les colonnes reposent sont eux-mêmes couverts de figures.

Dans l'architecture dorique, la frise à bas-reliefs continus paraît réservée aux ordonnances intérieures : les seuls exemples qui nous en soient connus se trouvent au temple de Thésée et au Parthénon. Au temple de Thésée, des frises sculptées ornent les colonnades sous portiques du pronaos et du posticum ; contemporaines de celles de la Victoire aptère, elles en ont la fière allure et le grand style. Au Parthénon, la frise des Panathénées fait le tour de la cella : nulle part l'art grec n'eut plus de dignité et de grâce ; nulle part les ressources du bas-relief ne furent plus habilement accommodées aux exigences de l'éloignement et aux effets d'une lumière de reflet. Peut-être ce merveilleux ornement n'était-il pas prévu au projet primitif : le long des faces est et ouest, la frise sculptée repose sur un listel à gouttes paraissant annoncer une simple frise à triglyphes.

Nous avons remarqué à propos des métopes le caractère de tapisserie qu'offre la sculpture : ce caractère se retrouve sans exception dans les bas-reliefs des frises.

La statue du sanctuaire. — Les idoles des temples étaient ordinairement de bronze ou de marbre : Pausanias ne signale que quatre statues dont la matière était l'ivoire et l'or : la Junon d'Argos, l'Apollon d'Amyclée et les deux chefs-d'œuvre de Phidias, la Minerve du Parthénon et le Jupiter d'Olympie. Les vêtements étaient d'or diversement nuancé; les chairs, d'ivoire; les yeux, de pierres précieuses incrustées dans l'ivoire.

Nous possédons une copie grossière de la Minerve du Parthénon, et les médailles d'Olympie nous ont transmis l'aspect du Jupiter : la grandeur est le caractère dominant de ces figures. Dès l'époque d'Homère, dans la description du bouclier d'Achille, c'est la taille surhumaine qui distingue les dieux; à la frise du Parthénon, la taille des mortels debout atteint à peine celle des dieux assis : dans les temples, jamais l'idole n'est à l'échelle de l'architecture. Le Jupiter d'Olympie (pag. 440) touchait de la tête le plafond de la cella et occupait toute la hauteur de la double colonnade qui aboutissait à son trône.

LES PEINTURES.

Nous ne reviendrons pas sur le système général des décorations colorées (pag. 295), bornons-nous à quelques faits d'application.

Parmi les exemples archaïques, il convient de mentionner les traces de couleur retrouvées au temple S de Sélinonte : le fond des métopes était rouge, le listel qui couronne l'architrave, jaune franc, les gouttes bleues; le fond des portiques, à ton de pierre.

Aux trésors de Delphes, les figures des frises s'enlevaient généralement sur un champ bleu.

A Égine, le ton général de l'entablement était rouge, le fond des portiques rouge; le tympan du fronton et probablement les triglyphes, bleus; les fûts, jaune clair : la nuance sombre des fonds marque un progrès (pag. 296).

Au Parthénon, par une simplification qui elle aussi représente un progrès (p. 297), les architraves redeviennent incolores. D'ailleurs les fonds du fronton et des métopes paraissent avoir été rouges; les triglyphes, bleus; les gouttes, rouges; des applications d'or relevaient les détails de la sculpture.

Dans les monuments de l'âge macédonien, la coloration est plus discrète et plus douce : à Priène elle se réduit à quelques filets rouges et des fonds bleus.

Comme décorations intérieures, les inscriptions d'Épidaure mentionnent non seulement des couleurs sur le cèdre des plafonds, mais des ors sur les moulures, des rosaces et des étoiles dorées; dans les vantaux des portes, des incrustations d'ivoire. Le sol du temple rond d'Épidaure était une marqueterie de marbres blanc et noir, celui d'Égine, une aire de stuc colorée en rouge-brun.

Enfin, indépendamment de cette polychromie architecturale, la peinture proprement dite avait sa place :

Entre autres exemples on sait par Pausanias qu'au temple de Thésée les parois de la cella étaient de véritables tableaux d'histoire.

LES TENTURES.

A l'éclat des décorations peintes se joignait celui des tentures : une banne sous le ciel ouvert de la cella, un voile devant l'idole. La banne de l'hypèthre tamisait la lumière et lui donnait des reflets de safran et de pourpre ; le voile du sanctuaire ajoutait au mystère du lieu saint.

Le voile était un ornement des temples asiatiques : à Jérusalem il cachait l'arche, pour les chrétiens il enveloppera le ciborium.

Chez les Grecs, le voile ne laissait apercevoir l'idole que par soudaines apparitions. A Olympie la manœuvre se faisait, nous apprend Pausanias, en abaissant la traverse à laquelle il était suspendu ; au Parthénon, on soulevait le voile à la manière du rideau de nos théâtres.

Nous avons indiqué (pag. 439, fig. 5) la place probable du rideau d'Olympie et la balustrade pleine derrière laquelle il se repliait. Le voile d'Olympie, offert par Antiochus Épiphane, n'était autre peut-être que celui qu'il avait enlevé au temple de Jérusalem.

LES OFFRANDES.

Mentionnons aussi parmi les ornements des temples les offrandes, vases, statues, stèles votives, trophées qui se pressaient dans la cella et envahissaient jusqu'aux portiques extérieurs.

Le Parthénon abritait au pied de la statue de Minerve le trône de Xerxès, trophée de Salamine, des lits d'ivoire, des ex-voto sans nombre. La cella devint trop étroite pour contenir tant de richesses : les inventaires nous montrent des ex-voto jusque sous les portiques. Une grille fermant le posticum servait de protection à ces offrandes.

LES AUTELS.

L'autel, avons-nous dit, est toujours hors du temple : le plus souvent il consiste en un bloc de marbre, carré ou circulaire, ou bien un trépied de métal sur lequel se faisaient les sacrifices. L'autel du grand temple de Pæstum se présente comme une plate-forme oblongue, un massif de pierre où plusieurs victimes trouvaient place.

Syracuse possède un autel gigantesque, probablement destiné à ces boucheries sacrées où l'on immolait à la fois cent victimes : un autel d'hécatombes.

A Olympie, le principal autel était un monticule ovale élevé à côté du temple à l'aide des cendres des sacrifices; d'autres étaient faits des cornes des victimes.

Athènes conserve un autel isolé de tout temple et peut-être même antérieur à l'âge des temples, l'autel taillé dans le roc de la colline du Pnyx (pag. 264).

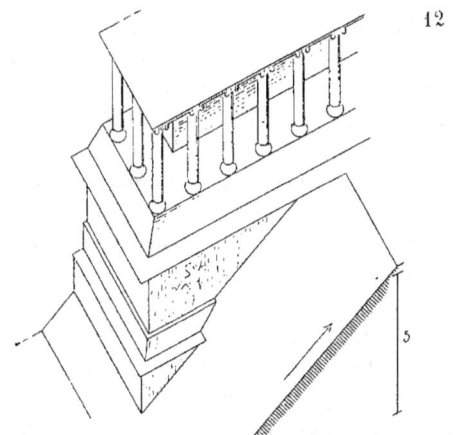

De tous les autels, le plus monumental que l'antiquité nous ait légué est celui de Pergame (fig. 12) :

L'autel de Pergame s'élève sur une terrasse entourée de portiques et accessible par un large escalier, avec un soubassement où se développe cette admirable sculpture du combat des Géants qui est, après la frise des Panathénées, la plus grande œuvre de la statuaire grecque.

L'ENTOURAGE DES TEMPLES, LES ENCEINTES SACRÉES.

Le temple n'était point un édifice isolé, chaque temple avait son enceinte : était-elle close par une muraille? Quelquefois, comme l'attestent (pag. 457, fig. 3) les soubassements des murs qui subsistent au voisinage du temple de Diane-propylée d'Éleusis. Plus ordinairement, l'enceinte n'était circonscrite que par une clôture morale, une rangée de bornes, dont plusieurs se sont retrouvées à l'acropole d'Athènes : une simple inscription marquait la limite du domaine.

Le principal monument de l'enceinte était l'autel, que nous avons décrit.

Dans l'enceinte comme dans le temple lui-même, se pressaient les ex-voto. Le sol de l'acropole d'Athènes, si l'on en juge par les traces d'encastrement qui subsistent, était couvert de ces offrandes. A Délos, à Delphes, à Olympie, même accumulation de monuments votifs groupés autour du principal sanctuaire. Celles des offrandes qui étaient trop précieuses ou trop altérables pour demeurer en plein air, avaient pour abris ces pavillons en forme de temples que Pausanias désigne sous le nom de trésors.

Et ce n'étaient pas seulement les monuments votifs qui avaient place dans l'enceinte, l'histoire du temple s'y trouvait retracée par des inscriptions qui n'étaient autres que ses archives : les marchés de sa construction, les comptes de ses dépenses.

A leur tour, les enceintes des temples se groupaient pour former des cités sacrées telles que l'Altis (pag. 411 et 425), ou bien (pag. 412) des acropoles, telles que celles d'Athènes ou de Sélinonte.

Le plus souvent, les espaces occupés par ces acropoles répondent aux antiques emplacements des villes grecques : les habitants ont cédé la place aux dieux, et à l'endroit où les fondateurs des villes avaient eu leurs maisons et leurs remparts il ne resta plus à l'époque hellénique qu'un quartier exclusivement réservé au culte. Les villes hautes, les « acropoles », après avoir été des citadelles, sont devenues de grandes enceintes enveloppant les enceintes individuelles des sanctuaires.

L'Athènes de Cécrops se renfermait sur le plateau de l'Acropole ; puis la ville profane s'étendit au pied du rocher et l'Acropole resta peu à peu le domaine des dieux. Les groupes de sanctuaires d'Olympie et de Délos se sont formés dans la plaine, à la faveur des légendes attachées à leurs sites.

Nous avons indiqué (pag. 420) l'esprit à la fois d'ordre et de variété qui préside à la répartition des édifices dans ces cités sacrées, cette méthode large qui associe aux effets de l'art ceux de la nature même et donne à des groupes tous formés des mêmes éléments une physionomie qu'aucun d'eux ne partage avec les autres. On dirait qu'aux belles époques de l'hellénisme la nature et l'art se pénètrent et se confondent.

Les temples pris individuellement peuvent paraître petits, ils le sont si on les compare à des édifices religieux tels que ceux de l'Égypte : mais il faut les envisager ainsi que le faisaient les Grecs, comme les membres d'un ensemble où tout fait corps, les édifices et le site où ils s'élèvent.

RÉSUMÉ : UN TEMPLE A LA GRANDE ÉPOQUE GRECQUE.

Rapprochons maintenant les traits épars d'un temple et, pour résumer les tendances des Grecs, reportons-nous une dernière fois à l'édifice qui semble l'incarnation de leur génie, le Parthénon. Toutes les perfections s'y réunissent, l'harmonieuse simplicité de la forme, la richesse de la matière, le fini des détails.

Bâti de ce beau marbre translucide que fournissent les carrières du Pentélique, on le croirait d'un bloc, tant la précision du travail est extrême.

Ce monument, où l'on a poussé la recherche jusqu'à donner à toutes les lignes une insensible courbure, rendons-lui par la pensée l'éclat de la couleur qui tranche sur la blancheur du marbre ; replaçons au sommet des murs la frise des Panathénées, dans les frontons leurs statues de haut relief ; figurons-nous au fond de la cella et dans la chaude lumière d'un demi-jour la Minerve d'ivoire et d'or ; un sanctuaire encombré de monuments votifs, de vases précieux, d'ornements sacrés ; des trophées de guerre appendus aux colonnes, dressés autour de la statue, les offrandes envahissant les vestibules et les portiques ; des boucliers d'or fixés le long des architraves.

Et enfin animons cet incomparable décor en faisant revivre la scène d'une pompe religieuse, des processions sous les portiques, un sacrifice sur l'esplanade, le peuple massé autour de l'autel en plein air ; cette foule, ce temple sous le ciel et dans la lumière d'Athènes : l'imagination suffit à peine pour évoquer tant de splendeur.

LES MONUMENTS DE L'ARCHITECTURE CIVILE.

Chez les Grecs, il est difficile d'établir une distinction nette entre les monuments du culte et ceux de la vie civile, tant la religion se mêle à tous les détails de la vie grecque : les fêtes dramatiques sont des fêtes religieuses, l'ordonnance des théâtres doit rappeler la solennelle architecture des temples ; les lieux d'assemblées populaires ont un caractère sacré.

Pour exprimer ce caractère par l'architecture, en avant de chaque lieu d'assemblée les Grecs dressent sous le nom de propylée un portique à fronton qui n'est autre que le frontispice même d'un temple.

PROPYLÉES.

Nous avons vu le temple se disposer à l'image des pavillons royaux de l'âge préhellénique. A Tirynthe le pavillon royal était accompagné d'une cour : une enceinte accompagne le temple.

La cour de l'habitation royale avait pour entrées des porches, des propylées monumentaux : c'est le plan de ces propylées qui se retrouvera dans les porches donnant accès à l'enceinte des dieux.

Le frontispice de l'enceinte sacrée est percé de larges baies et précédé d'un portique sur colonnes : il rappelle l'abri offert aux attendants par l'hospitalité orientale, c'est la « porte » ouverte à tous qui s'élève à l'entrée de l'esplanade du palais. Et ainsi l'idée du temple-habitation du dieu se poursuit jusque dans les dispositions du porche avancé qui l'annonce.

Pour préciser les ressemblances, nous traçons en regard l'un de l'autre (fig. 1) deux plans de propylées empruntés, l'un T au palais préhellénique de Tirynthe, l'autre S à l'entrée du temple de Sunium.

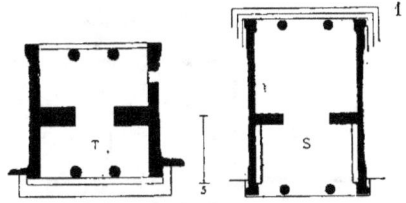

Comme détail d'aménagement on remarquera le long des murs du portique extérieur de Sunium des bancs de pierre destinés aux attendants.

Les Propylées de l'Acropole d'Athènes tiennent le premier rang parmi les monuments les plus fameux de l'antiquité : Mnésiclès qui en fut l'auteur garda dans le souvenir des Grecs une place au moins égale à celle d'Ictinus, l'architecte du Parthénon.

Quand Plutarque énumère les chefs-d'œuvre de l'art au temps de Périclès, ce n'est pas le Parthénon qu'il cite en première ligne, mais les Propylées : ce sont les Propylées que les Thébains vainqueurs d'Athènes songent à transporter comme le plus magnifique des trophées à l'entrée de leur propre acropole ; ce sont les Propylées que les Romains reproduiront devant le sanctuaire d'Éleusis.

Nous représentons fig. 2 la face des Propylées, l'escalier qui s'y termine, les bâtiments qui l'accompagnent.

Le frontispice est d'ordre dorique, avec une particularité bien en rapport avec son rôle : pour dégager la baie principale, on a élargi un des entre-colonnements : la travée du milieu comprend trois entre-axes de triglyphes (pag. 321). Deux ailes,

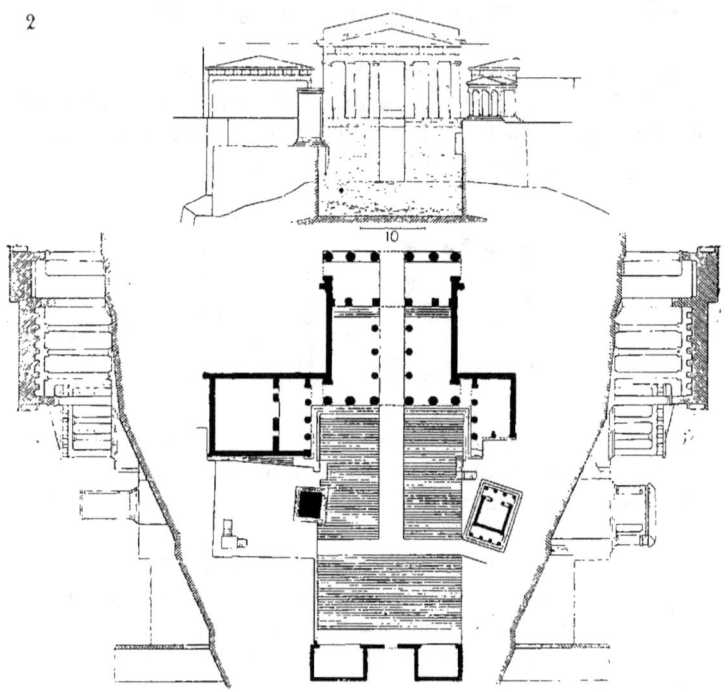

ornées aussi de colonnes doriques, encadrent l'avenue et conduisent l'œil à la façade centrale. En arrière, un portique ionique s'étend en profondeur, plafonné, puis s'arrête court contre le grand mur droit où s'ouvrent les cinq portes de l'Acropole.

En premier plan, à droite s'élève le temple de la Victoire aptère, à gauche le piédestal à substruction archaïque où les Romains placèrent la statue d'Agrippa : nous avons indiqué (pag. 415) la pondération des masses qui établit entre le piédestal et le temple une sorte de symétrie pittoresque.

La décoration est traitée comme il convient pour un édifice qui est en somme un accessoire et doit laisser toute leur valeur aux temples qu'il annonce. C'est le grand art des Grecs de donner à chaque œuvre son caractère. Ce caractère, ils ne l'expriment que par des nuances, mais d'une exquise justesse. Ici la sobriété d'ornement est extrême. Des métopes lisses ; sur le fronton, un simple médaillon ; aux deux angles du fronton (si nous entendons bien la description de Pausanias), deux acrotères figurant les chevaux des Dioscures. Sur les profils principaux, une peinture à tonalité franche et vive.

On s'est demandé si l'imposant escalier que couronne la colonnade appartient au plan primitif ou si l'édifice ne se dressait pas sur le rocher nu.

Cette fière implantation serait assez conforme au génie grec. Mais il existe, au milieu de la rampe, des débris préhelléniques dont la présence en pareil lieu eût été au moins étrange et que des marches de rapport pouvaient seules voiler : la question ne paraît pas définitivement tranchée.

A côté des propylées de l'Acropole rappelons parmi les exemples empruntés à des enceintes sacrées, ceux de Délos, d'Olympie, de Priène ; celui de Sunium, si bien placé pour ménager une vue biaise du temple ; enfin ce curieux monument d'Éleusis, où l'on retrouve toutes les dispositions des propylées de Mnésiclès, mais avec une légère différence d'échelle qui dénote l'application du pied éleusinien à un modèle coté en pieds d'Athènes.

Parmi les propylées à destination civile, les principaux sont celui du palais macédonien de Palatitza ; celui du stade de Messène, également macédonien ; le propylée d'assez basse époque qui donnait accès à l'Agora d'Athènes.

A Palatitza de même qu'à l'Acropole, on remarque le mélange des deux ordres : le dorique à l'extérieur, l'ionique à l'intérieur.

Quant au propylée de l'Agora, c'est un véritable frontispice de temple.

THÉATRES.

L'architecture des théâtres, comme celle des propylées, est, avons-nous dit, une branche de l'art religieux des Grecs. On connaît l'origine sacrée des représentations scéniques : un autel dressé au milieu du théâtre rappelle ce point de départ ; les représentations du grand théâtre d'Athènes étaient présidées par le prêtre de Bacchus ; et l'idée des théâtres impliquait tellement une pensée religieuse, qu'il n'est pas rare de voir leur voisinage choisi comme lieu de sépulture : c'est le cas de Syracuse et d'Æzani.

Les théâtres servaient aussi aux fêtes nationales : c'est au théâtre que les Athéniens décernaient les couronnes honorifiques.

Jusqu'au 5ᵉ siècle, les Grecs n'eurent d'autres théâtres que des tréteaux mobiles et des sièges étagés sur des charpentes : lors des débuts d'Eschyle on se contentait encore de cette modeste mise en scène. L'écroulement des charpentes pendant la représentation d'un drame de Pratinas, suggéra l'idée de substituer à ces frêles échafaudages une construction plus stable ; et le théâtre de Bacchus, à Athènes, fut le premier essai d'une installation permanente.

DISPOSITIONS GÉNÉRALES A L'ÉPOQUE HELLÉNIQUE.

Le théâtre de Bacchus nous est parvenu modifié par des remaniements : les parties les plus anciennes ne paraissent remonter qu'à la restauration entreprise par l'orateur Lycurgue au 4ᵉ siècle ; ce qui reste de la scène ne date que du temps des Antonins : c'est l'époque où l'on imitait à Éleusis les propylées d'Athènes ; le goût archéologique fit reproduire ici les formes primitives et, si nous ne possédons point l'original de la scène, selon toute apparence nous en avons une copie très fidèle.

THÉATRES.   483

Voici (fig. 3) l'ensemble de l'édifice, réduit aux parties qui appartiennent au 4ᵉ siècle soit par leur date, soit par leur style :

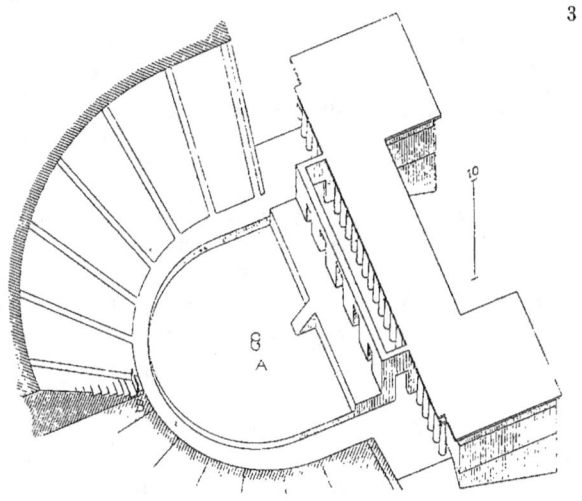

Des gradins sans toiture, étagés sur le flanc méridional de l'Acropole et d'où l'on découvre par-dessus la scène la mer et les lointains d'Égine.

L'« orchestre » A est une plate-forme vide, réservé aux évolutions des chœurs et servant de réflecteur à la voix.
L'autel de Bacchus occupe le centre de l'hémicycle, et le prêtre du dieu a son trône en B.

La scène proprement dite est une tribune étroite, isolée en avant d'une cour de service qui a pour fond une élégante colonnade dorique.
Des escaliers mettaient la tribune en communication avec la cour d'arrière-scène et probablement aussi avec la plate-forme de l'orchestre.

Les principaux détails sont indiqués par la fig. 4, qui com-

484 ARCHITECTURE GRECQUE.

prend une coupe des gradins, le profil de la tribune et le détail de la colonnade d'arrière-scène.

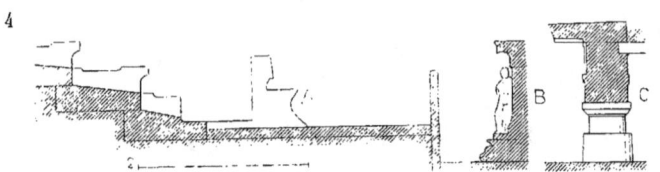

Aux jours des fêtes civiles, le théâtre n'avait comme ornement que cette ordonnance architecturale.

Pour les fêtes dramatiques, on dressait derrière la tribune une paroi mobile percée de portes et recevant les décorations peintes.

Point d'illusion dramatique : la profondeur de la tribune ne s'y prêtait pas. Tout était convenu dans la mise en scène : la porte par laquelle entrait le personnage indiquait son rôle ou sa provenance ; et la décoration devait nécessairement se réduire à quelques peintures appliquées sur l'écran mobile qui sert de mur de fond, ou soutenues par des mâts plantés dans la cour d'arrière-scène.

CHANGEMENTS SURVENUS A L'ÉPOQUE ROMAINE.

Tel était le théâtre à l'époque hellénique : tous les anciens théâtres répondent à cette idée d'ensemble (Syracuse, Épidaure...).

Les changements survenus à l'époque romaine se résument dans le transport des chœurs sur la tribune même et l'affectation au public de la plate-forme de l'orchestre.

Cela conduisit d'abord à élargir la tribune.

Puis la plate-forme n'agissant plus comme réflecteur de la

voix, il fallut pour renvoyer les sons surélever le mur d'arrière-scène au risque de voiler les lointains. Bien entendu, l'autel disparut lors de cette invasion de l'orchestre dont il occupait le centre.

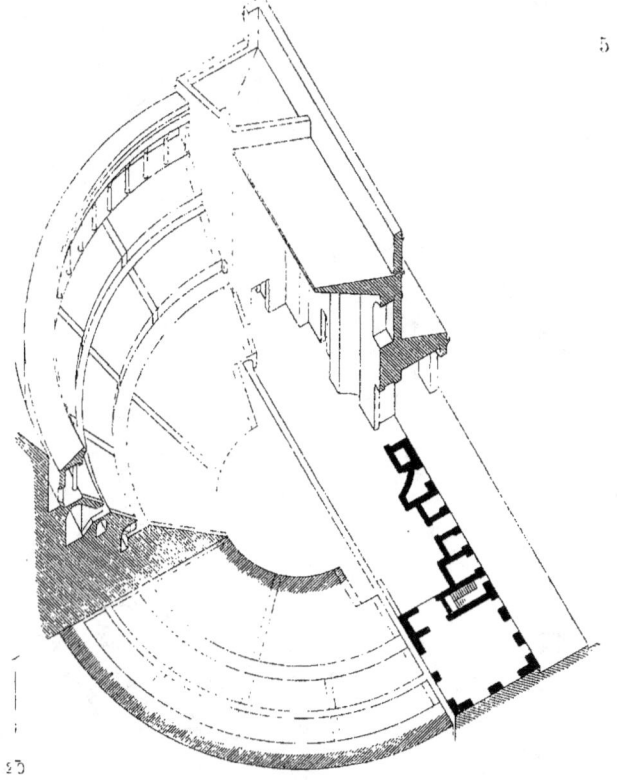

La fig. 5 (Orange) montre un exemple de théâtre répondant à ce nouveau programme; la fig. 6, les dispositions théoriques et les tracés.

TRACÉS.

Voici d'après Vitruve les plans comparés des théâtres grecs et romains :

a. — **Théâtre grec** (fig. 6 G). — Décrivez une circonférence ayant pour rayon le rayon de l'orchestre.

Cette circonférence, partagez-la en douze parties égales; puis, réunissant les points de division de trois en trois, inscrivez le carré ABCD :

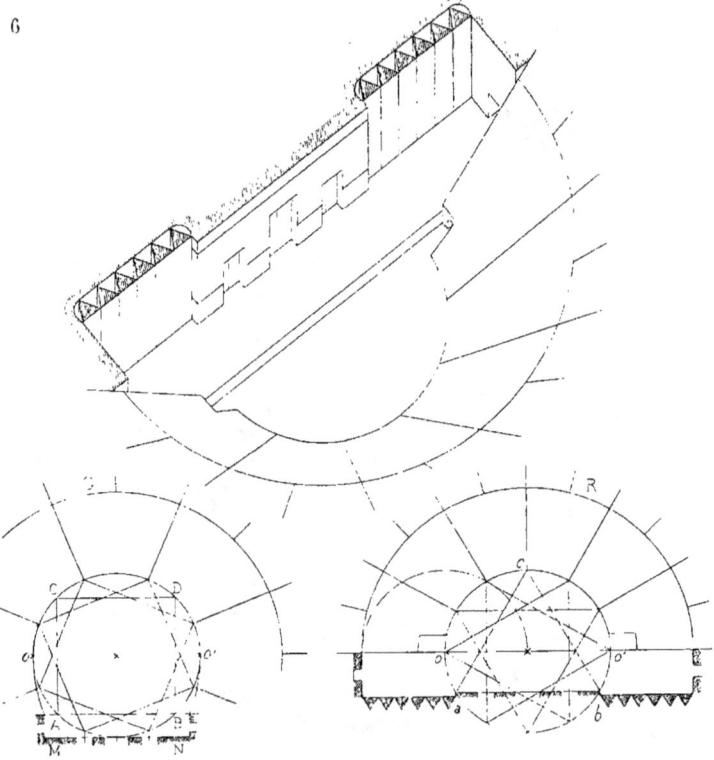

6

Le côté de ce carré inscrit AB, marque le devant de la tribune; la ligne MN, tangente au cercle générateur, limite cette tribune vers l'arrière.

Deux arcs ayant les points O et O' comme centres et un rayon égal au diamètre de l'orchestre donnent la longueur de la tribune.

Les axes des portes sont obtenus en projetant sur AB les points de division de la circonférence génératrice.

Les escaliers aboutissant à l'orchestre rayonnent des points mêmes de division; plus haut, le nombre des divisions sera double.

b. — ***Théâtre modifié à l'époque romaine*** (fig. 6 R). — Ici encore la circonférence de l'orchestre se partage en douze parties.

Tout à l'heure on a groupé les points de division trois par trois pour obtenir le carré inscrit; ici on groupe les points de division quatre par quatre, ce qui donne le triangle équilatéral inscrit *abc* : le diamètre OO' sera le devant de la tribune et le côté *ab* sera le fond de la scène.

La tribune ainsi se trouve beaucoup plus profonde que dans le théâtre grec : son surcroît de profondeur répond à la nécessité d'y réserver une place pour les chœurs : là réside la différence essentielle.

La largeur de la tribune sera double de son diamètre.

Le surplus des dispositions est commun aux deux types.

Ce sont là les tracés théoriques : aucun des théâtres connus ne les réalise dans leur entière rigueur, mais ils témoignent d'un esprit de méthode assurément fort digne de remarque. Notons surtout l'emploi du triangle équilatéral et l'espacement des portes qui, suivant une remarque déjà faite (pag. 394), ne saurait correspondre à aucune loi modulaire : c'est un lien purement géométrique qui rattache les parties les unes aux autres et met dans la composition l'unité et le rythme.

DISPOSITIONS DE DÉTAIL.

Machinerie. — Nous donnons fig. 7 (page suivante) le relevé des dispositions de la scène dans deux théâtres, ceux de Syracuse (S) et de Pompei (P), où les pièces d'attente de la machinerie se sont conservées intactes : peut-être arriverait-on à lire dans ces détails de la cage les organes et le fonctionnement de la machinerie même. Assurément elle était fort simple — la complication n'est pas grecque — et les Grecs, essentiellement marins, y avaient à coup sûr appliqué les apparaux qui servaient aux manœuvres navales.

A Syracuse on distingue, vers l'extrémité d'une sorte de fossé longeant la scène, la place d'un cabestan. Des tourillons fixés au sous-sol et qui se sont retrouvés également au théâtre de Bacchus, font présumer l'existence de mâts pivotants destinés à recevoir des décorations tournantes.

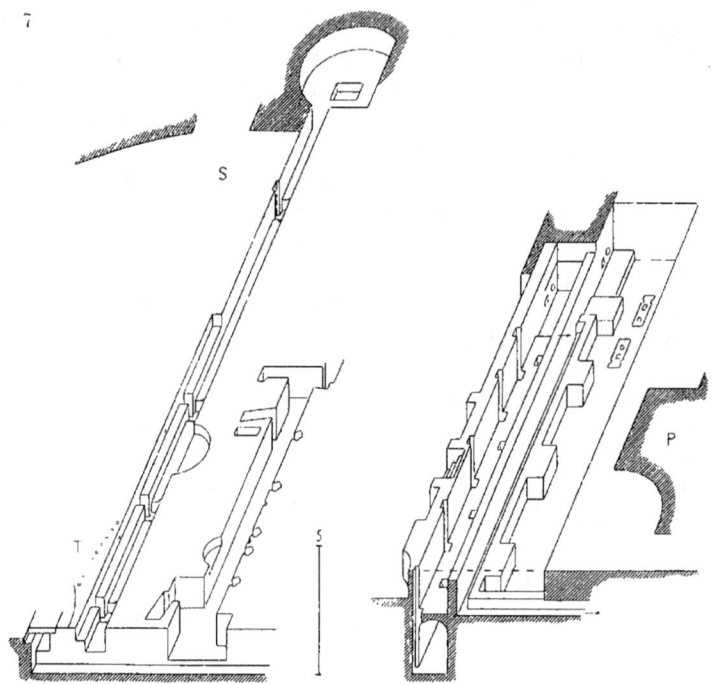

Sans risquer une reconstitution qui intéresse l'histoire de la mécanique plus que celle de l'architecture, nous pouvons tirer du théâtre de Syracuse S une indication sur le caractère mobile de la tribune même :

Tribune de la scène. — Non seulement le théâtre de Syracuse ne présente aucun reste de tribune à soubassement de marbre, mais à la place que le soubassement eût occupée on distingue, sur le dallage, des trous T régulièrement répartis et une rainure en arc de cercle, indices manifestes de l'absence de toute tribune permanente : la tribune, à Syracuse, était mobile. Le théâtre d'Épidaure, non plus que celui de Syracuse, ne présente aucun vestige de tribune fixe. Au théâtre de Bacchus la tribune de marbre est d'exécution romaine.

Un seul exemple authentique de tribune disposée à demeure et antérieure à l'époque romaine, se trouve à Délos : les inscriptions ont permis à M. Homolle d'établir que la tribune de Délos remonte au 3ᵉ siècle avant notre ère et qu'elle communiquait avec l'orchestre par un escalier mobile; sans cet argument tout porterait à croire avec M. Dörpfeld qu'à l'époque hellénique la représentation se passait entièrement sur la plateforme même de l'orchestre.

Trigones, décorations d'avant et d'arrière-scène. — A Syracuse, à Pompei, Arles, Taormine, des puits rectangulaires distribués le long de la bordure de la tribune paraissent avoir servi d'encastrements à des poteaux portant une décoration d'avant-scène.

Quant à la toile de fond, voici ce qui en tenait lieu, au moins à l'époque de Vitruve :

Derrière la partie centrale de la scène, le mur de fond, richement orné, restait en évidence; les larges portes qui y étaient aménagées avaient pour fermeture des vantaux de bois, et sur chacun de ces vantaux était peint un lointain rappelant le paysage en face duquel la porte semblait s'ouvrir. Le décor proprement dit, le décor qui dissimule l'architecture et se transforme suivant les exigences du drame, n'existait que vers les extrémités du mur de fond; et là, il consistait en une peinture répartie (fig. 6) sur des prismes triangulaires que l'on faisait tourner à chaque changement de pièce, de manière à présenter au spectateur une autre de leurs faces.

Rideau. — On sait qu'il existait des théâtres où un rideau tendu devant la scène s'abaissait au moment des représentations. Mazois a fort ingénieusement combiné un système de tiges creuses emboîtées les unes dans les autres, logées dans les puits qui bordent l'avant-scène, et qui se seraient allongées par une sorte de mouvement « de lorgnette ». Disposition bien complexe pour être grecque. Et d'ailleurs le rideau, réduit à la hauteur qu'un système semblable permet d'atteindre, eût à peine caché la scène pour les spectateurs des premiers rangs ; il est probable que le rideau était réservé aux théâtres tels que celui d'Orange (fig. 5) où la scène était couverte ; il était, comme les nôtres, suspendu à la charpente de l'avant-scène, la seule différence est qu'il s'abaissait au lieu de se lever.

Artifices acoustiques. — La sonorité des théâtres grecs, même dans leur état de ruine, est surprenante. Peut-être tenait-elle en partie au sol rocheux sur lequel ils étaient assis. Nous avons indiqué à l'époque hellénique le rôle de la plateforme de l'orchestre comme moyen de répercussion ; ce rôle passe au mur de fond au moment où l'orchestre est assourdi par la présence de la foule qui l'occupe.

Ce mur de fond, dans plusieurs théâtres antiques, notamment Orange, Arles et Pompei (fig. 7 P), présente en son milieu un enfoncement en forme de réflecteur concave, évidemment combiné pour limiter la dispersion des sons. Vitruve nous apprend que les vantaux mêmes des portes du mur de fond étaient disposés pour renforcer la voix : ils constituaient des tables d'harmonie vers lesquelles, nous dit-il, l'acteur se tournait pour ajouter à l'effet de son chant.

Enfin Vitruve signale l'artifice d'excaver le dessous des gradins et de loger dans les vides des vases acoustiques ou résonateurs, accordés en vue de renforcer non pas indifféremment tous les sons, mais certains sons seulement, considérés comme jouant dans l'échelle musicale un rôle prédominant ou caractéristique.

La liturgie grecque peut nous donner une idée de ces effets : Elle procède comme la musique antique par groupes de quatre notes, par « tétracordes » et, selon que la mélodie se développe dans l'un ou l'autre de ces tétracordes, un chantre marque par une tenue de voix la note qui caractérise le tétracorde. Le procédé grec était plus savant : les notes du tétracorde étaient classées par ordre d'importance harmonique, et le nombre des résonateurs était réglé de manière à renforcer les sons à proportion de leur importance. Au reste, les vases acoustiques paraissent n'avoir reçu que de fort rares applications : tout au plus peut-on en admettre l'existence aux théâtres d'Æzani et de Sagonte.

LISTE DES PRINCIPAUX THÉÂTRES GRECS.

Comme exemples de théâtres, mentionnons, après celui d'Athènes, celui d'Épidaure, œuvre de Polyclète le Jeune, et que les Grecs regardaient comme le plus parfait de tous ; celui de Chéronée, où la cavea se réduit à un secteur taillé dans le roc vif ; Delphes, où la scène était une tribune mobile ; Délos, dont nous avons cité la tribune fixe ; en Sicile, le théâtre de Ségeste, ouvert sur un lointain superbe ; celui de Taormine qui, avant les remaniements romains, avait pour toile de fond le paysage de l'Etna ; celui de Syracuse, qu'animait une chute d'eau coulant au-dessus des derniers gradins ; en Asie Mineure Æzani, Tralles, les trois théâtres de Laodicée du Lycus, Hiérapolis ; le théâtre d'Aspendus, que sa situation dans les montagnes de la Cilicie a presque entièrement sauvé ; en Syrie, Djerach.

Indépendamment de ces édifices à gradins entièrement découverts, les Grecs avaient des théâtres de moindre dimension, réservés aux représentations lyriques et que leur petitesse permettait de couvrir : Pompei possédait à côté de son grand théâtre un « odéon » couvert ; le plus célèbre de ces odéons était celui d'Athènes, dont la toiture rappelait la tente de Xerxès.

STADES, CIRQUES, GYMNASES.

De même que les représentations scéniques tirent leur origine des fêtes religieuses, les courses et les luttes paraissent se rattacher aux jeux sacrés ou funéraires. Dès l'époque homérique, nous en trouvons la mention dans le récit des honneurs rendus aux guerriers morts. A l'époque hellénique, un stade pour la course et des gymnases pour la lutte étaient les annexes de toutes les enceintes sacrées : Olympie, Délos...

Le stade, dont l'étendue de 600 pieds est devenue une unité métrique, présente une arène oblongue et, sur le pourtour, des gradins semblables à ceux des théâtres.

Transformé pour les courses de chars, le stade s'agrandit et devient le cirque : mais c'est surtout à l'époque romaine que le cirque paraît se distinguer du stade ; nous en reporterons la description au chapitre des monuments romains.

Les principaux stades grecs sont le stade panathénaïque d'Athènes, celui d'Olympie ; puis ceux de Délos, Laodicée du Lycus, Æzani, etc. A Laodicée un gymnase était attenant au stade ; à Æzani, l'hémicycle d'un théâtre répondait par symétrie à l'extrémité arrondie du cirque.

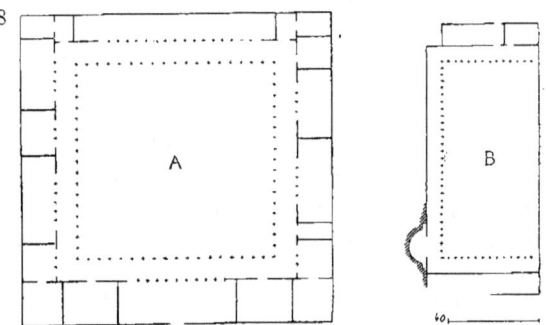

La fig. 8 présente deux exemples de gymnases ou palestres empruntés, l'un A aux ruines d'Olympie, l'autre B à celles de Pergame : ces édifices, où la jeunesse des villes s'exerçait sous les yeux des magistrats, n'étaient autre chose que des cours plantées, entourées de portiques et de salles d'exercices, avec

PORTIQUES. 493

des hémicycles bordés de bancs, servant de tribunes pour les juges des jeux.

LIEUX D'ASSEMBLÉES POPULAIRES : MARCHÉS, PORTIQUES CIVILS. JARDINS PUBLICS.

Les Grecs ont donné à presque tous leurs édifices publics l'aspect de portiques ou de galeries : c'est qu'en effet leurs lieux d'assemblée étaient de simples promenoirs où se traitaient les affaires commerciales, où se discutaient les intérêts de l'État, où la vie se passait dans une oisiveté remuante.

Nous groupons fig. 9 quelques variétés du portique :

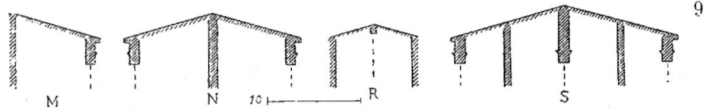

R. Neandria avec ses deux nefs entourées d'une enceinte; S, Pæstum, avec ses deux nefs centrales et ses galeries extérieures; N, le Pœcile, avec deux galeries séparées par un mur.

L'agora, bazar et centre politique des villes grecques, consistait en une place environnée de portiques à un ou plusieurs rangs de colonnes; Vitruve en a laissé la description, les ruines de Délos et de Geira en fournissent des exemples.

Le portique de l'Archonte-roi d'Athènes, si l'on en juge par les imitations romaines qui ont conservé sous le nom de « basiliques » le souvenir de leur origine, devait être composé de trois nefs englobées dans une muraille d'enceinte.

C'est au type de la galerie couverte qu'appartient le bâtiment à trois nefs de l'arsenal du Pirée (pag. 279) : la nef centrale servait de promenoir et les nefs latérales, de magasin; avec cette particularité si profondément grecque, que les dispositions étaient combinées « pour permettre aux promeneurs de vérifier à chaque instant l'état du matériel naval ».

Ces portiques, ces galeries, qui sont les monuments de la cité, présentent dans leur style une dignité quelquefois comparable à la majesté même des édifices du culte : au fronton près, le portique de Pæstum rappelle de tout point l'architecture des temples.

A l'arsenal du Pirée, l'entablement extérieur était peint. C'est sur le mur du Pœcile que se développait la célèbre composition des peintres Panénus et Polygnote, la scène de Marathon.

La plupart des portiques ont comme accessoires des bancs situés hors du courant de la circulation, dans des enfoncements en niches tantôt demi-circulaires (exèdres), tantôt carrés (œci de Vitruve).

Enfin les colonnades s'ouvraient sur des esplanades plantées qui étaient de véritables jardins : les jardins avaient un double charme dans ces contrées où la végétation est rare. Les Grecs ne paraissent pas les avoir assujettis à des tracés symétriques : on peut se figurer les jardins de l'Académie et du Lycée comme des bois naturels avec des repos en forme d'exèdres.

MONUMENTS COMMÉMORATIFS ET FUNÉRAIRES.

Sculptures. — Le type rudimentaire du monument funéraire est la stèle : une pierre levée qui marque le lieu de la sépulture.

La stèle grecque porte d'ordinaire une inscription sur sa face principale et, au sommet, un ornement sculpté. Nous avons donné (pag. 257, fig. 2 B, C) deux exemples archaïques de stèles ; sauf des nuances, les mêmes ornements se reproduisent jusqu'aux dernières époques.

A part la stèle, qui est en somme une borne ornée, les monuments funéraires des Grecs se classent en deux groupes, correspondant l'un à l'ensevelissement, l'autre à l'incinération.

A l'incinération appartiennent les monuments en forme d'urnes; à l'ensevelissement, les sarcophages, les tours funéraires et les chapelles en imitation de petits temples où les cercueils se superposent par étages. Les ruines d'Hiérapolis en Asie Mineure offrent des caveaux surmontés de tumuli. Une variété de la tombe fréquente chez les Athéniens, est le cippe creusé d'une niche rectangulaire abritant un bas-relief.

Quelques tombeaux de Pompei sont accompagnés d'enceintes où se célébraient les repas funèbres; le tombeau dit de Théron à Agrigente garde encore les amorces de l'enclos dont il occupait l'angle.

Philon de Byzance conseille d'élever aux grands hommes des tombeaux en forme de tours, combinés en vue de la défense de la ville.

Parmi les monuments funéraires, le plus fameux était le tombeau de Mausole, dont les fragments sont conservés au Musée britannique.

Il consistait en une pyramide couronnée par un groupe de statues et reposant sur un soubassement à deux étages : l'étage inférieur, massif et ceint d'une frise continue; l'étage supérieur, en forme de portique ionique.

La sculpture, qui rappelle le nom de Scopas, est une des plus amples productions de l'art figuré à l'issue de la grande époque grecque.

Presque partout les tombes se rassemblent en imposantes nécropoles : à Sélinonte elles se pressent au voisinage des temples; à Æzani, à Syracuse, autour du théâtre; à Athènes elles se rangent aux abords de la ville le long d'une des principales avenues. La voie des tombeaux d'Hiérapolis est le plus majestueux exemple qu'on puisse citer de ces accumulations de tombes grecques.

Inscriptions, statues, édicules choragiques. — Aucun peuple n'eut à l'égal des Grecs le culte des souvenirs ; la plupart des monuments groupés dans l'intérieur ou autour des sanctuaires étaient des hommages rendus par la cité à ceux qui l'avaient illustrée.

A côté de la stèle se place la colonne votive ou encore le pilier carré, l'hermès terminé par un buste.

Les colonnes archaïques représentées pag. 354 étaient de celles que la piété dressait autour des temples ou dans les enceintes sacrées.

Parmi les monuments votifs de Delphes, les fouilles ont mis au jour une colonne ionique dont le chapiteau, très oblong, portait accroupi un grand sphinx ailé.

Les monuments choragiques tiennent une place importante dans l'architecture athénienne; ce sont des édicules destinés à rappeler les succès dramatiques : les chorèges consacraient dans ces sortes de chapelles les trépieds décernés comme prix de leur victoire.

Nous avons figuré pag. 372 et 378 deux de ces monuments, celui de Lysicrate et celui de Thrasyllus : une rue entière aux abords du théâtre de Bacchus était bordée de ces élégants ex-voto.

Viennent enfin les statues :
On élevait des statues aux grands hommes, on en élevait aux athlètes.

Longtemps ces statues gardèrent un caractère hiératique et convenu : un dialogue de Xénophon prouve qu'au 4° siècle l'idée d'exprimer par la sculpture les jeux de la physionomie était encore une nouveauté; la grande époque dédaignait ces recherches comme ôtant à la figure la sévérité monumentale des lignes.

Un détail rapporté par Pline est plus significatif encore : à Olympie l'athlète n'avait droit qu'après une triple victoire à une statue ressemblante.

Aux yeux des Grecs les statues étaient plutôt des souvenirs que des portraits : l'art grec se montre jusqu'à ses derniers temps rebelle à cette représentation des traits individuels qui parfois est une consécration de la laideur des formes; le portrait est romain.

L'HABITATION.

A côté de l'art officiel, si brillant aux temps d'éclat de l'hellénisme, l'architecture privée s'efface.

Les besoins matériels sont si restreints sous l'heureux ciel de la Grèce, que l'habitation peut s'y réduire à un abri de nuit : et, si l'on en juge par les plans lisibles sur le rocher du Pnyx, les maisons d'Athènes, à l'époque la plus brillante de son architecture, n'étaient guère que des cellules. On vivait sur la place publique, au tribunal, sous les portiques; et les susceptibilités démocratiques, si favorables au déploiement du luxe dans les monuments de l'État, faisaient obstacle à l'étalage de la richesse individuelle. La maison luxueuse avait existé antérieurement à la constitution des républiques grecques, elle ne reparaît qu'avec les mœurs monarchiques à l'époque macédonienne.

Le palais. — Le palais, à l'époque macédonienne, paraît une habitation plutôt somptueuse que savamment distribuée : il répond aux convenances d'un climat chaud, mais fait peu de part aux recherches du bien-être.

Le palais d'Alinda, représenté dans le Voyage de Le Bas, consiste en un corps de bâtiment allongé dont le rez-de-chaussée s'adosse à une colline. Une série de cellules d'habitation s'alignent le long de la façade et, entre cette rangée de cellules et la façade, règne, d'un bout à l'autre de l'édifice, un corridor presque obscur où l'on trouvait la fraîcheur. L'étage supérieur est un portique de plain-pied avec le sommet de la colline.

Au palais de Palatitza, les chambres se disposent, sans nul artifice de distribution, les unes à la suite des autres au pourtour d'une cour dont l'accès est marqué par un élégant propylée.

La maison. — Nous arrivons à la maison qu'habitaient les riches citoyens des villes : elle est décrite par Vitruve, les ruines de Délos et de Pompei nous donnent une idée de son style.

Voici (fig. 10 G) comment Vitruve trace le programme de la maison grecque :

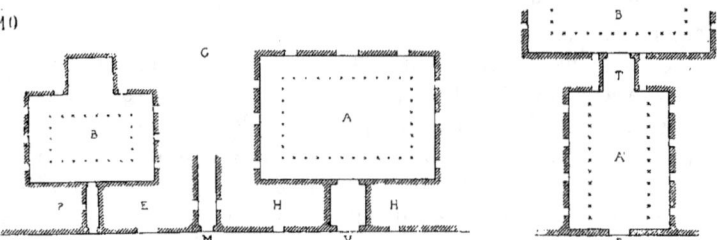

Deux bâtiments accolés et destinés l'un (B) à la vie de famille, l'autre (A) à l'hospitalité et aux relations extérieures. Chacun a ses services groupés autour d'une cour à portiques : un long couloir M, que Vitruve désigne sous le nom de « mesaula », sépare les deux bâtiments l'un de l'autre.

1° Appartement de la famille (groupe B) :

Sur la rive de la cour qui regarde le midi, est une grande salle largement ouverte, où se passe la vie des femmes.
Le pourtour est occupé par des chambres.
Un corridor étroit, clos par une double porte, est le seul passage qui donne sur la voie publique.
De part et d'autre de ce corridor, en E et P, sont les écuries et les logements des « portiers », c'est-à-dire des gardiens du gynécée.

2° Bâtiment des relations extérieures (groupe A) :

Au fond de la cour est la grande salle d'audience ; les salles latérales sont des bibliothèques, des galeries d'objets d'art.
Le vestibule V contraste par sa largeur avec le corridor du gynécée.

A droite et à gauche de ce vestibule se disposent en façade et sans communication directe avec la cour, les appartements des hôtes H, H.

A l'époque romaine, le plan se transforme légèrement, et les habitations pompéiennes nous aident à saisir les modifications indiquées par Vitruve.

La principale, qui implique chez la femme romaine une condition moins libre que celle de la femme grecque, consiste (plan R) à placer le gynécée non plus à côté de l'appartement de réception, mais à l'arrière de cet appartement : seul le bâtiment destiné aux audiences A' est sur rue, avec accès librement ouvert à la foule des visiteurs et des clients.

Sous cette réserve, le parti d'ensemble est grec, et très probablement les maisons grecques présentaient dans leur décoration l'aspect général des habitations de Pompei : des colonnades d'ordre élancé revêtues de stucs peints, des aires de mosaïque, des parements de murs à tonalité vigoureuse sur lesquels les figures ornementales se détachent en silhouettes légères.

TRAVAUX PUBLICS, OUVRAGES DE DÉFENSE.

Routes, ponts, aqueducs, travaux maritimes. — Les Grecs, qui ont porté si haut l'art décoratif, n'avaient point de routes. Les rues d'Athènes, les ruelles devrait-on dire, n'étaient que des frayés : on voit encore sur le rocher du Pnyx les ornières que les siècles ont creusées; et rien n'indique mieux l'état rudimentaire des voies de communication par terre, que ce détail rapporté par une inscription : pour traîner du Pentélique à Éleusis des tambours de colonnes qui ne pesaient pas cinq tonnes, il fallut un attelage de quarante bœufs.

Un des rares exemples de ponts grecs est celui du Pamisus en Messénie, où trois chemins venaient converger.

L'attention des Grecs ne se portait pas sur les voies de communication par terre : leurs villes étaient presque toutes des villes maritimes : la grande voie du commerce était la mer.

Les ports paraissent avoir été aussi soigneusement aménagés que les routes de terre étaient négligées : des bassins entiers étaient creusés de main d'homme.

A Rhodes on distingue des restes de jetées en grandes assises de pierre, et l'on sait qu'un des musoirs de la passe servait de piédestal au colosse d'Apollon ; au Pirée, l'entrée du bassin était orné de deux lions de marbre.

L'entrée du port d'Alexandrie était signalée par un phare. Cet édifice fameux, dont les ruines existaient encore au 14ᵉ siècle, était en forme de tour, et présentait trois étages en retraite successive : l'étage inférieur, sur plan carré ; les deux autres, sur plan octogone.

On a peu de renseignements sur les quais des ports grecs, mais on connaît (pag. 279) le luxe des arsenaux.

Non moins magnifiques étaient les abris ménagés près des arsenaux pour abriter les cales où l'on remisait à sec les navires de la marine de guerre.

L'art de conduire les eaux était moins développé : à peine cite-t-on un aqueduc souterrain à Samos ; presque partout les aqueducs grecs se réduisent à des rigoles à fleur de sol, telles que celles qui alimentaient Syracuse.

Ouvrages de défense. — Après les travaux de ports, les grands ouvrages d'utilité étaient les ouvrages de défense.

Philon de Byzance a formulé les règles qui présidaient, au moins à l'époque alexandrine, à la fortification grecque.

Philon insiste sur l'importance de combiner les tracés d'après le relief du terrain : n'admettre les remparts que pour compléter les défilements naturels.

Il décrit les lignes à crémaillère, les murs casematés.

Il s'attache au mode de flanquement des portes, aux artifices par lesquels on force l'assaillant à présenter aux coups de la défense le côté que le bouclier laisse sans protection.

Au sujet des courtines, Philon prescrit un procédé de liaisonnement que nous avons aperçu dès l'époque égyptienne et qui consiste à noyer dans la masse des longrines de bois.

A propos des tours, il signale le danger des tassements que le sol éprouve sous leur poids, et recommande de les établir sans liaison avec le corps des murs.

D'ailleurs, ajoute-t-il, en vue d'accroître la résistance au bélier, il convient de rendre les pierres des tours solidaires les unes des autres à l'aide d'attaches en plomb, en fer « ou en gypse », c'est-à-dire sans doute à l'aide de tenons ou prisonniers de plâtre, du genre de ceux que Delagardette a observés dans les ruines de Pæstum (pag. 278).

Enfin Philon conseille de creuser en avant des murailles de larges fossés, mais il n'en fait pas une obligation absolue : en effet, le rempart étant d'ordinaire un mur et non un remblai, les déblais d'un fossé ne s'imposent pas comme moyen de fournir les terres.

On trouvera le développement des préceptes de Philon dans les commentaires de M. de Rochas : passons aux ouvrages existants.

Un des monuments les plus complets qui nous restent de la fortification hellénique est l'enceinte de Messène, celle même que bâtit Épaminondas : une enceinte en pierres d'appareil, flanquée de tours carrées et couronnée d'un crénelage. Deux tours encadrent chacune des portes.

Athènes possédait (fig. 11 A, page suivante) une enceinte à structure plus modeste, peut-être à combinaisons plus savantes : un mur de brique sur soubassement de pierre, épais de 11 pieds. Au sommet régnait un chemin de ronde, sorte de casemate continue, muni du côté de l'attaque d'une série de meurtrières à volets, et dont le toit reposait du côté de la place sur une file de piliers entretoisés par des longrines. Du côté de la place, la casemate se présentait comme un portique et, grâce à cette disposition, il était aisé, en un point quelconque, de hisser sur la plate-forme l'approvisionnement de projectiles.

Les murs helléniques de Pompéi ont perdu leur casemate de couronnement, mais ils offrent un profil visiblement inspiré par cette idée de rendre partout possibles l'accès et l'approvisionnement de la plate-forme : le rempart (G) est de terre, avec gradins continus du côté de la place; du côté de l'ennemi le

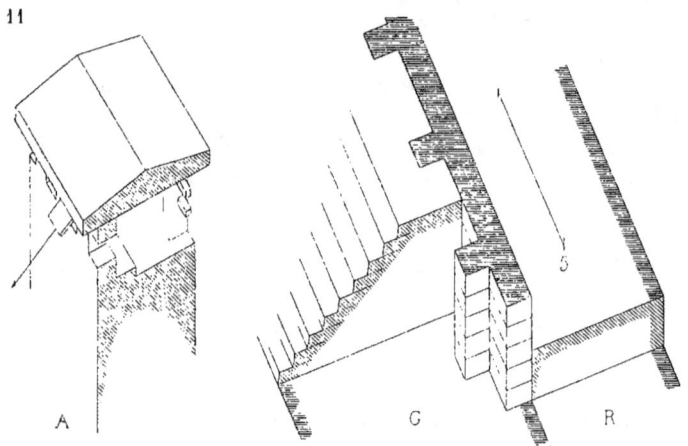

revêtement en pierre de taille est vertical, et renforcé par des contreforts autrefois noyés dans le massif de terre. A l'époque romaine, pour gagner de l'espace, on remplaça le massif de terre G par un contre-mur extérieur, et les contreforts restèrent apparents, dans la situation R qu'ils occupent aujourd'hui sur la plus grande partie de l'enceinte.

Nous ne connaissons pas de remparts grecs accompagnés de fossés : le long des murs d'Athènes, des palissades formaient autour du rempart une zone extérieure de défense.

Nous avons rapproché des défenses préhelléniques (pag. 261) le fort Euryèle, cette étrange place d'armes en partie creusée dans le roc, dont les restes existent près de Syracuse.

Mentionnons aussi parmi les ouvrages militaires ces fortins isolés, dont le souvenir s'est conservé dans le système actuel de défense des côtes de la Sicile, et dont le plus curieux exemple est la tour d'Andros : tour circulaire percée de meurtrières, et qui contenait intérieurement un escalier à vis fait de dalles de schiste plantées entre les assises du mur.

En général, les fortifications grecques sont de date antérieure à l'époque macédonienne : les villes qui naquirent ou se développèrent après les conquêtes d'Alexandre dans l'Asie grecque sont presque sans exception des villes ouvertes et bâties en plaine : Æzani, Laodicée du Lycus... Il semble que cette dernière époque de la civilisation grecque, à laquelle appartiennent les traités de poliorcétique, ait eu l'heureux privilège de laisser à l'état presque théorique l'art de la défense.

VUE D'ENSEMBLE D'UNE VILLE GRECQUE.

On se figure maintenant l'aspect d'une ville grecque. L'approche en est signalée par d'interminables voies de tombeaux aboutissant à une enceinte crénelée; puis un dédale de ruelles bordées de masures; par intervalle une place, un marché entouré de portiques, où la foule se presse comme aujourd'hui la foule asiatique dans les bazars de l'Orient. Des tribunaux en plein air; des promenoirs couverts où toute une population oisive vient discuter les affaires publiques; des temples disséminés parmi les portiques, des monuments honorifiques parmi les temples; des théâtres, des palestres, des stades. Et, dominant cet ensemble, la vieille forteresse devenue acropole, avec sa couronne de temples où vibre la couleur.

Ainsi se présentait l'Athènes de Périclès.

Les villes macédoniennes offriront un spectacle tout autre. Bâties en plaine, sans fortifications et sans acropoles, elles n'admettent ni les ruelles tortueuses de la vieille Athènes ni son pittoresque désordre : les rues se développent en alignements droits, bordées de colonnades à perte de vue. Plus d'édifices groupés sans symétrie apparente : les places publiques deviennent des figures géométriques construites; une régularité froide succède au mouvement accidenté; c'est de l'art encore, mais sans contrastes et sans imprévu.

L'ART, LES RESSOURCES, LES ÉPOQUES.

Il faudrait, pour achever le tableau de l'architecture grecque, faire revivre à côté des monuments les ouvriers qui les ont élevés, distinguer la part du travail libre et celle de l'esclavage; analyser les ressources consacrées aux édifices publics, l'organisation administrative qui en assurait l'exécution si parfaite : les moindres détails, lorsqu'il s'agit d'une architecture telle que celle des Grecs, s'élèvent à la hauteur de faits d'histoire. Il importe surtout de mettre en parallèle les développements de la société grecque et le mouvement de l'art, enfin de noter les synchronismes, rapprocher les styles simultanés de l'architecture, de la statuaire et des lettres : placer l'architecture dans le cadre général de la civilisation hellénique.

RÉGIME FINANCIER DES TRAVAUX PUBLICS, PERSONNEL DES CHANTIERS.

Ce qu'on sait de plus précis sur le régime intérieur et le fonctionnement des chantiers grecs, est connu par les marchés et les comptes de dépenses gravés sur le marbre (marchés pour la construction de l'arsenal du Pirée, pour la restauration des murs d'Athènes, comptes de l'Érechtheion, Délos, Éleusis, Épidaure, Milet, etc.).

Il ressort de ces textes qu'en règle générale les matériaux sont fournis par l'État, le gros œuvre exécuté à l'entreprise; les ouvrages de ravalement et de sculpture se font soit à la tâche, soit à la journée.

Les carrières sont exploitées par des esclaves publics; cette circonstance explique que l'État livre à l'entrepreneur les matériaux tout extraits.

Les marchés qui règlent l'emploi de ces matériaux, sont des traités à forfait; l'adjudicataire s'engage à exécuter à ses risques toute la main-d'œuvre, moyennant une combinaison financière fort originale, qui permet à tout homme présentant les capacités personnelles nécessaires, de devenir adjudicataire sans posséder le moindre capital : on ne lui demande qu'un répondant solvable, et les paiements ont lieu par avances. Une première avance représente par exemple le tiers de la dépense; dès que l'entrepreneur justifie de l'emploi de cette première avance, il en reçoit une deuxième, etc.

Avec notre système d'entreprise, l'adjudicataire doit se procurer l'argent à des conditions plus ou moins onéreuses qu'il fait entrer en compte :
Rien de tel avec le système grec.

En général les marchés entrent dans le plus minutieux détail sur la construction et restent muets sur ce qui touche à l'ornement : ainsi le marché de l'arsenal du Pirée se borne à mentionner « des corniches ». D'un autre côté, les comptes de l'Érechtheion spécifient une rétribution spéciale et nomment un tâcheron pour chaque détail du ravalement; apparemment ces travaux délicats, où l'on exigeait une perfection difficile à obtenir d'un adjudicataire intéressé, s'exécutaient à la journée ou par traités distincts passés avec des ouvriers spéciaux : on s'assurait ainsi l'économie dans le gros œuvre et l'irréprochable exécution dans le détail.

Lorsqu'il s'agissait du règlement des dépenses, les contestations étaient fréquentes : la solvabilité du répondant était la principale garantie; l'État s'en ménageait une autre plus immédiate en exerçant sur chaque avance une retenue d'un dixième.

Enfin on avait soin de prévenir les discussions de fait en marquant autant que possible des signes de provenance sur les pierres elles-mêmes; certains édifices inachevés, le temple de Milet entre autres, présentent de curieux exemples de cette prudente mesure.

Les ouvriers employés par les villes grecques se recrutaient pour la plupart parmi leurs sujets libres, et les manœuvres parmi les esclaves publics.

Quant à l'entrepreneur, les Athéniens exigeaient qu'il fût de nationalité athénienne.

L'architecte chargé de la direction générale était ordinairement l'entrepreneur même des travaux; il n'est pas rare de voir l'architecte pris parmi les sculpteurs. C'est au sculpteur Phidias que Périclès confia la surintendance des travaux d'architecture de l'Acropole; Rhœcus, l'architecte du temple de Samos, travailla comme sculpteur à Éphèse; un sculpteur, Polyclète le Jeune, fut l'architecte du théâtre d'Épidaure. Le sens profond des formes qui fait le sculpteur devait faire l'architecte; l'architecte, chez les Grecs, est un artiste versé dans toutes les connaissances de son temps. Chez les Romains même, à l'époque de Vitruve et d'Apollodore, le champ de l'architecture embrassera les sciences mécaniques tout entières, la construction des machines aussi bien que la décoration des temples : les anciens jugeaient nécessaire une sorte d'universalité du savoir pour la conduite de travaux où interviennent toutes les branches de l'industrie et de l'art.

LES DIALECTES DE L'ART ET LES BRANCHES DE LA FAMILLE GRECQUE.

Au début de cette étude sur l'art grec, nous avons reconnu dans les deux types généraux de l'architecture les caractères des deux principales races qui formèrent la nation grecque : la distribution géographique des styles précise et complète cet aperçu. Aussi bien que les dialectes du langage, ceux de l'architecture sont des titres généalogiques, leur diffusion est le fait de l'essaimage colonial; et, même dans les colonies dont la fondation remonte aux époques qui précédèrent la constitution des ordres, un souvenir d'origine fit accepter, suivant la prédominance du sang dorien ou ionien, l'un des ordres ou l'autre.

APERÇUS HISTORIQUES.

Les premières colonies sont celles des Ioniens refoulés par l'invasion dorienne : leur émigration remonte au 10ᵉ siècle et se fait vers l'Est, vers cette côte d'Asie Mineure dont Éphèse, Samos, Milet sont les principalles villes.

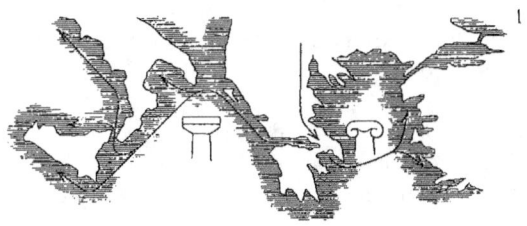

Le second courant de colonisation commence vers le 8ᵉ siècle : ce ne sont plus alors des Ioniens de pur sang qui émigrent, c'est le trop plein de la population nouvelle, population mixte où l'élément dorien domine ; les contrées de l'Est étaient occupées par les Ioniens, le courant du 8ᵉ siècle prend la direction de l'Ouest et se déverse sur la Sicile, la Grande Grèce, la Lucanie : la Grande Grèce et la Sicile adopteront presque exclusivement l'ordre dorique, les colonies d'Asie Mineure resteront attachées au style ionien ; à part quelques exemples isolés tels que le temple d'Assos, l'Asie Mineure ne présentera que des temples ioniques.

La distribution géographique des styles répond ainsi à la répartition des races. A l'est de la Grèce l'ordre ionique règne sans partage ; l'occident du monde grec est le domaine du dorique. Et entre les deux groupes, la Grèce propre, où les deux races se sont mêlées, reste comme un foyer commun où les deux styles se perpétuent et se développent à la fois : l'Acropole d'Athènes n'appartient exclusivement ni à l'un ni à l'autre, c'est l'art grec tout entier qu'elle résume.

LES ÉPOQUES DE L'ART ET CELLES DE L'HISTOIRE GÉNÉRALE.

Nous avons vu l'art se constituer à l'époque où la Grèce a pour la première fois conscience d'elle-même, à l'instant où la fusion commence entre les vieilles populations indigènes et les envahisseurs doriens ; l'instant de son épanouissement est celui où la fusion s'est définitivement opérée. Né avec la civilisation hellénique, l'art suit dans ses alternatives de progrès et de décadence les vicissitudes politiques : le parallélisme des faits est inévitable ; quelques rapprochements de dates le mettront dans son jour.

a. — Style dorique. — L'histoire de l'ordre dorique se confond avec celle des contrées de la Grèce propre et de la Sicile qui en sont le domaine.

La Grèce et les colonies de Sicile ont atteint dès le 7° siècle leur entier développement ; c'est des dernières années du 7° siècle ou du cours du 6° que paraissent dater les premières applications monumentales de l'architecture dorique : en Grèce l'Heræum d'Olympie, les vieux temples de l'Acropole d'Athènes ; en Sicile et dans la Grande Grèce les temples archaïques de Sélinonte, Tarente, Métaponte.

Cette période de l'archaïsme dorique s'arrête aux approches du 5° siècle : la Grèce et la Sicile deviennent à la fois le théâtre de guerres qui entravent la marche de l'art, la défense territoriale s'organise en Grèce contre les envahisseurs perses, en Sicile contre les envahisseurs carthaginois.

L'année 480 marque la fin de cette double lutte : cette date mémorable est pour la Grèce propre celle de la victoire de Salamine contre les Perses ; pour la Sicile, celle de la victoire d'Himère contre Carthage.

Alors s'ouvre et pour la Grèce et pour la Sicile l'ère de la perfection. En Grèce s'élèvent le temple de Thésée, le Parthénon, les Propylées ; en Sicile, le temple de Ségeste et les derniers temples de Sélinonte.

Cet âge de jeunesse et d'éclat, inauguré à la même date en Sicile et en Grèce, se termine, par une singulière rencontre, à peu près à une même date pour la Grèce et pour la Sicile :

vers 410 la Sicile est ravagée une seconde fois par les Carthaginois, vers 400 commence en Grèce la guerre du Péloponèse. Les ruines du temple inachevé de Ségeste, les blocs laissés sur le chemin qui les menait de la carrière à Sélinonte, témoignent de la rupture violente qui coupe court en Sicile au développement de l'architecture.

b. — Style ionique. — De même que l'histoire de l'ordre dorique est celle de la Grèce et de la Sicile, celle de l'ionique répond à l'histoire générale de l'Ionie :

Cette contrée, où s'étaient réfugiés lors de l'invasion dorienne les principaux représentants de l'art préhellénique, arrive plus vite que la Grèce propre au degré de culture qu'exige la création d'un art : dès les premières années du 6° siècle, alors que l'école dorienne commence à peine à s'ouvrir la voie, l'ordre ionique se montre pleinement constitué dans les temples de Samos et d'Éphèse.

Puis survient pour l'Ionie une période d'effacement, une sorte d'éclipse : du 6° siècle au 4° l'Ionie vit sous la menace incessante des satrapies perses, l'art ionien semble frappé de stérilité dans son pays d'origine et ne se produit guère que sur le sol de la Grèce (Victoire aptère, intérieur des Propylées, Érechtheion). L'art de l'Ionie ne refleurira qu'au siècle d'Alexandre : à l'époque de la reprise il aura perdu quelque chose de la pureté de ses formes premières, mais pour acquérir une richesse et une ampleur d'effet inconnues aux petites républiques d'autrefois. Cette renaissance, dont le champ est l'empire même d'Alexandre, emprunte ses éléments de rénovation à l'école ionienne, elle est le triomphe de l'ordre ionique : alors s'élèvent le second temple d'Éphèse, Milet, Priène, Geira; et la tradition se continuera dans l'Asie romaine par les monuments d'Æzani et d'Ancyre.

Pour l'ordre ionique comme pour le dorique, la belle époque est le 5° siècle; et cet instant de la suprême floraison de l'art est, au point de vue politique, une époque d'extrême morcellement du monde grec.

En fait, la division de la société hellénique en petits États indépendants fut peut-être le principal stimulant qui provoqua les chefs-d'œuvre. Un sentiment d'émulation portait les villes rivales à se surpasser les unes les autres. Cette situation s'est reproduite en Italie lors du grand mouvement d'art du 15ᵉ siècle : le même milieu social suscita dans les deux cas l'essor de l'art.

LA MARCHE PARALLÈLE DE L'ARCHITECTURE, DE L'ART FIGURÉ ET DES LETTRES DANS LE MONDE GREC.

Sortons maintenant du champ spécial de l'architecture pour envisager dans leur ensemble les manifestations du génie grec :

Nous l'avons dit, la poésie, qui n'exige pas la prospérité matérielle, est la première expression de l'hellénisme : l'épopée homérique devance l'architecture classique; comme elle, l'architecture naissante affectera l'allure rythmée, nécessité d'un temps où l'écriture ne pouvait être employée pour transmettre ni un poème ni les règles d'un art.

L'art dorique achève de se constituer au moment où l'écriture commence à peine à se vulgariser, où la prose littéraire n'existe pas encore; les temples à formes encore rudes de Sélinonte et de Pæstum sont du même âge que les drames d'Eschyle, ils en ont l'austère majesté, la statuaire éginétique en a l'allure saccadée et violente.

L'époque de Périclès est l'instant de la grandeur contenue, de la mesure dont Sophocle est le représentant dans les lettres, Phidias dans la plastique : les figures du Parthénon ne parleraient pas une autre langue que celle de Sophocle; mais le Parthénon lui-même, avec les courbures imperceptibles de ses lignes, fait déjà pressentir l'époque d'élégante recherche qu'Euripide personnifie dans les lettres. Les tragédies d'Euripide, le portique oriental de l'Érechtheion et la Vénus de Milo sont des œuvres de même style comme de même date.

Alors commence la période de guerre intérieure et de souffrance qui doit suspendre l'art jusqu'au 4ᵉ siècle : l'époque de la reprise est celle de l'intervention macédonienne dans les affaires de la Grèce. Nous arrivons à l'âge de l'analyse, des finesses des philosophes et des orateurs. L'ordonnance encore sévère de l'arsenal du Pirée est contemporaine de Démosthène ; la renaissance du siècle d'Alexandre aura les tendances un peu subtiles de la philosophie de Platon. Dans la statuaire, nous sommes au temps de la Victoire de Samothrace, qui garde encore les nobles contours de la grande époque, mais où le mouvement devient moins grave, où la grâce commence à dominer, jusqu'à ce qu'elle règne dans les œuvres de l'école de Scopas et de Praxitèle (frise du tombeau de Mausole, Vénus de Cnide).

Parmi les royaumes élevés sur les ruines de l'empire d'Alexandre, celui des Attales à Pergame donne à la statuaire un accent à part : ces figures à plein relief et d'un mouvement si vigoureux qui s'enlèvent au pourtour du soubassement de Pergame, ont un genre de grandeur jusqu'alors inconnu. On sent dans leurs exagérations mêmes ce besoin des puissants effets qui se manifeste en architecture par les partis réguliers, les alignements, les compositions symétriques des derniers temps de l'art grec. Les plans académiques du Pirée, d'Alexandrie, de Damas sont le suprême effort de l'art tombant dans la formule et remplaçant les délicates nuances de l'époque antérieure par l'imposante dignité de la géométrie architecturale : ce sont des formules toutes prêtes pour l'expression de la grandeur romaine.

XII.
ARCHITECTURE ROMAINE.

De l'art grec, qui semble un culte désintéressé rendu aux idées d'harmonie et de beauté abstraite, nous passons à une architecture essentiellement utilitaire : chez les Romains l'architecture devient l'organe d'une autorité toute-puissante pour qui la construction des édifices publics est un moyen de domination. Les Romains bâtissent pour s'assimiler les nations soumises en les pliant aux mœurs de la servitude; l'architecture grecque se résume dans le temple, l'architecture romaine dans les thermes et les amphithéâtres.

Les procédés témoignent d'un génie organisateur qui dispose sans mesure de la force matérielle et sait la mettre en œuvre : pour les Romains, l'art de construire est l'art d'utiliser cette force illimitée que la conquête a mise à leur service; l'esprit de leurs méthodes peut s'énoncer en un mot : Des procédés dont l'application n'exige que des bras. Le corps des édifices se réduit à un massif de cailloux et de mortier, un monolithe construit, une sorte de rocher artificiel.

Tels sont les monuments de l'Empire : mais avant d'arriver à cette simplicité voulue, l'architecture traverse une série de transformations répondant aux alternatives d'influences qui agissent sur la société tout entière. Elle est étrusque pendant la période de civilisation étrusque à laquelle on attache le nom des rois; puis elle reçoit par l'intermédiaire des colonies grecques de la Lucanie une empreinte grecque qui ne s'effacera jamais; ce n'est qu'aux approches de l'ère impériale et sans doute aux premiers contacts directs de l'Asie, qu'elle entre en possession de ses procédés définitifs.

Et, même à ce moment, il s'en faut que Rome prête à ses méthodes un caractère officiel et les étende de toutes pièces aux diverses contrées englobées dans l'Empire : un gouvernement qui laissait les provinces s'administrer à leur gré, les villes garder leur autonomie municipale, le gouvernement romain n'eût pas commis la faute d'imposer son architecture à des provinces auxquelles il n'imposait même pas ses lois civiles : Rome sut faire une large part aux traditions locales; tellement qu'on discerne sous l'uniformité des principes qui sont comme le sceau de l'autorité centrale, toute une série d'écoles à caractères bien tranchés : un art partout animé du même esprit, mais dont les applications gardent dans chaque contrée une sorte d'individualité territoriale.

Il faut donc dans l'étude de l'art romain, distinguer avant tout les époques : époque étrusque, âge demi-étrusque et demi-grec de la République; et, parvenus à l'époque où l'architecture inaugure le système de construction artificiellement monolithe qui sera le mode de l'Empire, nous devrons tenir compte des éléments communs qui appartiennent à l'art romain tout entier, puis des variations locales qui le subdivisent en écoles.

LES MÉTHODES DE LA CONSTRUCTION ROMAINE.

I. — LA CONSTRUCTION APPAREILLÉE.

Polybe signale la singulière aptitude des Romains à s'approprier ce qu'ils trouvaient de bon chez les autres peuples : leur système d'appareil est un de ces emprunts, tout l'essentiel de leurs méthodes d'appareil est pris à la Grèce et à l'Étrurie; mais ici le rôle de l'Étrurie est capital. Les Étrusques (pag. 247) employaient la voûte clavée; même ils ont poussé la hardiesse jusqu'à bâtir par claveaux des voûtes entièrement plates, des plates-bandes : les Romains leur prirent le principe du ber-

514   ARCHITECTURE ROMAINE.

ceau et de la plate-bande par voussoirs. Pour le surplus des procédés de la construction d'appareil, ils se conformèrent aux modèles grecs, et les développements où nous sommes entrés nous permettent de réduire les indications de détail à un simple rappel.

MURS, ARCADES, PLATES-BANDES.

De même que chez les Étrusques et chez les Grecs, il est de règle d'employer la pierre d'appareil à joints vifs, sans interposition d'aucun mortier. Les scellements sont à peu près inusités chez les Étrusques et rares dans les architectures grecques de Sicile et d'Italie : ils n'apparaissent à Rome que vers l'époque impériale. Et le mortier, lorsque par exception il existe entre les pierres de taille, ne se trouve que dans les monuments de Syrie et d'Afrique.

Pour les murs, l'appareil ne diffère en rien de celui des murs grecs (pag. 269).

L'arcade est d'ordinaire à plein cintre, quelquefois en arc de cercle. On cite en Orient, dans la Cyrénaïque et à Arak-el-Émir, des cas où le tracé est en arc brisé, en ogive.

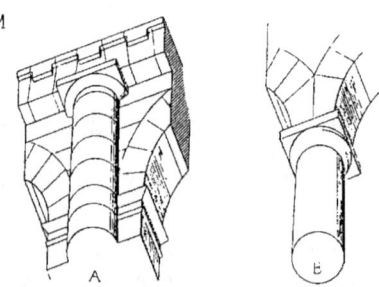

La disposition courante de l'arcade est celle qu'indique la fig. 1 A :

L'arc prend naissance sur des piliers rectangulaires; il est surmonté d'un entablement dont l'architrave fait office de décharge et est appareillée en coupe.

CONSTRUCTION.   515

Rarement l'arc repose sur des colonnes : l'arcade B, découverte à Pompei, est peut-être le seul exemple connu de cette combinaison antérieurement au temps du Bas-Empire.

La fig. 2 A montre l'appareil type de la colonnade romaine.
L'architrave est monolithe, et la frise appareillée en décharge : chaque travée de la frise se compose de deux sommiers retenus

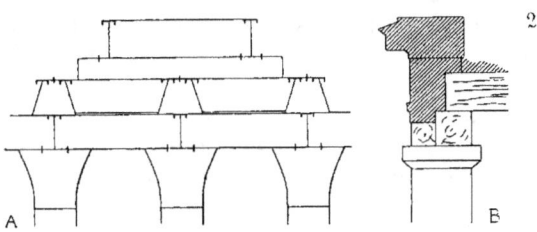

par des scellements, et d'un claveau intermédiaire sans contact avec l'architrave (temple dit de Jupiter Stator).

Lorsqu'ils visent à la légèreté, les Romains taillent l'entablement tout entier dans une pierre unique.
Il leur arrive même de réduire ce mince entablement au rôle de pur accessoire décoratif en lui associant une poutre en bois sur laquelle portent toutes les charges, ainsi que l'indique le détail B fig. 2 (portique à Pompei).

LES TYPES DE LA VOUTE D'APPAREIL : BERCEAUX SUR PIEDS-DROITS, VOUTAINS OU DALLAGES SUR ARCEAUX.

Dans les constructions en pierre de taille, les Romains évitent les formes complexes qui se résolvent en complications d'appareil : autant que possible ils s'attachent à ramener les ouvrages voûtés à des combinaisons de berceaux.

Les plus anciens berceaux ont la tête extradossée suivant une courbe concentrique à l'intrados : l'extradossement « en tas de charge » n'est admis qu'à l'époque impériale.

Le berceau biais est fréquent : la porte de Pérouse en offre un exemple remontant à l'âge consulaire. D'ordinaire le berceau biais des Romains n'est autre chose qu'une voûte droite coupée obliquement par le plan de tête.

Des particularités que présentent les voûtes clavées des Romains ressort une idée qui trouvera ses grandes applications dans le système de la construction concrète, celle de bâtir en réduisant au plus strict nécessaire la dépense des ouvrages provisoires.

Nous avons vu que les voûtes asiatiques s'exécutaient sans cintres et que, dans les architectures préhelléniques, l'absence de cintres explique seule les voûtes appareillées par encorbellement.

Étendre le procédé sans cintrage aux voûtes clavées était visiblement impossible; du moins pouvait-on chercher à réduire les frais du cintrage; et telle est la pensée pratique qui explique les combinaisons représentées fig. 3 et 4.

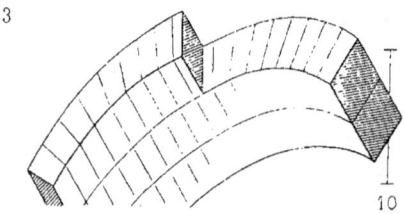

La fig. 3 (pont du Gard) montre une voûte coupée par tronçons, par arceaux simplement juxtaposés les uns aux autres, sans liaison mutuelle, sans « découpe ». Il est clair que cet appareil est inspiré par l'idée de construire les tronçons l'un après l'autre en remployant pour le deuxième le cintre qui a servi pour le premier. Ou bien, si l'on admet autant de fermes que d'arceaux, du moins économise-t-on la dépense du platelage en couchis que tout autre système rendrait indispensable.

Dans l'exemple fig. 4 A, par surcroît d'économie on en vient à espacer les arceaux et les disposer en forme de nervures

portant des dalles de remplissage : Ici il ne faut plus de charpente d'appui que pour ces arceaux légers, l'atténuation de la charge à faire porter aux fermes permet de les établir à moins de frais ; et ce sont ces arceaux isolés qui à leur tour serviront de supports aux claveaux de remplissage. Cette disposition simplifiée des cintres est accusée par les entailles mêmes que l'on distingue au-dessous des naissances.

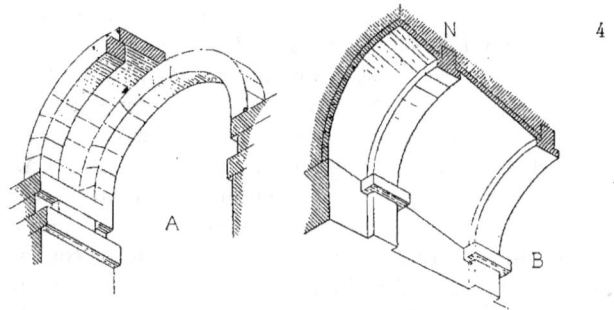

En B, le remplissage de dalles est remplacé par une garniture maçonnée, et ce sont les arcs-doubleaux N qui pendant la construction du massif de remplissage ont formé le véritable cintre : on distingue encore la rainure où s'engageaient les planches sur lesquelles le garni fut moulé.

La voûte A est celle d'un viaduc entre Constantine et Biskra ; B, celle d'une galerie de l'amphithéâtre de Lambèse.

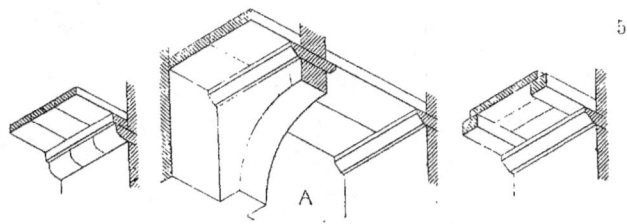

Jusqu'ici le remplissage entre les arcs-doubleaux affecte une courbure en berceau : dans l'exemple fig. 5 A, il est plat et constitue une véritable terrasse qui s'appuie sur les arcs-doubleaux par l'intermédiaire de tympans.

518   ARCHITECTURE ROMAINE.

Cette façon de construire par dallages horizontaux reposant sur des arcs, ne se présente en Occident qu'à l'état d'applications isolées : en Syrie elle prend une généralité extrême, c'est un procédé courant dans la région transjordanienne.

LES VARIÉTÉS EXCEPTIONNELLES DE LA VOUTE D'APPAREIL.

Voûtes d'arête. — Les édifices romains présentent de très nombreux exemples de croisements de galeries voûtées en berceau : Toutes les fois que la hauteur disponible l'a permis, au lieu de placer les naissances à un même niveau, on a reporté la naissance d'un des deux berceaux au-dessus du sommet de l'autre, ce qui supprimait toute pénétration. Le peu de voûtes d'arête appareillées qui nous soient parvenues appartiennent aux écoles orientales, et l'appareil offre une disposition qui mérite d'être notée, parce qu'elle se retrouvera dans toutes les architectures du moyen âge issues plus ou moins directement de l'Asie : Les voussoirs arêtiers (fig. 6) ne se

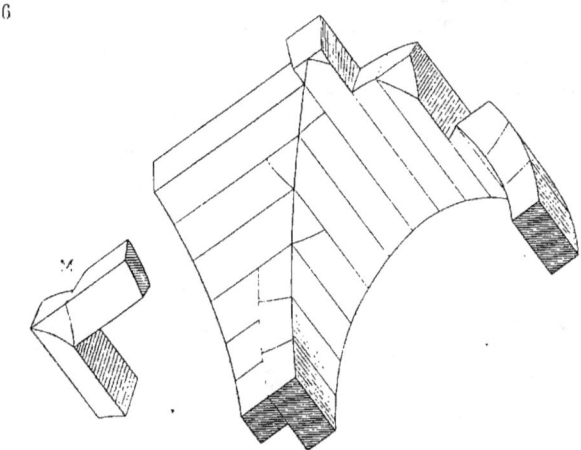

coudent point en crossette : ils chevauchent « en besace » le long de l'arête, se taillent sans perte de pierre et n'entraînent pas l'inconvénient de ces angles rentrants qui sont, dans les voûtes actuelles, des amorces de fracture tout indiquées.

L'exemple fig. 6 provient de la voûte d'arête la plus ancienne peut-être qui existe, celle d'une tombe de Pergame qui paraît remonter à l'époque des Attales.

Voûtes en arc de cloître. — Lorsque deux berceaux se pénètrent « en arc de cloître », aucune liaison n'existe entre eux : les pans de berceaux se maintiennent seulement par l'appui mutuel qu'ils se prêtent ; un plan de joint continu règne le long de la ligne d'intersection. On trouve dans les galeries coudées des théâtres de Djerach et de Nicée l'exemple de cet appareil.

Voûtes sphériques. — Les écoles orientales offrent de nombreux exemples de coupoles ou de voûtes en niche construites en pierre de taille et reposant sur des tambours cylindriques : on ne connaît qu'à Djerach (fig. 7) l'exemple d'une coupole appareillée sur plan carré.

A Djerach, le raccord entre le plan carré et la calotte sphérique est obtenu par des pendentifs dont la forme est en

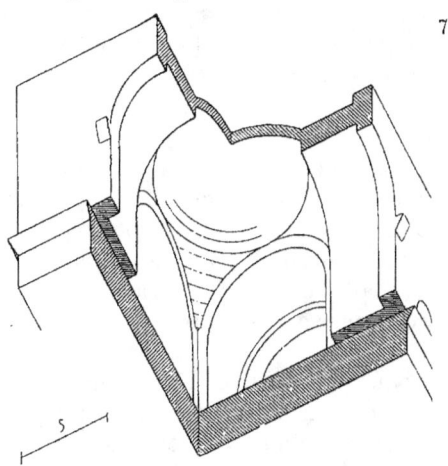

triangle sphérique, mais dont les lits sont plans et convergent vers les axes diagonaux de la salle.

Bornons-nous à ces indications sur des faits de détail qui contribuent peu à la physionomie générale de l'art romain, et arrivons au mode romain par excellence, la construction artificiellement monolithe.

II. — LA BATISSE PAR CONCRÉTION.

LES MATÉRIAUX.

Les constructions courantes sont des maçonneries de menus moellons ou de briques.

Le mortier de chaux et sable, connu dès une haute antiquité chez les Perses et les Carthaginois, ne s'introduit en Europe qu'avec les Romains.

Les procédés de fabrication des mortiers romains différaient-ils des nôtres?

Leur dureté parfois extrême l'a fait supposer, mais aucune raison décisive n'a été donnée à l'appui de cette conjecture. Il est des mortiers romains plus que médiocres; à Rome, leur consistance s'explique par l'emploi de sables volcaniques ou pouzzolanes; dans la plupart des cas elle paraît être simplement le fait d'un durcissement séculaire.

L'association du mortier de chaux au moellon remonte au moins aux temps de la République; la maçonnerie à bain de mortier de chaux est mentionnée dans une inscription archaïque de Pouzzoles; au temps de Vitruve la maçonnerie de moellons bruts ou taillés était d'un usage courant : mais l'emploi de la brique ne se généralise que sous l'Empire.

Jusqu'à l'époque de Vitruve, c'est-à-dire jusqu'à l'époque d'Auguste, les Romains ne se servaient que très exceptionnellement de briques cuites : le mot « lateres » dans Vitruve signifie des carreaux de terre séchée.

Ce n'est qu'au contact de l'Asie que les Romains paraissent

avoir compris tout le parti qu'ils pouvaient tirer de l'argile durcie au feu, de la brique proprement dite.

Et l'introduction de la brique cuite répond précisément à l'extension du mode de construction de voûtes qui caractérisera l'art romain. Auguste se vantait d'avoir trouvé une Rome d'argile et d'avoir laissé après lui une Rome de marbre; il eût exprimé d'une façon moins brillante mais plus juste le progrès accompli sous son règne en disant qu'il laissait une Rome de brique : c'est l'emploi de cette matière légère et résistante qui va permettre de mouler dans l'espace des concrétions de cailloux et de mortier en leur donnant une ossature rigide.

La voûte romaine de l'époque impériale consiste essentiellement en une agglomération de cailloux et de mortier maintenue pendant sa construction par un squelette de briques. Le mur qui la porte est comme la voûte elle-même une concrétion de cailloux et de mortier : la voûte fait corps avec le mur, et les deux ensemble ne sont pour ainsi dire qu'un monolithe.

LE MUR.

La fig. 8 explique la manière dont se construisent les gros murs des édifices romains :

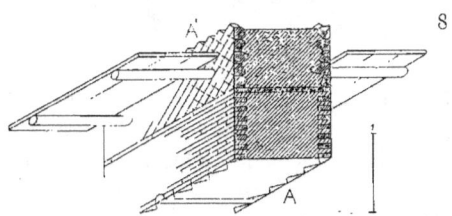

Entre deux parements de briques ou de petits matériaux (A), les maçons entassent des cailloux et du mortier par couches alternatives en se servant, en guise d'échafaudages, de planchers mobiles portés sur des traverses de bois brut.

Ce blocage est liaisonné par des arases en briques qui ont jusqu'à 0^m,60 de côté; et les traverses d'échafaudages, recepées à fleur du parement, restent dans la masse comme des parpaings.

Afin de prévenir les tassements inégaux qui tendraient à séparer le parement du corps du mur, les Romains font autant que possible en sorte que la maçonnerie des parements présente une proportion de mortier équivalente à celle des remplissages : tantôt ils emploient comme parements des briques triangulaires, qui coûtent moins que des briques carrées et donnent une meilleure liaison, tantôt ils se contentent de moellons d'une dizaine de centimètres de côté qu'ils posent soit par assises de niveau, soit, suivant une pratique que blâme Vitruve, par assises inclinées à 45°.

Dans le corps de la muraille, jamais on ne mélange par avance les cailloux avec le mortier :

En d'autres termes la maçonnerie romaine n'est pas du béton ; elle a la constitution et à peu près la solidité du béton, mais elle s'en distingue absolument par la manière dont elle s'exécute.

Jamais elle n'est faite dans des encaissements provisoires, et elle n'est agglomérée par compression qu'autant que le

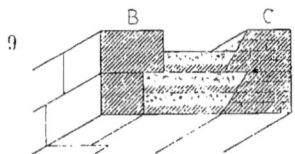

parement offre par lui-même assez de stabilité pour résister à l'effort d'écartement que développe le pilonnage, c'est-à-dire dans deux circonstances principales indiquées fig. 9 :

1° Lorsque le parement est en pierre (B) ;

2° Lorsque le parement est fait (détail C) de murettes étagées les unes au-dessus des autres.

Dans ces deux cas le remplissage s'exécute comme un véritable remblai, composé de couches épaisses de mortier alternant avec des cailloux où l'on fait pénétrer le mortier par un battage énergique. Dans les deux cas l'idée est celle que nous avons énoncée (pag. 516) à propos du cintrage des voûtes d'appareil : On s'attache avant tout à dépenser le moins possible en ouvrages provisoires. Cette sage économie va se manifester à nouveau dans les voûtes concrètes : elle en domine toutes les dispositions.

LA VOUTE CONSTRUITE PAR CONCRÉTION.

Massifs et armatures. — La voûte, avons-nous dit, n'est que la continuation en surplomb du pied-droit qui la porte : Dans la voûte comme dans ses pieds-droits les assises de cailloux et de mortier se dirigent d'une manière inflexible suivant des plans horizontaux. Jamais on n'y retrouve les lits rayonnants de la construction d'appareil : la voûte se présente comme un massif à strates horizontales, tel que serait un bloc naturellement stratifié où l'on aurait pratiqué un évidement après coup. Faire converger les assises eût paru une complication excessive pour des ouvrages souvent exécutés par corvées, les Romains s'affranchissent résolument de cette sujétion.

Mais le moulage d'un semblable massif ne pouvait se faire que sur un noyau indéformable et, semble-t-il, coûteux. La rigidité du moule était d'autant plus nécessaire que, le massif devant sa solidité à sa constitution monolithe, le moindre affaissement du cintre pouvait amener une rupture et, par suite, la ruine complète de l'ouvrage : une parfaite invariabilité du cintre était la condition absolue de ces voûtes concrètes.

Le mérite des Romains fut de concilier la rigidité du moule avec une minime dépense de charpente; et voici par quel artifice ils y parvinrent :

Au lieu de construire un cintre capable de porter le poids entier de cette énorme concrétion qui doit constituer le corps de la voûte, on fractionne la voûte en une ossature résistante et un massif de remplissage.

Pour l'ossature, on profite de la résistance extrême qu'on peut obtenir avec un faible poids par l'emploi de la brique cuite. On réduit l'ossature à une simple claire-voie de briques, une sorte de voûte à jour : cette claire-voie pèse à peine sur les cintres; une fois achevée elle se substitue aux cintres pour supporter le poids des massifs auxquels elle s'incorpore à mesure qu'ils s'élèvent.

Quelquefois la claire-voie de briques forme un réseau continu tapissant le parement; plus ordinairement, par raison d'économie et de légèreté, elle se réduit (fig. 10 A) à une série d'arceaux à claire-voie isolés les uns des autres.

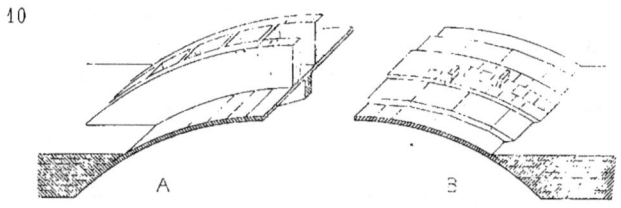

Souvent enfin (variante B) on remplace les arceaux isolés par une armature continue en briques à plat qui enveloppe le cintre comme ferait un carrelage courbe; on emploie pour cette enveloppe des briques de très grand échantillon ($0^m,45$ ou même $0^m,60$ de côté) et on les scelle au plâtre en ayant soin de renforcer le carrelage par des briques couvre-joints.

Dans les cas de portées exceptionnelles, on recourt à deux carrelages superposés l'un à l'autre.

Ces carrelages courbes font voûte et sont d'une extraordinaire solidité. En Italie et surtout à Rome, on construit de nos jours des plafonds courbes à l'aide de briques ainsi posées à plat. Les anciens Romains, pour qui ces ouvrages légers auraient paru trop frêles, se contentaient de leur faire soutenir pendant la construction le massif de blocage; et, si l'on en juge par la tradition actuelle des ouvriers de Rome, il est à croire que les Romains les exécutaient directement dans le vide, sans employer de cintres et en procédant suivant les indications du croquis fig. 11 :

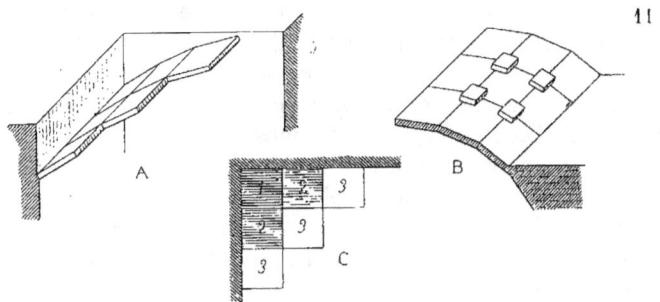

On commence par les quatre coins et l'on avance par redans ; chaque brique se trouve ainsi maintenue par scellement sur deux de ses côtés : des teintes progressivement décroissantes et des numéros d'ordre permettent de suivre sur la figure les états successifs d'avancement.

Pour les voûtes de dimension courante, c'est ainsi sans nul doute que les Romains opéraient. Pour les très grandes ouvertures, par exemple aux thermes de Caracalla, il est probable qu'un cintre très léger servait d'appui à l'armature en carrelage.

Au-dessus des baies, on ménageait dans la masse des murs des arceaux de décharge : il semble à première vue que pour ces arceaux on eût pu se passer de cintres.
Jamais les Romains ne commirent cette faute, qui eût rendu illusoire l'effet de la décharge ; toutes les voûtes en décharge ont été faites sur cintres et remplies après coup ; celles du Parthénon conservent encore les carrelages courbes sur lesquels elles furent bâties.

Principales variétés de la voûte concrète. — La fig. 12 (page suivante) montre l'adaptation des deux types d'armature aux voûtes sphériques et aux voûtes d'arête. Ces variétés, si compliquées lorsqu'on veut les réaliser en matériaux d'appareil, s'exécutent par moulage presque aussi facilement que des berceaux : aussi les voit-on se multiplier à mesure que les méthodes par concrétion se généralisent. La voûte la plus colossale que les Romains nous aient laissée, celle du Panthéon, est une coupole ; la niche sphérique sur armature par arceaux méridiens (B) existe aux thermes dits d'Agrippa ; les grandes salles des thermes de Dioclétien et des thermes de Caracalla sont voûtées d'arête, les unes avec armatures diagonales (A), les autres avec armatures en briques à plat (C).

L'emploi des armatures fut le plus puissant moyen de simplification pratique, mais il ne faudrait pas lui attribuer une généralité sans réserve :

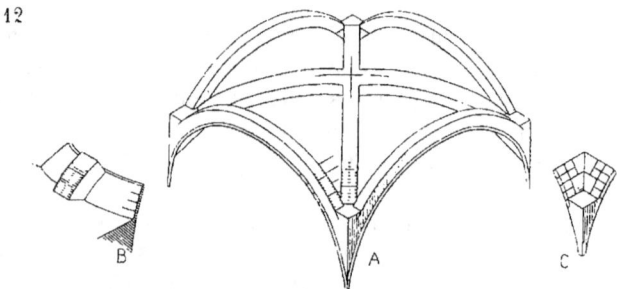

Cette solution a son domaine propre, c'est la solution de la campagne de Rome. Admise systématiquement à Rome, elle ne règne d'une manière absolue que dans la ville et ses environs immédiats.

Éloignez-vous vers le Nord au delà de Vérone, elle disparaît ; vers le Sud, elle s'arrête en deçà de Naples : l'amphithéâtre de Capoue nous en offre peut-être l'exemple le plus méridional.

Vainement en chercherait-on l'application dans les Gaules : les voûtes gallo-romaines des thermes de Paris sont bâties, comme celles de Rome, par lits exactement horizontaux ; mais, entre le massif et le cintre, aucune armature ne s'interpose. Le seul équivalent de l'armature qui soit admis dans les Gaules consiste à revêtir le cintre d'une enveloppe mince en moellons, qui remplit l'office des carrelages courbes employés aux thermes de Caracalla (aqueduc de Fréjus, amphithéâtre de Saintes, etc.).

En Afrique, les voûtes sont fréquemment exécutées à l'aide de petits tubes en poterie creuse : à raison de leur extrême légèreté, ces drains pouvaient être maçonnés les uns contre les autres sans appui auxiliaire ; c'est un procédé dont l'architecture byzantine continuera la tradition.

Enfin, dans les contrées orientales de l'Empire, on aperçoit le système perse de construction par tranches (pag. 123), qui prendra le dessus à l'époque byzantine : A Éleusis, un aqueduc qui traverse en sous-sol le propylée d'Appius rappelle de tous point les voûtes asiatiques. A Magnésie, sous les murs romains de l'enceinte du temple, est une voûte bâtie par tranches et sans cintrage. A Constantinople le système règne dès l'époque constantinienne.

Le pendentif est à peine connu à Rome : tout au plus en peut-on citer aux thermes de Caracalla un essai timide. La disposition de ce pendentif, indiquée fig. 13, témoigne d'une inexpérience singulière : ce n'est pas géométriquement un

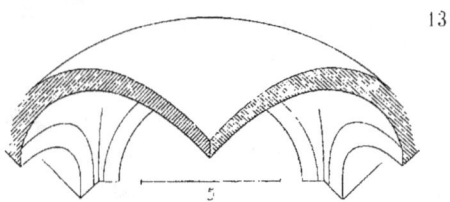

triangle sphérique, mais une amorce d'arc de cloître qui se fond en surface concave et continue, avec cette étrange particularité d'une coupure verticale correspondant à l'arête rentrante. Il n'y a là qu'une application isolée et imparfaite, très probablement une imitation maladroite de quelque type oriental.

Pour trouver la voûte sur pendentifs franchement réalisée, il faut se transporter dans l'Orient romain ; là elle se manifeste dès le 4ᵉ siècle : elle existe dans les plus anciennes citernes de Constantinople, à la basilique de Philadelphie : la coupole sur pendentifs appartient surtout à l'Asie, c'est là qu'elle

528   ARCHITECTURE ROMAINE.

deviendra l'élément principal de la construction à l'époque byzantine.

LA BUTÉE DES VOUTES.

Quels que soient les artifices de structure, la voûte concrète est un monolithe artificiel et, comme telle, elle ne peut renverser ses appuis sans se rompre. En théorie on peut concevoir une voûte monolithe sans culées se maintenant, comme ferait un arc de métal, par le seul jeu des forces élastiques qui se développent dans sa masse. Mais pour réaliser cet équilibre il faudrait mettre en jeu, en même temps que les efforts de compression auxquels la maçonnerie résiste, des efforts d'extension auxquels elle se prête mal : ces efforts d'extension, on les prévient (fig. 14) en bridant la voûte entre des éperons

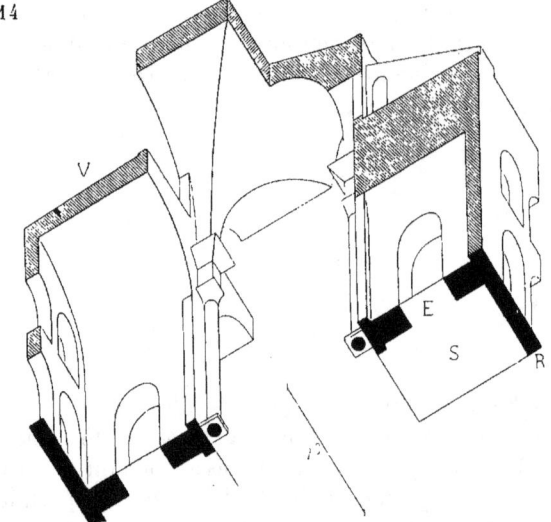

de serrage, qui ont l'aspect de nos contreforts, mais ne font jamais saillie sur les parois d'enceinte : ce sont pour ainsi dire des organes intérieurs de butée.

L'exemple fig. 14 est emprunté à la grande salle voûtée de la basilique de Maxence, achevée sous Constantin.

La partie centrale est couverte en voûtes d'arête, et les culées qui maintiennent ces voûtes d'arête sont des éperons E reliés deux à deux par des voûtes en berceau V. Le mur qui clôt la salle est en R : il englobe les contreforts et permet de bénéficier de tout l'espace intermédiaire S.

Au Panthéon (fig. 15) la voûte, gigantesque demi-sphère, a pour culée le tambour qui la porte.

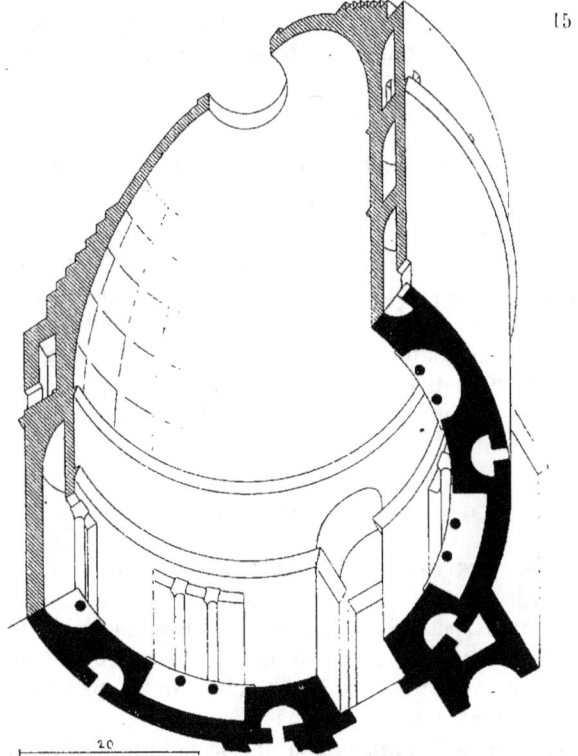

Indépendamment de vides ménagés dans la masse, des niches profondes élégissent ce tambour et communiquent, comme les espaces S de la fig. 14, avec l'intérieur de la salle dont elles forment pour ainsi dire des annexes.

Dans les édifices à plan complexe, les Romains mettent un soin extrême à grouper les parties de façon que les murs d'une salle servent à l'épaulement des voûtes adjacentes : ils s'attachent à réaliser les exigences de l'équilibre sans recourir à des masses inertes exclusivement affectées à un rôle de butée. Le plan des thermes de Caracalla, qui sera donné plus loin, est un des plus frappants exemples de ce groupement équilibré des salles voûtées.

Partout le même esprit : accepter franchement les grands partis, sauf à pousser l'économie aux limites du possible aussi bien dans les organes de butée que dans les installations auxiliaires.

LES CHARPENTES ET LES MENUS OUVRAGES DE LA CONSTRUCTION.

Jamais les voûtes romaines ne sont protégées par des combles : elles portent directement les tuiles de la toiture et s'arasent suivant une pente permettant l'écoulement des eaux pluviales. Les Romains ne conçoivent pas ce double emploi consistant à mettre sous un toit une voûte qui à leurs yeux est elle-même une couverture : un édifice romain est à voûtes ou à charpentes.

LES CHARPENTES.

Combles. — La charpente romaine, comparée aux systèmes antérieurs, marque un progrès capital.

Les Grecs (pag. 279) ne connaissaient que les fermes à entraits portants, et nous avons dit quels équarrissages exigeaient ces entraits, quel obstacle leur emploi opposait à l'adoption des grandes portées :

Les Romains inaugurent la ferme à tirant, la ferme où le poids de la toiture est converti par les arbalétriers en un effort de tension que les tirants annulent. Le mot d' « arbalétrier » exprime d'une façon très juste le caractère de la nouvelle charpente : la charpente grecque fonctionnait comme un empilage, la charpente nouvelle se comporte à la manière d'une « arbalète » sous-tendue par l'entrait qui devient un tirant.

Les charpentes du Haut-Empire ont toutes disparu, mais nous avons pour les reconstituer les traditions de la Rome chrétienne. Nous possédons les relevés des combles de l'ancien Saint-Pierre fondé par Constantin, ceux de Saint-Paul-hors-les-Murs bâti par Honorius. Ces combles, refaits ferme par ferme à mesure que le temps avait mis les bois hors de service, nous reportent par un enchaînement ininterrompu aux temps mêmes du Haut-Empire.

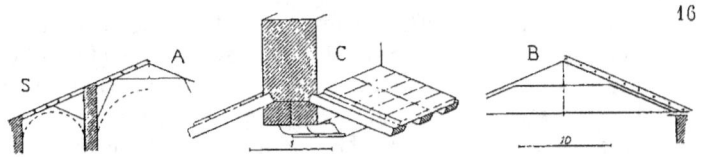

16

Or toutes leurs fermes répondent à une donnée générale uniforme (fig. 16 B) : Deux arbalétriers sous-tendus par un tirant et ce tirant soulagé en son milieu par un poinçon faisant office, non plus de potelet comme le poinçon grec, mais d'aiguille pendante comme le poinçon moderne.

Généralement les fermes sont groupées deux à deux : en d'autres termes, la toiture repose non sur une série de fermes uniformément réparties, mais sur une série de fermes jumelles. Un poinçon unique est commun à deux fermes contiguës.

Une charpente qui remontait aux meilleurs temps de Rome, confirme l'ancienneté de la ferme à tirant dans l'architecture romaine, c'est la charpente de bronze qui abritait le portique du Panthéon, et dont les traits généraux nous ont été sauvés par un croquis de Serlio : la ferme du Panthéon (A) présentait un entrait retroussé jouant le rôle de tirant.

Et d'ailleurs la seule façon plausible d'interpréter les indications de Vitruve sur les fermes à grandes portées, est de considérer ces fermes comme constituées par deux arbalétriers « capreoli » que sous-tend le tirant « transtrum ».

Seules les combinaisons à tirants rendaient possibles les ouvertures énormes que les combles romains ont atteintes : la basilique de Trajan avait un comble large de 75 pieds ; à la basilique de Fano, la portée des fermes était de 60 pieds.

On remarquera avec quelle réserve sont employés les liens obliques : la charpente du Panthéon est à peine triangulée ; les charpentes de Saint-Pierre et de Saint-Paul-hors-les-Murs ne comportent ni pièces en écharpe ni fermes sous faîte : on sent que les Romains restent encore sous l'influence des traditions des Grecs, pour qui la charpente n'était qu'une « maçonnerie de bois ».

Les constructeurs mettaient un soin extrême à prévenir ou à arrêter les incendies : à Saint-Paul-hors-les-Murs (fig. 16 C) l'intervalle d'un chevron à l'autre n'est pas rempli par un voligeage combustible, mais par un dallage en grandes briques sur lequel reposent les tuiles. Et, pour empêcher le feu de se communiquer d'un versant de la toiture à l'autre, on a élevé au-dessus du faîtage une murette de maçonnerie C servant de diaphragme. Des précautions de même sorte ont été prises au théâtre d'Orange : les murs se prolongent au-dessus des toitures, de façon à limiter les désastres en cas d'incendie (pag. 485, fig. 5).

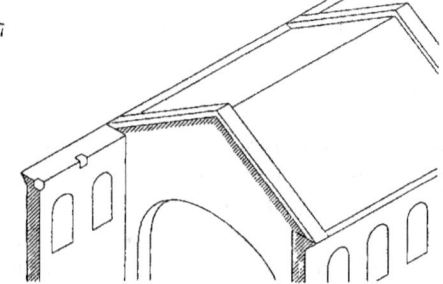

Enfin l'architecture romaine de Syrie offre (fig. 17) des exemples de combles où, de loin en loin, un arceau surmonté d'un tympan remplace une ferme, coupe la toiture et forme un arrêt pour le feu.

Charpentes de ponts. — Parmi les ouvrages de charpenterie romaine, nous devons citer le pont du Rhin construit par César, et le pont du Danube élevé par Trajan.

Le pont du Rhin était fait de poutres portées par des palées inclinées, avec un assemblage qui a fort exercé la sagacité des traducteurs, et dont l'avantage était « de serrer les poutres aux palées avec d'autant plus de force que le courant avait plus de violence ».

Les fermes du pont de Trajan nous sont connues par des médailles et par les bas-reliefs de la colonne Trajane. C'étaient des fermes en arc : trois arcs concentriques entretoisés par des moises pendantes. La fig. 18 indique en traits pointillés ce

18

qu'il paraît nécessaire d'ajouter à la représentation sommaire de la colonne Trajane. Ainsi reconstitué, le pont du Danube ressemble de tout point aux fermes à trois arcs conservées dans les monuments de l'Inde (pag. 157); Apollodore, son architecte, était de Damas et Damas est sur la route de l'Inde : aurait-il eu quelque connaissance de ce type asiatique?

L'emploi du métal dans les charpentes. — Nous avons indiqué comme moyens de limiter les incendies les murs-diaphragmes et l'emploi de la brique en guise de voligeage : un moyen d'écarter tout risque — moyen coûteux, mais devant lequel les Romains ne reculèrent pas — était de remplacer le bois par du métal. Les fermes des principaux édifices, celles de la basilique Ulpienne, celles du portique du Panthéon étaient de bronze. La ferme du Panthéon ne présente pas, quant au tracé, de dispositions étrangères à la construction en bois, mais la section des pièces est bien appropriée à l'emploi du métal : ce sont (voir la coupe S, fig. 16) des pièces en U, faites de trois feuilles de bronze reliées ensemble par des broches; et il paraît établi qu'aux thermes de Caracalla, la grande

534   ARCHITECTURE ROMAINE.

salle des bains froids avait pour toiture une terrasse portée sur des pièces de fer profilées en T : les Romains nous auraient devancés dans l'adoption des profils rationnels que le métal comporte.

Les toitures. — Les toitures étaient ordinairement de tuile ou de marbre et conformes aux modèles grecs pag. 283. Quelquefois les Romains firent usage de cuivre laminé (Panthéon), ou de plomb (temple du Puy-de-Dôme). Enfin divers monuments sculptés, tels que le tombeau des Jules à Saint-Remy, représentent des tuiles en forme d'écailles de poisson semblables à celles dont les Grecs couvraient leurs édifices circulaires : sans doute des tuiles à crochets comme nos tuiles plates actuelles.

LES CONSTRUCTIONS LÉGÈRES.

La construction romaine ne se résume pas tout entière dans les grands ouvrages de l'architecture officielle : trop volontiers nous ne voyons qu'eux. A côté de l'architecture solennelle qui nous frappe, il y a toute une architecture vulgaire qui mérite au moins une mention.

Jusqu'à l'époque de Vitruve, les maisons romaines avaient presque exclusivement des murailles de brique crue, de pisé ou de pans de bois. Tandis que la construction artificiellement monolithe est adoptée pour les édifices publics, on se contente pour les bâtisses privées soit des murs traditionnels de terre sèche, soit d'une maçonnerie assez grossière dont les matériaux usuels sont des moellons à peine équarris, et hourdés au mortier de chaux : la maçonnerie en moellons à bain de mortier, destinée à se généraliser au moyen âge, se rattache ainsi à l'architecture privée des Romains.

Au lieu des voûtes concrètes des grands édifices, nous trouvons dans les habitations de Pompei des plafonds affectant une forme cintrée qui ajoute à leur résistance, et dont la structure est celle qu'indique la fig. 19 : des joncs forment la membrure; un clayonnage en roseaux, le remplissage ; un enduit, le parement.

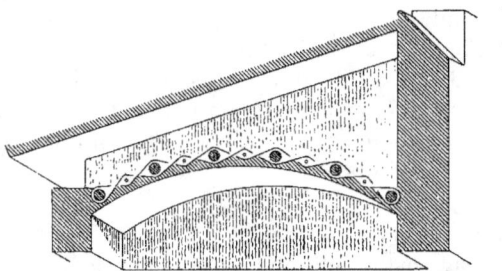

19

Les doubles parois, si excellentes contre l'humidité et contre les températures extrêmes, étaient connues des Romains : la Villa Adriana et diverses constructions adossées à des remblais, en présentent des exemples.

LA DIVISION DU TRAVAIL SUR LES CHANTIERS ROMAINS.

Jetons un dernier coup d'œil sur la construction monumentale des Romains. Si leur esprit d'économie se manifeste dans le détail des procédés, leur esprit d'organisation perce dans la répartition générale du travail sur les chantiers : nulle part la division méthodique des attributions ne fut poussée plus loin. A chaque genre d'opérations répond un corps de métier spécial ayant sa pratique et ses traditions; et l'examen attentif des grands édifices permet de reconnaître un partage méthodique de la besogne entre ces équipes dont les aptitudes sont distinctes. Ainsi au Colisée les têtes des murs, les chaînes de pierre ne se liaisonnent pas avec la maçonnerie qui forme les remplissages : une liaison entre les deux sortes de construction, quoique favorable à la stabilité, eût subordonné le travail des maçons à celui des appareilleurs : on sacrifie la liaison à l'avantage évident d'une division bien nette des fonctions.

Mais c'est surtout lorsqu'il s'agit de décorer le corps des constructions que ces divisions systématiques s'accentuent. A peine peut-on citer quelques édifices, tels que le Panthéon, où les colonnes aient été mises en place en même temps que les murs s'élevaient : presque partout la décoration se préparait, au grand avantage de la rapidité, pendant que les murs se montaient, et s'appliquait après coup.

Chez les Grecs, la décoration est un ravalement; chez les Romains c'est un revêtement : on bâtit, puis, à l'aide de scellements, on accroche des marbres aux murailles, ou bien on les recouvre d'enduits.

Cette pratique s'imposait dans une architecture où la structure de blocage est rebelle aux expressions de l'art : au point de vue de l'art elle eut une conséquence désastreuse.

Habitués à traiter la décoration et la structure séparément, les Romains en vinrent, par une pente inévitable, à considérer les deux choses qu'ils rendaient distinctes, comme deux choses indépendantes : peu à peu ils envisagèrent la décoration comme une parure de fantaisie; et la division du travail, si précieuse pour la marche régulière des chantiers, contribua peut-être plus qu'aucune autre cause à précipiter la décadence en faussant chez les Romains les expressions de l'art.

DÉCORATION.

Les Romains, dans leur indifférence dédaigneuse pour tout ce qui n'était pas le gouvernement du monde, semblent avoir pris à tâche d'effacer eux-mêmes les titres d'architectes qui leur appartenaient : ils nous ont présenté leur architecture comme un emprunt fait à la Grèce, un art de luxe dont ils acceptaient les productions comme accessoires de pure mode.

En fait les Romains, surtout pendant la période de la République, possèdent une architecture qui leur est propre, et une très grande architecture, ayant un accent de majesté qui n'appartient qu'à elle ou, suivant l'expression de Vitruve, une « autorité » dont les Athéniens eux-mêmes subirent l'ascendant lorsqu'ils appelèrent de Rome un architecte pour leur temple de Jupiter Olympien.

DÉCORATION.   537

Les éléments de l'architecture décorative des Romains ont, ainsi que leur civilisation tout entière, une double provenance : ils se rattachent à la fois à l'Étrurie et à la Grèce. L'architecture romaine est un art mixte, où les formes dérivées de la voûte étrusque s'associent à des détails d'ornement empruntés à l'architecture à plate-bande des Grecs : l'Étrurie a donné l'arcade, la Grèce a fourni les ordres.

CARACTÈRES GÉNÉRAUX DE L'ARCHITECTURE AUX AGES
ÉTRUSQUE ET CONSULAIRE.

On a dit, sur la foi des Romains, que l'apport de la Grèce fut brusque, instantané : que l'art décoratif naquit à Rome au lendemain de la prise de Corinthe (milieu du 2° siècle avant notre ère). Il n'en est rien : un art qui tranche par sa ferme allure sur l'art contemporain de la Grèce, un art vraiment romain s'était constitué longtemps avant la prise de Corinthe, et cet art survécut. Pour caractériser l'individualité puissante de cette architecture, nous citerons (fig. 1 A) le tombeau de Scipion Barbatus, antérieur de plus d'un siècle à la conquête

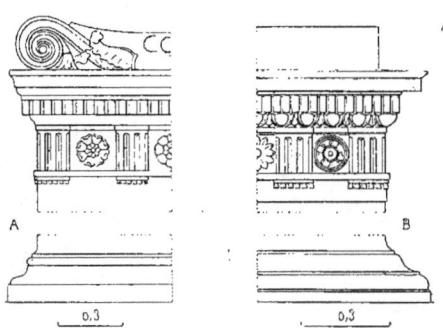

de la Grèce; comme preuve de sa persistance, nous rapprochons de ce fragment un détail de la basilique de Préneste élevée par Sylla un siècle après la prise de Corinthe : le style, à des nuances près, est le même. De part et d'autre un motif grec, mais profondément modifié : un motif grec revêtu d'un mâle aspect entièrement étranger à la Grèce. L'illusion de ce

538   ARCHITECTURE ROMAINE.

brusque envahissement de l'art grec fait songer à l'illusion de nos architectes de la Renaissance qui se crurent italiens parce qu'ils s'engouèrent de l'art italien : au fond ils restèrent eux-mêmes; ainsi des Romains du 2ᵉ siècle; et ce fut dans les deux cas pour le plus grand bien de l'art.

Ce qui est vrai dans la légende de Corinthe, c'est qu'à côté de cet art traditionnel qui se continue, l'art dégénéré de la Grèce s'implante, et qu'à compter du 2ᵉ siècle Rome a deux architectures simultanées : son architecture nationale, que nous venons de retrouver à Préneste; et l'architecture de la décadence grecque, qui se manifeste à Cora, impose ses détails à la décoration du Tabularium, et règne à Pompei. Ces deux architectures vivent sans se mêler jusqu'au début de l'Empire : c'est alors qu'elles se fusionnent en un art unique, n'ayant les franches qualités ni de l'une ni de l'autre, une sorte de compromis sans originalité mais non sans grandeur, qui durera autant que l'Empire.

Précisons par quelques exemples encore cette physionomie de l'ancien art de Rome et son contraste avec l'art grec contemporain :

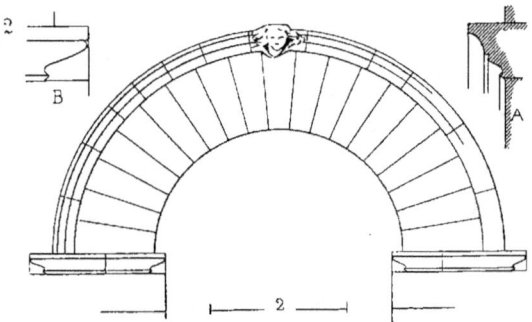

L'arc fig. 2 appartient à l'architecture romaine du 3ᵉ siècle et correspond par sa date aux monuments à formes sèches, à décoration fleurie élevés par les successeurs d'Alexandre : il contraste étrangement avec eux par la sévère austérité du style. L'époque en est connue d'une façon certaine : la porte de Faléries fut bâtie immédiatement après la destruction de la ville étrusque pour donner accès à la ville nouvelle.

Les voussoirs, très allongés, éveillent l'idée d'une solidité à toute épreuve. L'archivolte est profilée dans une assise à part. La clef est décorée d'une tête de style grec, et la modénature, tant des impostes que de l'archivolte, présente avec la pureté des plus beaux profils helléniques, une fermeté inconnue à l'art grec. Sauf des détails moins corrects, la porte de Volterra offrait le même aspect général : on ne saurait obtenir par des moyens plus simples une dignité plus imposante.

La fig. 3 montre l'art gréco-étrusque avec plus de recherche : c'est la porte de Pérouse.

La baie n'a d'autre décoration qu'une archivolte taillée, comme celle de Faléries, dans une assise à part. L'unique moulure de cette archivolte est un cavet qui prend naissance sans préparation au-dessus des pieds-droits et affleure le nu du mur. Puis vient une frise, variante libre de la frise à triglyphes. A l'étage supérieur, une arcature en forme de décharge est accompagnée de deux grands pilastres ioniques, implantés sans nul souci des correspondances d'axes. Tout cela n'est pas exempt d'incorrection, mais d'une netteté d'effet saisissante et du plus digne aspect : la donnée de l'arc est étrusque, les ornements sont grecs, mais l'idée de l'association est romaine et le style sans précédent dans les architectures antérieures.

La fig. 4 répond au dernier âge de la République romaine, alors que l'architecture, sans se départir de son originalité de style, commence à s'astreindre à des partis plus symétriques : elle représente, réduite à ses lignes essentielles, l'ordonnance de la cour de la basilique de Préneste, attribuée à Sylla.

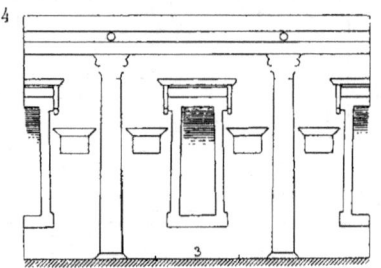

Un trait remarquable de la vieille architecture des Romains et qui la rapproche des meilleures époques de l'art grec, c'est la part qu'elle a faite au pittoresque : elle ne savait pas seulement créer des édifices originaux, elle savait les placer; les temples de Sunium ou d'Agrigente ne sont pas posés plus habilement que la rotonde de Tivoli. Après les acropoles grecques, rien n'est comparable pour l'imprévu des effets au Forum de la République : il y avait plus d'art dans cet élégant désordre que dans la froide régularité qui lui succède.

LES ORDRES A ROME :

I. — L'ORDRE DORIQUE ET SA VARIÉTÉ TOSCANE.

L'histoire de l'art décoratif chez les Romains, comme chez les Grecs, consiste surtout dans l'histoire des ordres. Pour

DÉCORATION. 541

chacun d'eux, nous aurons à parcourir les deux séries simultanées d'applications : série gréco-étrusque et série grecque.

En ce qui concerne l'ordre dorique, la vieille tradition est représentée par la variété que nous avons décrite pag. 379 sous le nom de variété toscane : un ordre dorique élancé, avec base et sans frise, couronné en guise de corniche par un simple avant-toit.

De cet ordre étrusque, nous ne possédons que des fragments, mais nous en retrouvons le caractère au temple dit de la Piété à Rome (fig. 5 B).

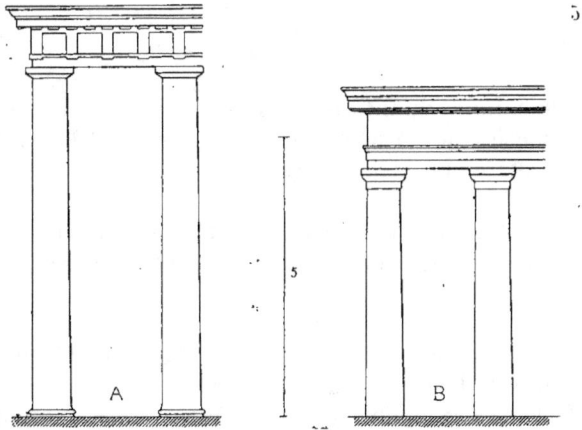

L'ordre du temple de la Piété est à peu près contemporain de celui de Cora, A : le rapprochement des deux exemples accuse la différence des styles contemporains entre lesquels se partage l'art romain : le portique de la Piété est de la famille de l'arc de Faléries, celui de Cora se rattache directement à la Grèce alexandrine ; d'un côté la rudesse austère et sage, de l'autre l'élégance dépassant la mesure. L'ordre de Cora n'emprunte au toscan qu'un détail, la base.

Le diagramme comparatif fig. 6 (page suivante) montre les principaux aspects du chapiteau dorique romain :

542 ARCHITECTURE ROMAINE.

En A nous présentons le dorique raffiné du Tabularium; en B, le dorique toscan du temple de la Piété; en C, le dorique

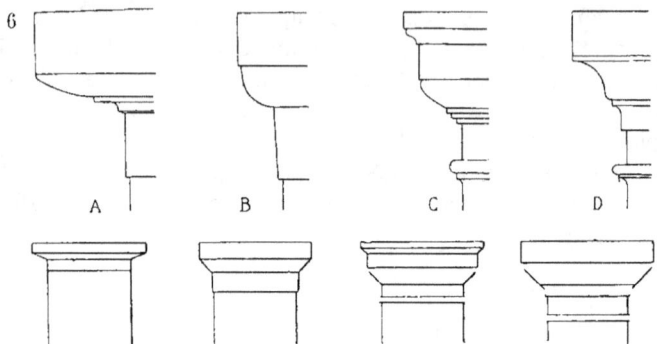

à rudesse mitigée du théâtre de Marcellus : à ce dorique encore simple succède le dorique déjà surchargé du Colisée. La variante D est empruntée à l'architecture romaine des Gaules.

La base toscane, supprimée au théâtre de Marcellus, reparaît au Colisée et devient un accessoire inséparable des ordres de la décadence.

Les profils 7 permettent de suivre dans l'entablement les modifications chronologiques de l'ordre :
En P, le sévère entablement de la Piété; en M, l'entablement

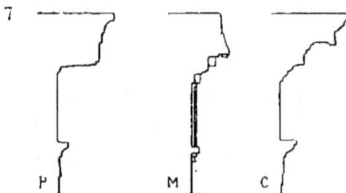

classique du théâtre de Marcellus; en C, l'entablement à profil déjà moins pur du Colisée.

A propos de l'art grec nous avons tracé (pag. 325, profil F) un entablement de Pompei, avec les délicatesses infinies, les refouillements ingénieux et cherchés de sa modénature.

II. — ORDRE IONIQUE.

Comme exemple de l'ionique archaïque des Romains, nous donnons (fig. 8 A) le détail de l'ordre principal de la porte de Pérouse.

Le chapiteau est un chapiteau grec simplifié d'où se détache une large rose; la base rappelle la base ionique de Phigalie : c'est l'ionique grec empreint de la fermeté étrusque.

Puis les deux variétés grecque et gréco-étrusque se séparent de plus en plus nettement : la variété grecque, représentée par les ordres élancés, à moulures fines et sinueuses de Pompei; la variété gréco-étrusque, représentée par l'ordre dit de la

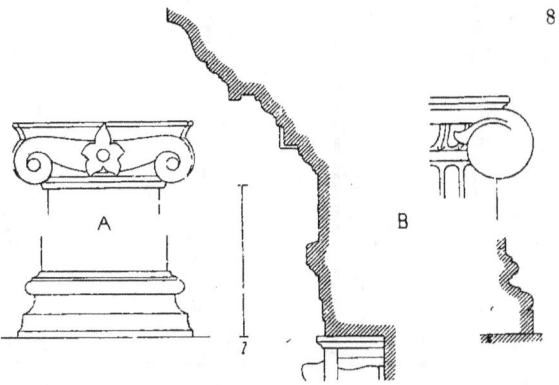

Fortune virile (B). L'ordre ionique du théâtre de Marcellus appartient à cette grande tradition ; les innombrables colonnes ioniques remployées dans les basiliques chrétiennes sont pour la plupart des exemples de l'ordre banal des derniers temps de l'Empire.

Nous avons vu dans l'architecture grecque le stylobate s'introduire avec l'ordre ionique et se continuer dans le corinthien : l'ordre ionique romain est généralement porté sur un

544   ARCHITECTURE ROMAINE.

stylobate; tel est l'ionique de Vitruve, tel est celui de la Fortune virile.

III. — ORDRE CORINTHIEN.

A en juger par les développements de Vitruve, il semblerait que l'ordre principal des Romains eût été l'ionique : en réalité Vitruve est moins l'interprète des usages de son temps que des préférences de l'école grecque dont il suit les doctrines ; même à l'époque où son traité nous reporte, l'ordre romain par excellence était le corinthien : seul il répondait par son luxe aux

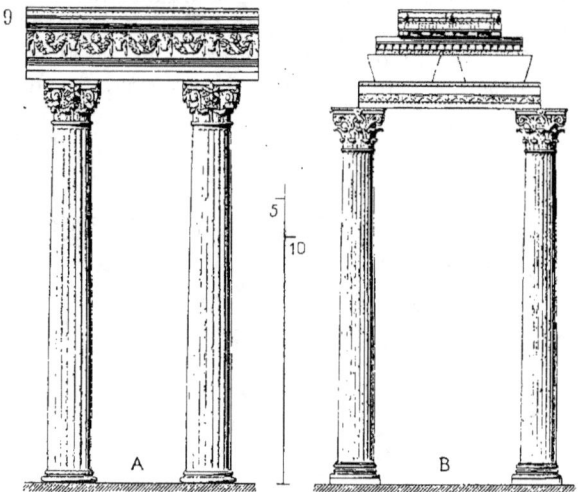

goûts plus fastueux que délicats d'un peuple de conquérants, presque partout il s'associe aux somptueuses conceptions de l'architecture impériale. Comme les deux autres ordres il présente dans les villes grecques du territoire romain des formes empruntées à l'hellénisme des derniers âges : l'influence romaine n'a rien à revendiquer dans ces imitations dont les ruines de Pompei nous offrent tant d'exemples. Mais il en est tout autrement pour les ordres de Tivoli, de Préneste ou d'Assise, même pour les ordres courants de l'Empire : ici le corinthien semble vivre de la vie romaine, tour à tour il en reflète la sévère fierté et les élégances un peu molles ; l'architecture de Tivoli ou de Préneste appartient à l'âge des poèmes de Lucrèce, elle en a la fermeté et la franchise ; les œuvres de la décadence auront l'allure alourdie et le style surchargé de la poésie des derniers temps.

La fig. 9 met en regard deux des plus magnifiques exemples de l'ordre corinthien romain : le corinthien austère de Tivoli, le corinthien superbe du temple dit de Jupiter Stator au Forum.

Si l'on rapproche ces ordonnances des ordonnances grecques (pag. 372), on sent sous des traits généraux qui sont grecs une force d'expression qui équivaut à une création nouvelle. Si on les compare entre elles, on saisit de l'une à l'autre une différence de caractère très marquée :

A Tivoli, les colonnes sont robustes, serrées, surmontées d'un entablement léger de proportion, simple de forme ; au temple de Jupiter Stator il y a déjà excès de légèreté dans les fûts, dans la corniche une certaine surcharge : l'ordre garde un aspect majestueux au plus haut point, mais la mesure parfaite de Tivoli et de Préneste est dépassée ; c'est l'indice d'une tendance qui sans cesse ira s'exagérant jusqu'aux derniers temps de l'Empire.

Une circonstance matérielle conspire dans ce sens avec le goût public ; jusqu'à l'époque d'Auguste, le péperin et le travertin étaient seuls employés dans les constructions de Rome : l'un est un tuf volcanique grossier, l'autre une pierre poreuse moins ferme que le marbre, moins apte aux finesses du ciseau et aux refouillements de la modénature. Le marbre fait son apparition au début de l'ère impériale ; sa texture serrée invite à multiplier les menus détails qui ôtent peu à peu à l'expression sa simplicité et compliquent les effets de masse, si larges dans les vieux ordres de travertin : l'introduction du marbre chez les Romains permet un retour au moins partiel aux ornements et à la modénature des marbres grecs.

546 ARCHITECTURE ROMAINE.

Passons en revue les principaux membres de l'ordonnance corinthienne :

PIÉDESTAL ET BASE.

La base usuelle est la base grecque de l'époque macédonienne, avec ses deux tores et le profil en scotie qui les sépare. Toutes les variétés de la base grecque trouvent leur adaptation au corinthien romain.

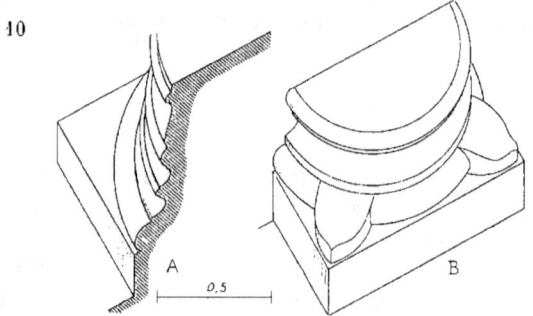

10

Une base circulaire repose mal sur un socle carré. Pour sauver la transition, les Romains ont quelquefois recours à des griffes d'angle (fig. 10 B). Ces griffes, dans un exemple cité par Pline, étaient sculptées en figures d'animaux : des batraciens, des lézards; nous les trouvons à Spalatro sous la forme purement géométrique.

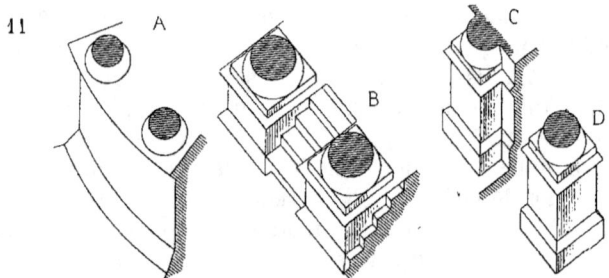

11

A Tivoli (fig. 11 A), à Préneste, l'ordre est porté sur un soubassement continu : les dernières époques et surtout les écoles orientales transformèrent ce soubassement en une série de piédestaux tels que D. Le passage du stylobate continu au piédestal est saisissable au temple d'Assise (B); et la raison qui l'explique est précisément celle qui avait suggéré aux Grecs l'emploi de piédestaux le long de la façade d'Éphèse (pag. 344) : dans les deux cas le soubassement du temple s'interrompt entre les colonnes pour faire place à des marches. Les bonnes époques n'admettent guère le piédestal que pour les colonnes engagées (Colisée, C, etc.).

FUT.

Le fût a pour ornement habituel des cannelures demi-circulaires partiellement remplies par des baguettes ou rudentures. Le galbe s'exagère à mesure qu'on approche de la décadence; on arrive même à donner au fût cette forme renflée que les Grecs avaient su éviter : alors le diamètre, au lieu de diminuer progressivement du pied au sommet de la colonne, s'agrandit d'abord, arrive à son maximum vers le tiers de la hauteur, et décroît ensuite.

CHAPITEAU.

Formes et proportions successives. — La forme du chapiteau est la forme grecque (pag. 372), sauf une différence de détail : la palmette plate qui dans le chapiteau grec constitue le motif central, est remplacé par une volute saillante.

Les variations chronologiques que la donnée originelle subit chez les Romains ressortent des dessins comparatifs fig. 9 : le type A est celui du chapiteau archaïque; B, celui de l'époque impériale.

De l'un à l'autre les différences portent :

1° Sur la proportion générale ;
2° Sur la grandeur relative et l'agencement des feuilles ;
3° Sur les découpures de ces feuilles.

Pour rendre la transformation plus sensible, nous reproduisons à grande échelle les deux chapiteaux types de la fig. 9 : Tivoli, T: Jupiter Stator, S.

a. — Proportion générale :

Les plus anciens chapiteaux existants (Tivoli, Préneste), et le chapiteau théorique de Vitruve, n'excèdent pas en hauteur 1 diamètre; au temple de Jupiter Stator, la hauteur dépasse sensiblement le diamètre; aux époques récentes, elle l'excède d'un tiers.

b. — Mode d'étagement des feuilles :

Dans les anciens chapiteaux (temple de Tivoli, basilique de Préneste, temple d'Assise, temple de Vesta à Rome), la seconde rangée de feuilles s'élève à peine au-dessus de la première : l'intervalle AB est aussi restreint que possible ; puis la seconde rangée s'allonge, et l'allongement du chapiteau s'explique par celui du feuillage qui l'enveloppe.

Chez les Grecs, la modification fut la même : nous avons signalé (pag. 373) la petitesse de l'intervalle AB comme un signe d'ancienneté; chez les Romains, c'est un caractère de l'architecture antérieure à l'Empire : Dès l'époque de Vitruve, c'est-à-dire dès les débuts d'Auguste, les deux rangées de feuilles sont devenues égales ; elles le sont au portique du Panthéon, qui paraît dater d'Agrippa ; elles le sont à la Maison carrée de Nîmes, qui fut consacrée par les petits-fils d'Auguste : la transformation date des dernières années de la République romaine.

c. — Nature des feuilles décoratives :

Les feuilles les plus anciennes (Tivoli, Préneste) imitaient l'acanthe frisée ; les plus récentes représentent soit une acanthe à contours adoucis, soit le feuillage de l'olivier (Jupiter Stator).

La grande rose centrale des chapiteaux archaïques, cet ornement que nous avons remarqué à l'ordre ionique de Pérouse et qui se retrouve à Tivoli et à Préneste, disparaît à l'époque impériale, ou plutôt elle dégénère en un fleuron sculpté au milieu de l'abaque.

Variétés du chapiteau corinthien. Chapiteaux composites. — Viennent ensuite les variétés de pure fantaisie qu'il serait illusoire de vouloir classer : elles sont sans nombre ; l'école des Gaules présente entre toutes une fécondité remarquable. Les basiliques chrétiennes, où l'on remploya sans choix des chapiteaux corinthiens antiques, nous offrent parmi les ornements, ici des aigles, des animaux accroupis tenant lieu de volutes ; là, des armes groupées en trophées.

Pour les petits chapiteaux, la décoration à deux rangées de feuilles paraissait trop touffue : on réduisait volontiers les deux rangées à une. L'attique intérieur du Panthéon offrait un exemple de l'ordre ainsi simplifié.

D'autres fois, la simplification consistait à supprimer les détails du feuillage : l'ordre supérieur du Colisée, fait pour se lire à distance, a été laissé de parti pris à l'état d'épannelage (page suivante, R fig. 13).

Mentionnons enfin les variétés intermédiaires entre le corinthien et l'ionique :

T est la variété dite « composite » : un chapiteau ionique

accompagné d'un gorgerin à double rangée de feuillage. Cette association rappelle bien les origines ioniques de l'ordre (pag. 369) : Que l'on se reporte au type ionique de l'Érechthéion et que l'on imagine les palmettes du gorgerin remplacées par des feuilles d'acanthe, on obtient le parti général du composite romain. L'exemple T est emprunté à l'arc de Titus.

Quant aux chapiteaux de la forme S, ils participent tellement des deux ordres, qu'on ne sait auquel les rapporter. Ces chapiteaux conservent le dessin de l'ionique de Pérouse avec une proportion qui les rapproche du corinthien. L'exemple S provient de Cora ; des dispositions de même sorte se retrouvent dans un temple romain à Pæstum.

ARCHITRAVE ET FRISE.

Comme dans le corinthien grec, l'architrave est à bandes planes (pag. 544).

La frise est ordinairement lisse ou, si la sculpture intervient, elle ne se développe pas comme chez les Grecs en sujets composant une scène, elle se réduit à un motif courant : à Tivoli des guirlandes en plein relief portées sur des têtes de victimes et accompagnées de rosaces ; à Préneste, des patères entre lesquelles est gravée en grandes lettres le texte d'une inscription.

La frise à triglyphes, mentionnée par Vitruve, n'est connue que par les monuments de Petra.

Le Colisée présente à son étage supérieur un entablement corinthien (C, fig. 14) où la frise est interrompue par une rangée de consoles.

DÉCORATION.   551

Les profils de frise bombés ou contournés en doucine (fig. 14, A), usités en Grèce dès l'époque du théâtre d'Épidaure, sont imités de bonne heure par les constructeurs romains de l'Orient.

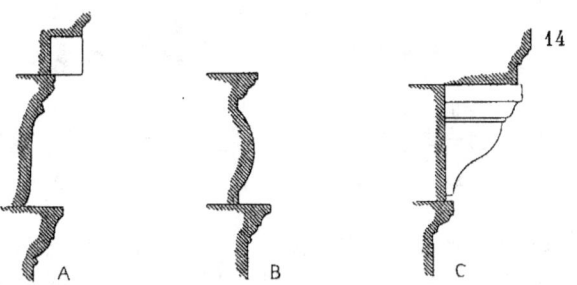

En Occident ils ne s'introduisent que vers le 3° siècle (temple dit basilique d'Antonin, B; arc des Orfèvres, etc.).

CORNICHE.

La corniche corinthienne est à forte saillie et surmontée d'un chéneau réel ou simulé. Dans les édifices à fronton, la présence d'un chéneau ne se justifie que sur les longs pans et tout au plus sur les rampants du fronton : le chéneau n'existe que là : jamais on ne le rencontre à la base du fronton. En réalité, le chéneau terminal ne devrait pas être considéré comme un membre de la corniche.

a. — *Corniche primitive, sans modillons.* — Nous donnons page suivante (fig. 15) deux exemples de corniches antérieurs à l'architecture officielle de l'Empire :

Le plus ancien, celui de Tivoli, A, reproduit dans sa modénature les motifs du monument de Lysicrate (pag. 372), mais transposés pour ainsi dire en vue d'expressions plus graves et d'une matière qui ne comporte pas les découpures du marbre. La principale différence s'explique par la différence même de la matière : au lieu des denticules du monument de Lysicrate,

552 ARCHITECTURE ROMAINE.

la corniche de Tivoli porte seulement l'épannelage de ces denticules que la nature du travertin n'eût pas permis de dégager sans risque.

15

On observera (et cette remarque s'applique à l'architrave aussi bien qu'à la corniche) que le tracé ne comporte aucune surface plane qui soit exactement verticale, aucune surface plafonnante qui soit rigoureusement horizontale. Les parements, qu'au premier coup d'œil on croirait d'aplomb, se déversent plus ou moins ; et les facettes en apparence horizontales qui les bordent se retournent d'équerre. Cela permet, au point de vue des effets, de varier les incidences de la lumière ; au point de vue de la bonne exécution, d'éviter les acuités dangereuses. A dépense égale de pierre on obtient un peu plus de relief, mais surtout des plans inégalement reflétés, des nuances de lumière.

La fermeté des profils est extrême : les moulures grecques prennent du corps, mais sans rien perdre de leur distinction, on sent un accent original et tout romain.

A Préneste, même parti général, mêmes nuances : on dirait un autre édifice sorti de la même main.

b. — *Corniche modillonnée*. — L'exemple B (fig. 15, temple d'Assise) paraît correspondre aux dernières années de la République. La présence de denticules dans l'entablement d'Assise n'est pas à proprement parler une innovation, puisque ces denticules existent dans l'ordre de Tivoli à l'état d'épannelage : la différence réelle, c'est la saillie jusque-là inusitée du larmier et la présence de corbeaux ou « modillons » répartis sous ce larmier : Assise nous offre le plus ancien exemple connu de la corniche modillonnée.

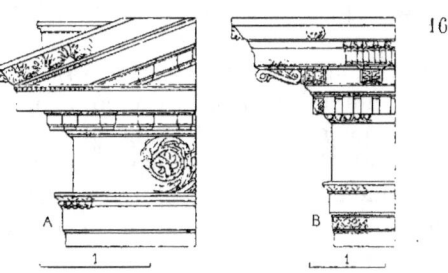

16

Les modillons sont une conséquence du surcroît de relief du larmier. Dans la corniche primitive peu saillante, les denticules formaient comme une file de très petits corbeaux pressés les uns contre les autres : quand le relief de la corniche s'exagère, cette file de corbeaux paraît insuffisante, on la double ; et, comme il convient de rendre la construction d'autant plus légère qu'elle s'avance davantage sur le vide, les corbeaux du second rang, au lieu d'être serrés comme ceux du premier, s'espacent : ce sont les modillons. Ils ont l'aspect général des mutules doriques, de même qu'ils en ont le rôle.

Vitruve réprouve cette association des modillons et des denticules, qu'il déclare contraire à la bonne tradition.

Formes diverses des modillons. — Au temple d'Assise (fig. 15 B), le modillon présente en son point d'insertion un étranglement qui se retrouvera plus tard à la Maison carrée de Nîmes, et dont l'effet laisse à désirer parce que les convenances de la solidité ne sont point observées. Dans quelques cas on lui voit prendre la forme plus simple et plus rationnelle d'un parallélépipède saillant : c'est le cas de l'ordre des Jardins Colonna (fig. 16 A).

Plus rationnelle encore est la forme en console (fig. 16 B) ; et c'est en effet la forme usuelle.

Le dessous des modillons est décoré de feuillage, et l'intervalle d'un modillon à l'autre occupé par un caisson avec rosace : la décoration devient de plus en plus légère, de plus en plus aérienne à mesure qu'elle s'avance sur le vide.

Cette superposition de deux séries de corbeaux, denticules et modillons, conduit à donner à la corniche une hauteur excessive : au temple de Jupiter Stator (B), la corniche est presque aussi haute à elle seule que l'architrave et la frise ensemble; de là quelque lourdeur peut-être. Sous cette réserve, l'entablement est un des chefs-d'œuvre les plus accomplis de l'art romain.

Résumé des principales variétés de la corniche corinthienne. — Les formes générales de corniches résultant de la présence ou de l'absence des modillons ou des denticules peuvent en somme se ramener à trois groupes :

1° La corniche complète, avec denticules et modillons : Jupiter Stator, Assise, forums de Nerva et de Trajan, arc de Titus, basilique de Pompei, Maison carrée de Nîmes, temple de Vienne… :

2° La corniche à modillons mais sans denticules : Jardins Colonna, temple de Vénus et Rome ;

3° La corniche à denticules mais sans modillons, en d'autres termes la corniche ionique pure et simple : Temple de Tivoli, basilique de Préneste, autels du Panthéon, temple d'Antonin et Faustine.

Bien entendu nous comptons comme corniches denticulées aussi bien celles où les denticules sont détachées les unes des autres, que celles où l'idée de denticules est exprimée seulement par une masse d'épannelage.

Ainsi retrouvons-nous dans la corniche romaine comme nous l'avons trouvé dans le chapiteau (pag. 550) le souvenir de l'origine commune qui relie l'un à l'autre les ordres ionique et corinthien. L'ionique, d'où le corinthien dérive, lui prête fréquemment la forme de sa corniche. En revanche l'ordre corinthien a prêté quelquefois à l'ionique ses modillons; la corniche du grand frontispice ionique du Forum est modillonnée. Rappelons enfin, à titre de variante tout à fait exceptionnelle, le cas fig. 14 C, où les modillons, cessant de faire partie de la corniche, se transforment en consoles, occupent la hauteur entière de la frise et s'enlèvent en clair sur l'ombre du larmier. L'ordre où l'on constate cette hardiesse termine la façade du Colisée : il convenait au couronnement d'un tel ensemble, et l'on ne pouvait s'affranchir plus à propos des formes consacrées.

LE PILASTRE.

Par une assimilation que les Grecs des belles époques n'admettaient point, les Romains ont simplement appliqué aux antes ou pilastres les formes de la colonne : le chapiteau ordinaire du pilastre n'est autre chose qu'un chapiteau de colonne aplati; entre la colonne et le pilastre la seule différence notable consiste dans l'absence ou la réduction extrême de l'amincissement du fût : le pilastre corinthien a ses arêtes verticales.

Quelquefois le pilastre est remplacé par une colonne engagée; un exemple de cette substitution existe à Brescia.

Enfin nous avons cité (pag. 375) des monuments d'époque romaine où des colonnes à section elliptique font office de pilastres.

LES ACCESSOIRES DE L'ORDRE CORINTHIEN.

Le fronton. — En étudiant les ordres grecs, nous avons observé (pag. 325 et 365) la modification que subit le profil de la corniche pour s'adapter au rampant du fronton. Le larmier prend plus de profondeur et les membres inférieurs se simplifient : la corniche rampante de l'ordre dorique perd ses mutules, celle de l'ordre ionique perd habituellement ses denticules.

Cette recherche de nuances n'est pas absolument étrangère à l'art romain ; ainsi, au temple d'Assise, la corniche horizontale est modillonnée, la corniche rampante ne l'est point.
Mais la distinction cesse bientôt d'être observée. Déjà au temple de la Fortune virile on voit l'ordre ionique répéter dans ses corniches rampantes le profil courant ; au Panthéon et dans tous les temples corinthiens de l'époque impériale, la corniche rampante reproduit le profil de la corniche horizontale. A la Maison carrée de Nîmes on n'a même pas pris la peine de diriger verticalement les faces latérales des modillons : mais d'ordinaire la licence ne va pas jusque-là, et l'on a soin de donner aux modillons rampants la déformation indiquée fig. 16 par le détail A.

D'une manière générale la pente du fronton est plus accentuée que dans l'art grec : tandis que chez les Grecs l'inclinaison des rampants n'excède guère 1 de hauteur pour 4 de base, il n'est pas sans exemple qu'à Rome la base se réduise, pour 1 de hauteur, à 2 $\frac{1}{2}$. Le fronton du Panthéon est un des plus raides qui existent : sa raideur insolite résulte, nous le verrons, d'une reprise. Le tympan, fait pour une ordonnance décastyle, a été accommodé, sans changer de hauteur, à un portique de huit colonnes.

L'architecture romaine admet les frontons en arc de cercle, et même les frontons brisés dont les rampants s'arrêtent sans atteindre au sommet. Ces variétés fantaisistes et incorrectes sont fréquentes surtout dans les écoles de l'Orient : elles se rencontrent à Balbek, à Petra ; en Afrique, à Timgad. En Occident, on les trouve simulées dès le 1er siècle dans les peintures de Pompei et réalisées au 4e siècle dans les thermes de Dioclétien.

Les soffites. — Le plafond du portique corinthien est à caissons ; autant que possible un seul par travée : un caisson profond, dont la partie centrale est occupée par une large rosace.

Les baies. — La porte corinthienne, dont l'exemple le plus remarquable se trouve au Panthéon, est entourée d'un chambranle faisant cadre, avec couronnement en forme de corniche.

Deux fenêtres corinthiennes nous sont parvenues : l'une au temple de Tivoli, l'autre (pag. 540) à la basilique de Préneste. Dans les deux cas la baie est de proportion extrêmement allongée, présente au sommet un rétrécissement très accentué, et admet comme accompagnements le chambranle à crossettes et la corniche à consoles.

LA SUPERPOSITION DES ORDRES ET LEUR APPLICATION A L'ARCADE.

L'arcade sur impostes. — La principale innovation des Romains en fait d'architecture décorative consiste dans l'emploi de l'arcade. L'arcade romaine est un alliage de la colonne grecque à l'arc étrusque et, reconnaissons-le, un alliage qui n'est pas irréprochable :

La colonne, au lieu d'être placée sous la retombée de l'arcade, se plaque contre le mur; souvent elle se transforme en pilastre; et, au lieu de porter la voûte même, elle reçoit un entablement. La porte de Pérouse (pag. 539) garde la trace de cet ajustement; et, même dans cet exemple, la beauté du style a peine à sauver ce que le principe a de défectueux.

A Rome le Tabularium, construit vers l'an 80 avant notre ère, présente (pag. 514, détail A) une forme d'arcade plus rapprochée de celle qui prévaudra à l'époque impériale : l'arc naît sur une imposte profilée; et l'ordre qui complète la décoration offre à très peu près les caractères du dorique de Cora.

De l'arcade du Tabularium à l'arcade impériale, la seule différence est une différence de style. Deux exemples (fig. 17) montrent l'aspect de cette arcade à deux époques : l'un A est

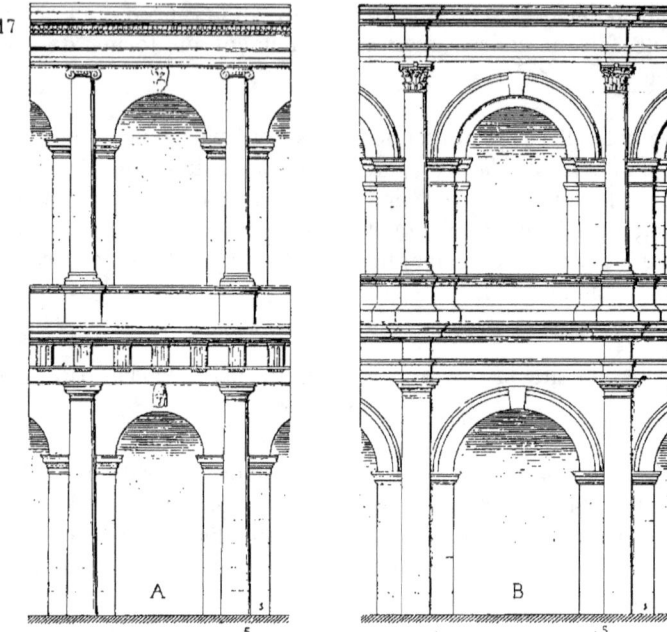

emprunté au théâtre de Marcellus, l'autre B aux arènes d'Arles. Dans le premier, les formes sont d'une simplicité sévère : point même d'archivolte. Dans le second exemple, les formes se chargent, les profils se multiplient, l'effet se complique.

Vitruve ne dit mot de l'arcade : très probablement le Tabularium et le théâtre de Marcellus étaient de ces nouveautés qu'il réprouve : ses instincts classiques et son goût pour les partis qui se raisonnent, avaient lieu d'en être choqués.

L'arcade sur colonnes. — Nous venons de reprocher à l'arcade romaine d'être un ordre à plate-bande appliqué contre une baie à plein cintre : au lieu de faire porter à la colonne un entablement presque superflu, n'eût-il pas été mieux de faire retomber l'arc sur la colonne même en supprimant l'entablement ?

L'objection, les Romains se la sont posée : aux approches des temps du Bas-Empire, à l'époque de Spalatro, ils abandonnent l'arcade sur impostes pour adopter l'arcade sur colonnes ; mais les essais d'arcades sur colonnes remontent à une date bien plus ancienne. Nous en avons donné (pag. 514, croquis B) un exemple emprunté aux constructions de Pompei ensevelies par l'éruption de l'an 79.

Peut-être aussi, avant d'être appliquée à Spalatro, l'arcade sur colonnes tenait-elle une place dans l'architecture romaine des Gaules : de petits ordres romains en marbre remployés dans la crypte mérovingienne de Jouarre, sont surmontés de tailloirs aussi de marbre et qui paraissent de même provenance. Ces tailloirs évasés, tout à fait semblables à ceux que nous retrouverons dans l'architecture byzantine, n'impliquent-ils pas, ici comme dans l'art byzantin, des arcs retombant directement sur les colonnes ?

Quoi qu'il en soit, le système de l'arc sur colonnes ne se généralisera qu'au 4° siècle, et c'est dans les basiliques chrétiennes qu'il trouvera ses grandes applications.

Les ordres superposés. — Les façades fig. 17 présentent la solution de ce difficile problème de superposer des ordres : d'ordinaire un stylobate ressautant en manière de piédestal à l'endroit de chaque colonne, sépare les deux étages et sauve le passage de l'un à l'autre. Le dorique, ordre robuste, est réservé habituellement pour le rez-de-chaussée.

En dehors des façades à arcades, le plus remarquable exemple d'ordres étagés était le Septizonium. Il comprenait trois colonnades l'une au-dessus de l'autre et de légèreté croissante : toutes les trois corinthiennes. De hauts stylobates régnaient à la naissance de chaque étage, et un plafond à caissons couronnait le dernier. Nous n'essaierons pas de reproduire cet édifice, qui est connu par des gravures trop imparfaites : mais il méritait une mention, car il paraît avoir exercé une influence considérable sur l'art de la Renaissance, et en particulier sur l'architecture de Bramante.

SCULPTURE DÉCORATIVE, REVÊTEMENTS, POLYCHROMIE.

Les ornements courants. — Les dessins où nous avons représenté l'entablement aux principales époques permettent de suivre les caractères et les transformations de la modénature et de l'ornement architectural :

Les profils, aux derniers temps de la République, présentent tantôt les élégances grecques, tantôt une ampleur inconnue à l'art hellénique ; peu à peu les finesses grecques disparaissent et, sous les derniers Antonins, on arrive à ces combinaisons surchargées, où les repos manquent, où le luxe exubérant des détails voile et étouffe l'effet des masses.

Ici toutefois il convient d'établir une distinction entre les écoles de l'Occident et celles de l'Orient :

En Occident, à mesure qu'on approche de la décadence, la modénature et l'ornement prennent une lourdeur solennelle, des formes arrondies, épaisses et lâches ;

En Orient au contraire les profils deviennent anguleux, l'ornement sculpté tend à se réduire à une gravure superficielle au trépan (Spalatro, etc.).

Vers le 4° siècle, cette sculpture trépanée est également admise par l'une et l'autre école, et elle fournit aux Occidentaux un moyen de relever les formes molles de leur architecture : presque tous les décors des derniers âges de l'art romain sont ainsi redessinés d'un pointillé de trous noirs qui donnent par contraste une sorte de transparence aux ombres et rendent quelque vigueur aux contours.

Tenons-nous aux belles époques : ce qui les distingue n'est pas seulement le mérite individuel des ornements, c'est la sage répartition qui en est faite. Les monuments de la décadence sont quelquefois couverts d'une sculpture confuse : la supériorité des grandes époques est de garder la mesure dans les expressions de la richesse. On sait alors prendre un parti : on comprend qu'il ne faut point disperser l'attention par une distribution uniforme des ornements sur tous les membres de l'architecture; qu'il faut des intervalles, des champs entre les membres ornés. Si la frise est sculptée, l'architrave et la corniche qui l'encadrent resteront lisses; la frise restera lisse si l'architrave et la corniche sont sculptées.

Les dessins comparatifs pag. 553 établissent nettement cette distinction : le parti de la frise ornée est celui des Jardins Colonna; le parti de la frise formant repos entre une architrave et une corniche sculptées, est celui de Jupiter Stator.

Les revêtements décoratifs et la polychromie romaine. — Les Romains de l'époque antérieure à l'Empire, qui exécutaient leurs colonnades en pierre à grain grossier, avaient soin, à l'exemple des Grecs, de recouvrir le parement d'une application de stuc : aux temples de Tivoli, d'Assise, de la Fortune virile, les colonnes, les entablements, les chapiteaux mêmes étaient enduits.

A l'époque impériale où la bâtisse par concrétion se généralise, les revêtements jouent un rôle de plus en plus important. Les murs de blocage se prêtant mal aux effets décoratifs, on les habille : on les recouvre non seulement de stucs, mais de marbres débités en dalles et accrochés aux parements. Les façades du Panthéon, celles du temple d'Antonin et Faustine étaient ainsi tapissées de marbres blancs simulant des refends d'appareil ou des pilastres.

Dans les intérieurs, ce lambrissage comportait d'ordinaire un mélange de marbres de couleurs diverses. Et ici apparaît un système de polychromie presque inconnu aux Grecs. Chez les Grecs à peine trouvons-nous (pag. 295) quelques exemples de coloration obtenue par l'emploi du marbre noir. Chez les

Romains, c'est plutôt à la veinure naturelle des marbres que l'on demande les effets de coloration : les revêtements des grandes salles romaines (Panthéon, thermes de Caracalla, de Dioclétien, etc.) sont des marqueteries par compartiments de marbres à nuances variées : les tonalités deviennent plus profondes mais l'harmonie plus terne ; à tout prendre cette richesse un peu sombre laisse l'impression d'une grandeur calme qui est bien romaine.

La mosaïque était connue, Pline nous l'indique comme un accessoire des ordonnances romaines ; les mosaïques que nous ont rendues les fouilles étaient presque exclusivement employées en carrelages : elles formaient des aires peu glissantes et d'un puissant effet. Autant que possible, la répartition des moyens décoratifs était celle-ci : Pour les aires, la mosaïque ; pour les murs verticaux, la marqueterie de marbre, les stucs étant réservés pour les voûtes où le marbre tiendrait mal.

A défaut d'incrustations de marbre, on recourait à une peinture sur enduit :

Vitruve indique deux procédés : la fresque, ou peinture sur enduit humide ; et la peinture fixée à chaud par de la cire. Ce dernier procédé, à en juger par les ruines, était le plus usuel.

Les ornements colorés, conçus sans doute d'après des modèles grecs, sont à dessins légers s'enlevant sur un fond uniforme noir ou blanc, quelquefois jaune ou rouge-brun. Les principaux exemples de ce décor sont la chambre sépulcrale de la pyramide de Cestius, les thermes de Titus, le Palatin, les maisons de Pompei. L'ornement s'y détache en rinceaux déliés accompagnant des figures isolées dans l'espace.

Lorsque le sujet est emprunté à l'architecture, l'imagination du peintre se donne carrière : les colonnades entre autres prennent une légèreté irréalisable. Hittorff a rapproché le style de ces fantaisies architecturales de celui des tombes de Petra : une influence de la Grèce asiatique paraît probable. L'époque où ce style d'ornement s'introduit à Rome est à peu près celle de Vitruve, qui le présente comme une innovation, et le blâme. Malgré l'autorité de son jugement, on ne peut s'empêcher de reconnaître dans ces formes légères, nettement découpées, dans ces silhouettes franches et hardies le sens profond du décor uni à la plus exquise élégance.

LES PROPORTIONS.

Si l'on se place au point de vue des proportions on retrouve, au moins dans l'architecture religieuse des Romains, les méthodes grecques. Les dispositions des temples ne sont commandées par aucune exigence d'ordre matériel, Vitruve leur applique un mode de tracé où toutes les parties sont déterminées dès qu'on a choisi l'ordre et fixé le rapport des pleins aux vides. De ce rapport l'unité modulaire se déduit et tout le reste en découle (pag. 397) : non plus que les temples des Grecs, ceux des Romains n'ont point à proprement parler d' « échelle ».

Mais si l'on se transporte sur le terrain de l'architecture civile, les convenances matérielles reprennent toute leur valeur, et les dimensions absolues interviennent. Il est, suivant l'expression même de Vitruve, des pièces qui, augmentées ou diminuées d'échelle, deviendraient impropres à leur destination : la proportion de ces pièces varie à mesure que l'échelle change.

Prenons comme exemple l'atrium en forme de cour couverte avec double rangée de portiques latéraux :

Pour un très grand édifice, Vitruve conseille de donner aux portiques bordant la cour une profondeur et une hauteur égales au $\frac{1}{5}$ de sa longueur : pour une cour de 100 pieds, on aura des portiques de 20 pieds de large sur 20 pieds de haut.

Que la principale dimension de la cour soit ramenée à 30 pieds : la profondeur et la hauteur des portiques, réduites à proportion, ne seraient plus que 6 pieds ; à peine pourrait-on s'y tenir debout. En face de cette anomalie, Vitruve abandonne la formule qui convient aux grands édifices, et règle la hauteur et la largeur des portiques d'après le $\frac{1}{3}$ de la longueur, soit 10 pieds.

Le principe des rapports simples subsiste, mais à chaque échelle répond une formule de proportion spéciale.

En résumé, lorsqu'il s'agit de temples conçus d'après un programme abstrait, les Romains admettent qu'un petit édifice soit à l'image d'un grand : mais leur sens pratique se refuse à l'idée qu'une maison soit le diminutif d'un palais ; c'est dans leur architecture privée que pour la première fois nous voyons, d'une manière authentique, l'échelle entrer en compte.

LES MONUMENTS DE LA VIE CIVILE ET DU PAGANISME ROMAIN.

Nous n'envisagerons dans ce chapitre que les monuments antérieurs ou étrangers aux influences chrétiennes ; ils se partagent en deux groupes :

a. — Ceux qui se rattachent soit à la tradition étrusque, soit aux influences grecques : temples, basiliques, constructions privées ;

b. — Ceux où se révèle dégagé de toute attache étrangère le génie organisateur et politique de Rome, les édifices servant d'instrument au gouvernement du monde et à la diffusion des mœurs romaines, thermes, aqueducs, amphithéâtres, travaux de viabilité et de défense.

Nous analyserons avec détail les monuments qui appartiennent en propre aux Romains ; pour les autres, nous nous bornerons à noter les caractères nouveaux dont ils les ont empreints.

TEMPLES.

La religion primitive des Romains, comme tout l'ensemble de leurs institutions, est étrusque : le type le plus ancien de leurs temples est (fig. 1) celui que Vitruve décrit sous le nom de toscan.

L'ordre de ce temple toscan (pag. 379) dérive du dorique, et nous reporte à un âge où l'ordre n'avait encore pour entablement qu'une architrave surmontée d'une toiture saillante.

Le plan à son tour a tous les caractères du plan grec archaïque (pag. 426 et 458) : le pronaos est à double file de colonnes; et, par une circonstance qui fournit un rapprochement de plus, les ornements de terre cuite jouent ici le même rôle que dans l'art dorique primitif.

D'ordinaire la cella se partage en plusieurs divisions.

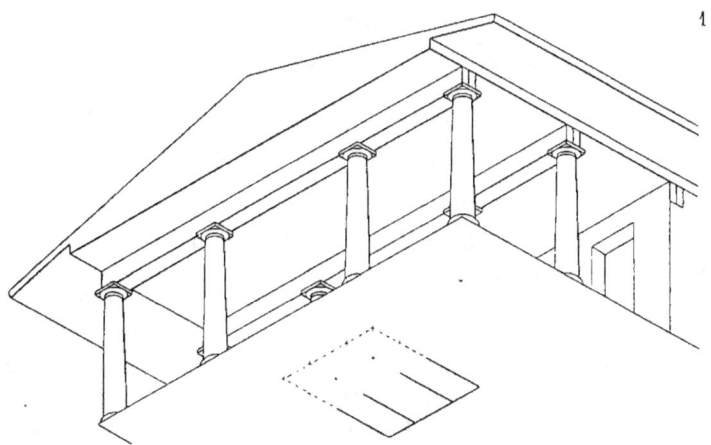

C'est à ce type qu'appartenait le temple de Jupiter Capitolin, dont Denys d'Halicarnasse nous a laissé la description.

Les autres temples romains ne sont que des temples grecs légèrement modifiés.

L'époque consulaire admettait pour leur décoration les trois ordres : nous trouvons le dorique au temple de la Piété, l'ionique à la Fortune virile; le corinthien, que l'art hellénique semble n'avoir appliqué qu'aux intérieurs des temples, devient sous l'Empire l'ordre presque obligé des façades : citer les temples corinthiens serait faire l'énumération des temples élevés du règne de Tibère à celui de Dioclétien.

Ce qui distingue ces édifices des temples grecs contemporains, c'est d'abord la profondeur du portique qui précède la cella; c'est ensuite l'implantation sur un soubassement vertical précédé d'un large perron : les Grecs entouraient la plateforme de leurs temples d'une série de gradins, le soubassement vertical est pour ainsi dire exceptionnel dans leur architecture, dans celle des Romains il se généralise.

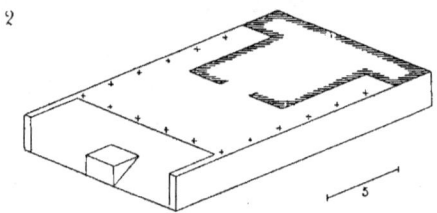

La fig. 2 montre, d'après un monument romain des Gaules, ce double caractère de profondeur du portique et d'exhaussement de la colonnade.

Les Grecs ont quelquefois donné aux temples la forme circulaire : cette forme devient fréquente chez les Romains; on la rencontre non seulement à Tivoli, mais dans deux temples de Rome, celui de Vesta et un autre retrouvé parmi les ruines du Forum; elle existe à Pouzzoles; et le plus grand temple à Rome, le Panthéon (pag. 529, fig. 14) présente une cella circulaire, couverte d'un dôme de plus de 43^m.

On a longtemps considéré comme une œuvre d'Agrippa la rotonde du Panthéon. Les découvertes de M. Chédanne permettent d'en rapporter chaque partie à sa date. La cella ronde ne remonte pas au delà de l'époque des Antonins. Le Panthéon, sous Agrippa, était un temple décastyle, dont le portique fut réduit à huit colonnes lorsqu'il servit de frontispice à la rotonde devant laquelle il se dresse. Un détail matériel, indépendamment des indices fournis par les substructions, a mis cette transformation en évidence. La corniche rampante, faite pour un fronton à pente moins raide, fut remployée; et les modillons qui auparavant avaient leurs faces latérales d'aplomb, prirent une légère inclinaison : cela seul, à défaut d'autres preuves, trahirait le remaniement du plan.

A Tivoli, la cella ronde était voûtée et, exemple presque unique, éclairée par des fenêtres. Parmi les temples à cella oblongue, le temple de Vénus et Rome est du petit nombre de ceux où la voûte soit admise.

BASILIQUES.

La basilique, qui fournira un jour au christianisme le modèle de ses édifices religieux, est pour les Romains un édifice purement civil. La « bourse » est peut-être, parmi les édifices actuels, celui qui répond le mieux à l'idée de la basilique antique : un abri destiné aux réunions d'affaires, aux tribunaux, aux assemblées politiques.

Tant que furent en vigueur les vieilles mœurs romaines, on se passa de cet abri, les séances du Forum se tenaient en plein air : la première basilique date de l'an 180 avant notre ère; et il est assez étrange de voir cette innovation de bien-être s'associer au nom du rigide Caton.

Les dispositions générales ont été empruntées à la Grèce : plusieurs portiques d'Olympie ont un plan qui fait pressentir la basilique, et le nom même de basilique rappelle l'imitation du portique athénien de l'Archonte-roi.

Vitruve, dans le chapitre qu'il consacre aux basiliques romaines, a formulé un programme, probablement traditionnel, dont la traduction graphique paraît être celle qu'indiquent ci-contre les croquis A et C :
Trois nefs : une centrale, deux latérales. Les nefs latérales, à double étage. Le tout surmonté d'une charpente.

La largeur totale doit être comprise entre la moitié et le tiers de la longueur. Sinon, Vitruve conseille de ramener la salle à cette proportion en établissant à ses deux extrémités des « chalcidiques » ou nefs transversales C et C'.

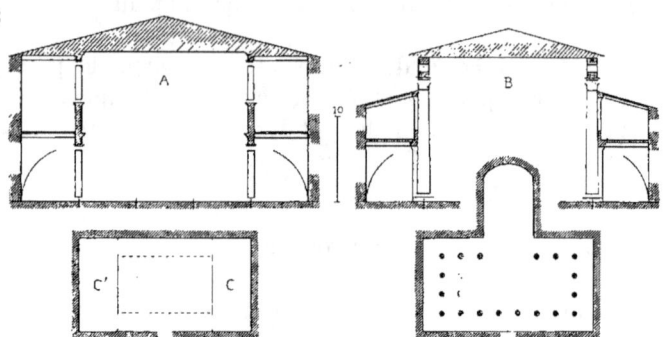

Comme mode de tracé, Vitruve prescrit de partager la largeur totale en cinq parties, dont on attribuera trois à la nef centrale, les deux autres aux nefs latérales.

Les colonnes de l'ordre inférieur sont aussi hautes que les nefs latérales sont larges.

Les colonnes du second ordre sont d'un quart moins hautes que celles du premier.

Et, entre les deux ordres, doit régner un stylobate (pluteum) ayant une hauteur moindre d'un quart que celle de l'ordre supérieur : son rôle est d'isoler les galeries hautes, simples promenoirs, du rez-de-chaussée réservé aux affaires.

Vitruve ne parle ni de l'emplacement de l'escalier qui conduit aux galeries, ni du mode d'éclairage de la grande nef.

A la suite de cette description du type, Vitruve donne comme application la basilique de Fano dont il avait été l'architecte et qui comprenait (plan B), indépendamment de la salle principale et de ses galeries, une annexe servant à la fois de tribunal et de temple d'Auguste.

Nous mettons la coupe de Fano en regard de la coupe type A; de l'une à l'autre les proportions diffèrent à peine : même partage de la largeur entre la nef et les portiques; dans les deux, le tracé des portiques est le même; seule, la hauteur sous plafond s'écarte légèrement du type normal. Mais les détails de la décoration ne répondent nullement à la formule consacrée, et témoignent d'un esprit d'originale indépendance qui fait honneur à l'architecte.

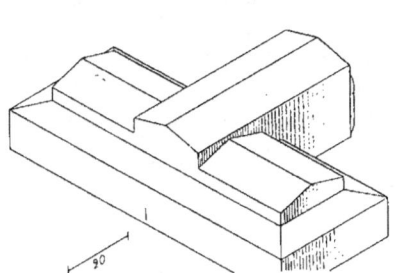

4

Au lieu de deux ordres superposés, Vitruve adopte un ordre unique, dont les colonnes embrassent la hauteur des deux étages de galeries et sont renforcées par des pilastres adossés servant de supports aux planchers. Au lieu de l'entablement classique, il admet une architrave composée de plusieurs cours de poutres jumelles; au-dessus, une rangée de dés qui forment à l'aplomb des colonnes les pleins d'une frise à claire-voie; enfin, comme couronnement général et en guise de corniche, une sablière faite, elle aussi, de longrines accolées. Les combles étaient à charpente entièrement apparente; et il est probable que le comble de la nef transversale, au lieu de se raccorder par pénétration avec celui de la grande nef, s'élevait au-dessus, ce qui donnait à l'édifice l'aspect fig. 4.

Cette basilique était celle d'une ville fort secondaire : la plus célèbre est la basilique Ulpienne, élevée par l'architecte Apollodore à l'une des extrémités du forum de Trajan :

Ici, le nombre des nefs est de cinq : une nef centrale entourée sur tout son pourtour d'une double ceinture de galeries secondaires; à chaque extrémité, un hémicycle terminal embrassant la largeur de trois nefs. Les hémicycles étaient probablement voûtés, le surplus était couvert d'une charpente de bronze. Les fûts des colonnes sont des monolithes de granit reposant sur des bases de marbre blanc.

Plusieurs basiliques se dressaient sur le vieux Forum; une d'elles est attribuée à Jules César : on en distingue le plan tout entier; celle de Pompei nous est parvenue presque intacte; hors de l'Italie, Trèves, Pergame ont des basiliques assez bien conservées. Quelques villes de Syrie possédaient des prétoires en forme de basiliques voûtées (Mousmyeh, Sanamen). Rappelons enfin la basilique voûtée de Constantin (pag. 528), que nous avons donnée comme exemple de grande salle en maçonnerie concrète.

THERMES.

Nous arrivons au type d'édifices le plus franchement romain, les thermes, dont la distribution savante rend si bien l'esprit d'ordre des Romains, et dont le programme traduit si nettement leur façon de gouverner en amusant les populations soumises.

Les anciens Grecs ne paraissent pas avoir eu d'édifices équivalents aux thermes des Romains : les salles de bains étaient de simples annexes de l'habitation grecque. Aux derniers temps de la République romaine elles comptent parmi les dépendances des villas. Les Césars en firent des monuments publics, et les multiplièrent au point d'en doter les moindres villes des provinces : Paris, qui n'était qu'une cité de second ordre, a des thermes dont les ruines sont d'une singulière grandeur; des villes perdues, telles que Sanxay près de Poitiers, le village ligurien de Veleja, le camp de Champlieu, avaient les leurs.

Il existe des thermes presque entièrement conservés à Pompei, à Trèves; Rome possède les thermes de Titus, ceux de Dioclétien, dont une salle est devenue la nef d'une grande église. Ceux de Caracalla, qui ne sont pas les plus étendus de Rome, étalent leurs ruines sur une plate-forme de 14 hectares et réunissent comme annexes toute une série d'édifices qui se présentaient isolés soit dans les villes grecques, soit dans les anciennes villes romaines : des palestres, des stades, des salles de jeux, des basiliques, et même des bibliothèques.

Les thermes de Pompei sont divisés en deux moitiés, dont une pour les femmes. Dans les édifices où cette division n'existe pas, elles paraissent avoir eu, au moins depuis les édits des Antonins, leurs heures d'admission et peut-être leurs salles réservées.

L'orientation, à laquelle les Romains attachaient une importance capitale, est telle que les quatre angles regardent les quatre points cardinaux : de cette sorte, aucune face n'est ni brûlée par le soleil de midi, ni privée d'une manière permanente des rayons solaires.

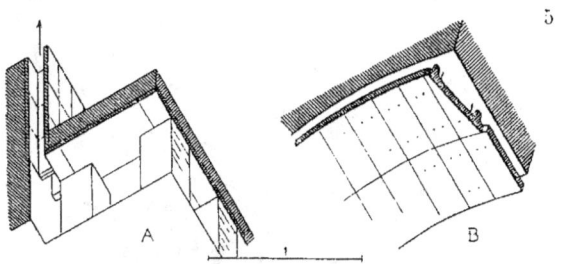

5

Le chauffage se fait à l'aide de fourneaux souterrains ou hypocaustes, dont la chaleur se transmet directement aux bassins contenant l'eau destinée aux bains. Les produits de la combustion parcourent, avant de se perdre dans l'atmosphère, une canalisation à plafond sur pillettes (fig. 5 A) dont la complexité rendrait le nettoyage impossible et qui par suite implique un combustible sans fumée : du charbon ou tout au moins de menus bois donnant une flamme claire. Les gaz circulent sous le carrelage des salles, derrière les parements des murs, derrière ceux des voûtes (fig. 5 B) : ils échauffent non pas l'air mais les parois des salles, ce qui est de beaucoup le mode le

572 ARCHITECTURE ROMAINE.

plus agréable et le plus sain. Apparemment les salles ainsi chauffées avaient leurs fenêtres closes par des lames de verre, de talc ou de marbre transparent : cette clôture s'impose par son évidence, bien que les ruines n'aient pas donné jusqu'ici le moyen de la vérifier.

Le voisinage des masses d'eau eût pu imprégner le sol d'humidité : on parait à cet inconvénient par un drainage général. Dans bien des cas les salles froides elles-mêmes ont leur dallage porté sur des pillettes semblables à celles des hypocaustes.

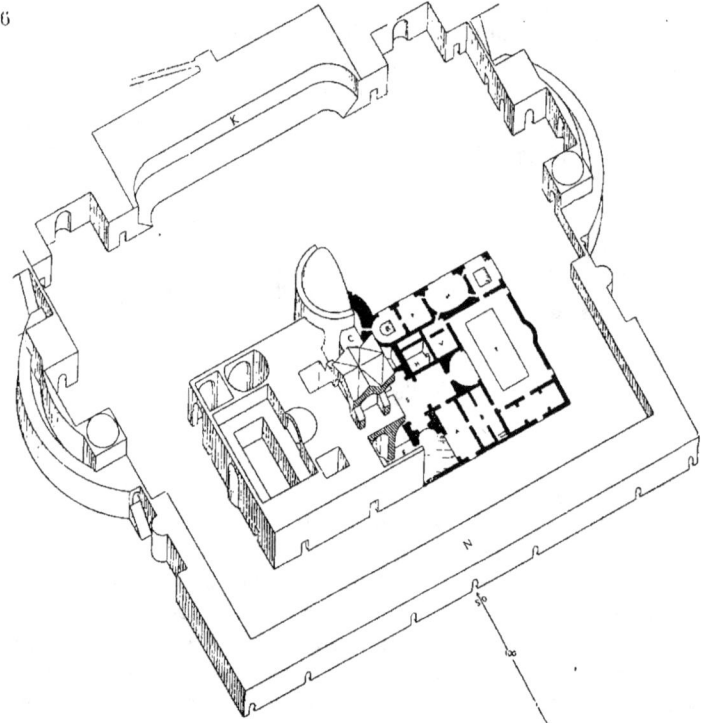

Entrons dans le détail des distributions ; nous prenons comme exemple les thermes de Caracalla (fig. 6) :

Sur le pourtour de la plate-forme se développent quatre corps de bâtiments disposés en bordure : le bâtiment antérieur N est occupé par une rangée de salles de bains, peut-être destinées aux femmes ; les trois autres sont consacrés aux exercices physiques, si fort en honneur chez les Romains, même aux temps de décadence (lutte, jet du disque, course, etc.). Des exèdres ou salles ouvertes à plan demi-circulaire sont ménagées pour la conversation en plein air ; d'autres salles fermées peuvent servir à la lecture des œuvres littéraires. A la face K est adossé un grand réservoir d'eau alimenté par un aqueduc ; et en avant de ce réservoir un étagement de gradins indique un stade pour les courses. Des plantations ombragent l'esplanade ; et, vers le milieu (ou, plus exactement, vers une des rives, car il eût été malhabile d'encombrer par un bâtiment le centre d'une place d'exercices) s'élève un pavillon principal spécialement destiné aux bains publics. Ce pavillon est symétrique, nous en décrivons seulement une moitié :

Sur l'axe même se disposent les deux services principaux, les bains froids et les bains d'eau chaude : aux premiers est affectée une piscine colossale F ; aux seconds une immense salle ronde C, située conformément au précepte de Vitruve, sur la face sud-ouest.

On n'arrive à ces bains chauds que par transition graduée :

Qui vient du dehors trouve d'abord un vestibule A avec vestiaire en B ; une salle centrale S dont les dimensions peuvent se comparer à celles de la nef de Saint-Pierre ; puis une antichambre tiède, et enfin la rotonde C des bains chauds ;

Qui vient de la grande cour traverse avant d'arriver en C : le vestibule M, l'antichambre P et la salle tiède R.

T est une cour entourée de portiques avec drainage d'assèchement.

En V est une étuve destinée aux bains de vapeur, accessible par une sorte de passage éclusé et située au-dessus même du foyer.

Les calorifères occupent en sous-sol, dans la région des bains chauds, une place bien centrale H : ils donnent sur une courette de service dont le sol est à leur niveau même et où le combustible est amené par une galerie souterraine.

Telle est l'économie générale de la distribution : la demi-élévation figurée sur notre dessin rendra compte de la structure.

Sauf la piscine froide qui était abritée par une terrasse à charpente métallique, toutes les salles sont voûtées. La grande salle reproduit le système d'équilibre par culées intérieures que nous avons développé (pag. 528) à propos de la basilique de Constantin ; toutes les voûtes s'épaulent, se contrebutent mutuellement et l'inégalité de leurs montées permet, malgré l'enchevêtrement des pièces, de faire partout pénétrer la lumière : les salles enveloppées prennent leurs jours au-dessus de la toiture des salles qui les entourent.

Enfin, si l'on se place au point de vue de l'effet produit, on est frappé de la variété des aspects : toutes les salles diffèrent. Ici un bassin rectangulaire découvert accompagné de niches ; là des exèdres ; une galerie à voûtes d'arête ; une salle carrée que termine une abside ; plus loin une salle ronde, des portiques. Les services accessoires se logent dans les vides. La décoration manque parfois d'élégance, mais nulle part on ne trouvera une distribution mieux ordonnée et plus claire ; on se figure ces grands espaces animés par une foule de désœuvrés tour à tour acteurs et spectateurs des jeux de natation, des courses, des luttes gymnastiques : un tel plan est tout un commentaire de la vie romaine. Distribuer et bâtir, c'est là que le Romain excelle ; et pour lui les deux idées se résument en un mot : organiser.

AMPHITHÉATRES, THÉATRES, CIRQUES.

Les Grecs, pour l'honneur de l'hellénisme, ne connurent jamais les jeux sanglants dont l'amphithéâtre romain éveille le souvenir. A peine peut-on citer quelques villes grecques devenues entièrement romaines de mœurs qui aient possédé un amphithéâtre : Cyzique, Corinthe, Syracuse, Catane. Pas un amphithéâtre n'existe dans l'Égypte romaine; parmi les ruines de Pergame et de Djerach on distingue des bassins elliptiques entourés de gradins : ces bassins, qu'un cours d'eau traverse, étaient vraisemblablement destinés plutôt à des joutes nautiques qu'à des combats de gladiateurs.

AMPHITHÉATRES.

Si l'on en juge par les peintures étrusques, les combats de l'amphithéâtre romain paraissent dériver des rites funéraires de l'Étrurie : mais l'amphithéâtre ne prend place dans l'architecture qu'à une date assez récente. Du temps de Vitruve, les combats de gladiateurs se donnaient sur le Forum, avec les portiques pour estrades; et rien ne prouve la haute antiquité attribuée aux amphithéâtres soi-disant étrusques tels que ceux de Sutri et de Ferrento : le plus ancien amphithéâtre de pierre, celui de Statilius Taurus, ne remonte qu'à vingt-cinq ans avant notre ère.

Dans presque tous les amphithéâtres, l'arène est oblongue et accessible par ses deux extrémités; l'axe de l'arène imprime une direction aux mouvements et met un certain ordre dans la mêlée : nous ne voyons que cette raison pour justifier les complications de structure qui résultent d'un plan ovale.

Au Colisée, à Pouzzoles, à Capoue, l'arène est excavée et les galeries en sous-sol, qui répondent aux dessous des théâtres modernes, contiennent encore des tourillons pour la manœuvre de décors. Presque partout un aqueduc permettait d'inonder l'arène et de la transformer en bassin pour des fêtes navales : le Colisée occupe l'emplacement de la naumachie de Néron, et pouvait servir de naumachie aussi bien que d'amphithéâtre.

La série des gradins se développe au pourtour de l'arène suivant une pente interrompue à divers niveaux par des sentiers de ronde telles que A (fig. 7); et, à chaque sentier de ronde le profil présente un ressaut AB tel, que la circulation en A ne gêne point la vue des gradins supérieurs.

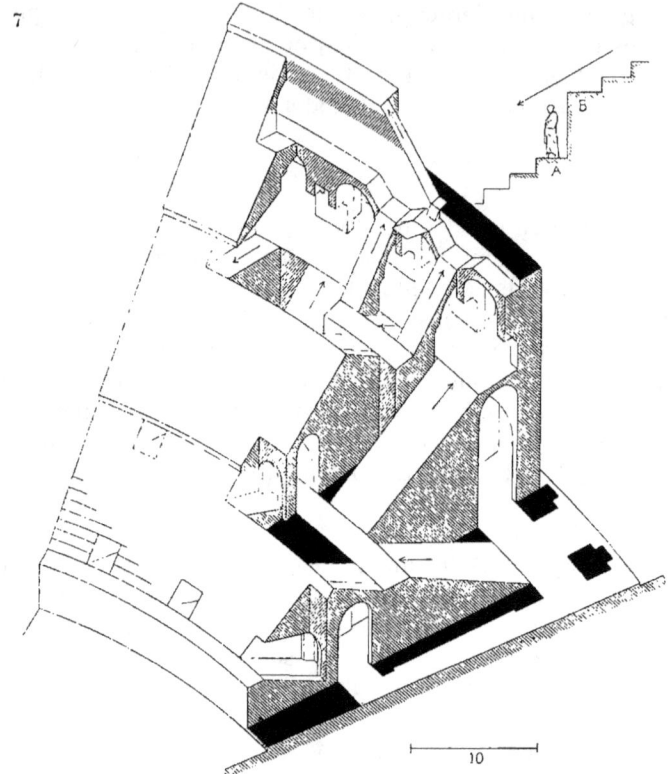

Le tout s'élève sur des murs rayonnants : ce sont à la fois les échiffres des escaliers qui mènent aux gradins, et les pieds-droits des berceaux rampants sur lesquels les gradins s'étagent.

Le plan est combiné de telle sorte que, sans aucune mesure d'ordre, la foule se répartisse d'elle-même sans confusion dans tout l'amphithéâtre : Des arcades uniformément distribuées sur le périmètre extérieur donnent accès aux escaliers, et une barrière ferme chaque escalier. La foule, qui attend sous les galeries de rez-de-chaussée, se masse naturellement d'une façon uniforme sur tout le pourtour; à la levée des barrières elle s'engage sans distinction dans les escaliers qui s'ouvrent devant elle; puis chaque escalier, se ramifiant à mesure qu'il s'élève, se resserrant à mesure qu'il a un moindre débit à fournir, force le flot à se déverser également dans toutes les parties du secteur qu'il dessert.

Aux divers étages se développent, sous les gradins, des galeries qui servent de refuge en cas d'orage : la surface totale de ces galeries intérieures est au moins égale à celle des gradins, de sorte que tous les spectateurs peuvent y trouver abri.

Jamais les amphithéâtres n'ont d'autre toiture qu'une tente mobile, dont nous présentons (fig. 8) un essai de restauration d'après les indications que fournit l'amphithéâtre de Nîmes.

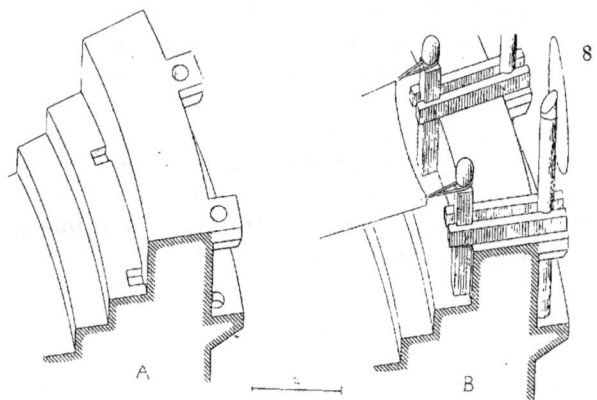

Le Colisée, capable de contenir près de soixante mille spectateurs, est le type des amphithéâtres antiques; ceux de Vérone, d'Arles, de Nîmes (fig. 9 A) en reproduisent sauf à les simplifier les dispositions principales. Souvent on a profité d'un ravin régularisé par des terrassements pour asseoir les gradins. A

578   ARCHITECTURE ROMAINE.

Pola, les gradins reposaient sur des charpentes. Quelques villes secondaires, telles que Lambèse en Algérie, ont des amphithéâtres avec gradins entièrement assis sur des remblais; à Chennevières, les gradins ne régnaient que sur un côté de l'arène. Les arènes de Paris présentaient l'association d'un amphithéâtre et d'un théâtre : les gradins n'existaient, comme à Chennevières, que sur une moitié du pourtour; l'autre moitié était occupée par une scène destinée à des représentations dramatiques.

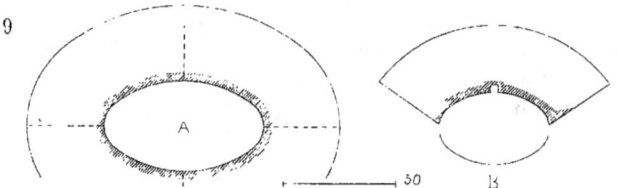

De minutieuses précautions étaient prises pour assurer l'écoulement des eaux pluviales. Dans la plupart des amphithéâtres on distingue sous les volées d'escaliers des orifices communiquant avec une canalisation d'égouts et ménagés en vue d'évacuer les déjections de la masse humaine entassée dans l'enceinte.

On a même signalé des conduites destinées à répandre des parfums. A Pola, où les gradins étaient de bois, un aqueduc, porté sur le couronnement du mur d'enceinte et alimenté par les eaux du plateau qui domine la ville, offrait une garantie permanente contre les risques d'incendie.

THÉATRES.

A l'occasion des théâtres grecs (pag. 484), nous avons noté les différences qui les distinguent des théâtres romains : nous ne reviendrons pas sur les distributions; bornons-nous à citer les principaux exemples :

Le théâtre de Pompée, le premier théâtre de pierre élevé à Rome, nous est connu par le plan antique du Capitole. Un temple faisait face à la scène et dominait les gradins, comme pour marquer le caractère sacré que conservaient les fêtes dramatiques.

Un des plus anciens théâtres existants est celui de Marcellus, dont nous avons donné (pag. 558 A) la décoration extérieure.

Viennent ensuite les théâtres de Pompei, Herculanum, Taormine; en Grèce, le théâtre d'Hérode Atticus; en Espagne, ceux de Sagonte, de Ronda; en Afrique, ceux de Philippeville, Timgad, Tebessa; en France, ceux d'Orange, Arles, Lillebonne, Champlieu; en Asie, Æzani, Laodicée, Aspendus, Perga, Djerach.

Mentionnons enfin ce théâtre double décrit par Pline, dont les deux moitiés, exécutées en charpente et montées sur des roues, pouvaient se souder suivant un diamètre pour constituer un amphithéâtre.

CIRQUES.

La fig. 10 donne le plan du cirque romain le plus complet qui nous soit parvenu, le cirque de Maxence.

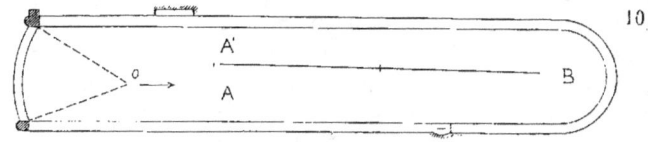

Pour égaliser les chances entre les concurrents, on les fait tous partir des divers points d'un arc ayant son centre en O; et comme les chars, se distançant progressivement, occupent une piste de moins en moins large à mesure que le but approche, l'épine est biaise et l'espace libre se rétrécit d'une façon continue de A en B et de B en A'.

L'épine des cirques était ornée avec un luxe extraordinaire : c'est de là que proviennent tous les obélisques qui se dressent aujourd'hui sur les places de Rome.

580   ARCHITECTURE ROMAINE.

Les principaux cirques à Rome étaient le Grand Cirque, remontant à l'époque des rois; le cirque de Néron, occupant l'emplacement actuel de Saint-Pierre; le cirque de Maxence près de la voie Appienne; à Constantinople, l'Hippodrome, fondé par Alexandre Sévère et devenu si célèbre sous les empereurs byzantins; dans les Gaules, les cirques d'Orange et de Vienne.

Nous ne connaissons pas d'exemples authentiques de gymnases romains : les gymnases décrits par Vitruve consistaient, ainsi que ceux des Grecs, en cours entourées de portiques et de salles d'exercices. L'existence individuelle de ces édifices paraît cesser le jour où les thermes englobent avec les bains publics tous les lieux d'exercice de la cité.

TRAVAUX D'UTILITÉ PUBLIQUE : ROUTES, PONTS, AQUEDUCS.

Les Grecs, qui ont marqué de leur empreinte tout ce qui est forme, ne jouent en revanche qu'un rôle bien effacé dans l'histoire des constructions purement utiles : les Grecs, nous l'avons vu, n'ont point de routes régulièrement établies; point de ponts durables, puisqu'ils n'emploient pas la voûte. Aux Étrusques revient l'honneur d'avoir conduit les eaux à travers les montagnes (émissaire d'Albano), d'avoir desséché par des aqueducs souterrains les régions marécageuses (émissaire de la Marta, Cloaque Maxime). C'est aux Phéniciens de Carthage que les Romains attribuaient les premières routes dallées : c'est aux Romains qu'il faut rapporter les applications vraiment monumentales de ces trois sortes de constructions d'utilité publique, les routes, les ponts, les aqueducs.

Routes. — Les grandes routes romaines sont tracées selon des vues exclusivement stratégiques : elles vont autant que possible en ligne droite d'un grand centre à l'autre, sans desservir les régions intermédiaires; rarement elles dévient pour éviter les rampes. La chaussée sert aux transports exceptionnellement rapides; et, comme les chevaux romains sont dépourvus de ferrure, on ménage, à droite et à gauche, un large accotement où le sol reste à l'état naturel : c'est là qu'a lieu la circulation journalière. La chaussée est exclusivement réservée à l'armée et aux postes impériales : la règle est tellement expresse, qu'on voit un gouverneur de Bithynie s'excuser auprès de l'empereur d'y avoir dérogé dans un cas d'urgence pour un besoin personnel.

Indépendamment des ponts, sur lesquels nous aurons à revenir, les routes romaines ont pour complément les bâtiments destinés aux relais et, comme il existait peu d'hôtelleries, des gîtes d'étape que les itinéraires désignent sous le nom de « mansiones ».

Dans la construction de leurs routes, les Romains s'attachent à rendre l'entretien presque nul : le corps de la chaussée est constitué par des empierrements d'épaisseur énorme qu'on n'a jamais besoin de recharger; quelquefois ces empierrements sont maçonnés et forment de longs rochers artificiels; les voies dallées sont fréquentes.

Souvent sur les faîtes des collines les voies romaines se détachent en relief et semblent établies en remblai : en fait il n'y a là qu'un simple résultat de la dénudation du sol environnant par le long effet des pluies.

Conduites d'eau. — Les Romains, qui regardaient l'abondance des eaux comme le premier besoin des grandes villes, nous ont laissé les conduites d'eau les plus monumentales : la campagne de Rome est sillonnée d'aqueducs; des traînées d'aqueducs marquent les abords de Fréjus, ceux de Lyon, en Asie les approches d'Aspendus.

Les Grecs ne connaissaient en fait d'aqueducs que des rigoles à pente continue : les premiers, les Romains ont osé faire descendre à l'eau les flancs des collines pour la faire remonter ensuite à contre-pente. Ils n'arrivèrent à ce résultat qu'en emprisonnant l'eau dans des conduites de plomb, et le plomb ne résiste pas aux fortes pressions : presque toujours, à la traversée des vallées, ils atténuent le plongement (fig. 11 B) au moyen d'une rangée d'arcades qui rachètent en partie la dépression à franchir : c'est le cas de l'aqueduc de Lyon.

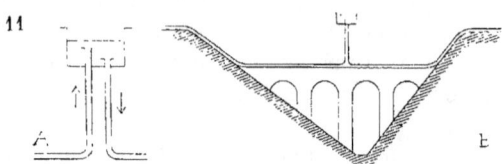

D'ailleurs ils avaient observé les désastreux effets des « coups de bélier »; pour y parer, et en même temps pour donner issue à l'air dissous, ils interrompaient les parties plongeantes par des colonnes A où l'eau monte, prend un instant son niveau naturel, puis redescend. Une avarie pouvait plus aisément se réparer dans ces conduites fractionnées; et des prises d'eau partielles se faisaient sans difficulté dans les réservoirs situés au sommet des colonnes montantes. Cet artifice, qui paraît avoir été pratiqué dès l'époque de Vitruve, se trouve réalisé à Pompei, et aujourd'hui encore il est d'application courante dans tout l'Orient. Près d'Aspendus on voit, au fond de la vallée où se développait l'aqueduc, des rampes de maçonnerie suivies de contre-pentes, qui remplissaient l'office des colonnes d'évent du croquis A.

Pour le tracé des conduites d'eau, les Romains étaient loin de posséder des moyens de précision comparables à ceux des hydrauliciens modernes. Leurs seuls instruments de nivellement étaient le niveau d'eau et le niveau à fil à plomb, et Pline le Jeune nous a transmis un exemple des mécomptes qu'entraînait l'usage d'appareils aussi insuffisants : les monuments de l'architecture hydraulique des Romains témoignent moins de la perfection des méthodes que de l'intérêt qu'ils attachaient au problème.

Enfin l'Empire nous a laissé de très remarquables travaux de ports : on a partiellement déblayé le port d'Ostie avec ses quais, ses jetées et ses immenses entrepôts. Sur la côte d'Afrique, le môle de Thapsus a tous les caractères d'une construction romaine : c'est une concrétion en menus matériaux autrefois traversée par des chaînages de bois qui ont laissé en vide leur empreinte.

Vitruve décrit le système de protection des jetées par des blocs artificiels fabriqués sur un banc de sable que les flots devaient miner. Et l'on connaît par les ruines de Pouzzoles et par une peinture de Pompei l'usage de jetées à claire-voie sur arcades, qui brisent la lame en laissant subsister dans le port une agitation qui atténue l'ensablement.

Les côtes de l'Empire romain étaient éclairées par des phares (phare de Boulogne, etc.).

Ponts, aqueducs. — Les ponts comptent parmi les plus grands ouvrages des Romains : presque toujours les arches offrent une courbe voisine du plein cintre ; et chaque pile fait culée, ce qui permet de bâtir les arches l'une après l'autre. L'exemple de Rimini (fig. 12) caractérisera le style : quelques ornements

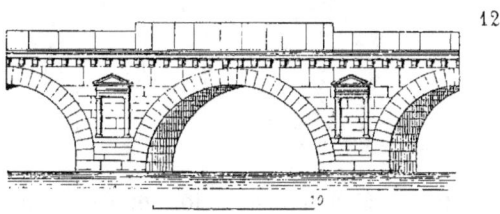

12

de tympans, et une corniche modillonnée. Plus simple et plus sévère encore est la décoration du pont Saint-Ange à Rome, du pont Fabricius, des ponts romains de Vaison et de Sommières.

Pour les grands viaducs, aussi bien que pour les aqueducs très élevés, deux partis différents sont concurremment admis : On superpose deux et jusqu'à trois rangs d'arcades formant comme autant de ponts étagés : c'est la solution du pont du Gard. Ou bien, faisant monter les piles de fond, on les relie à mi-hauteur à l'aide d'arceaux d'entretoisement : le parti des piles isolées est celui du viaduc de Narni, celui des piles entretoisées est celui de l'aqueduc de Ségovie.

La fig. 13 met en regard les deux solutions : A est le pont du Gard; B, l'aqueduc de Ségovie. Le second type est presque exclusivement admis dans l'Espagne romaine, et imprime aux monuments de cette province une physionomie à part : Alcantara, Merida, Teruez, etc.

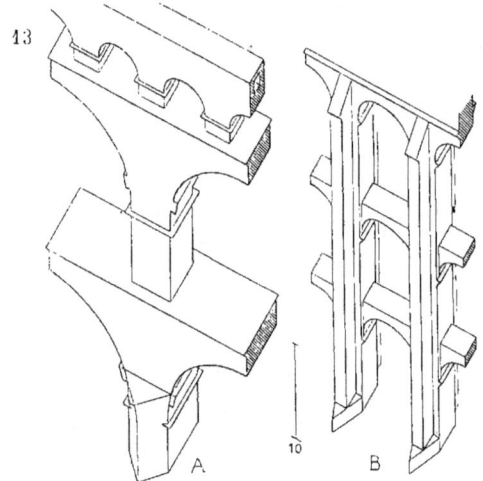

Comme détail local de construction, on remarquera dans les ouvrages des Gaules l'emploi fréquent de cet appareil déliaisonné que nous avons décrit pag. 516 (ponts du Gard, Sommières, Vermenton) : ce sera au moyen âge l'appareil des ponts du Saint-Esprit et d'Avignon.

Comme détails décoratifs, nous donnons fig. 14 deux exemples de parapets romains : l'un provient du pont de Vaison, l'autre du Ponte Salario. Ce sont des bordures minces, composées de dés reliés les uns aux autres par des dalles à coulisse; pour gagner de la largeur, on les dispose autant que possible en encorbellement.

Deux ponts en charpente sont demeurés célèbres : celui de César sur le Rhin, et le pont à triples arceaux (pag. 533) jeté par Trajan sur le Danube.

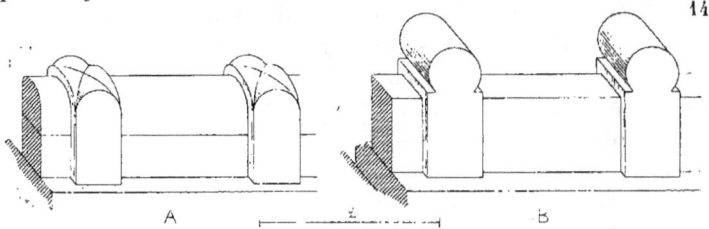

OUVRAGES DE DÉFENSE, PORTES DES VILLES.

Forteresses. — L'architecture des places fortes a deux époques : l'époque des guerres civiles, où chaque cité devait se tenir en garde contre la cité voisine; l'époque de la menace des barbares, où l'existence même de l'Empire était en question. La période intermédiaire, celle de la paix romaine, est pour les forteresses intérieures un temps de délaissement, les efforts se reportent sur la zone frontière : Rome même laisse englober son enceinte dans les maisons des faubourgs, et ne songe à se donner une enceinte nouvelle qu'en 270, sous Aurélien, à l'approche des barbares.

Les fortifications qui appartiennent à la première période sont à dispositions grecques, ainsi qu'on en peut juger (pag. 502) par l'aspect de l'enceinte de Pompéi. Le seul changement notable consiste à substituer aux murs d'argile crue ou de pierre d'appareil des massifs à structure concrète.

Entre l'époque d'Auguste et celle des derniers Antonins, on voit à peine quelques villes intérieures telles que Fano, Nîmes, Autun, accroître ou embellir leur enceinte : on est au temps des grandes entreprises de protection des frontières. Tibère commence une ligne reliant le Rhin au Danube de Cologne à

Ratisbonne; cette ligne est achevée par Trajan et prolongée par lui le long du bas Danube; Adrien couvre les possessions romaines de la Grande-Bretagne par une autre ligne de défense. Indépendamment des vieilles villes telles que Cologne qu'ils fortifièrent suivant le mode traditionnel, les Romains répartirent le long de ces lignes frontières des camps permanents, véritables villes militaires dont la mieux conservée est le camp de Troesmis; et enfin des fortins isolés, tels sans doute que ceux dont les ruines se rencontrent en Algérie aux confins du désert.

La plupart des fortifications parvenues jusqu'à nous sont celles que les Romains élevèrent aux approches des invasions barbares :

Toutes ont le caractère d'œuvres improvisées, on sent en face de leurs ruines l'absence de plan méthodique. Souvent les courtines sont sans liaison avec les tours. Cette indépendance fait songer à un précepte de Philon, qui la conseille comme un moyen de prévenir les effets du tassement inégal des tours et des courtines; mais ici elle a une explication plus simple : la ville, pour parer au danger immédiat, s'est assuré avant tout l'abri d'une courtine, sauf à bâtir après coup les tours suivant le temps et les ressources disponibles.

A cette période appartiennent les murailles de Rome; puis on voit s'élever des remparts dans toutes les villes des Gaules situées sur les routes où s'engagent les barbares : Tours, Bourges, Senlis, etc. Et dans ces places mêmes l'insuffisance des ressources forçait de restreindre le périmètre clos à une partie de la ville qui constituait une retraite plutôt qu'une enceinte.

Le Bas-Empire, en Orient, n'est envahi que plus tard, mais les ouvrages militaires qu'il construit témoignent de la même précipitation, c'est-à-dire des mêmes périls; presque tous se composent d'un corps de murs élevé à la hâte et de tours ajoutées après coup : Constantinople, Nicée, Koutahia, Édesse.

Portes de villes. — Le seul ornement des enceintes romaines, est la porte. Les Grecs, si l'on en juge par l'exemple de Mantinée, paraissent avoir très sobrement orné leurs entrées de villes. Les Étrusques, qui avaient fait de l'arcade un élément décoratif, élèvent des portes monumentales dont on saisit la tradition à Faléries, à Volterra, à Pérouse. Comme exemple de la porte à l'époque impériale, nous donnons fig. 15 l'élévation d'une des principales entrées d'Autun :

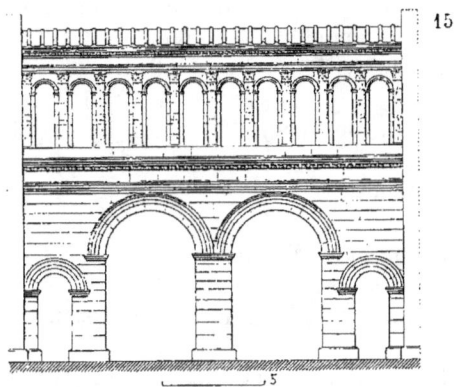

Entre des tours, deux baies correspondant aux deux sens de la circulation; pour toute décoration, une archivolte profilée, un entablement coupant la façade à mi-hauteur et, comme couronnement, une galerie qui rappelle le chemin de ronde d'un rempart. Tout ou partie de ces éléments se retrouve aux portes de Fano, Terni, Aoste, Rimini, Nîmes, Trèves. L'arc de triomphe ne sera autre chose qu'une porte de ville transformée en monument commémoratif; et l'on arrivera bien vite à perdre de vue son origine, au point d'isoler l'arc sur une place publique, ou même de le dresser, comme on l'a fait à Ancône, au sommet d'un perron sur la jetée d'un port.

MONUMENTS HONORIFIQUES ET FUNÉRAIRES.

Arcs de triomphe. — L'arc de triomphe, dont nous venons de rattacher l'origine à l'architecture militaire, est au premier chef le monument honorifique des Romains. Sous la République

blique, la porte triomphale paraît se réduire à un décor temporaire, l'arc permanent ne remonte pas au delà de l'époque d'Auguste : Vitruve même n'en fait nulle mention.

L'arc de triomphe appartient au type général de l'arcade : c'est une arcade richement ornée, surmontée d'une attique où se développe l'inscription. Qu'il nous suffise de rappeler les arcs de Titus, de Septime Sévère à Rome; celui de Constantin, dont les sculptures proviennent d'un monument de Trajan; ceux de Trajan à Ancône, à Bénévent; à Athènes, l'arc d'Adrien; en Algérie les arcs de Tébessa, de Timgad; en France, ceux d'Orange, Reims, Besançon, Cavaillon, Saint-Chamas. L'arc de Saintes est un des rares exemples de l'arc de triomphe à deux baies jumelles.

Colonnes triomphales et statues. — Les Grecs avaient élevé des statues colossales à leurs dieux, les Romains en élèvent à leurs empereurs : tel le colosse de Néron. Les Grecs ne connaissent guère, en fait de colonnes honorifiques, que le pilier votif; les Romains le reproduisent à gigantesque échelle : la colonne de Pompée à Alexandrie; à Rome, les colonnes Trajane et Antonine, où les exploits de l'empereur se développent en bas-relief sur une spirale qui part de la base pour aboutir au chapiteau supportant la statue. C'est dans cette famille de monuments que se classe la colonne relativement modeste dont les fragments existent à Cusset.

Les Romains ont un art extrême de faire valoir les dimensions de ces monuments honorifiques; ils les présentent comme les Grecs présentaient les idoles de leurs temples : de près, et environnés d'édifices dont le contraste les grandit. Entre le Colisée et l'emplacement qui fut depuis occupé par le temple de Vénus et Rome, l'espace où se dressait la figure de Néron n'était nullement à l'échelle de la statue. La colonne Trajane avait pour enceinte une petite cour adossée à la basilique Ulpienne; et l'on ne pouvait l'apercevoir que par-dessus la basilique, ou de tout près : dans un cas la proximité du point de vue, dans l'autre le contraste ajoutait à l'effet.

MONUMENTS HONORIFIQUES.

Tombeaux. — Les monuments funèbres des Romains sont imités de la Grèce et de l'Étrurie. De même que les Étrusques, les Romains pratiquaient concurremment l'ensevelissement et l'incinération : à l'incinération répondent les « columbaria », sépultures à cellules, telles que celle des affranchis de Livie, où les urnes s'alignent par étages.

Les plus imposants exemples de la tombe romaine sont les mausolées d'Auguste et d'Adrien : leur aspect est celui d'une masse conique portée par un soubassement; c'est l'application à échelle énorme de la donnée étrusque du Casale-Rotondo (pag. 263). Albano nous présente sous le nom de monument des Curiaces, la reproduction de la tombe étrusque faite de cônes allongés et groupés sur un socle commun. Le tombeau de Cestius est en pyramide; les tombes de la Syrie transjordanienne se présentent quelquefois sous la forme de tours carrées et sont situées comme des défenses aux limites de la ville. Au tombeau de Cécilia Métella, au tombeau de la famille Plautia, la forme est celle d'une tour ronde; et, aux derniers âges de Rome, cette tour presque massive devient un temple rond ou polygonal (tor de'Schiavi; tombeau de Dioclétien à Spalatro). Ce type nous conduit aux premiers temps de l'architecture chrétienne : ce sera celui du tombeau de sainte Hélène.

Les tombes romaines sont situées hors des villes, généralement le long des grandes routes (voie Appienne, voie des Tombeaux à Pompei). La loi des Douze Tables interdisait prudemment les sépultures dans l'enceinte des villes : à peine la Rome impériale dérogea-t-elle à cette règle pour les tombeaux de ses empereurs; on ne verra qu'à l'époque du christianisme les sépultures se grouper autour des églises et envahir l'intérieur même des monuments du culte.

HABITATIONS ROMAINES.

Chez les Grecs le luxe des habitations ne se développa qu'aux temps de la décadence; Rome à son tour n'eut que fort tard une architecture domestique : l'austérité des vieux Romains n'admettait les monuments que pour l'État; on gardait à l'époque de Pline le souvenir de la première maison à colonnes de marbre, et les ruines de Palatin montrent combien la demeure même de Livie était modeste. Le luxe privé ne s'étale qu'après Auguste. On retient alors dans le détail quelques dispositions étrusques; à prendre les choses dans leur ensemble, la maison, le jour où elle devient une œuvre d'art, devient une maison grecque.

LA MAISON DE VILLE.

Plan général. — Nous avons indiqué (pag. 498), à propos de l'art grec, la distribution générale des maisons romaines : d'après Vitruve, la principale différence consiste à placer les appartements privés non point à côté des appartements de réception, mais au delà, comme si dans les mœurs romaines la vie privée avait eu un caractère plus retiré que chez les Grecs.

Ce qui imprime à la maison romaine sa physionomie, c'est la première cour, l'atrium librement accessible aux attendants, aux visiteurs, aux clients.

Vitruve distingue deux sortes d'atrium : l'atrium à ciel ouvert ou cavædium, avec toiture seulement sur le pourtour; et l'atrium proprement dit, halle entièrement couverte.

a. — *L'atrium à ciel ouvert ou cavædium.* — Les croquis M,

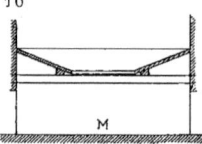 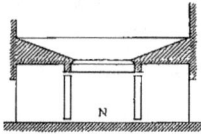 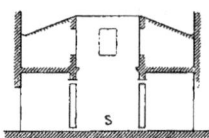

N, S fig. 16 résument les variétés principales du cavædium d'après Vitruve :

L'une M sans colonnes : avec charpente portant sur des poutres qui traversent de part en part;

L'autre N, où des colonnes supportent la toiture du portique dont les eaux s'écoulent vers l'intérieur;

Et enfin, S, la variété dite toscane, où les eaux sont rejetées vers le dehors et évacuées par des noues et des tuyaux de descente. L'origine de cette sorte de cavædium répond bien à son nom : elle est étrusque (pag. 261).

Suivant une remarque de Vitruve, cet agencement des toits a l'inconvénient de mal écouler les eaux, mais l'avantage de réserver au-dessus des portiques un étage sous toiture ayant vue sur la cour.

b. — *L'atrium proprement dit, en forme de basilique.* — Le second type de l'atrium est la cour couverte; la fig. 17 en montre l'aspect :

Une nef centrale bordée de deux portiques latéraux ou « ailes »; au fond, le « tablinum » entièrement ouvert sur sa face principale, et communiquant avec l'appartement de la famille par une large baie A appelée « fauces ».

Sous les portiques de l'atrium se rangent les portraits des ancêtres; le tablinum est le lieu où le maître donne ses audiences.

On sent toute la dignité de la vie romaine à ce large parti qui réunit dans une même enceinte le maître siégeant sous le tablinum, les souvenirs de famille consacrés par les bustes des portiques, et la foule des clients qui se presse sous les nefs de l'atrium.

592   ARCHITECTURE ROMAINE.

La distribution des maisons, d'après le plan antique du Capitole. — L'exemple A (fig. 18), extrait de la carte de Rome au temps de Septime Sévère, présente la maison sous sa forme la plus simple, mais avec deux cours bien distinctes, situées l'une à l'arrière de l'autre et correspondant aux deux grandes divisions des services.

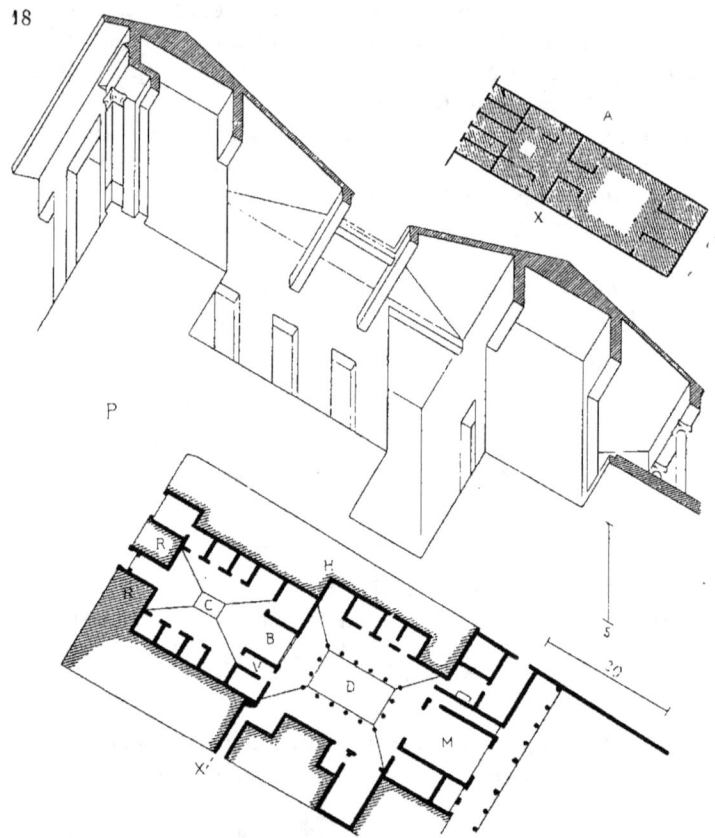

La maison à Pompei. — Pour compléter ces indications par un exemple existant, nous présentons fig. 18 P, une habitation pompéienne, la maison de Pansa. Ce n'est point une maison avec atrium en basilique : cette luxueuse disposition ne s'est point rencontrée à Pompei; c'est simplement une maison à cavædium.

Autour du cavædium C se groupent les salles accessibles à tous; la salle B qui en occupe le fond est le tablinum; les pièces R bordant la rue sont des boutiques, fort souvent louées à des étrangers et indépendantes du reste de la maison.

A la ligne X s'arrête la partie consacrée aux relations du dehors; au delà commencent les appartements privés. Une cloison mobile servant de fond au tablinum le sépare des pièces d'habitation, et un couloir V est la seule communication permanente établie entre les deux moitiés de la demeure. Aux jours de fête, la cloison séparative s'efface, et les deux appartements n'en font qu'un.

L'appartement privé, groupé autour de la seconde cour D, comprend, à part les chambres d'habitation, une salle à manger, une cuisine et des latrines.

Les esclaves, par raison de défiance, sont ordinairement relégués en dehors de l'habitation privée, et logés au premier étage.

Dans l'exemple fig. 18, on n'a de preuves de l'existence d'un premier étage que pour le bâtiment de fond M.

Détails d'aménagement et de décoration. — En élévation, la maison se présente comme il suit :

Chacune des cours, ou tout au moins la cour principale, est entourée de portiques avec ou sans colonnes. Les pièces principales, comme il convient aux pays chauds, ont une grande hauteur, et les chambres situées sous la toiture en sont séparées (pag. 535) par un plafond droit ou cintré : la couche d'air interposée entre ce plafond et la toiture est une garantie contre les températures extrêmes. Le premier étage s'avance assez ordinairement en surplomb sur la voie publique.

Point de cheminées : d'après Vitruve, les salles où l'on entretient du feu ont leur toit percé en son milieu d'une ouverture par où la fumée s'échappe, le foyer occupe le centre de la salle. Seuls les fourneaux des cuisines et les fours des boulangeries sont munis de tuyaux d'appel. Pour les pièces ordinaires de l'habitation, le seul mode de chauffage consiste dans l'emploi de braseros mobiles.

La cuisine est accompagnée d'une décharge communiquant autant que possible avec les égouts; et, par une application anticipée du mode d'assainissement qui tend à prévaloir de nos jours, cette décharge tient lieu de fosse d'aisances.

Sauf de rares exceptions, les maisons de Pompei paraissent n'avoir pas eu de vitrage aux fenêtres : de simples treillis, tels que ceux des habitations actuelles de l'Orient, laissaient passer le jour et rompaient les courants.

Dans quelques maisons on a retrouvé des sièges et des lits de bronze ainsi que la partie fixe du matériel de la salle à manger : des lits en maçonnerie sur lesquels on étendait les matelas du « triclinium ».

La décoration est proscrite des façades : à peine les plus riches maisons ont-elles une porte à imposte profilée; on observe à Pompei l'usage asiatique de ne point orner l'extérieur et de n'ouvrir à rez-de-chaussée aucune fenêtre sur rue.

A l'intérieur, les ornements sont des aires de mosaïque, des fontaines de marbre, des statuettes, des peintures à la cire sur les parois des salles, sur les colonnades des portiques.

Pompei présente des maisons plus que modestes, pas une qui soit d'aspect vulgaire : partout on sent cette distinction, cette élégance qui jette sur les productions les plus simples comme un reflet de l'hellénisme.

L'agglomération des maisons dans les grandes villes. — Les maisons de Pompei sont celles d'une ville de province où le terrain a peu de valeur : la plupart n'ont qu'un étage, deux au plus. Il en était autrement à Rome où le sol était cher. Les textes du Code Théodosien impliquent, au moins pour le 4e siècle, des maisons à quatre étages, et des étages qui s'avancent comme ceux de Pompei, au-dessus de la voie publique par encorbellements progressifs.

Les vieilles maisons de Rome étaient séparées les unes des autres par des murs mitoyens ; après l'incendie de Rome sous Néron il fut décidé que, pour éviter à l'avenir la transmission du feu, chaque maison formerait un « îlot » isolé des maisons voisines par une ruelle. Ce règlement tomba vite en désuétude.

LA VILLA.

L'obstacle de l'espace, les susceptibilités de l'opinion qui limitaient dans les grandes villes l'étendue des maisons et le luxe extérieur, n'existaient point pour l'habitation des champs, la villa : seule la villa romaine déploie ses richesses au dehors.

Son plan, étranger aux conventions de la symétrie, embrasse non seulement les services ordinaires de la maison de ville, mais des basiliques, des thermes et tous les bâtiments d'une exploitation rurale. Parfois l'appartement est double : une moitié, tournée vers le midi, est destinée à l'habitation d'hiver ; l'autre, tournée vers le nord, à l'habitation d'été. Des grottes ou nymphées où coulent des fontaines forment des retraites où l'on va chercher la fraîcheur.

Sous les climats froids tels que le nord de la Gaule, l'habitation d'hiver exige un chauffage régulier ; on l'obtient à l'aide d'une canalisation d'air chaud ménagée sous le sol : véritable calorifère semblable à ceux que nous avons décrits (pag. 571) à propos du chauffage des thermes. La villa de Mienne (Eure-et-Loir) présente un curieux exemple de ces hypocaustes.

Des jardins s'étendent entre les bâtiments des villas : ce sont, nous le savons par Pline le Jeune, des parterres à compartiments réguliers, ornés de fontaines, de statues, de buis taillés, mais sans aucune symétrie d'ensemble : comme dans les pavillons auxquels ils servent de cadre, la symétrie s'applique à chacun des membres, une variété libre et pittoresque préside seule à l'association des parties.

Parmi les exemples de villas nous avons nommé la villa gallo-romaine de Mienne. On peut citer encore dans les Gaules Thuit (Eure-et-Loir), Vaton près de Falaise; en Angleterre, Bignor en Sussex. Il reste près de Rome, aux abords de la voie Appienne, des ruines de maisons de campagne grandes comme des quartiers de villes. Près de Tivoli, une immense villa construite par Adrien réunissait dans ses jardins les copies des édifices que l'empereur avait admirés au cours de ses voyages : le Pœcile, le Sérapéum de Canope; des sites naturels même y étaient reproduits : la vallée de Tempé, le Pénée.

En dehors des indications des ruines, ce que nous savons de plus précis ressort des descriptions que nous ont laissées Cicéron de sa villa de Tusculum, Pline de sa villa du Laurentin et Sidoine Apollinaire d'une villa qu'il possédait en Auvergne : mais le détail de ces curieux tableaux nous entraînerait à des développements qui appartiennent à l'archéologie plus qu'à l'histoire de l'art.

LA MAISON EN SYRIE.

Ce que nous avons dit jusqu'ici s'applique surtout aux habitations de l'Occident. Transportons-nous dans l'Asie romaine, dans la province de Syrie. Ici nous ne retrouvons pour ainsi dire rien du programme gréco-étrusque : la conception générale aussi bien que la structure est purement asiatique. La Syrie transjordanienne offre d'innombrables exemples de ces habitations orientales, mieux conservées que les maisons mêmes de Pompei. Les maisons du Haurân, du Ledjah nous sont parvenues pour la plupart intactes, habitables, habitées. Rien dans leur structure n'est périssable : les murs et les plafonds sont en basalte ; les portes sont des dalles de basalte roulant

HABITATIONS. 597

sur des gonds de basalte ; au lieu de fenêtres, des dalles de basalte ajourées ; le tout repose sur des coulées de basalte.

Dans une grande partie du Haurân le bois fait absolument défaut et les constructions sont ainsi tout entières en matériaux à l'épreuve des siècles. La fig. 19 A en offre un exemple. Les plafonds sont des dalles reposant sur des arcs surmontés de tympans. Les détails de cet arrangement ont été donnés pag. 517.

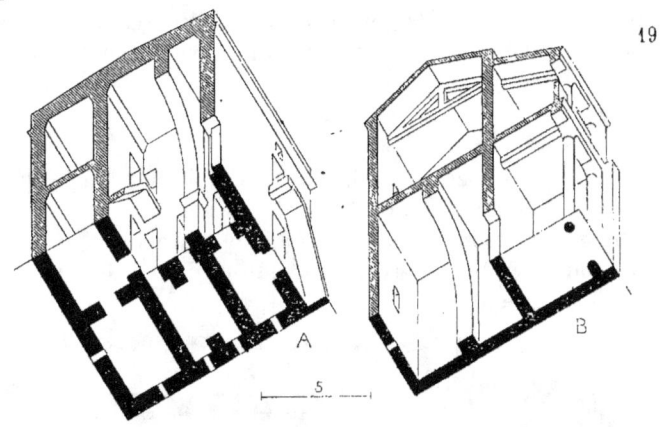

19

Ailleurs, lorsque le bois est seulement rare, on s'en tient à des partis mixtes tels que B : à l'étage inférieur un plafond de pierre, à l'étage supérieur un comble en charpente.

Ces maisons sont essentiellement combinées en vue des exigences d'un climat brûlant, ce sont avant tout des refuges contre la chaleur. Les pièces sont éclairées à peine par d'étroits soupiraux ; et quelquefois ces retraites closes ont pour annexes des portiques entièrement ouverts : l'habitant peut alors trouver à son choix l'ombre absolue, ou le grand air et la pleine lumière. La coupe B montre le portique ou véranda qui sert d'abri, et qui protège les murs contre le rayonnement direct.

Dans les formes, c'est le sentiment grec qui domine.

598 ARCHITECTURE ROMAINE.

La distribution de ces maisons syriennes n'indique nullement la vie de harem : par tradition grecque (pag. 498) et surtout par l'influence des idées chrétiennes qui règnent dès les premiers siècles dans ces contrées, l'appartement de la famille est moins distinct, moins isolé. Avant tout on saisit la trace des mœurs hospitalières et des délicates attentions des Orientaux pour leurs hôtes. Habituellement (A) les pièces du premier étage sont desservies par deux escaliers : l'escalier extérieur permet aux hôtes l'accès direct de leur logis et leur assure l'indépendance la plus discrète; seul l'escalier intérieur met leur appartement en communication avec celle du maître.

LE PALAIS.

Jetons enfin un coup d'œil sur les habitations des empereurs et des dignitaires de l'Empire, les palais.

Comme la maison, le palais prend des caractères très différents dans l'Occident gréco-étrusque et dans l'Orient demi-perse, demi-grec.

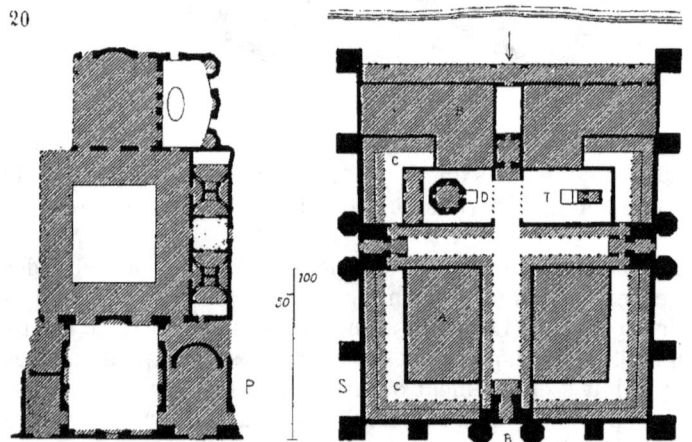

Nous donnons fig. 20 deux exemples d'habitations impériales empruntées l'une à l'Occident, l'autre à l'Orient : en Occident, le Palatin, en Orient, Spalatro.

Le Palatin n'était sous Auguste qu'une maison de peu d'apparence, dont quelques restes ont été englobés par les substructions des Flaviens : ce n'est que sous Vespasien que s'élèvent les constructions somptueuses. La partie affectée à la représentation, P, la seule que nous possédions, répond de point en point au programme traditionnel : l'atrium, les salles d'attente et d'audience ; le tout largement ouvert.

Spalatro au contraire est un palais asiatique, accusant toutes les défiances et la vie cloîtrée de ceux qui l'occupent.

L'édifice (S) s'élève sur la rive de l'Adriatique, avec son entrée principale non du côté de la plage, mais en R, du côté des jardins. Les appartements de réception avoisinent l'entrée R, le harem occupait selon toute apparence l'espace reculé B, avec vue sur la mer. En T était le temple, en D le tombeau que Dioclétien s'était préparé.

Une autre particularité de Spalatro, est d'être une habitation fortifiée : les menaces des barbares faisaient déjà une nécessité de la défense. Au lieu de s'éparpiller comme une villa du siècle des Antonins, le palais se ramasse et s'environne d'une enceinte à tours, avec une simple poterne sur la face que la mer rendait accessible : Spalatro est un intermédiaire entre le sérail et le château féodal. C'est au type de Spalatro que se rattachent les palais orientaux d'Arak-el-Émir et de Machita ; au type du Palatin appartenaient les palais d'Arles et de Trèves.

LA VILLE ROMAINE.

Essayons de réunir par la pensée les monuments d'une ville romaine :

A l'époque de la République, ils se groupaient autour du Forum : le Forum, tel que nous le dépeint Vitruve, contenait non seulement la basilique où se traitaient les affaires, où se rendait la justice, mais les portiques, les magasins où s'amoncelaient les tributs payés en nature. A Rome, le vieux Forum répondait assez bien à ce programme : un ensemble irrégulier de basiliques, de portiques, de temples ; au milieu, une tribune en plein air ; au fond, la galerie des archives, le Tabularium. Le Champ de Mars était le lieu des assemblées pour lesquelles l'espace du Forum eût été insuffisant : il contrastait avec le Forum encombré, par l'étendue de son esplanade libre.

Plus tard, divers empereurs élevèrent à leur tour leur forum : Nerva, Trajan. Cette fois, la symétrie devient la loi absolue

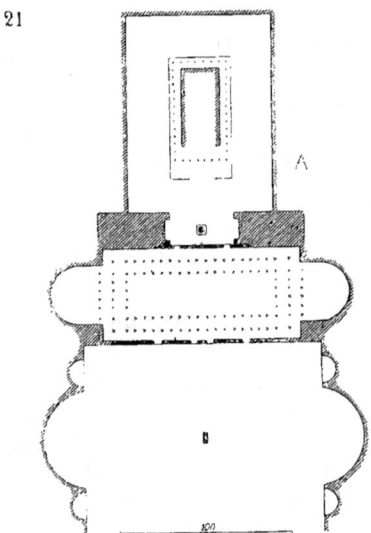

21

des groupements. On connaît par quelques ruines et surtout par le plan antique de Rome, les dispositions générales du Forum de Trajan : nous les reproduisons fig. 21. Une place principale, dont l'entrée s'annonce par un arc de triomphe. Au milieu de cette place, la statue équestre de l'empereur ; au fond, la basilique Ulpienne ; puis, par delà la basilique, une seconde place plus resserrée, bordée de deux bibliothèques, avec le temple de Trajan au centre et, entre les deux bibliothèques, la colonne Trajane.

LE GROUPEMENT DES ÉDIFICES.   601

L'acropole de Rome était le Capitole, dominé par le vieux temple national, le temple de Jupiter Capitolin autour duquel se pressaient, ainsi qu'à l'acropole d'Athènes, les temples secondaires, les ex-voto. Et, comme une autre acropole consacrée au culte de la puissance impériale, le Palatin se dressait en face du Capitole.

C'est autour de ce double centre de Rome que se groupaient les théâtres, les arènes, les thermes : si serrés qu'à l'aspect du plan de Rome on se demande où se logeait la foule qui animait ces monuments publics.

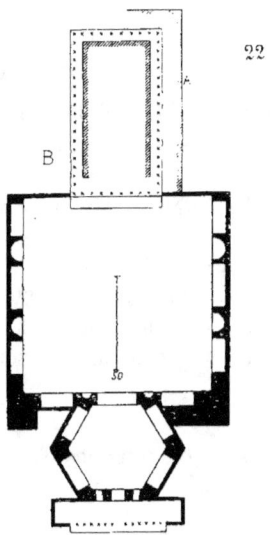

Passons aux villes d'Orient. Nous y trouvons des groupes d'édifices tels que ceux de Balbek (fig. 22) qui rappellent par leur ampleur les plans mêmes de Rome : en général ce ne sont ni les places publiques ni les temples qui impriment aux villes asiatiques leur caractère, c'est la grande avenue droite qui les traverse, l'avenue que les Grecs avaient mise en honneur par les exemples d'Alexandrie et de Damas. Le type de cette disposition grecque d'origine nous est offert par une ville à demi romaine, enchérissant de splendeur sur Rome même, Palmyre.

L'avenue de Palmyre, toute bordée d'une double galerie à colonnes corinthiennes colossales, se développe sur une longueur de plus d'un kilomètre. La principale avenue de Djerach s'étend sur plus de 700^m. Des portiques à quatre faces s'élèvent au croisement des rues de Djerach et couvrent les carrefours. C'est sous ces galeries que vit la population tout entière, c'est le long de leurs colonnades que se distribuent les monuments publics. L'aspect est tout autre qu'à Rome, l'effet plus étonnant peut-être : nulle part la grandeur romaine n'a trouvé une expression plus saisissante que dans ces villes d'Asie reléguées aux confins de l'Empire.

L'ARCHITECTURE DANS SES RAPPORTS AVEC L'HISTOIRE GÉNÉRALE ET L'ORGANISATION SOCIALE DES ROMAINS.

LES INFLUENCES, LES ÉPOQUES.

Nous avons analysé les méthodes et les monuments de l'art romain, il est temps d'en résumer l'histoire : nous suivrons tour à tour dans les méthodes de construction et dans les formes décoratives la marche et les causes de son progrès et de son déclin.

a. — LES MÉTHODES DE CONSTRUCTION AUX DIVERSES ÉPOQUES DE L'ART ROMAIN.

La construction concrète est d'une telle simplicité, que son histoire se réduit pour ainsi dire à celle de l'adoption même du principe.

Toute la période consulaire appartient au système grec de la construction d'appareil : la construction concrète ne se développe qu'à l'époque impériale. Ses débuts nous reportent à peine au delà de l'ère chrétienne : Vitruve ne fait aucune mention des voûtes maçonnées. Il existe des voûtes de blocage au Tabularium, mais il est loin d'être prouvé qu'elles fassent partie des constructions primitives ; les plus anciennes voûtes de maçonnerie ayant date authentique sont les berceaux timides du mausolée d'Auguste, quelques restes engagés dans les substructions des thermes de Titus et provenant d'un vieux réservoir connu sous le nom de Sette-sale ; puis les voûtes du Colisée. Et enfin les gigantesques édifices voûtés de l'âge des Antonins : temple de Vénus et Rome, rotonde du Panthéon ; c'est sous les Antonins seulement que les hardiesses commencent.

L'instant où les voûtes concrètes se généralisent est précisément (pag. 520) celui où la brique cuite prend place parmi les matériaux usuels : l'essor se manifeste au moment où l'on possède une matière permettant l'exécution de ces armatures qui devaient être un auxiliaire si précieux de la grande construction voûtée.

Cette construction concrète, où les Romains en ont-ils puisé l'idée ? leur appartient-elle en propre ou, si elle est un fait d'imitation, quelle en est la provenance ?

Si nous rappelons le souvenir des architectures antérieures, nous ne trouvons l'idée de construction en menus matériaux et mortier que sur les côtes phéniciennes de la Méditerranée (pag. 212), et surtout (pag. 122 et 88) chez les Perses qui tenaient eux-mêmes le procédé de la Chaldée.

Les Phéniciens de Carthage n'employaient que le moellon, les Perses employaient concurremment le moellon et la brique. Il est vraisemblable que les Romains ont appris des Carthaginois à bâtir par concrétion, mais ce n'est qu'à l'époque de leurs contacts avec la Perse qu'on voit apparaître chez eux le système des voûtes concrètes dont la brique cuite est le principal auxiliaire : l'hypothèse d'un emprunt se présente naturellement.

Emprunt fort transformé à coup sûr. Les Romains sacrifient dans leurs voûtes concrètes le principal avantage de la voûte perse, celui de s'exécuter sans cintrage : loin de correspondre à un progrès technique, la solution romaine semble un pas fait en arrière. La construction sur armature est combinée en vue de simplifier le cintrage, mais elle l'exige : la voûte romaine est la négation du principe asiatique. Tout ce que les Romains ont apporté de leurs campagnes de Perse, c'est l'idée de voûter à l'aide d'une concrétion de menus matériaux et de mortier, c'est l'idée d'utiliser la brique cuite pour l'exécution de la voûte. Quant aux procédés qu'ils adoptent, ils leur appartiennent sans réserve ; ce que ces procédés ont en apparence d'inférieur à ceux de la Perse se traduit par un surcroît de main-d'œuvre, mais par une main-d'œuvre plus simple ; et la simplicité du travail est à leurs yeux la première des conditions. Les voûtes sans cintrage exigent le concours d'ouvriers exercés : il faut un apprentissage pour maçonner directement dans le vide ; les Romains voient dans ces sujétions une entrave aux grandes entreprises ; ce qu'il leur faut avant tout, ce sont des procédés dont l'application n'exige que des bras. Ces bras, ils les recrutent dans la population corvéable de l'Empire : le progrès pour eux consiste moins à réduire la main-d'œuvre dont ils disposent sans mesure, qu'à la mettre à la portée des ouvriers improvisés qu'ils emploient. Ils ont des bois qui manquaient à la Perse ; le principe du cintrage, ils le trouvent chez les Étrusques qui voûtaient par claveaux et par conséquent sur cintres : cette méthode étrusque des cintres, ils l'étendent aux voûtes concrètes ; et le système nouveau se constitue dans sa rude et pratique simplicité.

Telle est donc, selon les vraisemblances, la filiation asiatique de la voûte concrète :

La Perse suggère à Rome cette idée qu'on peut voûter par concrétions ; la Perse fournit à Rome l'exemple d'employer comme principale matière de ces concrétions la brique : à Rome appartient le procédé consistant à constituer le massif par strates horizontales, aux Étrusques le type du cintrage que cette stratification rend nécessaire.

Les artifices de détail paraissent imaginés dès le premier siècle : l'armature en briques à plat existe aux Sette-sale, l'armature par chaînes de briques au Colisée. La plus grande application, la rotonde du Panthéon, marque le commencement du 2º siècle. A compter de cette époque, durant deux siècles et demi, les méthodes se continuent sans alternatives de décadence et de progrès, sans subir même les fluctuations que nous apercevons dans l'art décoratif : la basilique de Maxence, élevée après l'an 300, les représente aussi dignement que le Colisée ou les thermes de Titus. Puis l'art de la construction sombre brusquement au jour du partage de l'Empire. La menace des barbares, l'épuisement intérieur de la société romaine rompent les traditions de la grande architecture; après Constantin l'art romain ne se survivra plus que dans des constructions légères en forme de basiliques à charpente, qui seront les monuments des premiers âges de la Rome chrétienne et les intermédiaires entre l'architecture du Haut-Empire et la Renaissance byzantine.

b. — LES ÉPOQUES DE L'ART DÉCORATIF.

Rappelons maintenant les principales transformations de l'art décoratif et les influences qui les ont amenées.

Au début, nous avons distingué une période purement étrusque; elle correspond à l'âge presque légendaire des origines de Rome.

Ensuite nous avons assisté à la naissance d'un art inspiré de l'étrusque et du grec, mais ayant une physionomie qui n'est ni celle de l'art grec ni celle de l'art étrusque : l'art qui trouve sa plus haute manifestation deux siècles et demi avant notre ère au tombeau des Scipions et montre sa vitalité jusqu'aux derniers temps de la République dans des monuments tels que la porte de Pérouse ou le temple de Tivoli.

A côté de cet art national, nous avons vu s'introduire lors de la conquête de la Grèce une architecture d'emprunt, architecture purement grecque dont le temple de Cora est le type, qui se développe parallèlement à l'art traditionnel et se fond avec lui vers les débuts de la période impériale, pour durer autant que Rome même.

Le traité de Vitruve, composé sous Auguste, est le tableau de l'architecture au moment où s'opère la fusion. Une théorie, que nous croyons au moins risquée, nous présente ce traité comme une compilation de faussaire extraite des écrits de Varron : Varron devance d'un demi-siècle l'époque attribuée à Vitruve; et, même dans cette hypothèse, le livre reste comme le testament de la vieille architecture romaine.

L'art de l'Empire jette son éclat de l'époque d'Auguste à celle des Antonins : c'est alors que s'élèvent le portique du Panthéon, le portique d'Octavie, le Colisée, le forum de Trajan, le temple de Vénus et Rome, les temples dits de Jupiter Stator et de Mars Vengeur, le temple des Jardins Colonna.

Pour un instant il semble que les Romains aient senti s'épuiser les ressources de cet art officiel : momentanément ils se reprennent au passé, l'époque d'Adrien est signalée par des essais de rénovation archéologique. Adrien copie à Éleusis les propylées d'Athènes, à Athènes même il restaure suivant son ancien style le théâtre de Bacchus; dans sa villa de Tivoli il fait reproduire des portiques grecs, des temples égyptiens. On imite l'art du passé jusque dans la statuaire : bas-reliefs étrusques, statues égyptiennes; effort rétrospectif qui rappelle l'archéologisme assyrien (pag. 113) et semble un signe des architectures vieillies.

C'est après cet instant d'hésitation que le déclin commence : et grâce à l'indépendance de l'ornement et de la structure (pag. 535), l'art de construire peut se maintenir à la hauteur où le siècle précédent l'avait porté, tandis que l'art décoratif s'abaisse. La décadence s'annonce par un amollissement des formes, sensible déjà dans l'arc de Septime Sévère, et qui va s'accentuant pendant les 3e et 4e siècles : Thermes de Caracalla, de Dioclétien; Balbek, Soles, Djerach, Palmyre. Cet âge de vulgarité est précisément celui des monuments les plus gigantesques : comme si l'art avait dû perdre en perfection pour suffire à l'immensité de sa tâche.

LES ÉCOLES LOCALES DE L'ARCHITECTURE ROMAINE.

Plus d'une fois nous avons appelé l'attention sur la diversité d'expressions et de méthodes que l'art romain présente selon les contrées où on l'envisage. L'architecture romaine n'est pas un art unique, non plus que l'Empire n'est une nation. L'Empire est un groupe de provinces autonomes, l'architecture romaine est une collection d'architectures auxquelles l'autorité centrale imprime une communauté de tendances, mais qui gardent jusqu'aux derniers temps leur individualité native.

Deux grandes divisions se dessinent dans l'art comme dans la civilisation générale : l'Occident est romain ; l'Orient, grec : l'Adriatique coupe en deux moitiés le monde impérial ; d'une de ses rives à l'autre l'art se transforme.

A l'Occident, en Italie, en Espagne, en Afrique même, une architecture de blocage à revêtements de rapport ; à l'Est, dans la Grèce propre et les provinces d'Asie, une architecture à décoration construite, dérivée en droite ligne de l'art hellénique.

Tandis que l'Occident romain ne connaît en fait de constructions d'appareil que les ouvrages à joints vifs, l'Asie et surtout l'Afrique romaine font une place à la maçonnerie d'appareil sur lit de mortier.

Vitruve constate dans la construction de blocage des différences notables entre les pratiques de la Grèce et celles de Rome.

En Orient, les concrétions massives de Rome se retrouvent à peine dans quelques villes du littoral devenues romaines : pénétrez dans l'intérieur de l'Asie Mineure et comparez les bains d'Hiérapolis aux thermes de Caracalla dont ils paraissent contemporains, ce n'est ni la même structure ni le même décor. Ici les concrétions habillées d'un placage, là une construction d'appareil avec décor par ravalement. La colonne, qui n'est à Rome qu'un hors-d'œuvre, garde en Orient son rôle constructif. Les grandes salles de Rome sont voûtées ; celles de l'Asie, à plafonds. Les propylées de l'Agora d'Athènes présentent des incorrections inconnues aux belles époques, mais pas un détail qui soit étranger à la tradition hellénique. En Syrie, nous trouvons ces constructions du Haurân, du Ledjah dont nous avons constaté l'étrange contraste avec les types romains de l'Occident. Que l'on mette par la pensée les maisons à dallages sur arcades de la Syrie transjordanienne en regard des édifices voûtés de Rome, on aura peine à croire à la simultanéité des deux architectures, on se sentira transporté dans un monde tout autre.

Passons en revue les principales écoles entre lesquelles la décoration romaine se partage :

En Grèce, nous reconnaissons jusqu'à l'époque d'Auguste des formes classiques dégénérées, mais purement grecques.

En Asie Mineure, le style d'Æzani et d'Ancyre rappelle plus l'époque macédonienne que l'art contemporain d'Occident.

L'Arabie Pétrée a gardé son style à part : ces constructions fantaisistes (fig. 1) où nous trouvons pour ainsi dire la réalisation matérielle des impossibilités de la peinture décorative de Pompei; et l'école de Petra étend son influence jusque sur la Judée romaine (tombeau dit d'Absalon).

L'école d'Égypte est peut-être celle dont le style tranche le plus étrangement sur le style officiel de Rome : Tandis qu'à Rome on construit des temples corinthiens, on élève en Égypte les colonnades encore toutes ptolémaïques d'Esneh, de Philæ, de Dendérah.

Parmi ces écoles locales, il en est une qui nous intéresse à double titre, celle des Gaules.
Ce n'est nullement l'école de Rome : au lieu de la solennité romaine, elle a des élégances que retrouveront à l'époque de la Renaissance les descendants des architectes gallo-romains.

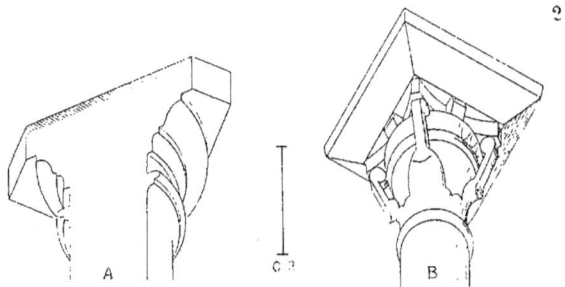

Le dorique à chapiteau tracé en doucine A (fig. 2) ne prend que chez nous une véritable généralité.
Comparez avec les chapiteaux de Rome ces charmantes ébauches de chapiteaux conservées dans la crypte de Jouarre (B) : indépendamment du principe de l'arcade sur colonnes dont ils témoignent (pag. 559), ils ont une physionomie à eux, un accent à part.

L'école romaine des Gaules n'accepte ni l'uniformité ni la formule : les colonnes du temple de Champlieu ont leurs fûts entièrement couverts de sculpture, et ce décor sculpté change d'une colonne à l'autre.

Le tombeau de Saint-Remy (fig. 3 R), si romain pour le détail, semble dans ses formes générales la conception libre d'un Pierre Lescot ou d'un Philibert Delorme. A Bordeaux, le palais des Tutèles, connu par les illustrations d'une vieille édition d'Ausone, présentait les éléments des ordres appliqués plus librement encore. L'ordre de la Maison carrée de Nîmes (fig. 3 N) est une véritable colonnade de la Renaissance. C'est

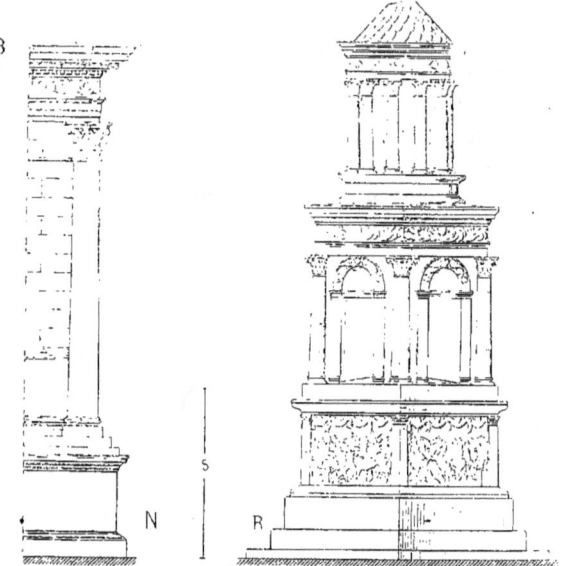

ainsi que chaque province garde sa personnalité dans l'unité romaine ; et les germes locaux, que l'autorité impériale n'a point étouffés, se retrouveront après la chute de Rome pour prendre une vie nouvelle dans les architectures qui vont naître sur les ruines de l'Empire.

LES MÉTHODES, LE RÉGIME ÉCONOMIQUE ET L'ORGANISATION DES CLASSES OUVRIÈRES.

Les méthodes et le régime économique. — Les procédés de la construction montrent comment les Romains entendaient, au point de vue financier, les entreprises d'utilité publique : ils engloutissaient dans ces constructions des capitaux de premier établissement énormes, pour n'avoir plus ensuite à entretenir. Mieux encore que les édifices, les routes romaines témoignent de ce système (pag. 581). De nos jours, par une nécessité qu'explique le régime actuel du capital, on fait juste l'inverse : on économise sur le premier établissement; et le revenu des sommes épargnées permet d'entretenir les édifices et surtout de les transformer à mesure que les besoins se modifient. Cette incessante variation des besoins n'existait point dans les sociétés antiques.

Les méthodes et la condition des classes ouvrières. — Au cours de cette étude, nous avons plus d'une fois remarqué combien les procédés romains sont en harmonie avec les ressources d'un peuple dominateur, maître absolu de toutes les forces ouvrières d'un grand empire. Il convient de préciser cet aperçu : comment fonctionnait le recrutement qui alimentait les chantiers de construction romaine?

La corvée joue le rôle principal, mais la corvée organisée, la corvée avec des cadres méthodiquement constitués.

L'empire romain, pour subvenir aux besoins de ses grands chantiers, avait enrégimenté les classes ouvrières sur le pied que voici :

Partout les manœuvres corvéables sont placés sous la direction de corporations locales qui se perpétuent de père en fils et possèdent des traditions individuelles en rapport avec les ressources propres à chaque localité. Les membres sont astreints à un régime qui ressemble assez à celui de l'Inscription maritime : Astreints à prêter leur concours à l'État chaque fois que le besoin public l'exige, ils sont soumis pour chaque travail à un tarif incomplètement rémunérateur, et indemnisés de la servitude permanente qui pèse sur eux par la jouissance de « fonds dotaux » dévolus à la corporation. Chaque corporation vivant ainsi de sa vie propre imprime un caractère spécial aux méthodes : de là, sous une communauté générale de principes, cette diversité de pratiques qui nous a frappés; elle ne répond pas seulement à l'inégalité des ressources locales, mais aussi et surtout à l'indépendance mutuelle des corporations ouvrières; c'est l'esprit d'individualité municipale transporté au régime des ouvriers romains.

Cette organisation du travail ne s'étend que fort mitigée aux provinces orientales, toutes les lois qui la régissent sont spéciales à l'Occident; c'est seulement dans les contrées où les codes romains nous montrent ce régime en vigueur, que les méthodes de la construction concrète ont reçu leur large et complète application : de semblables méthodes témoignent d'une population asservie sous ce socialisme autoritaire. L'Orient, où se conservent les libérales traditions de la vie grecque, manque des moyens nécessaires pour appliquer les procédés avec cette ampleur : de l'Occident à l'Orient les méthodes changent avec le régime social; et nous verrons en plein moyen âge la distinction se perpétuer dans les procédés de l'architecture chrétienne.

FIN DU TOME I.

TABLE DU TOME I.

Indications de provenance accompagnant les titres des figures :
Figures tracées d'après nos relevés .... (R)
— complétées ou modifiées d'après nos relevés................... (V)
— établies sur documents photographiques....................... (P)

I. — AGES PRÉHISTORIQUES.

                                                                        Pages.
Principales époques.. 1

PROCÉDÉS.

a. — Les débuts de l'art de bâtir... 3
    Fig. 1, 2. Transport des blocs.. 4, 5
    — 3. Dressage des pierres levées................................... 5
b. — Essais de décoration 7

MONUMENTS.

L'habitation et la défense... 9
Monuments funéraires et commémoratifs................................ 10

QUESTIONS DE CHRONOLOGIE ET D'INFLUENCES.

Diffusion et survivances de l'art préhistorique...................... 12
Premiers foyers des architectures historiques...................... 13

II. — ÉGYPTE.

Le pays, les besoins, les ressources..................................... 15

MÉTHODES DE CONSTRUCTION.

a. — La construction d'argile... 17
    Fig. 1. Diagramme d'un mur élevé sans échafaudage (*interprétation d'un document emprunté à Prisse d'Avenne, Histoire de l'art égyptien*).. 18

TABLE. — ÉGYPTE.

Pages.

a. — La construction d'argile (suite).

   Fig. 2. A Mur à lits ondulés, construit à l'aide d'un cordeau directeur (*Prisse*).
     »   S Dispositions diverses des briques dans les murs égyptiens (*id.*)... 18
     — 3. Coupole à lits horizontaux d'une tombe d'Abydos (*Mariette, Abydos*)... 19
     — 4. Croquis expliquant le mode d'exécution des berceaux sans cintrage... 20
     — 5. Variétés de berceaux égyptiens 21

b. — Emploi du bois et des métaux..................................... 22

   Fig. 6. Plafond cintré en troncs de palmiers jointifs, reproduit dans les tombes de Memphis... 22
     — 7. Pan de bois (*d'après un modèle du Musée du Louvre*).. 23
     — 8. Construction mixte, argile et charpente : Interprétation des sculptures peintes du tombeau de Phtah-Hotep (*d'après les relevés de Bourgoin : Perrot et Chipiez, Histoire de l'art dans l'antiquité*)..................................... 24
     — 9. Autre type de construction mixte en argile et stipes de palmier (*parements de sarcophages*)..................... 25
     — 10. Origine probable des profils adoptés pour le couronnement et la bordure des murs....................................... 25
     — 11. M, N Édicules à charpentes métalliques (*Prisse*).
     »   A Explication de ces charpentes par l'imitation d'ouvrages de vannerie... 26
     — 12. 13. Assemblages et combinaisons de menuiserie (*Musée britannique, Musée du Louvre*)......................... 26

c. — Procédés généraux de la construction en pierre................. 26

   Fig. 14. A, B Diagrammes expliquant le système général de la construction par plate-bande chez les Égyptiens.
     »   C Temple du Sphinx (P)... 27
     — 15. Modes divers d'exécution des massifs :
       »   A Appareil à lits continus;
       »   B Appareil à décrochements;
       »   S Construction par placages successifs : Exemple emprunté à la grande pyramide à degrés de Sakkarah (*Lepsius, Über den Bau der Pyramiden; Perring, The Pyramids of Gizeh*).. 28
     — 16. A Galerie à encorbellements de la grande pyramide de Gizeh (*Description de l'Égypte, ou Recueil des observations faites pendant l'expédition de l'armée française. — Perring*).
     »   B Décharges ménagées au-dessus de la chambre sépulcrale de la grande pyramide (*Perring*)................... 30
     — 17. A Voûte par encorbellements équilibrés du temple d'Abydos (*Description de l'Égypte*).
     »   B Voûte par assises horizontales au temple de Deïr-el-Bahri (*Lepsius, Denkmäler aus Ægypten*)................... 30

TABLE. — ÉGYPTE. 615
Pages.

c. — Procédés généraux de la construction en pierre (suite).

Fig. 18. A, B Voûtes de décharge à deux voussoirs du temple de Deïr-el-Bahri (*Lepsius*), et de la grande pyramide de Gizeh (P).
» C Voûtes de décharge à trois voussoirs de la tombe dite de Campbell à Gizeh (*Perring*)........................... 31

d. — Détail des procédés.. 31

Fig. 19. Diagramme expliquant l'épannelage d'une statue de pierre dure par sciage au sable............................ 32
— 20. Transport d'un colosse (*interprétation d'une peinture d'El-Berseh reproduite par Wilkinson, Manners and customs of the ancient Egyptians*)..................... 33
— 21. Transport d'un bloc (*traîneau reconstitué d'après une représentation antique à El-Masara : Wilkinson*)...... 34
— 22. Organisation des chantiers de construction d'un temple... 35
— 23. A Extraction d'un obélisque et taille des faces à l'aide d'un cordeau directeur (*interprétation des documents de Le Bas : L'obélisque de Luxor*).
» B Transport par flottage (*d'après un texte de Pline*)..... 36
— 23 B, 24. Transport par terre................................. 36
— 25, 26. Mode de dressage de l'obélisque.............,........... 37, 38

LES FORMES.

Origines et caractères des éléments décoratifs.................. 38

Fig. 1. A Colonnes en imitation de poteaux de blindage à Beni-Hassan (*Description de l'Égypte*).
» B Couronnement de pilier en forme de sous-poutre, à l'hypogée de Beni-Hassan dit Spéos Artemidos (*Communication de M. J. Darcel*).................................. 40
— 2. B Fût de colonne à empattement conique, de Beni-Hassan (*Descript.*).
» C, D Fûts resserrés à la naissance : C Ramesseum (*Descript.*); D portique de Toutmès III à Karnak (*Prisse*). 42
— 3. B Chapiteau en bouton de lotus : Grand temple de Karnak (*Descript.*).
» A Chapiteau en faisceau de boutons de lotus : Éléphantine (*id.*)......................................,............ 43
— 4. Chapiteau en lotus épanoui du grand temple de Karnak (*id.*) 44
— 5. A Colonne de Karnak, à chapiteau en campanule renversée (*Lepsius, Denkmäler*).
» B Chapiteau à feuillage modelé : Petit temple du Sud à Karnak (*Descript.*).
» C Chapiteau à tête d'Athor : Dendérah (*id.*)............. 45
— 6. Profils et appareils de corniches : R portique de Toutmès III à Karnak; S, T Medinet-Abou (*id.*)............. 46
— 7. Colonne métallique (*peinture reproduite par Prisse*).... 47
— 8. Décoration de porte et couronnement d'édicule (*Descript.*). 48
— 9. Dessins d'ornement : A Thèbes; B Beni-Hassan (*Prisse*). 48

616   TABLE. — ÉGYPTE.

                                                                                    Pages.

SCULPTURE ÉGYPTIENNE.. 49
PEINTURE... 50

LOIS DE PROPORTIONS, ILLUSIONS OPTIQUES.

PROCÉDÉS ARITHMÉTIQUES ET GÉOMÉTRIQUES DE MISE EN PROPORTION....... 51
    Fig. 1. Proportions de la façade du temple d'Éléphantine (*Babin*,
           Emploi des triangles dans la mise en proportion : *Revue*
           archéol.)... 52
    — 2, 3, 4. Tracé et comparaison des triangles employés pour la
           mise en proportion des édifices............................. 53, 54

COMPENSATION DES ILLUSIONS VISUELLES....................................... 57
    Fig. 5. Exemple emprunté aux obélisques de Luxor (*Descript.*).. 57
    — 6. Courbure des lignes horizontales du temple de Medinet-
       Abou (*Pennethorne*, *The geometry and optics of the*
       ancient architecture).. 58

MONUMENTS.

TEMPLES... 59
    Fig. 1. Temple de Ramsès III à Karnak (*Brune*)................. 59
    — 2. Détail du sanctuaire de Karnak (*Descript.*)................ 60
    — 3, 4. Disposition de la salle hypostyle de Karnak (*Lepsius*). 61
    — 5. Façade de Dendérah (*Descript.*)............................ 62
    — 6. Façade de Luxor (*Descript.* — *Le Bas*).................... 63
    — 7. Mâts décoratifs des façades (*interprétation d'un bas-relief*
       de Karnak reproduit dans la Descript.)................. 63
    — 8. S Plan et vue du temple de Khons à Karnak (*Descript.* —
       Prisse).
    » M Plan du temple de Medinet-Abou (*Brune*).
    » E Plan du temple d'Edfou (*Horeau* : *Monuments anciens*
       et modernes).
    — 9, 10. K Vue et plan du grand temple de Karnak (*Brune.* —
       Mariette, *Étude topogr.* — *Lepsius.* — *Descript.*).. 65, 67
    — 10. R Plan de Luxor (*Lepsius.* — *Descript.*)................ 67
    — 11. Plan et coupe du temple d'Ipsamboul (*Horeau*).......... 68
    — 12. A Ensemble du temple d'Abydos (*Mariette*, *Abydos*).
    » B Ensemble du temple de Deïr-el-Bahri (*Brune*)........ 69
    — 13. Vue du temple d'Éléphantine (*Descript.*)................. 69

TOMBEAUX... 71
    Fig. 14. Tombes en forme de mastaba (*Lepsius*)................ 71
    Fig. 15. A Coupe de la grande pyramide de Gizeh (*Descript.*)
    » D Pyramide à profil brisé de Dachour (*Perring*).
    » S Grande pyramide à degrés de Sakkarah (*id.*)........... 72
    — 16. Herses en granit : A de la pyramide d'Ounas à Sakkarah
       (*Maspéro*, *Archéol. égypt.*); B de Dachour (*Perring*)... 72

TABLE. — CHALDÉE, ASSYRIE. 617

Pages.

TOMBEAUX (suite).
 Fig. 17. Diagramme de l'accroissement progressif des pyramides.. 73
 — 18. Hypogée de Ramsès III (Descript.) 75

HABITATIONS.. 75
 Fig. 19. Distributions de maisons à Tell-el-Amarna (Wilkinson).. 76

TRAVAUX D'UTILITÉ GÉNÉRALE ET DE DÉFENSE............................ 79
 Fig. 20. A Pavillon en forme de forteresse de Medinet-Abou
  (Lepsius).
  » B Fortifications d'Abydos (Maspéro).
  » D Profil des remparts de Semneh (Lepsius)............... 80

APERÇUS HISTORIQUES.

MARCHE GÉNÉRALE DE L'ART ÉGYPTIEN 81
L'ART ET LE RÉGIME SOCIAL 83
LES INFLUENCES 84

III. — CHALDÉE, ASSYRIE.

CARACTÈRES COMMUNS, PARTICULARITÉS DISTINCTIVES DES ARCHITECTURES DE
 LA CHALDÉE ET DE L'ASSYRIE 85

MÉTHODES DE CONSTRUCTION.

a. — CONSTRUCTION A MATÉRIAUX D'ARGILE.............................. 86
 Fig. 1. A, B Voûtes sans cintrage d'une galerie souterraine à
  Khorsabad (Place et Thomas, Ninive et l'Assyrie).
  » A Profil en long de la galerie (reconstituée d'après la
  description de Place) 90
b. — EMPLOIS DU BOIS ET DE LA PIERRE............................... 91
 Fig. 2. A Soubassement de l'enceinte de Khorsabad (Place et Thomas).
  » B Substructions du palais (id.).
  » C Lambrissages en albâtre (id.)........................ 92
 — 3. Combinaisons d'équilibre de l'architecture assyrienne (interprétation d'un bas-relief publié par Botta, Monument de Ninive) 92
 — 4, 5. Reconstitution des procédés de transport des blocs gigantesques (d'après un bas-relief du Musée britannique; R). 94

FORMES ET PROPORTIONS.

LES ÉLÉMENTS DE LA DÉCORATION 95
 Fig. 6. B Parements et crénelages de l'Observatoire de Khorsabad
  (Place).. 95

618   TABLE. — PERSE.

Les éléments de la décoration (suite). Pages.
   Fig. 6. A Rudentures et incrustations d'une façade à Warka (*Loftus, Travels and researches*).
   » D Couvre-joint babylonien en matière vitrifiée (*Dieulafoy*)... 95
   — 6 C, 7. Décoration des portes de l'enceinte de Khorsabad (*Place*)... 95, 96
   — 8. Faisceau de colonnes provenant de Tello (*Musée du Louvre*)... 97
   — 9. B Chapiteau de Khorsabad (*Place*).
   » A Chapiteau assyrien au Musée britannique (*Dieulafoy*). 97
   — 10. Bordures d'un seuil d'albâtre de Khorsabad (P)........ 99
Les proportions 100

MONUMENTS.

Édifices religieux et civils... 101
   Fig. 1. Aspect général du temple dit Observatoire de Khorsabad (*Place*).. 101
   — 2. Maison avec jardin sur terrasse (*interprétation d'un bas-relief publié par Layard, Monuments of Niniveh*).... 103
   — 3. Plan du palais de Khorsabad (*Place*)................... 104
   — 4. L Distribution des boulangeries du palais de Khorsabad.
   » L' Distribution d'un des appartements du palais (*id.*)... 106
   — 5. Détails d'un des pavillons dits du Harem de Khorsabad (*id.*). 107
   — 6. Kiosque en tête d'un aqueduc d'irrigation (*interprétation d'un bas-relief publié par Layard*)................... 109
   — 7. Tentes royales (*id.*)................................... 109
Ouvrages militaires... 110
   Fig. 8. Dispositifs temporaires de défense (*d'après un bas-relief de Layard*).. 111
   — 9. Plan d'une des portes de l'enceinte de Khorsabad (*Place*). 112

APERÇUS HISTORIQUES.

L'art et l'état social. Époques et influences....................... 112

IV. — PERSE.

Double architecture de la Perse : art indigène, art importé....... 118

MÉTHODES DE CONSTRUCTION.

a. — Constructions de moellons et de briques....................... 121
   Fig. 1, 2 A, C Berceaux et voûtes coniques exécutés sans cintrage (*Dieulafoy, L'art antique de la Perse*)...... 123, 124
   — 3. Coupole sur pendentifs de Firouz-Abad (*Dieulafoy*)..... 125

TABLE. — PERSE.

a. — Constructions de moellons et de briques (*suite*).
  Fig. 4. N Coupole de Ferachbad (*Dieulafoy*).
   » M Dispositifs de butée des voûtes de Sarvistan (*id.*).... 126
   — 5. Galerie à voûtains sur arcs-doubleaux du Tag-Eïvan (*id.*). 127
b. — Charpentes.. 127
  Fig. 6. Terrasse du palais de Suse (*reconstituée par M. Dieulafoy*).. 128

FORMES ET PROPORTIONS.

La décoration a l'époque achéménide : reliefs et couleurs......... 129
  Fig. 1. Colonnes du palais de Suse (*Dieulafoy*).
   » 2. Portes à Persépolis et à Firouz-Abad (*id.*)............. 132
   — 3. Décor émaillé de l'escalier de Suse (*id.*)............. 134
La décoration a l'époque sassanide............................... 134
  Fig. 4. A Chapiteau à Ispahan (*Flandin et Coste, Voyage en Perse*).
   » B Décor de vase sassanide (*Dieulafoy*)................... 135
Proportions 136
  Fig. 5. Proportions du tombeau de Darius l'Ancien (*Babin : Revue archéol.*).. 137
   — 6. A, B Tracé des grandes salles de Firouz-Abad et de Sarvistan (*Dieulafoy*).. 137

MONUMENTS.

Édifices religieux et funéraires 138
  Fig. 1. Temple du feu à Suse (*Dieulafoy*)...................... 139
   — 2. A Tombeau de style grec à Pasargade (*id*).
   » B Tombe provisoire des rois à Persépolis (*id.*)......... 140
   — 3. Ensemble du tombeau de Darius (*Flandin et Coste; Babin*)... 140
Palais... 141
  Fig. 4. Plan et fragment de coupe du palais d'Artaxerxès-Mnémon à Suse (*Dieulafoy*).. 141
   — 5. Vue du palais de Firouz-Abad (*Flandin et Coste; Dieulafoy*)... 143
   — 6. Vue du palais de Sarvistan (*id.*)....................... 144
   — 7. Plan du palais sassanide dit Tag-Eïvan (*Dieulafoy*).... 145
   — 8. Vue du palais dit Trône de Cosroës à Ctésiphon (*Flandin et Coste; Dieulafoy*)...................................... 146
Travaux d'utilité générale et de défense 147
  Fig. 9. Fortifications de Suse (*Dieulafoy*).................... 148

APERÇUS HISTORIQUES.

L'art et la condition de l'ouvrier. Époques et influences........... 149

V. — INDE.

LES SURVIVANCES DES VIEILLES ARCHITECTURES DE L'INDE 153

MÉTHODES DE CONSTRUCTION.

TRADITIONS DE LA CONSTRUCTION EN CHARPENTE 154
    Fig. 1. Clôture en charpenterie de pierre du tope de Sanchi (*Fergusson, History of architecture.* — P) 154
    — 2. A, B Fermes en arc de Karli et d'Ajunta (*Fergusson, roc-cut temples.* — P).
    »   C Traduction en charpente des arcades du palais de Madura (P) 155
    — 3. N, M Sommiers des arcs en charpente de Karli et d'Ajunta (*interprétation de documents photographiques et des indications de Fergusson*) 156
    — 4. Ferme courbe composée de trois arceaux solidaires, à Karli (P) 157
    — 5. Aspect d'un édifice hindou à fermes cintrées 158
    — 6. Charpente par empilage d'un pont de l'Inde himalayenne (*Le Bon, Les civilisations de l'Inde*) 159
    — 7. Charpentes par encorbellement imitées en pierre : A Dabhoï; B Bijapour (*reconstitution d'après les photographies de Le Bon*) 159
    — 8. Traduction en charpente par empilage, des pagodes à décoration de bossages 160
    — 9. Charpente à aisseliers imitée en pierre à Badami (*reconstitution d'après une photographie de Le Bon*) 161

L'ARGILE ET LA PIERRE DANS LES CONSTRUCTIONS DE L'INDE 161
    Fig. 10. A Voûte par assises équilibrées, à Bejanuggur (*Fergusson, Hist. of architect.*).
    »   B Type de voûte par encorbellement en pan coupé (*id.*). 162
    — 11. Voûtes bâties par assises équilibrées : R coupole; M berceau à intrados en échelons; M' berceau à intrados en accolade 162

FORMES ET PROPORTIONS.

ÉLÉMENTS DE LA DÉCORATION 163
    Fig. 1. A Stèle d'Asoka à Sankissa (*Fergusson*).
    »   B Colonne à Karli (P).
    »   C Ornement de style perse emprunté à une stèle d'Allahabad (*Fergusson*) 164
    — 2. A Chapiteau en forme de sous-poutre à Ajunta (P).
    »   B Chapiteau bulbeux à Elephanta (P) 164
    — 3. Porte de style chinois à Sanchi (*pholog. de Le Bon*) ... 165
    — 4. Types de corniches hindoues 166
MÉTHODES DE PROPORTION 167

MONUMENTS.

	Pages.
Palais	167
Edifices religieux	168
Fig. 1. Tope de Sanchi (*Fergusson*)	169
— 2, 3 C Temple souterrain d'Ajunta : façade et dispositions intérieures (*id.*)	169, 170
— 3. D Temple souterrain de Karli (*id.*)	170
— 4. A Pagode en tour à étages de Sriringam (P).	
» B Pagode à formes dérivées de la charpente par empilage, de Bhuwaneswar (P)	171
— 5. Temples taillés dans le roc à Elora (*Fergusson*. — P).	172
— 6. Temple monolithe à Mahavellipore (*photog. de Le Bon*).	173
— 7. Salle hypostyle de Chillumbrum (*Fergusson*)	174
— 8. Vue d'ensemble d'un temple à enceintes concentriques (*d'après Ram-Raz*)	175
— 9. Carte indiquant la répartition géographique des types de temples	176

APERÇUS HISTORIQUES.

L'art, les religions, l'état social. Influences reçues ; influences transmises. ... 177

VI. — CHINE, JAPON.

Caractère utilitaire de l'art chinois ... 179

MÉTHODES DE CONSTRUCTION.

Emplois de la pierre et de la brique	180
Fig. 1. Mode de construction de murs creux (*d'après la description de Chambers, Traité des édifices des Chinois*)	180
Charpentes et toitures	181
Fig. 2. Types de couvertures japonaises (*Guérineau : Revue de l'Architecture*)	182
— 3, 4. Types d'assemblages en bambous (P)	183
— 5. Diagramme expliquant le retroussis des angles de toitures.	184
— 6. Combinaisons de charpenterie (*d'après Kong-tching-tso-fa*)	185
— 7. Pilier à enrayures étagées (*Guérineau*).	186

FORMES ET PROPORTIONS.

Décoration des toitures et des portiques	187
Sculpture et polychromie architecturales	189
Proportions	190

MONUMENTS.

Pages.

TEMPLES ET TOMBEAUX 190
    Fig. 1. A Temple à Nangasaki (P).
       » B Porte isolée en charpenterie de pierre (P)............ 191
    — 2. A Temple de Canton (*Chambers*)..................... 192
HABITATION 192
    Fig. 2. B Distribution d'une maison de Canton (*Chambers*)..... 192
TRAVAUX D'UTILITÉ GÉNÉRALE ET DE DÉFENSE........................... 194

APERÇUS HISTORIQUES.

ATTACHES DE L'ARCHITECTURE DE LA CHINE AVEC CELLES DE L'ASIE OCCIDENTALE... 194

VII. — NOUVEAU-MONDE.

TRANSMISSION PROBABLE DES ARCHITECTURES DE L'ASIE AU NOUVEAU-MONDE. 198
    Fig. 1. Carte indiquant la distribution des monuments sur le sol de l'Amérique, et les relations possibles avec les anciens continents.. 198

CONSTRUCTION.

OUTILLAGE 199
PROCÉDÉS 199
    Fig. 2. B Galerie de Palenqué à voûtes par encorbellement (*De Waldeck, Monuments anciens du Mexique*).
       » C Voûte par encorbellements équilibrés à Labnah (*Catherwood, Views of Monum. in central America*)......... 200

FORMES.

CARACTÈRES DISTINCTIFS DE LA DÉCORATION AU MEXIQUE ET AU PÉROU... 201
    Fig. 3. Détails de décoration des monuments d'Uxmal (*Catherwood*)... 202

MONUMENTS.

MONUMENTS RELIGIEUX 202
    Fig. 1. Téocalli de Chichen-Itza (*De Charnay : Tour du Monde; Cités et ruines américaines*)........................... 203
FORTERESSES ET PALAIS 204
    Fig. 2. A, C Entrées de l'enceinte de Changallo (*Chalon, Anales de construcciones civiles... del Perú*).
       » B Redan de la fortification de Cuzco (*id.*).............. 204

FORTERESSES ET PALAIS (suite).

Fig. 3. Porte de palais à Uxmal (*Catherwood*).................. 205

APERÇUS HISTORIQUES.

QUESTIONS DE CHRONOLOGIE ET D'ORIGINES............................... 205

VIII. — RAYONNEMENT OCCIDENTAL DES PREMIÈRES ARCHITECTURES.

INTERMÉDIAIRES CONTINENTAUX, INTERMÉDIAIRES MARITIMES ENTRE L'ÉGYPTE, LA CHALDÉE ET LE MONDE GREC : HITTITES ET PHÉNICIENS............ 208

LES HITTITES.

CARACTÈRES ET DATE PROBABLE DES MONUMENTS DE L'ART HITTITE........ 209

LES PHÉNICIENS.

PROCÉDÉS DE CONSTRUCTION CHEZ LES PHÉNICIENS...................... 211

Fig. 1. Traduction en charpente du frontispice d'une tombe cypriote à Tamassos (*Richter, Journal of the R. Instit. of Brit. archit.*)... 211
— 2. Une des pierres de Balbek (R)........................ 214

ÉLÉMENTS DE DÉCORATION : a. — TYPES DE CHAPITEAUX................. 214

Fig. 3. A Chapiteau cypriote de Trapeza (*Musée du Louvre*).
» B Stèle cypriote d'Athiénau (*id.*).
» C Chapiteau phénicien de Gebal (*Renan et Thobois, Mission de Phénicie*)....................................... 215

b. — MODÉNATURE ET DÉTAILS D'ORNEMENT............................. 215

Fig. 1. B Moulure d'un des tombeaux d'Adonis de la région de Gebal (*Renan et Thobois*).
» C Corniche de type égyptien servant de couronnement aux chapelles du lac d'Aïn-el-Hayat (*id.*).
» P Palmettes de style assyrien du grand vase d'Amathonte (*Musée du Louvre*).................................... 216

MONUMENTS.

TRACES DE L'ART PHÉNICIEN DANS LE CHAMP DES RELATIONS COMMERCIALES DE LA PHÉNICIE : COTES ET ILES DE LA MÉDITERRANÉE; JUDÉE, CARTHAGE.

Fig. 1. A Tombeau à Amrith (*Renan*)........................ 216
— 2. A Plan d'un nouraghe de Sardaigne (*Relevé de Gouin : Perrot, Hist. de l'Art*).
» B Plan d'un sanctuaire phénicien à Gozzo (*La Marmora, Voyage en Sardaigne*)............................ 218

624   TABLE. — ARCHITECTURES PRÉHELLÉNIQUES.

Pages.

MONUMENTS (suite).

    Fig. 3. Plan et coupe du temple de Jérusalem (*De Voguë, Le Temple de Jérusalem; De Saulcy, Hist. de l'art judaïque; Perrot et Chipiez*).................................. 221
    — 4. A Monument monolithe de Siloam (*Perrot*).
    » B Enceinte dite du tombeau d'Abraham à Hébron (*De Voguë*).. 222

APERÇUS HISTORIQUES.

L'ART ET L'ORGANISATION SOCIALE. LES INFLUENCES...................... 224

IX. — L'ART PRÉHELLÉNIQUE AU TEMPS DE L'OUTILLAGE DE BRONZE.

INFLUENCE DES MOYENS MATÉRIELS D'EXÉCUTION SUR LE CARACTÈRE DES ŒUVRES PRÉHELLÉNIQUES.. 226

LA CONSTRUCTION AUX TEMPS HOMÉRIQUES.

a. — PROCÉDÉS COMMUNS AUX ÉCOLES DE LA GRÈCE ET DE LA TROADE.... 227
    Fig. 1. Construction en briques crues avec chaînages en bois (*Babin, Rapport sur les fouilles de Schliemann*)...... 228
    — 2. Types d'appareil polygonal............................ 229
b. — PARTICULARITÉS DE L'ÉCOLE MYCÉNIENNE............................ 230
    Fig. 3. B Porte d'un tombeau de Mycènes avec décharge en encorbellement (P).
    « A Voûte du tombeau dit Trésor d'Atrée à Mycènes (*relevé de Dörpfeld : Perrot, Hist. de l'Art*)................... 231

DÉCORATION.

a. — PROCÉDÉS GÉNÉRAUX... 232
    Fig. 4. A Revêtement en bois d'une tête de mur à Hissarlik (*Babin, Rapport*).
    » B Autre revêtement, provenant du palais de Tirynthe (*id.*). 232
b. — DÉCORS PROPRES A L'ÉCOLE MYCÉNIENNE............................ 233
    Fig. 5. A Ornements peints du palais de Tirynthe (*Schliemann*).
    » B Ornements gravés du plafond d'une tombe d'Orchomène (*id.*).
    » C Décor gravé des colonnes du trésor d'Atrée (*Thirsch, Die Tholos des Atreus : Athenische Mittheilungen*)... 233
    — 6. B Chapiteau bulbeux et fût de colonne en cône renversé du trésor d'Atrée (*Thirsch*).
    » C Colonne en cône renversé avec entablement en terrasse, d'après le bas-relief de la porte des Lions à Mycènes (P). 234

TABLE. — ARCHITECTURES PRÉHELLÉNIQUES.   625
                                                    Pages.
b. — Décors propres a l'école mycénienne *(suite)*.
   Fig. 6. A Interprétation en charpente de la colonne de la porte
         des Lions 234
     — 7. Colonne de Mycènes, à fût en cône renversé, avec canne-
         lures (*Relevé de Dörpfeld : Perrot*)..................... 235
     — 8. Frise d'albâtre incrustée de verre, à Tirynthe (*Schlie-
         mann*)... 236

MONUMENTS.

Forteresses 237
   Fig. 1. A Plan d'une porte de l'enceinte d'Hissarlik (*Schlie-
         mann*).
    »   B Fortifications de Tirynthe (*d'après les documents de
         Schliemann et Dörpfeld, Tiryns. Étage supérieur re-
         constitué*).. 238
Habitations... 239
   Fig. 2. Plan du palais de Tirynthe (*Schliemann et Dörpfeld*).. 240
Tombeaux 241
   Fig. 3. Tombeau dit Trésor d'Atrée (*Thirsch*).................... 241

X. — L'ART PRÉHELLÉNIQUE
AU TEMPS DE L'OUTILLAGE DE FER ;
SA CONTINUATION DANS LES ARCHITECTURES LYDIENNE, LYCIENNE, PHRYGIENNE ET ÉTRUSQUE.

État général de la civilisation et de l'art aux premiers siècles de
l'age du fer 243

MÉTHODES DE CONSTRUCTION.

a. — Construction en pierre.. 245
   Fig. 1. Types d'appareil.. 245
     — 2. A Plafond lydien par encorbellement en pan coupé (*G. We-
         ber, Tumulus... de Belevi*).
    »   M Arc par encorbellement à Palæo-Mani (*Heuzey, Le
         mont Olympe et l'Acarnanie*).
    »   R Porte acarnanienne voûtée par claveaux (*id.*)......... 246
     — 3. M Voûte clavée de la Cloaque Maxime à Rome (R).
    »   N Voûte par encorbellement d'une tombe étrusque à
         Orvieto (R).
    »   P Plate-bande clavée de l'émissaire d'Albano (R)....... 247
b. — Construction en charpente.. 248
   Fig. 4, 5 Mode probable de débit et d'assemblage des bois mis
         en œuvre dans la charpenterie lycienne.................. 249

TABLE. — ARCHITECTURES PRÉHELLÉNIQUES.

Pages.

b. — Construction en charpente (suite).

    Fig. 6, 7 Reconstitution des charpentes imitées par la sculpture sur les tombes lyciennes (*d'après les sarcophages du Musée britannique; les documents de Fellows, Discoveries in Lycia; et les photographies de Benndorf, Reisen in Lykien*)............................... 250, 251

    — 8. Interprétation en charpente d'une tombe phrygienne dite Delikli-Tach (*Perrot et Guillaume, Exploration archéol. de la Galatie*)... 253

    — 9. Interprétation en charpente du monument phrygien dit Tombeau de Midas (*id.*)....................................... 253

    — 10. A Ferme en charpente à Iskelib (*d'après une représentation sculptée : Hirschfeld, Paphlagonische Felsgräber*).

    » B Charpente étrusque (*d'après les indications d'une peinture de la tombe « dei vasi depinti » : Micali, Monum.*).. 254

    — 11. Plafond étrusque en imitation de charpente, à Chiusi (R) 254

DÉCORATION.

a. — Modénature et ornements sculptés 255

    Fig. 1. Profils d'architecture étrusque (*C. Dufeux*) : A Viterbe; B Corneto; C Castel d'Asso................................ 256

    — 2. A, 3 Chapiteau à volutes et campanules d'un portique à Neandria (*Koldewey, Neandria*)........................... 257

    — 4. A Chapiteau étrusque du musée de Florence (*Marta, L'art étrusque*).

    » B Chapiteau étrusque d'une tombe de Cervetri (*Durm, Baukunst der Etrusker*).

    » M Décor d'un sarcophage de Cervetri (*Musée du Louvre*). 258

    — 5. Ornements de lits funéraires à Sardes (R)............. 259

b. — Décorations colorées.. 259

MONUMENTS.

Édifices civils et funéraires 260

    Fig. 1. B Plan d'une habitation étrusque d'après une tombe de Vulci (*Noël des Vergers, l'Étrurie et les Étrusques*).

    » A, C Reconstitution d'habitations étrusques d'après les indications des vases 261

    — 2. Sépultures de la nécropole royale de Sardes (R)........ 262

    — 3. Tombes étrusques (*C. Dufeux*) : A Corneto; B Ponte dell' Abbadia; C Volterra.. 263

Monuments religieux... 264

    Fig. 4. Autels en plein air : A autel phrygien (*Ramsay : Mittheilungen des archäol. Instit.*); B autel de la colline du Pnyx (*Stuart*)... 265

TABLE. — ARCHITECTURE GRECQUE. 627
Pages.
VUE D'ENSEMBLE DES ARTS PRÉCURSEURS DE L'ART GREC............ 265
    Fig. 5. Carte rapportant à leurs positions géographiques les éléments d'architecture antérieurs à l'hellénisme........ 265

XI. — ARCHITECTURE GRECQUE.

MILIEU OU SE DÉVELOPPA L'ART GREC, CIRCONSTANCES QUI EN DÉTERMINÈRENT L'ESSOR................................. 266

MÉTHODES DE CONSTRUCTION.

a. — CONSTRUCTIONS D'ARGILE............................. 268
b. — CONSTRUCTIONS DE PIERRE............................ 268
    Fig. 1. Appareils helléniques (R) : A, B temples d'Agrigente; C Parthénon; D Pergame............................ 269
   — 2. A Appareil d'angle des murs de l'arsenal du Pirée (*Documents épigraphiques*)............................ 270
   — 3. Diagramme expliquant les emplois de la pierre en délit. 270
   — 4. A Fenêtre de l'Érechtheion (*Stuart et Revett, Antiquités d'Athènes*).
    » B Porte à jambages inclinés, au temple dit de la Concorde d'Agrigente (R)............................ 271
   — 5, 6. Taille préparatoire des pierres : R Ségeste (*Hittorff, Monuments de Ségeste et de Sélinonte*); V portique dit de l'Agora d'Athènes (R); S Théâtre de Bacchus (R)... 273
   — 7. B Dispositifs de levage d'un tambour de colonne à l'Acropole d'Athènes............................ 273
   — 8. Dispositifs de levage et de serrage à joint des pierres du grand temple d'Agrigente (R).
   — 9. Serrage à joint des pierres (R) : A Agrigente; B Ségeste; C rapprochement avec le procédé employé au pont romain de Narni............................ 274
   — 10. Mode de ravalement des murs et des colonnes......... 275
   — 11. A corniche à moulure incrustée du temple S de Sélinonte (*Hittorff*).
    » B Corniche avec pièces de rapport du grand temple de Pæstum (R)............................ 276
   — 12. Liaison des pierres par tenons en bois à dilatation libre (*reconstituée d'après les indications du temple dit d'Hercule d'Agrigente. — R*)............................ 277
   — 13. A Ferrements reliant ensemble les pierres de la cella du Parthénon (R).
    » B Tenons en bois des colonnes du Parthénon (*Penrose, Principles of Athenian architecture*).
    » M Tenons en fer des colonnes du temple de Jupiter Olympien d'Athènes (R)............................ 278

628   TABLE. — ARCHITECTURE GRECQUE.

Pages.
c — Charpentes et toitures... 279
    Fig. 14. Charpente du comble de l'arsenal du Pirée (*documents épigraphiques*).. 279
    — 15. Reconstitution d'une charpente archaïque d'après les données doriques et les analogies de l'arsenal du Pirée.. 280
    — 16. Comble à croupe du portique dit basilique de Pæstum (*Labrouste, Restauration*).. 281
    — 17. Plafond de charpente de la cella de Minerve à l'Érechtheion (*docum. épigr.*).. 282
    — 18. Toiture de marbre du temple de Rhamnus (*Antiquités inédites de l'Attique*)... 283

ÉLÉMENTS GÉNÉRAUX DE LA DÉCORATION.

Revêtements décoratifs.. 285
    Fig. 1. C Revêtement en terre cuite de l'assise de couronnement du temple C de Sélinonte (*Dörpfeld, Verwendung der Terracotten am Geison..*).
    » G Reconstitution des revêtements de terre cuite du trésor de Géla à Olympie (*fragments publiés dans les Ausgrabungen zu Olympia*)
    » M Revêtement en terre cuite des poutres du temple dit Chiesa di Sansone à Métaponte (*De Luynes et Debacq, Métaponte*).. 286
    — 2. Habillage en planches des charpentes antiques (*interprétation des détails de la décoration dorique*).......... 288
Modénature.. 289
    Fig. 4. M Épannelage de la corniche du Parthénon.
    » R, R' Épannelage des chapiteaux du temple de Pæstum (*Aurès, Étude de quelques chapiteaux antiques*)...... 291
    — 5. Parallèle des profils grecs.. 292
Sculpture décorative et peinture architecturale................... 293
    Fig. 6. A Décor d'un chéneau du temple S de Sélinonte (*Hittorff*).
    » B, C, D Ornements sculptés des moulures............. 293

ORDRE DORIQUE.

Caractères généraux et origines.. 297
    Fig. 1. L'ordre du Parthénon (*Stuart*)................................. 299
L'appareil et ses incorrections aux ages d'archaïsme............ 301
    Fig. 2. S, D Exemples d'architraves coupées par des lits horizontaux : Temples S et D de Sélinonte (R).
    » P Frise coupée par un lit horizontal : Grand temple de Pæstum (R).
    » C Triglyphes faisant corps avec les métopes : Temple dit de la Concorde d'Agrigente (R)........................... 302

TABLE. — ARCHITECTURE GRECQUE.

Pages.

L'APPAREIL AUX AGES D'ARCHAÏSME (suite).

 Fig. 2. A Architrave appareillée par assises : Grand temple d'Agrigente (R).. 202

L'ORDRE AUX PRINCIPALES ÉPOQUES.. 304

 Fig. 3. II Colonnes de styles divers associées dans l'ordonnance de l'Heræum d'Olympie (*Ausgrabungen zu Olymp.*).
 » S Colonnes associées dans l'ordonnance du grand temple de Sélinonte (*Hittorff*)................................ 306
 — 4, 5. Colonnades rangées chronologiquement : A Pæstum (*Labrouste*); B Parthénon (*Stuart*); C Metroûm d'Olympie (*Ausgrab. zu Olymp.*); D temple à Pergame (*Ausgrab. zu Pergamon*)....................................... 307
 — 6. Frontispice du temple S de Sélinonte (*Hittorff*)......... 308
 — 7. Frontispice du temple dit de Thésée (*Stuart*).......... 308
 — 8. Frontispice du Parthénon (*id.*)........................ 309

SOUBASSEMENT.. 310

 Fig. 9. Soubassements des temples S et R de Sélinonte (*Hittorff*). 311

FUT.. 311

 Fig. 10. Adaptation de la base au fût dorique : Grand temple d'Agrigente (R).. 312
 — 11. A Fût cannelé à vives arêtes du Parthénon (R).
 » B Fût à cannelures mousses, au temple S de Sélinonte (*Hittorff*).
 » C Fût à cannelures amorcées du grand temple de Rhamnus (*Antiq. inéd.*).
 » D Fût à face antérieure lisse à la basilique de Pæstum (R). 313
 — 12. Emplacements des colonnes à cannelures mousses dans les temples S et T de Sélinonte (*Hittorff*)............... 314

CHAPITEAU.. 314

 Fig. 13. Parallèle de chapiteaux aux diverses époques de l'art grec :
 » T Tirynthe (*Schliemann et Dörpfeld, Tiryns*).
 » M Temple dit Tavola de' Paladini à Métaponte (*De Luynes, Métaponte; Aurès, Étude de quelques chapiteaux antiques*).
 » P Grand temple de Pæstum (*Labrouste; Aurès*).
 » A Ordre intérieur du Parthénon (*Stuart; Aurès*) 315
 — 14, 15. Détails de quelques chapiteaux types :
 » T Tarente (R).
 » M Métaponte, Tavola de' Paladini (*De Luynes*).
 » A, B Ordres extérieur et intérieur du Parthénon (*Stuart*).
 » C Palatitza (*Heuzey et Daumet, Mission de Macédoine*).. 316
 — 16. B Évidement ménagé au Parthénon entre la saillie du tailloir et l'architrave.. 316
 — 17. Raccord du chapiteau avec le fût :
 » C Temple C de Sélinonte (*Hittorff*) 317

630 TABLE. — ARCHITECTURE GRECQUE.

Chapiteau (suite). Pages.

Fig. 17. N Grand temple de Pæstum (Labrouste).
» P Parthénon (Stuart)................................ 317

Architrave 318
Fig. 18. Portée progressivement croissante de l'architrave :
» A, B Basilique et Grand temple de Pæstum (Labrouste).
» C Grand temple d'Agrigente (Serradifalco, Antich. di Sicil.)... 318

Frise 320
Fig. 19. Répartition des triglyphes et des métopes : Exemple des Propylées.. 321
— 20. Détails des triglyphes :
C Temple C de Sélinonte (Hittorff), M Chiesa di Sansone à Métaponte (R); H, N Parthénon; A temple R de Sélinonte; T triglyphe d'époque romaine, en saillie sur l'architrave.. 322

Corniche... 323
Fig. 21. P Type normal.
» D Corniche à mutules alternant avec des demi-mutules : temple D de Sélinonte (Hittorff).................... 324
— 22. S Corniche du temple S de Sélinonte (id.).
» F Corniche du Forum triangulaire de Pompei (Uchard). 325

Fronton 325
Fig. 22. M, P Fronton du Parthénon (Stuart)................. 325

Colonnades intérieures. Accessoires de l'ordre............. 326
Fig. 23. Corniches sous portiques : A Grand temple de Sélinonte (Hittorff); B, C Parthénon (Stuart).................. 327
— 24. Ordres simplifiés de la cella des temples : P Pæstum (Labrouste); E Égine (R).............................. 328
— 25. Antes (Hittorff) : D temple D de Sélinonte; T, T" Grand temple... 328
— 26, 27. Chapiteaux d'antes : B basilique de Pæstum (Labrouste); T, T" Grand temple de Sélinonte (Hittorff); P propylées d'Athènes (Stuart); E temple de Dianc-propylée à Éleusis (Antiq. inéd.).............. 329, 330
— 28. Soffites : A temple de Thésée (Stuart); B Phigalie (Expéd. de Morée).................................. 330

Le repérage des axes dans les ordonnances doriques........ 330
Fig. 29. A Disposition normale : triglyphe sur l'angle, entre-colonnement de rive resserré.
» N Ordonnance à triglyphe centré sur l'axe de la colonne d'angle : temple dit de Cérès à Pæstum (Labrouste).... 331
— 30, 31, 32. Repérage des poutres de plafonds par rapport aux colonnes : Temple de Thésée (Stuart); temples D et R de Sélinonte (Hittorff)........................ 332, 333

TABLE. — ARCHITECTURE GRECQUE. 631

ORDRE IONIQUE.
Pages.

CARACTÈRES GÉNÉRAUX, ORIGINE DES FORMES.................................. 334
    Fig. 1. L'ordre du temple de la Victoire aptère (*Le Bas, Voyage archéol.*)... 335
    — 2, 3. Ordres lyciens, avec interprétation en construction de charpente et briques (*d'après les documents de Fellows, Texier, Benndorf*).. 338

L'ORDRE IONIQUE AUX PRINCIPALES ÉPOQUES...................................... 340
    Fig. 4. A, B Ordres de la Victoire aptère (*Le Bas*) et du temple de Milet (*Rayet et Thomas, Milet et le golfe Latmique*)....... 342
    — 5. Portique nord de l'Érechtheion (*Stuart*).................. 343
    — 6. Façade du temple de Milet (*Thomas*)..................... 343

PIÉDESTAL... 344
    — 7. Colonnades à piédestaux d'Éphèse (*Murray : Journal of the R. Instit. of british Archit.*)....................... 344

BASE.. 344
    Fig. 8, 9, 10 Appareil, aspect originel et premières transformations de la base ionique :
      » S Samos (*Ionian antiquities*);
      » E Érechtheion (*Stuart*);
      » P Propylées (*relevé de Guadet*)............................ 346
      » V Victoire aptère (*Le Bas*)................................. 347
    — 11. Modifications survenues au cours du 5ᵉ siècle :
      » N Base de Phigalie (*Expéd. de Morée*)...................... 348
    — 11. M, 12. Bases de l'époque macédonienne :
      » M Palatitza (*Heuzey*);
      » A Priène (*Thomas*);
      » B Milet (*Musée du Louvre*)................................. 349

FUT... 350
    Fig. 13. A, B Fûts à tambours historiés d'Éphèse (*Musée britannique*).. 350

CHAPITEAU... 352
    Fig. 14, 15. Appareils : A Délos (*relevé de Nénot : Homolle, Travaux de l'École française dans l'île de Délos*); B Samos (*Ionian antiquities*); C Érechtheion (R); D Propylées (R). 353
    — 16. Chapiteaux archaïques de Délos (*Nénot*) : A chapiteau sans échine ; N chapiteau à échine renversée............. 354
    — 17. B Chapiteau du temple B de Sélinonte (*Hittorff*)....... 355
    — 17 M, 18. Chapiteaux archaïques de l'Acropole (*Puchstein, Das ionische Capitell*)............................... 355, 356
    — 19. F Chapiteau archaïque d'Éphèse (*reconstitué par M. Murray au Musée britannique*)................................ 356
    — 20, 21. Exemples types du chapiteau au 5ᵉ siècle : Chapiteaux à balustres de l'Érechtheion (*Stuart*) et des Propylées (*Thomas*).. 358, 356

TABLE. — ARCHITECTURE GRECQUE.

CHAPITEAU (suite).

Fig. 22. A Exemple de chapiteau d'angle : Érechtheion........... 360
— 22. B Extension aux chapiteaux courants des dispositions du chapiteau d'angle : Ionique à quatre faces pareilles de Phigalie (*Expéd. de Morée*)......................... 360
— 23. Chapiteaux des époques macédonienne et romaine : M chapiteau à balustre de Milet (*Thomas*); P chapiteau à quatre faces pareilles de Pompei (*Mazois, Ruines de Pompei*).. 362

ENTABLEMENT... 362

Fig. 24, 25. K Entablement architravé d'une tombe lycienne.
 » N Entablement architravé du Leonidæum d'Olympie (*Ausgrab. zu Olymp.*).
 » M Entablement à frise et sans denticules de l'Érechtheion (*Stuart*).
 » R, S, T Entablements à frises et denticules : Philippeum d'Olympie (*Ausgrab.*); Priène (*Thomas*); propylée du Forum triangulaire de Pompei (*Mazois*)........... 362, 363

FRONTON... 364

Fig. 26. B Fronton de l'Érechtheion (*Stuart*).
 » A Fronton de Priène (*Thomas*)........................ 365

COLONNADES INTÉRIEURES ET ACCESSOIRES DE L'ORDRE............... 366

Fig. 27. Portique du temple de Priène (*Thomas*)................. 366
— 28. A Ante de l'Érechtheion (*Stuart*).
 » M Ante du temple de Milet (*Musée du Louvre*).
 » P Ante à Palatitza (*Heuzey*).
 » E Corniche du plafond de la tribune des Arrhéphores... 367
— 29. Porte de l'Érechtheion (*Genain*)....................... 368

VARIÉTÉS DES ORDRES GRECS.

ORDRE CORINTHIEN... 369

Fig. 1. Association des ordres ionique et corinthien dans la colonnade de la cella de Phigalie (*Expéd. de Morée*).... 370
— 2. Diagramme expliquant l'origine métallique des ornements du chapiteau corinthien................................ 371
— 3. Ensemble du monument de Lysicrate et détails de son ordonnance corinthienne (*Stuart*)....................... 372
— 4. E Chapiteau du temple rond d'Épidaure (*Kavvadias, Fouilles d'Épidaure*).
 » B Chapiteau du théâtre de Bacchus (P).
 » M. Chapiteau du temple dit de Diane Laphria à Messène (*Expéd. de Morée*)...................................... 374

ORDRE CARYATIDE, ORDONNANCES FIGURÉES............................ 376

Fig. 5. Portique des Arrhéphores : ensemble de la tribune et détails de la décoration (*Stuart*)....................... 376

TABLE. — ARCHITECTURE GRECQUE. 633

ORDRE CARYATIDE, ORDONNANCES FIGURÉES (*suite*).

    Fig. 6. Pilier à taureaux accroupis d'un sanctuaire de Délos (*Homolle et Nénot*) 377

ORDONNANCE A PILIER CARRÉ (ORDRE ATTIQUE)....................... 378

    Fig. 7. Monument de Thrasyllus (*Stuart*)...................... 378

ORDRE TOSCAN.. 379

    Fig. 8. Reconstitution de l'ordonnance d'après Vitruve 379

ORDONNANCES HYBRIDES... 380

    Fig. 9. A Ordre dorique à corniche égyptienne du tombeau numide dit Medracen (R).
    » C Ordre ionique à corniche égyptienne du tombeau dit d'Absalon à Jérusalem (P).
    » B Colonne de la Porte double du Haram à Jérusalem (*De Vogüé, Le Temple de Jérusalem*).
    » Entablement de l'hypogée dit Tombeau des Rois à Jérusalem (P).. 381
    — 10. A Ordre ionique à triglyphes du temple B de Sélinonte (*Hittorff*) 383

LE DOMAINE PROPRE DES DIVERS ORDRES, LEURS ROLES SPÉCIAUX, LEUR ASSOCIATION 383

    Fig. 10. B Coupe des Propylées : extérieur dorique, intérieur ionique (*Ulmann*)... 383
    — 11. A Colonnade dorique à double étage de la cella d'Égine (*Garnier : Restauration.* — V).
    » B Superposition de l'ordre ionique au dorique : portique à Pergame (*Ausgrab. zu Pergam.*).................... 384

PROPORTIONS.

a. — LA MÉTHODE MODULAIRE 385

    Fig. 1. Proportions de la façade de Pæstum (*Aurès, Étude des dimensions du grand temple de Pæstum*)............. 386
    — 2. Détails de tracé du chapiteau de Pæstum (*id.*).......... 388
    — 3. Proportions de la façade de l'arsenal du Pirée (*Documents épigraphiques*)....................................... 389

b. — LES PROCÉDÉS GRAPHIQUES DE MISE EN PROPORTION................ 392

    Fig. 4. D Proportions d'une travée du temple D de Sélinonte (*Babin, Emploi des triangles dans la mise en proportion des monuments grecs : Revue archéol.*).
    » T Proportion du monument de Thrasyllus (*id.*)........... 392
    — 5. Tracé géométrique d'un ornement courant................ 393
    — 6. Exemples de tracés géométriques empruntés à Vitruve.. 394

PROPORTION DES ORDRES 395

    Fig. 7. Proportion générale des façades : D doriques; I ioniques (*Hittorff*) 396

PROPORTION DES ORDRES (*suite*).

Fig. 8. Parallèle des proportions des ordres au 5ᵉ siècle 397
— 9. Proportions ioniques d'après Vitruve 398

TRACÉ DES PROFILS 399

Fig. 10. Épures d'échines doriques : A Pæstum ; B ordre du pronaos du Parthénon ; C Tavola de' Paladini de Métaponte (*Aurès, Étude de quelques chapiteaux antiques*) 399

LE MODULE ET L'ÉCHELLE 400

COMPENSATION DES ERREURS VISUELLES.

INFLUENCE DU POINT DE VUE 402
Fig. 1. Tracé d'une inscription de Priène (*Pennethorne*) 403

EFFETS D'IRRADIATION 405
ÉTRANGLEMENT APPARENT DES COLONNES 405
Fig. 2. A Galbe des fûts 405

DÉVERSEMENT APPARENT DES COLONNES 405
Fig. 2. D Inclinaison des axes de colonnes en sens inverse de l'inclinaison apparente (*Penrose*) 405
— 3, 4. Diagrammes théoriques 406

COURBURE APPARENTE DES LIGNES HORIZONTALES 407
Fig. 5. Diagramme théorique 407
— 6. Dispositions adoptées au Parthénon pour corriger l'effet de courbure des lignes horizontales (*Penrose. — Magne : Le Parthénon*) 407

LE PITTORESQUE ET LA SYMÉTRIE PERSPECTIVE.

PARTIS DISSYMÉTRIQUES 409
Fig. 1. Plan de Délos (*relevé de Nénot*) 410
— 2. Plan d'Olympie (*Ausgrab. zu Olymp.*) 411

LA PONDÉRATION DES MASSES : LA RÉGULARITÉ DANS LA DISSYMÉTRIE ... 411
Fig. 3. A Plan de l'Acropole d'Athènes à l'époque des Pisistratides (*fouilles de Kavvadias*).
» B Plan de l'Acropole à l'époque de Périclès (*relevé de Lambert. — V*) 412
— 4. Vue des Propylées 414
— 5. Premier aspect de l'Acropole 415
— 6. Premier aspect du Parthénon 416
— 7. Diagramme expliquant la dissymétrie des gradins qui bordent la plate-forme du Parthénon (R) 417
— 8. Premier aspect de l'Érechtheion 418
— 9. Dispositions dissymétriques du Forum romain 422

TABLE. — ARCHITECTURE GRECQUE. 635

LE TEMPLE GREC : a. — PLAN.

Pages.

ANALOGIES ENTRE LE PLAN DES TEMPLES ET CELUI DES PAVILLONS ROYAUX
DE L'AGE MYCÉNIEN... 422
    Fig. 1. R, T Pavillons du palais de Tirynthe (*Schliemann et Dörpfeld*).
    »   D Un des petits temples ou trésors de Délos (*Nénot*)... 424

ORIENTATION DES TEMPLES.. 424
    Fig. 2. A.. D Plan partiel de l'Acropole de Sélinonte (*Hittorff*. — V).
    »   H, M Groupe des deux temples de Rhamnus (*Antiq. inéd.*)... 425

PARALLÈLE CHRONOLOGIQUE DES PLANS... 425
    Fig. 3. A Temple S de Sélinonte (*Hittorff*).
    »   B Temple de Thésée (*Stuart*).......................... 427
    — 4. A Grand temple de Sélinonte (*Hittorff*).
    »   B Parthénon (*Penrose*)................................ 428

PRINCIPALES VARIÉTÉS DU PLAN DES TEMPLES GRECS................................. 430
    Fig. 5. Les plans types d'après Vitruve........................ 430
    — 6. R Temple en forme de salle hypostyle à Éleusis (*Blavette*).
    »   H Temple en forme de galerie à Délos (*Nénot*).
    »   P Temple rond : Philippeum d'Olympie (*Ausgrab.*).
    »   M Temple à double cella à Délos (*Nénot*)............. 431
    Fig. 7. Plan à double cella de l'Érechthéion (*Tétaz*. — *Documents épigraphiques*).. 432
    — 8. Plans à nef bordée de cellules : A Heræum (*Ausgrab.*);
          B Phigalie (*Expéd. de Morée*)......................... 433

b. — LA CELLA, SES DISPOSITIONS INTÉRIEURES, SA TOITURE, SON ÉCLAIRAGE.

CELLA A UNE SEULE NEF.. 434
    Fig. 1. Restauration de la cella du grand temple dit des Géants d'Agrigente (*Serradifalco*. — *Hittorf*. — V)............ 435

CELLA A TROIS NEFS.. 436
    Fig. 2. Vue de la cella de Pæstum (*Delagardette, Ruines de Pæstum*. — *Aurès*. — V)................................. 436
    — 3. A Entretoisement de la colonnade intérieure de Pæstum (*Delagardette*).
    »   B Entresolement de la cella d'Égine (R)................ 437
    — 4. Vue de la cella d'Égine (*Garnier*. — V)................. 438

L'ÉTAGE SUPÉRIEUR DE LA CELLA ET SES ESCALIERS D'ACCÈS....................... 438
    Fig. 5. Reconstitution des aménagements intérieurs du temple d'Olympie (*Documents : Expéd. de Morée. — Ausgrab. — Laloux et Monceaux, Restaurat. d'Olympie*)......... 439

636   TABLE. — ARCHITECTURE GRECQUE.

Pages.
L'ÉTAGE SUPÉRIEUR DE LA CELLA ET SES ESCALIERS D'ACCÈS (suite).
 Fig. 5. R Indices de la disposition des escaliers de la cella d'Olympie (*document communiqué par M. Babin*).... 439
LES COMBLES DE LA CELLA... 440
 Fig. 6. Combles du temple de la Concorde d'Agrigente (*interprétation des relevés de Labrouste. — V*)............... 441
 — 7. Vue extérieure du temple de la Concorde d'Agrigente (*id.*). 442
 — 8. Charpente des portiques du Grand temple de Pæstum (*interprétation des relevés de Labrouste*).
 » B, B' Charpente du temple dit de Cérès à Pæstum (*id.*). 443
 — 9. Escalier desservant le comble du temple d'Æzani (R)... 443
TEMPLES A CELLA SANS BAIES D'ÉCLAIRAGE.................................. 445
TEMPLES A CELLA POURVUE D'OUVERTURE HYPÈTHRE............................ 446
 Fig. 10. Disposition probable du ciel ouvert du temple d'Olympie (*Documents : Expéd. de Morée. — Ausgrab. — Laloux, Restaurat.*)................................ 446
 — 11. Reconstitution de l'hypèthre du grand temple de Sélinonte (*interprétation des documents d'Hittorff. — V*).
 — 12. Reconstitution de l'hypèthre de Phigalie (*interprétation des documents de l'Expéd. de Morée et de Cocherell*).. 449
 — 13. Reconstitution de l'hypèthre de Milet (*Rayet et Thomas*).
COMBINAISONS TENDANT A CONCILIER L'ÉCLAIRAGE DIRECT AVEC LA COUVERTURE TOTALE DU TEMPLE.. 451
 Fig. 14. Solutions de la question de l'hypèthre proposées par Fergusson et M. Chipiez (*Fergusson, The Parthenon. — Chipiez, Revue archéol.*).................... 451

c. — L'EXTÉRIEUR DES TEMPLES.

TEMPLES IONIQUES.. 453
 Fig. 1. Vue du temple de la Victoire aptère (*Le Bas*)........... 453
 — 2. Vue du Philippeum d'Olympie (*Ausgrab.*)................ 456
TEMPLES DORIQUES.. 456
 Fig. 3. Vue du temple de Diane-propylée à Éleusis (*Antiq. inéd.*). 457
 — 4. Vue du temple S de Sélinonte (*Hittorff*)................ 458
 — 5. Parallèle chronologique des types principaux d'ordonnances extérieures : C temple C de Sélinonte (*Hittorff*); M vieux temple de Syracuse (R); D temple D de Sélinonte (*Hittorff*)................................. 479
 — 6. Vue du temple D de Sélinonte (*Hittorff*)............... 460
 — 7. Vue du Grand temple de Pæstum (*Labrouste*)............ 461
 — 8. Vue du Grand temple d'Olympie (*façade d'après l'Expéd. de Morée; amorce de plan reconstituée à l'aide d'un relevé de M. Babin*)............................. 462
 — 9. Vue du temple dit de Thésée (*Stuart*).................. 463
 — 10. Vue du Grand temple de Sélinonte (*Hittorff*).......... 464
 — 11. Vue du Parthénon (*Stuart*)........................... 465

d. — ORNEMENTS ET ANNEXES DES TEMPLES.

Pages.

Statuaire.. 468
Ornements peints... 472
Tentures.. 473
Offrandes... 474
Autels.. 474
    Fig. 12. Vue de l'autel de Pergame (*Ausgrab. zu Perg.*)......... 475
L'entourage des temples, les enceintes sacrées 475

MONUMENTS DE L'ARCHITECTURE CIVILE.

Propylées 478
    Fig. 1. T Propylée du palais de Tirynthe (*Dörpfeld*).
      »   S Propylée du temple de Sunium (*antiq. inéd.*)......... 479
    — 2. Propylées de l'Acropole d'Athènes : plan, façade principale et façades latérales (*Thomas, Ulmann, Dörpfeld*).. 480
Théatres 482
    Fig. 3. Reconstitution d'ensemble du théâtre de Bacchus au 4ᵉ siècle (R)... 483
    — 4. Détails du théâtre de Bacchus (R)...................... 484
    — 5. Vue du théâtre d'Orange (*Caristie, Monum. antiques à Orange*)... 485
    — 6. Dispositions des théâtres antiques d'après Vitruve : Vue d'ensemble. — G tracé des théâtres grecs. — R tracé modifié à l'époque romaine.............................. 486
    — 7. Dispositifs d'attente de la machinerie théâtrale : S théâtre de Syracuse ; P Grand théâtre de Pompei (R)............ 488
Stades, cirques, gymnases, portiques civils........................ 492
    Fig. 8. Édifices considérés comme des gymnases : A Olympie (*Ausgrab. zu Ol.*); B Pergame (*Ausgrab. zu Perg.*)... 492
    — 9. Promenades couvertes : N le Pœcile (*copie probable à la Villa Adriana*); S portique dit Basilique à Pæstum (*Labrouste*).. 493
Monuments commémoratifs et funéraires 494
Habitations.. 497
    Fig. 10. Dispositions comparées des maisons grecques et romaines d'après Vitruve : G maison grecque ; R maison romaine. 497
Travaux publics, ouvrages de défense............................... 499
    Fig. 11. A Murs d'Athènes (*documents épigr.*).
      »   G, R Murs de Pompei : G murs helléniques; R murs modifiés à l'époque romaine (R)......................... 502

L'ART, LES RESSOURCES, LES ÉPOQUES.

Régime financier des travaux publics, personnel des chantiers 504

XII. — ARCHITECTURE ROMAINE.

Pages.
Caractères généraux de l'art romain............................ 512

MÉTHODES DE CONSTRUCTION.

a — La construction appareillée................................... 513
    Fig. 1. Types d'arcades romaines : A arcade sur impostes du Tabularium (*Blavette*). — B arcade sur colonnes en maçonnerie enduite, avec appareil simulé : Pompei (R)... 514
    — 2. A Appareil de l'entablement du temple dit de Jupiter Stator (*Rondelet, Art de bâtir*).
    » B Appareil de l'entablement du Forum de Pompei (*interprétation des documents de Mazois : Ruines de Pompei*). 515
    — 3. Appareil déliaisonné des arches du Pont du Gard (R)... 516
    — 4. Berceaux nervés : A Viaduc d'El-Kantara (R); B galerie de l'amphithéâtre de Lambèse (R)......................... 517
    — 5. Plafonds en dallages sur poutres de pierre ou sur arceaux de la Syrie transjordanienne : Exemples empruntés aux maisons de Nawâ (R)... 517
    — 6. Appareil des voûtes d'arête : Exemple provenant d'une tombe dite Mahl-Tepe à Pergame (R).......................... 518
    — 7. Voûte sphérique sur pendentifs, à Djerach (R).......... 519

b. — La batisse par concrétion...................................... 520
    Fig. 8. Mode de construction par lits alternatifs de cailloux et de mortier, des massifs à parement de brique ou de moellon. 521
    — 9. B Exécution, par pilonnage, des massifs à parement en pierre de taille.
    » C Massif pilonné entre des murettes de maçonnerie : exemple provenant des fortifications de Bourges (R)... 522
    — 10. Exécution des voûtes par lits horizontaux de cailloux et de mortier, sur armatures en brique : A armature par arceaux à claire-voie appliquée au Colisée; B armature en briques à plat appliquée aux thermes de Caracalla (R). 524
    — 11. Mode de construction sans cintrage des armatures en briques à plat... 525
    — 12. B, A Application des armatures par arceaux aux voûtes sphériques et aux voûtes d'arête : B voûtes sphériques des thermes dits d'Agrippa; A voûte d'arête au Palatin (R).
    » C Application de l'armature en briques à plat aux voûtes d'arête : Thermes de Caracalla (R)....................... 526
    — 13. Coupole sur pendentifs des thermes de Caracalla (R).... 527

Combinaisons de butée des voûtes 528
    Fig. 14. Basilique dite de Constantin (*Desgodetz, Antiquités de Rome*. — V).. 528
    — 15. Panthéon dit d'Agrippa (*Piranesi. — Chédanne*)........ 529

TABLE. — ARCHITECTURE ROMAINE. 639
Pages

Charpentes romaines.. 530
    Fig. 16. A Fermes de bronze du Panthéon (*d'après un croquis de Serlio*).
       » B, C Fermes de Saint-Paul-hors-les-Murs (*Letarouilly*). 531
    — 17. Substitution d'arceaux de maçonnerie aux fermes de charpente : Exemple provenant de Roueïha (*De Vogüé, Syrie centrale*) 532
    — 18. Pont du Danube (*reconstitution d'après les bas-reliefs de la colonne Trajane et des documents numismatiques*). 533
    — 19. Plafond cintré en clayonnage enduit, à Pompei (R) 535

DÉCORATION.

Aperçu de l'histoire générale des formes. Exemples empruntés a la période consulaire 536
    Fig. 1. A Tombeau des Scipions (*Thomas*).
       » B Stylobate de l'ordre intérieur de l'édifice dit Basilique de Palestrina (*Tetaz*) 537
    — 2. Porte de Faléries (R) 538
    — 3. Porte de Pérouse (R) 539
    — 4. Ordonnance de la cour de la basilique de Palestrina (*Tetaz*) 540

LES ORDRES DANS L'ARCHITECTURE ROMAINE :
a. — L'ORDRE DORIQUE ET SA VARIÉTÉ TOSCANE.

Copies et transformations du dorique grec 540
    Fig. 5. A Temple de Cora (*Brune*).
       » B Temple dit de la Piété à Rome (*Dufeux*) 541
Chapiteau... 541
    Fig. 6. Parallèle de chapiteaux doriques : A Tabularium (*Blavette*); B temple de la Piété (*Dufeux*); C théâtre de Marcellus (*Desgodetz*); D chapiteau gallo-romain (*musée Carnavalet*) 542
Entablement... 542
    Fig. 7. Parallèle d'entablements doriques : P temple de la Piété (*Dufeux*); M théâtre de Marcellus (*Desgodetz*); C Colisée (*id.*) 542

b. — L'ORDRE IONIQUE.

Libre interprétation des données ioniques dans l'ancienne architecture romaine 543
    Fig. 8. A Pilastres de la porte de Pérouse (*Nicolle : Revue de l'Architect.*) 543

TABLE. — ARCHITECTURE ROMAINE.

	Pages.
Type canonique de l'ionique romain	543
Fig. 8. B Base, chapiteau et entablement du temple dit de la Fortune virile (*Blondel*)	543

c. — L'ORDRE CORINTHIEN.

Modifications chronologiques de l'ordre	544
Fig. 9. A Temple dit de Vesta à Tivoli (*Thomas*).	
» B Temple dit de Jupiter Stator (*Desgodetz*)	544
Base	546
Fig. 10. A Base surmontée d'un tambour sculpté : Baptistère de Constantin (*Isabelle, Édif. circulaires*).	
» B Base à crochets : Spalatro (R)	546
Stylobate et piédestal	546
Fig. 11. A Tivoli (*Desgodetz*); B Temple d'Assise (*Reynaud, Traité d'architecture*); C Colisée (*Desgodetz*)	546
Chapiteau	547
Fig. 12. Types classiques : T Tivoli (*Thomas*); S Jupiter Stator (*Dutert*)	548
— 13. Variétés du chapiteau : R Colisée (*Desgodetz*); S Cora (*Brune*); T chapiteau composite de l'arc de Titus (*Desgodetz*)	550
Architrave et frise	550
Fig. 14. A Profil de frise admis dans les ordres de la dernière période de l'art grec : Æzani (*Le Bas*).	
» B Frise bombée de la Dogana Vecchia à Rome (*Desgodetz*).	
» C Frise modillonnée du Colisée (*id.*)	551
Corniche	551
Fig. 15. Corniches sans modillons de l'ancienne architecture romaine : A Tivoli (*Thomas*); B Assise (*Reynaud*)	552
— 16. Corniches modillonnées : A Temple des Jardins Colonna (*Dutert aîné*); B Jupiter Stator (*C. Dutert*)	553
Arcades	557
Fig. 17. A Théâtre de Marcellus (*Desgodetz*).	
» B Amphithéâtre d'Arles (*Questel : Monuments historiques*)	558
Les détails de l'ornement. Décoration par applique	560
Proportions	563

LES MONUMENTS DE LA VIE CIVILE ET DU PAGANISME ROMAIN.

Temples	564
Fig. 1. Temple toscan (*d'après Vitruve*)	565
— 2. Plan du temple de Vienne (R)	566

TABLE. — ARCHITECTURE ROMAINE.

Pages.

BASILIQUES.. 567
    Fig. 3. A, C Basilique type (*d'après Vitruve*).
       » B Plan et coupe de la basilique de Fano (*id.*)... ... 568
      — 4. Aspect extérieur de la basilique de Fano (*id.*)........ 569

THERMES.. 570
    Fig. 5. A Disposition d'un hypocauste (*Durm, Handbuch der Archit.*)
       » B Revêtement des parois des étuves : Thermes de Pompei (R)... 571
      — 6. Ensemble des Thermes de Caracalla (*Blouet, Restauration. — V*).. 572

AMPHITHÉATRES, THÉATRES, CIRQUES............................... 574
    Fig. 7. Coupe perspective de l'amphithéâtre de Nîmes (*Clérisseau : Antiquités de la France*)................................... 576
      — 8. Tente abritant les gradins (*interprétation des documents fournis par l'amphithéâtre de Nîmes*)................... 577
      — 9. A Plan de l'amphithéâtre de Nîmes (*Clérisseau*);
       » B Plan de l'amphithéâtre de Chennevières (*de Caumont : Archéol.*)... 578
      — 10. Plan d'un cirque près de la Voie Appienne (*Fea, Descr. dei circhi*).. 579

PONTS ET AQUEDUCS.. 580
    Fig. 11. Diagramme de la disposition des aqueducs à la traversée des vallées.. 582
      — 12. Pont de Rimini (*Malibran. — P*)..................... 583
      — 13. A Aqueduc du Gard (*Questel : Monum. hist.*).
       » B Aqueduc de Ségovie (*Monumentos arquitectonicos de España — P*)... 584
      — 14. Détails : A du pont de Vaison (R), B du Ponte Salario (*Dufeux*).. 585

OUVRAGES DE DÉFENSE, PORTES DE VILLES....................... 585
    Fig. 15. Porte d'Arroux à Autun (R)................................. 587

HABITATIONS... 589
    Fig. 16, 17. Dispositions diverses de l'atrium (*d'après Vitruve*). 590, 591
      — 18. A Distributions d'une maison romaine (*Extrait du plan antique du Capitole*).
       » B Maison de Pansa à Pompei (*d'après les documents de Mazois*)... 592
      — 19. Maisons de la Syrie transjordanienne : A, construction entièrement en basalte, à Douma; B, construction de basalte avec combles en charpente, à Serdjilla (*De Vogüé, Syrie centrale*)... 597
      — 20. P Salles d'apparat du Palatin (R).
       » S Spalatro (*Adams, Ruins of Spalatro*)................. 598

	Pages.
Le groupement des édifices dans l'architecture romaine............	599
Fig. 21. Forum de Trajan (*Guadet*)...........................	600
— 22. Balbek (*Joyaux*).....................................	601

L'ARCHITECTURE DANS SES RAPPORTS AVEC L'HISTOIRE GÉNÉRALE ET L'ORGANISATION SOCIALE DES ROMAINS.

Les époques, les origines, les influences..........................	602
Les écoles locales..	607
Fig. 1. Tombeau à Petra (P)..................................	608
— 2. Colonnes de l'École gallo-romaine : B Jouarre (R); A Paris (*Musée Carnavalet*)..................................	609
— 3. A Ordonnance du temple dit Maison Carrée de Nîmes (*Clérisseau*).	
» B Tombeau à Saint Remy (P)............................	610
Les méthodes, le régime économique et l'organisation des classes ouvrières	610

FIN DE LA TABLE DU TOME I.

www.ingramcontent.com/pod-product-compliance
Lightning Source LLC
Chambersburg PA
CBHW050324240426
43673CB00042B/1521